中国社会科学院工业经济研究所学科建设成果

经济热点前沿文献导读
2021

史 丹 主编

中国社会科学出版社

图书在版编目（CIP）数据

经济热点前沿文献导读.2021/史丹主编.—北京：中国社会科学出版社，2022.8
ISBN 978-7-5227-0858-4

Ⅰ.①经… Ⅱ.①史… Ⅲ.①经济学—文献—研究 Ⅳ.①F0

中国版本图书馆 CIP 数据核字（2022）第 166231 号

出 版 人	赵剑英
责任编辑	张　潜
责任校对	党旺旺
责任印制	王　超

出　　版	中国社会科学出版社
社　　址	北京鼓楼西大街甲 158 号
邮　　编	100720
网　　址	http://www.csspw.cn
发 行 部	010-84083685
门 市 部	010-84029450
经　　销	新华书店及其他书店
印　　刷	北京君升印刷有限公司
装　　订	廊坊市广阳区广增装订厂
版　　次	2022 年 8 月第 1 版
印　　次	2022 年 8 月第 1 次印刷
开　　本	710×1000　1/16
印　　张	33.75
插　　页	2
字　　数	535 千字
定　　价	178.00 元

凡购买中国社会科学出版社图书，如有质量问题请与本社营销中心联系调换
电话：010-84083683
版权所有　侵权必究

目　　录

专题一：产业经济

1　全球价值链与供应链 …………………………………………（3）
2　产业融合 ………………………………………………………（42）
3　产业政策 ………………………………………………………（73）
4　机器人、自动化与就业 ………………………………………（101）

专题二：区域经济

5　全球生产网络 …………………………………………………（131）
6　产业集聚、创新与区域经济发展 ……………………………（161）
7　地区间发展差异的历史因素 …………………………………（203）

专题三：能源经济与绿色经济

8　环境规制与公众健康 …………………………………………（235）
9　能源安全、气候变化与经济增长 ……………………………（264）
10　温室气体减排的成本分析 ……………………………………（290）
11　能源风险与能源安全 …………………………………………（317）
12　能源管理与能源转型政策 ……………………………………（342）

专题四：企业管理与数字经济

13　新兴市场的跨国公司 ……………………………………（373）
14　数字经济与电子商务 ……………………………………（400）
15　资源编排理论 ……………………………………………（427）
16　技术标准与数字经济创新 ………………………………（445）
17　颠覆性创新 ………………………………………………（471）

参考文献 ………………………………………………………（499）

后　记 …………………………………………………………（534）

专题一：产业经济

1 全球价值链与供应链*

一 导语

本章主要选取全球价值链与供应链领域的前沿文献进行解读。第一个领域是全球产业链分工以及中国价值链嵌入位置的测度与评估。

在全球一体化的浪潮下，各国在世界范围内参与国际分工，形成了深度融合的全球价值链（Global Value Chain，GVC）。世界范围内生产格局的分散化加剧了各国经济之间的联动性。一旦参与国贸易政策发生变化，将对处于全球价值链上的其他国家带来重要的影响。尤其自2008年国际金融危机以来，全球经济增长乏力叠加国际政治间博弈，贸易保护主义势力逐渐抬头，全球经济一体化趋势明显放缓。在此复杂的国际经济背景下，全球价值链上各国的贸易政策选择显得尤为重要。

"价值链"代表从研发和设计等初始阶段到向消费者交付最终产品的各个生产阶段的增值。如果生产的所有阶段都发生在一个国家内，则

---

* 本部分所导读的文献分别是①Antràs, P., "Conceptual Aspects of Global Value Chains", *World Bank Economic Review*, Vol. 34, No. 3, 2020. ②Antràs, P., A. De Gortari, "On the Geography of Global Value Chains", *Econometrica*, Vol. 88, No. 4, 2020. ③Chor, D., K. Manova, Z. Yu., "Growing Like China: Firm Performance and Global Production Line Position", *Journal of International Economics*, Vol. 130, 2021. ④Wang, Z., S. J. Wei, X. Yu, et al., "Characterizing Global Value Chains: Production Length and Upstreamness", *NBER Working Paper*, No. 23261, 2017. ⑤Alfaro, L., D. Chor, P. Antras, et al., "Internalizing Global Value Chains: A Firm-Level Analysis", *Journal of Political Economy*, Vol. 127, No. 2, 2019. ⑥Saberi, S., M. Kouhizadeh, J. Sarkis, et al., "Blockchain Technology and Its Relationships to Sustainable Supply Chain Management", *International Journal of Production Research*, Vol. 57, No. 7, 2019.

价值链可以是全国性的；如果不同的阶段发生在不同的国家，则价值链可以是区域性的或全球性的。实际上，大多数产品或服务都是由区域或全球价值链生产的。所有涉及中间投入国际贸易的生产过程称为全球价值链。

针对全球价值链分工的研究现状，第一篇导读文献 Antràs（2020）全面剖析了全球价值链的基本定义和研究重点，在国家层面和公司层面展开全球价值链的关键因素和影响机制综述。在全球价值链研究中，核心概念往往是研究的基础，并在一定程度上主导了研究的方向和思路。一般情况下，大多数研究以传统的定义为主，忽略了经济形势变化中相关概念的动态演化。对此，该文从广义层面、企业层面和关系层面分别对全球价值链进行了定义，在不同定义下全球价值链的影响因素几乎类似，但影响路径不同。该文从不同角度丰富了全球价值链的影响研究。由此，在研究全球价值链的过程中，应不断拓展研究视角的维度。进而，将现实性特征纳入分析，使研究更加具有现实意义。在全球价值链的概念界定中，全球的专业化分工向更精细的方面发展，核心的概念也从国家、行业层面的研究向企业层面转化，并伴随着科技的发展产生新的内涵。全球经济形势处于不断变化中，尤其是对于全球价值链不断发展出现的重要新特征应及时纳入分析框架。

全球化进程下，技术进步和不断下降的贸易壁垒使得企业能够分割其价值链，在国内经济中只保留这些价值链中的一部分。全球价值链的崛起极大地改变了国际生产组织的格局，使各国生产技术的专业化处于核心地位。全球价值链以跨国公司的形式实现了全球范围的要素配置。贸易摩擦作为影响跨国分工合作的重要变量，其对全球价值链的影响对于各国政府的贸易政策制定提供有益参考。对此，第二篇导读文献 Antràs 和 De Gortari（2020）建立了全球价值链的多阶段一般均衡模型，研究了国际贸易壁垒下贸易成本的变化如何影响各国参与国内、地区或全球价值链的程度，并追踪这些变化的实际收入效果。

全球价值链重塑了传统的生产链形式，使生产链条日益分散并对企业成长产生重要影响。第三篇导读文献 Chor 等（2021）使用匹配的企业层面的海关和制造业调查数据，以及中国的投入产出表，研究中国制造业在全球生产线上的嵌入位置，以及在企业生命周期中，如何影响生产率和绩效。该文在国际贸易中扩展了关于全球价值链分工与企业成长相关领域的研究前沿。早期实证分析的主要工作在于测度国际贸易中所包含的增值含量，并发现了跨境生产日益分散的情况。随后的许多工作均强调了国际供应链分工对企业运营的重要作用。成功的出口商通常在为国外市场生产时使用大量进口投入。在发展中经济体尤其如此，因为国内中间产品的范围、成本和质量可能不适合制造满足外国消费者质量标准和外国下游生产者技术需求的产品。事实上，超过一半的中国出口是在加工贸易下进行的，绝大多数中国出口商密集使用进口投入品。

Chor等（2021）的工作推进了企业生产线扩张的研究前沿。其中，生产过程被视为一系列按技术顺序排列的阶段。该文提供了一个企业层面的分析视角，并发现了相关的新特征事实。该文首先分析了企业固有属性、生产线位置、内部运营和企业绩效之间的关系。这在贸易经济学领域关于全球价值链活动的研究与发展、产业组织理论和宏观经济学关于企业增长和产业结构转型的研究之间架起了一座桥梁。以往的研究将获得进口投入和从外国合作伙伴那里学习与公司生产率增长联系起来，研究了中国企业生产率和国内附加值贸易相关关系，并表明加工贸易可以成为实现更高附加值的"垫脚石"，要在金融摩擦的条件下进行利润更高、流动性更密集的一般贸易。根据投入使用、上下游生产环节的相似性或向更高技术成熟度的发展，从独特的研究视角窥探国家和企业两级产品范围扩展和产品过渡的系统性规律。

亦有研究认为生产链长度作为全球价值链的一个基本度量，定义为价值链中的阶段数，反映了生产过程的复杂性。这对于评估处于全球生产过程相对上游和下游阶段的国家的专业化模式是必要的，进而对生产链长度进行重新测度。第四篇导读文献Wang等（2017）从平均生产长度和生产网络的相对"上游度"方面开发了一套新的测度全球价值链特征的国家—部门水平指标，并讨论了全球生产率长度的变迁以及演变规律。该文将总生产长度划分为纯国内部分、与"传统"贸易相关的部分以及与涉及跨境生产共享活动的全球价值链相关的部分。虽然"生产链长度"计算生产阶段的数量，但一个国家部门在价值链上的"生产位置"是一个相对的概念。特定国家部门的全球生产网络中的相对

"上游"或"下游"只能通过比较前向和后向行业间联系衡量的生产长度来确定。该文提出一种新的生产链位置度量方法，即特定生产阶段（国家部门）到价值链两端的相对距离。

Wang等（2017）对生产链长度的度量在两个重要方面不同于平均生产阶段（Average Propagation Length，APL）的度量方法。首先，经济学的解释是不同的。生产链长度衡量的是一个国家部门中与某些主要因素相关的附加值沿生产链算作总产出的平均次数，直到它到达最终产品为止。它是特定国家（部门）对在整个经济中创造的增值足迹。APL被定义为一个行业开始的外生冲击在对另一个行业产生影响之前必须经历的平均阶段数，衡量两个行业之间产业间联系的平均距离。它侧重于部门间总产出的传播，与经济中的附加值大小无关。其次，计算思路是不同的。生产链长度是总产量与相关附加值或最终产品的比率。其分母是价值链产生的附加值或最终产品，其分子是价值链的累计总产出。APL不涉及部门增值。正如该文将要展示的，新的生产链长度测算结果是相对稳健的。例如，只要总产出和GDP保持不变，该文测算的总生产长度不会随着部门分类数量的增加而改变，而APL的数值估计值将随着行业分类数量的变化而变化。

对参与全球价值链的企业个体而言，价值链嵌入位置的变化影响企业生产边界决策。生产链的一个基本特征是序贯生产。汽车、计算机、手机和大多数其他制造产品的生产都涉及一系列阶段：原材料转化为基本部件，在组装成最终产品之前，这些零件与其他零件结合，以产生更复杂的投入要素。近几十年来，信息和通信技术的进步以及不断下降的贸易壁垒使得企业只能在其境内和国内经济中保留这些生产阶段的一小部分。以往在封闭环境中进行的研发、设计、零件生产、装配、营销和品牌推广在公司和国家之间日益分散。尽管企业和国家之间的生产分割变得更加容易，但契约摩擦仍然是价值链全球化的一个重大障碍。除了与设计丰富的或有合同相关的固有困难外，国际交易的合同条款和法律补救措施的执行水平极低。在这样的环境中，公司面临着复杂的组织选择。第五篇导读文献Alfaro等（2019）开发并测试了一个包含价值链嵌入的企业边界选择的产权模型。通过将一百多个国家的企业生产活动信息与投入产出表相结合，该文构建了企业边界测度框架，并分析了关键影响因素。该文指出一个企业是否整合位于上游或下游的供应商，取决于该企业所面临的需求弹性。此外，整合上游（相对于下游）投入的倾向取决于可收缩投入在价值链中的生产阶段，以及最终产品生产者的生产率。上述模式提供了强有力的证据，证明由合同摩擦驱动的因素在其价值链上对公司的所有权决策具有决定性影响。这为理解全球价值链中企业的扩张和收缩行为提供了一个有益的分析框架。

第二个领域是新技术冲击对全球供应链的影响评估。

现代供应链本质上是复杂的，由多层次、地理位置不连贯的实体组成。全球化、不同的监管政策以及供应链网络中不同的文化和人类行为使得在这个复杂的网络中评估信息和管理风险几乎不可能。低效的交易、欺诈、盗窃和表现不佳的供应链导致了更大的信任不足，故需要更好的信息共享和可验证性。事实上，处理中介机构所涉及的成本、其可靠性和透明度使管理供应链中的这种可追溯性更加复杂。

当前的供应链信息系统的目标在于能否以一种安全的方式支持并及时提供商品和服务所需的信息。解决这些复杂问题的办法在于提高供应链的透明度、安全性、耐久性和过程完整性。这个问题的答案可能是区块链技术。区块链对于供应链的设计、组织、运营和一般管理而言，可能是一种颠覆性技术。区块链保证信息可靠性、可追溯性和真实性的能力，以及无信任环境下的智能合约关系，都预示着其将在供应链本身和供应链管理领域引起重大变革。第六篇导读文献 Saberi 等（2019）认为区块链技术有望缓解一些全球供应链管理问题。尽管区块链应用的相关案例在过去几年中有所增加，就像任何潜在的颠覆性系统或技术一样，区块链在供应链网络的采用和实施中面临各种障碍。区块链仍处于发展的早期阶段，在行为、组织、技术或政策导向方面存在各种困难。这些问题在未来几年的学术领域中将是重要的。此时，新生的实际问题需要学术的探索与争鸣。该文不仅关注基于区块链的供应链挑战和障碍，还关注区块链采用的好处和在可持续供应链中的应用，讨论了与当前理论的关系、潜在新理论和研究的必要性。

二 精选文献导读

论文一：《全球价值链的概念解析》

Antràs, P., "Conceptual Aspects of Global Value Chains", *World Bank Economic Review*, Vol. 34, No. 3, 2020.

（一）作者简介

该文作者为 Pol Antràs，是哈佛大学经济学教授，自 2003 年以来一直任教。他也是美国国家经济研究局（NBER）的研究助理，在 NBER 他担任国际贸易和组织（ITO）工作组主任。他是经济政策研究中心（CEPR）的研究成员，也是 CESifo 研究中心的成员。自 2015 年以来，他担任 *Quarterly Journal of Economics* 的主编，此前曾担任 *American Economic Review*、*Review of Economic Studies*、*Journal of International Economics*、*Annual Review of Economics* 等期刊的编辑委员会成员。Antràs 的教学和研究领域为国际经济学和应用理论。他最近的研究重点是分析全球价值链，以及贸易不平等和代价高昂的再分配之间的相互作用。

（二）全文简介

全球价值链一直是国际经济研究的重点。其中，全球价值链的概念界定是研究相关问题的基础。全球价值链的概念是在经济全球化下所衍生出来的，也在全球化的发展中不断被赋予新的内涵。该文主要概述了全球价值链发展过程中关键性概念的演化。主要包含全球价值链一系列替代性解释和定义，并追溯了这些替代性概念对衡量这一现象的影响。同时，从国家、企业和关系层面阐明全球价值链参与的关键决定因素和影响。在此过程中，根据一系列新技术的出现，对全球价值链的未来发展提出了一些推论。

(三) 研究框架
1. 全球价值链的广义概念

从国家和行业角度出发，全球价值链被定义为由一系列生产向消费者销售产品或服务的阶段组成，每个阶段都会增加价值，并且至少有两个阶段在不同的国家生产。如果企业在全球价值链中至少生产一个阶段，那么它就参与了全球价值链。从广义的核心概念的表述中可以看出，定义更侧重于将其定义为生产中越来越多地使用外国附加值联系起来。全球价值链允许资源流向其最具生产性的用途，不仅在国家和部门之间，而且在各个生产阶段的部门内。因此，全球价值链放大了标准贸易的增长、就业和分配影响。在全球价值链的这种"超专业化"解释下，国际贸易的传统决定因素（如要素禀赋、地理位置、制度、市场规模）自然也与国家和行业融入全球价值链的程度相关。表1为全球价值链的广义与狭义概述。

测度：广义概念下的全球价值链所涉及的生产过程往往跨越国界多次，而且往往涉及两个以上的国家，也给全球价值链活动的计量带来了重大挑战。在目前世界经济研究中，最广泛使用的是记录了各国之间的中间购买与最终使用的世界投入产出表（World Input Output Table，WIOT）。WIOT能够反映近年来生产过程全球化的程度，以及各个国家和部门参与全球价值链的程度。但WIOT在全球价值链流量的部门分类方面相当粗糙，因此这些数据源遗漏了这些广泛定义的部门内发生的大量全球价值链活动。同时，在强假设下部分中间投入贸易流量数据是推断出来的。除WIOT以外，Yeats（1998）首次提出一种不同的、更精细的方法来衡量各国生产过程的分散程度，该方法包括计算行业类别所占的贸易流份额，可以合理假设这些行业类别只包含中间投入。

影响全球价值链的因素：在传统全球价值链的定义下，要素禀赋、合同安全、贸易成本及市场规模等因素影响各国在全球价值链中的参与。其中，要素禀赋在形成专业化方面起着各国在全球价值链中的定位作用。要素相对丰裕国家将在参与全球价值链中更具有比较优势。商品和服务间的国际交换在很大程度上受到契约摩擦的影响。同时，地理特征（如贸易距离）、基础设施效率低下和监管壁垒（如关税和配额）造成的贸易成本对贸易流的全球价值链的产生部分构成负面影响。市场规模同样在双边贸易流形成中起着作用,生产更多的大经济体预计出口更多,由于其收入更大,预计进口更多。

表1 全球价值链的广义与狭义概述

	广义	狭义
定义	在生产中增加外国附加值的使用,特别是在用于出口的生产中	在生产中增加外国附加值的使用,特别是在以出口为目的出口的生产中,但侧重于涉及定制投入和关系合同的公司间和公司内交易(不同于匿名、现货的同质商品交易)
概念框架	本质上需要更精细的全球价值链,需要更精细的国际分工(零部件贸易、服务)	全球价值链需要更精细的国际分工,但也涉及以下几个方面:进口商和出口商之间匹配;各方投资的特定关系;公司间和公司内的合同安全性涉及的货物、技术和信贷流动;不完整的合同执行
实证衡量	国家和行业层面;生产和出口中外国增加值的衡量标准(与后向和前向全球价值链参与指数相关);公司层面的类似措施	案例研究;分析公司内部贸易流动或全球所有权模式;关于公司层面贸易关系持久性的实证研究;基于协调制度产品的措施(匿名与关系)

参与全球价值链的影响:在全球价值链中,更精细的国际分工使得各国受益于其他国家的比较优势,进而带来更大的贸易收益。全球价值链也增加了各国间的技术扩散,对各参与国的经济增长率的影响似乎比传统贸易更大。但全球价值链也会对收入分配产生重要的影响,发达国家和欠发达国家的生产碎片化加剧会导致工资不平等加剧。贸易自由化对环境的影响也需要在全球价值链的世界中重新评估。此外,全球价值链中也会引发个别国家成为污染避难所。全球价值链也将引发其他宏观经济后果,如更大的经济周期同步和通胀溢出效应、汇率影响力削弱等。

2. 从企业层面对全球价值链进行定义

在现实世界中,参与国际贸易的不是国家或行业,而是企业。因此,从企业层面上对全球价值链参与进行概念化是富有成效的,尤其是在企业具有一定市场势力和生产过程具有规模收益递增特征的环境中。在理论层面上，文献中的开创性论文是 Melitz（2003）的论文。该论文侧重于行业内异质企业的出口决策，在假设企业在规模收益递增的技术下生产差异化产品赋予企业市场势力，而规模经济则与面临固定生产和分销成本的企业相关。企业通过比较国内外市场获得的在营业利润与在该市场分销产品相关的固定成本，确定是否向国外市场出口的决定。当采用企业层面的方法时，还可以区分由牵头企业组织的全球价值链和更分散的全球价值链，单个生产商承担建立上游和下游联系的成本。

测度：公司层面的数据集包含了进出口交易的信息，可有效用于构建全球价值链参与的衡量标准，其性质类似于上述基于全球投入产出表中国家（行业）信息的衡量标准。更具体地说，世界银行出口动态数据库中提供的交易级海关数据集可用于确定一个国家内参与贸易的一组企业，进一步区分出口企业、进口企业和进出口企业。当某个国家的某个公司同时进行进口和出口时，自然会得出该公司参与全球价值链的结论。企业层面的进出口信息也可以用来说明全球投入产出表在多大程度上准确描述了各国之间的增值贸易流。然而，上述企业层面的衡量标准仅确定了全球价值链参与的广泛幅度，而基于全球投入产出表的行业层面衡量标准也反映了全球价值链参与的强度。计算强度衡量标准使用企业层面数据进行全球价值链参与的难度更大。

全球价值链嵌入的影响因素：从企业层面的全球价值链嵌入是由许多在国家行业层面形成全球价值链嵌入的相同力量形成的。由此，其影响因素也较为一致，如要素禀赋、贸易成本和制度质量也对全球价值链流动的可能性方面发挥关键作用。但从企业层面，能够更加深入地剖析影响因素的作用机制，丰富影响的分析路径。

全球价值链嵌入的影响：相较于传统的定义，从企业层面来刻画全球价值链，其带来的影响也更加丰富。参与全球价值链能够通过降低成本和规模生产，提高企业生产率来改善收益率。全球价值链可能是一种特别强大的技术转让机制。全球价值链构成了具有共同目标的企业网络，下游企业通常会从其链中上游生产者的生产率提高中获益。从企业层面看是构成收入不平等加剧的重要根源，大公司往往会不成比例地从全球价值链参与中获益，企业的规模分布可能比没有全球价值链的世界更为扭曲。同时，大公司往往比小公司面临更低的需求价格弹性，而且成本降低往往只是部分地转移到价格上，尤其是大公司。从其他宏观经济影响而言，参与全球价值链的企业往往规模较大，而且往往同时从事进口和出口，进而降低了贬值在减少贸易失衡方面的有效性。

3. 从关联程度的角度理解价值链

全球价值链不断扩张，则呈现出向更精细的国际分工方向发展，也涉及一些额外的特征。其中，四个显著特征尤为重要：一是全球价值链参与者在相互匹配的过程存在摩擦，导致参与者之间产生"粘性"；二是全球价值链参与者经常进行大量特定关系的投资；三是全球价值链通常涉及大量技术、知识产权和信贷等无形资产等较为复杂的交易；四是关联度关系型全球价值链活动需要企业与企业之间的联系。

测度：衡量企业参与关系型全球价值链的程度非常困难。由于关系型全球价值链活动需要企业与企业之间的联系，在衡量企业层面的参与度方面存在困难。因此，关于全球价值链关系性质的最有影响力的工作往往侧重于特定部门和国家的特定案例研究。研究者主要通过现实的案例描绘出维持该部门全球生产的关系网。

影响因素：在一个关系型全球价值链的世界中，要素禀赋对全球价值链参与的影响在很大程度上类似于上文就全球价值链的广义概念所提出的影响。但从关系角度定义全球价值链为全球价值链活动和外国直接投资流动齐头并进提供了直接的解释。同时，参与关系型全球价值链的企业可能对其经营所在经济体的熟练劳动力的可用性特别敏感。此外，在关系型全球价值链中，信息流、机构质量及特定投资关系均成为影响全球价值链参与的重要决定因素。

影响：在全球价值链的广义概念下讨论的许多影响仍然适用。但从关系型全球价值链的三个特别独特的方面。关系方法澄清了全球价值链作为技术转让工具的作用。全球价值链中，大公司可能对其供应商拥有不成比例的讨价还价能力。在对质量敏感的情况下，关系型全球价值链可能引发一场人才大战，特别有吸引力的生产者的价格或特别有技能的个人的工资可能会被不成比例地抬高。

最后，对全球价值链的未来方向进行展望。随着新经济形势的出现，尤其是数字平台、区块链、自动化和3D打印等一系列新技术的出现，将对 GVC 的参与和贸易流带来不确定性的影响，全球价值链的内涵将进一步改变。

论文二：《全球价值链的地理学视角》

Antràs, P., A. De Gortari, "On the Geography of Global Value Chains", Econometrica, Vol. 88, No. 4, 2020.

（一）作者简介

第一作者为 Pol Antràs，是上一文献作者，不予累述。第二作者为 Alonso De Gortari，是普林斯顿大学国际经济学系的博士后研究员。作者获得了墨西哥城 ITAM 的学士学位和硕士学位，以及哈佛大学的硕士学位和博士学位。主要研究方向为全球化的经济影响。主要通过开发工具以更好地衡量不同国家的生产分散情况，并通过工具更好地分析贸易政策的影响。论文主要发表在 Econometrica、Journal of International Economics 等期刊上。

（二）全文简介

该文建立了全球价值链的多阶段一般均衡模型，从全球价值链地理位置的作用视角展开，研究了贸易壁垒如何影响全球价值链沿线的生产位置。在存在国际贸易壁垒的世界中，处于全球价值链特定部分的国家如何确定各国最优的生产阶段分配。进一步探讨对贸易政策以及更广泛的政策在塑造国家在价值链中的地位方面的作用研究。从而得出，在其他条件相同的情况下，将全球价值链相对下游的生产阶段定位在相对中心的位置是最优的结论。该文进一步开发并评估了模型的可处理、可量化版本，阐述了贸易成本的变化如何影响各国参与国内、区域或全球价值链的程度，并跟踪这些变化的实际收入后果。

（三）研究框架

首先，该文从简单的多阶段生产的局部均衡框架出发构造理论模型。在这个框架中，一个国家在一个贸易成本高的环境中最优地选择其各个生产阶段的位置。假设存在领导企业的环境中，企业通过成本最小化进行采购决策。进一步取消有领导企业的假设,即无企业协调价值链下,企业需要考虑将其生产成本降至最低时,还要考虑到其综合要素成本、生产率以及获得前一阶段成品的成本,如式(1)所示。

$$p_{l(n)}^n = \min_{l(n-1)\in J}\{(a_{l(n)}^n c_{l(n)})^{a_n}(p_{l(n-1)}^{n-1}\tau_{l(n-1)l(n)})^{1-a_n}\} \quad (1)$$

命题1:总生产成本相对于在第 n 阶段发生的贸易成本的弹性沿着供应链增加(即贸易成本随着 n 增加)。

其中,n 表示生产阶段,$l(n)$ 表示处于第 n 生产阶段的国家。$c_{l(n)}$ 表示第 $l(n)$ 国家的复合要素成本。$a_n \in (0,1)$,$a_{l(n)}^n$ 表示是第 $l(n)$ 国家在第 n 阶段的单位成本系数。$\tau_{l(n-1)l(n)}$ 表示需要从第 $l(n-1)$ 国家运送到第 $l(n)$ 的成品或未成品的单位成本。$p_{l(n)}^n$ 是价值链上的第 $l(n)$ 国家的第 (n) 阶段的生产企业收取的最低价格(离岸价)。递归求解得到的平衡路路径如式(2)所示。

$$l^j(n) = \arg\min_{k\in J}\{p_{k(n)}^n(l_{n-1}^k)\tau_{kj}\} \quad (2)$$

命题2:在有领导企业情况中成本最小化下 l^j 的解与分散企业情况中成本最小化的平衡路径一致。

从部分均衡框架中得出的一个重要见解是,随着企业向价值链越来越多的下游阶段迈进,地理位置(或贸易成本)在塑造全球价值链各个阶段的位置方面的相关性越来越明显。直观地说,每当贸易成本在很大程度上与所运输货物的总价值成正比时,这些成本就会沿着价值链复合,从而意味着贸易成本会侵蚀下游环节相对于上游环节的更多附加值。

尽管部分均衡模型的结果表明,更多的国家应该在全球价值链的相对下游阶段拥有比较优势,证明这一结果需要建立全球价值链的一般均衡模型。其中,生产成本由内生决定,也由贸易壁垒决定。该文将Eaton 和 Kortum(2002)的李嘉图贸易模型应用于多阶段生产环境,并对全球价值链不同阶段的国家参与进行了精确预测。其中,各国的劳动生产率和贸易成本差异的组合决定了各国在全球价值链中的均衡地位。运用三种替代方法证明 Eaton 和 Kortum(2002)框架在李嘉图模型中的多阶段生产的可处理性。在三种替代方法下,产生完全相同的平衡方程。模型生成了一个封闭形式的表达式,表示任何国家的潜在生产路径构成服务消费者成本最小化路径的概率。

其次，运用全球价值链生产率的极值表示法，获得世界均衡中不同全球价值链的相对流行率（以价值计算）以及每个国家的总价格指数的封闭式表达式。该文研究了一般均衡的存在性和唯一性。同时，李嘉图多阶段框架还提供了一个简单的公式，将实际收入与纯国内价值链的相对普遍性联系起来。

命题3：由于各国从价值链特定部分的专业化中获益更多，生产力在生产各阶段的高度分散导致了更高的贸易收益。

命题4：随着生产分为越来越多的生产阶段，贸易收益可能会变得无限大。

接下来，确定了中心性—下游关系。将给定国家 i 的平均生产上游定义如式（3）所式。

$$U(i) = \sum_{n=1}^{N}(N-n+1) \times \frac{\sum_{j \in J} \alpha_n \beta_n \times Pr(\Lambda_i^n, j) \times \omega_i L_i}{\omega_i L_i} \quad (3)$$

其中，分子表示所有国家（j 的总和）在第 n 阶段生产的 i 的全球附加值。分母是国家 i 的GDP。中心性的定义为到所有国家的平均距离，按每个国家的成品总消费量加权，如式（4）所示。

$$C(i) = \sum_{j \in J} \tau_{ij} \times \frac{\omega_i L_i}{\sum_{k \in J} \omega_k L_k} \quad (4)$$

在生产成本最小化的公式中，上游度 $U(i)$ 和中心度 $C(i)$ 之间存在负向联系。进一步表明一个国家在全球价值链中的平均下游度应该在该国的中心度上增加（保持其他比较优势决定因素不变）。推出命题5：如果贸易成本是对数可分的，并且生产的增值强度沿链条递减。那么一个国家越处于中心位置，该国家在全球价值链生产中的平均上游性越低。同时，为这种中心性—下游关系和模型的一个关键机制提供了提示性的经验证据，即下游阶段的贸易流对距离的弹性大于上游阶段。

进一步，在以上框架下沿着几个维度进行了拓展，进一步丰富了李嘉图贸易模型。具体来看，在行业中引入了多个行业和丰富的投入产出联系，并考虑了取决于一个行业的产出是用作最终消费还是用作不同行业的中间投入的技术。利用模型产生的最终商品和投入品价格分布的特性，证明了模型各种版本提供了各国最终商品和投入品贸易流的封闭形式表达式，可以很容易地映射到世界投入产出表（WIOT）的各种条目。

近年来，这些类型的世界投入产出表的各种版本已经面世，包括世界投入产出数据库、经合组织的 TiVA 统计数据和 Eora MRIO 数据库。

最后，利用框架的可处理性，从 WIOT 各个条目的数据中剔除模型的基本参数，在国家层面进行汇总。该文的实证方法包括校准和估计。研究表明，当各国国内成本变化时，均衡条件揭示了一种简单的方法，可以从国家内部和国家之间的双边贸易流数据中，推断出各国之间的双边贸易成本矩阵。该文的方法类似于 Head 和 Ries（2001）中的方法，但它只要求使用最终贸易流。该文修正了一个关键参数，该参数控制生产率的弗里切特分布的形状，以（大致）匹配模型的总贸易弹性。在一组国家 J 和若干阶段 N 的条件下，通过广义矩量法（GMM）估计模型的剩余参数，其中以 WIOT 的所有条目为目标。使用 2014 年世界投入产出数据库的数据进行估计，该数据源被视为提供了 43 个国家和世界其他地区样本国家和地区间中间投入和最终双边贸易流的相对高质量和可靠数据。实证结果显示，该模型能够很好地匹配数据。

通过对模型基本参数的估计，通过建立反事实分析框架，说明贸易壁垒的变化如何影响各国参与国内、区域或全球价值链的程度，并追踪这些变化的实际收入后果。研究发现从多阶段生产模型中获得的贸易收益（即恢复自给自足的收入损失）平均比从没有多阶段生产的模型中获得的收益高出 60%。类似地，研究发现，对于这两个国家来说，假设中美经贸摩擦造成的实际收入损失，在连续生产的情况下比没有连续生产的情况下高出近 50%，尽管这样的摩擦很可能有利于第三国。

（四）研究贡献

该文对从地理位置角度研究全球价值链的相关研究进行了梳理。在理论方面，近年来相关理论框架强调了生产顺序性在企业全球采购决策中的作用。相关的研究要么完全从贸易成本建模中抽象出来，要么以高度程式化的方式引入此类壁垒。例如，假设所有国家面对共同贸易成本。在实证方面，从 Johnson 和 Noguera（2012）的开创性工作开始，越来越多的工作关注追踪贸易流的增值内容，并利用这些流动更好地记录全球价值链的崛起以及各国参与这一现象的情况。在数量方面，已经开发了具有国家间投入—产出联系的定量框架，但模型采用的生产结构没有明确的生产顺序。

该文研究了贸易壁垒如何影响全球价值链沿线的生产位置。在逐渐放松假设的前提下，开发了一个多阶段一般均衡模型，并提出在高维环境中可行地解决模型的工具，证明由于价值链上贸易成本的复合效应，相对中心的国家在相对下游的生产阶段获得了比较优势。同时，该文的研究框架从许多现实的特征中抽象出来，进而研究全球价值链在多阶段、多国家环境中的最佳治理决策。该文侧重于对近些年突出性的贸易壁垒影响性因素的分析，以分析国际形势变幻下对全球价值链带来的影响，使研究更具有现实性。

虽然模型的研究过程中具有侧重性的分析，该文构建的理论框架应成为国际经济问题研究的良好平台，以促进对贸易政策以及更广泛的政策在塑造国家在价值链中的地位方面的作用的研究。对各国是否应该积极推行促进其参与全球价值链的政策决策研究提供理论基础。

（五）政策启示

从现实来看，贸易壁垒下的全球价值链的研究是中国当前对外经济发展的一个重要的方面。自改革开放以来，中国一直奉行对外开放的政策，在"引进来"与"走出去"中不断融入全球经济发展，成为全球价值链中不可或缺的一部分。中国的经济发展也从全球价值链分工中不断受益，加工、出口一度成为中国经济增长的重要驱动力。然而，随着中国不断融入全球价值链，参与国的贸易政策对中国经济产生重要的影响。例如，2018年中美经贸摩擦对中国贸易经济产生了严重的冲击。在部分壁垒化的世界经济中，如何更好参与到全球价值链中，在世界范围内实现资源优化配置，促进中国经济的"外循环"是十分值得探讨的问题。

当然，全球价值链的研究主要是为国家贸易政策及企业决策提供理论层面的支持。在分析全球问题的过程中，将针对现有突出性的事实和特征纳入分析，在理论与现实互相印证的基础上，搭建更全面性的研究框架将更具有研究意义。在全球价值链演化的过程中，地理位置因素对贸易成本的影响更为敏感。该文对全球价值链地理位置的剖析，进一步丰富了国际贸易决策的研究。尤其是在国际经济不断变化的背景下，贸易壁垒下的地理位置的决策也具有现实性的意义，也为国内全球价值链的研究提供了一个重要的视角。

论文三：《像中国一样增长：公司业绩和全球生产线地位》

Chor, D., K. Manova, Z. Yu, "Growing Like China: Firm Performance and Global Production Line Position", *Journal of International Economics*, Vol. 130, No. 103445, 2021.

（一）作者简介

第一作者为 Davin Chor，是塔克商学院经济系的副教授，也是达特茅斯全球化学术研究机构的负责人。2000 年于哈佛大学获得经济学和统计学学士学位，后于哈佛大学获得经济学博士学位。2007 年加入新加坡管理大学，后于 2018 年至今担任达特茅斯学院塔克商学院副教授一职。Davin Chor 教授长期从事国际贸易、政治经济学、发展经济学与经济史的研究与教学工作。主要成果发表在 *Econometrica*、*Review of Economics and Statistics*、*Journal of Economic Perspectives*、*Journal of International Economics* 等期刊上。

第二作者为 Kalina Manova，是伦敦大学学院经济学教授和系副主任，专攻国际贸易和投资。她从哈佛大学获得学士、硕士和博士学位，曾任斯坦福大学助理教授、普林斯顿大学客座助理教授和牛津大学教授。她在欧洲经济协会担任理事，也是 *Review of Economic Studies*、*American Economic Journal: Economic Policy* 和 *Journal of International Economics* 国际知名期刊的编委会成员。她是经济政策研究中心研究员，伦敦经济学院经济绩效中心副研究员，国际增长中心研究附属机构、塞西福研究所附属机构以及英格兰银行外部顾问。她的研究探讨了国际经济学的三个主题：一是，金融摩擦对国际贸易、跨国活动和全球化收益的影响；二是，企业异质性在生产率、质量和管理中的作用；三是，全球价值链对企业绩效的决定因素和后果。

第三作者为俞志宏，是诺丁汉大学经济系的副教授。俞志宏于1996 年在上海大学取得数学学士学位，2000 年在华东师范大学大学取得经济学硕士学位，2006年在诺丁汉大学取得国际经济学博士学位。主要研究方向为国际经济、产业组织、中国与世界经济。论文主要发表在 Journal of International Economics、Economic Theory、Review of Economics and Statistics 等期刊上。

（二）全文简介

近几十年来，全球价值链从根本上改变了国际贸易和发展。该文使用匹配的企业层面的海关和制造业调查数据，以及中国的投入产出表，来研究中国企业如何在全球生产线上的位置，以及在企业生命周期中，生产线的定位如何与生产率和绩效的演变。1992—2014年，无论是在总量上还是在企业内部，中国对外贸易的进口上游度急剧上升，出口稳定，生产阶段迅速扩张。当企业变得生产效率更高、生产规模更大和更有经验时，它们将跨越更多的生产阶段。这个延展的过程表现出来的是要素投入、生产增加值、固定成本投入和利润的增加。该文用企业生命周期的程式化模型来合理化这些模式，并在生产规模和执行阶段的范围之间进行互补。

（三）研究框架

1. 样本、指标构建

该文涉及三个综合数据集。第一个数据集涵盖1992—1996年，以美元为单位报告了中国各省份的进出口总额、HS 6位数产品（约5000个类别）、企业所有权类型和贸易制度。第二个数据集提供了1997—1999年区城市企业的分类数据。该数据集记录了每个中国城市的总出口和进口价值（以美元计）、HS 8位数产品（约6500个类别）、企业所有权类型和贸易制度。该文使用前两个数据集来阐明20世纪90年代中国进出口上游的总体趋势。第三个数据集——中国海关贸易统计数据（CCTS）——包含2000—2014年中国国际贸易交易的总体数据。企业进出口的美元价值按HS 8位数产品、企业所有权类型和交易贸易制度划分。为将月度贸易流量固有的季节性和不确定性剔除，该文将原始数据汇总到年度层面。当附加到前两个数据集后，该文对国际贸易的覆盖范围扩展到1992—2014年。

有关中国企业层面的信息，该文使用了中国国家统计局进行的

1999—2007年度工业企业年度调查（Annual Survey of Industrial Firms，ASIF）。包括以下变量：规模（总销售额）、投入（就业、平均工资、中间投入和材料采购）、附加值、资产结构（净固定资产、存货）和绩效（利润）。此外，该文从ASIF中提取了每家公司的年龄和主要活动行业（根据中国GB/T编码系统分类），使用这些数据构建了企业生产率的几个标准度量，即每名工人的实际增加值，以及基于生产函数估计的基于收入的全要素生产率度量（TFPR）。更具体地说，为了构建TFPR，该文直接利用ASIF获取劳动力投入（就业）和中间投入的数据，在GB/T两位数行业级别（30个类别）对每个TFPR测量值进行生产函数估计。

2. 主要指标

（1）关于产业上游度测度

该文使用中国投入产出表构建不同行业生产线位置的度量。从概念上看，行业 i 的上游量 U_i 是指从最终需求开始的阶段数的加权平均值。在一个有 N 个行业的经济体中，计算得到 U_i，见式（1）。

$$U_i = 1 \cdot \frac{F_i}{Y_i} + 2 \cdot \frac{\sum_{j=1}^{N} d_{ij} F_j}{Y_i} + 3 \cdot \frac{\sum_{j=1}^{N} \sum_{k=1}^{K} d_{ik} d_{kj} F_j}{Y_i} + \\ 4 \cdot \frac{\sum_{j=1}^{N} \sum_{k=1}^{N} \sum_{l=1}^{N} d_{il} d_{lk} d_{kj} F_j}{Y_i} + \cdots \tag{1}$$

式中，Y_i 是行业 i 的总产出，F_i 是直接用于最终用途（即消费或投资）的产出价值。d_{ij} 是中国IO表中的直接需求系数，这是作为投入生产价值1元的工业 j 产出的值。上式将直接用于最终用途的第一个产业产出份额的权重指定为1，将通过另一个行业输送至最终用途的份额的权重指定为2，依此类推。U_i 可以通过几个简洁的矩阵代数步骤进行评估。特别地，让 D 表示直接需求系数的矩阵，即第 i 行和第 j 列等于 d_{ij} 的 $N \times N$ 矩阵。同样，将 F 定义为第 i 个条目为 F_i 的列向量。上式的分子正好等于第 i 个的 $[I-D]^{-2}F$，其中 I 是 $N \times N$ 单位矩阵。上式的分母 Y_i 依次等于第 i 个的 $[I-D]^{-1}F$，这是工业总产出的常见 Leontief 逆矩阵公式。U_i 越大，则行业 i 到最终产品经历的生产阶段越多。

（2）企业的生产线位置

该文进一步计算了 f 公司进口（U_{ft}^M）和出口（U_{ft}^X）的加权平均

上游量，以及二者之间的差额 $U_{ft}^M - U_{ft}^X$，具体见式（2）所示。

$$U_{ft}^M = \sum_{i=1}^{N} \frac{M_{fit}}{M_{ft}} U_i , \quad U_{ft}^X = \sum_{i=1}^{N} \frac{X_{fit}}{X_{ft}} U_i , \quad U_{ft}^M - U_{ft}^X = \sum_{i=1}^{N} (\frac{M_{fit}}{M_{ft}} - \frac{X_{fit}}{X_{ft}}) U_i$$

（2）

由于海关数据库按 HS 产品代码报告贸易流量，该文使用 HS 产品代码和中国 IO 行业类别之间的一致性表，以获得 t 年各公司 IO 行业 i 的出口（X_{fit}）和进口（M_{fit}）价值。$X_{ft} = \sum_{i=1}^{N} X_{fit}$、$M_{ft} = \sum_{i=1}^{N} M_{fit}$ 分别代表 f 公司的总出口和进口，因此上式中的权重与公司整体贸易概况中各行业的出口（进口）份额成比例。

该文将 U_{ft}^M 和 U_{ft}^X 解释为该公司全球生产线位置的综合度量。在实践中，全球生产过程的组织形式复杂，其中一些部分以阶段序列（"蛇形"）为特征，而其他部分可能以类似于中心辐射的方式（"蛛网"）进行设置。即使在缺乏关于每个企业如何构建和定位其特定运营的详细信息的情况下，$U_{ft}^M - U_{ft}^X$ 也能够捕捉企业在这些生产过程中的位置。利用中国海关关于企业层面进出口的数据将这些数据与一组相对分散的行业的上游指标相结合，以推断企业活动在全球价值链中相对于最终需求的平均定位。特别是对于进出口的非中介公司，可以将 U_{ft}^M 视为捕捉该公司带入中国的原材料和中间投入品的平均上游量，而 U_{ft}^X 则反映了出售给全球买家的半成品或成品的平均上游量。该文将进出口位置的差额 $U_{ft}^M - U_{ft}^X$ 作为该公司在中国监督或协调的生产阶段跨度的信息。这可以采取直接内部生产的形式，但不排除外包给其他国内供应商的可能性。

3. **实证设计与结论**

该文使用 ASIF-CCTS 的匹配数据，研究了中国企业的全球生产线地位如何随着时间的推移随着其运营和绩效而演变。首先，该文分析生产率、规模和经验如何与企业层面的进出口上游关联。其次，该文记录了企业的全球生产线位置如何随企业投入、成本、资产和利润的结构而变化。实证结果与稳健性检验得到以下三个结论。

结论 1：在中国情境下，当企业变得更具生产效率、规模更大或经验更丰富时，它们的进口会显著地向上游转移，它们的出口会适度地更接近最终需求，并且它们跨越更多的生产阶段。

结论2：当企业跨越更多的生产阶段时，它们会增加生产附加值、总投入购买量和总收入，并与销售额成比例增长。

结论3：当企业跨越更多的生产阶段，它们就会增加固定成本和资产，还赚取了更高的利润，利润与销售额成比例增长。

4. 提炼理论模型

论文的实证分析揭示了中国企业属性及其生产线位置在企业生命周期中共同演化的新的典型事实。该文在此基础上提出一个概念框架，可以使这些事实合理化，并给出内部一致的经济解释。考虑一个标准化的、局部均衡的设置，其中公司在给定的市场条件下，如中间产品在不同的完成阶段的价格。其目的是基本的框架下理解企业生产阶段跨度的一些关键权衡，以建立更完整的理论逻辑链条。

（四）研究贡献

该文在既有文献的基础上，主要有三个方面的贡献。

第一个贡献是估测了中国企业在全球价值链中的地位，并追溯其在1992—2014年的演变。该文利用详细的中国投入产出表为135个行业构建了一个行业层面的上游衡量指标。该衡量标准根据行业在达到最终用途（即消费或投资）之前用作生产投入的加权平均阶段数来衡量行业与最终需求的距离。较高的值与更多的上游部门（例如橡胶）相关，较低的值表示更接近最终需求的部门（例如汽车）。由以上测度方法确定了中国参与全球价值链的三个宏观趋势。首先，在1992—2014年，中国的进口变得更加上游，而中国的出口变得更接近最终需求。值得注意的是，这些趋势在2008年后逐渐减弱，恰逢中国贸易占GDP的比率达到顶峰并开始放缓。这些发展主要是由一般贸易推动的，而不是由加工和其他贸易制度下管理的流量推动的。其次，使用正式分解，结果表明2000—2014年总进口上游度的增加的主要原因是新进入企业进一步向上游进口和企业内部进口上游性的提高。最后，使用具有企业和年份固定效应的回归发现，随着时间的推移，企业进口上游度更高，且出口变得更接近最终需求，并且在2000—2014年，中国生产阶段的跨度迅速增加。

第二个贡献是建立了关于中国公司属性、生产线位置、经营和公司绩效之间关系的新特征事实。首先，当企业变得更有生产力、规模更大或更有经验时，它们在中国的上游进口明显增加，出口适度接近最终需求，并跨越更多的生产阶段。这些结果适用于企业生产率（基于每个工人的实际增加值、基于收入的全要素生产率估计）、企业规模（销售、就业）和企业经验的不同衡量标准（年龄，累计过去的贸易活动）。其次，当企业跨越更多的生产阶段时，它们会增加生产中的附加值、材料投入的总购买量和劳动力投入的使用量，且均与产出成正比。最后，当中国企业执行更多的生产步骤时，它们也会提高固定成本和资产（分别以库存持有量和净厂房、财产和设备代表），并获得更高的利润。值得注意的是，利润率基本保持不变。该文发现在一系列稳健性检验和敏感性测试下这些事实仍然成立。无论是否进一步以企业层面的技能强度（平均工资）、资本强度（每名工人的净固定资产）或加工贸易份额为条件，结果都成立。

第三个贡献是开发了一个公司决策的部分均衡模型，该模型决定了在生产链中的何处运营以及执行哪些生产阶段以实现利润最大化。模型的目标是提供一个基线概念框架，使数据中的公司事实合理化，并突出发挥作用的关键经济机制，而不是全面描述一般均衡中的公司相互作用、价格设定和市场出清。在模型中，价格接受企业购买中间投入来自上游供应商的产品，通过连续生产线将这些产品加工成更完整的产品，并在竞争激烈的市场上销售他们的产品。每家公司都面临着如何在上游（或未完成）购买中间投入，以及如何接近最终需求（或完成）产出以进行生产的决策；这些反过来又决定了公司的生产阶段跨度。从上游看，企业面临着在采购更充分加工但更昂贵的投入与执行超边际生产步骤的固定和可变成本之间的权衡。从下游看，企业同样会权衡以更高的市场价格销售更多成品的好处与承担更多生产阶段的固定和可变成本。通过这个标准化模型，该文将第一个公司事实（生产链长度的扩张）解释为与公司生产率变化对其最佳生产线位置的因果影响一致。这种解释延伸到企业规模和经验的研究结果，在一定程度上，生产率越高的企业生存概率越高，企业规模的变化源于企业生产率的潜在变化。

(五) 政策启示

该文的研究结果阐明了有关全球价值链与公司成长的政策问题。结论表明，各国在生产链各个部分的分散可以使企业首先专注于全球价值链的某个部分，并逐渐扩展到更多的生产阶段，扩大生产规模，实现更多价值增值，获取更高利润。这种增长路径在新兴经济体可能尤为重要，在这些经济体中，生产力较低、经验不足的公司可以从外国买家和供应商的知识转移中获得更多收益。信用受限的公司也可以从减少生产阶段开始，以积累留存收益并使用内部资本为供应链的后续扩张提供资金。因此，在全球价值链的视角下，该文发现了公司生命周期事实，指出未来工作可以探索的潜在宏观影响。

在全球价值链分工这一广泛议题上，今后的研究工作仍有很大余地。随着中美经贸摩擦、科技竞争的加剧，以及新冠肺炎疫情导致的全球经济放缓，追踪这些可能导致跨境供应链脱钩的事态发展如何影响中国企业的全球价值链定位的现实意义重大。另外，对中国以外的其他国家样本进行实证研究，以记录其他寻求参与全球价值链的发展中国家是否存在类似的趋势和特征，将是有益的。尤其欢迎企业层面的数据集包含关于国内投入品采购的产品组合或国内供应商身份的更详细信息，以便阐明垂直一体化在影响企业阶段跨度方面可能发挥的作用。这些实证研究结果将反过来为企业参与全球价值链和企业层面成果之间相互作用的更丰富模型的发展提供有用的信息。在这方面，特别令人感兴趣的是贸易收益在公司和国家之间分配的影响。

论文四：《全球价值链的特征：生产长度和上游》

Wang, Z., S. J. Wei, X. Yu, et al., "Characterizing Global Value Chains: Production Length and Upstreamness", *NBER Working Paper*, No. 23261, 2017.

(一) 作者简介

第一作者王直是美国乔治梅森大学政策与政府学院资深研究员，也是对外经济贸易大学全球价值链研究院教授、博导，全球价值链研究院海外院长。他于1994年在明尼苏达大学获得应用经济学博士学位，辅修计算机与信息科学专业。在美国国际贸易委员会研究部担任首席经济学家十多年。研究领域包括可计算一般均衡建模、全球生产网络中的价值链、增加值贸易测量、数据协调方法、大中华地区、中国经济体之间的经济一体化以及国际贸易。他的成果发表在世界领先的经济类期刊 *American Economic Review*、*American Journal of Agricultural Economics*、*Journal of Development Economics*、*Journal of International Economics*、*Journal of Economic Dynamics and Control*、*Journal of Regional Sciences*、*Journal of Comparative Economics*、*Journal of Policy Modeling* 等。

(二) 全文简介

在平均生产长度和生产网络的相对"上游度"方面，该文开发了一套新的全球价值链特征的国家部门水平指标，该文认为这些指标优于文献中现有的指标。该文将生产活动分为四种类型：一是，增加值既在国内产生又在国内吸收的生产活动；二是，增加值仅在国内消费一次的生产活动；三是，增加值仅在国内生产一次的生产活动；四是，增加值不止一次跨境的生产活动。基于上述核算框架，该文进一步将总生产长度分解为不同的部分。利用这些指标，该文描述了2000—2014年44个国家和56个部门的跨国生产共享模式及其演变。研究发现，虽然整个世界的生产链已经变长，但在不同国家和部门之间存在着有趣的差异。

(三) 样本、指标构建

1. 生产链长度

该文将生产链长度定义为一个国家（部门）的主要投入另一个国家（部门）的最终产品之间的阶段数，该方法提供了更好的内部一致性和更容易的经济解释。例如，在该框架中，价值链的平均生产长度是一个国家（部门）的生产要素创造的附加值在连续生产过程中被计算为总产出的平均次数；它等于累计总产出与相应的增加值之间的比率。具体分解的指标体系如图1所示。

◈ 专题一：产业经济

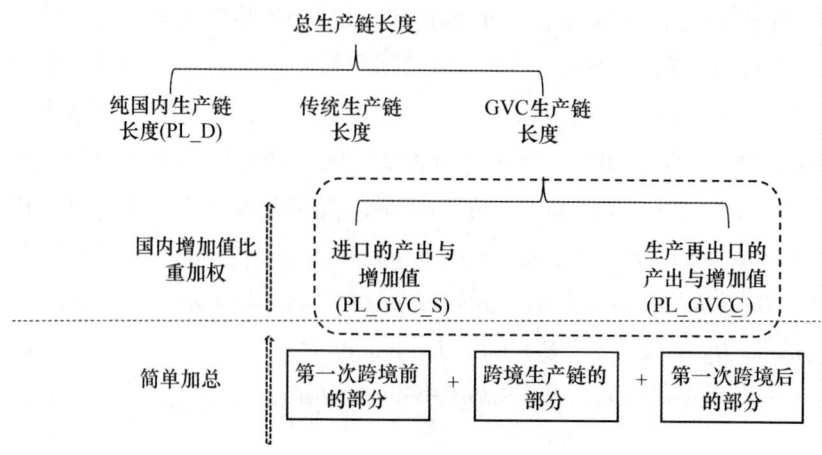

图1 生产链长度测算体系

2. 生产链位置

全球价值链生产线不仅有开始和结束阶段，还可能有许多中间阶段——因为全球生产链中的增值需要生产活动跨越国界。因此，全球价值链位置指数是一个相对的衡量标准。如果一个国家（部门）在特定的生产阶段参与全球价值链，那么之前发生的生产阶段越少，该国家（部门）在特定全球价值链中的上游位置就相对越高。此外，在所讨论的国家（部门）之后的生产阶段数量越少，国家（部门）在全球价值链中的下游就越多。这表明，有意义的生产线位置指数需要考虑全球价值链两端的长度阶段。

作为全球生产网络中的一个节点，特定国家部门的前向联系越长，国家部门的上游联系就越多。相反，某一特定国家（部门）的后向联系越长，该国家（部门）的下游联系就越多。部门 s 在全球价值链中的生产位置 $GVCPs$ 可以定义为两个生产长度的比率，如式（1）所示。

$$GVCPs = \frac{PLv\_GVC}{[PLy\_GVC]} \qquad (1)$$

PLv_GVC 代表前向生产链长度，PLy_GVC 代表后向生产链长度。$GVCPs$ 的值越大，表示国内该部门的上游度越高。上式意味着生产线位置与生产长度的度量密切相关，但生产长度的度量可能并不直接显示生产线位置。只有通过加总，同时考虑特定国家（部门）对基于正向和反向链接的生产长度度量，首先确定其与所有相关生产线的起始和结束阶段的"距离"，相对"上游度"或可以合理确定特定国家（部门）对全球生产的"下游度"。最重要的是，根据上式的定义，如果国家部门 A 比国家部门 B 更上游，那么国家部门 B 必须比国家部门 A 更下游。换言之，这两项指标对国家部门的相对排名是一致的。这解决了当前文献中使用的生产位置指数的一致性问题。此外，这样一个全球价值链位置指数具有良好的数值特性：因为在全球聚合水平上，基于前向和后向联系的全球价值链生产长度是相同的，并且该指数等于 1。

（四）测算结论
1. 全球价值链长度的基本特征

该文将上述新方法应用于最近更新的 2000—2014 年 44 个国家和 56 个行业的 WIOD 数据集。根据新的测算结果。全球价值链明显长于所有国家和行业的纯国内和传统贸易生产，复杂的全球价值链生产活动明显长于简单的全球价值链生产活动。

以"计算机、电子和光学产品"部门为例。第一，中国的生产长度指数值总是高于美国，这意味着中国创造的附加值（前向联动）在达到最终用途之前必须经过更多的步骤，或者中国生产的最终产品（后向联动）在其上游生产过程中有更多的阶段。第二，与纯国内和传统的最终产品贸易相比，全球价值链创造的附加值具有最长的生产长度。随着全球价值链生产过程涉及更多的参与者和生产步骤，这一结果显得直观合理。当全球价值链生产进一步划分为简单和复杂的跨国生产共享活动时，后者更长。在这种情况下，从直接进口国回流到全球生产网络的附加值可能还要经过几个生产阶段，可能是在其他国家，也可能是回流到来源国，最后才体现在最终产品中。第三，比较美国和中国之间全球价值链长度的三个部分，中国的国内部分似乎比美国长，这表明中国从事更多的国内生产阶段，而美国则倾向于在全球生产共享网络中将其生产活动离岸化。

从产业部门大类的角度出发，与工业相比，农业，尤其是采矿业，倾向于具有更大的前向关联长度，但具有更短的后向关联长度。此外制造业部门可以在前向和后向联系的基础上拥有更长的时间。与各国相比，中国在大多数行业中，无论是基于前向和后向联动的措施，都拥有最长的生产长度。作为世界工厂和世界第二大经济体，全球价值链的更多生产阶段发生在中国境内。一般而言，新兴经济体的总产量和全球价值链都比发达经济体长，因为其生产链的国内部分较长。

2. 全球价值链长度的动态变化

大多数研究得出的结论是，今天的全球生产比几十年前更加分散。该文的新方法结果也显示，全球价值链正在变长，这反映了全球价值链生产和贸易活动日益分散。世界平均"总生产长度"有明显的上升趋势，特别是在2002年后。这一趋势在2008年至2009年被国际金融危机暂时打断。此外，全球价值链的延长反映在简单和复杂的全球价值链生产活动中，但复杂的全球价值链延长更为显著。

该文指出，全球价值链长度的增加主要由两个因素驱动：第一，生产过境点数量的增加。第二，全球价值链首次跨越国别边界后的生产链延长。因为在简单的全球价值链活动中，生产过境点的数量是恒定的，所以复杂的全球价值链活动的延长是主要的驱动力。

尽管全球价值链在2000—2014年变得更长，但中国、德国、日本和美国四个经济体的驱动力是不同的。对中国来说，国内部分的延长是一个主要特征，反映出中国通过在国内发展更多的生产阶段，实现了更深、更精细的分工。对三个发达工业经济体而言，情况正好相反：它们全球价值链生产线的延长是由其他国家境内过境点和生产阶段数量的增加所驱动的，而国内生产长度甚至变得更短。这与发达国家严重依赖离岸来组织其全球生产网络的事实是一致的。

2000—2014年，农业、制造业、服务业和矿业四个总行业的全球价值链生产长度都变长了，但潜在的驱动力是不同的。在农业、制造业和服务业，复杂的全球价值链部门的增长速度远快于简单的全球价值链部门，但农业的主要驱动因素是生产链的国内部分从更精细的分工中拉长，而制造业和服务业的主导力量是外国过境点数量和生产阶段的增加。相反，在矿业部门，简单全球价值链的长度增长快于复杂全球价值链。

3. 新方法与 APL 方法比较

APL 已用于测量生产中的长度的缺点是，随着行业分类汇总水平的变化，它也会发生变化。该文定义的生产长度等于增值的次数，并将总产出作为主要因素体现在最终产品中。该比率对部门分类的分解水平是不变的。这是新的生产长度测度方法相对于 APL 的一个优势。

该文根据原始 WIOD 数据计算了生产长度和 APL，将原始表格从 56 个部门分别汇总成 10 个、3 个部门。结果表明，APL 指数的大小随着聚合水平的增加而增加，而新的生产长度在 3 个不同的部门聚合中保持不变。在国家和部门层面上，新的生产长度度量也比不同部门聚合下的 APL 更加稳健。随着行业分类变得更加细分，APL 指标存在系统性的向上偏差，而新的生产长度指标因聚合而发生的变化要小得多，几乎为零。在国家和部门一级也可以找到类似的情况。

4. 全球价值链位置

该文测算了 2014 年基于前后联动的总生产长度和全球价值链生产长度的比率，得到了两种类型的生产线位置指数，结果表明，在报告的 20 个经济体中，中国、印度和墨西哥相对靠近下游。然而，这两类指数为上游国家提供了非常不同的排名。例如，根据基于总生产长度的位置指数，加拿大排名在上游，而根据基于全球价值链生产长度的位置指数，加拿大排名在底部。与此同时，日本、法国和比利时等其他一些国家的排名也有所上升。这种差异可能来自一个经济体的总生产和全球价值链生产活动之间的结构差异。基于总生产长度的地位指数衡量一个国家的整体生产活动，包括其纯国内生产和与跨国生产活动无关的传统贸易生产（这一部分通常在许多经济体中占主导地位），而基于全球价值链生产长度的地位指数只关注一国在跨国生产分享活动中的地位，因此该文将其定义为"全球价值链地位指数"。对特定部门的生产线位置指数和时变趋势的分析结果亦显示，基于前后联动的总生产长度更为符合经济学直觉。

（五）研究贡献

首先，该文研究结果表明，随着时间的推移，中国等新兴经济体经历了整体生产链的延长。就整个世界而言，随着时间的推移，生产线变得更长。其次，该文将总生产长度的变化分解为纯国内部分的变化、与传统贸易相关的部分的变化以及与全球价值链相关的部分的变化。通过这种分解，研究发现国际生产长度已逐渐成为总生产长度的一个上升部分，尽管这一趋势在2011年后停止。最后，该文分析了全球价值链在最近全球金融危机中传递经济冲击的作用，发现一个国家（部门）的全球价值链参与强度具有显著影响。一个国家部门参与全球价值链的程度越深、力度越大，全球经济冲击连锁反应就越大。此外，全球危机的影响随着相关全球价值链国际部分相对长度的延长而扩大。

（六）政策启示

通过新的全球价值链长度测算方法可以从多个维度全面了解每个国家（部门）的全球价值链活动。所有这些指数都是在分解生产活动统计数据（如按行业划分的GDP）的基础上建立的，可以进一步划分为不同的组成部分，并有明确的经济解释。通过根据真实世界的数据估计这些指标，可用于增进对全球供应链的理解。

论文五：《全球价值链内部化：企业层面的分析》

Alfaro, L., D. Chor, P. Antras, et al., "Internalizing Global Value Chains: A Firm-Level Analysis", *Journal of Political Economy*, Vol. 127, No. 2, 2019.

（一）作者简介

第一作者Laura Alfaro是哈佛大学工商管理系教授。她于加州大学洛杉矶分校取得经济学博士学位。自1999年以来，她一直在哈佛商学院担任NBER国际金融和宏观经济计划、国际贸易和投资计划、CEPR IFM计划的教员研究助理，国际金融公司（IFC）经济咨询委员会，拉丁美洲金融监管委员会（CLAAF）的成员，哈佛大学国际事务威瑟海德中心（Weatherhead Center for International Affairs）、大卫·洛克菲勒拉丁美洲研究中心（DRCLAS）政策委员会成员等。2010—2012年，她担任哥斯达黎加国家计划和经济政策部长。研究方向为国际资本流动、外国直接投资、主权债务、贸易和新兴市场。研究成果发表在国际经济学期刊如 *American Economic Review*、*Review of Economic Studies*、*Journal of Political Economy*、*Journal of International Economics* 等。

（二）全文简介

企业面临的一个关键决策是对其生产过程不同阶段的控制程度。该文开发并测试了价值链上企业边界选择的产权模型。该文将一百多个国家的企业生产活动信息与投入产出表相结合，构建了企业层面的综合投入和非综合投入上游度。一个企业是整合上游供应商还是下游供应商，关键取决于它所面临的需求弹性。此外，整合决策是由价值链各阶段的相对收缩性以及企业的生产率决定的。

（三）研究框架

1. 理论框架

该文构建了一个一般意义上的序贯生产模型以研究价值链上的企业决策行为。假设一家公司试图以最优方式组织一个制造过程，最终生产出消费者看重的成品。最终产品属于垄断竞争行业，每个公司生产不同的品种。消费者对该行业品种的偏好具有恒定的替代弹性，因此该公司面临的需求是稳定的。企业面临的需求函数如式（1）所示。

$$q = A p^{-1/(1-\rho)} \tag{1}$$

其中，q 代表最终产品的市场需求，p 代表对应的产品价格，技术参数 $A > 0$。$\rho \in (0, 1)$，与最终产品的可替代性正相关。企业的需求弹性即为 $1/(1-\rho)$。将生产阶段标准化 $i \in [0,1]$，i 越大表示生产对应的阶段越接近于最终产品。$x(i)$ 表示 i 阶段中间投入的价值。最终产品供给为式（2）所示。

$$q = \theta \left\{ \int_0^1 [\psi(i) x(i)]^\alpha I(i) di \right\}^{1/\alpha} \tag{2}$$

θ 为全要素生产率参数，$\alpha \in (0,1)$ 反映了特定生产阶段中间投入的可替代性。移动因子 $\psi(i)$ 代表中间投入要素的边际产出的非对称性。$I(i)$ 是一个指向性函数，若投入要素已被用于生产则取值为 1，否则为 0。上式的技术设定类似于连续要素投入的恒定替代弹性生产函数。

事件时序如图 1 所示。

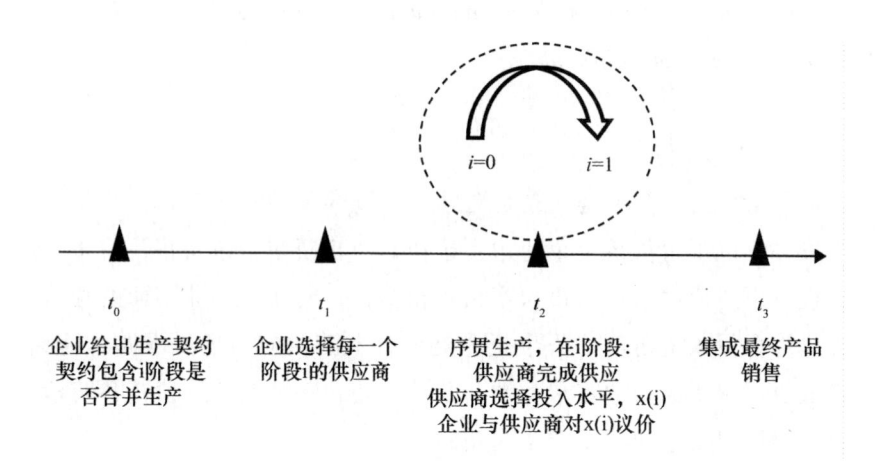

```
  t₀              t₁              t₂              t₃
  企业给出生产契约   企业选择每一个    序贯生产，在i阶段：  集成最终产品
  契约包含i阶段是   阶段i的供应商    供应商完成供应      销售
  否合并生产                       供应商选择投入水平, x(i)
                                  企业与供应商对x(i)议价
```

图 1　事件时序

基准模型得到的重要结果是，当最终产品生产商面临的需求具有足够的弹性时，则存在一个特定的截止阶段，即截止之前的所有投入均被外包，且其下游的所有投入（如有）均被整合。相反的预测在需求足够缺乏弹性时（即，在顺序替代情况下），企业将整合相对上游的投入，而外包将在相对下游进行。

在此基础上，该文对基准模型进行了两方面的拓展。

第一拓展是考虑投入的异质收缩性。上游投入的可收缩性越高，企业就越不需要依靠上游组织决策来抵消上游供应商低效投资带来的扭曲。因此，当最终货物需求富有弹性或投入可替代性较低时，高水平的上游收缩性往往会减少外包阶段集，而当最终货物需求具有缺乏弹性或投入具有高度可替代性时，高水平的上游收缩性往往会减少整合阶段集。

第二个拓展是考虑最终产品生产商的生产率异质性。最终产品生产商生产率的提高如何影响价值链上的集成选择。在这两种情况下，整合阶段的间隔都会扩大，但其方式会导致在投入为顺序互补时上游阶段相对更多的内部化，反之，在替代情况下，下游阶段相对更多的内部化。

2. 样本、指标构建

为了评估模型预测的有效性，该文使用了 Dun & Bradstreet 的世界数据库进行检验。主要样本包括 116 个国家的 30 多万家制造业企业。在实证分析中，该文分析了企业整合上下游投入倾向的决定因素。为了区分综合投入和非综合投入，该文将企业报告活动的信息与投入产出表相结合。为了捕捉不同投入在价值链上的位置，该文使用美国投入产出表计算产出 j 中每个投入 i 的上游度。这将一个行业上游度的测量从最终需求扩展到双边行业水平。为了对模型进行检验，该文利用了 WorldBase 提供的关于每家公司主要活动的信息，对需求弹性以及收缩性指标进行了估计。

（1）上游度

根据世界投入产出（I-O）表，投入 i 与产出 j 对应的上游度 $Upst_{ij}$ 如下式。dr_{ij} 是投入 i 到生产产品 j 前一个阶段的价值。$\sum_{k=1}^{N} dr_{ik} dr_{kj}$ 是投入 i 到生产出 j 前两个阶段的价值。$Upst_{ij}$ 数值越大，则投入 i 在产品 j 的生产链处于更为上游的位置。见式（3）所示。

$$Upst_{ij} = \frac{dr_{ij} + 2\sum_{k=1}^{N} dr_{ik} dr_{kj} + 3\sum_{k=1}^{N}\sum_{l=1}^{N} dr_{ik} dr_{kl} dr_{lj} + \cdots}{dr_{ij} + \sum_{k=1}^{N} dr_{ik} dr_{kj} + \sum_{k=1}^{N}\sum_{l=1}^{N} dr_{ik} dr_{kl} dr_{lj} + \cdots} \quad (3)$$

（2）上游度比率

为检验母公司之间在整合决策方面的差异是否与理论分析一致，该文构建了一个上游度比率指标 $Ratio\_Upst_{jp}$，该变量总结了一家公司的整合上游投入比其非整合上游投入的程度。见式（4）所示。

$$Ratio\_Upst_{jp} = \frac{\sum_{i \in I(p)} \theta_{ijp}^{I} Upst_{ij}}{\sum_{i \in NI(p)} \theta_{ijp}^{NI} Upst_{ij}} \quad (4)$$

其中，权重因子 $\theta_{ijp}^{I} = tr_{ij}/\sum_{i \in I(p)} tr_{ij}$，$\theta_{ijp}^{NI} = tr_{ij}/\sum_{i \in NI(p)} tr_{ij}$，反映了 j 生产中每类投入的相对重要性（tr_{ij} 为产品 j 对投入 i 的总需求系数）。p 为母公司代码，$I(p)$、$NI(p)$ 分别为整合投入与非整合投入的集合。该指标是整合投入相对于其非整合投入的加权平均上游率。比率越大，企业 p 整合上游投入的倾向越大，同时外包更多下游投入。

（3）投入的收缩性

由于理论模型预测，企业整合决策取决于可收缩投入倾向于"前置"或位于生产过程早期阶段的程度。因此,该文构建了上游收缩性指标以反映高收缩性投入在相对上游阶段进入产出 j 生产的趋势,并用于跨企业回归。以产品分类的三个特征作为基准:同质性、参考价格、性质差异,该文参照 Nunn(2007)对每一个具有 SIC 代码的行业测算了投入 i 的收缩性水平($cont_i$)。据此,进一步构建产出 j 的上游收缩性指标,见式(5)所示。

$$Upst\_Cont_j = \sum_{i \in S^m(j)} \theta_{ij}^m (Upst_{ij} - \overline{Upst_{ij}})(cont_i - \overline{cont_i}) \qquad (5)$$

其中,$S^m(j)$ 未产品 j 所使用的所有投入集合。有 $\theta_{ij}^m = tr_{ij} / \sum_{k \in S^m(j)} tr_{kj}$,$\overline{Upst_{ij}} = \sum_{i \in S^m(j)} \theta_{ij}^m Upst_{ij}$,$\overline{cont_i} = \sum_{i \in S^m(j)} \theta_{ij}^m cont_i$。因此,若高收缩性投入位于早期生产阶段,这将导致更大的协方差,因此上游收缩性更高。

3. 实证分析

该文首先考察了企业的组织选择如何依赖于对最终产品的需求弹性。与模型的第一个预测一致,研究发现母公司面临的需求弹性越高,其综合投入相对于非综合投入的平均上游越低。当母公司属于需求弹性较低的行业时,综合投入的平均上游度比属于需求弹性较高的行业时高得多。相反,非整合阶段的平均上游度越大,母公司最终产品面临的需求弹性越高。

研究发现,第一,企业的所有权边界是由上游投入相对于下游投入的收缩性决定的。当企业面临高需求弹性时(即在互补性情况下),更大程度的"上游收缩性"增加了企业整合上游投入的可能性;相反,当企业的需求弹性较低时(即在替代品情况下),它增加了外包上游投入的倾向。直观地说,当生产具有高度的上游收缩性时,企业需要减少对组织模式的依赖,以抵消对上游的无效投资。因此,当投入是顺序补充时,高水平的上游收缩性倾向于减少外包,而当投入是顺序替代时,则减少整合。第二,生产率较高的企业在所有需求弹性范围中均整合了更多的投入。这意味着,当对最终产品的需求弹性较低时,生产率较高的企业将表现出较高的整合相对下游投入的倾向。

(四) 研究贡献

论文的第一个贡献是展示如何将企业活动的可用数据与标准投入产出表中的信息结合起来，研究价值链上的企业边界。这种方法的一个关键优势是能够研究企业生产过程中各阶段的整合是如何由这些不同阶段的特征，特别是生产线位置（或"上游"）形成的。此外，丰富的数据能够利用企业之间以及企业内部各种投入的组织特征差异。顺序生产的可用理论框架是高度程式化的，除了在价值链上的位置外，通常不具有跨生产阶段的不对称性。

该文的第二个贡献是开发了一个更丰富的企业行为框架，可用于指导企业层面的实证分析。以 Antràs 和 Chor（2013）的产权模型为基础，将其推广到一个环境中，以适应价值链上各投入供应商在技术和成本方面的差异。该文关注的是一家公司控制最终产品的制造过程问题，这与固定价格弹性需求计划相关。最终产品的生产需要按预定顺序进行分段。不同阶段的输入由供应商提供，每个供应商都承担特定关系的投资，以使其组件与价值链上其他供应商的组件兼容。这种设置是一种不完全契约，即依赖于组件是否兼容的契约不能由第三方强制执行。因此，在一个阶段完成且公司有机会检查上游投入要素后，公司和每个供应商之间的剩余分配由谈判决定。公司必须决定在价值链上拥有哪些投入供应商（如有）。正如 Grossman 和 Hart（1986）所述，供应商的整合不会改变公司及供应商可获得的合同空间，但会影响这些代理的相对事后议价能力。该文模型的一个关键特征是，组织决策在价值链上具有溢出效应，因为上游供应商的关系特定投资会影响下游阶段供应商的激励。

该文发现企业整合上游或下游供应商的决策在很大程度上取决于其最终产品以及生产各个阶段中需求弹性的相对大小。当需求具有弹性或投入不是特别可替代时，投入是顺序互补的，即供应商进行关系特定投资的边际激励越高，上游供应商的投资越大。在这种情况下，公司发现只整合最下游的阶段是最佳的，同时它选择与上游供应商保持一定距离的合同，以激励他们的投资努力。相反，当需求缺乏弹性或投入具有足够的可替代性时，投入是顺序替代品，企业在与下游供应商进行外包时选择整合相对上游的阶段。虽然沿价值链的边际生产率和成本概况不会影响这一核心预测，但它确实影响了阶段的衡量（即，投入多少），企业最终会在互补和替代案例中找到最佳整合。

该文的第三个贡献是，开发了几个与实证分析相关的模型扩展。首先，研究表明，企业整合某一特定阶段的倾向是由上下游阶段的收缩性所决定的。其次，将从核心生产率差异的角度考虑最终产品生产者的异质性，同时引入整合供应商的固定成本。该文讨论了生产率差异如何影响整合阶段的数量，从而影响企业相对于下游阶段整合上游的倾向。最后，该文考虑了整合是不可行的某些环节的价值链，例如，外源技术或监管因素。研究表明，即使当整合是稀疏的，模型的预测仍然描述了那些整合可行的输入的企业边界选择。

（五）政策启示

在全球价值链嵌入下，不同产业上下游特性存在较大差异。对中国企业走出去战略而言，并非所有企业均能够扩张生产边界，应根据产业链上游产出的要素投入、企业自身产品的需求弹性因素，灵活制定自身的生产选择以及并购重组策略，能够有效降低出现无效投资的可能性，进而推动产业的转型升级、提高资源配置效率，最终服务于中国经济的高质量发展。

论文六：《区块链技术及其与可持续供应链管理的关系》

Saberi, S., M. Kouhizadeh, J. Sarkis, et al., "Blockchain Technology and Its Relationships to Sustainable Supply Chain Management", *International Journal of Production Research*, Vol. 57, No. 7, 2019.

（一）作者简介

第一作者 Sara Saberi，是伍斯特理工学院工业工程系助理教授，2016年在马萨诸塞大学阿默斯特分校取得管理科学博士学位。她的研究重点是博弈论模型应用与供应链管理、服务网络建模等。相关成果发表在 *Transportation Research E*、*Service Science*、*Neural Computing and Applications*、*Netnomics* 等专业期刊上。

（二）全文简介

供应链的全球化使其管理和控制难度加大。区块链技术作为一种确保透明度、可追溯性和安全性的分布式数字账本技术，有望缓解一些全球供应链管理问题。该文对区块链技术和智能合约进行了批判性研究，并对其在供应链管理中的潜在应用进行了探讨。全球为实现可持续性目标而施加的压力促使该文进一步研究区块链如何解决和帮助供应链可持续性。这一关键性研究的一部分是区块链，一种早期发展的潜在颠覆性技术，如何克服许多潜在障碍。该文介绍了四种区块链技术采用障碍类别，组织间、组织内、技术和外部障碍。真正以区块链为主导的业务和供应链转型仍在进行中，并处于早期阶段。该文提出未来的研究命题和方向，可以为克服障碍和采用区块链技术进行供应链管理提供见解。

（三）研究框架

1. 区块链技术的基本功能

区块链如何在供应链环境中发挥作用仍有待解释和发展。不同于比特币和其他金融区块链应用，它们可能是公开的；基于区块链的供应链网络可能需要具有多个有限参与者的封闭、私有、许可的区块链。但是，对于一系列更公开的关系来说，大门仍然敞开着。隐私级别确定是初始决策之一。

存在四类实体在基于区块链的供应链中发挥作用，且有些实体在传统供应链中是看不到的。注册者，他们为网络中的参与者提供独特的身份。标准组织，定义标准方案，如可持续供应链公平贸易或区块链政策和技术要求。认证机构，为参与供应链网络的参与者提供认证。参与者，包括制造商、零售商和客户，必须由注册审计师或认证机构认证才能维持系统信任。

区块链技术对供应链产品和物流的影响也存在。每个产品都可能有一个数字区块链，以便所有相关参与者都可以直接访问产品简介。当只有拥有正确数字密钥的各方才能访问产品时，可以设置安全措施来限制访问。可以收集一系列数据，包括产品的状态、产品类型以及产品要实施的标准。产品附带的信息标签表示将物理产品与其区块链中的虚拟身份链接的标识编码。

一个有趣的结构和流程管理特征是产品如何由特定参与者"拥有"或转让。获得许可在产品简介中输入新信息或与另一方开展交易的参与者可能是一项重要规则；获得许可可能需要智能合同协议和共识。在将产品转让（或出售）给其他参与者之前，双方可以签署数字合同，或满足智能合同要求，以验证交易。一旦所有各方履行了合同义务和流程，交易详细信息将更新区块链分类账。当变更开始时，系统将自动更新数据交易记录。

区块链的可靠性和透明度旨在更有效地促进供应链中的物质和信息流动，实现自动化的治理需求。这一转变可能导致从工业耐用、商品、产品经济向信息、定制经济的更广泛转变。生产将更加依赖知识、沟通和信息，而不一定依赖材料特性。例如，客户可以跟踪产品的详细信息，这将增加客户对产品特性的信任，这对食品行业以及原材料认证和追溯提供技术保障。

2. 区块链技术的应用障碍

该文回顾了相关文献，包括书籍、期刊、会议论文、评论论文和在线数据库，以确定阻碍区块链技术在可持续供应链中应用的各种障碍。考虑到组织在采用新技术时的内部和外部限制，这些障碍被总结并分为四大类：组织内障碍、组织间障碍、系统相关障碍和外部障碍。

一是组织内障碍。高层管理人员的支持是成功实施任何供应链实践的关键因素。然而，一些管理者没有长期承诺和支持采用新技术并坚持可持续发展价值观。缺乏管理承诺阻碍了通过供应链流程实现可持续性实践的完整性。缺乏对供应链管理的认识和承诺将对资源分配和财务决策造成挑战。区块链技术的接受需要投资于新的信息收集硬件和软件，这对组织和网络合作伙伴来说机会成本高昂。

二是组织间障碍。主要识别和介绍供应链合作伙伴的关系障碍。供应链管理主要是管理合作伙伴之间的关系，为利益相关者创造价值。然而，合作伙伴之间的关系可能具有挑战性，特别是在整合信息技术和可持续性实践方面。区块链技术将通过供应链促进信息共享。虽然信息透明度和可验证性是评估供应链可持续性绩效的必要条件，但一些组织可能认为信息是一种竞争优势，这使得他们不愿意分享有价值的关键信息。不愿透露来自某些合作伙伴的信息可能限制采用区块链技术的全部好处，并阻碍该技术的成功实施。

三是系统相关障碍。为了实施区块链技术并为供应链管理目的（如物联网）收集信息，需要新的IT工具。这对一些供应链参与者来说可能是一个挑战。供应链的所有参与者都需要访问所需信息，以利用集成供应链中的价值节约机会。因此，在供应链中获取实时信息的技术访问限制是实施区块链技术的障碍。

四是外部障碍。这一类别介绍了来自外部利益相关者、行业、机构和政府的挑战以及不直接从供应链活动中获得经济利益的实体。实施可持续性和技术实践的外部压力和支持可以推动组织将其纳入其流程。缺乏适当的政府和行业政策以及指导和支持可持续、安全实践的意愿是实现可持续性和先进技术支持机制的障碍。

（四）研究结论

根据上文对区块链技术特征、与供应链管理的耦合以及技术应用障碍的解析，该文提出了多个研究命题。第一，在供应链中实施区块链技术可以减少机会主义行为。第二，区块链技术促进了不可信环境中的交易。这一概念可能会改变当前供应链管理中基于信任的理论。第三，需要进一步评估供应链治理结构特征，以了解基于区块链的供应链的有效性。第四，信息处理理论在理解基于区块链的供应链方面发挥着更重要的作用。信息处理理论需要进一步发展，以帮助评估和理解基于区块链技术的供应链管理新现象和细微差别。第五，由于区块链技术的透明度、可视性、智能合约和分布式关系，运营关系将改善绩效结果，不一定需要战略正式协调和供应链整合。第六，为了支持供应链中区块链技术的发展和理解，需要进行跨学科研究，以构建区块链技术的理论和设计。第七，供应链中的区块链技术将更有效地管理供应链中的经济和环境（生态）可持续性，而不是社会可持续性。

（五）研究贡献

该文的主要创新在于总结了组织采用区块链技术所面临的障碍。其中许多障碍利用了考虑类似破坏性技术的理论和文献。这是第一篇明确识别和分类区块链障碍的论文。供应链采用区块链的障碍被视为多方面的问题，不仅影响供应链合作伙伴之间的关系，还影响合作伙伴的员工及其利益相关者。此外，还包括与区块链采用相关的技术障碍，其中许多障碍源于区块链技术的不成熟。区块链技术的系统相关问题会限制其应用，需要在未来的研究中给予更多关注，解决可扩展性问题的有效技术解决方案需要更多研究。需要更多的实证研究来探索各种障碍的重要性，并确定它们之间的因果关系。这项研究将为有效管理区块链奠定基础。

此外，大多数文献研究了比特币和其他加密货币环境中的区块链技术。然而，区块链技术的其他应用，特别是商业应用，在过去的学术研究中很少被提及。因此，需要更多的研究来评估区块链技术在不同商业目的中的应用价值。为了推动基础研究，该文提出一般性的研究命题，这些命题侧重于采用区块链技术后供应链所面临的问题。

（六）政策建议

考虑到区块链技术在商业目的上的广泛应用已经开始并得到了一些领先公司的支持，如IBM、波音、微软和SAP。需要进行调查来评估案例研究和试点方案，并提供有价值的实用信息，以加强区块链技术的应用。

该文还确定了区块链技术对于供应链可持续性的相对重要性。未来的研究也可以朝着这个方向发展，可持续性的环境和社会与人文维度，包括联合国的可持续发展目标（SDG），例如，可以用来研究区块链实现的供应链有效性。

区块链技术也有助于环境供应链的可持续性。第一，准确跟踪不合格产品并确定产品的进一步交易有助于减少返工和召回，进而减少资源消耗和温室气体排放。传统的能源系统是集中的，而基于区块链技术的能源系统网络可以减少远距离输电的需要，从而节省远距离输电浪费的大部分能源。第二，区块链可以用来确保绿色产品是环境友好的。绿色产品的加工信息通常不可用且难以验证。如果产品制造过程在温室气体排放水平上被证实是绿色的,那么,有环保意识的客户可能更愿意购买绿色产品。借助区块链技术,追踪特定公司的产品足迹变得更加容易。这可以帮助确定应该向一家公司征收多少碳税。第三,区块链可以提高回收率。传统技术很难追踪和比较各种回收方案的影响,而区块链使跟踪数据以评估各种计划的影响成为可能。区块链技术已被用于通过加密货币形式的财务奖励来激励北欧国家的公民,以换取存放塑料容器、罐头或瓶子等可回收物。第四,区块链通过提高排污权交易计划(ETS)的效率而有利于提高排污权交易的流程效率。区块链的保真度和透明度特性,可以避免欺诈行为。

2 产业融合[*]

一 导语

产业融合的本质特征是分工，因此，其历史渊源最早可追溯至亚当·斯密的《国富论》。新古典经济学派的创始人阿尔弗雷德·马歇尔曾在其经典著作《经济学原理》中强调，"当分工的精细不断增大时，名义不同的各种行业之间的分界线，有许多正在缩小，而且不难越过。"从中可见，伴随着分工的深化，产业融合会随之出现。马克思在整合和发展亚当·斯密分工观点的基础上，从生产力和生产关系等角度也揭示过融合的内涵。如在分析工场手工业的形成中，马克思指出，"一方面工场手工业在生产过程中引进了分工，或者进一步发展了分工，另一方面它又把过去分开的手工业结合在一起"。

从学术史角度看，尽管融合思想的渊源起始已久，但理论研究者们在关注产业融合问题的过程中，仍主要沿用专业化分工的视角。如关于融合的文献最早可以追溯到 Rosenberg 在 20 世纪 60 年代的著作（Stieglitz，2003；Preschitschek 等，2013），其用"融合"这个概念来解释一

---

[*] 本章所选的文献有五篇，分别是①Kim, N., H. Lee, W. Kim, H. Lee, et al., "Dynamic Patterns of Industry Convergence: Evidence from A Large Amount of Unstructured Data", *Research Policy*, Vol. 44, No. 9, 2015. ②Heo, P. S., D. H. Lee, "Evolution Patterns and Network Structural Characteristics of Industry Convergence", *Structural Change and Economic Dynamics*, Vol. 51, No. C, 2019. ③Berardino, C. D., G. Onesti, "The Two-way Integration Between Manufacturing and Services", *The Service Industries Journal*, Vol. 40, No. 5–6, 2020. ④Sick. N., N. Preschitschek, J. Leker, et al., "A New Framework to Assess Industry Convergence in High Technology Environments", *Technovation*, Vol. 84, 2019. ⑤X. L. Fu, X. Q. Fu, C. C. Romero, J. P. Pan, "Exploring New Opportunities through Collaboration within and beyond Sectoral Systems of Innovation in the Fourth Industrial Revolution", *Industrial and Corporate Change*, Vol. 30, No. 1, 2021.

个共同的技术领域，即技术被用于不同领域的最终产品和产业，由于技术变得独立和专业化，最终发展成为机床产业（Stieglitz，2003）。而在不同的产业，如枪械、缝纫机和自行车，由于在某个时候开始在生产过程中依赖相同的技术（Stieglitz，2003），因此，具有技术上的共同点使得彼此出现融合。至于与信息技术有关的融合问题，从20世纪70年代就开始讨论了，即不同类型的技术之间出现了创新融合的现象，也导致了新产品、服务和技术的产生。然而，直到20世纪90年代，随着信息技术的蓬勃发展，新兴技术会不断促进关键生产要素的变迁，进而驱动传统产业不断出现颠覆性变革，研究者们才发现，"传统技术革命推动下的技术发展和传统工业化生产方式导致了有明确产业边界的产业分立形态的长期存在"这一结论出现了显著的动摇。1997年，欧洲委员会在"绿皮书"中对电信、广播电视和出版三大产业的融合现象进行了深入讨论，认为融合不仅是一种新的技术范式，也是一种新的商业模式，更是一种新的增长动力，将会对世界经济产生重要影响。由此，才真正拉开了产业融合研究的大幕。综合而言，现有对产业融合的研究主要分为以下几个方面。

一是对产业融合内涵的分析。产业融合可以被定义为两个或多个不同的产业通过结合其科学知识、技术和市场而模糊界限的过程（Benner 和 Ranganathan，2013；Choi 和 Valikangas，2001；Curran 和 Leker，2011；Curran 等，2010；Hacklin，2007；Hacklin 等，2009；Lee，2007；Srinivasan 等，2007）。当不同的产业通过共通共享的价值，如技术、价值链和市场，在一定程度上出现整合和重叠的区域时，各产业间的关联性和兼容性增加（Curran 和 Leker，2011）。有研究者认为，有四个主要的融合点，即科学（知识）、技术、市场和产业（Curran 和 Leker，2011）。换句话说，融合是一种现象，即科学（知识）、技术、市场和产业的两个或多个不同领域或部门之间的界限变得模糊不清。这种现象导致融合实体之间的互换性和关联性增加，这在合作、许可、专利和出版等活动中被发现（Curran 和 Leker，2011）。当然，信息和电信、媒体、电子、汽车、建筑、化工和制药产业也是产业融合兴起的显著例子。然而，产业之间的界限模糊并不意味着产业随着时间的推移变得相似；相反，它们预示着两个以前独立的实体之间的整合和交叉的激增。

二是对产业融合过程的分析。产业融合主要有两个过程：科技融合（供给方融合）和市场融合（需求方融合）。从科学和技术的角度来看，随着科学或知识融合的增加，以前不同的科学学科或知识领域之间偶然的共同进化影响也会加强（Cho 等，2015；Curran 和 Leker，2011；Hacklin 等，2009）。这种现象不仅发生在基础科学领域，也发生在应用科学和技术领域，并最终导致了技术的融合（Cho 等，2015；Curran 和 Leker，2011；Hacklin 等，2009；Meyer，2000；Murray，2002）。技术融合也是通过将现有技术重新组合成具有新功能或改进效率的新技术而产生的，具有潜在的范围经济，如"技术捆绑"或"合并"（Cho 等，2015；Hacklin，2007；Kodama，1995；Pennings 和 Puranam，2001；Teece，1996）。因此，既定的技术范式将被新的技术范式所取代，一个产业现有的价值链将被打破，导致产业边界的模糊化，即产业融合。除了产生于技术的发展，产业融合也来自市场（Andergassen 等，2006；Choi 和 Valikangas，2001；Hacklin 等，2010；Kim 等，2014；Pennings 和 Puranam，2001；Zhang 和 Li，2010）。不断加剧的市场竞争加速了企业的技术创新，特别是企业产品的垂直差异化（Kim 和 Lee，2009）。因此，企业在某些时候会通过提供具有技术先进性的产品从而过度服务于市场，由此也会超出消费者的需求（Christensen，1997）。当消费者不太可能在相应的市场上购买产品时，已经表明市场对产品类别的需求已经饱和（Kim 和 Lee，2009；Kim 和 Kim，2015）。而为了克服这种市场饱和，企业对其产品进行横向差异化，特别是通过将其他产业的新产品功能整合到他们的产品中，以捕捉新的市场需求。换句话说，企业会扩大自身的市场边界，以克服其现有产品的市场回报率的递减。相应地，曾经截然不同的各种产业的市场会逐渐交错，最终导致其对应的产业重叠。在融合产品进入市场后，企业需要其他产业关于新功能或特点的知识和能力来与之竞争（Bierly 和 Chakrabarti，1999；Broring 和 Leker，2007）。因此，为了克服这些挑战并获得其他产业的必要知识和能力，企业参与了跨产业的组织间动态，如撤资、联盟、合资、并购或许可（Curran 和 Leker，2011；Mowery 等，1996）。这些跨越不同产业的组织间动态可以被称为产业融合。

三是对产业融合类型的分析。不同研究者对产业融合类型的划分并不一样。如 Hacklin 等（2005）从技术创新的程度角度出发，将产业融合划分为三种类型，分别是应用融合、横向融合和潜在融合。当现有两种或多种技术重新组合时，应用融合就发生了，其目的是在渐进式融合过程中实现技术突破。当现有技术与新技术进行合并时，横向融合就发生了，其目的是应对不断出现的新的市场需求；当不同的新技术进行整合时，潜在融合就发生了，其目的是引发技术之间的碰撞，从而为市场上的消费者提供新的产品或服务。如果考虑不同产品的特质，Lee 等（2010）提出功能融合和制度融合的概念，即将基于产品的替代性与互补性融合称为功能融合，而将同时生产或销售两个关联性产业产品的企业行为看作制度融合。也有研究者从一个特定的产业或不同的产业的角度出发，将产业融合分为产业内融合和产业间融合。

四是对产业融合效应的分析。由于产业融合导致市场、价值链甚至技术的共享，相关产业可能面临新的消费群体、其他产业价值链的新环节，以及其他产业现有产品或技术的新功能价值（Hacklin，2007）。换句话说，产业融合会导致现有产业在市场上面临新的竞争格局，以及在价值链上面临新的竞争环境（Pennings 和 Puranam，2001）。此外，它还会在各产业中引入互补性或替代性的产品，从而在其相应的市场中引起创造性破坏（Hacklin，2007；Lei，2000；Pennings 和 Puranam，2001），并最终导致一个全新的产业出现（Hacklin，2007；OECD，1992，1996）。因此，产业融合有助于加速现有产业结构的重新组织过程，并导致新的、以前不存在的产业出现（Kim 等，2015）。产业间的融合是一种现象，当创新发生在产业间既定的、明确界定的交汇点上时，就会发生产业融合。这种融合产生的技术和产品不仅在各自的产业内产生新的应用，而且还能提高客户的体验（Hacklin 等，2009，2010；Karvonen 和 Kassi，2013）。当然，虽然产业融合能给公司带来新的增长机会，但也会使竞争加剧，以至导致公司衰退，即融合会对公司的竞争力产生巨大的影响。这种威胁可能是由行业趋同造成的，而在替代性趋同的环境下，这种威胁会更加严重。在这种情况下，整个行业或产业部门会被新的发展所取代，公司的核心业务受到威胁（Broring，2010）。

五是对产业融合驱动因素的分析。产业融合的驱动因素较多。如植草益（2001）指出产业融合是通过技术革新和放松管制等降低行业间的壁垒，使各行业间的竞争合作关系被加强的结果，能够为企业的发展提供了机遇，同时会引导企业拓展业务范围。Sick 等（2019）认为融合过程始于不同科学领域之间的融合，科学融合会影响技术融合，技术融合又会引发新产品与市场的结合，产业融合作为融合的最后一个阶段，由技术变革或市场水平的发展驱动。黄浩（2020）将产业融合看作互联网驱动下，市场边界和行业参与者不断变化的过程。当然，导致融合的创新不仅可以发生在技术或市场层面，也可以发生在公司生产产品和服务并将其交付给消费者的一系列价值环节。因此，融合的关键性战略连锁效应包括将传统上不同的、拥有自己稳定商业模式的公司聚集到同一领域（Karvonen 和 Kassi，2013）。此外，消费者对多功能设备偏好的演变以及相应企业的战略产品开发也进一步加速了市场融合（Pennings 和 Puranam，2001）。例如，消费者对多功能产品的偏好的发展，表现为带有摄像功能的智能手机的销售（Hacklin 等，2013）。因此，如果企业希望开发和生产多功能产品，与其他产业中企业的组织间活动会变得越来越重要。在现有基于理论和定量分析的研究中，技术融合似乎已经成为产业融合的主要驱动力（Hacklin 等，2009；Pennings 和 Puranam，2001；Weenen 等，2013）。

六是对产业融合测度的分析。现有研究在测度产业融合方面有两大趋向（Geum 等，2012；Xing 等，2011）。一种是衡量产业间的关联性以理解企业多样化（Fan 和 Land，2000；Gambardella 和 Torrisi，1998），另一种是衡量知识或技术的关联性（Breschi 等，2003；Joo 和 Kim，2010）。前者一般基于标准产业分类，使用各产业部门的企业活动信息，而后者会构建基于专利信息的指标，从知识或技术的相似性方面对产业融合进行评估。这两类关于测度产业融合的文献在方法设计上有相似之处。Heo 和 Lee（2019）认为，衡量融合的数据类型和方法要根据融合过程发生的领域而不同。换句话说，如果讨论的融合是科学或者知识的融合，那么融合的水平可以通过共同引用、共同词或共同作者数据等研究论文数据来衡量；当融合发生在技术层面，可以用包括共同引用或共同分类在内的专利数据来衡量；当融合发生在市场层面时，可以通过公司的产品特征或市场活动数据来衡量（Choi 等，2013；Ko 等，2014）。

七是对产业融合实践经验的分析。随着新一轮科技革命与产业革命迅猛发展,以及消费者需求的多样化,不同技术和产业之间的融合过程正在逐渐加速。在此背景下,主要发达国家和全球公司越来越将融合视为竞争优势的一个关键来源。为此,相关国家或地区均提出相应的战略,如德国的"工业4.0"、美国的工业互联网、日本的"社会5.0"等。以德国的"工业4.0"为例,其所强调的价值链数字化、横向与纵向的融合以及"信息—物理"融合系统的广泛应用等内容,其本质就是强调技术与技术的融合、产业与产业的融合、技术与产业的融合。

可以看到,研究者们对产业融合领域的相关问题进行了大量细致的探索,对指导政府制定关于产业融合的促进政策和企业推进技术、产品、市场融合进程起到了重要作用。然而,一些问题也有待进一步解决。如在产业融合的研究中,已经利用了不同的数据来源,从公司的微观活动数据到专利、新闻或物联网数据,同时也开发和利用了各种方法,但测度产业融合的研究仍处于起步阶段,而部分原因则在于缺乏对融合的明确定义(Hacklin 和 Wallin,2013)。尽管研究者们比较认同从供给和需求角度对产业融合进行解构分析,但对于哪类产业是"用户部门",哪类产业是"提供部门",研究者们仍然存在争议。同时,有关产业融合的过程似乎并没有在所有产业中以类似的强度发展。也就是说,产业融合的范围并不均匀,也不一致,关于产业内的融合是否比产业间的融合更为突出,也仍然存在较大争议(Hacklin,2007)。对政府部门而言,为了给即将到来的融合时代制定有效的政策措施,必须了解产业融合的普遍趋势并确定融合在哪个或哪类产业比较活跃,但实际上,这一目的在未来一段时间内恐怕难以实现,因为不同地区的转型模式、不同产业的融合模式都存在较大差异。不仅如此,产业融合发展过程中出现了"过早去工业化"问题。这在一定程度上表明,即使是在制造业与服务业的融合问题上,政策制定者可能也并没有充分了解产业融合的利弊和现状。

正是基于上述原因,本章选择了与产业融合相关的五篇论文。

论文一是 Kim 等(2015)发表于 *Research Policy* 上的 "Dynamic Patterns of Industry Convergence: Evidence From A Large Amount of Unstructured Data"。文献利用基于词共现的文本分析方法,对1989—2012年美

国所有产业部门大约 200 万份新闻报道进行挖掘分析，得到标准化的点互信息指数，并将其作为产业融合指数。主要发现，整体产业融合指数是随时间上升的；产业内融合比产业间融合速率更高；当聚类分析时，产业融合模式具有差异，即部分产业群组一直在融合，而部分产业群组则陷入停滞状态。

论文二是 Heo 和 Lee（2019）发表于 *Structural Change and Economic Dynamics* 上的 "Evolution Patterns and Network Structural Characteristics of Industry Convergence"。文献利用韩国投入产出表，测度供给驱动（技术）和需求驱动（市场）的 29 个产业（6 个组）的产业间融合特征与变化趋势，并讨论产业融合过程中传导这一过程的产业的重要性。主要发现，从全球角度看，融合主要集中在"中心产业组"；从本土角度看，内部导向的产业融合有停滞的趋势。

论文三是 Berardino 和 Onesti（2020）发表于 *The Service Industries Journal* 上的 "The Two-way Integration Between Manufacturing and Services"。文献以德国、意大利、法国、西班牙、英国、美国为样本，基于 1995—2011 年世界投入产出数据库，利用投入产出模型，通过子系统方法，从垂直视角探讨产业间联系。主要发现，服务业已经成为经济体系中中间投入的重要提供者，而制造业的情况则相反；制造业主要扮演"消费者投入"的角色，而服务业主要扮演"生产者投入"的角色；不同国家的产业融合模式也存在一定差异；制造业和知识密集型服务业之间的互动更加频繁。

论文四是 Sick 等（2019）发表于 *Technovation* 上的 "A New Framework to Assess Industry Convergence in High Technology Environments"。文献基于一些新颖的可供识别及指引产业融合趋势的指标，致力于形成一个分析框架，即通过建立合作领域的指标体系，使这个框架能够区分产业融合的不同阶段和不同类型。随后，在实证层面，这个分析框架在基于公共可获得数据（新闻全文数据库）的静态能源存储领域被演绎出来。

论文五是 Fu 等（2021）发表于 *Industrial and Corporate Change* 上的 "Exploring New Opportunities through Collaboration within and beyond Sectoral Systems of Innovation in the Fourth Industrial Revolution"。文献致力于

回答这样一个问题，即在第四次工业革命背景下，处于核心部门的一家中国领先企业如何在产业创新系统内外合作中利用研发合作来创新并推动产业的技术前沿演进。主要发现，企业可以通过合作扩大自身技术边界，尤其是通过在产业内的核心技术领域和非核心技术领域进行跨学科、多学科合作，可以建立并维持自身的领先地位；企业合作研发组合中的高度多样化与创新产出的新颖性显著正相关；前景良好的非核心技术通过合作研发被整合到生产过程中，因此，也能够在企业和产业层面提升技术融合，最终扩展产业边界。

二 精选文献导读

论文一：《产业融合的动态模式：来自大量非结构化数据的证据》

Kim, N., H. Lee, W. Kim et al., "Dynamic Patterns of Industry Convergence: Evidence from A Large Amount of Unstructured Data", *Research Policy*, Vol. 44, No. 9, 2015.

（一）研究背景

关于产业融合的证据越来越多，也越来越重要，研究人员试图去了解这一现象。例如，最近的一些研究利用专利信息从技术角度分析了产业融合的模式（如Curran和Leker，2011；Curran等，2010；Preschitschek等，2013；Weenen等，2013）。这些研究大大促进了我们对产业融合现象的理解。然而，它们也有一些局限性。如现有研究中的专利分析提供了关于产业如何在技术层面融合的重要信息，却没有提供任何市场层面有关产业融合的证据。事实上，由于技术的生命周期加快，市场的技术饱和度也相应加快，企业不仅会加快技术创新的速度，而且还会通过结合其他市场的产品或服务特征来扩大其产品或服务的范围，也就是市场融合。此外，现有大量研究只涉及智能手机、功能食品和智能建筑等少数产业。因此，产业融合是存在于各个产业中的普遍现象，还是一种只影响某些产业的现象，仍然是一个值得探讨的问题。

（二）研究选题

本文分析了美国所有产业的融合现象，并重点关注产业融合的趋势和模式。具体而言，本文首先分析了产业融合是否因产业范围的不同而产生，即从吸收能力、企业间多元化和路径依赖的角度看，产业融合是产业内还是产业间的一个更突出的现象。然后，本文还分析了产业融合的动态模式在不同的产业组中是否为异质性。为了回答这些问题，本文分析了大量的信息集：在美国一家大型日报上发表的时间跨度从1989年至2012年的文章。这些数据涵盖了大约200万篇文章，包括美国所有产业部门以及大约1.3万家公司。

（三）研究方法

本文的研究方法主要包括四类。

一是收集数据过程中的分布式网络爬虫系统。由于本文所关注的这些文章并不是作为一个现成的数据集提供的，也不可能在短时间内只用一台电脑下载，因此，为了在显著缩短的时间范围内从网上收集文章，作者使用了一个基于简单远程过程调用（SRPC）框架的分布式网络爬虫系统，将任务交付给从属计算机。远程过程调用（RPC）是计算机科学中的一种计算机间通信协议，它可以让计算机程序使一个过程在共享网络上的另一台计算机上执行，而不需要程序员为远程计算机明确编码（Birrell 和 Nelson，1984）。

二是从企业共现性向产业共现性的推断。由于新闻文章没有先验的产业分类或公司的关系数据，也不存在全面的语料库或者某一个词的清单可以用来直接指导研究者确定哪些词对应于一个经济体中的某个具体产业，因此，需要对相关公司进行分类。作者从Compustat获得了涵盖1982年至2012年的上市公司数据集以及它们相应的SIC代码，将分析集中在SIC代码的第一位和第二位，分别由10个部门和83个主要（产业）集团组成的用以研究产业内和产业间的产业谱系。具体而言，鉴于新闻文章数量众多，作者排除了那些不包含任何上市公司名称以及在一句话里超过10家公司的文章，然后对每篇包含公司名称的文章检查是否有句子包含两个以上的公司名称。在按公司名称筛选文章后，最后将公司映射到其指定的 SIC 代码。其中的原理在于，如果一个句子有 N 个超过 2 类的不同 SIC 代码，那么这篇文章就包括 N 个产业中的多个产业融合事件，这反过来又产生了 N×（N-1）/2 个产业融合的案例。

三是产业融合指数的构建。为避免出现其他变量的频率或它们的共现等于 0 的问题，作者对联合概率公式进行了平滑处理，进而通过对标准化的点互信息指数进行修改，且考虑到其在产业融合方面的应用，最终构建了以下产业融合（IC）指数，见式（1）。

$$IC_{ijt} = \frac{log(\frac{A_{ijt} + 1/T_t + N_t^2}{A_{it} + N_t/T_t + N_t^2 \times A_{jt} + N_t/T_t + N_t^2})}{-log(A_{ijt} + 1/T_t + N_t^2)} \quad (1)$$

其中，A_{ijt} 为 t 年产业 i 和 j 共同出现在句子中的文章数量；A_{it} 为 t 年提到产业 i 的文章数量；T_t 为 t 年不分产业分类的文章总数；N_t 为 t 年产业分类的数量。可见，IC 指数以 1 为界。在这个水平上，两个产业完全重合。当该指数等于 0 时，产业在文章 i 和 j 中的共现是独立的。这意味着，一个产业在文章中的出现与另一个产业的出现没有关系。这是该指数的重要特征。如果产业在文章中独立出现，那么这种共现是偶然的，产业融合的模式就很难确定。如果该比率大于 0，则两个产业的共现是正数，并且比预期的单独出现的频率高，这意味着产业融合已经发生。当它低于 0 时，两个产业之间的关系是被动发生的，也就是说，产业有一定的区别，当它接近-1 时，产业的区别更大。

四是产业融合模式的聚类。为了确定产业融合的模式，作者进一步调查了 55 个产业对在融合程度上的差异，即通过 k-means 聚类算法对产业对进行聚类，并对每个产业对的 IC 指数的动态模式进行分类。

（四）研究结论

本文的研究结论如下。

一是产业融合的总体趋势是随时间推移而增加的。无论是在线性还是非线性方法中，在产业内和产业间的融合中都可以发现这种整体增加的趋势。

二是在产业内融合的加速度要比产业间大得多。这一特征在本文观察期的后期变得十分明显，尤其是20世纪90年代末及以后，产业内的融合程度变得更大。

三是由于IC指数显著高于零，甚至95%的置信区间也不与零重合，因此，产业融合的总体趋势比自然状态要更加频繁，而且这种趋势在统计上是显著的。

四是产业融合的模式存在异质性，一些产业显示出更高的相互融合的概率，且并不是所有的产业都显示出不断增长的融合模式。如一些群体显示出融合强度的增加模式，而其他群体则显示出稳定的模式。

（五）创新之处

本文的创新之处主要体现在以下三方面。

一是数据信息较为新颖。如作者所言，"令人惊讶的是，在创新研究中，新闻报道作为一种有用的信息来源一直被忽视"。它们不仅涵盖了大多数产业，还包含了丰富多样的细节，如公司战略关联、业绩、技术创新和市场动态等，进而可以从联盟、合资、并购等组织间动态关系的角度提供对产业融合的新看法。

二是研究方法较为前沿。本文使用SIC编码在产业层面上衡量企业在报纸文章中的共现来分析组织间的动态关系，同时，使用标准化的点互信息指数（PMI）来提供产业融合指数。因此，作者提出一种新的方法，能够分析一个使用了专门的网络爬虫技术收集到的极其庞大的非结构化数据集。

三是研究结论具有价值。如作者发现，产业融合的总体趋势在不断加快，且产业内融合比产业间更加显著。作者对产业对的融合模式进行分组后还发现，它们是异质性的，是增长趋势和固定趋势的混合。这些研究发现能够增强了我们对产业融合的理解。

（六）研究缺陷

本文的研究缺陷主要表现在以下五方面。

一是报纸文章中的共现可能包含一些嘈杂信息。尽管作者认为，由于本文想更多地关注于捕捉整体趋势和模式，而不是关注共现模式的准确性，因此，本研究不存在嘈杂信息。然而，对自然语言处理的失当很可能会造成共现的扭曲。未来的研究可以通过应用计算机科学中的自然语言处理（NLP）技术从文本数据中提取更多的相关信息来克服这一限制，进而使我们对产业融合这一现象有更丰富、更精确的理解。

二是没有考虑企业和产业共现的价值和方向。例如，融合可能是由于负面事件，如企业的破产，这对产业融合的含义产生了不同的影响。

三是只依靠一个信息来源获取新闻文章可能会产生依赖来源的偏见。这源于出版商的倾向和偏好。这个限制可以通过从其他来源收集类似的信息来克服，以减轻数据来源本身的固有偏见。

四是样本期间内企业有可能因为战略原因而改变其 SIC 代码。在本文的数据集中，大约 6% 的企业在部门层面上改变了 SIC 代码。虽然这对主要研究结果影响不大，但这可能会造成轻微的误导性结果。此外，可能有一家公司实际上在多个产业经营，如一个巨型企业集团。如果是这样的话，共现模式可能会有偏差，因为本文使用的是每个公司的主要 SIC 代码。未来的研究可以通过不同的产业代码来衡量，或使用更实质性的产业分类，以获得更有力的结果。

五是本文的数据只考虑了美国公司。考虑到数据集中缺少许多在美国市场有重要业务的国际公司，根据不同的标准收集公司信息可能会对相关研究的结果产生更全面和可靠的评估。

论文二：《产业融合的演变模式和网络结构特征》

Heo, P. S., D. H. Lee, "Evolution Patterns and Network Structural Characteristics of Industry Convergence", *Structural Change and Economic Dynamics*, Vol. 51, No. C, 2019.

（一）研究背景

随着产业融合的重要性不断提高，其例子也越来越多，研究人员对这一现象表现出越来越大的兴趣。然而在部分国家，国家层面融合战略的制定开始得较晚。尽管在理论层面，融合的技术和产业政策在流程层面上是相互关联的，但它们之间的链接并不和谐，个别产业在整个融合体系中的各自地位也没有得到充分的考虑。正如作者所指出的，从以前的研究中很难了解产业层面的现状，因为其所使用的是企业间的微观动态数据；同时，从以前的研究中也很难理解基于产业间联系的融合（即从网络结构的角度），因为就作者所知，以前的研究没有充分回答所有产业的产业间融合结构是如何演变的。

（二）研究选题

本文提出两个研究问题，以填补以往关于融合研究的空白。一是如何才能有效地测度产业间的融合水平。这个问题中的"有效"可以从两个角度来理解，即用于测度的数据和方法。二是产业间融合的结构特征是什么，它们又是如何演变的。为了回答这两个问题，作者试图从理论上把对融合的研究观点扩展到网络分析框架，然后在实践中为建立未来融合发展的政策体系提供方向。这些政策包括从全球角度建立一个产业融合的生态系统，以及针对每个产业的融合战略。具体到文章中，作者利用韩国投入产出表，在划分29个产业（6个产业集团）的基础上，对20世纪90年代末至21世纪初韩国正式制定国家层面融合政策期间的产业融合现象进行了结构性分析，以展示韩国产业融合是如何演变的。

（三）研究方法

本文利用多年来编制的投入产出表，在考虑供给方和需求方的情况下，对产业间的融合进行了评估和分析。投入产出分析是一种基于产业间相互依存关系的经济结构调查方法。这种方法长期以来被认为是各种应用领域进行实证分析的有力工具，如经济规划和预测以及工业政策的制定（Miller和Blair，2009）。本文超越了将产业作为单独和独立实体的分析，通过从网络的角度来研究它们之间存在的结构关系。即通过使用各种网络指标，本文确定了产业间网络的全球结构以及围绕单个产业的地方结构，并分析了它们的演变模式。本文的研究方法主要包括三步。

一是根据投入产出表，构建不同产业的技术性投入向量（s_i）和基于分配结构的需求向量（d_i），如式（1）、式（2）所示。

$$s_i = \left[\frac{x_{ji}}{x_{\cdot i}}\right], j = 1, \ldots, n \tag{1}$$

$$d_i = \left[\frac{x_{ij}}{x_{i.}}, \frac{f_j}{x_{i.}}\right], j = 1, \ldots, n \qquad (2)$$

其中，i 和 j 为产业类别，x_{ij} 表示由 i 产业向 j 产业转移的产出（中间产品）规模，$x._i$ 和 $x_{i.}$ 分别 i 产业的总投入和总产出，f_i 表示 i 产业的最终需求。

二是利用余弦指数方法构建产业在技术层面的融合水平（C_{ij}^s）和市场层面的融合水平（C_{ij}^d），如式（3）、式（4）所示。

$$C_{ij}^s = \frac{s_i \cdot s_j}{\sqrt[2]{s_i \cdot s_i}\sqrt[2]{s_j \cdot s_j}} \qquad (3)$$

$$C_{ij}^d = \frac{d_i \cdot d_j}{\sqrt[2]{d_i \cdot d_i}\sqrt[2]{d_j \cdot d_j}} \qquad (4)$$

三是提取主干网络进行深入分析。虽然有许多不同的方法来提取主干网络，但作者选择了整体和局部的办法：前者需要确定一个整体阈值，然后消除所有权重低于阈值的链接；后者需要使用视差滤波器（Disparity Filer），然后只提取那些对局部网络有显著意义的链接。

（四）研究结论

本文的研究结如下。

一是各产业的演变模式是不对称的，且各产业在演变模式方面存在明显的差异。如在全部 29 个产业中，有 24 个（82.8%）产业的融合水平落在需求方，有 26 个（89.7%）产业落在供应方。而以"纺织服装"和"公共管理和国防"产业为例，尽管融合水平在供给和需求两方面都呈现出上升的模式，但前者在需求方面的融合程度较高，后者在供给方面的融合程度较高。

二是产业对[①]在融合程度方面的演变模式与单个产业的演变模式相似，但产业对之间的演变模式比单个产业之间的演变模式更加多样化。如前者有四种模式，包括"减少""缓慢减少""稳定""增加"，而后者有三种模式，包括"减少""缓慢减少""增加"。与此同时，产业对在供给方面与需求方面的融合也不对称。如在需求方面，约有 12% 的

---

① 本文有 29 个产业，因此，有 406 个产业对（Industry Pairs）。

产业对几乎没有出现融合，而在供给方面，很少有产业对显示出接近于0的融合水平，融合值为0.2或更低的产业对构成了最大的群体。

三是在产业融合的网络结构中，存在着几个紧密相邻的"产业融合集团"，它们的成员既有静态的，也有动态的，且某些产业在这一过程中起着关键作用，即部分产业是加强与外部其他产业联系的催化剂，部分产业是加强与内部其他产业联系的黏合剂。

（五）创新之处

本文的创新之处主要体现在以下三方面。

一是研究范畴得以扩展。在以往研究中，由于依赖公司层面的微观数据，如公司投资数据或与联盟、合资企业、并购、许可有关的数据，往往不能在宏观层面上衡量产业间的融合现象，也无法将其结论扩展到产业层面；一些基于专利数据的研究，往往使以往研究的证据基础过于狭窄，也不能充分描述产业融合发生的市场或需求方路径（Xing等，2011）。此外，多数研究倾向于关注某些感兴趣的特定产业，如ICT或制药业，未能在整个产业层面上对产业融合这一现象提供全面的描述。也有一些研究尝试在整个产业层面上分析融合模式（Kim等，2015），但主要是分析产业融合的演化模式以及产业间融合关系模式，并未解释各产业之间通过相互作用发生的内部结构关系，也未能从网络的角度对这一过程的结构性特征产生深刻的认识。鉴于现有文献的这些缺陷，本文考虑了两种主要的融合途径，以改进现有的衡量方法：第一种是，"供给方融合"，即通过技术进步提供新产品或服务；第二种是，"需求方融合"，即发生在对需求变化的反应中，或作为通过商业模式的创新来满足相同需求的一部分。

二是研究方法较为前沿。如为了在宏观层面理解所有产业融合的模式，本文使用了投入产出数据，并在整个系统和单个产业部门的视角上探讨了产业融合问题。不仅如此，为了探求各产业之间的相互作用以及由此形成的内外部结构关系，本文通过将融合关系设定为链接来构建产业间的融合网络，并在构建这种产业间关系的基础上，归纳与分析了网络的结构特征和演变模式。

三是研究结论具有价值。如作者发现，产业融合在"集团"中是一种不对称的分布，这就也表明，特定产业在产业融合过程中起着关键作用。因此，对政策制定者而言，需要在普适性和重点性上做出选择，以更好地推进产业融合。以韩国为例，自20世纪90年代末以来，制造业中的电气设备和服务业中的通信技术与其他产业积极融合，大大促进了韩国整个工业体系的发展，这在很大程度上受益于政府自20世纪80年代以来一贯的产业支持政策，即通过创造性的模仿和技术创新过程（Kim和Park，2009）。而自21世纪以来，韩国政府认识到产业间联系的重要性，尤其是ICT在产业间融合中扮演着重要的中介角色，因此，采取了多项政策来促进ICT和其他产业的广泛融合。

（六）研究缺陷

本文的研究缺陷主要表现在以下四个方面。

一是第三种融合路径的可能性。本文的研究重点，是从两个不同的路径分析产业间的融合，即技术主导与市场主导。然而，现实中还有第三条融合路径，也就是二者的融合，即技术融合导致市场融合，而市场融合进一步又导致产业融合。这并没有包括在本文的研究范围内。

二是产业融合与产业竞争或产业互补的关系。以共享技术或市场为共同标准的产业既可以相互竞争的，也可以相互补充的。而融合研究不仅仅是关于技术或市场的融合模式，也是关于融合后相关产业形成的竞争或互补关系这一结果（Stieglitz，2003；Karvonen和Kässi，2013）。仅仅是技术投入结构或基于投入产出表的需求侧分布结构并不足以解释产业间的竞争或互补关系。比如，当"竞争性融合"是融合实体分割有限利润的零和游戏时，可能会导致自身的衰退或崩溃；当"互补性融合"提供新的获利机会时，能够允许融合实体共存并一起成长。因此，融合产业之间的这种关系是必须阐明的重要问题之一，这样才能准确衡量融合，分析融合带来的产业环境的变化，并针对这些变化制定下一步的有效应对策略。可惜的是，融合对产业关系的影响在本文中被忽略了。

三是产业分类系统变化较慢。本文使用了投入产出表数据来测度产业融合。尽管这是一种长期积累并被广泛认同的公开数据，但其所使用的产业分类系统在很长时间内并未发生变化，在很大程度上也不能反映近年来产业节点的动态变化。未来需要开发一种新的方法来解决这个问题。

四是研究结论的可推广性存疑。本文以韩国数据为基础展开研究,其结果可能无法被概括为代表全世界产业间融合网络的共同特征。未来的研究应该以不同国家的数据为基础,以反映不同国家的特点。

论文三:《制造业与服务业的双向融合》

Berardino, C. D., G. Onesti, "The Two-way Integration Between Manufacturing and Services", *The Service Industries Journal*, Vol. 40, No. 5 – 6, 2020.

(一)研究背景

在过去数十年间,发达经济体服务业就业比重逐渐增长,与此同时,这种趋势几乎在所有地方都伴随着制造业部门的收缩。从供给的角度看,服务业就业比重的增长是发达国家结构演变的自然特征,是其劳动强度高于制造业而劳动生产率低于制造业的共同作用的结果(Baumol, 1967)。从需求的角度看,服务业就业的扩大与最终需求的增长有关,即收入弹性高于制造业产品的弹性;而一些文化、社会、人口以及政府等因素似乎也以一种特殊的方式影响着对服务的需求,如社会对健康和个人护理的日益关注以及政府部门需要越来越多种服务以履行其职能等因素,都会在一定程度上提升服务业就业比重。在这一过程中,制造业与服务业的部门间互动,尤其是与知识密集型服务业的互动关系,逐渐被研究者们观察到。如制造企业试图通过外包服务活动来提高组织效率和降低成本,从而导致了服务业专业化程度的加强和提高,以及生产链的逐渐碎片化(Lind, 2013);经济系统的组织复杂性反过来又加强了对服务的需求,不仅将其作为生产性投入,也将其作为工业产品供给的辅助元素。

(二)研究选题

在一些情况下,经济向服务业转型会伴随着"去工业化",而在另外一些情况下,制造业会通过作为服务部门投入的买方而发挥越来越大的作用，进而保持其主导作用。这也提供了分析经济体系的垂直视角。在对生产结构的分析中，经济体系的垂直一体化是一种逻辑思路，它基于这样一个事实，即最终产品来自不同部门的垂直一体化生产过程。换句话说，产品既不能被定义为纯粹的商品，也不能被定义为纯粹的服务，因此，最终需求的演变对生产结构的影响必须使用一个分析框架，在这个框架中必须确定直接和间接的联系。

本文从更广泛的角度，提供了主要发达国家制造业和服务业之间一体化趋势的系统性证据。为此，本文从纵向一体化部门的概念出发，选择了五个国家（德国、意大利、法国、西班牙和英国）和一个对比国家（美国），基于 1995—2011 年世界投入产出数据库（WIOD），利用投入产出模型，通过子系统方法，分析了上述结构变化。按照 Pasinetti（1973）的研究，子系统是一个自主的、垂直整合的生产系统，它包括制造业和服务业所有直接和间接作用于最终需求的因素（Momigliano 和 Siniscalco，1982）。这一逻辑将以最终产品为基础，对每个分支进行细分，以便识别作用于每类生产过程的每个分支的贡献。

（三）研究方法

Leontief（1941）提出了一个循环流动的分析方案。这是一个用于识别经济系统中的相互关系的工具。根据经典理论，经济被视为一个整体，即"一个单一的系统，并能用直接可观察的基本结构关系来描述和解释其运作"。在这方面，展示国内生产直接需求的投入产出表成为分析部门间联系强度的合适方法。然而，这是"水平"视角的分析，在此情境下，生产被视为一个循环过程。Sraffa（1960）证明，可以采用一个循环区域来衡量垂直一体化的部门。这是通过将循环过程分割成若干不同的网络化产品子系统来实现的（Silva 和 Teixeira，2008）。进一步地，Pasinetti（1973）利用子系统方法，将投入产出表转化为垂直一体化的部门。

在给定固定资本存量的前提下，子系统是一个总和，即在理论上代表能够实现特定产品或服务的最终需求的所有直接或间接活动。因而，这种分析框架强调需求驱动增长，也就是说，产业间关系将根据最终产品及所有生产投入的关系而被识别出来。这也意味着，每一个部门基于其对最终产品生产的贡献而存在。

中间投入和经济体系的垂直视角已成为越来越多研究者感兴趣的领域。投入产出分析为研究上述过程的不同方面提供了非常实用的工具。值得注意的是，这种方法学是基于一种会计练习（Accounting Exerxise）。也正是基于这种方法的优势，利用投入产出分析框架，经济系统的纵向视角将实现从部门到子系统的转换，这样甚至可以估算出直接和间接满足产品或服务的最终需求的工作时间。该方法可以被转化为一个十分有效的经验工具，如式（1）所示。

$$G = (\hat{v})(I-A)^{-1}\hat{z} \tag{1}$$

其中，A是投入产出表的直接消耗系数矩阵，$(I-A)^{-1}$是列昂惕夫逆矩阵，v是部门单位产出所需的总工时，z是部门用于最终用途的工时数；所有向量都被转换为一个对角矩阵。因此，在本文中，G矩阵中的每一列都代表就业的"垂直"分配，即直接或间接为子系统的生产做出贡献的工作小时数。

（四）研究结论

本文的研究结如下。

一是在多数样本中，服务业的子系统有所上升，而制造业的子系统则有所下降。因此，服务业已经成为经济体系中中间投入的重要提供者，而制造业的情况则相反。

二是在多数样本中，制造业和服务业之间的联系似乎显示了两种相反的趋势，即制造业所需的中间服务业在总投入中的份额很高，且样本期间增长强劲，而服务业所需的中间制造业的份额很低。因此，制造业主要扮演"消费者投入"的角色，而服务业主要扮演"生产者投入"的角色。

三是如果把"直接使用"和"最终使用"区分开来，可以得到四种不同的关系：作为制造业投入的中间服务业，服务业对制成品供应的依赖，制造业公司使用其他制造业公司提供的产品的程度，服务业内部相关的互动。

四是在上述"四种关系"的分析框架下，有三个不同趋势：部分国家向服务业的过渡或经济的去工业化似乎是生产重组方面的客观写照，部分国家的去工业化伴随着服务业在服务业部门中的作用增长以及制造业所需服务业的强劲增长，部分国家的服务业转型并没有那么激烈。

五是服务业活动主要转移到技术强度较高的部门，且制造业和知识密集型服务业之间的互动更加频繁。如"租赁和其他商业活动""批发、零售贸易和运输"显示出较高的一体化水平，因为它们不仅有助于提高生产者和消费者的关系效率，还能够增进制造业公司获得新知识和技能并在出口优势、产品附加值、产品创新以及生产率增长等方面发挥积极作用。

（五）创新之处

本文的创新之处主要体现在以下两方面。

一是研究方法较为前沿。如在现有研究中，从生产结构的"横向"角度出发，会孤立地分析制造业和服务业等部门，而不会假定它们之间相互依赖，这并不能很好地解释产业间的关系。而本文利用投入产出表，可以提供经济结构变化有关范围和程度的新发现。进一步按照 Pasinetti 的子系统方法，本文从"纵向"的角度来描述产业间的联系。这涉及将投入产出表转化为一组垂直整合的部门，以便通过直接和间接满足商品和服务的最终需求所要的总工作时间来衡量部门间的关系。相比之下，本文的研究方法具有明显优势。如这种方法可以绘制技术联系图，进而增加对经济系统基本结构的理解（Drejer，1999）。正如 Rosenberg（1982）指出，投入产出表打开了一个黑匣子，"在这个黑匣子里，主要的生产要素、资本和劳动力以某种方式被转化为最终产出流，显示了大量关于中间产品投入的部门间流动信息"。不仅如此，投入产出分析还有助于理解经济体系的相互依存关系及其随时间的演变。当前，通过采用投入产出模型分析相互依存关系已经得到了研究者们的高度重视，它较高的灵活性、较强的洞察力和解决棘手问题的应用能力已被广大研究者应用于国际贸易、生产力和环境经济学等多个领域。

二是研究结论具有价值。如作者的研究表明，尽管一个强大的制造业外部化进程正在世界范围内普遍发生，但不同国家或地区的生产特定存在差异，因而经济转型的模式并不一样。以英国为例，其制造业所需的中间服务业的工作时间不断减少，但作为其他服务业的中间投入的服务业却出现了相当大的增长,而相比之下,德国中间服务业增长在很大程度上可以归因于制造业的需求,因此,其制造业的大量外包和生产的普遍重组实际上与去工业化无关。再如,作者的研究还发现,特定产业间的互动关系更加强烈,突出表现在制造业与知识密集型商业服务业之间的互动上。以化学品和运输设备为例,德国、意大利、法国、西班牙中该产业超过50%的工作时间与服务业有关,而相比之下,纺织、服装、鞋帽、木材等产业与服务业的互动并不多。

(六) 研究缺陷

本文的研究缺陷主要表现在以下三方面。

一是本文的目标是根据生产结构的相互依赖性对其进行分解,以从"纵向"的角度分析结构变化。然而,对造成结构变化的相关原因并没有展开细致分析,如导致不同国家经济转型模式存在差异性的原因是什么、导致部分产业更加频繁互动的原因是什么等。

二是本文对"纵向"角度下不同关系的分析并没有穷尽可能性。如在现有对制造业所需的服务活动的分析中,并没有穷尽制造业和服务业之间所有可能的联系;与此同时,并未对制造业进行类似低端技术、中端技术、高端技术的再分类,也没有对服务业进行低技能型、中技能型、高技能的再分类。

三是研究样本仅局限于少数国家,即德国、意大利、法国、西班牙、英国和美国,可能会导致结论的有偏性,难以指导其他发达国家(或地区)的服务化转型实践和欠发达国家(或地区)的工业化转型实践。

论文四:《高科技环境下评估产业融合的新框架》

Sick. N., N. Preschitschek, J. Leker, et al., "A New Framework to Assess Industry Convergence in High Technology Environments", *Technovation*, Vol. 84, 2019.

(一) 研究背景

由于科学和技术发展的动态性不断增强,产业融合已经成为一种趋势。在过去的几十年里，产业融合研究领域进步巨大，尤其是在高科技公司的战略和创新行为方面。新技术驱动型产业的出现，如 ICT 等新技术驱动产业的出现，已经部分或完全取代了现有的产业结构，并因此建立了确定的产品、流程和商业模式。在这样一个动态的环境中，面对较大的能力差距，公司面临着日益激烈的竞争，这对企业的竞争力和生存构成了根本的威胁。诺基亚的案例表明，有必要在早期识别产业融合，尤其在高科技和快速变化的商业环境中。为了应对 ICT 产业的冲击，诺基亚作为移动电话领域的前世界市场领导者，并没有通过调整其战略重点和获得必要的新能力来及时应对作为融合之后产品的智能手机，这导致其在 2013 年被微软收购。

在更深层面上，融合可以被描述为一个连续的过程，即首先是科学领域的融合，然后是以前不同的技术和市场的融合，最后导致产业的融合。在现有研究中，科技融合现象在文献中有明确的定义，并且可以通过基于科学出版物和专利的结构化指标来识别（Curran 等，2010；Bornkessel 等，2014）。然而，产业融合的最后一步还没有像科学和技术融合那样受到同样的关注，这引发了很多问题：产业融合何时发生？即科技与市场融合何时演变为产业融合？哪种类型的产业融合正在发生？替代性还是互补性的融合？能够预测的产业融合的先决条件是什么？科技融合的前几个步骤是否会导致产业融合进而影响企业竞争力？这些问题反映出产业融合的复杂性，并表明需要一个框架来评估产业融合。

（二）研究选题

为了分析作为连续融合过程最后一步的产业融合，本文提出一个基于文献的分析框架，以评估高科技环境中的产业融合现象。首先，在产业融合的背景下，企业被迫通过与互补伙伴的合作来缩小技术和市场能力的差距，因此，不同形式的合作被作为产业融合的合适指标提出来。其次，通过将不同的合作形式分配给产业融合的各个阶段和类型，本文开发了一个新的分析框架，它允许对产业融合的最后一步进行详细分析。最后，运用新开发的分析框架在定置型储能领域进行经验性说明，结果证实了该方法的适用性，并揭示了定置型储能领域中期阶段的产业融合的互补性特征。

(三) 研究方法

本文的研究方法主要包括两类。

一是高科技环境中产业融合的分析框架。在产业融合的早期阶段，高技术产业具有高度不确定性，技术环节变化较快，因此，公司可能会将重点放在较为灵活的合作类型上，如战略联盟和合资企业。由于技术尚未开发完成，可以假设合作的主要目的是以缩小技术能力差距为基础的共同技术研发。因此，在互补性产业融合的早期阶段，作为较松散的合作形式的联盟和合资企业似乎更受欢迎；在替代性产业融合的早期阶段，似乎倾向于通过并购来填补其能力和竞争力的差距。在产业融合的中期阶段，技术变革的速度可能会下降，新的标准将会发展，有关未来发展的总体不确定性程度会慢慢减少，会在很大程度上驱使公司从主要以研发导向的合作向更多以市场导向的合作转变（Gauch 和 Blind，2015）。通过扩展市场和客户知识，公司能够缩小自身的市场能力差距。因此，在互补性产业融合的中期阶段，以市场为导向的战略联盟和合资企业似乎是最重要的；在替代性产业融合的中期阶段，公司会越来越多地投资于新兴的跨行业领域，并加强合作活动。在产业融合的后期阶段，一个新产业间（部门）的形成可以补充或替代以前的产业，新产业结构的建立使不确定性程度进一步降低。同时，一个具有主导地位的技术设计及其市场应用也出现了，导致在新的行业领域中出现更加激烈的竞争。因此，在互补性产业融合的后期阶段，可能会有更多产业融合的并购，并通过巩固新开发的能力平台来加强新的产业结构；在替代性产业融合的后期阶段，新的结构将被展现出来，意味着只有极少数的并购仍将发生。以上述理论分析为基础，本文阐述了一个基于两个维度的产业融合的分析框架，第一个维度区分了融合是以互补性还是以替代性的方式发生；第二个维度划分了产业融合的不同阶段，即早期、中期、后期。

二是定置型储能领域案例中的研究方法。由于新闻文章能提供一个广泛的覆盖行业、技术和市场发展的数据集，其作为"组织间的动态（如联盟、合资、并购）的信息来源具有较强的合适性（Kim 等，2015）。因此，在考虑定置型储能领域合作新闻时，本文使用全文数据库 Nexis®，将其作为英语新闻来源（大众媒体、技术媒体和产业报告），从而进行基于关键词的搜索。关键词包括"定置型储能""定置型电池"等与技术相关的词以及与一般性合作、不同形式的合作（特别是联盟、合资企业、合并或伙伴关系等）相关的词，并在搜索中将两类词相结合。搜索时间是 2014 年 10 月。在得到初步搜索结果后，首先，进行排除重复内容的操作；其次，对剩余信息进行细致分析以了解其与定置型储能技术领域的相关性，并选择出 49 不同组织间的 23 个相关合作案例；最后，搜集有关合作和合作伙伴的结构化信息，包括合作类型、开始年份、行业或研究伙伴、行业内或跨行业合作、市场或研发重点以及所涉及公司的行业属性等信息。

（四）研究结论

本文的研究结论如下。

一是在定置型储能领域案例中，作者识别了七种不同类型的合作，按合作强度的递减排序分别是合并、合资、战略联盟或伙伴关系、协议、项目、谅解备忘录和许可。超过三分之一参与合作的公司属于电池业，其他相关行业包括能源和电子行业、化学工业、研究机构、IT 行业、制造、汽车等；只有 3 个项目是行业内的合作，其余 20 个项目是跨行业的合作。

二是在定置型储能领域案例中，有 11 个研发导向的合作和 12 个市场导向的合作。在研发导向的合作中，有两个合资，三个战略联盟或伙伴关系，四项协议，以及一项基于谅解备忘录和许可证的合作；在市场导向的合作中，有两个合并、两个合资、两个战略联盟或伙伴关系、两个协议、三个项目和一个谅解备忘录。

三是在定置型储能领域案例中，产业融合的形式随时间而变化。如定置型储能领域的研发合作在 2009 年达到顶峰，此后在较低水平上波动，最终在 2014 年没有发现任何研发合作。相比之下，以市场为导向的合作在最近几年有所增长，2014 年有多达五项合作，而 2009 年和 2010 年所发生的两起合并案已经在一定程度上预示着定置型储能领域即将迸发的市场潜力。

四是在定置型储能领域案例中，协议、战略联盟和合资企业的广泛性表明，该领域主要呈现出一个互补性的产业融合。其中，有11项合作主要是以研发为导向的，可以被视为属于产业融合的早期阶段，而有10个合作属于中期阶段，因为它们显示了更多的市场导向。有2个合作都是兼并，可以被归入产业融合的后期阶段。

（五）创新之处

本文的创新之处主要体现在以下三方面。

一是研究视角较为独特。本文讨论整个融合过程的最后一步，即产业融合何时以及如何发生的问题。根据 Kim 等（2015）对产业融合的五种动态模式的区分以及 Geum 等（2016）对产业融合划分的四种类型，本文明确了产业的概念，以作为产业融合定义的基础。同时，一个共同的产业融合的定义，特别是对市场融合的划分，这在之前的有关融合研究的新兴领域中是较为缺少的。本文还强调，产业融合发生在当企业最终开始缩小其技术和市场竞争力的差距时。

二是研究范畴得以扩展。本文提出产业融合的三个阶段，即早期、中期和后期，能够进一步提高高科技环境中产业融合概念的清晰度。不仅如此，本文提出将合作作为指标来识别和预测产业融合。即在综合 Caviggioli（2016）等研究的基础上，本文提出公司间的合作可以促进融合，将不同形式的合作分配给产业融合的各个阶段和类型，也将融合研究与开放式创新和知识转让联系起来，由此形成了一个新的分析框架。这为如何以及何时实施开放式创新战略提供了宝贵的指导，即哪些合作形式可以在产业融合的哪个阶段和类型中得到最佳利用，也为研究者们提供了可量化识别的工具，即研究者们可以在一个非常早期的时间点上检测产业融合呈现的实际步骤。

三是研究结论具有价值。如作者发现，产业融合不仅发生在产业内，也发生在产业间。因此，在新兴产业形成与发展的过程中，需要政策制定者们更加详细地了解产业融合现象，以决定如何进行监管。由于各行业面临不同的监管措施，则必须讨论将使用哪些措施，或者是否将这些措施结合起来，形成一套专门针对新形成的行业领域的新法规。不仅如此，本文的分析框架还可以作为一个有效工具，适用于反托拉斯过程中的市场集中度等问题。

（六）研究缺陷

本文的研究缺陷主要表现在以下三方面。

一是分析框架的延展性。尽管本文为产业融合的分类提供了一个很好的起点，但在这个领域还需要有进一步的研究，以开发更详细的框架或工具来评估产业融合的前因后果。未来这方面的要点是在替代性融合的情况下说明目前的框架，并将框架调整到中低技术环境或服务行业。一个有趣的方面是将监管趋同纳入该框架，即制定新的标准作为行业趋同的先决条件。

二是案例概括的局限性。尽管定置型储能被选为高科技环境中一个合适且特别有趣的案例，但对一个产业融合案例的说明只具有有限的概括性。未来需要对更多类型的案例进行研究，并在系统性严谨的基础上，总结出相应的规律。

三是研究方法的随意性。从方法论的角度来看，由于在选择关键词时存在一定程度的随意性，因此，基于关键词的搜索总是牵涉到一些缺点。未来需要使用更多的数据库和来源以收集更多的信息并确定不同形式的合作。其中，基于大数据分析的方法可能会非常有价值。

论文五：《工业4.0背景下探索产业创新系统内外合作的新机会》

X. L. Fu., X. Q. Fu, C. C. Romero, et al., "Exploring New Opportunities through Collaboration within and beyond Sectoral Systems of Innovation in the Fourth Industrial Revolution". *Industrial and Corporate Change*, Vol. 30, No. 1, 2021.

（一）研究背景

企业总是在一个动态环境中创新。这个环境包括全球范围内的制度、技术、竞争者等因素，也构成了企业的产业创新系统。然而，产业创新系统的边界在新技术的快速变化及影响下已变得模糊，包括人工智能、机器人、物联网等新技术正在创造第四次工业革命。不仅如此，这些技术变化可能会影响到产业创新系统的方方面面，比如竞争者的数量、类型以及彼此间的互动关系，知识和技术基础，学习过程，甚至影响产业系统的制度。由于产业创新系统的演变可能同时受内外部因素驱动，企业也能够在内部塑造产业创新系统中发挥重要作用，因此，在技术快速变化的时代，了解企业如何影响产业创新系统的演变，尤其是领先企业驱动产业创新系统边界模糊化的路径非常重要。

在激烈的全球竞争和日益快速成熟的技术变革的推动下，创新已成为一项开放的、协同的任务（OECD，2002；Chesbrough，2003；Chen 等，2019），而企业的知识整合实践对合作的成功至关重要（Lakemond 等，2016；Bengtsson，2017）。因此，本文关注的是，当面临颠覆性技术变革时，一家公司在研发合作及其与产业创新系统内外的其他参与者的互动方面可能采取的策略。特别是，第四次工业革命对跨国企业带来的变化表明，开展高纬度创新和发展创新能力是非常必要性的。

（二）研究选题

本文认为，在产业创新系统内外的研发合作，特别是多学科合作，可能是一种机制，用以吸收来自不同领域的知识，并形成突破性创新来提高公司的技术前沿。与此同时，在有前景的非核心技术上的合作可以提高创新成果的独特性，促进企业和产业层面的技术融合。因此，企业可能会通过挖掘新机会成长为行业领导者并保持主导地位，进而促使产业创新系统的边界被扩大。

为了对上述论断进行检验，本文通过调查研究法，深入挖掘一家处于第四次工业革命核心产业中的中国跨国公司的信息，共得到2009—2016年714个有外国合作者参与的联合创新项目，以及714个利用倾向得分匹配方法选择的国内可比较的合作项目。该公司从一个创新的追随者成长为行业的领导者，现在正在推动技术前沿，并通过产业创新系统内外的合作研究探索未知的未来方向。使用定量方法，本文发现，该公司通过研发合作，特别是行业核心和非核心技术领域的多学科研发合作，扩大了技术边界。这使得该公司能够在这个快速变化的产业中建立并保持其领导地位。公司合作研究组合的学科多样性与创新产出的原创性呈正相关。此外，有潜力的非核心技术被融入核心生产系统，也会扩大产业边界。

(三) 研究方法

本文采用定量方法来检验跨国公司是否通过其产业创新系统内外的多学科研发合作产生了新的创新。首先，本文采用回归分析方法考察多学科研发合作对创新绩效的影响。然后，本文利用描述性数据分析来捕捉核心技术与非核心技术研发合作模式的变化，以展示跨国公司创新生态系统的演变，并反映其产业创新系统内部的变化。本文的探索性本质允许使用归纳推理来分析这一中国跨国公司在 ICT 行业的独特案例中的数据。本文的计量模型如式（1）所示。

$$Y_{i,t} = \alpha + \beta CDI_{i,t} + \beta CDI_{i,t}^2 + \gamma Z_{i,t} + Mode_i + Depart_i + Year_i + \varepsilon_{i,t} \tag{1}$$

其中，Y 表示创新绩效。本文开发了两个可替代使用的创新绩效指标。第一个指标是发明专利（PATENT），由在进行合作项目过程中授予的发明专利数量来衡量。这个代理主要捕捉创新产出的数量。第二个指标是重要专利（VITALPATENT），它是根据美国、日本、欧洲专利局和专利合作条约授予的发明专利数量来衡量的。该指标由 Lanjouw 等（1998）开发，以代表专利系列的范围。它已被广泛用作创新产出质量或专利重要性的代表。i 表示联合创新项目，t 表示年份。

CDI 表示合作多样化指数，用于衡量多学科研发合作的程度。本文使用 Cadot 等（2011）构建的出口多样化指数来表示 CDI，如式（2）所示。

$$CDI = \sum_{k=1}^{n} \left(\frac{N_k}{N}\right) * \left(\frac{\mu_k}{\mu}\right) * \ln\left(\frac{\mu_k}{\mu}\right) \tag{2}$$

其中，N 表示某一年中项目的数量。N_k 指某一年度特定技术领域的项目数量。μ 指在某一年中项目的总预算。μ_k 指某一年度特定技术领域项目的总预算。

根据现有文献（Cassiman 等，2010；Schwartz 等，2012），本文控制一系列可能影响项目创新绩效的项目特征。控制变量为 Z，包含 FOREIGN，一个虚拟变量，当合作者来自外国时等于1，反之为0。本文把香港、澳门和台湾地区排除在基本模型之外，因为它们是中国的特别行政区域，并且拥有区域自治权。UNIVERSITY，一个虚拟变量，当合作者来自大学或研究机构时，等于1，当合作者来自企业时，等于0。BUDGETSIZE，以项目预算的自然对数衡量。SELECT_STRATEGY，一个虚拟变量，当该公司通过公开征集的方式选择项目的合作者，则等于1，否则为0。PRO_IMPORTANCE，一个虚拟变量，当该公司优先考虑这个项目，则等于1，否则为0。COLL_PURPOSE，一个虚拟变量，当项目的目的是专利申请，则等于1，否则为0。IPROWNER，一个虚拟变量，当IPR由该公司单独拥有时，则等于1，否则为0。COLL_EXPERIENCE，一个虚拟变量，当该公司以前曾与该合作伙伴合作过，则等于1，否则为0。

另外，$Mode$ 表示项目协作模式的固定效应，$Depart$ 表示业务部门的固定效应，$Year$ 表示年份的固定效应。通过使用固定效应模型，本文还控制这些因素之间的时不变异质性。最后，本文使用负二项式回归来估计模型。

（四）研究结论

一是 CDI 系数显著为正，表明公司合作研究组合中的高学科多样性与创新正相关。这一发现与 Cummings 和 Kiesler（2005）的发现一致，他们还发现多学科研究项目可以产生更多新想法和知识。

二是 CDI^2 的系数也显著为正，表明合作多样化和创新之间的关系是向上凸的，显示了创新绩效的指数增长以及多学科研发合作的增长。换句话说，合作多样化的增加导致创新绩效的急剧提高。这一发现意味着，通过增加不同知识领域的合作，公司可能会扩大其产业创新系统的边界，并提高创新能力，以保持其在该行业的领先地位。

三是在 VITALPATENT 的回归结果中，FOREIGN 和 UNIVERSITY 的系数都显著为正，表明国际合作以及与大学（或科研机构）的合作可以产生更重要的专利。这一结果与现有的研究是一致的。例如，Fu（2015）和 Li 等（2010）发现，通过国际合作，中国企业可以进入国际知识库，从而提高企业的研究能力。此外，Belderbos 等（2004）发现，企业可以整合不同的知识来源，这些知识可能有助于探索新技术和提高研发竞争力的比较优势。

四是对该公司研发合作的描述性分析可以提供关于其合作策略发生

的主要变化。尤其是对研究项目随时间变化的学科分布检查结果表明：首先，在样本期开始时，非核心技术上的合作迅速增加，在整个合作组合中具有高度相关性；其次，在核心技术和非核心技术领域，合作组中不同技术的数量都在增加，这表明该公司技术研究的多样化；最后，虽然在样本期结束时，核心技术和非核心技术的比例接近50%，但很多2009年的非核心技术已经成为了2016年的核心技术，说明有潜力的非核心技术与核心生产技术的融合，能够提高创新能力。

（五）创新之处

本文的创新之处主要体现在以下四个方面。

一是对多学科创新合作在领先公司技术边界以及产业创新系统动态演变中的作用进行了开创性分析。具体而言，本文总结出合作模式的变化，这有助于企业在面对快速技术变革时发展创新能力。

二是为学科多样性对研究成果新颖性和创造性的影响提供了丰富的证据。如本文的研究结果表明，研究群体中更多的学科多样性会导致研究新颖性指数的增长。此外，研发合作似乎是将非核心技术整合到企业核心业务中的有效方式，能够有助于扩展企业和产业的边界。

三是首次使用从数字行业单个大型跨国公司获得的项目级数据进行考察与检验。这一独特的数据集使本文能够研究合作创新如何为处于第四次工业革命核心的行业活力做出贡献。不仅如此，它还能够控制潜在的忽略变量偏差，解决内生性和识别问题。

四是对具有开放式创新战略的公司而言，多学科创新合作可以提高吸收和创造新技术的能力，这在技术快速变化和广泛不确定性的时期尤为重要。对于后进入的公司而言，多学科创新合作甚至可能让他们不仅有机会赶上处于技术前沿的创新者，而且有机会成为行业的领导者。对于新兴经济体的企业来说，需要走向世界技术前沿，从追随者和模仿者转变为领先的创新者，而多学科合作将提供实现这一目标的途径。对于处于行业技术前沿、没有领导者可追随的公司来说，必须像在新国家的探索者一样找到新的机会。

(六) 研究缺陷

本文的研究缺陷主要表现为，一是案例研究的局限性。本研究的数据来自一家大型中国跨国公司。未来的研究应使用来自不同行业公司的项目级数据，由此对同一领域进行有益的检验，以考察本文所指出的战略是否适用于不同行业的公司以及具有不同创新战略的公司。二是项目合作的双面性。合作并非没有失败和不利因素。未来的研究应开展更深入的研究，以了解促进多学科创新合作成功所需的内部和外部条件，以及如何最好地管理合作风险，特别是在多学科合作中。

3 产业政策[*]

一 导语

本章主要选取与产业政策有关的前沿文献进行解读。第一个领域是21世纪产业政策的复兴与研究议题。"产业政策"（Industrial Policy）是指任何一种有选择的、有针对性的政府干预，是政府决策者为改变经济部门结构而做的努力（Naughton，2021）。在经历了一段时间的兴趣下降和过早的死亡预测后，产业政策重新回到人们的视线。第一篇导读文献 Aiginger 和 Rodrik（2020）分析了21世纪产业政策复兴的原因，提出产业政策的一般性原则。Aiginger 和 Rodrik 认为，产业政策的复兴主要受到以下趋势的推动：市场失灵、颠覆性政治变革和技术变革，以及来自社会和环境的挑战。产业政策的复兴不是一个短期现象，将会长期存在，摆在我们面前的问题是产业政策应采取何种形态。通过对该领域内9篇重要文献的研究和总结，Aiginger 和 Rodrik 提出21世纪产业政策的一般性原则：以制造业为核心，协调创新政策、区域政策和贸易政策；影响上下游产业、部门内部结构、集群和网络的系统方法；受到社会目标的引导，以实现可持续和负责任的全球化；

---

[*] 本部分所导读的文献分别是，①Aiginger, K., Rodrik, D., "Rebirth of Industrial Policy and an Agenda for the Twenty-First Century", *Journal of Industry, Competition and Trade*, Vol. 20, 2020. ②Verwey, J., "Chinese Semiconductor Industrial Policy: Past and Present", *Journal of International Commerce and Economics*, Vol. 7, 2019. ③Verwey, J., "Chinese Semiconductor Industrial Policy: Prospects for Future Success". *Journal of International Commerce and Economics*, Vol. 8, 2019. ④Foster, C., Azmeh, S., "Latecomer Economies and National Digital Policy: An Industrial Policy Perspective", *The Journal of Development Studies*, Vol. 56, No. 7, 2020. ⑤Lane, N., "The New Empirics of Industrial Policy", *Journal of Industry, Competition and Trade*, Vol. 20, 2020.

专题一：产业经济

一个探索未知的过程，远远超出了纠正市场失灵的范围，不仅可以从与专家、利益集团和公民的对话中获利，而且还必须避免被特殊利益集团和民粹主义"劫持"。

第二个领域是发展中国家的产业政策，以半导体产业政策和数字经济政策为例。大量的研究聚焦于产业政策在帮助低收入国家实现经济增长和追赶方面的价值。在20世纪的大部分时间里，关于发展中国家的产业政策研究争论可归结为三个问题（Foster和Azmeh，2020）：一是产业政策能够发挥多大的作用，二是产业政策应该是向内还是向外，三是政府干预应在多大程度上积极影响一个国家在世界经济中的地位。当前，关于发展中国家的产业政策焦点已经转变为产业发展中获取和学习技术的不同方法。

中国已经迅速崛起成为一个经济大国和技术强国，虽然仍是一个中等收入国家，但已拥有世界上最大的制造业和互联网部门、第二大高科技部门。卓越的经济成就不仅在国际层面引起了反应，在国内，中国政策制定者对于新的环境和机遇也做出了反应。自2006年以来，中国在发展战略上进行了根本性的转变，颁布了一系列代表现代产业政策启动的政策和方案。2015年，人工智能和大数据对全球经济产生了巨大的潜在影响，中国启动了新一轮的产业政策，瞄准新兴技术革命的方向，中国渴望成为第一个政府主导的市场经济（Naughton，2021）。研究普遍关注的一个重要问题是，中国的经济和技术成功在多大程度上可以合理地归因于中国的"发展道路"或产业政策。在导读文献第二篇和第三篇中，Verwey（2019a，2019b）对中国半导体产业政策进行了系统的梳理与研究。

半导体是数字经济时代必不可少的重大基础设施。半导体的生产分为三个不同的阶段：设计，制造，组装、测试和封装（ATP），半导体制造工艺是已知的最复杂、知识密集程度最高的制造工艺之一。半导体行业的进入门槛很高，包括先行者优势、规模经济、品牌认知度、粘性和客户忠诚度、知识产权，以及高固定资本支出。1958年，Jack Kilby为德克萨斯仪器公司（Texas Instruments）开发了第一个基本集成电路。目前，全球半导体产业已日趋成熟，大部分领域由少数大公司主导，集中在欧洲、美国、韩国、日本、中国，以硅谷为中心的美国半导体产业一直处于世界领先地位。

依据对技术的定义，中国半导体产业是从 1956 年在国家实验室中制造出第一个晶体管到 1965 年制造出第一个集成电路的时间开始的。经济利益是中国发展半导体产业的动机之一。中国是世界上最大的半导体消费市场，但消费严重依赖进口，而这也在一定程度上成为其他产业发展的绊脚石。此外，还有国家安全，出于对芯片来源的可靠性和技术优势的考虑。自 20 世纪 50 年代以来，中国就将半导体视为产业计划的主题，致力于优先发展具有国内竞争力和商业可行性的半导体产业。中国半导体产业政策经历了四个阶段：一是 1956—1990 年，中国半导体产业的特点是苏联式的工业组织体系，强调本土发展、自力更生和严厉的国家计划；二是 1990—2002 年，中国政府奉行混合的工业发展模式，将大部分可用资金交给少数大公司，以便它们能够与外国公司建立合作关系，努力追赶世界领先企业；三是 2002—2014 年，以中国为总部的半导体企业接连出现，利用国内不断增长的市场和政策支持，追赶明确的目标；四是 2014 年至今，中国迄今为止最雄心勃勃、定义最明确、资金最充足的半导体产业发展计划，中国的战略是在半导体制造过程的每个阶段（设计，制造，组装、测试和封装）都建立自给自足的闭环半导体制造生态系统。先后发布了《国家集成电路产业发展推进纲要》《中国制造 2025》《中国制造 2025》重点领域技术路线图等文件，明确了中国的目标和实施指南，利用补贴（投资基金和税收减免）和零和策略（投资限制和技术转让要求）来加速国内产业的发展。截至目前，中国半导体产业已经过了近 70 年的努力，但未能制造出与世界领先半导体企业相媲美的先进产品，无法有效和战略性的分配资金、缺乏高技能劳动力和出口管制是制约中国半导体产业快速发展的主要因素。

依据发展目标和以往失败的半导体产业计划，中国目前试图发展国内可行的半导体产业，以国家冠军企业为特色，集中招聘高技能工程师，利用与外国公司的合作关系，追求明确的行业目标，以确保其国内产业最终赶上世界领先企业。尽管中国已在获取技术进步、在价值链上对现有和新的芯片制造能力进行投资、在行业增长周期的有利时机促进人力资本增长等方面取得成就，但中国半导体产业在未来的发展中仍面临较多挑战。首先，中国与国际领先半导体企业仍存在较大差距；其次，当前中国开发的产品主要以国内标准为准，与国外标准的差异可能导致无法进军海外市场；再次，来自美国、欧洲等国家和地区新的出口管制和投资限制；最后，持续的人才短缺问题。

数字经济和数字化正在成为包括发展中国家和新兴国家在内的越来越重要的生产要素，随着时间的推移，数字经济的发展催生了重要的新经济领域、数字创新和商业模式，这一过程通常被称为数字化。关于数字问题对经济影响的研究兴趣最初是伴随着互联网的发展以及随后专注于产品和服务的纯数字公司的扩张而出现的，随着全球互联网使用的扩大，开始对发展中国家进行更实质性的分析。在导读文献第四篇中，Foster 和 Azmeh（2020）全面解读了后发经济体的国家数字政策，从产业政策的角度提供了对其潜在价值和局限性的见解。

后发经济体的国家数字政策动机主要有两个，一是鼓励国内数字化和数字经济发展；二是减少数字经济领域迅速出现的结构性不平等。总而言之，在生产的演变过程中，数字技术和数据正变得越来越重要，因此将成为未来产业政策的中心焦点。数字产业政策包括与众所周知的产业政策相一致的政策工具，以及与数字技术相关的新方法和数字经济中常见的新商业模式。受全球数字公司的不平等影响以及相对广阔的政策空间的驱动，此类政策的影响显著，尽管迄今为止这些政策相当分散。中国是一个成功的数字后发追赶者，已经制定了一系列与数字公司、服务和数据流相关的政策。这些政策最初是零星的，并与审查和国家安全问题紧密相连。然而，以数字为重点的政策也整合了经济政策目标，并迅速取得了成功。这些政策可以与阿里巴巴、百度、腾讯、新浪微博等互联网平台巨头的崛起联系起来，与蓬勃发展的电子商贸，以及最近在数据、工业数字化和机器学习等领域涌现的数字创新相联系起来。中国数字政策的特点，一是通过限制外国竞争来促进中国平台的发展；二是突出反映平台在数字经济中的关键基础设施地位，以及它们在数字经济及其他领域的整体数据基础设施中的作用；三是发展金融市场以支持数字经济，这是中国大型数字公司崛起的关键。

中国的国家数字政策可以说是典型的产业政策，但绝不是唯一实施数字政策的国家。在一些中低收入国家，在数据保护、数字化和工业4.0 计划下，更广泛的国家数字化和数据处理方法正开始结合起来。但许多政策仍处于早期实施阶段，或处于战略、路线图或大框架阶段，因此，这些政策的重点仍然相对广泛，而且经常嵌入从外国复制的数字活动和政策的想法。然而，它们也包括一些当地的相关问题，例如，泰国、南非的数字应用，新加坡、印度的智慧城市计划。这些政策旨在扩大数字技术的影响，或关注这些技术带来的风险。

第三个领域是产业政策有效性的评估。如何正确评估过去产业政策的努力是产业政策研究一个非常重要的领域。全球各国一直以来都在持续地通过产业政策塑造经济，未来这种趋势还将继续。然而，与全球政策制定者对产业政策的高度关注相比，学术研究中对于产业政策有效性的实证检验文献却寥寥无几。直到最近，通过采用计量经济学手段来评估这些干预政策的研究仍旧极为罕见，究其原因是理论论证和为评估其效用进行的定量工作之间存在巨大差距。对产业政策的结果与影响进行评估前，应首先明确产业政策的资源投入、部门影响和效率（Naughton，2021）。第一，资源投入，也称为规模，是指一项政策的实际成本，这既包含补贴和优惠税收的直接成本，也包含用于培育目标行业所需监管壁垒和保护主义政策的间接成本。因此，产业政策的规模是实际花费的资源加上政府干预导致的市场扭曲的资源成本总和。第二，部门影响，是指产业政策影响的大小，也就是说经济构成（或经济增长）有多大程度上是朝着规划预期的方向发展的。我们可以根据产业政策计划目标来衡量未来的表现，或使用绩效指标来衡量，如特定行业的全球市场份额，或公认的全球领先公司的存在。第三，效率，是由政策成本与额外产出的比较决定的，换句话说，产业政策的投资回报率是多少。由于我们对成本和影响的衡量都很弱，因此我们衡量产业政策效率的能力会更弱。

导读文献 Lane（2020）对产业政策评估的新实证文献进行了广泛概述，探讨了产业政策实证研究中所面临的一些难点，以及现代计量经济学方法是如何来解决这些难题的。该文献共研究和总结了 1981 年以来关于产业政策实证研究的 119 篇论文，文章的独特之处在于，在对产业政策的因果效应进行推断时强调了方法上的考虑。

早期关于产业政策的研究集中在发展中国家的新兴产业上，研究为我们如何理解发展中国家的产业干预政策奠定了基础，但这些研究在某些程度上并未提供关于产业政策有效性的有力证据，而是使我们对这些干预措施的理解复杂化。早期的实证研究主要存在以下问题：政策的内生性问题、研究设计问题和对产业政策背景的忽视、对溢出效应和外部性处理的不完整。Lane指出，这些研究得出的证据不仅仅是混杂的，也是空洞的。

新的实证研究对于因果推断问题予以了密切的关注，正在扩大我们对于产业政策的了解，同时也在更新我们过去对于产业政策所形成的一些固有的认识。这些研究使用现代计量经济学方法，有助于我们对产业政策影响的丰富性和复杂性的认识。有些实验是由历史上的意外事件而产生的自然实验，比如拿破仑战争期间对英国船只的封锁在法国创造了进口替代的可能性。另一些则利用政策在地区应用中的外生变化，如由于欧盟范围内法规的变化而将一些英国地区纳入或排除在欧盟国家援助规则。还有一些人使用断点回归或双重差分法，也有一些研究使用了结构方程模型。虽然很难从这些新文献中得出一般结论，但许多研究表明，产业政策在刺激受生产或投资激励的活动方面是有效的。但现有研究的局限在于过度关注因果推断，除了因果关系之外，我们对产业政策的范围、模式和相关性知之甚少。产业政策是一个多维的概念，在很大程度上还取决于所使用的政策和制度背景。未来，在回归研究之外，实证工作还应尝试提供更深入、更精确的产业政策措施，更多地理解政治经济学和产业政策之间的相互作用。

二　精选文献导读

论文一：《21世纪产业政策的复兴与研究议题》

Aiginger, K., Rodrik, D., "Rebirth of Industrial Policy and an Agenda for the Twenty-First Century", *Journal of Industry, Competition and Trade*, Vol. 20, 2020.

（一）作者简介

第一作者为Karl Aiginger，是维也纳经济管理大学经济学系教授，也是政策交叉中心（Policy Crossover Center）主任、*Journal of Industry*,

Competition and Trade 的联合主编（另一位为 Marcel Canoy）。Karl Aiginger 的研究领域主要为产业经济学与政策、产业竞争力、地区竞争力和国家竞争力，发表学术论文一百多篇、出版著作一百多部，论文主要发表在 *Cambridge Journal of Economics*、*International Journal of Industrial Organization* 等期刊上。

第二作者为 Dani Rodrik，是哈佛大学肯尼迪政府学院国际政治经济学福特基金会讲席教授，也是国际经济协会（International Economic Association）的主席，长期担任《经济学人》《纽约时报》《金融时报》等财经媒体撰稿人。他在经济发展和增长、全球化以及政治经济学领域著作颇丰，也被视为当今世界上最富有洞见和批判性的经济学家之一，在三十多年的学术生涯中，他曾提出过很多著名的理论，其中的"全球化的不可能三角""经济增长的甄别"等理论都曾在学界引发过巨大的争议。Dani Rodrik 教授著有《一种经济学，多种药方》（*One Economics, Many Recipes: Globalization, Institutions, and Economic Growth*）、《经济学规则》（*Economics Rules: The Rights and Wrongs of the Dismal Science*）等，与 Blanchard、Olivier 合著的《与不平等作斗争：重新思考政府的角色》（*Fight Inequality: Rethinking Government's Role*）于 2021 年出版。

（二）全文简介

在经历了一段时间的兴趣下降和过早死亡的预测后，产业政策重新回到人们的视线。该文将 21 世纪产业政策复兴的原因归结为：市场失灵、颠覆性政治和技术变革，以及社会和环境挑战。通过对该领域内 9 篇重要文献的研究和总结，作者提出 21 世纪产业政策的十个一般性原则。

（三）研究框架

1. 产业政策复兴的原因

21 世纪，产业政策在全球的复兴主要受到以下趋势的推动。第一，市场失灵。在发展中国家，一些地区保持经济高速增长的同时，仍在经历着生产转型速度缓慢、制造业和服务业创造高质量就业机会不足等问题，这就要求政府采取积极的政策推动经济多样化与升级，而不仅仅是放开市场。在美国、西欧等发达国家和地区，劳动力市场的持续低迷和金融危机的持续影响也带来了类似的问题。第二，颠覆性政治变革。中国经济的快速发展形成了对发达国家市场的竞争威胁，应用国家安全条款来阻止中国巨头收购公司的计划已经提上日程。与此同时，在美国、德国和法国等国家，产业政策越来越受到政府、党派人士的青睐，呼吁出台更加积极的产业政策。对发展中国家而言，中国是一个效仿的榜样。中国的产业战略是一个强有力的例子，说明协调一致的政府行动能够刺激快速的经济多元化和结构变革。第三，颠覆性的技术变革。从自动化到数字化、工业4.0和物联网的颠覆性技术变革，进一步激发了人们对产业政策的兴趣。第四，社会和环境挑战。总的来说，制造业是一个高碳排放、污染严重的行业，同时，这也是一个受商业剧烈波动影响的部门，会导致短期和中期失业。对社会和环境目标的日益关注必然会引发有关产业政策的问题，因为它会更广泛地影响经济活动的结构。

2. 产业政策的目标与内容

产业政策的复兴不是一个短期现象，将长期存在。摆在我们面前的问题是，产业政策应采取何种形态。为了思考这一问题，本文选了3个领域内的9篇文献进行研究，9位作者的来源：一是来自产业政策领域杰出的研究人员，二是来自重要性日益上升的地区，或产业政策突出或较为成功的地区。

第一个领域：产业政策有效性的实证研究。

Lane（2020）对产业政策的新实证文献进行了广泛概述，强调了对产业政策进行因果效应推断时考虑方法的差异及影响，这也是精选文献的第五篇。研究显示，由于内生性问题、研究设计等问题，早期产业政策的有效性很难在跨行业、国家层面进行解释，未能提供有力的证据。新一论的实证研究对因果推理问题给予了更密切的关注，现代计量经济学方法（包括自然试验、断点回归、双重差分等）扩大了我们对产业政策影响的丰富性和复杂性的认识。但很难从上述研究中获得一般性结论，因为产业政策的影响很大程度上还取决于使用的政策和制度背景。

第二个领域：不同背景下的产业政策实施情况。

Block和Keller关注了美国和奥巴马政府专门设立的先进制造研究所（Advanced Manufacturing Institutes）。传统观点认为，美国经济在发达国家中是最以市场为导向的，决策者对产业干预缺乏耐心。然而，事实并非如此,产业政策在联邦和州一级是非常常见的。先进制造研究所是美国政府的一项新的直接支持计划,由遍布全国的 45 个研究所组成,横跨企业、大学和实验室网络。该计划背后的核心思想是,每个研究所都将成为围绕某一特定技术的当地企业和专业技术集群的中心。这些研究所是国家资助的合作创新和生产传统的延续,这种传统至少可以追溯到 20 世纪 70 年代。先进制造研究所将不同的合作伙伴聚集在一起,协调行为、证明能力和可信度,并防止知识产权被盗。

Pierre Buighes 和 Elie Cohen 按照编年史分析了法国不同阶段的产业政策。法国拥有强大的和领先的工业和军事部门,然后延伸到太空、飞机和高速列车。在采用欧洲单一市场前,法国的产业政策总体上是成功的,特别是在戴高乐—蓬皮杜(De Gaulle-Pompidou)时期(1958—1974 年)。但随着欧洲一体化的深化,尤其是欧元的诞生,使得法国的产业政策无法实施,因为它不符合德国或英国的自由主义,干预主义机构的解体导致法国在附加值、就业和制造业出口市场份额方面成为最糟糕的退出国。当前,法国产业政策的三个基本要素是,支持区域竞争力中心的区域性方法、目标部门如生物科技领域的通用技术,以及主要通过税收抵免和工资补贴来提高非成本竞争力。法国的体制复杂而令人困惑,尽管在法国和整个欧盟,产业政策再次被提升日程,但早期的连贯性和协调仍有待重建。

Jan Fagerberg 和 Gernot Hutschenreiter 研究了芬兰、瑞典和荷兰三个案例,这些国家都是北欧福利国家模式的一部分,拥有相当强大的制造业基础。他们更狭隘地关注创新政策,将其描述为科学、技术和产业政策的融合。技术动力是通过五个基本过程产生的:知识、技能、创新、金融和制度,它们被认为是互补而不是替代。尽管创新对经济增长的影响在经济学中有着悠久的传统,但它在解决社会挑战方面的能力,比如人类与自然的关系,直到最近才得到承认。创新绩效可以通过欧洲创新记分卡(European Innovation Scoreboard,EIS)来衡量,这是一种包含一系列指标的综合衡量方法,作者讨论的三个国家在这次评估中排名第 2、第 4 和第 5。

Murat A. Yülek 等主要关注了韩国和土耳其的汽车产业。韩国在产业政策方面有着长期而成功的记录,而土耳其的政策和表现则较为零

散。这两个国家在相似的条件下开始，但韩国从一开始就以出口为导向，而土耳其的汽车工业则在进口替代政策下艰难发展。韩国与土耳其的产业政策存在六个关键差异。一是，建立本国技术和工业能力的驱动力；二是，工业企业家的存在；三是，地方品牌的努力；四是，出口导向的时机；五是，适当的政策设计、重点和活力；六是，更广泛的产业政策工具（技术援助和公共采购）。但作者认为，这两个国家之间的差异不是产业政策存在与否的结果，而是作者提出的"国家能力"差异的结果。这是一个难以捉摸的概念，但表明了国家引导企业、企业家精神和投资朝着社会理想方向发展的能力。

Alan Gelb 等调查了非洲的工业追赶战略。一个关键的问题是，该地区的国家能否复制其他国家在制造业方面取得的成功。非洲是高度异质性的，不同的国家可能需要不同的战略。非洲国家大概可分为三类：一是稳固的中等收入国家，如南非和博茨瓦纳，由于降低工资在政治上是不可接受的，低成本制造业似乎不太可能成为这一群体的出路；二是中低收入国家，如肯尼亚、坦桑尼亚和塞内加尔等，他们是沿海国家，政治相对稳定，商业部门强大，可以成为制造业起飞的先锋；三是低成本国家，如刚果民主共和国、埃塞俄比亚和马拉维，但其中一些国家拥有丰富的自然资源，由于治理不善，不太可能吸引大量制造业投资。作者特别关注了埃塞俄比亚，其作为中国和其他制造业投资的目的地而备受关注。埃塞俄比亚的工业促进政策有三条路径：第一，努力提高农业生产率和促进粮食安全；第二，一系列鼓励投资者的措施；第三，采取措施控制基本投入的成本和增加其长期供应。利用工业园区一直是埃塞俄比亚促进制造业的主要手段，因为它降低了外国投资者的进入成本。现在就对其工业发展作出评价还为时过早，因为国内价值链仍处于萌芽状态。

林毅夫（Justin Yifu Lin）和王勇（Yong Wang）关注了担心陷入中等收入陷阱国家的产业政策。在 1960 年被定义为中等收入的 101 个国家中，到 2008 年只有 13 个国家达到了高收入国家的水平。林毅夫和王勇提供了一个理论框架，用于理解这一转变的关键特征。第一，生产性服务业投入所发挥的重要作用。第二，这些生产性服务业受到规模经济的影响。老龄化、改革方向的不确定性、持续的腐败、日益加剧的不平等、金融风险和创新能力不足是中国进入高收入水平国家的障碍性因素；此外，地缘政治紧张、与美国的贸易战以及日益增长的独裁主义也可能产生不利的影响。

第三个领域：市场失灵。

Eduardo Fernandez-Arias 等的出发点是政府不应该假设他们知道市场失灵的原因。从一开始就过于自信，会导致错误的政策。从这一角度分析，产业政策已从传统的一套部门优先事项加上政策工具的概念转变为一种新的方法，即建立能提供有关问题及其内在解决办法线索的搜寻过程。作者以开发银行为例对这一方法进行了论述。

Mariana Mazzucato 等在论文中主张远离市场失灵的方法。作者认为，产业政策应转向以使命为导向的方法，既关注于修复市场失灵，也关注于创造和塑造市场。传统的方法不会产生创造市场和以使命为导向的创新道路，关键是改变环境，而不是解决局部问题。为了提供如何完成这项工作的指导方针，Mazzucato 等概述了他们所谓的 ROAR 框架。该框架涉及对所期望的发展方向（采取哪条道路）、公共部门组织的结构和能力、公共政策执行方式的评估以及公共和私营部门的激励结构（风险和回报）的战略思考。他们强调有必要阐明明确界定的目标或任务，集中解决重要的社会挑战。通过这些任务，政策制定者有机会确定增长的质量性质。跨越多个部门的战略性公共投资开辟了新的工业景观，由私营部门进一步推动发展。跨部门学习和增强宏观经济稳定性是副产品。

（四）研究结论

21 世纪，产业政策的十个一般性原则：第一，尽管中等收入国家和发达经济体的制造业就业可能继续萎缩，但制造业对经济增长和社会福利至关重要。第二，产业政策必须是系统性的，不应与竞争政策、贸易政策、区域政策、税收政策等相互冲突而成为孤立政策。第三，工业部门的最优规模必须与目标、战略、资源和生存条件相一致，政策扭曲的形式是保护主义和以牺牲自然、环境为代价的能源补贴。第四，工业化国家的产业政策应遵循能够在制造业内部进行结构改革的战略。一方面，制造业不应被界定为一个狭窄的部门，而应被理解为一种界限模糊的活动——转向以工业为基础的服务活动，以及与包括公共部门在内的经济所有部门间存在多个投入产出关系的活动；另一方面，该战略必须支持高质量和复杂的产品，并开发和应用包括物联网和人工智能在内的新技术。第五，在工业化国家，必须质疑目前技术进步倾向于节省劳动力的做法，引导技术变革朝着有利于环境和劳动力的方向发展，这必须成为新产业政策的一个关键因素。第六，产业政策必须由社会目标驱动，纠正市场失灵是重要的，但产业政策的目标更广泛，包括市场塑造、提供新的基础技术、改善气候、预防贫穷、创造良好就业机会和减少不平等。第七，产业政策是一个在未知领域进行探索的过程，应该对新的解决方案、实验和学习持开放态度。第八，将规划与市场力量相结合。第九，塑造负责任、全球化的产业政策国际论坛，与政治领导人、民间组织和企业讨论产业政策。第十，地区政策、产业政策、社会政策的结合不仅可以提高贫困地区的福祉，还可以提高中心城市和大城市的福祉，从而成为减少民粹主义的一个根本原因。

论文二：《中国半导体产业政策：过去和现在》

Verwey, J., "Chinese Semiconductor Industrial Policy: Past and Present", *Journal of International Commerce and Economics*, Vol. 7, 2019.

（一）作者简介

本文的作者是 John Verwey，当前就职于美国国际贸易委员会（United States International Trade Commission，USITC），该机构是一个独立的、非党派性质的、准司法联邦机构，其前身为1916年创建的美国关税委员会，职责包括，判定美国内行业是否因外国产品的倾销或补贴而受到损害；判定进口对美国各行业部门的影响；对某些不公平贸易措施，如对专利、商标或版权的侵权行为，采取应对措施；对贸易和关税问题进行研究；就贸易与关税问题向总统、国会和其他政府机构提供技术性信息和建议；负责对美国的协调关税制度进行经常性审议，并做出其认为必要或合理的修改建议。John Verwey 的研究领域是半导体产业政策。

（二）全文简介

依据对技术的定义，中国半导体产业是从1956年在国家实验室中制造出第一个晶体管到1965年制造出第一个集成电路的时间开始的。从2014年开始，中国大力扶持和发展国内半导体产业，受到了国际社会的广泛关注。本文集中探讨从20世纪50年代以来，在各历史背景下中国为支持国内半导体产业发展而做出的努力。1956—1990年，中国半导体产业的特点是苏联式的工业组织体系，强调本土发展、自力更生和严厉的国家计划。1990—2002年，中国政府奉行混合的工业发展模式，与国际公司合作，建立合资企业。1990—2014年，以中国为总部的半导体企业接连出现，这些企业利用中国不断增长的国内市场，追求明确的目标。2014年以来，中国迄今为止最雄心勃勃、定义最明确、资金最充足的半导体产业发展计划。

（三）研究框架

半导体是所有信息技术开发的硬件，从智能手机、电脑到汽车和医疗设备，无处不在。半导体行业的进入门槛很高，包括先行者优势、规模经济、品牌认知度、粘性和客户忠诚度、知识产权，最重要的是，高固定资本支出。行业整合浪潮导致在高度专业化的行业领域竞争的公司数量减少。

自20世纪50年代以来，半导体产业一直是中国产业计划的主题，致力于优先发展具有国内竞争力和商业可行性的半导体产业。中国半导体产业政策经历了四个阶段，与半导体相关的规划见表1。

1956—1990年，中国半导体产业的特点是苏联式的工业组织体系，强调本土发展、自力更生和严厉的国家计划。以《科学技术发展纲要（1956—1967）》为起点，中国将半导体技术确定为核心技术。受到行业研发与生产活动分割、"文化大革命"的影响，取得的成果非常有限。

1990—2002年，中国政府奉行混合的工业发展模式，将大部分可用资金交给少数大公司，以便它们能够与外国公司建立合作关系，努力追赶世界领先企业，但成效仍然有限。

2002—2014年，以中国为总部的半导体企业接连出现，这些企业利用中国不断增长的国内市场,追求明确的目标。2001年12月11日加入世贸组织后,中国对领先的半导体企业吸引力提升,在消费增长的同时建立本地业务。2005年,国务院发布《2006年国家中长期科学技术发展规划纲要》,明确了技术生态系统的整体构想,认为半导体是未来发展的硬件和核心技术,随后出台了更多支持性的文件和政策。

2014年至今,中国迄今为止最雄心勃勃、定义最明确、资金最充足的半导体产业发展计划。中国的战略是在半导体制造过程的每个阶段(设计,制造,组装、测试和封装)都建立自给自足的闭环半导体制造生态系统。2014年和2015年发布的《国家集成电路产业发展推进纲要》《中国制造2025》《中国制造2025》重点领域技术路线图等文件明确了中国的目标和实施指南,利用补贴(投资基金和税收减免)和零和策略(投资限制和技术转让要求)来加速国内产业的发展。

表1　　　　　　　　中国半导体产业相关规划

年份	名称	半导体相关规定
1956	科学技术发展纲要(1956—1967)	半导体技术是中国未来的核心课题
1982	国家信息化发展战略	聚焦于利用外国技术推进中国技术:通过合资企业建立国内电子产品供应链,重点是高质量的量产和大规模集成电路
1983	"建造两个基地(南北)和一个点"	指定"南基地"(上海、江苏、浙江一带)和"北基地"(北京、天津、沈阳),企业可以共享资源,发展半导体产业供应链
1990	908专项	主张在无锡742工厂建立中国一流的I.D.M(集成设备制造商)的"908计划"
1991	国民经济和社会发展第八个五年计划纲要	发展国内集成电路产业是国家的"主要任务"
1995	908项目破土动工	目标是建立一个150毫米(6英寸)晶圆厂,就像中国华晶电子集团(IDM)一样

续表

时间	名称	半导体相关规定
1996	国国民经济和社会发展"九五"计划和2010年远景目标纲要	呼吁开发下一代集成电路
2001	国民经济和社会发展第十个五年规划纲要	呼吁集中发展高新技术产业,"大力发展集成电路产业"
2005	国家中长期科学和技术发展规划纲要（2006—2020）	阐述了中国的长期技术发展战略,在确定的13个重点项目中,核心电子（包括芯片）的开发和芯片制造被列为第一和第二
2006	国民经济和社会发展第十一个五年规划纲要	呼吁大力发展以集成电路等行业为核心的"数字化趋势"
2011	国民经济和社会发展第十二个五年规划纲要	启动了"高性能集成电路项目"
2014	国家集成电路产业发展推进纲要	呼吁成立国家集成电路产业发展领导小组,协调产业发展的设计工作,并成立国家《集成电路投资基金》
2015	中国制造2025	战略要求加速关键制造技术的进步,包括芯片
2015	《中国制造2025》重点领域技术路线图	为芯片行业制定具体的销售价值和市场份额目标,以满足国内生产
2016	国民经济和社会发展第十三个五年规划纲要	呼吁积极推广先进的半导体技术

论文三：《中国半导体产业政策：未来成功前景》

Verwey, J., "Chinese Semiconductor Industrial Policy: Prospects for Future Success", *Journal of International Commerce and Economics*, Vol. 8, 2019.

（一）作者简介

该文作者为 John Verwey，是上文文献作者，在此不展开累述。

（二）全文简介

本文是分析中国半导体产业政策系列的第二篇文章。试图回答两个问题：第一，尽管经过了近70年的产业规划，但中国为什么没能制造出与世界领先半导体企业相媲美的先进半导体产品？第二，中国半导体产业发展前景如何？本文首先回顾了中国台湾、日本和韩国的半导体产业后发战略，并与中国大陆进行了比较。随后，对导致中国半导体产业失败的因素进行了分析，强调了战略资金、人力资本和出口管制的影响。在最后，本文评估了中国当前半导体产业计划的成功前景，探讨中国面临的挑战，例如中国的赶超计划是否太迟、招聘人才方面的挑战、中国企业是否只开发迎合中国市场的产品而无法在国际市场上竞争。作者认为，中国目前的半导体产业计划不会催生出一个具有商业可行性的国内半导体产业，使其能够大量生产先进芯片，与领先的国际公司竞争。

（三）研究框架

1. 东亚半导体产业后来者

日本、韩国和中国台湾并不是最早建立半导体产业的国家或地区，然而，尽管存在巨大的技术挑战和进入壁垒，在过去30年里都在这一领域发展了具有商业可行性的公司。有大量的学术文献分析了这一个特定行业的后来者，确定了这些公司的优势，使它们更容易减轻固有的先发优势和高准入门槛（Cho等，1998）。这些后发优势包括，利用已开发的供应链的能力、搭便车效应（需在基础研究和开发上投入大量资金）、更好的信息（关于市场规模、趋势和动态）以及可利用的预先开发的人力资本池。工业化后期的工业也受益于大规模的国家支持，通常以补贴的形式，扭曲价格以刺激经济增长。这些策略和优势将在以下各国、各地区半导体产业发展概况中阐述。

（1）日本半导体产业

日本半导体产业的发展始于20世纪60年代，主要得益于集中投资、偶然时机、注重生产而不是革新、政府支援等。在整个20世纪60年代和70年代，日本公司与美国公司签订了许可协议，导致了大量的技术转让，而美国公司却被阻止在日本直接投资（Irwin 和 Klenow，1994）。日本公司利用这种专业知识，瞄准了新兴的动态随机存取存储器（DRAM）市场。对日本企业成功的初步研究将它们的迅速发展归因于这些政策和国际贸易产业部（MITI）推行的更普遍的产业政策，尽管后来的分析指出日本半导体企业和日本银行之间的关系密切。日本银行通过反周期的资金注入，让日本半导体企业渡过了难关。

（2）中国台湾半导体产业

中国台湾半导体产业的发展具有政府支持、专业化和创新相结合的特点。该行业始于1964年美国通用仪器公司（General Instrument）在我国台湾地区的一个出口加工区建立了一个集成电路组装厂。政府的支持、技术工人以及主导半导体行业新运营模式的建立，也促进了中国台湾在集成电路设计方面的成功，从而形成了完整的半导体制造生态系统。中国台湾从事集成电路设计的企业由8家增加到50家，到1999年，他们91%的制造工作需求由当地铸造厂满足，99%的半导体封装需求由当地供应满足。

（3）韩国半导体产业

韩国半导体产业的发展综合了日本和中国台湾模式的各个方面。20世纪60年代和70年代，大型跨国公司为了利用韩国的低成本劳动力，在韩国设立了半导体组装工厂。到了20世纪70年代末，韩国企业开始攀登半导体价值链，工资也随之上涨。20世纪80年代，三星、现代等企业在DRAM市场上展开了激烈的竞争。韩国政府还建立了用于半导体生产的工业园区，在这些园区内安置了国家资助的研究机构（如电子和电信研究所），利用进口限制来保护国内公司的市场份额，限制外商直接投资（合资企业除外）。尽管1985年发生了世界性的衰退，这些公司仍然能够继续投资于它们的制造设施，使它们在市场下降的周期中保持竞争力。然而，与日本企业不同的是，韩国企业无法依靠企业内部或国内需求来为产品开发提供信息，而是大举投资于先进的制造工艺。最后，该行业受益于日美之间的存储芯片争端，在20世纪80年代末和90年代初，随着日本企业按照谈判协议减少其全球产量，韩国企业填补了部分需求。

2. 中国半导体产业发展动机

中国发展半导体产业的动机主要有两个。第一，经济利益。中国是最大的半导体消费市场，但自1999年以来，国内消费和生产之间的差距持续扩大，芯片消费严重依赖进口，在生产消费电子产品所需的半导体方面，落后于国际竞争对手至少两代人。随着最终产品中使用的芯片数量的增加，这一趋势可能会持续下去。此外，随着半导体产品的增加，中国的半导体进口依赖度也有可能成为其他产业计划的绊脚石。2015年，世界上10.3%的半导体消费进入了汽车行业，据估计，一辆混合动力电动汽车可以包含1000美元的半导体含量，总共多达3500个半导体。"中国制造2025"的国内新能源汽车开发计划能否成功，取决于能否持续供应新能源汽车所需的芯片。第二，国家安全。中国半导体独立的国家安全动机是可靠性和技术优势。一般来说，各国更愿意知道它们购买的用于国家安全系统的芯片的来源。此外，世界各地的军队已经开始在越来越多的商品中加入芯片，除了想知道用于军事硬件的芯片的来源之外，还想确保最先进芯片的生产，以便军队拥有技术和竞争优势。

3. 中国半导体产业计划失败的原因分析

截至目前，中国半导体产业已经过了近70年的规划，但未能制造出与世界领先半导体企业相媲美的先进产品，战略资金、人力资本和出口管制是主要的障碍性因素。第一，无法有效和战略性地分配资金。中国对半导体产业的投资规模巨大，但资金没有得到有效的分配。发展计划严重依赖国有企业，由于管理不善、生产效率低下、国有企业缺乏吸收和创新能力等原因，导致了支出浪费，生产的芯片无法获得商业吸引力。第二，中国半导体产业发展战略长期受制于缺乏高技能劳动力。知识溢出是中国半导体产业战略的核心，知识溢出的形式是过程工程研究开发，即企业在制造芯片时发现有效的制造工艺的迭代过程。知识溢出取决于能够理解和运用知识溢出的人力资本，由于中国缺乏熟练的工程师，无法利用"干中学"的溢出效应来开发日益先进的产品。第三，美国的出口管制。自"冷战"以来，美国以各种形式对中国出口半导体和半导体制造设备实施了管制，这是日本、韩国和中国台湾未曾面临的一个挑战。美国政府2002年的一份报告发现，美国出口机构的做法让中国落后于最先进的半导体生产能力两代人,这对中国与美国一些主要企业合作的能力产生了降温效应。

(四)研究结论

根据上述目标和以往失败的半导体产业计划的经验,中国目前试图发展国内可行的半导体产业,以国家冠军企业为特色,集中招聘高技能工程师,利用与外国公司的合作关系,追求明确的行业目标。尽管中国已在获取技术进步、在价值链上对现有和新的芯片制造能力进行投资、在行业增长周期的有利时机促进人力资本增长等方面取得成就,但中国半导体产业在未来的发展中仍存在几个问题。第一,迎头赶上却落在后面。从表面上看,中国与国际领先半导体企业的差距随着时间的推移不断缩小,中国在芯片数量和质量方面都有所提升,但仅从数量上看,夸大了中国的竞争力和进步。第二,加拉帕戈斯群岛综合症(Galapagos Syndrome)。中国当前开发的产品主要符合国内的一系列标准,但这些产品不一定符合或遵循国外采用的标准,可能会出现无法进军海外市场的情况。第三,新的出口管制和投资限制的影响。中国国内半导体产业的发展需要应对来自美国、欧美等的出口限制增加和外国投资机会减少的问题。第四,如何解决迫在眉睫的人才短缺问题。为应对劳动力短缺40万的问题,中国政府和企业提供巨大的福利待遇,以吸引人才来中国,但成效好坏参半。此外,目前尚不清楚中国吸引的人才是否能够提供必要的技术知识,以确保其半导体产业可持续发展并达到和世界领先水平。

从总体上看,美国半导体产业面临着一个独特的难题:中国既是美国最重要的客户,如果中国的产业计划成功实现,则又将成为美国的下一个竞争对手。目前,中国半导体产业的发展正处于摩尔定律(Moore's Law),即将终结的全球半导体产业和中美两国半导体产业的转折点。随着中国经济的崛起,中国成为半导体产业的主要生产者和消费者。因此,有人担心,半导体产业的商业化发展会对中国的军事发展产生积极的溢出效应。未来的研究应分析美国政府限制新兴和基础半导体、以及半导体相关技术销售行动的短期和长期权衡,以及它们减缓中国产业发展的效力,如果美国和中国经济脱钩,这些措施将在多大程度上导致半导体全球价值链向中国周边国家转移。

论文四：《后发经济体和国家数字政策：产业政策视角》

Foster, C., Azmeh, S., "Latecomer Economies and National Digital Policy: An Industrial Policy Perspective", *The Journal of Development Studies*, Vol. 56, No. 7, 2020.

（一）作者简介

第一作者为 Christopher Foster，是英国曼彻斯特大学全球发展研究所（Global Development Institute, GDI）的首席研究员。Christopher Foster 在曼彻斯特大学获得博士学位，在加入全球发展研究所前，曾在谢菲尔德大学担任信息通信和创新的讲师（2015—2018 年），在牛津大学担任研究员（2013—2015 年）。他的研究重点是数字化及其对经济的影响，最近的研究工作聚焦于公司数字化及其对全球生产网络的影响，与数字经济和数字贸易扩张有关的战略和政策分析。

第二位作者为 Shamel Azmeh，是英国曼彻斯特大学全球发展研究所国际发展专业的讲师。研究兴趣为国际政治经济、国际贸易政策、全球价值链、数字贸易和劳动力等方面，重点关注中东和北非地区。

（二）全文简介

随着互联网的扩张及其在经济各个领域重要性的提升，数字资源正成为经济体的中心。全球经济正在经历数字化转型，数字化及其对经济的影响不再局限于发达经济体，互联网也在推动中低收入国家的经济发生深刻变化。发展中国家和新兴经济体已经开始制定国家数字政策，并扩大对外国数字公司、资源或数据流的监管。但迄今为止的研究对这一政策如何实现经济目标和支持技术追赶进行的分析有限。本文考察了后发经济体的国家数字政策动机，分析了产业政策目标是如何成为数字战略的重要驱动因素。在国家数字政策进行广泛分析的基础上，分析了多个国家的案例，并以中国为重点，说明这些政策往往旨在促进全球一体化和联系。此外，本文分析表明，在某些条件下，更多的干预措施在应对结构性挑战方面可能至关重要，这些挑战包括数字平台的力量、国内数字公司的局限性以及利用数字化促进国家发展的能力。

(三) 研究框架
1. 20 世纪以来发展中国家产业政策的作用及转变

产业政策这一术语被用来概括一套广泛的工业、贸易、技术和教育政策。虽然这个词的含义可能有所不同，但它通常可以被定义为任何政府政策，这些政策改变了经济中的资源配置，使之有利于经济增长和发展的方向变化。在 20 世纪的大部分时间里，关于发展中国家的产业政策的研究争论可归结为三个问题。第一，产业政策能够发挥多大的作用。市场失灵被认为是限制发展中国家多样化发展的关键因素，特别是在信息和协调外部性方面，因此，缓解市场失灵是产业政策合理性的重要依据。第二，产业政策应该是向内还是向外。结构主义、依赖理论和世界体系理论认为，发展中国家应尽快摆脱其在国际分工中的不利地位以实现工业化和发展。相应地，产业政策应通过对最终产品征收关税的方式保护国内市场，从而通过尽快替代工业化促进国内制造业发展。但随后的研究指出，干预主义政策是东亚成功的关键因素，产业政策可以在出口替代和出口导向的制度中实施。第三，政府干预应在多大程度上积极影响一个国家在世界经济中的地位。一些学者认为，产业政策将在很大程度上加强一个国家的自然比较优势，通过塑造适当的机构和支持企业出口，确保更广泛的国家经济影响。然而，在近几十年全球经济剧烈变动的背景下，着眼于创建或替代整个行业的国内导向政策正变得越来越具有挑战性。

当前，关于产业政策的观点已经转化为产业发展中获取和学习技术的不同方法。Amsden 和 Hikino（1993）认为，在 20 世纪工业化后期的国家通过学习的过程发展了他们的工业能力，学习的基础是借鉴和改进已经被更发达的经济体商业化的技术。由于后发经济体的人力能力和技术基础较低，工业政策可以支持坚定地获得技术和技能。因此，各国可能寻求促进战略部门伙伴关系或通过外国许可，支持技术联系。但即使有联系，也不应认为技术技能和知识是已知的。因此，以国内为导向的产业政策的目标是推动国内企业获取关键技术，然后将这些技术本地化并加以调整，以支持国内产业。产业政策可以通过支持重点部门来帮助制度发展，特别是在那些利用逆向工程等密集过程来分解外国技术，了解它们的工作原理，然后重新创造它们的部门。技术本地化的过程需要大量的当地努力，产业政策可以保护企业从最初的低质量逆向工程技术拷贝中实现转变。随着全球价值链（Global Value Chain，GVC）的扩展，企业与这些网络的连接，学习和技术获取的观念也发生了变化。最初，这将通过在全球价值链中提供简单商品或服务的公司来实现，并可能随着时间的推移升级其活动。与先进企业的早期联系是技术转移和渐进学习的基础，产业政策有助于加快这种企业导向的融入全球产业链、技术升级和专业化的进程。这种加速可以通过采取支持国际生产商在本国生产的政策来实现，并促进当地公司与外国公司合作的政策来促进发展，这两种政策都可以支持技术联系。

2. 后发经济体的数字政策动机

后发经济体的国家数字政策动机主要有两个。一是鼓励国内数字化和数字经济发展。数字化推动了日益模块化、动态性和不断变化的全球生产网络，有证据表明新兴市场对数字产品和服务的需求不断扩大，这意味着更广泛的国内机会。数字产业政策将沿着以往产业政策的路径演变，以配合日益复杂的全球生产网络。数字产业政策将朝着数字技能建设、对基础设施、国内创新系统和平台生态系统的软支持，以及解决该行业的重大市场失灵（如数字平台主导地位或税收问题）的方向发展。二是减少数字经济领域迅速出现的结构性不平等。数字变化正在导致严重的结构性问题，市场无法确保持久的结构性变化和技术升级（Lauridsen，2010）。数字技能和获取能力的不均衡导致了国内及跨国家之间的系统性鸿沟。在数字化生产中，各生产部门快速发展的数字技术也凸显出全球经济中不断增长的结构性挑战。结构性挑战还伴随着数字经济平台的扩张，这些平台是数字工具、数据和服务在全球扩散的核心。随着平台的发展，它们通常会显示出网络效应，推动赢家通吃的垄断，这已被证明对竞争有重大影响。数据在生产和消费中也变得越来越普遍，并日益成为领先企业竞争优势的核心，然而，在拥有数据的人和能够使用数据的人（在国家内部和国家之间）之间存在着显著的不对称，这是市场机制很少能消除的，这表明发展中国家采取更有系统和干预主义的办法来克服这些结构性挑战可能是适当的。总而言之，在生产的演变过程中，数字技术和数据正变得越来越重要，因此将成为未来产业政策的中心焦点。

3. 国家数字政策：案例分析

中国国家数字政策。近年来，中国已经制定了一系列与数字公司、服务和数据流相关的政策。这些政策最初是零星的，并与审查和国家安全问题紧密相连。与此同时，以数字为重点的政策也整合了经济政策目标，并迅速取得了成功。这些政策可以与阿里巴巴、百度、腾讯、新浪微博等互联网平台巨头的崛起联系起来，与蓬勃发展的电子商贸，以及最近在数据、工业数字化和机器学习等领域涌现的数字创新相联系起来。中国数字政策的特点是发展金融市场以支持数字经济，这是中国大型数字公司崛起的关键。20世纪80年代和90年代，在资助新技术项目方面国家控股融资的局限性导致中国市场对外资的逐步开放，到21世纪初，外国公司在中国的风险投资行业占据了主导地位。近期，中国的政策制定者希望推动中国风险投资业商业化发展，这些政策导致了中国风险投资行业的快速扩张。随着大型且资金充足的数字公司在中国的扩张，在最近的政策和计划中，这些公司正成为国家重点创新和升级目标的中心。成功的数字公司（通常是上述数字寡头）通常得到国家的支持和补贴，以提供平台作为基础设施，让缺乏创新精神的公司可以利用这些服务实现现代化（如地区出租车服务、工业生产、线下零售商、工厂）。

其他新兴国家的国家数字政策。中国的国家数字政策可以说是典型的产业政策，但绝不是唯一实施国家数字政策的国家。在一些中低收入国家，在数据保护、数字化和工业4.0计划下，更广泛的国家数字化和数据处理方法正开始结合起来。由于许多政策仍处于早期实施阶段，或处于战略、路线图或大框架阶段，因此，这些政策的重点仍然相对广泛，而且经常嵌入从外国复制数字活动和政策的想法。然而，这些政策也确实包括一些当地的相关问题，例如，泰国、南非的数字应用，新加坡、印度的智慧城市计划。这些政策旨在扩大数字技术的影响，或关注降低这些技术带来的风险。

（四）研究结论

在产业政策的细节方面，本文已经能够强调一系列在发展中国家和新兴国家开展的活动，这些活动将产业政策（围绕本地化和新兴产业）的历史方法扩展到数字领域，以及与数据流相关的更新颖的方法。因此，数字产业政策应被视为更广泛的产业政策议程的一部分，随着数字经济的增长，这一政策也变得越来越重要。

本文的分析概述了国家数字政策如何促进经济，并使其成为复杂生产网络一部分的过程，这些过程的核心是由企业驱动变化，通常最初源自当地市场的发展，但有潜力扩展到区域市场。鉴于数字知识的快速扩展和溢出，以及数字技术的快速本地化和渐进发展的潜力，国家推动的技术学习方法可能不那么紧迫。但从产业政策的角度来看，国家的具体干预仍然至关重要。特别是对于关键行业的支持，包括支持国内企业的更多保护主义活动、确保在整个经济中公平利用数字技术成果的政策等。考虑到数字系统往往会通过网络效应和数据囤积迅速占据主导地位，这些干预的时机尤其重要。从市场失灵和更广泛的结构性角度来看，这些干预措施都是合理的。

（五）研究意义与启示

从产业政策和技术学习的历史角度来思考这样的政策，为理解国家数字政策的本质和思考未来的经济轨迹提供了有价值的视角。这项工作意义重大，因为它更全面地解读了国家数字政策，从产业政策的角度提供了对其潜在价值和局限性的见解。这些问题对发展中国家和新兴国家变得越来越重要，因为数字驱动的增长和各个经济体的数字化已成为经济轨迹的核心。因此，这些工作对于支持政策制定者考虑塑造数字经济和扩大数字经济的最佳路径至关重要。

鉴于这是一个相对较新的领域，还需要进一步的研究，特别是国家数字政策的实施和影响，数字产业政策可能成为一个连贯的政策领域。此外，国家政策、审查和国家安全的某些领域之间的重叠意味着某些方法可能有很大的问题。国家数字政策标志着产业政策的新方向，有可能为发展中国家和新兴国家提供新的经济机会。

论文五:《产业政策的新实证》

Lane, N., "The New Empirics of Industrial Policy", *Journal of Industry, Competition and Trade*, Vol. 20, 2020.

(一) 作者简介

本文作者为 Nathaniel Lane,是牛津大学经济学教授。研究领域包括政治经济学、发展经济学、经济史以及产业政策。Nathaniel Lane 的论文主要发表在 *Quarterly Journal of Economics*、*Econometrica*、*Econometric Society* 和 *Journal of Industry, Competition and Trade* 期刊上。

(二) 全文简介

全球各国一直以来都在持续通过产业政策来塑造经济,从德国 4.0 (Germany's Industrie 4.0) 到孟加拉国的数字优先战略 (Strategic Priorities of Digital),未来这种趋势还将继续。然而,与全球政策制定者对产业政策的高度关注相比,在学术研究中,产业政策有效性的实证研究停滞不前。本文主要回顾和总结了产业政策的实证研究,探讨了产业政策实证研究中所面临的难点,以及现代计量经济学方法如何面对这些难题。研究显示,早期产业政策有效性的实证研究集中在发展中国家的新兴产业上,为我们理解发展中国家的产业干预政策奠定了基础,但由于这些政策通常是内生的,这些研究并未提供强有力的证据,而是使我们对这些干预措施的理解复杂化。采用现代计量经济学方法的新兴研究扩大我们对于产业政策的了解,同时也在更新我们形成的一些固有的认识。但现有研究的局限在于过度关注因果推断,对产业政策的范围、模式和相关性关注不够。

(三) 研究框架

1. 早期的产业政策实证研究

长期以来,经济学家对于产业政策的历史重要性争论不休。Krueger and Tuncer (1982) 对土耳其新兴产业政策的检验奠定了我们理解发展中国家产业政策的基础。尽管在早期实证文献中形成的许多概念性结论仍旧犀利，但这些研究并没有为产业政策的有效性提供明确的证据，在一些情况下，它使我们对干预政策的理解产生了偏差。这些实证研究主要存在以下三个问题。

第一，内生性问题。产业政策效应评估中的关键问题是，如何在观察到如果没有政策干预经济会发生什么。然而这在实际中是无法实现的，"反事实"是产业政策研究中困惑的主要来源。一些研究试图通过特设的反事实比较进行因果分析，相对于当代基于模型或数据驱动的研究，他们在构建反事实场景时有独特的自由度，但构建反事实事件有时候是很武断的。在产业和国家层面的大量研究对于我们理解干预措施起不到帮助作用，一些学者对早期的回归研究进行了调查和检验，发现这些回归研究并不能进行因果解释，这是因为干预往往是由不可观察的力量驱动的，如国家能力、市场不完善的范围和政治家的福利目标等，通过使用一个程序化的概念框架，使得这些未观察到的力量混淆了经济表现和政治干预之间的关系。此外，来自内生增长回归的估计，总是被研究作者过度解释。

第二，由于研究设计问题和缺乏对产业政策背景的考虑，研究无法获得精确的结论。在许多早期的产业政策实证研究中，很难找到关于产业政策与背景的清晰表述。为了探索干预措施的有效性，早期的研究通常探索跨行业和国家的干预措施与产业发展之间的相关性。然而，在缺乏研究设计或考察政策背景的情况下，很难将经验映射到具体的政策干预或政策措施。事实上，许多产业政策研究都在分析针对特定产业的政策是否发挥了干预作用？许多研究不能精确地揭示产业政策的有效性。同时，这些研究很少能够反映出一个精确的政策阶段，或显著区分不同的政策影响。一些研究的开展是通过在一段时间内跟踪一系列干预措施（如保护指数、各种关税或非关税措施等）而获得结论，但这样的"聚集"使我们看不到评估的具体政策的潜力，也没有显示出到底哪些产业政策发挥了作用。此外，在一些产业政策的研究中，并未探讨政策的政治背景。产业政策是国家行动，它的范围、形式和效力都是由政治力量决定的。

第三，对溢出效应和外部性的处理是不完整的。马歇尔的外部性长期以来一直是实施产业政策的主要动机。早期的实证研究大多质疑产业政策给外部企业或产业带来的利益，并质疑外部性在多大程度上指导了典型的产业干预，例如 Beason 和 Weinstein（1996）、Pack（2000）、Noland（2004）、Beason 和 Weinstein（1996）等研究。由于忽视了产业政策如何影响外部部门的发展，研究可能忽视干预措施可能产生的大量负面溢出效应。

2. 产业政策的新实证

新的实证研究对于因果推断问题密切关注，采用现代计量经济学方法来处理产业政策评估中的内生性问题，这些研究扩大了我们对产业政策影响的丰富性和复杂性的认识。但需要强调的是，即使使用现代计量经济学方法，对于如何评估产业政策仍存在挑战，这是由于产业政策往往是大规模部署的，也不太可能出现随机化，而且产业发展战略总是针对特定的产业或地区。

利用政策在地区应用中的外生变化来评估产业政策。许多政策评估围绕普遍存在的政策处理效应展开，但许多情况下，我们更感兴趣的是对于特定地区或特定产业的平均处理效应。在基于地区的产业政策实证文献中，一些研究利用政策在地区应用中的外生变化来估计内生政策的影响。例如，Criscuolo 等人（2019）对英国地区补贴政策的分析，Becker 等人（2010，2012，2013，2018）的一组论文使用断点回归模型评估了欧盟范围内旨在振兴区域经济的资助计划的影响。

采用微观计量经济学方法。最近的一些研究提出了探索产业政策影响的新方法，这些研究特别侧重于具体的个案研究和自然实验，以估计产业政策的影响。虽然这种方法存在局限性，但这些研究仍然可以为产业政策提供有价值的见解。产业政策通常是具有国家目标的国家一级政策，但是这些政策又是针对国家以下的单位，如产品、产业或地区等。由于产业政策包罗了许多术语和概念，因此很难提出一种单一的方法来评估他们的影响。为了做到这一点，产业政策评估的新方法遵循如贸易政策等文献的思路，转向微观层面的证据，利用国家内部的变化来为研究设计提供信息。Juhasz（2018）提供了使用微观经济方法研究新兴产业政策的首批尝试之一，以 19 世纪工业化的基石——法国机械化棉纺工业为例，用拿破仑封锁作为发展初期产业保护的自然实验，使用差分法研究了封锁的短期和长期影响。代表性研究还有 Harris 等（2015）、Alexander 和 Keay（2018）等对于国家保护主义政策影响的研究，Giorcelli（2019）对马歇尔计划（Marshall Plan）影响的研究，Hanlon（2018）对产业政策核心概念——动态比较优势的研究等。对于相关研究的概述见原文。

（四）研究结论

第一，大部分早期的产业政策实证研究结论已被不加批判地接受，但实际上，许多研究并没有构成一组有力证据，而是使得我们对于这些干预措施的理解复杂化，这些研究并没有为经济学家提供关于产业政策运用的精确指导。第二，产业政策是一个多维概念，关于产业政策有效性的实证研究需在透明清晰的背景下讨论才最有价值，通过具体政策案例、制度细节和更清晰的研究设计，新的产业政策实证研究逐渐帮助我理解这些干预措施。第三，对产业政策进行的微观计量分析获得了有益成果。本文主要关注了那些简化形式的计量经济学方法，这些研究的局限性在于，不能直接说明干预措施的总体影响，且过度关注因果推断，对产业政策的范围、模式和相关性知之甚少。第四，在未来的实证研究中，还应尝试更深入、更精确的产业政策措施。当前产业政策常常被模糊化，并体现在一系列措施之中。第五，未来的研究必须更多地理解政治经济学和产业政策之间的相互作用。因为产业政策是国家政策，它的成功、范围和效力取决于制度背景。比较社会科学家的定性研究长期以来一直强调强大的国家机构在成功的（相对于有害的）产业政策中的重要性。同样地，很少有实证论文探讨产业政策的政治内生性。许多定性论文还将成功的产业政策与独裁政体联系起来，因为亚洲各地都成功地部署了产业政策。尽管如此，几乎没有实证工作证实了这一点。国家、行政和官僚能力在部署发展政策方面的相关作用无疑将扩大我们对产业政策的理解。

4 机器人、自动化与就业[*]

一 导语

长期以来，学界对机器人使用带来的经济效应有较高的期望，但同时也有一定担心。随着机器人和其他计算机辅助技术接管了以前由人工完成的任务，人们越来越担心未来的工作和工资。机器人，特别是工业机器人，预计将在未来几十年内迅速普及，并承担以前由人工完成的任务。机器人现在可以执行相当广泛的任务，包括焊接、喷漆和包装，几乎不需要人工干预。随着机器人承担更多的任务，许多人担心大规模的失业迫在眉睫。此外，机器人、自动化的影响通过创造劳动力具有比较优势的新任务来抵消。新任务的引入改变了生产中的任务内容，有利于劳动力的恢复，并总是提高劳动力份额和劳动力需求。然而，过去三十年来就业增长放缓的原因是替代效应的加速，特别是在制造业，恢复效应较弱，生产率增长较前几十年缓慢。

（一）机器人、自动化对低技能就业者的冲击更大

1930年，约翰·梅纳德·凯恩斯预测了未来90年技术的快速进步，但他也推测"我们正在遭受一种新疾病的折磨，一些读者可能没有听说过这种疾病的名称，但在未来几年中，他们将听到很多，即技术失

---

[*] 本部分所导读的文献分别是①Acemoglu D, Restrepo P., "Automation and new tasks: How technology displaces and reinstates labor", *Journal of Economic Perspectives*, Vol. 33, No. 2, 2019. ②Graetz G, Michaels G., "Robots at work", *Review of Economics and Statistics*, Vol. 100, No. 5, 2018. ③Acemoglu D, Restrepo P., "Robots and jobs: Evidence from US labor markets", *Journal of Political Economy*, Vol. 128, No. 6, 2020.

业"。二十多年后,瓦西里·列昂蒂夫预言工人们也会遇到类似的问题,他写道,"劳动将变得越来越不重要。越来越多的工人将被机器取代。我不认为新的行业可以雇用所有想要工作的人"。尽管这些预测在随后的几十年中没有实现,但随着自动化、机器人技术和人工智能的显著进步,人们再次担心,我们即将看到它们实现。越来越多的证据表明,一系列低技能和中等技能职业的自动化导致了工资不平等和就业两极分化加剧了这些担忧。

人们认为,工业机器人已经对劳动力市场产生了深刻的影响,并有望在未来几十年内改变劳动力市场。事实上,1993—2007年,美国和西欧的机器人数量增加了4倍。在美国,每千名工人增加一个新的工业机器人,在西欧,每千名工人增加1.6个新的工业机器人。IFR估计,目前有150万到175万个工业机器人在运行,到2025年,这个数字可能会增加到400万到600万(见波士顿咨询集团,2015)。汽车行业雇用了现有工业机器人的39%,其次是电子行业(19%)、金属制品行业(9%)和塑料和化工行业(9%)。

尽管存在这些担忧,但我们几乎没有系统的证据证明这些新技术,尤其是机器人,对就业和工资的均衡影响。一项研究调查了在当前和假定的技术进步下,自动化现有工作的可行性。根据工人执行的任务,以及自动化程度对702种职业进行了分类。他们得出结论,在未来二十年中,47%的美国工人面临自动化的风险。根据相关方法,麦肯锡将这一数字定为45%,而世界银行估计,经合组织57%的工作岗位在未来20年内可以实现自动化(《世界发展报告》,2016)。

然而,机器人、自动化技术并非万能。相比之下,装配、分配、搬运、加工(如切割)和焊接,以及收割(农业)和检查设备和结构(发电厂中常见)等常规工作更容易被替代。这使得机器人、自动化技术对不同行业就业的冲击具有异质性:机器人的使用并没有显著减少总就业,但在一定程度上降低了低技能工作者的就业占比,低技能工人可能会因此而失业。

(二)机器人、自动化可以创造新的岗位

新技术对劳动力市场的影响不仅取决于它们自身,还取决于经济其

他部分的调整。例如，其他部门和职业可能会扩大，吸收从现在由机器执行的任务中解放出来的劳动力，而新机器带来的生产率提高甚至可能会扩大受影响行业的就业。

自动化技术允许更灵活地将任务分配给各种因素，从而提高了生产率，并通过这一渠道（我们称之为生产率效应）促进了非自动化任务的劳动力需求。因此，自动化对劳动力需求的净影响取决于替代效应和生产率效应如何相互权衡。技术的历史不仅仅是自动化技术取代人类劳动的历史。如果是这样，我们将被限制在一系列缩减的旧任务和工作中，劳动力在国民收入中所占比例将稳步下降。相反，自动化的替代效应被创造新任务的技术所抵消，在这些新任务中，劳动力具有相对优势。这些新任务不仅产生积极的生产力效应，而且产生恢复效应。它们将劳动力恢复到更广泛的任务中，从而使生产的任务内容有利于劳动力。恢复效应与位移效应相反，直接增加了劳动力份额和劳动力需求。

历史上也充满了创造新任务和恢复效果的例子。在19世纪，随着一些任务的自动化进行，其他技术的发展在新的职业中创造了就业机会。这些工作包括线路工人、工程师、机械师、修理工、指挥家、经理和金融家。在美国几十年的快速农业机械化过程中，新行业中的新职业和新工作在创造劳动力需求方面也发挥了关键作用，尤其是在工厂以及服务业和制造业的文书职业。虽然软件和计算机已经取代了一些白领工作中的劳动力，但它们同时创造了许多新任务。这些任务包括与高科技设备的编程、设计和维护相关的任务，如软件和应用程序开发、数据库设计和分析、计算机安全相关任务，以及与现有职业中更专业功能相关的任务，包括行政助理、贷款申请分析师和医疗设备技术人员。在分析中，我们发现1980—2015年约有一半的就业增长发生在工人职称或任务发生变化的职业中。

（三）自动化和新任务之间的不平衡导致了就业率下降

正是自动化加速和恢复减速以及生产率增长疲软导致生产任务内容的不利变化，才导致了过去三十年，特别是2000年以来劳动力需求的缓慢增长。为什么自动化和新任务之间的平衡最近发生了变化？尽管自动化技术加速发展，但为什么生产率增长如此令人失望？虽然我们对这些问题没有完整的答案,但我们的概念框架指出了一些值得考虑的想法。

自动化和新任务之间的平衡可能已经改变,有两个基本原因。首先,连接这两种技术变革的创新可能性边界可能已经转移,促进了进一步的自动化,使新任务的创建更加困难。例如,基于硬件和软件进步的新的通用技术可能使进一步的自动化更便宜,或者我们可能已经没有了产生新的高生产率(劳动密集型)任务的想法。我们发现这一平衡发生变化的第二个原因更为合理:那就是,美国经济可能已经沿着给定的创新可能性前沿前进,因为自动化的激励已经增加,而创造新任务的激励已经下降。有几个因素可能推动这一方向。美国税法积极补贴设备的使用(例如,通过各种税收抵免和加速摊销),并对劳动力就业征税(例如,通过工资税)。进一步(可能过度)自动化的趋势可能因越来越重视自动化和使用人工智能从大多数生产过程中去除人为因素而得到加强。这一焦点最近得到了推动,既有大型科技公司凭借其基于自动化和小型劳动力的商业模式在创新中发挥的核心作用,也有科技界许多杰出人士的远见(想想特斯拉为广泛自动化生产所做的努力,结果证明成本非常高昂)。最后,政府对创新支持的下降可能也阻碍了视野更长的研究,这可能进一步阻碍了新任务的创建(相对于自动化而言,新任务产生的效果更慢)。

这一系列因素可能不仅有助于自动化和新任务之间不断变化的平衡,还可能导致生产率增长放缓。首先,由于新任务有助于提高生产率,因此恢复较慢将与生产率增长较慢相关。影响新任务平衡的因素可能会转化为失去提高生产率的机会。此外,由于恢复效应较弱而导致的工资增长放缓,间接地降低了自动化的生产率,因为自动化带来的生产率收益在被替换任务的有效工资中增加,而较低的工资则会降低这些生产率收益。其次,如果自动化和新任务的创新都受到回报递减的影响(在给定的时间内或随着时间的推移),这两种新技术之间的平衡发生重大变化,将推动我们走向更边缘化的发展,并导致生产率增长放缓。再次,正如我们前面所强调的,当自动化取代劳动已经具有生产力且资本还不是非常有效的任务时,自动化带来的生产率收益对于一般技术来说可能非常小。有鉴于此,进一步的自动化,特别是当它是由税收扭曲或对自动化一切的过度热情所导致时，将采取这种技术的形式，不会带来多少生产率的提高。最后，我们认为劳动力可用技能与新技术需求之间可能存在不匹配。这可能进一步降低自动化带来的生产力收益，并阻碍新任务的引入，因为缺乏必要的技能会降低新任务的利用效率（Caroli 和 Van Reenen，2001；Bartel 等，2007；Acemoglu et al.，2007）。

如果自动化和新任务之间的平衡转换效率低下，如果这确实有助于快速自动化、缺乏强有力的恢复效应以及生产率增长放缓，那么就可能有政策干预的空间来改善就业创造和生产率增长。这些干预措施可能包括取消过度自动化的激励（如资本设备的优惠待遇）和实施旨在重新平衡技术变革方向的新政策。

（四）机器人、自动化与就业相关的前沿英文文献研究

从产业经济学角度，本人遴选了几篇前沿英文文献做了导读分享。在文献的筛选上，主要秉持以下原则：一是保证时效性，为最近三年内的文献；二是论文具有前沿代表性，质量较高的中青年学者工作论文和顶级学术期刊论文；三是对中国有借鉴意义。经过筛选，本节共选了三篇前沿英文文献，具体分为三个研究方向。

1. 机器人、自动化的就业效应分解

笔者选择了 Acemoglu 和 Restrepo 在 2019 年 *Journal of Economic Perspectives* 上发表的论文 "How Technology Displaces and Reinstates Labor"。截至目前，这篇论文已经被引用了 409 次，开创性地提出一个框架来理解自动化和其他类型的技术变革对劳动力需求的影响，并用它来解释最近美国就业的变化。其框架的核心是将任务分配给资本和劳动力，即生产的任务内容。自动化使资本能够在以前从事的任务中取代劳动力，由于置换效应，生产的任务内容相对于劳动力发生了变化。因此，自动化总是会降低劳动力在附加值中所占的份额，甚至在提高生产率的同时也可能降低劳动力需求。自动化的影响通过创造劳动力具有比较优势的新任务来抵消。新任务的引入改变了生产中的任务内容，有利于劳动力的恢复，并总是提高劳动力份额和劳动力需求。本文展示了如何从行业级数据推断自动化和新任务导致的生产任务内容变化的作用。其经验分解表明，过去三十年来就业增长放缓的原因是替代效应的加速，特别是在

制造业，恢复效应较弱，生产率增长较前几十年缓慢。

2. 机器人、自动化的就业效应识别

笔者选择了 Graetz 和 Michaels 在 2018 年 *Review of Economics and Statistics*，上发表的论文"Robots at Work"。截至目前，这篇论文已经被引用了 982 次，这篇论文构造了两个巧妙的工具变量，以识别机器人使用的影响，首次分析了具备灵活、多功能、自动化特征的现代工业机器人的经济贡献。研究基于 1993—2007 年 17 个国家在工业中使用机器人的面板数据，数据时间跨度长、翔实可靠。发现增加机器人使用对每年劳动生产率的提高贡献了大约了 0.36 个百分点，与此同时，促进了全要素生产率提高并降低了产出价格。他们的估计也证实了机器人的使用并没有显著减少总就业，但在一定程度上降低了低技能工作者的就业占比。

3. 机器人、自动化的一般均衡分析

笔者选择了 Acemoglu 和 Restrepo 在 2020 年 *Journal of Political Economy* 上发表的论文："Robots and Jobs：Evidence from US Labor Markets"。*Journal of Political Economy* 是国际上公认的经济学研究顶级期刊之一，截至目前，这篇论文已经被引用了 1807 次。这篇论文分析了 1990—2007 年工业机器人使用量增加对美国本地劳动力市场的影响。使用一个机器人在生产不同任务时与人类劳动力竞争的模型，表明机器人可能会减少就业和工资，机器人对当地劳动力市场的影响可以通过回归就业和工资的变化对每个当地劳动力市场中机器人的影响来估计，这些影响是由机器人在各个行业的全国渗透和各行业的当地就业分布定义的。利用这种方法，本文估计了机器人对通勤区就业和工资的巨大而强劲的负面影响。通过证明 1990 年后最容易接触机器人的通勤区在 1990 年前没有表现出任何不同的趋势来支持这一证据。机器人的影响不同于从中国和墨西哥进口、常规工作岗位减少、离岸外包、其他类型的 IT 资本以及总资本存量的影响（事实上，机器人风险与这些其他变量的相关性很弱）。根据他们的估计，每千名工人中增加一个机器人将使就业人口比降低约 0.18—0.34 个百分点，工资降低 0.25—0.5 个百分点。

二 精选文献导读

论文一：《技术如何取代和恢复劳动力》

Acemoglu, D., P. Restrepo, "Automation and New Tasks: How Technology Displaces and Reinstates Labor", *Journal of Economic Perspectives*, Vol. 33, No. 2, 2019.

（一）选题和视角

所有技术仅仅因为提高生产率而增加（总）劳动力需求的假设是错误的。一些自动化技术事实上可能会减少劳动力需求，因为它们带来了相当大的替换效应，但生产率却略有提高（特别是当被替换的工人一开始成本低廉，自动化技术只比他们稍微好一点时）。此外，由于替换效应，不应该期望自动化带来与生产率增长相称的工资增长。事实上，正如本文已经指出的那样，自动化本身总是会降低劳动力在行业增加值中的份额，并倾向于降低劳动力在经济中的总体份额（这意味着它会导致工资增长低于生产率增长）。

（二）研究方法

生产需要完成一系列的任务。例如，衬衫的生产从设计开始，然后需要完成各种生产任务，如提取纤维、纺制纱线、编织、针织、染色和加工，以及其他非生产任务，包括会计、营销、运输和销售。这些任务中的每一项都可以由人力或资本（包括机器和软件）来完成。将任务分配给要素决定了生产任务的内容。

自动化使以前由劳动力执行的一些任务能够由资本生产。最近的一个例子是，自20世纪80年代以来，机器人技术的进步使公司能够自动化制造业中的各种生产任务，如机械加工、焊接、喷漆和装配，这些任务都是手动执行的（Acemoglu 和 Restrepo，2018）。随着时间的推移，生产产品所涉及的任务集并不是恒定不变的，新任务的引入可能是劳动力需求和生产率的主要来源。在纺织品方面，新的劳动密集型任务的例子包括计算机化设计、新的市场研究方法和各种管理活动，以便更好地针对需求和节约成本。通过改变不同要素的任务分配，自动化和新任务的引入都会影响生产的任务内容。

因此，任务是生产的基本单位，生产要素通过执行这些任务对产出作出贡献。相比之下，经济学中的规范方法绕过了任务，直接假定了形式为 $Y = F(A^K K, A^L L)$ 的生产函数，这进一步规定了所有技术变革都采用了一种要素增加形式。我们倾向我们的概念框架有三个相关的原因。首先，规范方法缺乏描述性现实意义。例如，机器人技术的进步并没有提高资本或劳动力的生产率，而是扩大了资本可以完成的任务。其次，资本增加型技术变革（A^K 增加）或劳动增加型技术变革（A^L 增加）对应于相关要素在所有任务中变得同样更具生产力，我们将说明，这忽略了生产任务内容中潜在的重要变化。第三，也是最重要的一点，我们还将看到，要素增强技术进步的定量和定性含义不同于改变生产任务内容的技术。仅仅关注要素增强技术可能会迫使我们得出误导性结论。

1. 任务和生产

我们提出了基于任务的框架，首先描述了单一部门经济中的生产过程。假设生产组合了一系列任务的输出，并且这些任务由 z 表示，并标准化为介于 $N-1$ 和 N 之间，如图 4-1 所示。可以使用资本或劳动力来完成任务。$z > I$ 的任务不是自动化的，只能使用工资率为 W 的工人来生产。$z \leq I$ 的任务可以自动化，可以由租金为 R 的资本和劳动力生产。我们假设劳动力在指数较高的任务中具有比较优势和绝对优势。因此，I 的增加代表了自动化技术的引入，简称自动化。此外，N 的增加对应于新的劳动密集型任务或简称新任务的引入。除了自动化（I）和引入新任务（N）外，该部门的技术状况还取决于 A^L（劳动力增加技术）和 A^K（资本增加技术），这两种技术提高了所有任务中这些要素的生产率。

让我们假设企业在所有自动化的任务中使用资本是成本最小化的（所有）$z \leq I$，并立即采纳新任务。这意味着将任务分配给如图 1 所示的要素，图 1 还显示了自动化和新任务如何影响这种分配。

产出可以表示为资本和劳动力的恒定替代弹性（CES）函数，如式（1）所示。

$$Y = \Pi(I,N) \left(\Gamma(I,N)^{\frac{1}{\sigma}} (A^L L)^{\frac{\sigma-1}{\sigma}} + (1 - \Gamma(I,N))^{\frac{1}{\sigma}} (A^K K)^{\frac{\sigma-1}{\sigma}} \right)^{\frac{\sigma}{\sigma-1}}$$

(1)

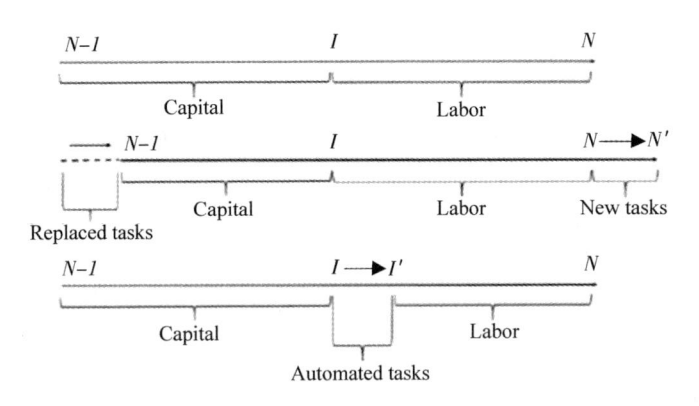

图1 生产任务所需的资本和劳动力的分配，以及自动化和新任务创建的影响

在经典模型中，我们将生产作为劳动力和资本数量的函数，即 L 和 K。劳动增强型技术项 A^L 和资本增强型项 A^K 提高了当前生产的所有任务中的劳动和资本生产率。任务之间的替代弹性 σ 决定了用一项任务替代另一项任务的容易程度，也是资本和劳动力之间的替代弹性。

与规范模型的关键区别在于，这种恒定替代弹性函数的份额参数取决于自动化和新任务。劳动力的份额参数 $\Gamma(I,N)$ 是生产的劳动力任务内容，代表劳动力执行的任务相对于资本的份额（根据这些任务的劳动力和资本生产率差异进行调整）。相反，$1 - \Gamma(I,N)$ 是生产的资本任务内容。因此，$\Gamma(I,N)$ 的增加将生产的任务内容向有利于劳动力和不利于资本的方向转移。在 σ = 1 的特殊情况下，$\Gamma(I,N) = N - I$。更一般地说，$\Gamma(I,N) = N - I$ 总是随 N 增加，随 I 减少。这尤其意味着自动化（更大的 I）将生产的任务内容相对于劳动力转移，因为它需要资本接管以前由劳动力执行的任务。相比之下，新的劳动密集型任务将生产的任务内容向劳动转移。最后，自动化和新任务不仅改变了生产的任务内容，而且通过允许将（某些）任务分配给更便宜的要素，提高了生产率。$\Pi(I,N)$ 表示为全要素生产率，代表这些生产率的提高。

工资（WL）除以增加值（Y）得出的劳动力份额可推导出式（2）。

$$s^L = \frac{1}{1 + \frac{1-\Gamma(I,N)}{\Gamma(I,N)}\left(\frac{R/A^K}{W/A^L}\right)^{1-\sigma}} \quad (2)$$

这一关系将在本文的其余部分得到广泛的依赖，它澄清了形成劳动力份额的两种不同力量（在一个行业或整个经济中）。按照标准，劳动力份额取决于有效要素价格的比率，即 W/A^L 和 R/A^K。直观地说，随着有效工资相对于资本的有效租金率上升，劳动力生产的任务的价格相对于资本生产的任务的价格上升，这在任务之间产生了替代效应。这是在规范模型中影响劳动份额的唯一力量。其大小取决于 σ 是否大于1。例如，当任务是互补的（$\sigma<1$）时，有效工资的增加会增加劳动力生产任务的成本份额。当 $\sigma>1$ 时，情况正好相反。当 $\sigma=1$ 时，我们得到一个 Cobb-Douglas 生产函数，替代效应消失，因为每个任务在增加值中的份额是固定的。

更新奇的是生产任务内容 $\Gamma(I,N)$ 对劳动份额的影响。直观地说，随着更多的任务分配给资本而不是劳动力，任务内容将与劳动力相反，劳动力份额将明显下降。因此，我们的模型预测，独立于替代 σ 的弹性，自动化（改变生产任务内容而不是劳动力）将降低该行业的劳动力份额，而新任务（改变生产任务内容而有利于劳动力）将增加该份额。

2. 技术和劳动需求

我们现在调查技术如何改变劳动力需求。我们关注工资 WL 的行为，它反映了雇主为劳动支付的总金额。如式（3）所示。

$$\text{Wage bill} = \text{Value add} \times \text{Labor share} \quad (3)$$

工资的变化将转化为就业和工资变化的某种组合，确切的分工将受到劳动力供给弹性和劳动力市场不完善的影响，我们在本文中都没有明确建模。

我们利用这种关系来思考三类技术是如何影响劳动力需求的：自动化、新任务和要素生产率的进步。考虑引入新的自动化技术（图1中的 I 增加）。对劳动力需求的影响可以表示为如（4）所示。

$$\text{Effect of automation on labor demand} = \text{Productivity effect} + \text{Displacement effect} \quad (4)$$

生产率效应（productivity effect）产生于自动化增加了附加值，这增加了非自动化任务对劳动力的需求。如果没有其他情况发生，该行业的劳动力需求将以与增加值相同的速度增长，劳动力份额将保持不变。然而，自动化也会产生替换效应（Displacement Effect）——它将劳动力从先前分配给它的任务中替换出来，从而使生产的任务内容相对于劳动力转移，并始终减少劳动力份额。因此，自动化增加了蛋糕的大小，但劳动力得到的份额更小。无法保证生产率效应大于替换效应；一些自动化技术可以在提高生产率的同时减少劳动力需求。因此，与流行观点中的一个常见假设相反，挑战就业和工资的不是"卓越"的自动化技术，而是"一般技术"带来的生产率的微小提高。这是因为一般技术的正生产率效应不足以抵消因替换而导致的劳动力需求下降。要理解这是什么情况，让我们首先考虑自动化带来的生产力收益来自哪里。这并不是因为资本和劳动力在他们执行的任务中变得更有生产力，而是因为企业能够在以前由劳动力执行的任务中使用更便宜的资本。因此，自动化的生产率效应与从这种替代中获得的成本节约成正比。自动化任务中的劳动生产率与其工资的关系越大，而这些任务中的资本生产率与资本租金的关系越小，自动化带来的生产率收益就越有限。一般技术的例子包括自动化客户服务，它取代了人力服务代表，但通常被认为是低质量的，因此不太可能产生大的生产率提高。它们还可能包括人工智能技术在当前对机器具有挑战性的任务中的一些应用。

不同的技术伴随着不同程度的生产率效应，因此，我们不能假设一套自动化技术将以与其他技术相同的方式影响劳动力需求。类似地，由于自动化的生产率提高取决于工资，自动化对劳动力需求的净影响将取决于更广泛的劳动力市场环境。当工资高而劳动力稀缺时，自动化将产生强大的生产率效应，并有可能提高劳动力需求。当工资低而劳动力充足时，自动化将带来适度的生产率效益，并可能最终减少劳动力需求。这一观察结果或许可以解释为什么在劳动力迅速老龄化的国家，如德国、日本和韩国，为应对（中年）生产工人短缺而采用的自动化技术似乎比美国产生了更积极的影响。它还建议重新解释著名的哈巴谷假说，即19世纪美国经济比英国更快的增长是由于其劳动力相对稀缺。劳动力稀缺鼓励了自动化，而它带来的高工资有助于解释为什么自动化过程导致了生产率的快速提高和工资的进一步增长。

下一步考虑新任务对工资的影响，这是在我们的框架内增加的 N。这扩展了人力具有比较优势的任务集，其影响可以概括为式（5）。

$$\text{Effect of new tasks on labor demand} = \text{Productivity effect} + \text{Reinstatement effect} \quad (5)$$

恢复效应（Reinstatement Effect）反映了生产任务内容的变化，但现在有利于劳动力，因为 N 的增加将劳动力恢复到新任务中。任务内容的这种变化总是会增加劳动力份额。随着新任务利用劳动力的比较优势，它还提高了生产率。由此产生的生产力提高，以及任务内容的变化，确保了劳动力需求总是随着新任务的引入而增加。最后，正如我们之前所说，要素增强技术的含义与自动化和新任务的含义大不相同，因为它们不会改变生产的任务内容。式（6）所示。

$$\text{Effect of factor-augmenting technologies on labor demand} = \text{Productivity effect} + \text{Substitution effect} \quad (6)$$

随着技术进步因素的增加，劳动力或资本在所有任务中的生产率都会提高，从而使生产率效应与其在附加值中的份额成正比。

要素增加技术还通过上述替代效应影响劳动力需求，替代效应改变劳动力份额，但不改变生产任务内容。σ 的可用估计值将该参数设置为小于但接近1，这意味着要素增强技术的替代效应相对于其生产率效应而言很小。

综上所述，与能够产生显著替换和恢复效应的自动化和新任务相比，要素增加技术主要通过生产率效应影响劳动力需求，对劳动力份额的影响相对较小。因此，它们不太可能从技术进步中产生较低的劳动力需求：资本扩张技术总是会增加劳动力需求，而劳动力扩张技术对于合理的参数值也是如此，特别是只要 $\sigma > 1 - s^L$。

3. 任务、生产和总劳动力需求

现在，我们将任务和生产模型嵌入具有多个行业的经济，并通过描述（经济范围内）工资的行为来研究技术如何改变总劳动力需求。在我们的多部门经济中，式（7）。

$$\text{Wage bill} = \text{GDP} \times \sum_{i \in I} \text{Labor share sector i} \times \text{Share of value added in sector i} \quad (7)$$

多部门角度提供了额外的调整空间，以响应自动化，我们称之为结构效应（Composition Effect）。当第 i 部门的自动化（该部门的 I 增加）之后，有式（8）。

$$\text{Effect of automation in i on aggregate labor demand} = \text{Productivity effect} + \text{Displacement effect} + \text{Composition effect} \quad (8)$$

前两个效应与上文相同。生产率效应代表第 i 部门自动化对 GDP 的影响，而替换效应代表第 i 部门生产任务内容的变化（影响该部门的劳动力份额）。这些影响按部门 i 的规模来衡量，因为较大的部门将产生较大的总体影响。

当我们关注单一部门经济中自动化的影响时，没有出现构成效应，它反映了部门再分配的影响（部门间增值份额的变化）。例如，部门 i 的自动化可能会将经济活动重新分配给部门 j（取决于需求弹性和投入产出联系）。当 j 部门的劳动力份额高于合同部门 i 时，这种再分配会对总劳动力需求产生积极影响，反之亦然。

类似的分解也适用于新任务。在第 i 部门引入新任务（该部门的 N 增加）后，见式（9）所示。

$$\text{Effect of new tasks in i on aggregate labor demand} = \text{Productivity effect} + \text{Reinstatement effect} + \text{Composition effect} \quad (9)$$

其中，新特征又是结构效应。

美国的农业机械化说明了这些力量如何共同决定总劳动力需求的行为。Budd（1960）提供的数据表明，1850 年至 1910 年，农业中的人力被马力的收割者和收割机取代，与此同时，该部门的劳动力价值份额急剧下降，从 33% 下降到 17%——这是机械化造成的替换效应的一个明显迹象。与此同时，尽管农业机械化迅速发展，当时占美国经济的三分之一，但这两种力量的合力推动了总劳动力需求的增长。首先，部分由于机械化，增加值和就业从农业重新分配到工业部门。这创造了一个强大的组合效应，因为工业过去（现在仍然）比农业更为劳动密集。其次，在这一过程中，工业部门的劳动力比例进一步上升，从 1850 年的 47% 上升到 1890 年的 55%。行业劳动力份额的变化表明，该行业引入了新的劳动密集型岗位，从而产生了强大的恢复效应。这一解释与农业设备、棉花加工以及随后的贸易和制造业中的文书职业的新工厂岗位显著增长相一致。

最后，可以类似地分析多行业环境中的要素增强技术的影响。尽管它们也会产生组合效应，并可能通过该渠道影响总劳动力需求，但要素增强技术仍然不会对生产任务内容产生影响。由于没有强大的结构效应，它们继续主要通过生产率效应影响劳动力需求。

（三）主要结论

本文展示了如何从行业层面的劳动力份额、增加值和要素价格数据中推断生产任务内容和劳动力需求其他贡献因素的变化。本文使用这种方法进行实证研究的主要含义是，最近劳动力需求的停滞是由自动化的加速（尤其是制造业）和新任务创建的减速来解释的。此外，也反映了技术进步构成的这种转变，经济也经历了生产率增长的显著放缓，导致劳动力需求疲软。

本文的框架对未来的工作也有明确的影响。本文的证据和概念方法既不支持人力工作即将结束的说法，也不支持技术变革将始终和处处有利于劳动的假设。相反，他们认为，如果未来生产率增长的源泉继续是自动化，那么劳动力的相对地位以及生产的任务内容将下降。创造新任务和其他技术，提高生产劳动强度和劳动份额，对于与生产率增长相称的持续工资增长至关重要。这些技术是否即将问世不仅取决于本文的创新能力，还取决于不同技能的供应、人口变化、劳动力市场制度、政府政策（包括税收和研发支出）、市场竞争、公司战略以及创新集群的生态系统。本文已经指出自动化和新任务之间的平衡可能会低效地偏向前者的一些原因，这可能对就业和生产率产生不利影响，并为纠正这种不平衡提出一些政策干预方向。

论文二：《工作中的机器人》

Graetz, G., G. Michaels, "Robots at Work", *Review of Economics and Statistics*, Vol. 100, No. 5, 2018.

（一）选题和视角

本文进一步采用两种新的工具变量策略提供了机器人经济效用的经验证据。为了构造第一个工具变量，本文使用了机器人应用数据，该数据对机器人的应用领域进行了归类。本文没有直接使用各领域使用机器人的程度,因为这可能由各行业发展状况所内生的,而是将这些数据与1980年机器人普及前的美国职业数据相匹配,并将职业定义为"可替代的",如果到2012年,他们的工作可以被机器人完全或部分替代。由此,本文计算1980年每个行业的工作时间中,由随后容易被机器人取代的职业所占的比例。本文还基于机器人手臂技术的进步构造了称之为"到达和处理任务"的第二个工具变量,考虑到这种机器人的能力主要由技术供给因素驱动,而不是由行业的任务要求所决定的。为了构建这一工具,本文测量了1980年与其他体力劳动相比,行业使用需要到达和处理任务的职业的程度。虽然这两种工具没有解决所有潜在的遗漏变量和反向因果关系问题,但它们为我们的实证方法提供了更可靠的依据。

(二) 研究方法

1. 理论模型

为了指引经验研究,本文构建了一个简单的理论模型,刻画企业决定使用机器人技术和在生产中使用机器人。该模型描述了一起采用工人和机器人的条件,并解释了机器人价格下降如何影响劳动生产率、就业、产出和产品价格。

考虑一个经济体包括连续性的行业由 i 表示,在每个行业内部有连续性的种类产品由 j 表示。偏好有一个包括两层嵌套的常弹性(CES)效用函数来反映:$U = (\int_0^1 C(i)^{\frac{\varepsilon-1}{\varepsilon}} di)^{\frac{\varepsilon}{\varepsilon-1}}$,$C(i) = (\int_0^1 C(i,j)^{\frac{\eta-1}{\eta}} di)^{\frac{\eta}{\eta-1}}$,其中 ε 和 η 分别是跨行业和行业内部的替代弹性。我们假设,$\eta > \varepsilon > 1$。有一个标准化的消费者,每人可以提供 L 单位的非弹性劳动。消费者拥有所有的其他生产要素和经济体中所有的企业。消费者在所有方面都是相同的,包括偏好、劳动生产率和资产所有权。在每个行业中,都有一个标注化的垄断竞争企业,每个品种都由一个这样的企业生产。不同品种的生产技术是不变的,产出 $Y(i,j)$ 在行业 i 和企业 j 来自合成产出 $Y(i,j,\tau_i)$,其中 τ_i 表示行业特定的连续型任务,通过一个 CES 生产函

数 $Y(i,j) = (\int_0^1 Y(i,j,\tau_i)^{\frac{\sigma-1}{\sigma}} d\tau_i)^{\frac{\sigma}{\sigma-1}}$ 来表示，其中 σ 表示不同任务间的替代弹性。

我们假设人类可以执行所有相关任务，而机器人只能执行这些任务的一个严格子集。在任何任务中使用机器人的企业都会产生 φ 单位劳动的固定成本。这意味着在同时使用机器人和劳动力的技术和只使用劳动力的技术之间有一个选择。我们假设机器人只能用于有限的一组任务，其在行业 i 中的份额由 $\alpha(i)$ 给出。正如前文所讨论，各个行业在机器人可以执行的任务中所占的份额不同。在实证部分，我们通过与 IFR 的机器人应用列表相对应的任务的普遍性以及到达和处理任务的普遍性来作为这些差异的代理变量，而这些差异早于机器人的广泛使用。在模型中，我们假设 $\alpha(i)$ 在 0 到 $\bar{\alpha} \in (0,1)$，为了标准化，我们假设 $\alpha'(i) > 0$，因此 i 表示行业的可替代性。

根据上述限制条件，机器人可以以 ρ 的外生租金率来租用。劳动力的名义工资为 w，并且在各个行业和用途之间具有完全的流动性。在我们的模型中，我们选择劳动力作为计价商品，因此 $w = 1$，所有价格均以单位工资表示。我们假设在机器人可以完成的任务中，机器人和工人相互之间可以完全替代，$Y(i,j,\tau_i) = R(i,j,\tau_i) + L(i,j,\tau_i)$，反映了机器人自主执行某些生产过程的能力，$R(i,j,\tau_i)$ 和 $L(i,j,\tau_i)$ 分别表示机器人的数量和雇用工人的数量。如果机器人是不可用的，则 $Y(i,j,\tau_i) = L(i,j,\tau_i)$。我们始终假设 $\rho < 1$。这意味着，在使用任何机器人的条件下，由于我们简化了对称性假设，企业在所有可替换任务中使用机器人，并且在每个任务中使用相同数量的机器人。剩余任务中的劳动力数量相等。因此，在机器人数量和雇用劳动力数量方面，我们可以表示 $Y(i,j)$ 为取决于技术选择的函数，如式（1）所示。

$$Y(i,j) = \begin{cases} Y^N(i,j) = L(i,j) & \text{不使用机器人} \\ Y^R(i,j) = \{\alpha(i)^{\frac{1}{\sigma}} R(i,j)^{\frac{\sigma-1}{\sigma}} + [1-\alpha(i)]^{\frac{1}{\sigma}} L(i,j)^{\frac{\sigma-1}{\sigma}}\}^{\frac{\sigma}{\sigma-1}} & \text{使用机器人} \end{cases} \quad (1)$$

边际成本 $\chi(i,j)$ 取决于技术的选择，如式（2）所示。

$$\chi(i,j) = \begin{cases} \chi^N(i) = 1 & \text{不使用机器人} \\ \chi^R(i) = (\alpha(i)\rho^{1-\sigma} + 1 - \alpha(i))^{\frac{1}{1-\sigma}} & \text{使用机器人} \end{cases} \quad (2)$$

此外，当使用机器人时，成本最小化意味着机器人与劳动力的最佳比例 $\frac{R(i,j)}{L(i,j)} = \frac{\alpha(i)}{1-\alpha(i)}\rho^{-\sigma}$。

企业的技术选择很简单：当使用机器人的利润超过使用纯人工技术的利润至少相当于使用机器人的固定成本 φ 时，采用机器人。我们在理论附录中显示，机器人仅在可替换任务份额（弱）超过临界值的部门使用，机器人采用的固定成本或租赁价格的下降会导致该临界值的下降。机器人使用的边际利润不受机器人使用固定成本的影响，而是受机器人租赁费率 ρ 的影响：该费率的下降会增加最佳机器人与劳动力的比率，且在可更换任务比例较高的行业，这种增加更大。因此，该模型的内涵激发了我们的实证分析策略，即利用行业的可替代工时份额或到达和处理的相对普遍程度来作为机器人使用增加的工具变量。虽然到目前为止的讨论集中在机器人使用的决定因素和工具变量策略的动机上，但我们现在转向模型对增加机器人使用的影响的预测。生产函数的规模报酬不变特性，即方程（1），意味着每个工人的产出仅取决于机器人与劳动的比率，而机器人与劳动比率随租金率下降。因此，租金率 ρ 的下降导致机器人使用行业劳动生产率的提高。对于最后两个结果，我们将重点放在一个行业中使用机器人的公司的份额等于 0 或 1 的行业（这是为了便于处理）。考虑到消费者需求、价格加成以及 $\chi^R(i)$ 随 ρ 增加的事实，该模型预测租金率 ρ 的下降会降低（增加）机器人使用行业相对于其他行业的价格（产出）。

最后，该模型预测了机器人变得更便宜时就业情况的变化。正如我们在理论附录中所证明的，当且仅当 $\varepsilon > \sigma$（$\varepsilon < \sigma$，$\varepsilon = \sigma$）时，租金 ρ 的下降导致使用机器人的行业相对于其他行业就业的上升（下降，无变化）。其解释如下，机器人价格的下降促使企业用机器人代替劳动力，但同时也降低了相对产出价格。反过来，消费者利用工业产出购买相对更多的机器人。增加的产出是否通过增加机器人投入来满足，或者是否需要工人流入取决于企业对机器人价格下降的反应是否强于消费者对相对产出价格下降的反应，正如 σ 和 ε 所反映。

综上所述，我们的模型表明，机器人价格下降导致的机器人密度增加，从而导致产出价格下降、产出和劳动生产率上升，而对工作时间的影响则不明确。此外，可替换工时比例较高的行业更有可能尽早采用机器人，并将更多地增加机器人密度，从而为我们的工具变量策略提供了依据。

2. 实证设计

在回归分析中，本文估计以下形式的方程，如式（3）所示。

$$\triangle Y_{ci} = \beta_1 + \beta_2 f(robots_{ci}) + \beta_3 controls_{ci} + \varepsilon_{ci} \quad (3)$$

其中，$\triangle Y_{ci}$ 是本文关注 i 产业 c 国家从 1993—2007 年产出变量 Y_{ci} 的变化，$f(robots_{ci})$ 是衡量机器人使用相对于劳动投入变化的一个指标，控制变量 $controls_{ci}$ 包括国家固定效应、初始（1993 年）工资和资本劳动比率，以及其他投入的变化，在某些情况下还包括行业固定效应。由于估计的变化率，因此固定效应有效地吸收了国家（行业）特定的趋势。本文估计 1993—2007 年变化的回归，因为本文对长期趋势感兴趣。包括中间年份不一定会提高本文估计的精度，因为它会降低信噪比，尽管为了完整性，本文确实使用子周期讨论了一些结果。本文始终使用稳健的标准误差，按行业和国家进行双向聚类。这是一种可靠的方法，因为它通常比按国家或行业或根本不进行聚类的单向聚类产生更大的标准误差。由于生产率增长与机器人密度变化百分位之间的关系接近线性，且对一些有影响的观察结果不敏感，这与机器人密度原始变化的情况不同。因此，本文在大多数分析中使用了变化的百分位数，尽管本文确实讨论了替代函数形式。虽然散点图表明机器人密度的增加与劳动生产率的提高有系统的联系，但其提供了更多关于增加机器人使用带来的生产率提高的线索。

尽管本文的控制变量和工具变量策略缓解了对测量误差和反向因果关系的潜在担忧，但本文可能仍然担心，即使在可更换行业开始采用机器人之前，它们也会遵循不同的轨迹。例如，机器人的可替换性可以与早期自动化技术的可替换性相关联。为了缓解这种担忧，附录表给出了本文的可更换性工具变量的安慰剂检验。该表显示了该类型的简化形式回归，见式（4）所示。

$$\triangle Y_{ci} = \delta_1 + \delta_2 replaceable_i + country_c + \eta_{ci} \quad (4)$$

其中，$country_c$ 是一系列国家层面的控制变量。

(三) 主要结论

本文在这里首次研究了工业机器人与发达国家经济发展成果之间的关系。利用1993年至2007年17个国家行业的面板数据，本文发现工业机器人的使用增加与劳动生产率的提高有关。本文发现，增加使用机器人对生产率增长的贡献是巨大的，并使用保守估计进行计算，其达到0.36个百分点，占整个经济体总生产率增长的15%。在加入国家趋势和劳动力和其他资本投入构成变化控制变量的情况下，本文的结论仍然稳健。本文还发现机器人的密集使用与全要素生产率和工资的提高以及产出价格的降低有关。虽然本文发现机器人可能会减少低技能工人的就业，但本文发现工业机器人使用的增加与总体就业之间没有显著关系。截至2007年，工业机器人仅占机器人使用行业资本存量的2.25%左右，其使用相对有限，即使在本文研究的发达经济体中也是如此。如果经过质量调整的机器人价格继续以与过去几十年类似的速度下降，并且随着新应用技术的开发，有充分的理由相信机器人将继续提高劳动生产率。最近，机器人的发展越来越趋向于服务。正在经历快速扩张的领域包括医疗机器人、工厂物流系统和无人驾驶飞行器。

自动驾驶汽车是另一个对工作既有机遇又有挑战的领域。如果自驾汽车在商业上可行，它将提供更方便、更灵活、更安全的交通方式。与此同时，它们也对司机的工作构成威胁，其中包括许多来自较不发达国家的移民。

本文的分析（由于数据限制）集中在发达经济体。但最近的证据表明，机器人在发展中国家的使用也越来越多，中国已经是世界上机器人的主要买家。未来几十年，机器人对全球经济增长的贡献可能比本文得出的结论更大。

同时，证据表明，增加机器人使用密度的边际收益似乎会迅速减少。值得注意的是，机器人的崛起并不是所有人的福音——本文发现，特别是低技能工人可能会因此而失业。

论文三：《机器人与就业：来自美国劳动力市场的证据》

Acemoglu, D., P. Restrepo, "Robots and Jobs: Evidence from US Labor Markets", *Journal of Political Economy*, 2020, Vol. 128, No. 6.

（一）选题和视角

本文从一个简单的模型开始，机器人和工人在不同任务的生产中竞争。本文的模型扩展了已有分析框架，假定机器人执行的任务份额因行业而异，且不同行业的劳动力市场之间存在交易。机器人在经济中更大的渗透会对工资和就业产生负面影响（Autor等，2013），因为它会产生替换效应（通过直接将工人从以前执行的任务中替换出来），但也会对生产率产生积极影响（因为其他行业或任务会增加他们对劳动力的需求）。本文的模型表明，机器人对劳动力市场就业和工资的影响可以通过回归这些变量对机器人冲击的变化来估计，这一指标定义为机器人在各个行业的全国渗透率总和乘以该行业的基准就业份额在劳动力市场。

本文的实证工作集中在美国的当地劳动力市场，本文通过通勤区来代表。本文利用IFR中关于19个行业中机器人使用量增加的数据（大约在制造业以外的两位数水平和制造业内的三位数水平）以及最近机器人发展开始前人口普查中机器人使用量增加的基准就业份额，构建了本文的机器人冲击变量。本文对机器人接触情况的测量利用了一个事实，即通勤区的工业就业分布各不相同，使得一些通勤区比其他区域更容易使用机器人。

（二）研究方法

1. 理论模型

本文揭示了机器人对就业和工资的潜在影响，并推导出用于实证分析的估计方程。为了建立直觉，本文首先忽略了当地劳动力市场（通勤区）之间的任何互动，然后通过引入通勤区之间的贸易来丰富这一框架。本文的贸易模型可以被视为将 Armington（1969）和 Anderson（1979）的框架与本文的机器人模型相结合（另见 Caliendo 和 Parro，2015）。

处于封闭经济均衡状态的机器人。

经济由 |C| 通勤区组成。每个通勤区 $c \in C$ 对 I 产业产出消费总量的偏好定义如式（1）所示。

$$Y_c = \left(\sum_{i\in I} \alpha_i Y_{ci}^{\frac{\sigma-1}{\sigma}}\right)^{\frac{\sigma}{\sigma-1}} \quad (1)$$

其中，$\delta > 0$ 表示不同行业生产的商品之间的替代弹性，而 α_i 是表示行业 i 在消费总量中重要性的共享参数（$\sum_{i\in I}\alpha_i = 1$）。

在封闭经济均衡中，每个通勤区只能消费其自身生产的每种商品，用通勤区 c 中工业 i 的产量表示为 X_{ci}。因此，对于所有 $i \in I$ 和 $c \in C$、如式（2）所示。

$$Y_{ci} = X_{ci} \quad (2)$$

本文选择每个通勤区的消费总量作为基准（价格标准化为 1），并通过 P_{Xci} 表示通勤区 c 中行业 i 的产出价格。每一个行业都通过组合一系列以 $s \in [0, S]$ 来表示的连续性任务来生产。本文用 $x_{ci}(s)$ 表示生产 X_{ci} 时使用的任务数量。这些任务必须按固定比例组合，如式（3）所示。

$$X_{ci} = A_{ci}\min_{s\in[0,S]}\{x_{ci}(s)\} \quad (3)$$

其中，A_{ci} 表示 i 行业的劳动生产率。A_{ci} 和 α_i 的差异将转化为不同通勤区的行业就业构成的差异。本文将工业机器人（或者简单地说，机器人）建模为执行以前由人工执行的一些任务。具体而言，在行业 i 中，任务 $[0, M_i]$ 是"技术自动化"的，可以由机器人执行，而且至关重要的是，这些技术机会在所有通勤区都很常见。本文将机器人在每项任务中的生产率标准化为 1，并通过假设每项任务中的劳动生产率也是常数且等于 $\gamma > 0.6$ 来进一步简化模型。因此，通勤区 c 中行业 i 中任务 s 的生产函数可以写成式（4）。

$$x_{ci}(s) = \begin{cases} r_{ci}(s) + \gamma l_{ci}(s) & if\ s \leq M_i \\ \gamma l_{ci}(s) & if\ s > M \end{cases} \quad (4)$$

其中，$l_{ci}(s)$ 表示在通勤区 c 的工业 i 中用于生产任务 s 的劳动力，而 $r_{ci}(s)$ 表示用于生产该任务的机器人数量。由于超过 M_i 的任务尚未实现自动化，因此在生产中使用机器人是不可能的。

最后，本文规定每个通勤区的机器人和劳动力供应如式（5）所示。

$$\begin{aligned} W_c &= W_c Y_c L_c^{\varepsilon},\text{其中}\ \varepsilon \geq 0 \\ Q_c &= Q_c \left(\frac{R_c}{Y_c}\right)^{\eta},\text{其中}\ \eta \geq 0 \end{aligned} \quad (5)$$

其中 R_c 表示机器人总数，L_c 表示劳动力总量，Q_c 表示机器人价格，W_c 表示通勤区 c 的工资率。这些规范意味着 $1/\varepsilon$ 是劳动力供给的弗里希弹性，而 $1/\eta$ 是机器人供给的弹性。机器人的供给可能向上倾斜的原因是，它们是使用稀缺的技能和材料生产的。例如，在美国，机器人必须由当地集成商安装，而当地集成商拥有的特定专业知识可能供不应求，这使得增加机器人在当地使用的成本在安装的机器人数量上是凸的。

均衡被定义为一组价格 $\{W_c, Q_c\}$ 和量 $\{L_c, R_c\}$ 在所有通勤区，企业利润最大化，劳动力和机器人供应由式（2）提供，劳动力和机器人市场出清，如式（6）所示。

$$\sum_{i \in I} \int_{[0,1]} l_{ci}(s) = L_c \text{ 和 } \sum_{i \in I} \int_{[0,1]} r_{ci}(s) = R_c \qquad (6)$$

本文在附录中证明了均衡的存在性和唯一性。

本文在这里简化了本文的讨论，假设企业在所有"技术自动化"的任务中使用机器人是有利可图的。形式上，让本文定义 $\pi_c = 1 - \dfrac{Q_c \gamma}{W_c}$ 为使用机器人而不是人工完成任务的成本节约收益。本文作出以下规定。

假设 1：对于所有的 c，$\pi_c > 0$。

这一假设使本义能够关注自动化改进（M_i 增加）具有约束力并影响工资和就业的利益案例。利用这个假设，本文可以导出劳动需求 L_c^d 的表达式。

推论 1：通勤 c 区劳动力 L_c^d 需求满足，见式（7）所示。

$$d\ln L_c^d = -\sum_{i \in I} L_{ci} \frac{dM_i}{1 - M_i} - \sigma \sum_{i \in I} L_{ci} d\ln P_{Xci} + d\ln Y_c \qquad (7)$$

其中，L_{ci} 表示在 c 通勤区 i 行业的就业份额。

方程式（4）强调了影响劳动力需求的三种不同力量。第一个是替换效应。保持价格和产量不变，机器人取代工人，减少劳动力需求，因为机器人生产一定数量的产出需要更少的工人。第二项和第三项构成了生产率效应，但它们通过不同的渠道发挥作用。第二个因素可以被视为价格—生产率效应。随着自动化（机器人的进一步部署）降低了一个行业的生产成本，该行业不断扩张，从而增加了对劳动力的需求。正如可以预期的那样，当不同行业之间的替代弹性 σ 较高时，这种扩张更大。方程（4）中的第三项反映了规模生产率效应。成本的降低导致总产出的扩大，同时也提高了所有行业的劳动力需求（因为行业是方程式（1）中的 q-补充）。价格生产率效应和规模生产率效应之间的关键区别在于，第一个效应来自第一产业产出的扩张，而第二个效应则是所有产业（以及 Y_c）扩张的结果。

推论 2：在封闭经济中，机器人对就业和工资的影响如式（8）、式（9）所示。

$$d\ln L_c = -\frac{1+\eta}{1+\varepsilon}\sum_{i\in I}L_{ci}\frac{dM_i}{1-M_i} + \frac{1+\eta}{1+\varepsilon}\pi_c\sum_{i\in I}L_{ci}\frac{s_{icL}}{s_{cL}}\frac{dM_i}{1-M_i} \quad (8)$$

$$d\ln W_c = -\eta\sum_{i\in I}L_{ci}\frac{dM_i}{1-M_i} + (1+\eta)\pi_c\sum_{i\in I}L_{ci}\frac{s_{icL}}{s_{cL}}\frac{dM_i}{1-M_i} \quad (9)$$

这一推论刻画了机器人的总体均衡的影响。在就业和工资方程中，第一项是替换效应的一般均衡版本，而第二项是生产率效应（结合价格生产率和规模生产率效应），表示为机器人技术变化的函数。这些总的均衡影响是通过求解工业产出和机器人数量和价格的变化以及 M_i 的变化来获得的，这解释了当地供应弹性 $1/\varepsilon$ 和 $1/\eta$ 的存在，以及成本份额参数 s_{icL} 和 s_{cL} 的存在。与命题 1 中的部分均衡特征类似，对就业和工资的影响可能因替换效应而为负，也可能因生产率效应而为正。关键的是，生产率效应的大小取决于 π_c，它概括了用机器人代替人力所节省的成本。如果该项接近于 0，则生产率效应将受到限制。

命题 2 总结了机器人技术 dM_i 变化对机器人的影响。对于本文的实证工作来说，更方便的是将就业和工资的反应与机器人使用的变化联系起来。当 $M_i \approx 0$ ——一个 1990 年前后美国经济的合理近似值，这可以通过以下方式实现，如式（10）所示。

$$\sum_{i\in I}L_{ci}\frac{s_{icL}}{s_{cL}}\frac{dM_i}{1-M_i} \approx \sum_{i\in I}L_{ci}\frac{dM_i}{1-M_i} \approx \frac{1}{\gamma}\sum_{i\in I}L_{ci}\frac{dR_i}{L_i}$$

$$= \text{美国受机器人使用的冲击} \quad (10)$$

该公式与式（5）和式（6）一起表明，机器人对当地劳动力市场的全面影响可以通过本文对美国机器受机器人使用冲击测量来总结，该冲击是根据美国各行业机器人使用量的增加除以该行业的基准就业率计算得出的，并使用基准就业份额作为权重对这些变化进行求和。"接触机器人"一词强调了理论上重要的变量，本文将在实证工作中进行研究，即通勤区在不同行业的基准就业份额方面接触机器人的程度 L_{ci}（以及机器人向不同行业渗透的变化，dR_i）。机器人技术的进步将对通勤区产生更大的影响，这些区域在机器人正在取得更大进展的行业中拥有更大的就业份额。

通勤区间存在贸易时的机器人

封闭经济模型清楚地显示了机器人的替换效应和生产力效应，但忽略了跨通勤区的关键联系。当一个通勤区采用更多的机器人时，它的成本会更低，并向其他通勤区销售更多。这种联系改变了就业和工资对采用机器人及其总体影响的敏感性（因为通勤区的较低成本降低了生活成本，并扩大了其他通勤区的就业）。为了加入通勤区之间的贸易，本文假设输出 X_{ci} 不仅在本地消费，而且出口到所有通勤区。因为没有贸易成本，我从通勤区 c 采购的工业产品的价格在任何地方都是一样的，用 P_{Xci} 表示。表示 X_{cdi} 从通勤区 c 出口到目的地 d 的货物数量，市场出清决定，对于所有 c 和 i，如式（1）所示。

$$X_{ci} = \sum_{d \in C} X_{cdi} \qquad (11)$$

每个通勤区的偏好再次由相同的消费品总量来定义，但现在这些消费品本身被假定为来自所有通勤区的各种商品的总量，如式（12）所示。

$$Y_{ci} = \left(\sum_{s \in C} \theta_{si} X_{sci}^{\frac{\lambda-1}{\lambda}}\right)^{\frac{\lambda}{\lambda-1}} （对于所有的 c 和 i） \qquad (12)$$

其中 λ 是来自不同通勤区的品种之间的替代弹性，份额参数 θ_{si} 表示来自不同来源的品种的受欢迎程度（例如，来自底特律的汽车可能比来自纽约市的汽车更有价值）。本文假定，对于每一个 $i \in I$，$\sum_{s \in C} \theta_{si} = 1$。自始至终，本文还假设 $\lambda > \sigma$，因此来自不同通勤区的相同商品的品种比消费加总中的不同产品更具可替代性。

由于所有通勤区共享相同的采购技术，并且面临相同的品种价格，即 P_{Xci}，它们也将拥有相同的各行业消费总量价格，即 P_{Yi}。

均衡的定义与封闭经济中的定义相同，但现在要求每个通勤区 c 的贸易平衡，见式（13）所示。

$$Y_c = \sum_{i \in I} X_{ci} P_{Xci} \tag{13}$$

本文在附录中展示，在该模型中，通勤区之间的贸易也存在均衡，而且，如果 M_i 足够小，则均衡是唯一的，这是本文关注的经验性相关案例。

下一个命题与命题1类似，但考虑了通勤区之间的贸易。

推论3：在贸易均衡中，通勤区 c 的劳动力需求 L_c^d 满足，见式（14）所示。

$$dlnL_c^d = -\sum_{i \in I} \mathcal{L}_{ci} \frac{dM_i}{1-M_i} - \lambda \sum_{i \in I} \mathcal{L}_{ci} dlnP_{Xci} + (\lambda - \sigma) \sum_{i \in I} \mathcal{L}_{ci} dlnP_{Yi} + dlnY_c \tag{14}$$

与推论1的相似之处和不同之处都具有启发意义。第一项替换效应是相同的。其中接下来的三项现在构成了生产率效应。第二项是价格—生产率效应，因为 $\lambda > \sigma$，它比封闭经济均衡时更强。直观地说，当通勤 c 区的一个行业降低了成本，从而降低了价格（例如，由于更加密集地使用机器人），这也将使其能够获得相对于其他通勤区生产的同类商品品种的市场份额。然而，第三项降低了生产率效应，因为在工业 i 中更多地使用机器人不仅降低了通勤区 c 的生产成本，而且降低了所有通勤区的生产成本。最后，在这种情况下，最后一项相当于规模生产率效应，但通过经济体总产出的扩张而不是通勤区 c 的产出而起作用。

2. 实证设计

本文现在讨论封闭经济和贸易均衡对本文实证策略的影响。

当 $M_i \approx 0$，本文的封闭经济模型和贸易模型都表明，机器人对就业和工资的影响可以使用以下两个方程进行估计，见式（15）所示。

$$dlnL_c = \beta_c^L \sum_{i \in I} L_{ci} \frac{dR_i}{L_i} + \delta_c^L \text{ 和 } dlnW_c = \beta_c^W \sum_{i \in I} L_{ci} \frac{dR_i}{L_i} + \delta_c^W \tag{15}$$

在方程式中，δ_c^L 和 δ_c^W 为未观察到的冲击，β_c^L 和 β_c^W 为随机（非均匀）系数。在封闭经济均衡中，等式（7）表示这些系数如式（16）所示。

$$\beta_c^L = (\frac{1+\eta}{1+\varepsilon}\pi_c - \frac{1+\eta}{1+\varepsilon})\frac{1}{\gamma} \text{ 和 } \beta_c^W = ((1+\eta)\pi_c - \eta)\frac{1}{\gamma} \tag{16}$$

在这种封闭经济的环境中，机器人的加总效应也由这些异质系数的平均值给出。

对于本文的研究来说，更现实、更相关的是通勤区之间的贸易背景。在这种情况下，当增加 $\pi_c \approx \pi$，推论3中的表达式可以简化为 β_c^L 和 β_c^W 的以下近似值：

$$\beta_c^L \approx (\frac{1+\eta}{1+\varepsilon}(s_{cL}\lambda + (1-s_{cL})\sigma)\pi_c - \frac{1+\eta}{1+\varepsilon}\frac{s_{cL}\lambda + 1 - s_{cL}}{s_{cL}})\frac{\nu_c}{\gamma}$$

$$\beta_c^W \approx (((1+\eta)\frac{(1+\varepsilon)\lambda - 1}{1+\varepsilon} - (1+\eta(1-s_{cL}))(\lambda - \sigma))\pi_c -$$

$$(\eta(\lambda-1) + \frac{\varepsilon(1+\eta)}{(1+\varepsilon)s_{cL}}))\frac{\nu_c}{\gamma} \quad (17)$$

其中，$\nu_c = \dfrac{(1+\varepsilon)s_{cL}}{(1+\varepsilon)s_{cL}\lambda + (1+\eta)(1-s_{cL})}$。

在存在贸易的情况下，由于在通勤区 c 更密集地使用机器人会影响其他通勤区，因此对 β^L 和 β^W 的估计并不能直接说明总体就业和工资效应。然而，这些回归系数的估计值可以与劳动力供应（$1/\varepsilon$）和贸易（σ 和 λ）弹性的标准值相结合，以推算其他基本参数的估计值，然后可以根据这些参数估计值计算总效应。

事实上，再次关注 $\pi_c \approx \pi$ 的情况，如附录所示，总体就业和工资效应如式（18）所示。

$$\text{总体就业效应} = \frac{1+\eta}{1+\varepsilon}(\pi - 1)\frac{1}{\gamma}E_{\mathbb{C}}\sum_{i\in I}L_{ci}\frac{dR_i}{L_i}$$

$$\text{总体工资效应} = ((1+\eta)\pi - \eta)\frac{1}{\gamma}E_{\mathbb{C}}\sum_{i\in I}L_{ci}\frac{dR_i}{L_i} \quad (18)$$

其中，$E_{\mathbb{C}}\sum_{i\in I}L_{ci}\dfrac{dR_i}{L_i}$ 表示通勤区间的平均机器人冲击。

因此，为了估计机器人的总体影响，本文只需要估计劳动力供给的弗里希弹性（$1/\varepsilon$）、机器人本地供给的弹性（$1/\eta$）、相对于机器人的劳动生产率（γ）以及机器人引入的平均成本节约（π）。

方程中的模型可以使用 OLS 和上述美国机器人冲击变量进行估算。然而，有两个相关的原因可以解释为什么机器人对美国的冲击可能与误差项相关，即 δ_c^L 和 δ_c^W，从而导致偏差估计。首先，一些行业可能会采用机器人来应对他们正在经历的其他变化，这些变化可能会直接影响他们的劳动力需求（在模型中，这将相应于 $\sum_i A_{ci}$ 项的变化，包括在与

dR_i/L_i 相关的项中）。其次，对通勤区劳动力需求的任何冲击都会影响该通勤区内各行业的决策，包括他们关于采用机器人的决策（在模型中，这些影响将通过 $\sum_i A_{ci}$、Q_C 或 W_C 的变化来体现，这可能与位于受影响通勤区的行业的 dR_i/L_i 不成比例相关）。

为了解决这两个问题，本文使用机器人的外生冲击来估计方程中的模型，本文使用 1993 年至 2007 年其他九个欧洲经济体的工业机器人采用情况来计算。通过将这些数据与更有限的美国数据相结合，本文计算了 β^L 和 β^W 的两阶段最小二乘估计。尽管本文使用机器人外部冲击并不是解决各种内生性问题的"灵丹妙药"，但本文相信，当直接使用或作为工具变量使用时，这个变量有更好的基础，可以被视为与 δ_c^L 和 δ_c^W 正交。

（三）主要结论

自动化、机器人和人工智能可以说正在对美国的劳动力市场产生变革性的影响，也许在许多其他发达经济体也是如此。机器人，特别是工业机器人，预计将在未来几十年内迅速普及，并承担以前由人工完成的任务。伴随着这些重大变化的还有对未来就业和工资的担忧。然而，关于新技术，特别是机器人对劳动力市场结果变量的均衡效应的研究相对较少。

在本文中，估计了 1990 年至 2007 年间工业机器人对美国本地劳动力市场就业和工资的影响。本文从一个简单的基于任务的模型开始，在这个模型中，机器人在生产不同的任务时与人力竞争。在这个模型中，无论劳动力市场之间有无贸易，机器人都可能对就业和工资产生正向或负向的影响。它们的积极影响来自正向效应，而负向影响则来自机器人直接取代工人。更重要的是，为了本文的目的，本文证明了在这类模型中，机器人对当地劳动力市场的影响可以通过回归每个当地劳动力市场中机器人冲击的就业和工资变化来估计，其中机器人冲击的定义是一个行业中当地劳动力比例的总和乘以该行业中机器人的全国渗透率。

本文的实证工作，除了利用这些方程，还试图利用来自技术前沿（由其他发达经济体的趋势来作为工具变量）的机器人外生冲击。这使本文能够从潜在的内生趋势中消除对机器人的冲击变量，这些趋势反映

◇◈ 专题一：产业经济

了美国经济中可能与机器人使用相关的其他行业级发展。使用这种方法计算当地劳动力市场与通勤区的代理变量，本文估计了机器人对就业和工资的巨大而强劲的负面影响。本文发现，1990年后受机器人影响最大的通勤区与1990年前的其他通勤区趋势相似，机器人的影响明显，与日常工作的普及率、从中国进口的影响、从墨西哥进口的影响、离岸、其他计算机技术和总资本存量的相关性较弱。如果通勤区之间没有贸易，本文的估计将意味着每千名工人增加一台机器人，总就业人口比将降低0.37个百分点，总工资将降低约0.73个百分点。如果本文将通勤区之间的贸易因素考虑在内，本文的估计反而意味着更小的幅度：每千名工人增加一个机器人，现在总就业人口比降低0.34个百分点，总工资降低0.5个百分点。此外，如果本文只关注高度机器人化制造业的就业下降，并假设其他部门的就业损失是由当地需求造成的，不会直接转化为国家效应，那么这些效应可能低至就业0.18个百分点，工资0.25个百分点。

由于美国经济中机器人数量相对较少，因此迄今为止机器人造成的就业岗位流失数量有限（就业岗位在36万到67万之间，相当于就业人口比下降0.18—0.34个百分点）。然后，本文使用通勤区之间贸易模型的结构来推断机器人的总体效应。通过侧重于跨国比较或直接或间接测量当地劳动力市场的商品流动，评估机器人传播的总体影响的替代策略显然是对这一方法的高度补充。本文的研究还缺少对机器人引入导致的要素价格变化的任何技术响应（例如，新劳动密集型任务的创建）。尽管如此，本文相信，本文的方法能够在不影响劳动力市场反应的情况下进行估计，包括在其他行业和职业中创造就业机会，这是一项重要优势，任何国家或更全面的机器人影响分析都必须从这种局部均衡影响开始。在这方面，我们还认为，本文估计的负面影响既有趣，也可能有点令人惊讶，特别是因为它们表明，其他行业和职业的就业增长抵消作用非常有限。

专题二：区域经济

5 全球生产网络[*]

一 导语

20世纪90年代初以来，全球价值链在组织上变得更加碎片化，在空间上更加分散，这一过程与经济全球化密切有关，然而，现有研究包括经济地理学家在内的大多数社会科学评论家仍然无法提供一个全面和动态的理论来解释全球化过程中生产网络实际上是如何组织的。21世纪初期，以英国曼彻斯特大学Dicken P.、Henderson J.、Coe N. M.、Yeung H. W.等学者为代表的曼彻斯特学派在全球价值链（Global Value Chains, GVC）框架的基础上，构建了以价值链治理体系、关系网络、产业升级与战略耦合为核心概念的全球生产网络理论（Global Production Networks, GPN）。联合国贸易和发展会议在《2013年世界投资报告》（World Investment Report 2013）中估计，目前约80%的国际贸易是通过全球生产网络组织起来的，这些网络由全球领先企业主导，协调合作伙伴、供应商和全球客户，国际组织的分析人士认为，全球价值链和全球生产网络已经构成了全球经济的长期结构。整体来看，全球生产网络

---

[*] 本部分所导读的文献分别是①Coe, N. M., Yang, C., "Mobile Gaming Production Networks, Platform Business Groups, and the Market Power of China's Tencent", *Annals of the American Association of Geographers*, 2021, Published online: 17 Aug 2021. ②Yang, C., "The Transformation of Foreign Investment-induced 'Exo (genous) -Urbanisation' Amidst Industrial Restructuring in the Pearl River Delta, China", *Urban Studies*, Vol. 57, No. 3, 2020. ③Dawley, S., MacKinnon, D., Pollock, R., "Creating Strategic Couplings in Global Production Networks: Regional Institutions and Lead Firm Investment in the Humber Region, UK", *Journal of Economic Geography*, Vol. 19, 2019. ④Hastings, T., "Leveraging Nordic links: South African Labour's Role in Regulating Labour Standards in Wine Global Production Networks", *Journal of Economic Geography*, No. 4, 2019.

◇◆ 专题二：区域经济

理论为揭示全球化所形成的区域经济复杂性提供了敏锐而又深刻的研究视角，也为全球经济体、跨国公司、全球经济组织等机构谋划全球生产网络，后发国家（地区）嵌入全球经济以及技术赶超提供了理论构架。

2015 年，全球生产网络的重要理论构建者 Yeung H. W. 和 Coe N. M. 针对 GPN 理论泛化、缺乏完整因果逻辑、缺乏动态解释等缺陷，进一步在 GVC、GPN 的理论框架下，提出全球生产网络 2.0 理论（Yeung and Coe，2015），尝试从全球经济活动参与者的角度出发，明晰全球生产网络的涌现机制，并构建全球生产网络的动态演化理论模型，他们将全球生产网络视为由全球领先企业协调企业和非企业组织在多个地理空间为全球市场生产产品或提供服务的一种组织安排，并通过行动者中心理论的串联，从优化成本—能力比、市场需求和金融约束等方面探讨全球生产网络的竞争动态，归并揭示全球生产网络的主体——企业在不确定的市场环境下，是怎样通过竞争动态要素的独特组合，形成企业内协调、企业间控制、企业间合作与企业外议价等主要战略，以获取更大份额的价值创造、转型和捕获。当下，全球生产网络理论作为年轻的理论流派，在区域科学领域已趋向与演化经济地理学并驾齐驱，*Journal of Economic Geography*、*Cambridge Journal of Regions*，*Economy and Society* 等区域科学领域的顶尖期刊也纷纷组织全球网络专刊。在此背景下，我们选择四篇全球生产网络研究领域的最新实证论文，以窥当前全球生产网络领域的最新研究方法和热点。

第一篇导读文献 Coe and Yang（2021）从实证出发，探讨了以腾讯为代表的本土手机游戏公司自 2010 年以来是如何推动中国游戏产业的转型。文章认为，腾讯的市场影响力取决于三个相互关联的因素，一是中国领先的游戏发行应用商店地位，以及在游戏发行和开发方面的强大实力；二是通过对不同国家的游戏开发商和分销商的投资，建立 GPN，旨在巩固中国的市场地位并开拓新的国际市场；三是团队内、平台间的网络效应、横跨整合消费者平台的生态系统（包括社交媒体、媒体内容和金融）的生成与带动（平台业务团队内的横向整合）。同时，研究展示了腾讯的崛起是如何受到中国独特而不断发展的市场和监管环境的制约。

第二篇导读文献 Yang（2020）利用 GPN 理论的核心概念，特别是战略耦合、脱钩和再耦合的演变，探讨了 FDI 驱动的城市化转型与 21 世纪初开始的珠三角产业结构调整之间的相互作用。研究讨论了不同城镇与劳动密集型产业与低技能流动劳动力脱钩，与科技产业与高技能劳动力再耦合的产业结构调整过程，以及随之产生的珠三角各城镇发展转型的不均衡特征。研究发现，一些城镇的人口和经济增长明显萎缩，而另一些城镇则发展成为高新区和指定的创新热点。该研究的主旨一是探讨中国特别是珠三角，城市转型和产业结构调整之间的关系；二是探讨在全球化、国家与地方发展模式持续变化的情况下，外向型城镇化将走向何方。

第三篇导读文献 Dawley 等（2019）采用了一种以行为者为中心的方法，重点关注区域制度吸引来自该地区以外主要公司的投资努力。研究从东道国的角度分析战略耦合的过程，将其视为当地行为者为建立联系而进行的协调和有计划的努力。在文献综述中重点关注与外来投资和区域发展有关的文献，并特别关注领土联盟的概念，以进一步加深 GPN 对战略耦合的理解，即企业和区域机构之间的临时联盟。论文寻求通过评估它们的创建和创建耦合的临时联盟的组织来探讨战略耦合的制度基础。研究对区域制度的分析旨在解决 GPN 和 GVC 研究中忽视国家和政治的问题。

第四篇导读文献 Hastings（2019）利用了 2015 年至 2018 年在全球开展的实地调查，审查了国家劳工政策和劳工检查方法。研究团队期间前往南非四次，除与南非劳工视察员举行焦点小组外，还与私人审计员、劳工视察员、工会、雇主协会和非政府组织进行了 23 次面谈。首先，研究论证了 GPN 公司外监管中劳工网络代理的重要作用，说明了南非地方层面的工人团体如何建立国际网络，以帮助暴露和解决葡萄酒供应链农业层面的问题。其次，基于这一点，论文探讨了劳动代理公司对于刺激不同的主体（公司，私人监管机构和国家）在监测葡萄酒供应链中的农场生产水平、增加对剥削劳动权利农场制裁中发挥更重要的作用。研究表明，劳工代理机构的相关效应影响了南非葡萄酒行业的一个关键私人合规倡议（PCI）的监管方法，即通过葡萄酒和农业道德贸易协会（WIETA），鼓励采用更直接或权威的方法处理不符合劳工标准的问题。

二 精选文献导读

论文一：《移动游戏制作网络，平台业务集团和中国腾讯的市场力量》

Coe, N. M., Yang, C., "Mobile Gaming Production Networks, Platform Business Groups, and the Market Power of China's Tencent", *Annals of the American Association of Geographers*, 2021, Published online: 17 Aug 2021.

（一）作者简介

该文作者 Neil M. Coe 是新加坡国立大学经济地理学教授，从 2012 年到 2018 年，他担任了六年的系主任。在 2012 年 8 月重新加入新加坡国立大学前，他在英国曼彻斯特大学工作了 12 年。他的研究兴趣是全球生产网络和地方经济发展领域，本地和跨国劳动力市场的地理位置；创新的地理位置，以及经济发展的制度和网络方法。对英国、欧洲和亚太地区的计算机服务、临时员工和物流，英国和加拿大的电影和电视业以及英国、东亚和东欧的零售业开展了一系列实证研究。杨春（Chun Yang）教授是香港浸会大学社会科学院经济地理学教授，研究兴趣包括城市和区域发展，全球化和跨国公司的跨国生产网络，创新和技术的地理分布，产业结构调整和地方集群，跨境区域与区域治理的地缘政治。

（二）全文简介

由于数字平台的出现，游戏行业是经历重大重组的众多行业之一。自 2010 年初，游戏行业从控制台和个人电脑游戏，迅速转向关注手机游戏。移动平台，特别是作为移动内容数字分发平台的应用程序商店，已经成为行业核心。尽管现有的移动平台文献，倾向于关注欧美主流分销平台（如苹果应用商店和谷歌游戏商店），但移动平台游戏的转变可以说是由中国市场主导，在那里充斥了中国国内的第三方应用商店。中国还拥有世界最大的游戏公司——腾讯。该研究在 2017 年 5 月至 2019 年 4 月期间展开，在深圳（腾讯总部所在地）、广州和香港进行了 18 次深度采访，包括游戏开发者（5人）、发行商（3人）、应用商店运营商（4人）、政府官员（3人）和学者和专家（3人）。此外，收集了来自不同来源的二手数据和信息（如中国游戏发行商协会出版物委员会、中国电子游戏产业协会、广东省游戏产业协会），以及行业提供的信息和补充数据。

研究探讨了游戏产业生产网络的演化特征，关注中国市场以及腾讯主导地位的崛起。论文结合平台生态系统和全球生产网络的有关文献，展现了腾讯如何运用纵向和横向整合战略，创建了一种特定组织形式——平台企业集团。这给腾讯带来了竞争优势，反过来又巩固了腾讯的市场实力，带来了高水平的价值获取，以及该行业的双头或寡头垄断趋势。论文解释了中国游戏产业监管和市场特征对这些变化的极大影响。

（三）研究框架

1. 平台经济的文献综述

自2010年以来，涉及产品、服务和业务流程数字化的在线平台如雨后春笋般涌现，并涉及社交媒体、在线市场、众包、众筹和移动分销等广泛领域。平台的定义是多样的，反映了不同的学科视角，包括商业研究、社会科学和计算。尽管有这些不同的定义，但在平台文献中已经形成了四个主要特征。一是数字中介，它们通常带有嵌入式工具，允许用户生成自己的商品、服务和市场（如苹果的App Store）；二是网络效应（Network Effect），这意味着随着越来越多的用户加入一个平台，它对每个人都变得更加有用，因为数据的质量允许服务得到改善，从而推动一个自我强化的增长周期。随着时间的推移，随着主导平台在不同细分市场的出现，这些影响产生了垄断趋势。在某些情况下，平台可以从多重网络效应中获益；三是平台往往是基于不同活动的交叉补贴，例如，谷歌利用广告免费提供搜索和电子邮件服务，这些可能是透明的，也可能不是透明的；第四，也是最重要的一点，平台所有者通常是私营公司。实际上，它们塑造了市场，可能导致与现有公司和政府监管机构的激烈冲突。

2. 基于平台的游戏制作网络转型

全球游戏行业提供了一个由数字技术推动的平台发展的生动案例。在移动互联时代，手机游戏应用可以让用户随时随地在移动设备上玩游戏。在过去的十年里，这种变化给传统游戏产业带来了一场戏剧性的革命，从基于 PC 和主机的游戏系统到由手机游戏主导的游戏系统。在移动应用商店前所未有的扩张推动下，手机游戏业 2018 年的市场份额已超越 PC 和主机游戏之和。2018 年，手机游戏占全球总下载量的 33%。一半的手机应用程序用户玩游戏，这一类别的应用程序的受欢迎程度与 Spotify 和苹果音乐等音乐应用程序一样，在时间上仅次于社交媒体和通信应用程序。在中国，这一数字甚至更高，2018 年应用商店 448 亿美元收入中，游戏占 86%。

根据 Johns（2006）的观点，电子游戏产业从融资到消费，被划分为几个关键的生产阶段。PC 及掌机游戏制作网络主要涉及六类参与者，一是提供游戏硬件的硬件制造商，二是负责监督、设计和编写游戏软件的开发者，三是制作、发行电子游戏的发行商，四是分销商，五是向消费者销售硬件、软件的零售商，六是消费者。在管理方面，通过控制游戏制造行业，主机制造商能够在生产网络的开发和发行阶段保持对企业活动的强大控制，开发者和发行商之间的关系是最不透明的。主机制造商的"垄断"使得中小型游戏开发商很难打入全球市场，并与发行商和制造商建立联系。根据 Johns（2006）的说法，发行商和零售商通常分享总收益的 40%，主机制造商获得 20%，剩下的 40% 由发行商和独立开发者协商。

3. 综合：理解中国腾讯崛起为世界最大游戏公司的概念框架

我们可以将前三个部分的观点整合到一个概念性框架中，分析腾讯在中国游戏产业中的崛起。该框架将潜在的行业条件和企业战略与领先供应商的市场实力积累联系起来。它试图整合来自平台和 GPN 文献的见解。该框架有六个要素。

第一，利用 GPN 理论，识别了互联网产业的竞争驱动因素，包括专有技术的重要性，迅速转变的市场动态，以及来自金融市场的相对较低的外部压力。

第二，涉及垂直和水平整合的内部化战略是当前行业条件下最有可能的结果。这些内部化战略是由对技术和数据保持控制以及在快速发展的行业中实现最小化风险所驱动的。在其他行业中,驱动外部化的成本节约动力对于资本充足的互联网公司来说是次要的考虑因素。

第三,最终形成的组织形式是一个整合的平台小组,将游戏行业的广泛垂直整合与覆盖多个互联网行业的横向跨平台整合在一起。

第四,这种组织形式反过来又创造了重要而独特的竞争优势。这与生成独特形式的数据最为密切相关,这些数据可以被调动起来产生显著的网络效应,无论是纵向(即包含游戏开发者和消费者)还是横向(包含横跨游戏嵌入的面向消费者的不同互联网平台)。

第五,就市场结果而言,先行者和先行者积累的竞争优势将使他们获得市场支配力和高水平的价值捕获,导致垂直(游戏)和水平(互联网行业)寡头垄断或甚至垄断结果。

第六,这些动态在很大程度上是由现行的监管和市场条件所决定的。

4. 探索中国游戏产业的转型:突出的市场和监管因素

中国市场和监管环境的四个方面塑造了游戏产业的发展。其中一个重要的监管因素是,中国游戏行业和其他行业一样,已经出现了各种各样的针对国外公司的进入壁垒。另一个重要的监管条件与相对宽松的竞争监管有关,这允许了数字产业的垂直和水平集中。正如我们将看到的,这种监管环境允许领先的互联网公司非常迅速地在不同行业积累相当大的市场力量,导致寡头垄断的条件。腾讯是游戏行业最明显的受益者,但其在该行业的市场影响力还得益于其在其他领域的平台(如数字支付、社交媒体)。总的来说,这些监管和市场条件促成了腾讯和网易等本土游戏公司的崛起,它们既扮演着外国游戏开发商的分销商的角色,又开发自己的游戏。

5. 全球垂直整合:腾讯手机游戏全球生产网络的发展

腾讯在中国国内游戏产业占据主导地位的同时,还培育了手机游戏的全球生产网络。从 2000 年年末开始,腾讯积极进行全球投资,主要是收购 Riot games、Supercell、Bluehole 等外国主要游戏开发商和分销商的股份,在此基础上,腾讯已经成为全球最大的游戏开发者,并拥有英雄联盟、部落冲突,和 PUBG Mobile.8 等游戏品牌。通过与外国游戏开发商和发行商建立关系，腾讯已经有效地发展成为全球游戏生产网络的领导者。与在中国国内市场占据主导地位不同，腾讯在海外市场的游戏发行和发行依赖于外国合作伙伴。因此，在中国以外的地方，大多数玩家在玩游戏时并不知道许多游戏实际上是由一家中国公司腾讯所有的。

6. 国内横向整合：平台型企业集团的发展

腾讯将游戏业务和 MyApp 整合到拥有微信（社交网络）和微信 Pay（移动支付）等多个应用程序的平台生态系统中，进一步加强了在国内和全球手机游戏生产网络中的竞争力。腾讯通过将游戏业务与媒体、支付和金融服务平台等其他领域进行横向整合，构建了多平台生态系统。手机游戏的贡献占腾讯总收入之比从2014年的5%增加到2018年的25%，而电脑游戏在同期从52%下降到16%。腾讯的"一体机式应用生态系统"反映了它一直致力于构建可以承载多种服务的互联平台。这些平台包括通信和社交媒体、媒体内容和移动平台，以及各种相关的基础设施。实际上，腾讯的所有平台都有一个共同的用户群，只要有一个平台的账号，就可以登录到腾讯在各个平台上提供的所有产品。腾讯作为一个以不同平台为基础，以相同业务领域为基础的企业集团，正在从竞争激烈的网络游戏产业向中国的社交网络、电子商务、支付、云服务等领域进行多元化发展。与第二大游戏公司网易只专注于游戏业务相比，腾讯的手机游戏生态系统的网络效应已经超越了单一的平台，现在更多的是由企业集团内多个平台之间的横向和纵向互动产生的。这让腾讯获得了巨大的价值，同时也为竞争对手设置了相当大的进入壁垒。

（四）研究结论

通过对腾讯在中国游戏行业崛起的实证研究，揭示了移动平台的出现如何推动行业内部和跨行业的产业结构调整。总的来说，手机游戏的兴起重构了从掌机和 PC 游戏主导时代继承下来的游戏制作网络。

主机制造商、分销商或零售商的传统角色已经被削弱，应用商店为游戏开发者和消费者提供了一个新的交流和中介平台。这为游戏开发者打开了从传统供应商到主机制造商的市场，同时也集中了力量，让领先的平台供应商能够通过收费获取价值。在中国游戏市场受到严格监管且具有特定文化背景的背景下,这一总体图景呈现出一种特殊形式。市场和监管条件使中国行业免受外国竞争的影响,并为本土应用商店的出现创造了空间。

在这样的大背景下,腾讯在中国当代游戏行业的主导地位反映了它在游戏行业和新兴应用生态系统的纵向和横向整合能力。在垂直整合方面,通过将领先的应用商店与游戏开发和发行方面的现有优势结合,腾讯巩固了其在游戏行业的领导地位,并推出领先应用商店所赋予的双边网络努力。此外,该公司还越来越多地投资于海外游戏开发商和发行商。随着腾讯集团迅速成长为中国领先的数字供应商,其游戏活动已经横向绑定到一个消费平台生态系统或平台业务集团,包括社交媒体、内容生成,以及强化应用商店内在网络效应的付费方式。因此,腾讯在游戏产业内外的市场力量的核心是强大的内部化过程,而不是在许多领域中发现的生产过程的解体和碎片化。

在理论上,本文试图整合平台和 GPNs 文献的想法,以解构腾讯的市场力量是如何产生的。GPN 思维突出了纵向和横向整合的企业战略、游戏产业生产网络的重塑,以及国家制度条件对这些动态的显著影响。平台文献则突出了战略产生的独特的组织形式,即平台商业集团,以及与数据分析、网络效应以及支撑价值获取和市场力量的寡头垄断倾向相关的平台中介的独特方面。将这些想法结合在一起,就可以构建出一幅随着时间推移而发生的行业演变的动态图景,并为新的分销模式和消费者互动模式提供前景。

论文二:《中国珠江三角洲产业结构调整中的外向型城市化转型》

Yang, C., "The Transformation of Foreign Investment-induced 'Exo (genous) -Urbanisation' Amidst Industrial Restructuring in the Pearl River Delta, China", *Urban Studies*, Vol. 57, No. 3, 2020.

(一)作者简介

杨春(Chun Yang)是香港浸会大学社会科学院经济地理学的教授,研究兴趣包括城市和区域发展。全球化和跨国公司的跨国生产网络,创新和技术的地理分布,产业结构调整和地方集群,跨境区域与区域治理的地缘政治。杨春教授是 *Regional Studies*, *Regional Science* 的副主编，2014 年以来先后担任 *Journal of Economic Geography*, *Bandung*: *Journal of the Global South* (Brill)、*Economic Transformation Series* 的编委会成员，2021 年以来任 *Weizenbaum Journal of the Digital Society* 的国际顾问委员会成员。

（二）全文简介

2010 年以来，关于全球南方地区（尤其是中国）的城市转型和产业结构调整的文献越来越多。然而，人们对这些调整与全球化转型之间的关系关注不足。现有文献在中国城市转型和产业结构调整都集中在内部动态的分析在国家层面，而城镇和村庄在全球化的动态变化并没有彻底的讨论。本文借鉴全球生产网络（GPN）理论中的战略耦合演化概念，试图揭示中国城市转型与产业结构调整之间的联系。本文特别关注了从 2000 年开始持续的产业升级、转移和转型，以及外国直接投资（FDI）引发的珠三角（PRD）外向型城镇化的影响。通过多年的实地调查，特别是对东莞代表性城镇的企业家、官员、农民工和村民的深度访谈，研究认为，外向型城市化经历了一个范式转变和不均衡的转型模式。一些城镇（如虎门和长安）由于低技术移民劳动力和劳动密集型企业的蓄意脱钩而陷入停滞，而另一些城镇（如松山湖）则在基于技术的国内企业和高技术劳动力战略耦合的驱动下发展成为高新区。本研究为未来产业结构调整和城市转型研究提供了新的思路。

（三）研究框架

1. 全球化时代变化中的全球南方产业结构调整与城市转型

自 21 世纪初以来，全球城市网络（WCNs）和全球商品链（GCCs）已发展成为理解全球经济组织和治理的关键分析透镜。关于转型的研究过度集中于可能支撑全球动力的地方工业化的实际生产和地方内部关系。GPN 1.0 视角提供了一个启发式框架，解释了全球经济的不断发展的多标量地理位置及其对当地发展的后续影响，而 GPN 2.0 理论强调了复杂的内部，构成所有生产系统的公司内部和外部网络，并检查它们是如何在组织和地理上构成的。虽然学者们对全球南方的国家和次国家/

5 全球生产网络

区域发展进行了广泛的实证分析，但对中国城镇和村庄住区的变化模式进行的分析比较少。

最近关于中国城市增长的文献主要集中在城市中心都市区域的发展。然而，在20世纪80年代和90年代，中国沿海地区，特别是珠三角地区盛行的以城镇为基础的城市化却受到了相对较少的关注。沿海地区的半城市化增长十分突出，大城市周边的郊区和农村地区也同时出现了城市化。McGee（1991）认为这种动态变化创造了一个被称为城乡结合部（Desakota）的突出模式，它混合了农业和工业用地，沿着交通走廊延伸了许多英里。McGee（1991）解释说，随着城市化进程的推进，城乡结合部（Desakota）成为改变亚洲国家大都市区空间结构的主要力量。Lin（2006）认为半城市化是一个混合的、路径依赖的、局部构成的过程。自2000年以来，以城镇为基础的城市化或自下城市化为特征的半城市化经历了巨大的社会、经济和空间转型。在2008年启动的国家主导的新型城镇化计划的背景下，珠三角以城镇为基础的城镇化模式受到了挑战（Chan，2014）。严格控制大城市发展，积极发展小城镇的政策，导致了中国和珠三角地区小城镇的快速发展，特别是在20世纪80年代和90年代。然而，在2000年出现了一个新的现象，即城市收缩，其特征是某些城镇的城市人口减少。研究认为，从城市收缩角度解释城市转型主要基于城市人口的减少，忽略了珠三角城市发展与动态全球生产网络之间正在出现的再耦，这是由自动化生产和基于技术的先进制造业的产业升级推动的。

研究建立了一个分析框架来探讨珠三角地区城乡结合部城镇外向型城镇化自2000年以来的演化发育的动态和转变，如图1所示。该分析框架借鉴GPN理论中从战略耦合到脱钩和再耦合的动态演变，在动态的全球局部互动中构建了产业结构调整与城市转型的动态联系。我们认为在充满活力的全球和地方背景下的工业结构调整中，城市发展的范式已经从外国直接投资引起的城市转型转变为国内企业推动的城市转型。在现有文献中，产业结构调整与城市转型之间的联系很多时候被忽视了，论文主要从两个方面对其展开研究。首先，劳动密集型产业向珠三角外转移，本土高科技企业从深圳向东莞转移，在动态GPN中产生了战略性退耦与再耦。其次，在不断变化的全球经济中，通过自动化生产实现的产业升级，与低技能农民工退耦，与高技能技术人员再耦。

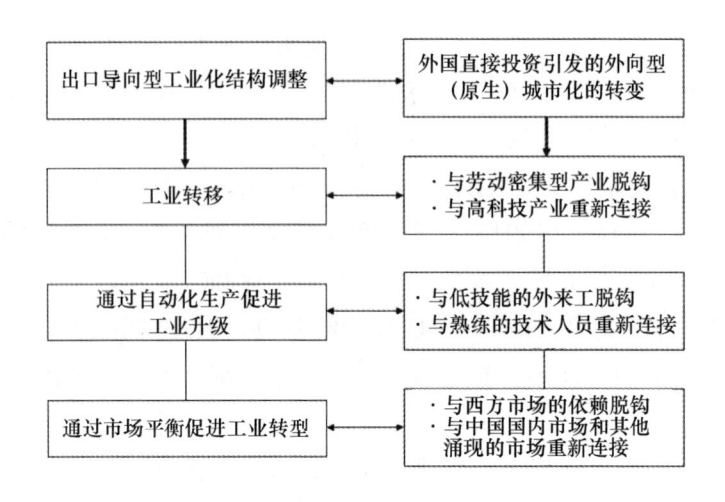

```
出口导向型工业化结构调整 ←→ 外国直接投资引发的外向型
            ↓                      （原生）城市化的转变
                                        ↓
        工业转移          ←→  · 与劳动密集型产业脱钩
            ↓                  · 与高科技产业重新连接
                                        ↓
    通过自动化生产促进       ←→  · 与低技能的外来工脱钩
        工业升级                · 与熟练的技术人员重新连接
            ↓                          ↓
    通过市场平衡促进工业转型  ←→  · 与西方市场的依赖脱钩
                                · 与中国国内市场和其他
                                  涌现的市场重新连接
```

图 分析框架：产业结构调整中的城市转型

2. FDI引发的珠三角"自下而上城市化"的挑战：对东莞城镇的最新调查

东莞位于广州和深圳两大都市之间，是一个相对先进的半城市区域，可以被视为在产业结构调整中从下向外城市化转型的罕见而有价值的实验室。论文关注珠三角特别是东莞的外城市化转型，可以从产业升级、转型、搬迁等转型过程中动态GPNs的战略耦合到脱钩再耦合的演化过程中更好地理解。重点研究了东莞各城镇的不平衡转型，有的城镇经历了人口和经济的萎缩，有的城镇则以不同的轨迹快速发展。

本研究的数据和信息来源于作者自20世纪90年代中期以来的连续多年的实地调查和观察，并对本研究使用的研究问题进行了整理，直到2015年至2018年的新一轮深入的实地调查。论文最初的目标是分别考察珠三角和东莞的产业结构调整和城市化，但在实地调研的启发下，作者从不同的角度出发，考察产业结构调整和城市转型之间的联系。为了保持一致性和可比性，对官方发布的统计数据进行了收集和分析，以确定总体模式和变化。与东莞产业结构调整和城市转型相关的政府官员、国内外企业家、外来务工人员和当地居民等股东进行参与式观察、半结构化访谈和焦点小组会议，主要是在东莞的长安镇、清溪镇、虎门镇、松山湖镇。特别值得关注的是，在产业结构调整和对城市边缘地区显著格局的后续影响中，为什么一些城镇经历了脱耦（如虎门和长安），而另一些城镇（如松山湖）则经历了与动态GPN的再耦合。

3. 珠三角出口导向型工业化的动态变化和结构调整

出口导向型工业化的显著模式归因于当地资产（如低成本劳动力和土地）和跨国公司的战略需求在有利的制度环境下的GPN战略耦合（Yang, 2012）。制造业转移不仅成为企业在劳动力成本高涨时的一项战略，也是政府促进产业升级的一项战略。2000年代中期，广东省政府开始实施产业升级战略，通过转移、升级和转型，将劳动密集型企业和低技能劳动力从珠三角转移到广东省欠发达地区。目前正在进行的生产转移大多是局部性质的，表明大多数港资制造商仍将珠三角作为生产基地，同时利用其在该地区的工厂来支持和协调其他国家的工厂。被调查的案件之一是授权的皮具供应商奥康集团战略性地将研发中心迁至东莞，体现了东莞在产业转型中的适应能力和巨大决心。21世纪的前十年见证了珠三角地区和东莞的巨大行业转型。珠三角制造业占GDP的比重明显下降，从2008年的近50%下降到2016年的43.3%。东莞的占比从51.3%下降到46.5%，其中一些小城镇制造业大幅下滑，如虎门，2008年至2016年制造业从51%下降至35%。

与此同时，东莞已经成为深圳本土企业的搬迁目的地，尤其是中国高科技电子公司华为。东莞毗邻深圳，是华为扩张的首选之地。2018年7月和8月，华为公司2700名研发人员、5400名员工从深圳迁至东莞松山湖高新技术产业开发区（以下简称松山湖园区）。截至2018年底，东莞拥有高新技术企业4058家，新设高新技术企业2400家，均居珠三角地级市首位。2018年，先进制造业增加值占工业总产值的一半以上。松山湖位于东莞的中心地带，是一个面积103平方公里的新区，是东莞转型最活跃的分子。2018年8月，一位在松山湖公园接受采访的高级官员表示，华为的搬迁标志着新东莞的出现。华为的行动并不是单一企业的行动。相反，它引发了整个产业集群/产业链的迁移。华为的软件服务提供商中软国际、eBao软件、华为等也将入驻松山湖园区。除了华为，蓝思科技、普联科技等高科技企业也将其高科技零部件的生产转移到松山湖园区。松山湖新建的制造业企业中，近80%为内资企业，20%为外资企业。这一情景展现了工业化与城镇化模式的范式变化，由20世纪八九十年代盛行的外国直接投资驱动型，转变为国内企业驱动的模式，以及瞄准中国国内市场和全球南方其他新兴市场的模式。搬迁的华为和其他当地高科技公司从深圳到东莞，展现了一个新兴的中国跨国公司在GPN中扮演领先企业的角色。

值得注意的是，在正在进行的工业结构调整中，机器替代计划受到了新一波技术进步的推动，尤其是工业机器人。截至2016年年底，东莞已有近200家企业生产工业机器人，先进制造企业近400家。东莞市经济信息局提供的数据显示，2014年9月至2017年1月，技术改造总投资增长51%。每件产品的生产成本降低了9.4%，劳动生产率提高了2.5倍，雇员则减少了近20万人。当地政府官员认为，机器人和自动化设备的生产是推动东莞制造业发展的一条途径，也是东莞从原始设备制造商基地向先进制造中心转型的一条途径。

4. 产业结构调整中FDI引发的城市化转型：东莞在全球经济中的战略对接

自20世纪80年代初以来，农民工作为具有竞争力的本地资产，已成为出口导向型工业化的关键组成部分，并与GPN进行了战略性结合。然而，自2000年以来，珠三角和东莞的农民工已经脱钩。自21世纪初以来，这种退耦是由农民工主动发起的，被称为一种新兴的劳动力短缺。几乎所有受访企业和商业协会都表示，随着时间的推移，形势变得更加严峻。根据HKCMA 2014年的调查结果，2013年珠三角地区香港企业的平均员工数从703人减少到599人。劳动力短缺率从2010年的16.9%上升到2013年的19.4%。随着外资企业关闭和迁出珠三角，自2000年以来，珠三角主要城市的农民工数量显著下降。

一些城镇也经历了重新挂钩的动态。例如，松山湖的制造业对GDP的贡献率从2008年的48%上升到2016年的77%，在不到10年的短时间内显著增长了30%。研究认为，以退耦动态为重点的城市收缩解释在很大程度上忽视了动态GPNs中城镇的逐步再耦合，而把重点放在城市景观的变化上。低技能劳动力的脱钩和技术移民劳动力的再钩并存，对中国，特别是珠三角的城市转型产生了根本性影响。

2000年以来，特别是2008年国际金融危机后，出口导向型生产的转型和租金收入的下降，严重损害了农村集体财政，特别是在珠三角和东莞，农村集体是企业治理的骨干。2008年国际金融危机的爆发，加剧了自下而上寻租的工业化和城市化进程的崩溃，尤其是在当地村庄。大多数乡镇债务不断增加，公共服务资金难以筹措。以虎门为例，村庄收入从2005年的31.9亿元下降到2016年的1.45亿元。同期，虎门的债务价值从14.2亿元增加到2.36亿元。一位在东莞工作生活了20年的外来务工人员表示，东莞的发展很大程度上要归功于大量的外来务工人员。但城市的权力掌握在当地人手中，他们从城市的繁荣中受益更多。随着工厂的关闭和农民工的减少，租赁经济遇到了严重的困难。工厂建筑的租金从2008年的每平方米15元下降到2016年的每平方米6元左右，但空置率却上升了。东莞的案例表明，在产业结构调整和城市转型中，低技能农民工和村民的退耦，是一种显著的排他性城市化，这与我们提倡的包容性城市化截然相反。

（四）研究结论

尽管越来越多的文献致力于研究全球南方的产业结构调整和城市/区域转型，但自21世纪的前十年中期以来，很少有研究考察这两个平行进程在全球化急剧转型中的相互作用。现有的城市转型解释主要集中在国家背景下的内部动力分析，对全球和地方动力之间的相互作用关注不足。本研究揭示了珠三角产业结构调整的三个重要过程，即产业转移、通过自动化生产升级和出口导向型制造业活动的市场再平衡。研究发现，东莞普遍的城市化进程在城镇层面经历了不平衡的转变。例如虎门、长安等高度依赖外向型城镇化发展起来的地区出现流动人口与低附加值企业的解耦，松山湖等城镇则与国内科技型制造企业和高技能劳动力再耦合。该研究还揭示了中国普遍的出口导向型工业化和外城市化转型中的不均衡空间选择。该研究提供了生动的经验证据，有助于推动在全球经济变化中全球南方城市转型和工业结构调整之间建立联系的概念性尝试。通过对全球动态及其与地方因素的相互作用的分析，丰富了关于城市转型的文献，并将产业结构调整的研究扩展到地方层面，特别是在GPN演进战略耦合中的城镇和村庄。

专题二：区域经济

论文三：《在全球生产网络中构建战略耦合：以英国 Humber 的地区制度与头部企业投资为例》

Dawley, S., MacKinnon, D., Pollock, R., "Creating Strategic Couplings in Global Production Networks: Regional Institutions and Lead firm Investment in the Humber Region, UK", *Journal of Economic Geography*, Vol. 19, 2019.

（一）作者简介

第一作者为 Stuart Dawley，是纽卡斯尔大学地理、政治与社会学学院的准教授，Dawley 是一位经济地理学家，他的主要研究兴趣是工业发展、劳动力市场地理、跨国投资地理、经济发展的多标量调控、知识和创新以及经济和社会发展的不平衡过程。最近的研究集中在，一是对地方和区域发展采取渐进的方法，注重路径创造的概念；二是探讨区域资产与全球生产网络中的重点企业之间的"耦合"概念；三是"弹性区域"研究；四是劳动力市场地理区域的（再）生产和改造。主要成果发表在 *Regional Studies*、*Journal of Economic Geography*、*Progress in Planning*、*Environment and Planning A* 等期刊上。

第二作者为 Danny MacKinnon 教授，是纽卡斯尔大学城市和区域发展研究中心主任。MacKinnon 是一名经济和政治地理学家，是英国皇家地理学会和英国地理学家研究所的成员。主要研究地方和区域发展的制度和政治。未来的研究议程包括将城市和区域发展与日益不平等的世界中的社会和空间正义问题联系起来，特别是通过开展包容性增长方面的工作。

第三作者为 Robert Pollock 博士，是纽卡斯尔大学博士研究人员，Pollock 是 Dundee 市议会经济发展政策和欧洲小组组长，中欧和东欧经济和区域发展顾问和发展干事。

（二）全文简介

论文旨在从东道国的角度分析战略耦合的制度和政治动态，采用以行为者为中心的方法，重点关注区域政府机构吸引和嵌入头部企业投资的努力。我们特别关心的是理解战略机构和不断变化的行动者联盟，它们创造了耦合，并随着时间的推移塑造了它们的演变。这涉及通过更具体的关注其创建中的关键环节和组织创建耦合的临时联盟，来开放战略耦合的制度基础。通过对西门子位于英国 Humber 地区的海上风力涡轮机厂的案例研究，这种方法得以实施。最后，我们强调，区域机构需要制定具有适应性的耦合创造策略，与生产网络的重新配置以及国家制度和政治环境的重塑共同演变。

（三）研究框架
1. 战略耦合与区域发展

作为 GPN 框架的一个关键元素，战略耦合的概念是由三个重要特征支撑。第一，耦合过程被认为是战略性的，因为它们需要区域制度和 GPN 参与者有意和积极的干预，特别是头部企业。第二，它们基本上存在时间和空间的偶然性，包括行动者的临时联盟。第三，战略耦合超越了领土边界，代表了连接地方、国家和全球规模的横向企业网络和纵向治理结构的相互作用。接下来的讨论围绕战略耦合这三个概念基础进行。

（1）代理人与区域性制度

我们对区域制度的战略代理人的理解是根据后来对 20 世纪 80 年代结构机构辩论的重新评价。这些贡献传达了一种理解，即代理人是有意的、有目的的、有意义的行动，而结构是同时允许、框架、建议和约束行动的条件。正如 Jessop（2001）所指出的，由于行动者有不同的能力来影响变化，代理人是高度分化的。这反映了一个特定的结构是如何赋予某些行动者、某些身份、某些策略、某些空间和时间范围、某些行为优于其他行为的（Jessop，2001）。行动者通过反身学习来考虑这种不同特权的范围，并相应地调整他们的策略和战术。因此，在形成战略耦合方面，一些行为者和行动比其他行为者更重要。

GPN 中的区域制度概念源自制度经济地理学和经济社会学，将制度视为在更广泛的（区域）社会中发挥关键作用的组织，并以类似企业的方式行事。这与特定制度安排的概念相对应，有别于更广泛的制度环境。我们对区域性制度的理解包含了非正式规范和公约，这些规范和公约是由更广泛的体制环境形成的，并从过去继承下来的。这些继承下来的规范和惯例的一个例子是，英国外围地区的经济发展机构在意识形态上对吸引外来投资作为区域经济现代化的工具有着强烈的依恋。

GPN研究采用区域制度的多层级的定义，包括国家和超国家组织。虽然这种多标量理解代表着比以前的新地区主义方法有着重大进步，但它将不同规模的制度的行动合并在单一的、总括性的区域制度类别中，潜在地模糊了它们的具体政策任务、战略目标和操作做法。特别是在其2.0版本中，GPN方法几乎没有提供地方国家、国家和超国家行为者与机构之间的关系和标量交互作用的分析。从这个意义上说，成功的结合需要在共同的社会规范和价值观的支持下，体制上的高度相互作用和共同目的感的发展。

（2）临时的联盟

理解临时联盟的制度和政治基础仍然是GPN研究的一个真空领域。耦合创造的这一维度通过引入外来投资和城市研究文献中的领土联盟概念得到了最好的推进。这种联盟往往由商业利益集团、地方政治领导人和州官员领导构成，反映出区域行动者影响耦合进程的不同能力。这些行动者制定旨在促进增长和财产价值的积累战略，以及通过建立基于创造就业的普遍地区利益来寻求取代冲突的霸权项目。地域联盟分析可以通过进一步理解GPN行动者和地方政治领域机构之间的公司外谈判过程，对GPN研究做出重要贡献。

关于领土联盟的研究将关键私营和公共部门行为者的参与与它们对地方的依赖性联系起来。这一概念指的是各种行为主体资本主义公司，政治家，人们对特定领域内某些社会关系的再生产的依赖。这种依赖空间源于对建筑环境的投资，对劳动力流动的限制，地方税收和监管，地方资本积累以及选举和政治竞争过程。关键角色和利益的相互重叠的地方依赖性产生了共享的材料对扩大当地经济的兴趣，促使形成增长联盟，寻求吸引外来投资以提高增长率。

（3）空间关系

战略耦合的第三个定义特征与它的空间性有关，即水平维度的企业网络与垂直维度的不同尺度治理。这些网络和尺度不是固定的、稳定的，而是通过相互作用形成的关系。因此，GPN的研究强调，塑造区域内耦合过程的许多关键战略决策是由区域外行为体做出的。然而，重要的是要认识到，公司内部网络不是纯粹的横向导向，而是通过公司总部和地方分支机构之间的关系，结合垂直结构的元素，这取决于所采用的特定组织形式。层次结构的安排可以限制工厂在更广泛的生产网络中的低附加值任务，而扁平化的结构与更高价值的角色和更具企业家精神的子公司管理形式相关联。在这种意义上，生产网络的组织将影响耦合过程的定性特征，即在区域经济中捕获和保留价值的范围。同时，多标量治理结构可能不会以完全垂直的方式运作，给国家和次国家机构留下密切合作的空间。

2. 耦合产生：海上风力生产网络和 Humber 地区

自 20 世纪 70 年代初以来，Humber 地区一直在努力适应其作为世界领先的渔业和海事中心的衰落事实。Humber 作为英国的边缘地区，似乎很少有历史上的工业资产能够鼓励英格兰东北部和苏格兰的区域制度推动在这里围绕海上风能领域开辟新的增长道路。但是，最近几年，Humber 地区对英国海上风力发电市场的迅速发展做出了反应，成为英国的主要投资地区。因为它的自然资产——与英国东海岸的许多海上风力发电场相邻。在英国国家可再生能源积累战略的背景下，区域机构试图通过利用这一优势，吸引投资来到 Humber，并把它打造成为英国"能源河口"。

海上风电行业是由一个双管齐下的生产网络构成的，包括制造网络和服务网络。前者，我们这里关注的，特别是风力发电机的装配，涉及多达 8000 个部件，由风力发电机制造商协调。在欧洲市场，西门子是领先的涡轮机供应商，2015 年装机容量占 63.5%。自 2004 年收购丹麦公司花红后，其海上风电业务主要设在丹麦，包括研发活动、叶片厂和港口设施。在 2017 年与西班牙涡轮机制造商 Gamesa 合并前，西门子近年来也扩张到了亚洲和美国的风电市场。

（1）利用和配置地区资产

第一，建设全国海上风力市场。

汉堡与西门子的耦合，可以被理解为一项长期的、由政府主导的积累战略的一部分，反映出国家作为自然资源所有者的角色。在 20 世纪 90 年代的一系列试点项目后，当时的工党政府在 21 世纪初将海上风能确定为英国应对欧盟减少气候变化目标的最可扩展的机会之一。它的战略是基于英国在自然资产、广阔的浅海床、有利的风力条件以及改造现有的、经常未得到充分利用的港口设施的潜力方面的比较优势，并出台两项国家政策来创建和支持国内市场的发展。到 2010 年，英国已经超过丹麦，成为世界上最大的海上风能市场。

第二，区域制度变迁与区位选择。

考虑到英国竞争状态的集中化特征，涡轮机制造商的选址活动受到国家政府的跨标度调控。"约克郡前锋"后来被招募来管理 Humber 的地区资产。与此同时，西门子在 2010 年年底做出最终投资决定时，将其在英国的搜索范围从报道的 60 个地点调整为 Humber 的两个地点。尽管搜索的区域包括在石油、天然气和海事工程方面拥有相关技术和工业能力的地区，但西门子认为 Humber 的位置及其可用的港口基础设施是最符合其当前战略需求的关键区域资产。然而，在 Humber，在区域内竞争的过程阻碍了一体化区域联盟的形成的过程中，对识别和利用两个竞争港口的区域资产的制度支持出现了分歧。

第三，构成次区域政治联盟。

代表北方银行的次区域机构作为联盟进行合作的能力，在西门子最终投资决策中发挥了至关重要的作用。尽管在 AMEP 之后 6—8 个月才进入投资竞争，HCC 很快开始聚集资源和力量，在投标过程中获得相对的制度优势。中央政府和约克郡 Forward 已经将 AMEP 确定为首选投资地点。HCC 认为自己在这一更广泛的制度过程中被忽视了，对此做出了相当积极的回应，并开始直接游说参与选址过程的牵头公司和国家行为体。

赫尔的创业计划恰逢 2010 年国家政府的更替，这导致了 AMEP 项目的支持者约克郡前进的解散，该项目是废除英格兰发展协会网络的一部分。这种国家驱动的重新评估过程使 HCC 发展出一种更积极主动的方法。HCC 以市场领头羊西门子为中心，发起了一项名为"绿色赫尔港"的运动，将地方当局、总部基地、大学和当地技能提供者联合起来，宣传赫尔市的基础设施、人力和产业资产。在 HCC 的规划和召集力量的支持下，这一地区联盟得到了一个强有力的共同议程的支持，即吸引西门子来到一个经济和社会条件较差的城市。

（2）调解和协商耦合

第一，不断变化的国家背景和行业反应。

2010年保守党—自由民主党联合政府当选后，国家对海上风能开发的制度环境变得不那么支持。随着2008年国际金融危机和随之而来的经济衰之后转向紧缩政策，联合政府开始了电力市场改革的进程，寻求降低低碳技术投资的成本。这取代了可再生能源义务制度，该制度自2009年以来一直有利于海上风电技术，取而代之的是基于拍卖的差价合同系统，涉及项目之间的竞争。此外，政府还建立了一个征税控制框架，为2020年前的低碳电力预算设定上限。这意味着，开发英国可再生能源的国家积累战略被重新强调成本降低和消费者负担能力。与此同时，英国政府发布了一份海上风能产业战略，以应对相对于英国的世界领先市场地位的工业发展不足。

第二，西门子不断变化的战略需求。

随着德国市场的年增长率开始超过英国，增加了丹麦、荷兰和比利时的长期需求，西门子开始改变其新涡轮机制造设施的选址战略。根据英国此前的市场预测，西门子曾预计，Humber号上的涡轮机投资将吸引许多一线供应商。随着英国市场增长放缓，西门子现在意识到战略合作伙伴的共同部署将花费太长时间，需要存储太多的库存来维持英国涡轮工厂。它开始倾向于将涡轮机生产设施建在离现有的供应链更近的地方，比如德国或丹麦。西门子也开始担心Humber劳动力市场以及更广泛的英国，为涡轮机生产所需的先进工程技术提供服务的能力。

第三，政治游说与企业之外的讨价还价。

在耦合过程的这一阶段，代理人和标量政治发生了重要的转变。在地方一级，HCC发现西门子进入了审查模式……他们把我们锁在外面6个月，并进入无线电静默。在很长一段时间里，它的作用仅限于地方规划活动，通过政府部门和公务员部门与投资者建立关系。作为回应，赫尔市和ABP继续利用当地政界人士的网络游说国家政府和西门子。这些游说活动得到了英国政府的支持，英国政府开始实施其期待已久的CfD流程，特别是在2014年年初，通过授予五个海上风电项目的合同。在当时的能源、气候变化和商业、创新和技能部门，HCC的主要官员和高级公务员之间建立了合作关系，帮助解决了出现的问题，推进了项目。这表明，在表面上垂直的机构和政治结构中，地方和国家政府官员之间可以形成横向合作关系，特别是围绕具体项目。

（3）耦合定价与实现

2016年12月，赫尔工厂生产了一个75英尺高的金色叶片，作为开幕的一部分，以标志赫尔年作为英国文化城市的开始。赫尔现在代表着西门子最先进的叶片设施，超过了丹麦的现有产能，生产下一代7兆瓦涡轮机。由于靠近多个海上风力发电场，加上巨大叶片的运输限制，赫尔基地也将成为西门子涡轮机生产网络的最后一个站点。在将所有部件运往海上施工前，船体将作为一个安装点，使用行业的大型自升式船，这些船已经从德国和丹麦装载了涡轮部件（如短舱、塔）。从这个意义上说，西门子将更先进的短舱总装转移到Cuxhaven的战略评估和决定表明，就技术复杂性和价值创造而言，赫尔工厂在西门子整体海上风电生产网络中处于相对从属的地位。在这之后，ABP和AMEP继续努力构建与制造业企业的战略耦合关系。

（四）研究结论

第一，打开了区域制度作为GPN研究的一个分析类别的黑箱，考察了区域和国家制度与GPN参与者之间相互作用的关键过程。正如分析表明，耦合的创建需要国家和区域行为者之间高度的制度一致性和标量交互作用。地区积累战略和国家积累战略紧密相连，尤其是在英国等集中化竞争国家，在这些国家，地区机构促进战略耦合的努力与国家增长模式息息相关。

第二，通过临时的领土联盟最有效地行使区域权力。赫尔成功获得西门子的投资反映了一个紧密的利益联盟在运作。领土联盟的成员在确保投资以促进当地经济的价值流动、创造收入和就业方面有着至关重要的物质利益。耦合创造的基础是建立区域机构和GPN行动者之间的共同利益．在区域间投资竞争的背景下，这往往是一个困难而漫长的过程。

第三，GPN和属地治理空间之间的空间关系应该以时间的方式来理解。正如我们已经证明的，政府的垂直结构和区域机构在其中运作的横向公司网络都有可能发生变化。这意味着，它们的行动需要与生产网络的重新配置以及国家制度和政治环境的重塑形成良好的共同演化关系。改变公司战略可能改变投资本身的性质，要求区域机构具有适应性和灵活性。因此，由区域机构和 GPN 参与者创建的耦合的定性特征和发展结果将反映不同类型的区域在不断变化的国际分工中的地位。

论文四：《来自北欧的杠杆效应：全球酿酒网络中南非劳动力在规范劳动力标准中的角色》

Hastings, T., "Leveraging Nordic links: South African Labour's Role in Regulating Labour Standards in Wine Global Production Networks", *Journal of Economic Geography*, No. 4, 2019.

（一）作者简介

作者 Thomas Hastings，是英国女王大学（又称贝尔法斯特女王大学）管理学院讲师，他自 2011 年在格拉斯哥大学完成博士学位以来，分别在牛津、谢菲尔德和贝尔法斯特的不同管理/商学院工作过。研究兴趣和主题包括，劳动力市场制度的政治经济学，劳动检查和工人权利的执行，对非法工作安排的制度规范。Hastings 对探索工人代理和现代工作的经验保持着兴趣，并对劳动过程理论（LPT）传统和劳动地理的辩论做出了贡献。他的成果发表在世界顶级的经济地理类和城市与区域规划类期刊，如 *Journal of Economic Geography*、*Antipode*、*Environment and Planning A* 等。

（二）内容简介

通过使用多利益相关者倡议（MSIs），在全球生产网络中，维护私人标准存在着既定的困难。以南非葡萄酒生产为例，论文探讨了劳动力在杠杆作用中的作用，为提高工作标准而对劳工规章采取的新办法，以及劳工组织的机会。为了做到这一点，论文在 GPN 框架中采用了一种扩展方法，关注劳动力自身的网络能力。研究探索了建立国际联系和新的关系地域方面的工人代理角色。通过在内部或通过这些网络施加压力，员工被证明鼓励新的方法以改善工人权利为利益的治理。

（三）研究框架
1. GPNs，劳工控制和劳工标准

作为 GPN 更为激进的一部分，最近的研究呼吁 GPN 框架的扩展使用与其最初的开放和关系本体一致。GPN 框架的起源可以追溯到 Dicken P 的开创性工作，该工作从空间角度对全球商业动态进行了理论分析。尽管该框架一直具有帮助对全球政治经济进行更广泛探索的潜力。注意到这一点，Cumbers（2015）鼓励对 GPN 框架进行扩展，认为该模型也应该适用于更广泛的解释性项目，探索地方和全球经济参与者之间的网络关系。

本文理论化了劳工和工人代理机构在影响 GPN 方面的作用。具体地说，它侧重于劳动力对私人和公共治理的影响，这是领土关系和地方劳工控制制度（Labour Control Regimes）的组成部分。对于本地劳动力管理办法，作者借鉴了 Jonas 关于围绕本地劳动力市场互惠构建的积累和劳动力监管的稳定本地制度框架的定义（Jonas，1996）。该论文展示了地方和全球网络之间的生产关系是如何影响产地和当地劳动力管理办法的安排，包括在全球一体化供应链/生产网络中监控生产者的条款。

自 20 世纪 90 年代以来，PCIs（私人利益倡议，更偏向个人）的兴起与 MSIs（多方利益相关方倡议）作为鼓励 GPNs 道德标准的手段的使用的增加并驾齐驱。基于企业与民间社会组织/非政府组织之间的合作，MSI 通常是大家都自愿遵守倡议，也可以理解为以合规为主的监管方法，更典型的做法是使用柔性的方式。在这方面，英国的道德贸易倡议（ETI）被认为是一种有效的 MSI，为劳工和资本集团提供了一个能够进行谈判和改善供应链中工人条件谈判的平台。这些研究获得了很多的积极性评价，也启发了本文对于 WEITA 的一些想法。我们认为 WEITA 也有潜力成为像 ETI 一样的 MSI，进而帮助维护劳工权益，并对葡萄酒生产商予以约束。

借鉴 GPNs 对于关系的认识和之前对于 WIETA 的拓展的研究，这篇论文主要阐述工人通过跨国行动推动 MSIs 向着更有利于劳工的方向改进的能力。在这样做的过程中，这篇论文挑战了一种观点，即 MSI 被局限于是一种受到资本青睐，有利于资本的"软"方法。为了论证这点，

这篇论文利用了约翰·艾伦的理解，即权力不能被拥有，而是出现在群体和个人之间的关系。这些模式可能基于影响的新表现形式，包括权威、操纵、诱导和诱惑的形式，以及影响结果的更直接的胁迫技巧。至关重要的是，权力模式依赖于不同程度的邻近和位置来有效工作。文章主要探讨劳动力网络代理的关系效应以及能否影响私人监管的新方法。

2. 南非葡萄酒：全球一体化生产网络的兴起

近几十年来，南非在高度全球化的国际葡萄酒行业中巩固了其关键角色的地位，按产量计算，南非是全球第六大葡萄酒出口国。南非西开普敦的葡萄酒生产作为南非葡萄酒的主产地，通过多种 GPN 连接到全球市场，已经成为一个重要的收入来源，并为该地区提供了约 167500 个工作岗位。

由于气候原因，北欧的一些国家在特别依赖进口采购葡萄酒。其中包括北欧国家，它们在 2017 年的葡萄酒进口上花费了约 21 亿美元。酒类垄断企业（如瑞典的 Systembolaget 和挪威的 Vinmonopolet）按照严格的招标程序运作，并严格控制可获得的进口葡萄酒的数量和质量。面对高质量的需求与压力，这些酒水供应商已经建立起了良好的声誉，而这使得他们对于他们所在供应链上的负面新闻特别敏感。以下部分将通过对南非葡萄酒农场劳工控制的历史概述来阐述这一风险。

（1）劳工控制与南非葡萄酒：葡萄酒 GPN 内部剥夺的历史

在种族隔离制度下，南非葡萄酒业在西开普省搞了一种本土形式的战略耦合，得到国家关税保护和补贴的支持，并提供了高度自律/负担得起的非白人劳动力。这种系统促进了很多龙头企业的发展，并推动西开普敦省获得了较为显著的价值捕获（虽然这种捕获的分布并不均匀），而这种生产成果其实是靠一系列以剥削为特征的本地劳工制度来保障的。

西开普的葡萄酒和水果产业是在主仆关系的时代出现的，这种主仆关系使殖民主义统治下的南非农业工作得以形成。尽管奴隶制在 1834 年被废除，惩罚性的劳动制度仍在农场维持着，这对倾向于生活在农场完全受农场主控制的有色人种工人产生了深远的影响。男性工人通常是长期工作，而女性伴侣则与需要时受雇的非洲黑人移民工人一起担任季节性角色。与工厂和其他工作场所环境相比，这些条件限制了劳工组

◆ 专题二：区域经济

织，工人的抵抗通常反映了个人诉求、协商一致的谈判和避免公开冲突的方法。作为强权政治的一部分，工业生产的控制模式有一种叫"dop"的方式，就是一种向工人赠送酒精为基础的支付/控制形式，刺激工人对酒精的依赖率以提升生产率，并且控制工人。在解释南非农业/葡萄酒生产的现代工作制度时，这样的历史是不可忽视的。

与此同时，自1991年种族隔离制度垮台以来，南非为了保护工人和摆脱殖民时期遗留下来的剥削而制定了一部进步的宪法。历届政府都在寻求从一个更加公平的视角重建南非的劳工关系。除了几个国际劳工组织公约的批准，南非政府在1995年实施了《劳工关系法案》，一直在致力于扩大劳工组织权利的手段，并通过一系列政策组合推动发展更平等的劳工关系和人道管制制度，使工人能够更好地与雇主谈判。

（2）南非葡萄酒规则的变化

立法也在以特定方式影响着葡萄酒/农业部门。除了工人权利的增长，不断变化的国家—资本关系（政商关系）随着关税保护和补贴的逐步取消，致使生产者的经济压力持续增加，迫使葡萄酒资本以同样的比例决议，通过生产网络参与全球市场。事实证明，对许多生产商来说，融入GPN存在一系列问题，最突出的是他们不得不接受欧洲零售商的低价订单。反过来，作为对改善劳工权利和ESTA的反应，生产者越来越多地向劳动力经纪人求助，希望他们能够在必要时刻提供临时劳动力（包括大量移民工人）。这种临时工模式对已经很低的工会会员率更是雪上加霜，据估计，农业工人的工会会员率在5%—10%。伴随着这一趋势的加剧，人权报告注意到剥削劳工制度的持续存在，在这种制度下，工人的工资过低，而且在许多情况下，他们遭受着与种族隔离时期类似的侮辱。这种情况的持续证明了长期存在的权力关系/等级制度，在这个框架内，工人们拼了命的反抗，无论经济关系网络和治理模式怎样变化。

在此背景下，国家劳动监察局（检查和执法服务局）一直在努力维护南非工人的权利。劳工视察员可向违反法定义务的雇主发出遵守命令，该命令可作为劳工法庭的命令制定/执行，因不遵守义务而可能受到经济处罚，劳动监察员还可以关闭被认为威胁工人健康和安全的作业。尽管拥有这些权力，克雷茨曼（2017）在最近的一份报告中指出，劳工部每 12 万名经济活动公民中只有一名监察员，这一数字与国际劳工组织建议的每 2 万人中有一名监察员的比例相差甚远。在南非葡萄酒产业中，监管也面临着额外的压力，即西开普敦太大了。为了应对这种基于空间/资源的挑战，一些多中心的私营监管组织已经出现，以帮助监测和改善南非葡萄酒和农业的劳工标准，WIETA 就是其中一类。

在 ETI 的试点工作基础上，WIETA 成立于 2002 年 11 月，作为一个非营利性 MSI，旨在提高南非葡萄酒行业的劳工和环境标准。WIETA 总部位于 Stellenbosch，在整个西开普的农场的生产网络、当地工人管理制度和工人在当地规模的相应经验的发展中发挥着潜在的重要作用。负责审计南非葡萄酒生产供应链中的农场和酒窖。反过来，鼓励葡萄酒农场/生产商加入 WIETA，并遵守 WIETA 规范，以改善进入全球市场和欧洲零售商的机会。

利益相关者组织出于特殊原因寻求 WIETA 董事会成员资格，反映了南非葡萄酒行业的主观利益。行业利益相关者认为 WIETA 是一种手段，可以教育生产者，让他们了解先进的企业社会责任/人力资源管理（HRM）举措的优点，并塑造有利于维持供应链关系（主要是与欧洲零售商）的劳工标准的积极形象。相比之下，工会和非政府组织的持续动机是 WIETA 在促进合格农场的工会准入方面发挥的作用，有可能改善地方工人的结构性权力。

3. **竞争 WIETA：基于合规的监管方法**

在田野调查之初，WIETA 的审计和认证，如产品的年度大会和认证委员会可以作为一种基于合规性监管方法，生产商会接到调整不合规方面的通知或改正机会，而不是直接拒绝。与对这些方法的理论理解一致，这种策略被三分之一的审计员积极总结为比传统的命令和控制或大棒式的监管方法更可取，如威胁起诉未能遵守劳工法的生产者。反过来，行业利益相关者对这种监管咨询方法表示赞同；而工会和非政府组织认为这种方法软弱/无效，反映了所谓的 WIETA 董事会被行业利益相关者的选择。特别是，一些受访者质疑生产者（主要是商家）是否真的会因为审计失败而受到惩罚，这导致了对 WIETA 缺乏实权和被大企业劫持，作为掩盖非法工作行为的手段的指责。

(1) 劳工协会机构：压力的跨国流动

2016年，南非农业工会和非政府组织（包括CSAAWU和Sikhule Sonke）与丹麦电影制作人Tom Heinemann合作，制作了《苦葡萄》——一部关于南非葡萄酒工作环境的重要纪录片。在南非和斯坎迪纳维亚的工会和非政府组织投入的推动下，"苦葡萄"诞生于南非和斯坎迪纳维亚不同行动者之间的联合力量，这些行动者通过对南非葡萄酒农场工作条件的共同关注而联合起来。随后，海涅曼的纪录片描绘了一幅对葡萄酒农场剥削的令人发指的画面，在这一画面中，WIETA本质上是在努力维护工人的权利，包括对农业社区酗酒、工资支付不足、不安全的工作/生活条件，以及生产者在多个农场非法阻挠工人组织工作。CSAAWU在这些描述中占据了显著地位，描绘了农场中类似奴隶的状况，与之前种族隔离时期的种族剥削相一致。在纪录片首次播出的南非和斯堪的纳维亚，"苦葡萄"的做法引发了道德上的愤怒，并通过一波负面宣传，引发了对葡萄酒农场监管的紧急变革的支持。

(2) 变化的法规：公共和私人治理的新方法

在"苦葡萄"事件之后，南非劳工监察局（IES）对西开普的葡萄酒农场进行了一系列新的调查，重点首先是在"苦葡萄"事件中发现的案例。随后，对Drakenstein和Robertson的五个农场进行了调查，不仅证实了那些投诉包含的不安全的工作条件等，还发现了一些投诉没包含的。这些发现不满足于现有的提高劳工标准的努力，因此有理由更加普遍地关注该地区的葡萄酒农场。

在这些检查的基础上，IES还设法更好地了解和补充WIETA的作用，对WIETA的代码/审计过程进行比较基准，这种做法是为了矫正"WIETA认证等同于遵守劳动法"的说法。其他更广泛的调整包括承诺更好地与当地农业工会合作，以确定涉嫌违反劳动法的葡萄酒农场。在Systembolaget和Vinmonopolet的推动下，公司间关系的变化与工会在监督工作条件方面发挥的日益重要的作用相匹配，这使得地方和国际工会在监督南非葡萄酒方面发挥更大的作用。以Systembolaget为例，该公司于2017年与国际食品工人联合会签署了一份谅解备忘录，要求工会支持监测/报告农场劳动条件。希望以这种方式合并工会/非政府组织的新趋势可能会导致更真实的合作模式，在这种模式中，工人能够有足够的生意，以改善工作条件。

在北欧垄断企业的压力下，WIETA 随后进行了新的内部改革，包括在 2017 年的新董事会选举中，NFWF 从 WIETA 董事会中移除，并同意对其自身的审计过程与最新的 BSCI 版本 2 进行全面基准比较。随后发生了重大变化，包括一项协议，重新调整 WIETA 的监管方法，从仅仅依靠断断续续的努力，通过不定期的 3 年审计间隔（即隔一定距离）来推动生产商改善状况，根据 2 年审核周期和对有不良合规记录的生产商的全面重复审核，更接近（即频繁）的压力形式。同样在 2017 年 8 月，WIETA 创建了一个新的合规量表/风险矩阵，其中包括一个更细粒度的评级量表，从 A 到 E，反映了农场的低风险合规率。这一调整标志着审核程序的一个步骤的改变，即如果农场未能获得 C 级或更高级别的证书，他们将无法获得 WIETA 证书。作为对这一变化的补充，WIETA 致力于以更高水平的在线透明度广播审计报告。

（四）研究结论

作为相应 Cumbers 延展 GPN 框架的回应，本文揭示了工人关系的力量以及工人驱动的关系效应对于南非葡萄酒厂监管的影响。聚焦于斯堪的纳维亚 NGOs、工会等非营利机构与南非的同行，我们发现跨国联盟网络有助于通过国际零售商、WIETA 和南非国家劳动监察局的联合作用进行监管改革。特别是通过 EWTC（一个跨国）和电影《苦葡萄》，南非工会/非政府组织构成了象征性的杠杆作用，让欧洲消费者产生道德/政治诉求，导致主要北欧买家进行更严格的公司间监督，以及公司外监管机构进行更严苛的劳工检查和审计过程。

相关研究强调了劳动力在鼓励在供应链中使用私人标准方面的作用。本文对劳工作用的分析扩展到对监督/执行私人标准的方式的影响。如果没有对更广泛的关系地域的认识，研究通常会集中在内部政治和由此产生的 MSI 企业偏见上，削弱劳工塑造私人监管的潜力，进而改变对地方劳工控制制度的监测。利用 GPN 框架来阐明工人自己的网络，在 WIETA 内部的竞争和在更全球范围内连接工人利益/斗争的开发平台中，工人的协会权力都显示出了关键作用。改变企业外监管机构的政治过程中，劳工反过来推动了葡萄酒 GPN 内部社会关系的新配置，释放了工人在维持标准、权利和福利方面发挥积极作用的更进步的工作条件的潜力。

人们也承认，在葡萄酒种植等偏远行业，工人们面临着持续的挑战，而更接近的监管将带来持续的变化。特别是，西方零售商的力量继续对全球南方的生产商施加价格压力，而后者反过来为更繁重的劳动/环境标准的遵守买单。结果鼓励进一步压榨工人的工资和工作条件，目前观察到更多的临时工的使用，这进一步削弱了工人的组织努力。同样，工会是否会利用上述改革带来的新机遇仍有待观察。由于成功的跨国运动，持续的工会机构的前景无疑得到了加强，协会的力量和使用象征性杠杆对生产者施加压力，以更好地支持工人特别是农场的组织权利。未来的研究需要评价最近的法规变化对南非全球一体化葡萄酒行业的工作条件的短期和长期影响。

6 产业集聚、创新与区域经济发展*

一 导语

近年来中国的经济活动和创新都出现了较为明显的空间集中趋势，经济活动和区域创新活动在空间上出现了高度的一致性，产业集聚对区域创新及区域经济发展的影响值得深入研究。因此，本章主要聚焦产业集聚、创新与区域经济发展领域的前沿文献进行解读，第一个领域是产业集聚、多样化与区域经济增长；第二个领域是创新与区域发展。

产业集聚这一词汇起源于阿尔弗雷德·韦伯的工业区位论理论，认为造成各地区行业布局产生较大差异的最主要原因是运费，而影响一个地区产业集聚能力的最大因素是规模经济。产业集聚有利于知识的溢出及传播，并通过生产关联和企业关联影响区域的创新表现。围绕产业集聚对创新的影响机制，国内外学者做了大量的研究，早期可以追溯到马歇尔理论，认为集聚区内企业可以共享劳动力市场、技术、基础设施等资源，从而有利于节约企业的创新成本。进一步地，产业集聚的不同外部性对区域创新可能存在差异化影响。对于不同集聚效应对创新的推动

---

* 本部分所导读的文献分别是①Ellison, G., E. L. Glaeser, W. R. Kerr, "What Causes Industry Agglomeration? Evidence From Coagglomeration Patterns", *American Economic Review*, No. 6, 2010. ② Frenken, K., F. V. Oort, T. Verburg, "Related Variety, Unrelated Variety and Regional Economic Growth", *Regional Studies*, Vol. 41, No. 5, 2007. ③ Boschma, R., "Relatedness as Driver of Regional Diversification: a Research Agenda. Regional Studies", Vol. 51, No. 3, 2017. ④ Asheim, B., M. Grillitsch, M. Trippl, "Combinatorial Knowledge Bases, Regional Innovation, and Development Dynamics", *Economic Geography*, Vol. 85, No. 4, 2017. ⑤ Liu, Q., R. Lu, Y. Lu, et al., "Import competition and firm innovation: evidence from China", *Journal of Development Economics*, Vol. 151, No. 2, 2021.

作用,学术界有两种观点,一种认为同类型间的专业化集聚有利于创新,企业垄断有利于提高创新积极性(MAR外部性);另一种观点认为不同类型产业间的多样化有利于创新,企业间的竞争有助于创新形成(Jacobs外部性),研究结论至今未达成一致。通常情况下,相关多样化集聚会带来经济关联和知识关联,经济关联和知识关联是产业关联的两种形式,可以促进产业链上的专业分工和知识共享。经济关联带来的知识关联效应和技术溢出效应可以促进企业增值重组的高阶演进。知识分工涉及的知识学习、积累和创造过程,其层次要高于技能分工。经济关联在调节过程中主要受到市场规模、交易效率和资源配置的影响。知识关联主要与政策机制、区域间交流以及城市间的共享功能有关。产业相关多样化能够促进产业内的创新,短期内有利于经济快速增长;从长期看,产业无关多样化有利于不同产业之间的突破性创新,短期内更多地发挥经济稳定器作用。例如,Tavassoli 和 Carbonara(2014)认为,产业相关多样化有助于促进城市科研创新,而产业无关多样化对区域创新的影响并不显著,而Castaldi(2015)认为,产业相关多样化能够快速提高本地科研创新总量,而无关多样化能够增加产业创新突破机会。

针对产业集聚的不同外部性的影响差异,选取了产业集聚、多样化相关的三篇论文。论文一是 Glenn Ellison、Edward L. Glaeser、William R. Kerr(2010)发表在 *American Economic Reviews* 上的 "What Causes Industry Agglomeration? Evidence From Coagglomeration Patterns",是产业集聚经典文献,文章聚焦区域经济学的核心问题:产业集聚是如何产生的?对马歇尔外部性的理论机制进行了探讨,并采用英国和美国的数据检验了产业集聚的三种机制。马歇尔外部性的三种机制:投入产出关联、劳动力共享、知识溢出都得到了验证,其中投入产出关联是最重要的。虽然这篇论文主要是关于聚集而不是关于方法论,但论文所采用的方法也有助于未来对集聚驱动力进行深入研究。论文二是 Koen Frenken, Frank Van Oort, Thijs Verburg(2007)发表在 *Regional Studies* 上的 "Related Variety, Unrelated Variety and Regional Economic Growth",是演化经济地理的开创性文献,在对集聚经济的专业化与多样化之争的基础上,创造性地提出技术关联的概念,将多样化分为相关多样化与不相关多样化,系统地分析和区分了相关和无关多样性,提出一种通过熵值法计算的相关多样性和无关多样性度量方法，并实证检验了其与经济增长的关系。使用荷兰的数据检验发现，并不是所有的多样化都有利于经济发展，只有基于技术关联的相关多样化才能促进经济增长，而不相关多样化并不能促进经济增长。论文三是 Ron Boschma（2017）发表在 *Regional Studies* 上的"Relatedness as Driver of Regional Diversification: a Research agenda"，对演化经济地理中的重要概念"技术关联"进行了系统的综述，回顾了技术关联思想的来源，对区域多样化的影响，以及在研究区域创新和经济发展方面的应用，并提出未来区域多样化研究的方向。

针对创新与区域发展相关的有两篇论文。论文四是 Bjørn Asheim, Markus Grillitsch, Michaela Trippl（2017）发表在 *Economic Geography* 上的"Combinatorial Knowledge Base, Regional Innovation, and Developmental Dynamics"文章引入演化经济地理的动态视角，聚焦于区域创新的动态过程，提出将区域知识分为三种不同类型，剖析了区域知识基础的动态变化和创新路径的开发，是近年来区域知识演化研究的重要文献。区域知识基础是一种新的理论视角和理论方法，它将区域创新看作一个不断在原有知识基础上衍生出新知识的过程，不同类型的知识的重组是不同地区间创新衍生的重要动力。知识基础方法超越了部门和区域创新方法，侧重于公司、行业和区域内知识创造和知识组合的微观动态。论文提供了关于此类知识动态性、创新和新路径开发之间因果关系的理论进展和实证见解，有助于经济地理学更好地理解不同部门和地区的经济增长和发展背后的机制，并更好地理解同一部门和地区内公司绩效之间的异质性。论文五是刘青等（2021）发表在 *Journal of Development Economics* 上的"Import Competition and Firm Innovation: Evidence from China"，文章研究进口竞争是否能够影响企业创新，通过什么样的机制影响企业创新。利用双重差分模型（DID）将中国加入世界贸易组织（WTO）作为一个准自然实验，研究中国在加入 WTO 之后带来的进口竞争是否会对国内企业的创新行为产生影响。值得推荐的是，第一，作者关注了产出关税削减的平均效应及其在不同类型创新中的差异效应，并且作者控制了控制投入、出口和外国直接投资的影响。第二，估计了进口竞争对创新的总体影响和不同企业类型以及专利类型的差异效应。

二 精选文献导读

论文一:《什么导致产业集聚?——基于协同集聚的证据》

Ellison, G., E. L. Glaeser, W. R. Kerr, "What Causes Industry Agglomeration? Evidence From Coagglomeration Patterns", American Economic Review, No. 6, 2010.

(一) 作者简介

第一作者为 Glenn Ellison,是麻省理工学院经济系讲座教授。作者获得了哈佛大学的数学学士学位,剑桥大学的经济学硕士学位,以及麻省理工学院的经济学博士学位。主要研究方向为博弈论和产业组织。论文主要发表在 *American Economic Review*、*Journal of Political Economy*、*Econometrica* 等期刊上。

(二) 论文简介

产业在地理上会形成集聚。这种集聚难以被外生的空间差异所解释。那么,为什么会形成集聚?目前有不少理论都试图解释产业集聚现象,但检验这些理论正确与否的实证研究仍然不足。本文利用产业集聚模式来检验不同的产业集聚理论。

集聚的优势最终反映为地理邻近所减少的运输成本。Marshall (1920) 强调产业集聚可以减少三种运输成本,分别为商品、劳动力和知识的流动成本。首先,Marshall 认为企业邻近供应商或客户布局能够节省商品的运输成本;其次,Marshall 探索以劳动力池理论来解释集聚;最后,Marshall 提出以知识溢出理论来解释集聚。"贸易变得不再神秘,而是仿佛在空中。"由此,硅谷的公司通过邻近布局,加强彼此间的学习和溢出,极大地加快了其创新速度。

从理论上讲,个别产业通过集聚来降低一种或多种运输成本的现象。同一产业的企业都倾向于邻近其他企业布局,因为邻近具有某些特征的企业是有好处的。但从整体上分析所有行业的集聚现象,具有一定挑战性。本文的实证方法利用了可以在协同聚集模式中找到的信息。在一个产业内部，企业间在很多方面都存在相似性。但跨行业而言，企业间则会存在一定的差异。例如，有些产业间存在商品交易，但却雇用截然不同的工人；还有些产业雇用类似的工人，彼此却不存在贸易行为。因此，通过分析哪些跨行业的相似性最能预测产业集聚，有助于反映不同集聚理论的解释力。

论文第一部分描述了构建协同聚集指数的数据。使用制造业普查数据，计算了离散指数（Ellison 和 Glaeser，1997）和连续度量的近似值（Duranton 和 Overman，2005）。

第二部分回顾了马歇尔的三个理论，并讨论了对基于每种理论的产业集聚的实证估计方法。例如，基于投入产出联系能够检验不同产业是否通过集聚来减少供应商和客户间的运输成本。对产业间劳动力和观念共享的度量也类似。论文还基于区位条件的空间分布，估计每个产业的协同集聚程度（Ellison 和 Glaeser，1999）。

第三部分介绍了主要实证结果。普通最小二乘关系能够验证马歇尔三个理论的重要性以及区位条件共享的重要性。研究发现，区位自然优势比任意单一的马歇尔因素都更重要，但不如三个马歇尔因素的累积效应重要。在马歇尔因素中，客户—供应商联系的影响最大，其次是相似的劳动力需求，知识溢出效应虽然重要，但影响相对较小。这一排名受制于不完美的代理变量以及对区位自然优势的有限测度。总体而言，每种集聚理论都有助于解释制造业的集聚现象。

第四部分作者使用两组工具变量来解决内生性问题。产业集聚可能是邻近布局的结果，而不是邻近布局的原因。某些产业的生产过程可能足够灵活，以至他们能够根据附近的劳动力和原料资源来调整生产投入。如果两个产业随机邻近布局，那么他们将都会开始使用该区位的劳动力和原材料。首先，利用英国产业的特点，在英国，未被观测到的协同集聚模式、共享的区位优势，以及完全随机事件是存在差别的。在这种情况下，英国的产业特点有助于识别出由于产业间相似性而导致的影响。其次，基于美国不同地区的企业数据来衡量产业间的相似性。即使是在高度协同集聚的产业中，通常也会一些企业不邻近其他企业布局。我们可以用这些孤立的企业来估计投入产出矩阵和劳动力雇佣情况。由于这些企业不邻近其他行业布局，他们的投入、产出和劳动力决策则不太可能受遗漏变量所影响，也不太可能受其他行业所影响。本文利用来自制造业普查的企业数据以及来自公共微观数据库（IPUMS）的个体数据，基于非协同集聚企业特征来测度产业间相似性。工具变量回归进一步证明了投入产出联系和劳动力市场池是产业集聚的重要驱动力。

（三）主要研究内容
1. 协同集聚指数构建

本部分使用美国制造业普查的企业数据，预测制造业的集聚程度。每次普查记录了约300000家企业的运营情况，雇用了约1700万名员工。本部分使用的是1987年标准工业分类（SIC3）的三位码。样本包含每年7381个产业观测组，来自122个产业的协同集聚组。

通过以下两种方式量化产业协同聚集程度：首先，使用Ellison和Glaeser（1997）的协同集聚指标，以下简称EG。我们不仅将其用于州、大都市统计区（PMSA）和县级数据分析，还使用普查数据分析初创企业的协同集聚。EG协同集聚指数针对产业组采用了简单形式。i和j产业的协同集聚指数如式（1）所示。

$$r_{ij}^c = \frac{\sum_{m=1}^{M}(S_{mi}-x_m)(S_{mj}-x_m)}{1-\sum_{m=1}^{M}x_m^2} \quad (1)$$

其中，m表示地理区域。s_{mi}是区域m中行业i的就业份额。x_m指区域m的总大小代表该地区制造业的平均就业份额。数学附录表明，该指数可以视为对企业区位模型中集聚力大小的测度指标。

第二个协同集聚指标是对连续指数的"块状"近似估计（Duranton和Overman，2005），以下简称DO。DO指出了EG等使用离散空间单位进行测度的不足。事实上，这种离散使得底特律到芝加哥的距离相当于底特律到迈阿密的距离。因此DO建议使用连续指数分析协同集聚，如式（2）所示。

$$\hat{K}_{ij}^{Emp}(d) = \frac{1}{h\sum_{r=1}^{n_i}\sum_{s=1}^{n_j}e(r)e(s)}\sum_{r=1}^{n_i}\sum_{s=1}^{n_j}e(r)e(s)f\left(\frac{d-d_{r,s}}{h}\right) \quad (2)$$

其中$d_{r,s}$是企业r和s之间的欧几里德距离，f是带宽h的高斯核密度函数，n_i和n_j分别是产业i和j的企业数量。求和是指企业i和j之间的每个双边距离之和（比如$n_i n_j$距离）。

这里所观测的协同集聚密度将和制造业活动分布进行比较，即 EG 中的 x_m。如果观测到的协同集聚密度明显高于（低于）制造业活动分布，那么这组产业就反映了全球的本地化趋势（分散化趋势）。这一比较是在特定指定距离水平线内完成的。本文将距离阈值从 100 英里改为 1000 英里以下，基于 250 英里距离地平线得到了计算结果。结果显示，纺织品和服装行业在这两个维度的排名都非常高。这些行业高度集中布局在北卡罗来纳州、南卡罗来纳州和乔治亚州。尽管形成了集聚，但这些协同聚集区不如最大的产业集聚区强大。许多产业组几乎不存在协同集聚。EG 指数的负值出现于集聚在不同区域的产业组。EG 最低值 −0.065 出现于制导导弹和航天器（376）和铁路设备（374）产业。基于 250 英里距离地平线，DO 最低值出现于制导导弹和航天器（376）和纸浆厂（261）。

2. 为什么企业会形成集聚？实证方法

无论是在城市还是地理集聚区，集聚的优势都在于减少运输成本。马歇尔指出运输成本可能来自商品、劳动力或观念。本文通过对产业组协同集聚的代理变量进行截面回归，旨在评估这三个马歇尔因素的相对重要性。

即使集聚布局没有好处，集聚和协同集聚在实证上也可能是显著的。投入要素空间不均衡等区位优势的存在，使得企业可能会选择这些区位从而获取相应的投入要素。因此本文控制了由区位优势导致的产业协同集聚（比如沿海、能源价格）。除了控制重要的遗漏变量，本文还将区位优势视为评估制造业企业选址决策中商品、劳动力和观念相对重要性的基准。

（1）邻近客户和供应商布局：商品

企业邻近彼此而布局，是为了减少获取投入要素或向客户运输商品的成本。当投入要素远离销售市场时，Marshall（1920）认为企业将根据调整原料和成品区位的成本来权衡客户和供应商之间的距离。例如，由于运输成本的原因，制糖业是 19 世纪纽约市规模最大的产业。糖是在纽约而非热带种植园进行提炼的，因为精制的糖晶体在长途海上航行中进行了合成。糖精炼工序布局于纽约而非最终的小城镇销售市场，并产生了一定的规模经济。当Armour的冷藏轨道车能够运输冷牛肉后，为了节省成本，就在芝加哥广阔的牲畜场屠宰牛，然后将生牛肉运向东部。藤田正久、克鲁格曼、Anthony J. Venables（1999）的"新经济地理学"认为减少商品运输成本是集聚的主要驱动力。

为了评估这一因素的重要性，本文使用经济分析局（BEA）发布的1987年基准投入产出表，来度量各产业间进行商品买卖的程度。投入产出表显示了汇总到SIC3行业的商品流动水平。

(2) 劳动力市场池：人力

集聚的第二个原因是利用规模经济带来的庞大劳动力池。许多理论已经提出劳动力池的潜在优势。马歇尔提出大型劳动力市场能够共同分担风险。随着个体企业的生产力增强或削弱，劳动者可以在不同雇主间调换，从而最大限度地提高生产力、减少工资差异（Charles A. Diamond和Curtis J. Simon，1990；克鲁格曼，1991a）。该理论还演化为集聚有助于更好地匹配劳动者和企业（Robert W. Helsley和Strange，1990）。Julio J. Rotemberg和Garth Saloner（2000）进一步模拟了工人在得知他们不会被事后拨款时，如何更有可能在集聚区中积累人力资本。考虑到合适的劳动力资源，企业家也可能选址在现有的集聚区（Pierre-Philippe Combes和Duranton，2006；Michael S. Dahl和Steven Klepper，2007）。

所有这些模型都表明，由于劳动者可以在企业和产业间移动，所以集聚会发生。然而，只有当企业雇用相同类型的劳动者时，跨企业和跨行业的劳动力流动才会发生。本文通过查看使用相同类型劳动者的产业的协同集聚程度，来评估劳动力市场池的重要性。使用1987年劳工统计局（BLS）公布的全国工业—就业矩阵（NIOEM），衡量各行业使用相似类型劳动力的程度，NIOEM矩阵提供了277种职业的行业就业数据。定义$Share_{io}$为行业i的就业在职业o中的比例。

(3) 知识或技术溢出：观念

企业集聚的最后一个原因是加速知识与技术的流动。马歇尔指出在产业集聚区内，劳动者能够更快地相互学习技能。Saxenian（1996）等研究硅谷等产业集聚区内企业领导者的信息交换。Glaeser和Matthew E. Kahn（2001）认为金融等高人力资本行业的城市化布局，证明了布局密度有助于加速信息流动。Arzaghi和Henderson（2008）指出曼哈顿营销公司之间的网络化利益。然而，难以完整地刻画这些模型。本文以专利和研发（R&D）指标刻画信息流动，这仅反映最高级别的信息流动，而非劳动者间的溢出。

关于知识溢出的第一个数据来源是 Frederic M. Scherer（1984）的技术矩阵，它反映了一个行业的研发活动如何溢出并惠及另一个行业。这一技术转移要么是通过两个行业间的供应商—客户联系，要么是通过一个行业的专利发明应用于另一行业。本文构建两个指标 $TechIn_{i \leftarrow j}$ 和 $TechOut_{i \rightarrow j}$，反映上述技术流动情况。最强的技术流动体现于塑料材料和合成材料（282），以及它与塑料制品（308）、轮胎和内胎（301）和工业有机化学品（286）。

关于信息交换的第二个数据源是 NBER 专利数据库。本文测量了与行业 i 相关的技术在多大程度上引用了与 j 相关的技术，反之亦然。对所有行业的 $PatentIn_{i \leftarrow j}$ 和 $PatentOut_{i \rightarrow j}$ 进行标准化。回归分析中，构建指标 $Tech_{ij}$ 和 $Patent_{ij}$ 度量行业组内的知识溢出，类似于前文构建的 $Input\text{-}Output_{ij}$ 指标。

知识溢出比商品贸易和劳动者池更难识别。许多学者使用专利引用指标来衡量知识溢出，但这难以对知识溢出进行全面测度。正如 Porter（1990）所强调的，许多知识的共享发生在客户和供应商之间，这更适合利用投入产出关系所刻画，而非专利的引用。通过劳动者流动分享知识和观念更适合被就业相关系数所刻画。专利引用指标是技术交换的代理变量，而不是代表所有形式知识溢出的代理变量。由于衡量观念的共享比衡量投入—产出联系更难，因此预计它与协同集聚的联系会相对更弱。

（4）区位优势

一些地区拥有适合某些产业的自然环境，在此集聚可以获取原生的成本优势。比如在沙漠地区无法发展伐木业；电价便宜的地区，可能由于水力发电，会吸引铝生产商。即使从马歇尔因素来讲两个产业不会集聚，如果这两个产业能够被相似的区位条件所吸引，此时也会形成协同集聚。例如，造船业和炼油业可能会形成协同聚集，因为二者都倾向于在沿海地区布局。

为了控制住协同聚集中区位优势的影响，本文测度了基于本地成本和行业特点的制造业空间分布特征。核心理念是将行业特征与相关成本联系起来。这一方法是参考 Ellison 和 Glaeser（1999），他们模拟了 16 个州在自然资源、运输成本和劳动力方面的自然优势。通过将成本差异与每个行业的要素使用强度相结合，Ellison 和 Glaeser（1999）估算了仅仅由于成本差异导致的制造业各行业空间布局。他们发现美国制造业集聚中 20% 可以被这些外生的本地因素所解释。

本文使用预期的跨州产业空间分布来计算产业组的协同集聚水平 $Coagg_{ijNA}$。仅由于自然优势导致的协同集聚由 EG 和 DO 指标所反映。这一方法只是将第一部分 EG 和 DO 公式中替换为各行业的预测就业空间布局。本质上讲，这一方法衡量的是两个行业仅由于行业特征和本地特征所决定的协同集聚水平。DO 指标还需要进行一些修正，详见在线附录。产业组的预期相关系数和对于 EG 和 DO 的实际相关系数分别为 0.2 和 0.4。

虽然 $Coagg_{ijNA}$ 是估算的重要控制变量，但相比于更具体的研究而言，本文这一指标的测算是相对粗糙的（例如 Holmes 和 Sanghoon Lee，2008）。首先，本文的 16 类自然优势会忽视可能导致产业集聚的许多特征。其次，我们将自然优势的影响局限于某种要素的作用，比如产业用电量，而不是直接估计每种影响。和马歇尔因素回归相似的是，由此产生的测量误差可能会低估这些自然条件的影响。一些遗漏的自然优势可能还与马歇尔因素正相关或负相关。虽然大部分因素是固定的，但一些自然优势本身可能是内生的，并且这种内生性会导致高估或低估自然优势的影响。例如，如果一个地区能源价格升高，但该地区的能源密集型企业是由于其他原因选址在此的，那么这将造成能源价格的系数产生偏差，导致本文的结果阐释复杂化。

由于认识到这些局限性，本文对预期协同集聚水平的测度既是重要的控制变量，也是比较马歇尔集聚经济的基准。由于自然优势测度指标的缺陷可能导致马歇尔参数估计产生偏差，我们将测试包含与不包含预期协同集聚指数的马歇尔结果的敏感性。

（5）模型方法：OLS 估计

核心的实证识别方法是简单的 OLS 回归如式（3）所示。

$$Coagg_{ij} = \alpha + \beta_{NA} Coagg_{ij}^{NA} + \beta_L LaborCorrelation_{ij} + \beta_{IO} InputOutput_{ij} + \beta_r Tech_{ij} + E_{ij} \quad (3)$$

其中 $Coagg_{ij}$ 是行业 i 和 j 的协同集聚水平。分别测试 EG 和 DO 指标的四种变体。修正 $Coagg_{ijNA}$ 以反映因变量（EG 或 DO），而马歇尔指标则保持不变。

结果表明，第一，三个马歇尔集聚理论（1920）在协同集聚模式上得到了验证。第二，马歇尔因素是比较重要的，因为三者加起来要比自然优势更加重要。第三，投入产出因素最为重。基于较小空间距离的劳动力池，但当基于更大地理范围考虑协同集聚时，其作用要小得多。

3. 工具变量分析

上述分析的一个潜在问题在于，论文所衡量的产业间马歇尔溢出效应可能内生地反映了协同集聚模式。例如，制鞋业和皮革业之间的贸易可能不仅仅体现制鞋业技术的内在特征。如果随机事件导致了制鞋业和塑料业的协同集聚，那么鞋子制造中则会使用更少的皮革和更多的塑料。同样地，一个行业的就业组合会受到企业区位的影响。某些行业的企业能够选择是采用需要许多非熟练劳动力的低技术生产过程，还是选择截然不同就业组合的自动化生产过程。这一选择会受到当地劳动力市场状况的影响。

为了解决这些问题，考虑到自然优势的共享收益，OLS 回归包括了预期协同集聚水平的控制变量。由未建模的自然优势所造成的协同集聚水平方差，自然会对参数估计产生影响。并且，这无法解决上述的反向因果问题。为了解决上述这些问题，论文还采用了英国和美国两组工具变量的估计结果。

（四）研究结论

本文为马歇尔集聚理论提供了强有力的支持。我们找到了美国制造业中每种机制的实证证据——邻近布局以减少产品运输、劳动力和观念流动的成本。综合来看，马歇尔因素对协同集聚的影响比自然优势更大。马歇尔集聚理论中哪个因素更重要？论文对协同集聚模式的基本研究结论是，三种因素的影响都比较大，其中投入产出因素最为显著。在某些识别方法下技术流动的影响相对较小，在另一些估计中又具有可比性。

研究这些影响因素随时间如何变化也很有趣。在 20 世纪，实物商品的运输成本显著下降（Glaeser 和 Janet E. Kohlhase，2004）。相对于劳动力流动成本来说，实物运输成本有所下降，但尚不清楚实物成本的下降是否比观念流动的成本下降幅度更大。一些类型的信息在远距离广泛流动，而另一些则在小范围内流动得更多。运输成本的变化值得进一步研究。考虑协同集聚因素的作用后，对企业区位沉没投资与运输成本变化进行建模也很有趣。

（五）研究启示

本文基于美国制造业普查数据，检验了马歇尔的三个产业集聚理论，弥补了相关研究的空白，是产业集聚理论的经典之作。虽然这篇论文主要是关于聚集而不是关于方法论，但论文所采用的方法也有助于未来对集聚驱动力进行深入研究。作者探索的协同集聚模式能够以多种方式进行检验。基于英国和美国产业数据所构建的工具变量，能够在一定程度上解决内生性问题，可以被运用于其他很多领域，研究产业特征的内生性、集聚和协同集聚等，对于后人使用工具变量方法具有较强的启示和借鉴意义。

服务业涉及面对面的互动，运输成本更高，所以投入产出关系对服务业可能格外重要（例如 Jed Kollko，1997）。然而，现有的对服务外包业的研究表明，对于指挥中心等细分部门来说，运输成本可能相当低。观念和知识溢出对于创新行业十分重要。未来可以对制造业以外行业的马歇尔影响进行进一步研究。

论文二：《相关多样性，无关多样性与区域经济增长》

Frenken, K., F. V. Oort, T. Verburg, "Related Variety, Unrelated Variety and Regional Economic Growth", *Regional Studies*, Vol. 41, No. 5, 2007.

（一）作者简介

第一作者为 Koen Frenken，是乌得勒支大学哥白尼可持续发展研究所创新研究的全职教授。Frenken 拥有格勒诺布尔大学（应用经济学）和阿姆斯特丹大学（社会科学）的联合博士学位。理论兴趣包括进化经济学、制度社会学和复杂性理论，致力于研究突破性创新、经济地理学、平台经济和创新政策。

（二）论文简介

本文是演化经济地理的开创性文献，在对集聚经济的专业化与多样化之争的基础上，创造性地提出技术关联的概念，将多样化分为相关多样化与不相关多样化，并实证检验了其与经济增长的关系。使用荷兰的数据检验发现，并不是所有的多样化都有利于经济发展，只有基于技术关联的相关多样化才能促进经济增长，而不相关多样化并不能促进经济增长。

长期以来，经济理论一直专注于通过投入增长和效率提高的结合来解释经济增长，经济发展的基本定性性质，例如就部门的多样性或技术的多样性而言，很少被提及。本文主要研究多样性与经济发展之间的两种关系。第一种方法以多样性、溢出和增长为中心，这已成为所谓的新增长理论的中心主题。有人认为，除了发生在一个部门内的公司之间的溢出外，部门之间也会发生溢出。根据这一论点，目前经济中的多样性可以成为经济增长的额外来源（Jacobs，1969；Glaeser 等，1992；Vanoort，2004）。这意味着不仅投入的存量影响增长，而且定性意义上的精确投资组合也影响增长。由于溢出效应受地域限制，区域增长的差异应该与区域层面经济构成的质的差异有关。只有某些部门是互补的，因为它们在经济体中的共同存在会导致额外的增长。一个专门从事特定互补行业投资组合的地区将比专门从事不互补的行业的地区有更高的增长率。第二种是将多样性视为一种投资组合策略，以保护一个地区免受外部需求冲击（Attaran，1986；Haug，2004）。区域经济的高部门多样性意味着对这些部门中的任何一个部门需求的负面冲击只会对增长和就业产生轻微的负面影响。相比之下，一个专注于一个部门或一组具有相关需求部门的地区，由于需求冲击，面临着增长严重放缓和失业率高的风险。

从多样性的概念来探讨区域经济发展问题，本文聚焦那些对多样性在经济增长中的作用有看法的理论。继上述两种不同的方法之后，将分别讨论溢出理论，包括新增长理论和集聚经济学以及投资组合理论和区域多元化。并以荷兰为例，讨论数据和测量问题，对荷兰地区的区域就业增长、生产率增长和失业率增长的实证分析。

（三）主要研究内容
1. 集聚经济学

集聚经济学的核心思想认为，经济活动的聚集是因为企业从彼此靠近的地方获得某种形式的利益。集聚经济的广义定义是，它涉及一个企业可以通过与一个或多个其他企业位于同一地点而从中受益的经济体。集聚经济有四个来源。

第一，内部规模报酬递增。由于服务大市场实现了生产成本效率，这可能发生在单个公司中（Krugman，1991）。除了空间中单个大企业的存在意味着要素就业的大量本地集中之外，这个概念没有任何固有的空间性。

第二，同一部门内所有本地企业均可使用的外部经济：本地化经济。

第三，所有地方企业均可获得的外部经济，无论其属于哪个部门，并且源自城市规模和密度：城市化经济。

第四，来自不同部门的所有本地企业可获得的外部经济：Jacobs 外部性。

以下讨论仅限于外部经济。本地化经济通常采用所谓的马歇尔（技术）外部性的形式，即假定特定城市中特定部门的劳动生产率随着该部门的总就业而增加。马歇尔外部性产生于三个来源：劳动力市场集中、专业供应商的出现和知识溢出的出现。

城市化经济反映了一种转移给企业的外部经济，这来自作为一个整体且独立于产业结构的集聚区或城市大规模运营的储蓄。人口相对较多的地方也更有可能拥有大学、行业研究实验室、贸易协会和其他知识生成组织。正是这些组织的密集存在（不仅在经济方面，而且在社会、政治和文化方面）支持知识的产生和吸收，刺激创新行为，并有助于区域间的差异化比率增长。城市化地区的多元化产业组合也增加了跨行业互动、复制、修改和重组想法、实践和技术的机会，从而产生了 Jacobs 外部性。重要的创新源于不同行业中现有知识的重组。不同行业的公司之间的地理位置接近使得这种重组更有可能发生，特别是如果公司也在类似的制度条件下运作。相互靠近的异质行业中的公司的功能专业化应该会产生空间上的相互依赖性，并为该特定位置的每个人带来好处（以及拥挤等成本）。因此，多样性本身可能是知识溢出和创新的额外来源。

考虑到溢出的不同潜在来源，一个重要的实证问题是，这些溢出是主要发生在专门从事少数部门的地区（本地化经济），还是多样化部门的地区（Jacobs 外部性），还是主要与城市规模和密度本身（城市化经济）有关。原则上，所有三种类型的集聚经济都可以作为溢出的结果发生，因为企业可以从同一行业的企业（本地化经济）、其他行业的企业（Jacobs 外部性）或从集中的企业以外的参与者身上学习，包括消费者、大学和政府（城市化经济体）。关注区域增长最受益于本地化经济还是 Jacobs 外部性的问题，重要在于组合方式。由于每个部门内部和每对部门之间的溢出量不同，问题是区域经济中哪些部门的确切组合会产生最大的溢出。

不同溢出源之间的区别对理论化具有重要意义，因为不同类型的溢出预期会导致质量上不同类型的收益。本地化经济有望刺激渐进式创新和流程创新，因为溢出效应来自生产类似产品的类似公司。因此，预计本地化经济的影响将主要体现在生产力的提高上。相比之下，Jacobs 外部性有望促进特别激进的创新和产品创新，因为来自不同部门的知识和技术被重新组合，促进完整的新产品或技术。而且，由于根本性创新和产品创新导致了新市场和就业机会的出现，而不是生产力的提高，因此它们的影响可能与本地化经济引起的渐进式和流程创新大不相同。进化贸易理论和进化增长理论也解决了创新类型的这些质的差异。

鉴于不同类型的溢出效应对创新和增长具有潜在的不同影响，在选择实证研究设计中的变量时应谨慎。在分析集聚经济对生产率增长的影响时本地化经济很重要，而 Jacobs 外部性对解释就业增长的差异很重要。因此，本地化经济和 Jacobs 外部性都有望为区域经济发展做出贡献，但方式不同。因此作者提出以下假设。

假设 1：Jacobs 外部性与就业增长正相关。

假设 2：本地化经济与生产率增长正相关。

2. 相关与无关多样性

第二种将多样性与经济增长联系起来的理论是投资组合理论，这是一个来自商业经济学的概念。投资组合理论通常应用于资产集合的估值，或产品多样化对公司盈利能力和增长的影响。无论应用的上下文如何，投资组合的概念等于说多样性降低了风险。对一匹以上的马下注可以降低高损失的风险（尽管它也降低了高利润的可能性）。

投资组合降低风险的程度取决于与投资组合中每个要素相关的经济结果之间的相关性。例如，一家公司将其销售多样化，销售 20 种具有相关需求的不同产品（例如，希腊的 20 个不同的度假目的地），不会大幅降低破产风险，因为需求的突然下降将影响所有 20 种产品。相比之下，一家只通过需求不相关的 10 种不同产品实现多样化的公司将更有效地降低风险，因为一种产品的需求下降最有可能被另一种产品的需求上升所补偿。

区域经济的部门构成可以通过类似于公司产品组合多样化的方式来处理。区域多样性可以被视为一种投资组合策略，以保护区域收入免受突发的特定行业需求冲击（仅影响一个或几个行业的不对称冲击，例如油价冲击、贸易战、激进创新）。这将特别保护劳动力市场，从而防止出现粘性失业。即使区域间劳动力流动性很高，防止了失业的发生，随着集聚经济和税基恶化，不对称冲击会降低经济增长。据此推论，区域层面的产业多样化将减少区域失业率并促进区域经济增长，而专业化将增加失业和增长放缓的风险。

一个核心问题是相关或无关的多样化对稳定和增长是否最有益。可以预期，相关行业更频繁地（尽管同样并非通常）会出现相关的需求冲击。因此，从投资组合策略的角度来看，将风险分散到不相关的部门是首选。然而，人们还应该考虑相关多元化可能带来的好处。类似于企业层面的范围经济，人们预计该地区内的知识溢出主要发生在相关部门之间，而在无关部门之间的范围有限。就集聚理论而言，预计 Jacobs 外部性在具有相关行业多样性的地区高于具有无关行业多样性的地区。

因此，相关和无关部门多样性的影响会有所不同。无关多样性最能保护一个地区免受外部需求的不对称冲击，从而防止失业率上升。相比之下，一个部门的相关多样性将以知识溢出的形式推进 Jacobs 外部性，从而促进增长和就业（如假设 1 中所述）。这使我们得出以下附加假设。

假设 3：无关多样性与区域失业率增长呈负相关。

论文使用荷兰 1996—2002 年 NUTS3 级别的数据对上述研究假设进行了实证检验，发现 Jacobs 外部性促进了就业增长，而无关多样性抑制了失业增长。

（四）研究结论

相关多样性与刺激就业的部门之间的溢出效应产生的 Jacobs 外部性相关，而无关多样性与防止地区经历失业冲击的投资组合相关。本文不仅考虑了相关多样性和无关多样性的影响，还考虑了地方化经济和城市化经济的影响。特别是，专业技术集群中的本地化经济预计将主要提高生产率增长。本研究利用相关多样性、无关多样性、地方化经济和城市化经济等变量，分析了区域层面集聚经济的所有可能来源。还考虑了控制变量，包括投资、研发、资本—劳动力比率增长、人力资本和工资水平。

实证结果表明，相关多样性确实促进了就业增长，而其他类型的集聚经济并不显著。相关多样性主要存在于人口稠密地区，并且鉴于人口密度对就业增长没有显著影响，可以得出结论，城市相关多样性负责创造就业，而不是城市密度本身。由此可以得出结论，Jacobs 外部性是就业增长的重要驱动力。这一结果也符合演化经济学和城市生命周期理论，这些理论预测多元化的城市将出现源于产品创新和新企业创建而产生的新就业，而节省劳动力的生产力增长更有可能由位于农村地区的大型成熟企业实现。

本文还发现无关多样性确实与失业率增长呈负相关，这意味着一个地区无关部门的存在可以作为抵御失业冲击的投资组合。正如预期的那样，更高的工资会促进失业率的增长；而人口密度阻碍了失业率的增长。使用统计稳健性技术，失业结果并不完全稳健。在生产力增长方面，投资、研发和 C－L 增长是生产力增长的驱动因素，因此获得了更多"经典"结果。无法支持本地化经济对生产率增长的影响。

（五）研究启示

本文是相关多样性与无关多样性研究领域的经典文献，目的在于分析多样性对区域经济增长的影响。此前的相关研究仅聚焦于无关多样性来衡量区域内的产业多样性，而本文的主要贡献在于系统地分析和区分了相关和无关多样性，并提出一种通过熵值法计算的相关多样性和无关多样性度量方法。在有效区分相关和无关多样性的基础上，本文利用荷兰 1996 年至 2002 年的数据对二者和区域经济增长之间的关系进行探究。研究结果发现，相关多样性与刺激就业的部门之间的溢出效应产生的 Jacobs 外部性相关，相关多样性负责创造就业，促进了就业增长，因此 Jacobs 外部性是就业增长的重要驱动力；无关多样性与防止地区经历失业冲击的投资组合相关，与失业率增长负相关，这意味着一个地区无关部门的存在可以作为抵御失业冲击的投资组合。

从这项研究中可以得到的启示是，就业政策应该刺激相关多样性，例如通过加强利基创造和衍生公司，而不是通过选择一个特定的（新）部门。基于支持相关多样性的区域政策降低了选择错误活动的风险，因为人们将现有的区域能力作为扩大区域经济基础的基石。同时，这样的政策仍然可以反映这样一个事实，即通用技术（如信息和通信技术）由于具有许多潜在的应用领域，可能对许多地区的经济发展产生巨大而普遍的影响。区域相关多样性政策结合了相关活动专业化优势，并受到国家共性技术政策的支持。

论文三：《关联性作为区域多样化的驱动力：研究综述》

Boschma, R., "Relatedness as Driver of Regional Diversification: a Research Agenda." *Regional Studies*, Vol. 51, No. 3, 2017.

（一）作者简介

本文作者为 Ron Boschma，是荷兰乌得勒支大学人文地理与规划系的区域经济学教授，同时也是瑞典隆德大学的教授及 CIRCLE （Center for Innovation, Research and Competence in the Learning Economy）的主任。作者获得阿姆斯特丹大学经济地理学的学士学位和硕士学位，以及鹿特丹伊拉斯姆斯大学经济地理学的博士学位。主要研究方向为演化经济地理、产业空间演化、创新地理、邻近与关联、空间网络的结构与演化、集聚外部性与区域增长、区域多样化等。2014—2018 年为在汤森路透引用量排名前 1% 的学者。论文主要发表在 Regional Studies、Journal of Economic Geography、Papers in Regional Science、Research Policy 等期刊上。著作《演化经济地理学手册》已被李小建等译成中文。

(二) 论文简介

本文是对演化经济地理中的重要概念"技术关联"进行了系统的综述，回顾了技术关联思想的来源，对区域多样化的影响，以及在研究区域创新和经济发展方面的应用，并提出未来区域多样化研究的方向。即，第一，厘清让区域产生多样化的各种能力类别；第二，在区域多样化的研究中纳入更多地理学的思考，正如研究制度等的特定地域情境下的影响；第三，彻底检查区域相关多样化和无关多样化的条件因素；第四，以微观视角考察区域多样化，多尺度地评估经济和制度行动者的角色。

区域的经济多样化受到科研工作者和政策制定者高度关注。人们愈发地认识到，现有的本地能力影响哪些新活动可以在区域中发展。

首先，研究区域多样化的文献认为，相关活动需要类似的能力。能力通常定义广泛，实证研究采用不同的方法测度相关性，如技术相关性（Breschi 等，2003）、产品相关性（Hidalgo 等 2007）和技能相关性（Neffke 和 Henning，2013）。相关性通常以捕捉认知能力的活动之间的相似性来定义，因此意味着学习。学者们较少关注互补性，互补性指需要结合不同的活动以实现多样化。这导致学者们质疑相关性实际代表着什么（Tanner，2014），并更具体地明确哪些类型的能力在区域多样化中是有作用的。

其次，研究表明，相关多样化是通常情况，而无关多样化是例外。这种二分法接近于新路径创建（全新部门或产品的出现）和路径更新（指切换到新的但相关的活动）（Isaksen & Trippl，2014）。而论文作者认为，需要讨论如何定义无关多样化。由于相关和无关的能力都可能结合在区域多样化中，作者建议超越对相关和无关多样化的简单二分法，并研究哪些因素有助于更相关和更不相关类型的区域多样化。

再次，关于区域多样化的文献需要更多的地理智慧。文献倾向于将活动之间的相关性视为一种全球现象（Boschma 等，2013）。然而，相关性的程度和性质可能因地区而异：有些活动可能在区域 A 是相关的，但在区域 B 则不相关，这取决于其特定历史。此外，目前尚不清楚特定地区与其他区域相比更多地存在何种类型的多样化。因此需要对国家和地区进行比较研究，以确定相关性的地域特征。而且，有证据表明，除了本地能力，非本地能力也影响区域多样化（Isaksen，2015；Trippl 等，2015）。需要从多尺度视角来评估本地和非本地能力的相对重要性。

最后，区域多样化文献需要纳入一个微观视角，其中的重点是微观主体的作用和识别推动区域多样化进程的微观主体。这需要一个全面的微观视角，可以解释个人（如关键企业家、明星科学家）、企业（如初创企业、分拆公司、多元化者、本地、多地方和非本地公司）和机构参与者（包括决策者）的角色与相互作用，以及哪些类型的微观主体负责区域内何种类型（更相关或更不相关）的多样化（Binz 等，2014；Dawley，2014）。

论文着重讨论以上问题，并指出未来区域多样化的研究重点。

（三）主要研究内容

1. 区域多样化和相关性

有大量的文献利用地方能力解释区域为什么专业化，以及为什么这些专业化模式往往随着时间的推移而持续存在。能力是经常被用来代替由多种维度组成的本地资产的较为含糊的大概念。Maskell and Malmberg（1999）将地方能力称为该区域基础设施和建成环境、自然资源、制度禀赋以及知识和技能的组合。由于当地微观主体的短视行为、本地知识库的一致性（Gertler，2003），无贸易的相互依存关系（Storper，1995），及其系统特性（Asheim 和 Isaksen，1997），地方能力被认为是长期历史的结果，难以被其他区域所复制。

最近，学者们将注意力从维持区域现有专业化的能力转移到推动区域创造新专业化的能力上。除了提供使区域现有专业化蓬勃发展的关键资产外，国家和区域特定的能力也可被视为区域多样化的关键来源，因为它们可以提供机会形成新的组合产生新的活动。然而，目前的地方能力也对区域多样化有所限制。如果一个区域不具备开展新活动所需的能力，就更难发展这种活动。因此，区域更有可能多样化地开展与现有当地活动有关的新活动，是建立在地方能力基础之上。

这种对区域多样化的关注在经济地理上并不新鲜。相反，自20世纪80年代以来，已经有研究提供了关键见解，说明各地区如何进行或不进行新的专业化，硅谷就是典型的案例。然而，最近重新引起人们对这一话题的兴趣是前所未有的，因为这导致对多区域的多样化进程同时进行定量研究，而不是侧重于特定区域案例，如通常的案例（硅谷）、被认为注定失败的案例（底特律），或特殊的案例（迪拜）。这些定量研究认为，新活动不是随机事件或历史意外，而是嵌入在地方能力之中。区域多样化被描述为一个处于发展初期的分支过程，其中新活动借鉴和结合相关的本地活动。

Hidalgo等（2007）首先在国家层面分析了这种分支现象。在这个国家没有的且与国内现有出口产品相关的出口产品方面建立比较优势从而获得分支。使用邻近的概念代替能力来抓住使产品处于同一国家的所有可能维度，检验国家能力是否会影响哪些新出口产品是更容易发展。Hidalgo等构建了"产品空间"概念，根据各国出口产品组合中产品共同出现的频率来确定产品之间的邻近程度。如果许多国家在这两种产品中都显示出比较优势，则两种产品被认为是邻近的，因为这反映这两种产品要求类似的能力。Hausmann and Klinger（2007）表明各国倾向于发展与现有出口产品在产品空间相关的新出口产品，拥有许多相关出口产品的国家有更多可以多样化发展新出口产品选择。

类似的逻辑也适用于理解进入新产品市场的区域。Neffke等（2011）率先系统地考察了一个地区新产业的区域多样化，分析了1969—2002年2766起新行业进入瑞典地区的事件，发现当一个行业在技术上与该地区原有的行业相关时，进入该地区的概率更高。这一关于相关行业多样化的发现在后续研究中得到了复制。

同样的推理也适用于区域的技术多样化。Rigby（2015）首先使用专利数据研究区域技术多样化。根据专利文档上技术类别共同出现的频率，用知识之间的技术相关性来代表能力。当在同一专利文件上再次提到两个技术类别时，它反映了它们在"技术空间"上是技术相关的。Rigby 发现在 1975—2005 年的美国大都市地区，与现有技术相关的技术进入该地区的概率更高。这一发现在其他研究中已被复制和证实。

总之，这些研究提供了系统的证据，证明尽管被解释变量（新产品、行业、技术、职业）、相关性的测度方法（例如产品相关性、技术相关性、技能相关性、投入产出相关性）、空间分析尺度（例如国家、地区、城市、劳动力市场区域）及所涵盖的时间段不同，现有的本地能力确实会影响哪种新活动更容易在区域中发展。

2. 能力和相关性

在这些关于区域多样化的研究中，当活动需要类似能力时，它们被认为是相关的。这导致了争论，讨论能力概念究竟是什么意思，如何定义和测度相关性，以及哪些类型的能力对区域多样化有影响。

在区域多样化的文献中，能力往往以非常广义的方式定义，并体现有可能使活动相关的广泛维度。这在 Hidalgo 等（2007）的研究中最为明显，他们没有具体说明什么决定产品之间的关联性，但间接地从产品同在一处的频率中得出相关度的测度。如果在同一位置存在两种产品大量且频繁的相同组合，则这被视为两种产品要求类似的功能。在这里，没有直接观察本地能力的确切性质，而是通过使用产品共用位置的信息，学者们确定哪些产品具有类似的能力（Neffke 等 2016）。这种类似资源需求的原则在企业层面得到了广泛的应用，以确定行业之间的相关性（Teece 等，1994）。

关于区域多样化的研究也选择了对相关性的更狭义的定义。例如，Neffke 等（2011）测度的产品相关性抓住了生产中的产品之间技术相关性。共同出现的分析是在工厂层面进行的，而不是在公司层面进行的，因为后者也会涉及产品市场相关性，以及营销和分销能力的相似性（Teece 等，1994）。当工厂中需要类似的技能或机器来生产产品时，产品被认为是相关的，这反映了范围经济。Neffke 等（2016）使用了有关行业间人力资本流动强度的信息，解释了行业间工人技能要求的相似性。这种对行业间劳动力流动的关注也具有类似的技能要求，因为工人有激励转向那些他们的技能仍然受到高度重视的行业，而且企业也更愿意从具有相关技能的行业招聘工人（Neffke 和 Henning，2013）。而 Essleztbichler（2015）使用另一个相关性指标，即行业之间的投入产出相关性，基于行业之间买卖关系的相似性。这种相关性的测度融合了存在于各行业之间的投入产出外部性。

相关性通常被处理为对称的测度：产品 A 被认为与产品 B 相关，同样 B 也与 A 相关。然而，在现实中，很可能存在不对称：A 可能与 B 有关，但反过来不一定。例如，计算机硬件技能可能与软件行业相关，但软件技能对计算机行业的价值可能较小。利用这一关于相关性的不对称信息，可能会对区域多样化产生新的见解：这可能意味着一个区域的计算机硬件行业有利于向软件行业的多样化，但一个区域的软件行业并不一定会增加一个区域在计算机硬件方面多样化的可能性。这种不对称概念的应用将使区域多样化的研究更加符合经济地理中的其他不对称力量，如不平等贸易、人才外流和知识流动不平衡。

相关性通常从相似性和互补性两个方面来理解。Breschi 等（2003）认为当知识在认知维度上接近，可以提供交互学习的机会，并且当相同的知识用于不只一种技术时，相关性可以定义为相似。这与互补性的相关性不同，互补性是指将不同的技术或产品结合起来及其必要性（Broekel 和 Brachert，2015）。一些关于区域多样化的研究明确在相似性的意义上提及相关性，重点关注分享共同知识的活动之间知识溢出的可能性（Neffke 等，2011）。然而，大多数研究都不太明确，并且互换地使用相关性的相似性和互补性两种含义。未来的研究应该努力区分这两种相关能力，以确定相似性与互补性对区域多样化的相对重要性。

总之，显然没有单一的相关性的测度方法，因为它包含了太多的维度。一些关于区域多样化的研究使用了广义的相关性测度，而其他研究则应用了更狭义的相关性测度。总的来说，研究表明，无论相关性如何测度，都有相同的发现。然而，各种相关性测度也可能会包含当前研究中没有单独识别出来的不同类型的能力。因此，下一步有前景的研究是评价哪些类型的相关能力是区域多样化的驱动因素。例如，可以区分三种马歇尔类型的相关外部性（知识溢出、劳动技能和投入产出联系），并同时考察每种类型对区域多样化的影响，将有助于了解哪些类型的能力导致区域多样化。

3. 相关和无关多样化

研究表明相关多样化占主导地位，这并不出人意料，因为当接近现有本地能力时，相关多样化所需的新能力更容易获得，而无关多样化需要涉及高风险和高成本的全新能力（Saviotti 和 Frenken，2008）。然而，同样的研究表明，无关多样化虽然不太频繁，但也会发生。这就要求弄清楚如何定义和分析相关和无关多样化。

关于区域多样化的研究已经考察了一个区域新活动的进入概率是否受到与现有本地活动的相关程度的影响。相关性的正面影响是相关多样化，而负面影响意味着区域在工业发展中取得飞跃，且主要是无关多样化（Boschma 和 Capone，2015；Zhu，He 和 Zhou，2015）。发展新活动所需的潜在本地能力的转型越剧烈，就越涉及无关多样化。当一个区域从服装到航空航天到制药的多样化时，情况就是这样，因为每个新兴产业都需要全新的且非常不同的能力。相比之下，如果一个地区从摩托车到汽车到卡车的多样化，这将反映相关多样化，因为这三个行业可能利用类似的能力，如工程知识库。实际上，人们期望区域的相关多样化更多地是一个程度问题（更相关或更不相关），因为新活动可能会建立并结合与本地相关的能力和无关的能力。这意味着人们不应该区分相关多样化与无关多样化。

重组方法可能与此相关，因为根本性的突破被认为是重组搜索过程的结果，以新的方式结合知识，导致了根本性的突破，对应于探索性的、远距离的搜索，而沿着已经明确的路径结合知识，导致渐进的变化，与利用和本地搜索相关（Arts 和 Veugelers，2015；March，1991）。在这样一个重组框架中，相关多样化可被重新定义为以前合并过的（本地）能力之间的新组合，而无关多样化则体现了以前未合并的（本地）能力的新组合（Castaldi，等，2015）。然而，在现实中，新活动不太可能从完全相关或完全无关的活动之间的新组合中产生，而是往往在这两种类型之间产生组合。

区域多样化的重组方法具有有趣的特点。首先，它将抛弃在区域多样化研究中对相关性的静态处理。相关性本身就会变得动态：以前无关的活动一旦在成功的新组合中连接起来，就会变得相关（Castaldi 等，2015；Desrochers 和 Leppälä，2011）。一个明显的例子是自动驾驶汽车，它产生于汽车技术、基于传感器的安全系统、通信和高分辨率地图等技术领域的新组合，这些领域以前没有组合过。一个关键的研究问题是评估与不在相同位置的无关活动相比，同一地点的无关活动是否更有可能组合并成为相关活动。此外，一旦失去组合潜力且不再组合，本地相关行业也可能变得无关。这影响到区域的韧性，因为本地相关活动之间将不再存在正向的溢出效应。

这种重组方法还可以进一步利用Hidalgo等（2007）引入的产品空间的网络特性，这是建立在产品对之间相关性的基础上。到目前为止，人们忽视的是产品之间的间接联系（Janssen，2015），像两种产品可能通过三元组（通过另一种产品间接连接）或通过短路径（通过相关产品链间接连接）相关。区域多样化的可能性可能受到这些网络特性的影响。

相关与无关多样化的问题需要在今后的研究中加以研究。一个有前景的研究方向是确定某些区域是否比其他地区产生更相关或更无关的多样化。此外，一个关键问题是，区域能否持续依靠更多的相关多样化来维持长期发展，或者它们是否需要在无关的活动中实现多样化以避免长期被锁定，因为这些活动可能会打开全新的市场机会（Saviotti和Frenken，2008）。迄今尚未有提供系统证据的研究。而且，还需要加深理解促进区域更相关多样化或更无关多样化的影响因素（Boschma和Capone，2015；Montresor和Quatraro，2015）。

4. 需要更多的地理智慧

需要将更多的地理智慧纳入区域多样化研究至少有三方面理由。第一，人们需要更多地了解不同类型区域发生的多样化类型，以及哪些因素（如制度）影响不同类型的多样化。第二，相关性往往被处理为一种全球普遍的测度方法，但相关性的程度和性质可能因地区而异。这就要求对各国和各区域进行比较以确定相关性的地域特异性。第三，研究主要侧重于推动区域多样化的本地能力，但对非本地能力如何影响区域多样化以及在何种空间尺度下产生影响几乎没有研究（Isaksen，2015）。

首先，对于哪些类型的区域具有更强的多样化能力、哪些类型的区域普遍存在何种类型的多样化以及哪些区域有助于产品空间的急剧变化还知之甚少（Xiao等，2016）。与老工业区或边缘地区相比，城市区域是否更有能力实现多样化？核心城市区域是否更倾向于在更无关的活动中实现多样化，因为有更多的机会在本地活动之间进行新的组合？相关多样化相比无关多样化的影响如何（Castaldi 等，2015）？关于新路径创建的单一区域案例研究越来越多，这些案例研究提供了新的重要见解（Isaksen 等，2015），但目前还没有一项研究可以系统地比较许多地区多样化的强度和类型。

学者们开始研究使区域更容易多样化地从事相关或无关活动的条件。一项新兴的研究策略是将相关性变量与条件因素构成交互项，考察相关性对区域多样化的正向影响是因这些因素而加强（更多相关多样化）还是削弱（更无关的多样化）。Boschma 和 Capone（2016）发现在欧洲有显著的区别。从广义上讲，西欧国家倾向于在更无关的行业实现多样化，而东欧国家则倾向于向与其现有产业关系更密切的新兴产业多样化。Petralia 等的研究（2016）表明与低收入国家相比，高收入国家更倾向于向无关技术多样化。因此，各国的经济水平似乎影响了多样化的性质。在发达国家，Boschma and Capone（2015）检验了制度是否确实对各国普遍存在的多样化类型有作用，研究表明，所谓的"自由市场经济"制度给予各国更多的自由在更无关的活动中多样化。这与对市场关系调控更密集的制度形成鲜明对比，这种被称为"协调市场经济"的制度使各国更加关注相关多样化，因为它们的制度使它们更加坚持过去的做法。

这种对区域多样化文献中制度的更多关注，为与国际追赶文献联系起来提供了可能性，这些文献侧重于技术和社会能力在各国的作用，他们可以实现追赶和缩短与技术前沿的距离（Fagerberg 和 Srholec，2008；Lall，1992）。这类文献的典型是强调社会能力对于将技术能力转化为经济发展至关重要。Fagerberg，Feldman，和 Srholec（2014）将技术能力定义为通过创新和融资能力有效利用知识创造新知识和创新的能力。他们对社会能力进行了广泛的定义，包括公共知识基础设施、运作良好的劳动力市场以及支持社会健康运转的规范、价值观和其他机构的普遍情况，如收入平等。这种技术能力和社会能力的互补作用类似于 RodríguezPose and Crescenzi（2008）的工作，他们认为知识是不够的，还需要正确的制度把这种潜在的能力转化为经济发展。

Cortinovis 等（2016）考察了区域制度对欧洲区域多样化能力的影响。他们发现，区域政府的质量没有直接影响，但发现一个地区"衔接社会资本"的正向影响，而"结合社会资本"（更注重群体内部互动）对区域多样化没有影响甚至有负向影响。这表明，多样化需要在社会资本的推动下，在不同的活动之间进行组合，从而弥合不同的社会群体。有趣的是，在地区政府质量较差的情况下，衔接社会资本对区域多样化的正向影响更大，而结合社会资本则具有更强的负向影响。因此，区域的衔接社会资本似乎是一个关键的有利因素，尤其是在缺乏强有力的正规制度的情况下。

区域多样化的另一个有利因素是本地存在关键技术（Meliciani，2015）。Montresor 和 Quatraro（2015）发现拥有强大的 KET 的欧洲地区有向更无关技术进行多样化的趋势。根据专利申请数据，他们发现，在 1980—2010 年间，相关性（本地预先存在的相关技术）对授予所有 KET 区域的技术多样化的影响较弱。

Isaksen 和 Trippl（2014）将不同类型的区域创新体系与区域是否更有可能发展新的增长路径以及如果是，区域是否专注于新路径创建还是路径更新的问题联系起来。系统方法在区域多样化方面的另一个潜在应用是构建每个区域的产品空间，然后包含区域特定的网络变量以估计它们对区域多样化可能性的影响。然后，可以改进和检验以前发展的有关网络的理论假设。例如，与网络中紧密相连的核心相比，由连接很少的大量节点组成的网络（可能利于访问新知识和非冗余知识）是否有利于新的路径发展，或者，在集团内部关系紧密的网络结构以及集团之间的结构洞是否有利于在地区实现更无关的多样化。

将更多的地理智慧纳入区域多样化文献的另一种方式是，更具体地说明产品空间是否因国家、地区而异。迄今为止，研究已经采用了全球通用的相关性测度方法，例如利用发达国家和发展中国家的出口数据来确定产品相关性的研究。从地理角度来看，一个有意义的问题是，产品空间是否因国家、地区而异，如果是，则在何种程度上不同；那么，活动之间的相关性是否独立于其空间背景，或者，这是否具有地理维度。某些活动在 A 国是相关的，但在 B 国无关，反映其特定地域的历史？这是一个实证问题，但人们还需要构建理论说明为什么某些行业应该在一个空间背景下相关，而不是在另一个空间背景下相关，抛弃了在许多研究中对相关性不考虑背景的观点。如上文所述，这使得寻找能够实现更多相关或更无关的多样化区域因素更加重要。

此外，关于区域多样化的文献主要侧重于地方能力的作用，表明在本地层面的相关性是多样化的关键驱动力。研究还表明，与国家尺度相比，区域尺度的行业彼此关系更密切（如更一致）（Neffke等，2011）。Boschma等（2013）在一项有关西班牙的研究中表明，区域能力比国家能力对区域多样化更重要。然而，目前这种主要侧重于国家和区域能力的不足是，它忽视了可能影响区域多样化的区域外联系和区域外主体的作用。

最近的文献聚焦于邻国（Bahar等，2014）和邻近地区（Boschma等，2016）在新兴产业中发展比较优势的作用。这些研究发现，区域更有可能发展其邻近区域专业化新的出口产业，而邻近地区在高度联系时往往拥有更相似的出口结构（Boschma等，2016）。一个有前景的研究路径是更系统地评估区域外联系的作用，因为新的组合可能同时取决于本地和非本地的投入。由于这种对外部来源的依赖可能由来自其他地区的个人（如迁移的企业家）和组织（如跨国公司）引起，下一节讨论了微观主体在新路径创造中的作用。

5. 需要从微观角度看待区域多样化问题

行文至此，本文讨论了不同空间尺度的能力如何影响多样化的性质，但尚未注意到微观主体的作用，以及可能推动区域多样化的不同类型的微观主体。首先，区域多样化文献应纳入一个微观视角，以了解哪些类型的公司（如非本地公司）和哪些类型的个人（企业家、移民）有作用。其次，这种微观视角还需要除了企业之外关注能改变制度来驱动多样化进程的制度主体。这需要更深入理解为什么某些地区的微观主体，而不是其他地区的微观主体，在这样做时会更加成功。

Klepper关于新兴产业产生的工作（Klepper，2007；Klepper和Simons，2000）可视为在地区分支文献中构建微观基础的第一步。长期以来，一个关键话题是新创企业还是现有企业发展突破性的创新和新兴产业。对Klepper来说，是由具有相关行业经验的企业家创办的初创企业（即从相关行业的现有企业分出来），而非初创企业本身，是从相关行业进行多样化的现有企业，而非现有企业本身，对一个行业的形成阶段发挥了决定性作用。他对从相关行业进行分拆和产生多样化而产生新行业的观察，在微观尺度上为区域的相关多样化进程提供了强有力的经验支持。

越来越多的证据表明，更多的无关多样化来自外部，通过企业家和企业的区域间流动。Neffke 等（2016）的研究表明，来自区域外的新工厂，而不是本地的初创企业，引入了更多无关多样化。特别是由其他地区的大公司设立的新子公司会引发结构性的变化，因为子公司与其在原区域的母公司的所有权联系使得它们能够开展由于原区域不存在资源而不能开展的活动，从而能够克服创新的责任。这与跨国企业将区域专业化转向新方向的文献一致。然而，仍然需要加深理解跨国企业如何影响区域多样化。这可能取决于跨国企业的投资策略：当他们在原地区投资以利用其技术优势并从当地低成本中获益来生产标准化商品时，更有可能发生更无关的多样化，而对当地经济几乎没有溢出效应。相反，当跨国企业对与原地区的活动相关但不相同的活动进行研发投资，目的是利用本地学习机会（同时避免知识泄露给竞争对手）时，就会发生更多相关的多样化，从而对原地区产生正向的溢出效应（Cantwell 和 Iammarino，2003）。

不仅是公司的进入，而且明星科学家、高层管理人员或关键员工等个人的流入也可能对区域多样化产生作用。大量的研究证明了移民对区域发展新产业的重要性（Bahar 和 Rapoport，2014）。跨国企业家，如成功返乡移民，在某些地方的早期行业形成中发挥了关键作用，但只有当他们嵌入在他们的区域背景中时才有作用。Hartog（2015）发现，拥有与工厂核心活动无关技能的高级管理人员和高级技术人员的流入增加了工厂多样化的可能性，但目前还没有系统的研究来评估招聘新劳动力对区域多样化的影响（Hausmann 和 Neffke，2016）。关注区域间劳动力流动，还将进一步阐明现有产业（相关的和无关的）在区域内产生新产业的渠道。

因此，非本地公司的流入可能导致区域多样化，但本地公司也可能通过非本地联系导致多样化。越来越多的文献侧重于边缘地区的创新公司，这些公司不能利用当地资源而依靠非本地联系（Grillitsch 和 Nilsson，2015；Isaksen，2015）。这些公司具有强大的公司内部能力，这是建立关键非本地联系的先决条件。问题是，这种强大的公司内部能力和非本地联系的结合是否使边缘区域更有可能在更无关的活动中实现多样化。在较发达的地区，人们可以认为，公司内部能力和地方能力都对区域多样化很重要。研究表明，本地相关的外部性提高了生产率更高公司的出口业绩，提高了高影响力公司的生存率，提高了绩效更好公司的生产率。最近的研究（Hazir 等，2016；Lo Turco 和 Maggioni，2016）发现公司和地方层面的相关性对新产品的多样化有积极的影响。在发达地区，公司多样化似乎更多地依赖于本地能力，这可能是由于本地公司参与相对复杂的产品，这使得它们更加依赖多样化的本地知识库。这可能意味着发达地区的公司更容易发生相关多样化，边缘地区的公司更容易发生更无关的多样化，但缺乏系统的证据。

关于区域多样化的微观视角不应局限于经济行为者（如公司和企业家）作为改变的唯一推动者。公共机构，如大学，可以在与其现有发展路径无关的新兴产业发展方面发挥重要作用。政策驱动型变革（例如，通过基础研究和公共采购）可以促使区域发生根本性转变，硅谷就是一个典型案例（Mazzucato，2013）。虽然不那么剧烈，政策驱动的变革也成为欧盟目前设计的智能专业化战略中的目标（Foray，2014）。此外，考察制度主体的作用对理解区域多样化是关键的，这体现在公司、利益集团、决策者等的集体行动上，因为早期的行业形成需要新的制度和现有制度的适应改变（Binz 等，2016）。这就需要深刻理解为什么某些地区的制度主体比其他区域更成功地创建、废除和改变制度，制度主体负责这种制度变革（Sine 和 Lee，2009），还需要理解哪些区域条件有助于实施这种集体行动。

制度创业文献着眼于制度变革中制度主体的作用（Maguire 等，2004）。它描述了制度企业家如何操纵他们嵌入的结构，以及微观主体如何采取集体行动去调动知识、资源和公众舆论，以建立合法性，并在各种空间尺度上建立新制度或重塑现有制度，以便新产业的形成。Saxenian（2006）将成功的反向移民（或侨民）视为变革的主要制度主体，因为他们完全有能力接触和说服本国的政府官员和其他代理人调整和重新设计本地的制度。这意味着，不能孤立地，也不能不从多角度研究公共行为者在本地产业形成中的作用（Dawley 等，2015）。问题是，是否有区域条件为战略行动提供更多的机会，使（地方）行为者更容易制度创新，以及更成功地改变制度。

另一个有前景的研究路径是将创业实验文献联系起来，这些文献侧重于市场机会在总体制度存在的情况下对突破性新技术的出现所起的作用（Schot 和 Geels，2008）。市场机会是孵化空间，在孵化空间中，新的突破性活动受到保护免受市场选择和来自政权的制度压力的影响，并允许行为者通过实验了解新技术及其用途（Coenen 等，2010）。市场机会还促进赋予权力，通过这种赋权，他们通过有利于新活动出现的方式"适应和顺从"或"延伸和改革"现有制度（Smith 和 Raven，2012）。这些文献强调可能阻碍体制变革的抵抗和相反的力量，特别是当新的活动挑战他人并破坏既定制度时。人们越来越了解现有企业的既得利益者如何实施从阻碍体制变革到协作等的各种战略（Wesseling，2015）。然而，对市场机会形成的地理方面知之甚少。按照达尔文的逻辑，可以假设成功的市场机会的形成需要地理隔离，特别是在无关多样化的情况下，或需要在既得利益者没有充分代表或无法主导地方制度设计的地方，如在大型的多样化的城市。

（四）研究启示

本文对演化经济地理中的重要概念"技术关联"进行了系统的综述，对于区域在与既有活动相关的活动中产生多样化这一主张提供了批判性的评价，认为有必要更加明确能力和相关性的概念、相关和无关多样化的识别和重要性、相关性的地域特异性、地方能力和非地方联系对区域多样化的重要性以及经济和社会制度的作用，需要结合文献中各种观点，包括复杂性理论、经济地理、制度理论、网络理论、组织研究、政治学、人口生态学、社会学和可持续转型文献。本文还对未来研究提出了五条建议。第一，厘清让区域产生多样化的各种能力类别，有必要从相似性和互补性方面分清相关性，并更具体地说明哪些类型的相关能力在各活动之间共享且对于区域多样化重要；第二，在区域多样化的研究中纳入更多地理学的思考，需要更多地了解不同类型地区普遍存在的不同多样化类型，哪些因素（区域内和区域外）促进更相关或更无关类型的多样化；第三，彻底检查区域相关多样化和无关多样化的条件因素，将相关和无关的活动结合起来，有必要超越相关多样化和无关多样化的二分法，并考察在导致区域新活动的现有活动之间有哪些类型的新组合；第四，以微观视角考察区域多样化，需要确定包括决策者在内的不同类型的个人、公司和制度主体的作用，以评估谁是区域中哪种类型（更相关或更无关）多样化的主要驱动因素；第五，采取混合方法对区域多样化作出更全面解释，定量方法需要辅之以定性研究得出新的见解。

论文四：《知识基础，区域创新和发展动态性》

Asheim, B., M. Grillitsch, M. Trippl, "Combinatorial knowledge bases, regional innovation, and development dynamics", *Economic Geography*, Vol. 85, No. 4, 2017.

（一）作者简介

本文第一作者 Bjørn Asheim 为斯塔万格大学商学院名誉教授，隆德大学创新研究中心特聘教授，致力于研究区域创新系统、知识基础、学习型区域、创新政策等，涉及经济学、社会科学、环境科学等多个领域。

（二）论文简介

本文为特刊导言，该期特刊聚焦于知识基础、创新和不同区域和部门背景下新路径发展动态之间关系的理论进展和实证见解，即知识创造和创新的动态性。知识基础方法超越了部门和区域创新方法，侧重于公司、行业和区域内知识创造和知识组合的微观动态。本文提供了关于此类知识动态性、创新和新路径开发之间因果关系的理论进展和实证见解。它有助于经济地理学更好地理解不同部门和地区的经济增长和发展背后的机制，并更好地理解同一部门和地区内公司绩效之间的异质性。所有这些都巩固了基础广泛的创新政策方法和政策制定者在刺激差异化知识基础的新组合方面的积极作用，这表明其根源于（区域）创新系统传统。

(三) 主要研究内容

整合各类知识的重要性以及此类实践影响企业、部门和地区创新绩效和演变的方式是当前经济地理学和创新研究中概念和实证检验的关键主题。然而，这些过程背后的知识动态性及其地理模式在很大程度上仍未得到探索。本期特刊从知识基础的角度促进对这一重要但问题的理解。知识基础方法将注意力集中在公司和地区如何结合不同的知识基础，从而将重点转移到此类实践的前提、表现和结果上。

1. 知识基础的类型

差异化知识基础方法源于长期努力超越狭隘的、供应方的、线性的创新模式，转向广义的观点，将创新视为多个参与者和组织（企业家、公司、大学、公共机构、政府和公民社会）之间互动学习过程的结果，这也符合创新系统的概念。广义的观点同时考虑了供应和需求方面的因素，因此反映了创新的各种潜在驱动因素。通过区分分析型知识、综合型知识和象征型知识，并详细说明这些知识类型如何与不同的创新模式和实践相关联，知识基础方法进一步证实了基础广泛的创新政策的基本原理。这意味着没有任何类型的知识比其他知识更先进、更复杂，或者认为基于科学（分析）的知识对公司、行业和地区的创新和竞争力比基于工程的（综合）或基于艺术的（象征型）知识更重要。

其中，象征型知识的基本原理在于社会建构的规范、价值观和观念世界。它涉及通过在感性的媒介中传播来激发消费者心中的反应，从而替代现实和表达文化意义。分析型知识是通过科学方法产生的，具有普遍性、高度抽象性，并且在很大程度上具有编纂性质，其与大学和研究机构的合作很常见。综合型知识是通过现有知识的应用或组合获得的，通常在与客户或供应商的互动学习过程中获得，并且具有很强的隐性知识特征并特定于环境。相比之下，象征型知识依赖于项目团队的创造性过程，对于创造意义、欲望和审美品质至关重要。象征型知识是无形的，而且是高度特定于环境的。这三个知识基础在很多方面都有很大的不同（更多细节参见 Asheim, 2007）；但它们的结合仍然是可行的，而且通常是必不可少的，特别是对于更激进的创新和新的区域工业路径发展。由于这种三重区别涉及理想类型，因此大多数活动实际上由多个知识基础组成。然而，通常一个知识基础将代表知识创造和创新过程离不开的关键知识输入。知识基础的新组合，尤其是当涉及象征型知识时，作为新路径发展的来源似乎变得越来越重要。经济合作与发展组织（OECD，2013）强调由组合知识基础构成的知识资本是企业创新和增长的新的重要来源。

分析型知识基础和综合型知识基础之间的区别最初由 Laestadius（1998，2007）引入，作为 OECD 根据研发（R&D）强度（高、中、低技术）对产业进行分类的替代方案，认为知识密集度大于研发强度，为造纸和纸浆行业制造先进生产设备的工程型行业也属于知识密集型行业，即使它们没有作为高科技产业出现，但该技术是基于工程、合成知识，而不是科学方法。Asheim 和 Gertler（2005）以及 Asheim 和 Coenen（2005）进一步发展了分析型知识和综合型知识之间的区别，以研究和解释创新地理中广泛的行业特定差异以及不同类型的知识基础如何在创新过程中结合（它们的组织方式、合作模式、位置和邻近的重要性）。分析型和综合型之间的区别后来扩展到第三个类别，即象征型知识基础，以涵盖创意和文化产业日益重要的无形维度（Asheim，Boschma 和 Cooke，2006；Asheim，2007）。

继 2001 年在北欧关于中小企业和区域创新系统的项目（Asheim 和 Coenen，2005）中开发和首次应用之后，差异化知识基础方法为众多实证研究提供了理论背景。它也被证明是可以为区域创新政策的重新定位提供信息的一个强有力的概念。

鉴于公司之间的强烈异质性可以超过部门在解释不同创新模式方面的作用，从而超越高科技与低技术的对立（Martin 和 Moodysson，2013），因此不同知识基础之间的差异尤为重要。这可能代表了知识基础方法的一个潜在新贡献，它解释了为什么创新方面的这种异质性在很大程度上仍然存在于企业内部，而部门或国家创新系统的观点认为企业创新行为的差异是由部门或国家解释的（Srholec 和 Verspagen，2012；Pina 和 Tether，2016）。应用知识基础方法可能会导致更通用的、基于理论的公司类型学的发展，取代过时的基于经验的部门分类法，例如产品类别（NACE）、创新公司的特征（Pavitt，1984）和研发强度（OECD），可用于研究范围广泛的地区、部门、公司的创新以及使用创新传记在公司层面上的特定创新过程。标准行业分类系统有局限性，尤其是在捕捉新兴和转型行业，以及跨越传统产品类别的行业，这在审视一些更激进的新路径发展形式时变得尤为重要。

专注于组合知识基础有望对异质知识资源的相互联系如何与公司、行业和地区的创新性相关联提供新颖的见解。此外，该概念通过识别各种形式的新产业路径发展的来源开辟了新天地，并为探索组合型知识基础如何与区域路径发展相关联提供了概念工具。对这些问题的研究得益于现有微观数据源的扩展和创新传记的构建带来的新的可能性，即实证识别企业对分析型、综合型和象征型知识的使用。

知识基础概念表明需要重新考虑当前的政策战略。它提出基础广泛的创新政策方法和政策制定者在刺激差异化知识基础的新组合方面的积极作用，这表明其根源于（区域）创新系统传统。因此，知识基础方法更接近于制度而不是进化的推理方式。以有意的行为者和机构为重点的政策维度需要一个社会本体论作为基础，以便能够理解和解释新兴产业和新路径的创造，这通常是公共政策干预的结果。

2. 知识基础的研究成果

以下文章突出了知识组合对区域创新和发展动态的重要性。这些文章将知识基础方法作为涵盖深入案例研究、创新传记、事件分析和计量经济学研究的各种实证方法的公分母。

Isaksen 和 Trippl 援引知识基础概念来分析新区域产业路径的演变。他们区分了分析型路径和综合型路径。本文超越了流行的狭隘概念化的新路径发展模型，提倡更广泛的理论框架，强调外生来源和政策行动的重要性，并有助于理解分析型和综合型路径如何在外围地区展开。作者通过对奥地利和挪威两个外围地区电子和软件行业兴起和发展的案例研究，证明了来自外源的分析型和综合型知识的流入以及不同空间尺度的政策干预推动了这两个地区的新路径。Grillitsch 等探究了瑞典地区的知识基础组合和创新绩效。本文讨论了企业和区域级知识基础之间的潜在相互作用。研究结果表明，企业在分析、综合和象征型知识禀赋均衡的地区更具创新性。此外，该研究指出知识基础之间的强大协同作用，对于象征型尤其如此。单独的象征型知识影响不大，但结合分析型知识便可以促进企业的创新。这强调了知识基础之间的组合，在企业和地区层面均在创新过程中发挥着重要作用。Manniche等批判性地反思知识基础方法的贡献和未来发展潜力。其主要贡献是超越传统的分类和部门主导的创新解释，反而是关注微观层面的知识动态性。文章还强调，文献从确定公司、行业甚至地区的主导知识基础发展到承认知识基础组合的重要性。有人认为，这种对知识组合的关注需要了解组合动态性背后的组织和管理过程。文章建议进一步研究引入新知识类型的管理决策。Strambach研究微观层面的知识动态性与宏观层面的制度环境之间的相互作用。通过对德国和中国可持续建筑部门的案例研究，文章揭示了制度差异限制了知识互动，而象征型知识（即理解规范、价值观和日常文化）对于克服这些问题起着至关重要的作用。研究还表明，微观层面的知识互动是制度变迁的重要而隐藏的驱动力，知识基础类型有助于系统地分析这一隐藏维度。

总之，本期特刊中的文章提供了关于知识基础、创新和不同区域和部门背景下新路径发展动态之间关系的理论进展和实证见解。他们聚焦知识创造和创新的动态性。这些文章增强了对将分析型、综合型和象征型知识基础与促进它们整合的制度、组织和管理安排和过程相结合的先决条件和挑战的理解。这些见解代表了对经济地理学的重要贡献，有助于更好地理解不同部门和地区的经济增长和发展背后的机制，并更好地理解同一部门和地区内公司之间绩效的异质性。这些见解对产业和创新政策的政策影响具有重大的潜力。

（四）研究启示

本文对知识基础及其对区域创新的影响进行了介绍，本期特刊中的文章提供了关于知识基础、创新和不同区域和部门背景下新路径发展动态之间关系的理论进展和实证见解，有助于理解不同部门和地区的经济增长和发展背后的机制，以及同一部门和地区内公司之间绩效的异质性，对产业和创新政策的政策影响具有重大的潜力。导言中明确区分了分析型、综合型和象征型知识，分析型知识通过科学方法产生，具有普遍性和高度抽象性；综合型知识是通过现有知识的应用或组合获得的，具有很强的隐性知识特征并特定于环境；象征型知识依赖于项目团队的创造性过程，是无形的且高度特定于环境。三种不同知识基础地结合对于更激进的创新和新的区域工业路径发展是必不可少的。

论文五：《进口竞争与企业创新：来自中国的证据》

Liu, Q., R. Lu, Y. Lu, et al., "Import competition and firm innovation: evidence from China", *Journal of Development Economics*, Vol. 151, No. 2, 2021.

（一）作者简介

刘青，中国人民大学国家发展与战略研究院教授、博导、副院长，国际经济与金融研究中心主任，主要研究领域为国际贸易与投资、跨国并购、企业创新、中国经济发展。兼任全国国际贸易学科协作组青年论坛副秘书长、中国国际贸易研究会副会长，在 *Journal of International Economics*、*Review of International Economics*、*The World Economy*、*Management and Organization Review*、《经济研究》《金融研究》《世界经济》《经济学（季刊）》等国际国内主流期刊发表论文三十余篇。刘青教授关于中国海外并购的论文曾获得国际商务领域最权威学术组织 Academy of International Business（AIB）2015 年最佳论文奖，关于贸易与企业创新、纵向投资的论文曾两次获国内国际贸易领域最高奖项"安子介论文奖"。

（二）论文简介

进口竞争是否增加了一个国家的创新活动？在现有文献中不同国家对这个问题的研究结果有较大差异。Shu 和 Steinwender（2019）最近的一次研究中发现，"发展中经济体中存在着压倒性的积极证据，也即进口竞争可以增加创新活动。欧洲也存在着大量的积极证据，而北美则大多是混合的证据"。进口竞争对创新的影响仍然不清楚，这些跨区域差异的原因也不清楚。文章研究进口竞争是否能够影响企业创新，通过什么样的机制影响企业创新。利用双重查分模型（DID）将中国加入世界贸易组织（WTO）作为一个准自然实验，研究中国在加入 WTO 之后带来的进口竞争是否会对国内企业的创新行为产生影响。

（三）主要研究内容

论文以中国加入 WTO 的 2001 年 11 月到 15 年后的时间段为背景。中国加入 WTO 后，2002 年开始履行减征关税义务。然而，中国在加入 WTO 后的关税降低表现出很大的行业异质性。2001 年初始关税较高的行业在加入 WTO 后关税降低幅度更大。这种贸易自由化程度上的差异导致不同行业之间的进口竞争程度不同，这为研究提供了一个构建双重查分模型的机会。论文比较了由于加入 WTO 而面临进口竞争大幅增加的行业与进口竞争小幅增加的行业在同一时期的创新变化。通过对中国数据集（关税数据、专利申请数据和企业运营数据）的手工匹配，发现进口竞争降低了企业创新。总的来说，在加入 WTO 后，相对于那些自由化程度较低的行业，那些自由化程度较高的行业的专利申请量有所下降。进口竞争对创新的负面影响与所谓的熊彼特效应是一致的，进口竞争降低了创新后的边际回报，因此抑制了事前的创新激励（熊彼特 1942）。

论文还进行了一系列异质效应分析，以深入解析文献中提出的一些理论模型。第一，发现进口竞争对初始生产率较低的企业创新的影响在统计和经济上都不显著，而对初始生产率较高的企业则是显著的负面影响。这与偏好论点一致（Raith，2003），但与逃避竞争论点不一致（Aghion 等，2005）。第二，研究发现，进口竞争效应对外观专利的影响是正向的，尽管在统计上不显著，但对发明和实用新型创新的影响是消极的，并且在统计上显著，对发明的影响略强于对实用新型的影响。不同创新类型之间进口竞争的差异效应表明，竞争中存在积极的力量。进口竞争的一个潜在好处是，外国进口产品包含先进技术或新产品特征，这可能会对国内企业产生知识溢出，特别是在发展中国家。为了验证确立这一论点，扩展了标准贸易模型，以允许产品质量的内生选择（另见 Dhingra，2013）。理论分析表明，观察外国产品和发现通过专利申请审查的诀窍所产生的溢出效应在外观专利中最强，其次是实用新型创新和发明创新。实证结果支持溢出效应。

1. 数据处理

论文使用了三个企业级的数据库。

首先，利用世贸组织的关税下载机制来获取有关中国关税的信息。对于在协调系统（HS）代码中定义的每一个六位数的产品，关税数据提供了详细的信息，包括关税线的数量、平均、最低和最高从价税关税。可获得1996年、1997年和2001年至最近一年的关税数据。关税数据中有5036个来自制造业的HS-6产品。

然后，从HS产品水平到工业水平合计关税。使用中国国家统计局的一致性表将HS分类与中国工业分类进行匹配。然后，对于每个行业和每年，我们计算简单的平均关税。然而，有人担心，这种汇总可能掩盖了某一特定行业内不同产品关税削减的巨大差异；也就是说，根据关税降低的程度，产品被平等分配。为了解决这一问题，我们在健壮性检查中构建了加权平均关税，从而根据产品的初始进口份额给予产品不同程度的影响。

为了捕捉企业创新的程度，可以使用创新投入（如研发支出）或创新产出（如专利申请）。我们延续了以往的研究使用专利申请信息（参见Aghion等，2005；Hashmi，2013）。根据定义，专利为持有者提供了相应创新的临时垄断租金。相对于研发支出，使用专利数据的优势在于，中国等发展中国家可以利用这些数据。专利备案资料由国家知识产权局提供。这些数据包括自1985年以来每一项专利申请的详细信息，如申请日期、申请人姓名和地址、专利名称以及专利的类型——无论是发明、实用新型还是外观设计。

专利申请数据集的一个缺点是，它几乎不包含关于公司特征的信息（除了名称和地址）。我们从第三个数据来源——由中国国家统计局维护的1998—2005年间的工业企业年度调查（ASIF）中获得了所有必要的企业特征。这是中国最全面的企业数据集，涵盖了所有年销售额超过500万人民币（约60万美元）的国有企业和非国有企业。这些公司的数量从20世纪90年代末的14万多家到2005年的24万3000多家不等，遍布所有31个省或直辖市所有制造业，这确保了样本具有代表性。该数据集提供了详细的公司信息，包括名称、行业关联、位置以及会计报表中的所有经营和业绩项目，如年限、就业、资本、中间投入和所有权。

由于专利申请数据和ASIF数据有不同的公司身份代码，我们通过两个数据集中报告的公司名称手工合并两个数据集，并再次检查我们与公司的位置信息的匹配这可能会引起对匹配质量的某些关注，从而使我们的估计产生偏差。

总体来看，匹配的数据有一个不平衡的面板，包括440877家公司和总计约130万个观察，详细的专利申请信息和1998—2005年间的公司特征。

2. 研究设计

为了确定进口竞争对创新的影响，我们探讨了以下事实：在中国加入世贸组织后，一些以前受到更多保护的行业（即2001年关税较高的行业）由于世贸组织协议而大幅降低关税，从而加入更多的进口竞争。相比之下，其他以前较为开放的行业（即2001年关税较低的行业）的关税变化较小，因此竞争程度变化不大。关税削减的时机（2002年）和工业自由化程度的变化提供了使用DID分析策略的机会。更具体地说，我们比较了2001年前后以前更受保护的行业（处理组）的创新活动变化与同期以前更开放的行业（对照组）的相应变化。关于类似的做法，参见Guadalupe和Wulf（2010）。

我们的DID估算模型设定如式（1）所示。

$$Y_{fit} = \alpha_f + \beta Tariff_{i2001} \cdot Post\ 02_t + X'_{fit}\gamma + \lambda_t + \epsilon_{fit} \tag{1}$$

其中 f、i 和 t 分别代表企业，四位数的行业代码，以及年份，其中四位数行业代码是我们的数据中能进行最好的分类。具体来说，y_{fit} 衡量的是企业 f 在第 t 年行业 i 的创新。$Tariff_{i2001}$ 为2001年工业 i 的关税税率；$Post02_t$ 是WTO后时期的指标，如果它是2002年及以后，取值为1，否则取值为0。ε_{fit} 是误差项。为了处理潜在的异方差和序列自相关，我们在行业年级别对标准误差进行聚类（Bombardini 等，2018）。

式（1）中，α_f 为企业固定效应，控制了企业、行业和地区间的所有时间不变异质性，如区域地理特征、不同创新类型的行业内在分布等；年度固定效应为 λ_t，控制了所有行业共同的年度冲击，如商业周期、技术进步和专利制度的变化等。

考虑在公司层面存在许多零专利申请，我们使用以下转换测度作为结果变量，见式（2）

$$y_{fit} = In[Y_{fit} + 1] \tag{2}$$

其中 Y_{fit} 为企业 f 在行业 i 中 t 年的专利申请总数。

为了分离进口竞争的影响，论文控制了几个可能影响企业创新的时变企业特征（X_{fit}），如企业年龄、企业规模、资本劳动比率、出口状况、外国投资者持股和国有持股。

实证结果表明2001年高关税行业的企业在2002年后的创新要少于2001年低关税行业的企业。考虑2001年关税较高的行业在2002年后经历了更大的关税削减和进口竞争，这一结果意味着进口竞争减少了企业创新。

（四）研究结论

贸易自由化对经济增长的影响一直是全球化讨论的热点问题。本文研究贸易自由化对企业创新的影响是积极的还是消极的，企业创新被认为是经济长期增长的关键决定因素之一。为了建立贸易自由化与创新之间的因果关系，我们采用差异中的差异技术，利用中国加入WTO带来的准自然实验。具体来说，这一加入产生了关税降低方面的产业异质性。在此基础上，我们比较了自由化程度较高的行业和自由化程度较低的行业的企业。我们发现贸易自由化对企业创新有负面影响，这一发现经得起一系列检验。此外，通过利用我们的数据集的丰富变化，我们发现了企业生产率和创新类型的异质性效应。这些结果支持了偏好效应和溢出效应。我们的发现补充了目前关于贸易自由化的增长效应的文献。虽然我们可能无法完全解决文献中发现的跨国混合结果，但我们的发现提醒我们，创新影响的潜在异质性。例如，贸易自由化可能由于负熊彼特效应而对基础创新活动不利，但企业可以从外国企业获得大量的正向溢出。

（五）研究启示

该文重新审视了中国背景下进口竞争对企业创新的影响，值得推荐的是，第一，中国作为世界上最大的发展中经济体和第二大经济体，为进口竞争和创新文献提供了重要的补充证据。作者关注了产出关税削减的平均效应及其在不同类型创新中的差异效应，并且作者控制了控制投入、出口和外国直接投资的影响。第二，由于中国在21世纪初为了履行加入世贸组织的承诺而大幅削减了进口关税,因此中国的环境提供了一个可靠的识别策略;此外,在中国加入世贸组织后,中国的创新活动迅速增长,专利申请总数从 1998 年的不到 75000 件增加到 2005 年的 280000 多件。这种创新的动态变化为确定贸易自由化效应提供了良好的研究条件。第三,研究了进口竞争的异质性反应,估计了进口竞争对创新的总体影响和不同企业类型以及专利类型的差异效应,因为中国数据中的企业生产率和创新能力存在巨大差异。此外,还评估了代表不同程度技术进步的不同类型专利的影响。

7 地区间发展差异的历史因素*

一 导语

通过历史因素探讨地区间经济发展差异是近20年来发展经济学的重要分支，该分支是经济史与发展经济学的融合，截至目前，这一研究领域对地区间经济发展差异因素的识别进行了大量的文献探讨，总体而言得出三条机制路径：地理因素、制度因素和文化因素。本章就三条机制路径分别选取了近年来具有较大影响力和较强学术规范性的代表性文章进行翻译提炼，其中第一篇（"The Wind of Change: Maritime Technology, Trade, and Economic Development"，以下简称"论文一"）是地理因素带来地区间差异的重要文献，第二篇（"The Development Effects of the Extractive Colonial Economy: The Dutch Cultivation System in Java"，以下简称"论文二"）是探讨早期制度差异对地区长期发展差异的影响，第三篇（"Understanding Cultural Persistence and Change"，以下简称"论文三"）是探讨历史因素导致地区间文化差异的重要文献。以上文献均采用这一研究领域普遍采用的自然实验方法对历史因素进行因果识别，从而探讨导致地区间发展差异的原因。

论文一采用新的贸易数据和新的识别策略来实证研究：①蒸汽船的

---

* 本部分所导读的文献分别是① Pascali, Luigi, "The Wind of Change: Maritime Technology, Trade, and Economic Development", *American Economic Review*, Vol. 107, No. 9, 2017. ② Melissa D., Olken B. A., "The Development Effects of the Extractive Colonial Economy: The Dutch Cultivation System in Java", *Review of Economic Studies*, Vol. 87, 2020. ③Giuliano P., Nunn N., "Understanding Cultural Persistence and Change", *Review of Economic Studies*, Vol. 88, 2021.

应用在塑造19世纪世界贸易格局中的作用,以及②这种世界贸易的巨大增长对经济发展的影响。文章通过利用蒸汽船在各国之间运输时间上的不对称变化这一事实,构建了因果识别方法。在蒸汽船发明前,贸易路线取决于风向。这一差异是基于各国地理区位的不同及由此产生的受洋流和季风影响差异所造成的。蒸汽船的使用以一种不相称的方式减少了各国贸易路线之间的运输成本和时间。利用这一变化来源和有关航运、贸易和发展的新数据,文章通过因果识别方法证明发现,一是蒸汽船的采用对全球贸易模式产生了重大影响;二是只有少数国家因更具包容性的制度而受益于贸易一体化;三是,全球化是1850—1900年间世界贫富之间经济差异的主要驱动力。

文章主要有四个方面的理论贡献。首先,文章解决了运价内生的识别问题,并第一次将相关研究的实证数据延长到1870年前。其次,文章的发现有给贸易对发展影响的讨论提供了因果识别的证据,解决了现有文献普遍使用地理工具确定因果通道中,因使用跨国家的点到点大圆距离可能与非贸易产生的结果的地理差异相关所导致的因果识别有偏问题,并发现尽管贸易已被证明对当今世界的发展具有普遍的积极影响,但一个世纪前可能并非如此。再次,论文提出第一波贸易全球化在短期内对少数核心国家产生了积极影响,而对其他国家产生了消极影响。因为当贸易成本足够高时,贸易成本的降低加上局部外部性会带来工业集聚,这对制造业国家是有利的,而对农业国家可能是不利的,这一结论支持了新经济地理理论的观点。最后,文章的发现与大量现有实证文献相呼应,首次对贸易在不同制度国家所可能产生的截然相反的作用进行了评估,为制度影响经济发展的另一个渠道提供了经验基础。

论文二通过研究荷兰殖民者在爪哇推行的种植制度(Cultuurstelsel),考察了这种将强制农业措施与大规模国内加工相结合的采掘制度对当地持续发展的影响。该种植制度是殖民地剥削的一个特别突出的例子,爪哇岛是东印度群岛庞大的荷兰殖民帝国的主要人口中心,从19世纪30年代初到70年代,殖民地国家强迫爪哇北部海岸的农民种植糖,然后在附近的荷兰工厂加工,最后出口到欧洲,并从该系统中提取利润丰厚的收益,其收入占荷兰政府收入的1/3以上。种植制度以荷兰

7 地区间发展差异的历史因素

在爪哇农村建造的 94 座水力驱动糖加工厂为核心，数百万爪哇人通过强迫劳动和自由劳动在糖厂周边地区从事糖的种植、加工和运输。荷兰殖民者在每个工厂周围修建了一个半径约 4—7 千米的辐射区，并迫使辐射区内的所有村庄重新整理土地种植甘蔗，并授予村干部分配土地和管理种植的权力。

这项研究考察了荷兰殖民者的种植制度对爪哇当地经济带来的两个主要变化。其一，通过建造糖厂，给 19 世纪的爪哇农业中心地带提供了制造业；其二，强制重组工厂周围的村庄土地以种植糖并迫使周边村民为工厂提供劳动力。需要指出，文章并没有更普遍地考虑殖民主义的影响，而只是阐明受到更密集殖民剥削的地方是否经历了不同的发展轨迹。对于这两个目标，文章采用了两种不同的实证策略。为了检验糖厂创建带来的影响，文章将随机化推理型方法与经济结果相结合，从而构建了糖加工厂的反事实空间配置，从而通过因果推断方法识别出，与居住在更远地方的人相比，居住在历史上所设立糖厂位置几公里范围内的人从事农业的可能性要小得多，而从事制造业或零售业的可能性更大，且家庭的人均消费量比居住在 10 公里以外的家庭的人均消费量高出约 10%。产业关联与集聚、基础设施投资和人力资本积累是种植制度对当地经济持续影响的重要渠道。

除了带去工业体系，种植制度还使得每个工厂周围辐射区内的村庄被迫种植甘蔗，从根本上改变了他们的经济和组织形态。为了估计这些影响，文章利用辐射区边界的空间不连续性。通过将历史档案村庄名称信息与现代地理参考位置信息进行匹配，计算了耕作系统边界的准确位置，并利用辐射区边界在经纬度空间上形成了多维不连续性，构建了断点回归模型。实证结果显示，历史上糖厂辐射区内的农业村庄中，从事制造业和零售业的家庭比例较高，从事农业的家庭比例较低。

与现有研究所认为的殖民制度是国家间和国家内部长期经济发展滞后的主要因素不同，这篇文章提供了一个突出的反例，来自世界上最大和最有利可图的殖民地之一的证据表明那些殖民地开采更为密集的地区今天的经济状况似乎更好。但是，值得说明的是这并不意味着关于殖民问题讨论的终结。殖民者带来的制度和事务，是不能一概而论的，需要更多细致的研究。荷兰在爪哇的殖民及其种植制度可以算是一种特例，因为当地能够为荷兰殖民者带来丰厚的经济利润，殖民者在当地推行的种植制度和创办的工厂只是为获取利润，虽然给当地带来了一些经济上的持续影响，但不能说明其殖民的正确性。同样在很多殖民地区，如秘鲁的米塔制度、刚果的长期奴役等，殖民都给当地带去了长期的负面影响，殖民对殖民地的影响将是历史因素对当前地区间经济发展差异影响的重要研究领域。

论文三研究了进化人类学中一类模型中出现的文化持久性的决定因素——代际环境的相似性。在这些模型中，当历史环境在代际更加相似时，进化到上一代的文化特性更有可能适合当前一代，当历史环境更加稳定，传统得到更大的重视，文化的持久性也更大。当一个人群居住在一个高度稳定的环境中，传统（即习俗、信仰和价值观）在与当前环境非常相似的环境中演变和存活，它们可能包含与当前一代人的相关信息。相比之下，如果环境在代际发生了很大变化，那么前几代人的传统就不太可能适合当代人，这一逻辑表明，世代之间的环境越相似，前一代进化的传统就越有可能对当代人有利。

文章首先提供一个简单的模型来说明这一逻辑。在这种情况下，个人对于要采取的最佳行动具有不确定性，这取决于当前的环境。个人要么通过昂贵的信息获取，要么遵循上一代的行为（即传统）选择自己的行为。在均衡状态下，代际的环境越相似，遵循传统的人口比例就越高，因此，一个更稳定的环境使社会更加重视维护传统。

为了验证这一逻辑与假设，文章采用了四种不同的实证策略。第一个是从世界价值观调查（WVS）中检验自我报告的关于传统重要性的观点，研究发现历史上经历了代际更不稳定的气候变化的群体，今天，对保持传统和习俗的重要性的信念较弱。第二个实证策略着眼于跨国的文化特征的持续性，研究发现在历史环境变异性较大的国家中，文化存在较低的持续性。第三个实证策略测试移居美国的移民后裔的传统的持续性，研究发现来自历史环境不稳定的国家的移民的子女不太可能与来自相同国籍的人结婚，也不太可能在家里说他们的传统语言，语言、教育和职业的代际持续性较弱。第四个文章考查了美国和加拿大的土著居民。研究发现有更严重环境不稳定历史的民族的土著居民，今天不太可能说他们的传统语言。这些发现对给文化变迁过程提供重要见解的现有研究提供了补充,同时,为文化进化模型中父母的选择能够影响他们孩子的假设提供了依据。

二 精选文献导读

论文一:《变革之风:航海技术、贸易与经济发展》

Pascali, Luigi, "The Wind of Change: Maritime Technology, Trade, and Economic Development", *American Economic Review*, Vol. 107, No. 9, 2017.

(一)研究背景:贸易全球化与航运技术的进步

1820—1913年,世界贸易出现了前所未有的增长,世界出口占GDP的比率从5%上升到9%,人均出口量增加了三倍多,标志着第一个贸易全球化时代的诞生。文章认为贸易的增长不能简单地用全球GDP或人口的增长来解释,为了能够找到一个影响贸易全球化的因果路径,作者从航运技术入手,认为在第一次贸易全球化进程中,国际贸易主要依赖于航运业,而由于各地区制度水平差异所导致的技术进步差异使得各地区接受新技术(蒸汽船)的程度出现了差异,从而导致各国之间贸易成本的降低因贸易路线的不同而不同,这一差异正好为因果识别的实现提供了自然实验的条件。

19世纪初期,帆船仍是跨国贸易的主要交通工具,这一运输方式使得跨国运输航行受到风向和洋流的决定,且水手需要操纵帆船与风向成140度夹角来获得最大航速。因此,贸易路线和时间都相当依赖于自然条件。由于,北大西洋海风呈顺时针方向吹动,所以最省时、最便捷的路线是,船只从欧洲出发先南下非洲,再驶向美洲,最后北上返回。这正是历史闻名的"三角贸易"。蒸汽机的发明,使得船只航线不在依赖于风向,大西洋上的国际贸易航线也不必因风向而呈"三角形",船只速度加快、航运时间显著下降。航行时间及路线上的优势,加之发动机效率的显著提升,煤炭消耗的大幅下降以及加油站数量的增加,到19世纪中叶,蒸汽船在长距离国际航线上被广泛应用,1869年,在英国港口清关的英国蒸汽船吨位首次超过了帆船，直到 1910 年，从帆船到轮船的技术转变及应用基本完成，帆船在国际贸易中不再大规模使用。

（二）数据选取

要实现文章三个主要的研究目标，需要大量的数据作为支撑，为此，作者共收集、整理、计算了五类主要数据。第一，作者计算了两贸易国之间的最优航行时间数据。首先，作者将全球划分为 1 度×·1 度的紧密排列的网格，通过国际地球科学信息网络中心（Center for International Earth Science Information Network，CIESIN）的数据来确认该网格所处地区是陆地还是海洋，并从美国国家海洋和大气管理局（Center for International Earth Science Information Network，NOAA）收集整理了关于海面风的平均速度和方向的数据。其次，根据船舶的特定极坐标图，以及风速、风向确定了从每个海上网格到八个相邻网格的航行时间，以该时间为权重将全球网格转变了加权有向矩阵图，使用 Djikstra 算法计算最优航行时间。最后，以该方法测算了所有国家对开港口间的最优航行时间，当一个国家海岸线较长，或与两个及两个以上海洋接壤，则选取了五个主要港口分别计算其与贸易国间的最优航行时间，并以最短时间作为两国间的最短航行时间。第二，作者从当地报纸、杂志和 Angier, E. A. V（1920）的记述中收集整理了 1855—1900 年间英国纽卡斯尔和加迪夫港口的运费数据。第三，作者从原始资料中建立了一个涵盖整个 19 世纪后半叶的双边贸易数据库。该数据包括近 1000 个不同国家对开航线上的近 24000 项双边贸易观察值；同时，作者还收集了大约 50 万份按产品分列的出口条目；并与 SIC（rev1）代码对照，从而获得了 344 个总出口产品和 154 个非农产品出口的数据。最终贸易数据涵盖了 19 世纪的整个下半叶，从而能够反映从帆船到蒸汽船的技术转变对贸易的影响，该数据库也显著改进了现有关于 19 世纪的研究中所使用的贸易数据。第四，作者从 Maddison 项目数据库中收集整理出贸易国人均 GDP 的数据，从数十篇文献中整理出贸易国总人口和城市人口数据，并分别选取 5 万人以上和 10 万人以上人口城市人口比例衡量城市化率。第五，作者选取 POLITY IV 数据库中定义的变量"对行政机关的约束"用以衡量各国产权制度的质量（是否具有包容性），这一指数分

7档，其中1指"无限制的权力"，7指"有效的制衡"。作者定义指数在5或5以上的政体为"包容性的（Inclusive）"，在5以下的则为"专制的（Autocratic）"。原数据库只包含当时129个国家中大约1/3的情况，剩余部分同样由作者自己整理。

（三）因果识别：航运技术进步对国际贸易的影响

首先，关于蒸汽船取代帆船的过程，现在学术界有两种广泛的观点：Graham（1956）和Walton（1970）认为蒸汽船对帆船的替代是一个缓慢而漫长的过程，其源于19世纪后半叶船舶发动机燃油消耗不断改善的结果。而Fletcher（1958）和Knauerhase（1968）认为，这种替代在19世纪70年代"突然完成"。Knauerhase将这一"突然的变化"归因于复合发动机技术的引入，Fletcher认为这是1860年苏伊士运河建设的催化作用，该运河适用于蒸汽船，但不适用于帆船。作者用帆船和蒸汽船运输时间替代点对点大圆距离来测度双边贸易距离，从而构建引力模型对两种观点进行了实证检验，估计模型如式（1）所示。

$$ln(trade_{ijt}) = \beta_{steam,T}\ln(steamTIME_{ij}) + \beta_{sail,T}\ln(sailTIME_{ij}) + X_{ijt}\Gamma + \gamma_t + \varepsilon_{ijt} \quad (1)$$

$steamTIME_{ij}$和$sailTIME_{ij}$分别为从i国到j国蒸汽船和帆船的航行时间，X_{ijt}控制了两国间及各国内部阻碍贸易的因素，$steamTIME_{ij}$和$sailTIME_{ij}$的系数可以随时间变化，从而能够捕捉到航海技术从帆船到蒸汽船的变化。

回归结果显示，19世纪60年代前，蒸汽船航行时间与贸易量不相关，直到1965年后，开始呈现负相关关系，1970年前后绝对值变大并在之后保持稳定；相反，1965年前，帆船航行时间与贸易量始终保持显著的负相关关系，但绝对值持续减小，1965年后相关性不再显著，如图7-1所示，在分别固定了时间和航线效应后，这一总体趋势并未改变，从而说明蒸汽船很可能是在1860年代前后一小段时间内"突然"取代了帆船的主导地位。

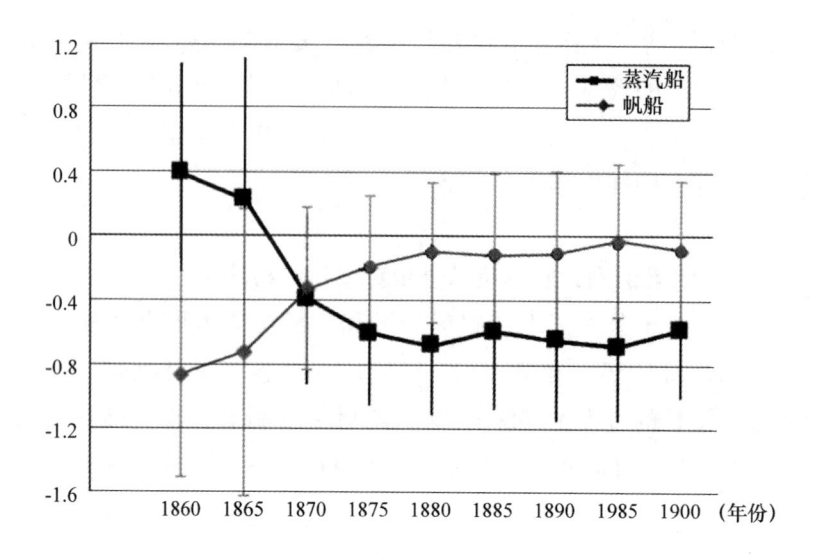

图 1　帆船和蒸汽船运输时间的贸易弹性变化

以上结果证明：蒸汽船在航运业的引入导致了 19 世纪下半叶贸易格局的重大变化，其中大部分变化发生在 19 世纪 60 年代末和 19 世纪 70 年代。与航海技术重塑全球贸易格局的同时，人均国际贸易额也增长了 3 倍。作者实证检验了两个观测值之间的因果关系。与已有大多数研究不同，作者用技术进步的实际衡量标准——航行时间的缩短代替运费率指数，以衡量蒸汽船的使用对 19 世纪后半叶国际贸易繁荣的影响。因为运费是运输服务的价格，不仅受到技术冲击的影响，还会受到航运服务需求和航运业市场结构变化的影响，而这两个因素在 19 世纪 70 年代均发生了变化，首先，金本位、收入增长和更自由的贸易政策可能提升国际航运服务的需求量；其次，各区域内存在很多船运协会，它们组建卡特尔来稳定价格，致使运费不能反映真实成本变化，从而显著低估了运费下降对国际贸易量的影响程度。而航行时间的变化是技术进步的结果，外生于航运服务需求和航运业市场结构，从而能够较准确地识别出航运技术的变化对全球贸易的影响。回归方程设定如式（2）所示。

$$\ln(freight_{ijpt}) = \beta_{steam,T}\ln(steamTIME_{ij}) + \beta_{sail,T}\ln(sailTIME_{ij}) + X_{ijpt}\Gamma + \gamma_t + \varepsilon_{ijpt} \tag{2}$$

$freight_{ijpt}$ 是 t 年产品 p 从 i 港到 j 港的平均运价。实证结果显示，在

19世纪50年代和60年代，蒸汽船的航行时间对运费没有显著影响，但在此后产生了积极和显著的影响。相反，帆船的航行时间在前20年有积极的影响，在其后却没有了。这说明，尽管在蒸汽船技术应用后，整体国际贸易运费没有立即出现普遍的急剧下降，但在那些蒸汽船对运输时间影响较大的航线上，运费是相对下降了。

文章通过公式（3）实证检验了蒸汽船的应用所带来的运输时间的减少对国际贸易量的影响。

$$\Delta \log T_i = c + \alpha \Delta \log Dist_i + v_i \tag{3}$$

$\Delta \log T_i$是1850—1905年i国出口额与GDP之比或人均出口额的对数变化值，$\Delta \log Dist_i$是所有贸易国间（按其在世界贸易中的份额加权）因蒸汽船的使用而产生的运输时间的平均变化。

$$\Delta \log Dist_i \equiv \sum_{j \neq i} w_j [\ln(steamTIME_{ij}) - \ln(sailTIME_{ij})]$$

公式（3）中，弹性α可以解释为蒸汽船的使用通过缩短航行时间对国际贸易的影响，回归结果显示，贸易隔离对国际贸易产生了显著的负面影响，而第一次全球贸易的高速发展，其有大约一半的因素是源于蒸汽船的使用，而这一结果是令人震惊的。作者也指出，应对这一计算结论持谨慎态度，因为这一结果的得出是基于这样一个假设：蒸汽船在不同国家和不同产品贸易航线的推广是一致的，并且在分析期结束时已完全结束。

（四）因果识别：贸易繁荣对世界经济发展的影响

对式（1）、式（2）、式（3）的回归结果表明，1865—1870年，蒸汽船的使用将运输时间缩短了约一半，从而促进了国际贸易的繁荣，而这一显著的变化是否对19世纪下半叶的世界经济发展产生了影响，作者通过式（4）用两阶段最小二乘法（2SLS）进行了验证。

$$\log(Y_{it}) = \gamma \log T_{it} + \gamma_i + \gamma_t + v_{it} \tag{4}$$

Y_{it}是人均GDP，T_{it}是国家i的出口额与GDP之比或人均出口额。考虑到直接将经济水平对贸易量回归会有内生性问题，作者使用2SLS对该方程进行估算，T_{it}的工具变量选用国家i的总出口中能够被帆船和蒸汽船最短航行时间解释的部分进行测度，具体如式（5）所示。

$$\log PT_{ijt} = \widehat{\beta_{steam,t}}\ln(steamTIME_{ij}) + \widehat{\beta_{sail,t}}\ln(sailTIME_{ij}) \qquad (5)$$

然后，将 i 国总出口的地理成分计算为该国所有潜在贸易国双边成分的加权平均数，并使用这些贸易国家在世界贸易总额中的份额作为权重，可得 $\log PT_{it} \equiv \sum_{j \neq i} w_j \log PT_{ijt}$。

公式（4）的回归结果显示，贸易繁荣无论对人均 GDP、人口还是城市化率的影响都是负面的，这是目前的研究中，第一个通过因果识别证明第一波全球化对世界经济的影响是负向的。

通过异质性分析，文章证明了国际贸易对不同经济体的影响主要取决于其初始经济水平。对于 1985 年人均 GDP 排在样本前 25% 之外的国家而言，国际贸易的快速发展显著损害了其经济发展，而对前 25% 的国家的负面影响十分有限。因贸易经济受惠的国家主要集中在西欧和北美，受损的主要集中在中美洲、非洲和亚洲，第一波贸易全球化至少造成了这一差距的 55%。

（五）机制分析：国际贸易影响经济发展的制度渠道

什么样的国家可以在贸易全球化进程中收益？作者通过制度差异这一变量对其进行了解释，通过式（6）、式（7）、式（8），作者通过中介效应检验对这一机制路径进行了检验。

$$\log(Y_{it}) = \alpha_0 \log T_{it} + \alpha_1 \log T_{it} \cdot Exec_i + \gamma_i + \gamma_t + \upsilon_{it} \qquad (6)$$

$$\log T_{it} = \theta_{11} \log PT_{it} + \theta_{12} \log PT_{it} \cdot Exec_i + \gamma_i + \gamma_t + \upsilon_{it} \qquad (7)$$

$$\log T_{it} \cdot I(Exec_i) = \theta_{21} \log PT_{it} + \theta_{22} \log PT_{it} \cdot Exec_i + \gamma_i + \gamma_t + \upsilon_{it} \qquad (8)$$

实证结果表明，制度优劣对于该国获取国际贸易利益至关重要，当出口占 GDP 的比例翻一番，具有不受约束行政权力的地区，其人均 GDP 增长率降低了三分之一以上，而制度较好的国家，则增加了十分之一。良好的制度是非农业部门比较优势的重要来源，通过对农业及非农业部门的分样本检验，在制度受到较好约束的国家和地区中，国际贸易的繁荣大幅增加了非农业产品的出口份额和居住在大城市中的人口份额，但在独裁国家中，不存在这一影响。机制检验结果表明，存在专治制度的农业国家，其经济发展在第一波贸易全球化浪潮中，短期内可能受到负面影响，这一发现与新经济地理学范式中一大类模型的理论预测是一致的。

（六）主要结论

通过科学的技术手段，文章通过量化历史分析及因果识别方法检验了19世纪中后期蒸汽船的广泛应用对国际贸易及世界经济的影响，其主要结论包括，第一，1965年前，国际贸易的格局主要由帆船的航行时间决定，1965—1970年间同时受到帆船和蒸汽船航行时间的影响，1970年后则主要由蒸汽船的航行时间决定，贸易模式的这种转变是蒸汽船的使用所导致的相对运费变化的结果。第二，蒸汽船对帆船的替代所导致的运输时间缩短能够解释19世纪后半叶国际贸易增长的一半左右的因素。第三，国际贸易对经济发展和城市化的影响不一定是积极的：从短期来看，第一波贸易全球化导致了全世界人均GDP、人口和城市化率的下降。然而，这种平均效应掩盖了不同国家集团之间的巨大差异，国际贸易的外生增长对不同国家产生了不同的影响，这取决于该国经济发展的初始水平。19世纪后半叶最富裕国家与世界其他国家之间观察到的大部分经济差异可归因于第一波贸易全球化。第四，国际贸易更有利于行政权力受到强烈约束的国家，这样的制度有利于私人投资。在第一波贸易全球化后，这些国家专门从事非农业产品，并从贸易中受益。

论文二：《掠夺性殖民对经济发展的影响：荷兰在爪哇的耕作制度》

Melissa, D., Olken, B. A., "The Development Effects of the Extractive Colonial Economy: The Dutch Cultivation System in Java", *Review of Economic Studies*, Vol. 87, 2020.

（一）研究背景：荷兰殖民爪哇时期的种植制度与糖厂设立

爪哇岛是东印度群岛庞大的荷兰殖民帝国的主要人口中心，现代人口超过1.6亿人，至今仍是印度尼西亚的经济和人口中心。从19世纪30年代初到19世纪70年代，殖民地国家强迫爪哇北部海岸的农民种植糖，并在附近的荷兰糖厂加工，然后出口到欧洲。该种植—生产体系由荷兰政府所垄断，从该体系中赚取的收入使爪哇成为世界上最赚钱的殖民地之一，最多时，殖民地的糖业种植体系的收入提供了超过三分之一的荷兰政府收入和4%的荷兰国内生产总值（GDP），东印度群岛的贸易也成为19世纪上半叶整个荷兰经济增长的重要贡献者。

种植系统的中心是94座建在农村地区的水力驱动的荷兰糖类加工厂，将生甘蔗加工成精制糖，并通过殖民统治，驱使数百万爪哇人通过强迫劳动和自由劳动从事糖加工和运输——这一种植制造体系给当地带去了工厂和工业生产。由于生甘蔗很重，需要在收获后迅速精炼，所以必须在附近种植。因此，荷兰殖民者在每个工厂周围修建了一个大约4—7千米的辐射区，并通过授权及财政激励这些地区内的村官分配和管理土地，迫使辐射区内的所有村庄重新整理土地以种植甘蔗。荷兰人在19世纪80年代逐步取消了这种种植制度，糖在自由生产下迅速扩张。然而，该行业在大萧条期间崩溃，随后爪哇的主要竞争对手（如欧洲、北美殖民地区）拥有了爪哇不再拥有的保护市场机制和生产商补贴、保护机制。今天，印度尼西亚已经成为世界上主要的糖进口国，糖只占其农产品出口的0.05%。

荷兰在爪哇推行的种植制度除了给当地带来剥削，也带去了一些改变。第一，为了运输方便，荷兰殖民当局在辐射区内修建了广泛的公路和铁路基础设施将糖产区与港口连接起来，一定程度上促进了市场一体化；第二，种植制度给糖厂周边的居民提供了更多的经济机会，包括制作篮子和席子来运输甘蔗，制作工厂用的陶罐，以及向工厂运送柴火等，从而提高了经济专业化；第三，在高等级精制糖出口的同时，低等级精制糖由于含水量高而不能出口而被允许在当地销售，促使其他食品（以糖为原料）加工企业的集聚；第四，种植制度给以前非货币化的自给经济体系注入了货币，带去了现代交换体系；第五，种植制度为能有效强迫当地居民种植甘蔗，重新分配了土地，更多的公共用地从私人手中被征调。以上影响可能对爪哇长期的经济社会发展带来深远影响。

（二）数据选取

文章主要收集了两个方面的数据：种植体系数据和产出数据。其中，种植体系的数据来自海牙（Commissie Umbgrove，1858）提供的手稿档案记录。文件列出了哪些村庄为糖厂服务，以及这些村庄为种植制度提供的土地和劳动力情况，同时包含了这些村庄社会状况的定性信息。文章通过村庄名将历史村庄数据与美国国家地理空间情报局的地理名称数据库中的坐标相匹配,该数据库提供了人口密集地区村级行政单位的详细列表。由于手稿档案还列出了村庄田地到糖厂之间的距离,从而能够有效匹配出6383个历史村庄作为处理组。糖厂使用相同的程序进行匹配。与村庄紧密联系且必须靠近河流的事实,能够实现历史上糖厂的精确定位,而并非所有约10000个历史上的糖业种植村庄都可以匹配,因为有些村庄消失或改名,在匹配的辐射区留下了空白。但实际生产区是相邻的,从而可以通过从每个糖厂到辐射村庄的坐标绘制直线来推断出一组相邻的受影响村庄,并沿直线画出任何不匹配的村庄作为控制组样本。此方法如图2所示,其中星型标识为辐射区糖厂所在地,每一个点均为辐射区内村庄。

图2 处理组与对照组样本村庄、糖厂及辐射区选取示例

产出数据主要包括人口、工业、农业和村庄普查数据以及家庭调查数据。这些数据由印度尼西亚政府中央统计局(BPS)于1980年开始收集,数据维度均可到达村级行政单位。

(三) 因果识别：糖厂设立的长期影响

首先，了解糖厂为什么被安置在特定的地方对于识别种植系统的长期影响至关重要。以下四点被认为是决定糖厂选址的重要因素。第一，糖厂选址周边有充足的土地用于糖类种植；第二，靠近河流（为糖厂发电）；第三，靠近柴火、交通路线和人口；第四，糖厂之间有足够的间距，以确保每个糖厂附近有足够的土地种植甘蔗。作者利用了这样一个事实，即存在许多可能的糖厂建设区域，各辐射区通常是相邻的，每个辐射区都需要生产足够的甘蔗以供糖厂运营。在实际糖厂之间的各种不同的位置都是合适的，不会导致生产甘蔗的村庄发生重大的整体变化。由此，在基准回归中，作者通过实施以下要求来确定可行的反事实糖厂（控制组）：一是由于最先进的糖加工技术是水力的，糖厂都位于河边，故只考虑从实际糖厂通过河流向上游或下游移动5—20千米即可到达的地点；二是该点必须在5公里半径内拥有至少相当于糖厂实际分布的10%的适宜糖的土地；三是反事实糖厂需要在实际糖厂分布的第10个百分位的距离；四是反事实糖厂的平均纬度和经度与实际糖厂的平均纬度和经度相似。

确定了实际糖厂和1000套反事实糖厂位置后，文章通过估计以下设定来识别糖厂对当地的影响，如式（1）所示。

$$out_v = \alpha + \sum_{i=1}^{20} \gamma_i \, dfact_v^i + \beta X_v + \sum_{j=1}^{n} fact_v^i + \epsilon_v \qquad (1)$$

其中 out_v 是村庄 v 的产出，$dfact_v^i$ 是村庄 v 到最近的糖厂（反事实糖厂）的距离，当距离在0—1千米时 $dfact_v^i = 1$，距离在1—2千米时 $dfact_v^i = 2$，以此类推，19—20千米时 $dfact_v^i = 20$ 为样本统计的最远距离，X_v 为控制变量，包括海拔、坡度、到海岸的距离、到最近的河流的距离、流量积累的距离、到最近的1830年首都的距离、到大邮路（Great Post Road）的距离、到最近的（前期）荷兰东印度公司（VOC）港口的距离。$fact_v^i$ 是最近工厂的固定效应，确保村庄与其他村庄在同一（反事实）工厂附近进行比较。

基于以上设定，文章分别估计了种植制度时期糖厂的设立对当地经济产生的长远影响。为了准确识别是种植制度推行时期糖厂设立对当地带来的长期影响，而不是现代工厂带来的影响，文章将重点放在附近没有现代制糖厂的地方，以隔离那些不能直接通过持续的糖加工产生的影响。

首先，文章探讨了历史上糖厂的设立对当地经济结构（工业化）产生的影响，作者用个人是否在农业部门工作来度量工业化，该数据来自2001—2011年的SUSENAS家庭调查和1980年人口普查。使用到最近的实际糖厂的距离，以及1000个反事实样本中每一个到最近的反事实糖厂的距离估计方程1。2001—2011年的SUSENAS家庭调查数据的估计结果显示，相对于反事实糖厂，历史糖厂几公里内的人从事农业工作的可能性比10—20千米外的人低18%左右，使用1980年人口普查的数据的估计结果2001—2011年的情况相似，但影响更大，离历史糖厂近的地方的农业产值比离糖厂10—20千米远的地方低25—30个百分点。

与农业相反，两个时期的数据回归结果都显示，在历史糖厂附近工作的人从事制造业的比例比在更远的地方的人高。零售业的变动趋势与制造业相似，与制造业相比，2001—2011年的零售业变动效应比1980年略高。通过分析，文章发现这一产业结构是由于历史糖厂附近的地区城市化率更高所导致的，两组数据估计结果都显示，距离工厂1千米以内地区的人口密度比10千米以外的地区要高得多。

然而，蔗糖工业体系已经消失，这种长期影响为什么会存在呢？通过机制分析，文章指出了四个影响机制。

一是产业集聚效应。使用糖作为投入的公司可能是在历史上的糖加工厂附近成立的——通过投入产出、劳动技能和技术联系创造附加价值，与此同时，最终产品的消费者或工人也可能聚集在糖厂附近，即使在最初的糖厂消失后，这一集聚得以持续。在没有历史糖厂的其他地方不太可能出现类似的聚集中心，因为缺乏资本和经济组织阻碍了现代糖厂基础设施的形成。关联分析显示历史糖厂附近的地方，特别是在0—1千米范围内的地方，现阶段生产的糖加工产品比距离更远的地方要多得多。甘蔗加工上游的主要制造业部门是用于收割甘蔗的农业机械和用于加工甘蔗的资本设备。下游的主要制造业是食品加工，以及各类服务业——比如餐馆、酒店、学校和医院等。这些下游联系可能导致上述零售影响。历史上，糖被用作其他食品产业的投入品，其他加工食品可互为投入品。这表明了制造业持久性的一个特殊渠道：即使在原来的糖厂消失后，剩余的下游企业仍然有聚集优势，可以继续在同一个地方设立工厂。

二是基础设施建设。为了能将加工好的糖运输到港口换取丰厚利润，荷兰殖民政府修建了公路和铁路网。在历史上的糖厂附近，殖民时期的公路和铁路密度都要高得多，这些影响与反事实分布相比是非典型的。而这些影响一直持续到现在，并在产生长期经济影响方面发挥着重要作用。如今，历史工厂附近的城际和本地道路密度和铁路密度都更高，且基础设施和产业集聚机制可以相互加强。需要指出的是，荷兰殖民政府进行大规模基础设施投资是因为糖业种植制度获利丰厚，在没有糖厂的地区，他们不太可能进行这些投资，从而造成了显著的地区间发展差异。

三是公共品供给。与基础设施投资相似，随着时间的推移，靠近历史糖厂的工业化和产业集聚程度更高的地区可能更普遍地获得了公共产品，因为这些地区更具备公共品消费能力，或者因为用于工业生产的公共产品的回报更高。1980年Podes的数据显示，与10—20千米以外的地方相比，历史工厂附近的地方有电的可能性要高45个百分点，有高中的可能性要高4个百分点。因为入学几率更高，在历史工厂附近的人比10—20千米以外的人接受的教育多一年左右。除通过学校教育提供的公共人力资本外，历史上的糖厂的设立让当地居民接触到了现代工厂及工业化，从而增加了与现代生产相关的无形人力资本。

四是家庭消费。SUSENAS家庭调查汇总数据的检验结果显示，紧邻历史糖厂的地区，其消费水平比5千米以外的地区高出约10%。与这些相对一体化的地区相一致，考虑到教育的差异，这种影响是我们可以预期的。住在历史工厂附近的人大多受1.25年的教育，8%的教育回报率将产生可观察到的消费差异。

总之，从长时期看，荷兰殖民时期的制糖业极大地改变了爪哇农村的经济活动。行业构成表明，在殖民时期的糖厂周围，使用糖作为原料的工业迅速发展，形成了人口密集的食品加工中心。即使糖的原始来源消失了，这些工业中心仍然坚持从其他地方采购糖。即使在后殖民时代，随着荷兰人的人力和资本在印度尼西亚独立后从该国大规模撤离，这一影响仍在持续。当然，如果没有种植制度，一些工业生产中心最终还是可能会在爪哇农村地区兴起。然而，考虑到1830年的爪哇农村是依赖于传统农业劳动规范的高度农业经济，无地农民通常依附于拥有土地的家庭，大多数生产是为了维持生计，而且金融市场基本不存在，实现工业化将面临巨大的挑战。

（四）因果识别：甘蔗种植的长期影响

文章在这部分重点讨论了被迫种植甘蔗对村庄的影响。因为在辐射区内部，村庄都被迫为政府种植糖，而在外部则没有，作者利用辐射区边界处的不连续变化采用断点回归（RD）的方法实证检验了被迫种植甘蔗对村庄的长期影响，回归形式设定如式（2）所示。

$$out_v = \alpha + \gamma\, cultivation_v + f(geographic\ location_v) + g(dfact_v) + \beta X_v + \sum_{i=1}^{n} seg_v^i + \epsilon_v \quad (2)$$

其中，out_v 为村庄 v 的产出，当村庄 v 种植甘蔗，则 $cultivation_v = 1$，没有种植则为 0，$f(geographic\ location_v)$ 为 RD 多项式，用于控制地理位置的平滑函数。文章使用局部线性 RD 多项式作为基准回归模型。每个糖厂周围的单独辐射区形成 17 个较大的连续辐射区，分别估计每个辐射区的 RD 多项式，为了确保估计的影响是由于村庄是否种植甘蔗，而不是靠近糖厂所引起的，$g(dfact_v)$ 用以控制距离最近的历史糖厂的线性样条线，X_v 同上，为控制变量。seg_v^i 将每个辐射区边界划分为 10 千米以内的线段，如果村庄 v 距离段 i 最近，则为 1，否则为 0。

文章发现，"辐射区"边界两边的农村地区存在着显著的差异。

首先，由于荷兰殖民政府授权种植制度下的村长具有重新分配土地的权力，以促进甘蔗种植。今天，在辐射区内的村庄土地被用于多种用途，包括允许村长作为服务报酬使用的公共土地。估计结果表明，耕作制度在村所有土地上留下了显著的痕迹，辐射区内的村庄拥有的绝对土地以及公有土地占总土地的百分比均显著增加。

其次，辐射区内的村庄通过村内自有土地以及更普遍的土地保有权安排筹集收入的能力可能会影响人力资本积累和当地学校教育的提供。这在20世纪70年代印度尼西亚启动大规模学校扩建（Sekolah Dasar IN-

PRES）之前可能尤其如此，在 INPRES 前，村级学校的建设是由当地出资的。这一点可以追溯到殖民时期，当时，如果要建一所村级学校，当地村庄需要自筹资金并负责安排资金投入份额。估计结果显示，辐射区内的存在，其个人受教育时间更多，且更可能完成小学及初中学业。与此同时，辐射区村庄的村长完成高中学业的可能性也会更高，由于殖民政府赋予了村长使用更多乡村土地的权力，可能吸引了一批受教育程度相对较高的村长，而受教育程度较高的村长也会增加公共品的供给。

最后，更高的人力资本水平和村长的高教育水平可能会推动辐射区农业减少，制造业增加。作物奖励金流入种植制度辐射区的村庄，刺激了现代生产和交换。估计结果显示，在辐射区的村庄中，个人从事农业工作的可能性更低，从事制造业和零售业工作的可能性更高，制造业企业也要多于非辐射区村庄地区。

（五）主要结论

研究证明，荷兰殖民时期在爪哇建立的糖加工基础设施持续增加了附近地区的工业化、教育和消费，即使这些工厂已经消失，这些影响依然可以持续至今。同样，被迫为种植系统种植甘蔗的村庄如今有了更多的教育和制造业。基础设施、产业集聚和人力资本积累是可持续发展的重要渠道，且相互加强。殖民机构的长期经济影响的方向和规模与这些机构在殖民地如何运作密不可分。就爪哇种植系统而言，建立现代运输基础设施，组织交易制度和土地分配制度对印尼独立后的经济发展仍然产生了长期的影响。在受影响村庄内较高比例公有土地提高了村庄资助公共物品（如学校）的能力。而与此同时，在没有糖厂建立的地区，无地农民通过封建制度隶属于土地主，大多数生产是为了生存，高度分裂的国家与金融市场的缺位，阻碍了地区向现代工业文明的过渡。荷兰人进行大规模投资正是为了从糖种植制度中获取大量利润，并克服当地阻碍他们获取利润的种种落后制度与基础设施。如果荷兰人试图通过包容性机构实现爪哇工业化，使爪哇人民的福利最大化，而不是荷兰种植制度和殖民政府所追求的利润最大化，将会对爪哇人民带去更好的、更长期的发展结果。但鉴于殖民地国家和土著权力掮客的目标，这不是一个可行的方案。

7 地区间发展差异的历史因素

论文三：《理解文化的持久性和变化性》

Giuliano P., Nunn N., "Understanding Cultural Persistence and Change", *Review of Economic Studies*, No.88, 2021.

（一）模型建立与假设提出

环境如何影响文化与传统观念，这是该文所重点探讨的话题，为有效回答这一问题，文章首先建立了一个简单的模型来说明环境的跨代变异性是如何影响个体对传统的重视的，并通过模型提出研究假设。

模型假设研究对象由一个社会的连续成员组成。每一个时期，新一代出生，上一代死亡，当一个个体出生时，他们会在两种可能的行动中（一次性 y 或全体性 z）做出选择，这两个行动中哪一个产生了更高的回报取决于当期的环境（Y 或 Z），当社会处于 Y 状态时，做出一次性选择（y）的回报是 β，而做出全体性选择的回报是 $-\beta(\beta>0)$，在每种状态下，两种行为中的一种都比另一种好。在每个时期，都有可能存在一个冲击（$\Delta\in[0,1]$），导致原状态转变为新状态，变为新状态（Y 或 Z）的概率相等，参与人不知道世界的状态，但是可以通过学习（需要付出代价）来决定世界状态。假设两类参与者，"传统主义者（T）"重视传统，非常重视上一代人的行动，并通过采纳上一代人中被广泛选择的人的行动来选择自己的行动。"非传统主义者"（NT），不重视传统，忽视前一代的行为。两者通过学习获得当期最佳选择，学习成本 $\kappa\in(0,\beta)$。假设一个人的类型（传统主义者或非传统主义者）直接从父母那里继承，并且父母拥有的后代数量（即他们的生物适应性）随其回报率增加而增加。因此，如果一种类型的收益高于另一种类型的收益，那么他们在人口中的比例就会增加。令 $x_t\in[0,1]$ 代表 t 时期传统主义者的比例，则 x 为稳态下传统主义者的稳定比例。对于非传统主义者，做出最佳选择的回报是 $\Pi^{NT}=\beta-\kappa$，则其预期收益受以下情景约束（假设传统主义者总会做出正确选择，从而产生收益 β）。

一是环境稳定，传统主义者模仿上一代的非传统主义者是最优选择，传统主义者收益为 β，这种情况发生的概率为 $(1-x)(1-\Delta)$。

二是传统主义者模仿上一代的传统主义者，而这个被模仿的传统主义者模仿了上一代的非传统主义者,在这段时间内环境稳定。传统主义者收益也为 β,这种情况发生的概率为 $x(1-x)(1-\Delta)^2$。

三是当期传统主义者模仿滞后一期传统主义者,滞后一期传统主义者再模仿滞后二期传统主义者,滞后二期传统主义者再模仿滞后三期非传统主义者。在这段时间内环境稳定,这种情况发生的概率为 $x^2(1-x)(1-\Delta)^3$。

以此类推至无穷大,求和可得 $\sum_{t=1}^{\infty} x^{t-1}(1-x)(1-\Delta)^t$,则传统主义者不能做出正确选择的概率为 $1-\sum_{t=1}^{\infty} x^{t-1}(1-x)(1-\Delta)^t$,当收到一次环境变化冲击后,两者相等,预期回报率均为 0。故传统主义者的预期回报率为 $\Pi^T = \left[\sum_{t=1}^{\infty} x^{t-1}(1-x)(1-\Delta)^t\right]\beta = \frac{\beta(1-x)(1-\Delta)}{1-x(1-\Delta)}$。传统主义者预期收益随其占比 x 提升而下降,随着传统主义者比例的增加,传统主义者模仿更有可能选择正确行动的非传统主义者的可能性会降低。在极端情况下,如果人口中的每个人都是传统主义者(x=1),每个传统主义者复制另一个传统主义者,预期收益为 0。同样,当所有人都是非传统主义者(x=0),传统主义者会模仿上一代人,只要两代人之间没有发生环境明显变化,他们就会选择正确的行动。在概率为 $1-\Delta$ 时,传统主义者的收益为 β,如果冲击发生的概率为 Δ,预期收益则为 0,当 x=0 时,传统主义者的预期收益是 $\beta(1-\Delta)$。

一般情况下($\Delta < \frac{\kappa}{\beta}$)传统主义者存在于社会中,它们的出现得益于文化传播的好处,这为以低成本做出决策提供了一种相当准确的方式。当两种类型都存在均衡,它们的收益必须相等;在一种类型的均衡中,其平均收益不得低于另一种类型的均衡。因此,传统主义者的均衡比例 x^* 如式(1)所示。

$$x^* = \begin{cases} \frac{\kappa - \Delta\beta}{\kappa(1-\Delta)} & if \Delta \in [0, \frac{\kappa}{\beta}] \\ 0 & if \Delta \in [\frac{\kappa}{\beta}, 1] \end{cases} \quad (1)$$

当 $x > x^*$,传统主义者少于非传统主义者,x 下降,当 $x < x^*$,

传统主义者多于非传统主义者，x上升，x均向x^*收敛，如图3所示。

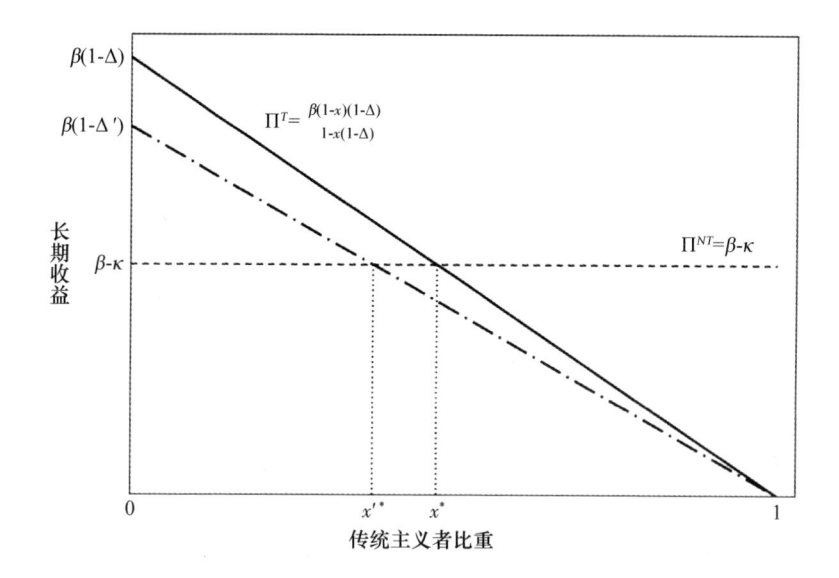

图3 传统主义者和非传统主义者的收益以及环境不稳定性变化

图3还显示了当环境变得不稳定时平衡是如何变化的。不稳定性的增加（从Δ到Δ^*）导致传统主义者的收益曲线向下旋转，但对非传统主义者的收益没有影响。由此，导致传统主义者的均衡比例下降。如果不稳定性Δ增加超过临界值$\frac{\kappa}{\beta}$，那么传统主义者在经济中的比例为零。因此，传统主义者均衡比例的变化作为跨代环境不稳定性的函数如式（2）所示。

$$\frac{\delta x^*}{\delta \Delta} = \begin{cases} \frac{\kappa - \beta}{\kappa(1-\Delta)^2} if \Delta \in [0, \frac{\kappa}{\beta}] \\ 0 if \Delta \in [\frac{\kappa}{\beta}, 1] \end{cases} \quad (2)$$

从模型可得以下2个假设。

假设1：代际的环境越不稳定，社会就越不重视传统和习俗。

假设2：代际的环境越不稳定，当环境发生变化后向新的行动过渡的速度就越快。

(二) 数据选取

文章选用500—1900年间温度或干旱严重程度变化作为环境变化的代理变量，因为这一变量没有受到人类活动的显著影响，既外生于结果变量（不受人类行为影响），又显著影响日常生活决策。作者使用了两个数据来源。一个覆盖全球，但空间和时间分辨率略粗糙。另一种具有更好的空间和时间分辨率，但只适用于北美地区。全球气候数据来自Mann等人（2009）构建的公元500—1900年5度×5度（555千米×555千米）网格单元水平的地表温度异常数值，该数据分辨率为10年。北美气候数据来自Cook（2010）等人构建的0.5度（约55千米）的北美年度干旱严重程度指数。

文章基于以上数据构建了跨代的不稳定性度量方法。作者将全球气候数据分成20年为一代，从500年开始，共有70代人。$w_{t,g,j}$代表第g代人时期的第t年单元格j的气候，$w_{g,j}$代表第g代人时期单元格j的平均气候，研究的基准变量"气候不稳定程度"为$\left[\frac{1}{70}\sum_{g=1}^{70}(w_{g,j}-\bar{w}_j)^2\right]^{\frac{1}{2}}$为$w_{g,j}$跨代标准差，度量了网格$j$中，气候代际的变化程度。对于北美数据，作者先控制了年与年的变异性，以确保跨代不稳定性的测量不受更高频率的年与年变异性的影响，先计算了一代人时期内的标准差为$SD_{g,j}(w)=\left[\frac{1}{20}\sum_{g=1}^{20}(w_{g,j}-\bar{w}_j)^2\right]^{\frac{1}{2}}$，然后取该测量值在所有代之间的平均值，以获得网格单元j，SDj（w）的代内年－年平均变异性的测量值$SD_j(w)$。利用北美数据，作者构建了第二种代际气候不稳定性的度量方法$\left[\frac{1}{70}\sum_{g=1}^{70}(SD_{g,j}(w)-\overline{SD_j(w)})^2\right]^{\frac{1}{2}}$，该方法捕获了在不同代际年与年的变化程度。

随后，文章将气候变化数据与个体祖先的历史位置数据通过网格匹配。作者使用了三个个体数据来源。一是Murdock（1967）的《民族志地图集》（*Ethnographic Atlas*）所报告的世界各地1265个民族传统地理中心的纬度和经度。二是为了扩大民族志地图集的精度和覆盖面，作者使用了发表在2004年和2005年《民族志》杂志上的两个民族志样本，包括欧洲最东部的 17 个民族和 10 个西伯利亚民族。使样本覆盖 1292 个民族群体。三是参考 1957 年 George Peter Murdock 建立了世界民族志样本，补充了 17 个《民族志地图集》中未纳入的民族，使样本覆盖 1309 个民族群体。

通过将来自 Ethnologue 16 的使用七千多种不同语言或方言的群体的位置信息与来自 Landscan 数据库的全球人口密度信息相结合，作者估算出了世界各地所有人口的母语（分辨率为 1 千米）。然后将七千多种民族学语言/方言中的每一种与人种学样本中的一个种族进行匹配，即在全球范围内测量出个体祖先所在网格的气候不稳定性，从而构建起一个衡量当今生活在一个国家的所有个体的祖先不稳定性的平均测度。

（三）因果识别：历史环境不稳定与当今人们对待传统之间的关系

1. 环境不稳定性与传统重视程度关系检验

文章以世界价值观调查（WVS）中受访者基于问题"传统对这个人很重要；遵循由自己的宗教或家庭所传下来的家庭习俗"度量人们对传统文化的态度，赋予该变量 1—6 的整数值，越重视传统分值越高。使用该变量，作者首先检验了国家层面上民众对传统重要性平均选择与国家历史上代际平均气候不稳定性之间的关系。检验设定如式（3）所示。

$$Tradition_c = \beta\, ClimaticInstability_c + X_c^H \Phi + X_c^C \Pi + \varepsilon_c \qquad (3)$$

其中，c 代表国家，$Tradition_c$ 是国家层面上传统重要性自我评价的平均值，$ClimaticInstability_c$ 为 c 国历史上气候变化，X_c^H 和 X_c^C 分别代表历史上民族和当代国家层面的控制变量。民族控制变量包括经济发展（以聚落的复杂性为代表）、政治集中度（以超出当地社区的政治权威水平为衡量标准），以及与赤道的历史距离（以绝对纬度为衡量标准）。当代国家控制变量包括国家实际人均 GDP 的自然对数。结果显示，历史上，代际气候不稳定程度较高的国家，对传统的重视程度往往较低。控制变量的系数估计结果显示，经济发展的两个指标——历史的和当代的——与当前这一地区的人对待传统的重视程度显著相关。经济发展越快，人们对待传统的重视程度越弱。

通过缩短历史数据时间、更换历史气候不稳定性指标、排除人口流动因素影响、控制了地形的崎岖和靠近大型水体的因素、度量了人口多样性、控制了国家层面的普遍信任水平和平均教育水平，结果显示实证结果是稳健的。其中，缩短历史数据时间克服了两个方面的问题，一是如果不稳定性随时间而变化，那么只要有足够的时间收敛到稳定状态，就应该是最近的时期。二是历史气候数据的质量随着时间的推移而降低，使用较新的数据可以检查结果对较高质量数据的敏感性。由此，文章分别使用了开始于 700 年、900 年、1100 年、1300 年、1500 年和 1700 年区间数据进行了估计。文章构建了衡量历史气候不稳定性的替代指标，该指标来源于高分辨率全球网格数据集，由世界各地气象站的高频观测数据构成。为避免人口流动带来的影响，文章一是从样本中删除了近几个世纪以来人口大量流入的所有国家，即北美和南美的所有国家，以及澳大利亚、新西兰和南非；二是剔除了已知人口中有很大一部分是游牧或半游牧人口的国家。文章控制了地形的崎岖和靠近大型水体的因素，这两者都可能与气候不稳定有关，通过控制以上因素，证明了估计结果针对的是传统的重视程度，而不是其他文化特征。为避免人口多样性对社会重视传统的程度以及代际气候的不稳定性的影响，文章控制了人口多样性的两个衡量标准（种族和遗传）。文章控制了来自世界价值观调查的每个国家的普遍信任的平均测量值。文章控制了一个国家的平均教育水平，避免其对模型中的 κ 值的影响。在基准模型中加入了一些可能受到历史环境不稳定性影响的协变量；即人均 GDP、地区历史上的经济复杂性和政治集中程度。

此外，文章还通过检查个体之间差异来检查遗漏因素的敏感性，从而能够考虑国家层面的因素和国家固定效应。在将 WVS 调查对象的自述母语与图集中的种族进行匹配后，估计模型如式（4）所示。

$$Tradition_{i,e,c} = \alpha_c + \beta\, ClimaticInstability_e + X_i\Pi + X_e\Omega + \varepsilon_{i,e,c} \quad (4)$$

其中，i 表示 c 国历史上少数民族 e 的一员，$Tradition_{i,e,c}$ 为对待传统重视程度的自我评价，$ClimaticInstability_e$ 和为历史上民族 e 所居住地区代际气候不稳定性。国家固定效应 α_c 解释了国家层面变化的影响对传统重视程度的潜在重要因素。X_e 与上文相同，为历史上民族特征控制变量，X_i 为个人家庭特征控制变量，包括年龄二次方、性别、教育程度、劳动参与率、婚姻状况、收入水平等。检验结果显示，与国家层面的估计一致，历史环境的不稳定与当前社会对传统的重视程度之间存在着负相关关系。

2. 文化特性持续性差异检验

为了实证检验文化特征的持续性是否因种群祖先所处历史阶段的气候不稳定性差异而显著地不同（即假设2），文章选用三种可以长期衡量文化特征持续性的结果变量：女性劳动力参与率、一夫多妻制和近亲婚姻。模型设定如式（5）所示。

$$CulturalTrait_{c,t} = \alpha_{r(c)} + \beta_1 CulturalTrait_{c,t-1} + \beta_1 CulturalTrait_{c,t-1} \times$$
$$ClimaticInstability_c + X_{c,t}\Pi + X_{c,t-1}\Omega + \varepsilon_{c,t} \quad (5)$$

其中，c 指代国家，t 指代时间，t 时期为现期（2012年数据），$t-1$ 期为历史时期，$CulturalTrait_{c,t}$ 为 c 国现期文化特征，模型检验的是现期文化特征（$CulturalTrait_{c,t}$）与历史文化特征（$CulturalTrait_{c,t-1}$）之间的关系，以及这一关系如何因历史气候不稳定（$CulturalTrait_{c,t-1} \times ClimaticInstability_c$）、而使得文化传统有所不同。$\alpha_{r(c)}$ 为大陆固定效应，以控制地区差异，$X_{c,t}$ 为当期协变量，包括人均GDP对数值和收入水平（估计女性劳动力参与率时），$X_{c,t-1}$ 为历史协变量，包括政治发展（通过当地社区以外的权威级别数量衡量）、经济发展（通过住宅的复杂性和密度衡量）、祖先居住地区与赤道的距离，以及气候不稳定对代际的直接影响。实证结果显示，在代际气候不稳定性较大的国家，女性劳动力参与率的持续性较弱，一夫多妻制的持续性和表亲婚姻的持续性在其祖先所面临的代际气候更不稳定的国家更弱。

3. 来自美国移民后裔的证据

文章还将移民作为一个自然实验来研究文化特征的差异，通过检验移民后裔的文化持久性是否因为他们的原籍国祖先生存地区气候不稳定性较高而更弱。文章采用两个指标以度量文化持续性，一是移民是否与来自同一地区（祖先同国籍）的人结婚，二是在家里是否使用先辈所使用的语言。文章还研究了移民父辈和子辈之间职业和教育程度的持续性。

首先，文章考察了先辈生活地区的气候不稳定性是否影响现在移民选择与从同一国家移入人口结婚。样本包括当前人口调查（CPS）的所有已婚妇女，其父母中至少有一人出生在美国境外，妻子的原籍国可以

◇ 专题二：区域经济

通过其母亲或父亲的出生国来确定。模型设定如式（6）所示。

$$I_{i,c,k}^{IngroupMarriage} = \alpha_k + \beta\, ClimaticInstability_c + X_c\Pi + X_{c,k}\Omega + X_i\Phi + \varepsilon_{i,c,k}$$
（6）

其中，i 指代出生在美国但父母是出生在美国境外的已婚移民女性或男性，c 指代移民父母的原籍国，k 为移民当前的居住地点（大都市区），如果这个移民的配偶出生在原籍国，或者他或者配偶的父亲或母亲出生在原籍国，则 $I_{i,c,k}^{IngroupMarriage} = 1$，$\alpha_k$ 表示包含住宅（即大都市区）固定效应；国家层面协变量向量 X_c 包括原籍国当前人均 GDP 的自然对数（在调查年测量）、原籍国的历史控制因素（与赤道的距离、经济复杂性和政治复杂性），原籍国和美国之间的遗传距离；$X_{c,k}$ 包括来自同一原籍国的第一代或第二代移民在同一地区的人口比例；X_i 控制了个人层面协变量，包括年龄的二次型、教育成就固定效应（低于高中、仅高中和高于高中）、农村/城市指标和调查年份固定效应。通过模型 4 的估计，可以在考察个体祖先生活地区环境影响的同时，保持同一时期的当地环境不变。检验结果表原籍国历史地区的气候不稳定性与移民和同一祖先结婚的概率之间存在负相关关系。

其次，文章检验了移民子女在家中使用外语的程度。在家里说一门外语表明移民的孩子们学习了他们的母语，这是父母和孩子重视他们传统的一个标志。数据来源为 2000 年美国人口普查中在美国出生并报告其祖先为非英语国家的个人。模型设定如式（7）所示。

$$I_{i,c,k}^{ForeignLang} = \alpha_k + \beta\, ClimaticInstability_c + X_c\Pi + X_{c,k}\Omega + X_i\Phi + \varepsilon_{i,c,k}$$
（7）

其中，如果非英语作为移民家庭的第一交流语言，则 $I_{i,c,k}^{ForeignLang} = 1$；$X_c$ 为原籍国家协变量，包括到赤道的距离、历史经济发展、历史政治复杂性、调查时原籍国的 GDP 以及原籍国和美国之间的语言距离；$X_{c,k}$ 包括居住在同一大都市地区的同一祖先的第一代移民的比例；X_i 为个体层面协变量，包括平均年龄的二次型、性别、婚姻情况、教育程度固定效应（高中以下、高中以上）、劳动力地位固定效应（就业、失业和非劳动力）、年收入自然对数和农村/城市指标变量。检验结果显示移民原籍国的历史气候不稳定与移民在家里说外语之间存在着显著的负相关关系。如式（8）所示。

$$I_{i,c,k}^{ForeignLang} = \alpha_k + \beta_1 \, ClimaticInstability_c + \beta_2 \, I_{i,c,k}^{ParentForeignLang} +$$
$$\beta_3 \, I_{i,c,k}^{ParentForeignLang} \times ClimaticInstability_c + X_c \Pi +$$
$$X_{c,k} \Omega + X_i \Phi + \varepsilon_{i,c,k} \tag{8}$$

模型 6 在模型 5 的基础上添加了两个变量,其中,如果移民的父亲或母亲在家里说外语,则 $I_{i,c,k}^{ParentForeignLang} = 1$,以及父母在家说英语指标和原籍国历史上代际气候不稳定性之间的乘积。检验结果显示,父母在家说外语会增加孩子在家也会说外语的可能性,但如果原籍国的历史气候更不稳定,这种关系就要弱得多,即如果原籍国历史气候更不稳定,那么说母语的传统代际传播就会减弱。

再次,文章还讨论了能反映文化持久性的其他特征:教育和职业。和语言研究不同,因为语言通常在很小的时候就学会了,所以语言研究使用的是仍与父母住在一起的儿童样本,但一个人的最终教育和职业通常要在离开家后才能实现。因此,文章使用了 1970 年人口普查和 1994—2014 年当前人口调查(Current Population Survey, CPS)数据,从 1994—2014 年的 CPS 中,确定了调查时年龄在 30 岁或以上(出生于 1961—1985 年)父亲为外国出生的所有男性,按五年(1961—1965 年、1966—1970 年等,直到 1985 年)和他们父亲的出生地将样本分组。模型设定如式(9)所示。

$$\bar{y}_{c,k}^{Sons} = \beta_1 \, ClimaticInstability_c + \beta_2 \, \bar{y}_{c,k}^{Fathers} + \beta_3 \, \bar{y}_{c,k}^{Fathers} \times$$
$$ClimaticInstability_c + X_c \Gamma + \varepsilon_{c,k} \tag{9}$$

其中,c 为父亲出生国籍,k 为子代出生时段(5 年),$\bar{y}_{c,k}^{Sons}$ 和 $\bar{y}_{c,k}^{Fathers}$ 分别为儿子和父亲的教育和职业情况,分别用受教育程度和职业声望指数来衡量。估计结果显示,父亲和儿子的教育(或职业分数)之间存在积极和显著的关系,并且如果原籍国的历史气候不太稳定,这种关系就会明显变弱。

4. 来自加拿大和美国土著居民的证据

文章还分别使用了 Mann 等人(2009)和 Cook 等人(2010)年的数据检验了历史气候不稳定性在多大程度上解释了生活在加拿大和美国的土著居民中语言传统的保留程度存在的显著差异。

Mann 等人(2009)的数据包括所有在美国人口普查中(1930、

1990 和 2000）所有美洲土著部落的样本，文章利用民族图集中每个民族的传统地理位置信息为每个部落匹配了代际气候不稳定性的测量值。模型设定如式（10）所示。

$$I_{i,e,k}^{NativeLang} = \alpha_k + \beta\, ClimaticInstability_e + X_e\Pi + X_i\Phi + \varepsilon_{i,e,k} \quad (10)$$

其中，i 为个体，e 为其民族，k 为其居住地，如果个体 i 在家说土著语言，则 $I_{i,e,k}^{NativeLang}=1$，该模型包括位置（即都市区）固定效应 α_k。因此，用于估计 β_1 的变异是来自不同美洲土著民族但居住在同一地点的个体之间的变异。X_e 为种族协变量的向量，X_i 为个体协变量。估计结果显示，历史气候的不稳定性和土著居民在家里说土著语言的可能性之间存在显著的负相关关系。

为了研究父母在家庭中传播土著语言知识的作用，将式（10）改为式（11）：

$$\begin{aligned}I_{i,e,k}^{NativeLang} =\ & \beta_1\, ClimaticInstability_e + \beta_2\, I_{i,e,k}^{ParentNativeLang} + \\ & \beta_3\, I_{i,e,k}^{ParentNativeLang} \times ClimaticInstability_e + \\ & X_e\Pi + X_i\Phi + \alpha_k + \varepsilon_{i,e,k}\end{aligned} \quad (11)$$

估计结果显示，如果土著群体的历史气候更不稳定，那么在家讲母语的父母可能对子女在家讲母语的影响就会明显减弱。

需要讨论的是，如果那些来自不太重视传统的种族群体的人不太可能报告有美洲土著血统，那么他们在样本中的代表性将不足。为解决这一问题，文章还估计公式 10，该模型的估计是在种族位置级别上，而不是在个人级别上，且可以使用加拿大数据进行复制。这些数据来自加拿大统计局编制的 2001 年、2006 年和 2011 年的加拿大土著人口普查（Census Aboriginal Population Profiles）。如式（12）所示。

$$FracNativeLanguage_{e,k} = \alpha_k + \beta\, ClimaticInstability_e + X_e\Pi + \varepsilon_{e,k} \quad (12)$$

其中，e 表示一个美洲土著民族，k 为居住地，$FracNativeLanguage_{e,k}$ 为居住在 k 地区的土著民族 e 中在家说土著语言的人口比例。估计结果显示，在美国和加拿大，历史气候不稳定与在家中说美洲土著语言的人口比例之间存在显著的负向相关关系，这说明美国和加拿大的土著居民，其祖先生活在代际气候更不稳定的地方，不太可能保持说土著语言的传统。

文章还使用 Cook 等人（2010）提供的高分辨率气候数据进行了检

验，该数据的空间分辨率为 0.5 度，具有可信的年变化。估计结果与使用 Mann 等人（2009）数据进行的估计结果相似，且逐年变化的影响往往与跨代不稳定性度量的影响相反（逐年变化往往与传统的重要性呈正相关），这与代际变化增加了了解世界真实状态的成本（即模型中的 κ）是一致。结果表明，气候的长期跨代变化，而不是短期的逐年变化，是导致传统减弱和文化持久性减弱的原因。

（四）主要结论

文章的分析是基于一个简单但仍未回答的问题：文化何时持续，何时改变？通过模型构建与实证检验，研究结果显示祖先生活在世代间环境变化较大的地区的人口，对传统和习俗的重视程度将降低；当历史环境在代际之间存在显著差异时，上一代人的文化习俗对当代人的影响有限，相反，当历史环境稳定时，进化到上一代的文化特征更有可能适合当代人；在历史环境代际差异较大的人群中，传统和文化持久性的重视程度较弱。除了更好地理解文化持久性和变化的决定因素外，研究结果也为进化人类学文献中所模拟的文化起源和微观基础提供了支持。对模型的实证检验也非常重要，因为当前经济学中的许多文化模型都以文化的存在及其代际传播为起点，文章的研究结果为这一假设的经验提供了验证及思路。

专题三：能源经济与绿色经济

8 环境规制与公众健康[*]

一 导语

自环境问题产生以来，以"环境和健康"为主题的研究更多地为环境科学和健康科学所关注。近年来，政策制定者和研究者开始逐渐地认识到经济学在环境健康问题研究中的价值和意义，更多的经济学者开始涉足这一领域，环境科学和健康科学的研究者也急切呼吁社会科学研究者来关注并对这一主题进行合作研究。尤其当环境管制可能会阻碍经济增长时，单纯地从环境科学视角制定环境政策已经行不通，从经济学领域讨论环境政策的制定成为环境经济学的重要内容；当环境因素影响健康以及由此所带来的一系列经济社会效应时，运用经济学的原理和方法来研究环境健康背后的私人规避行为和公共干预所产生的健康效应等，同时也有助于全面评估各种环境政策路径的成本与收益。基于此，本部分3篇前沿文献来自环境经济学与健康经济学领域，都是2018年以来发表在对应领域的国际顶刊（*Journal of Environmental Economics and Management*、*Journal of Development Economics*、*Journal of Health Economics*）上的。

从现实意义来看，放眼全球，几乎所有国家政府都采取了环境管制

---

[*] 本部分所导读的文献分别是① Konc, T., Ivan Savin, Jeroen C. J. M. van den Bergh, "The Social Multiplier of Environmental Policy: Application to Carbon Taxation", *Journal of Environmental Economics and Management*, Vol. 105, 2021. ② Liu, Mengdi, Ruipeng Tan, et al., "The Costs of 'Blue Sky': Environmental Regulation, Technology Upgrading, and Labor Demand in China", *Journal of Development Economics*, Vol. 150, 2021. ③ Cesur, R., Erdal Tekin, Aydogan Ulker, "Can Natural Gas Save Lives? Evidence from the Deployment of a Fuel Delivery System in a Developing Country", *Journal of Health Economics*, Vol. 59, 2018.

措施；而面对日趋严峻的全球气候变化挑战，碳中和已成为发达国家和一些发展中国家所追求的共同目标。同时，全球经济自2008年国际金融危机以来进入了低迷期，又因当下新冠肺炎疫情持续肆虐进一步遭受重创。这引发全球经济学界对环境政策路径及其对经济活动、劳动需求以及公众健康影响的又一次研究热潮。这类研究话题会受到理论界和实证界的高度关注，具有重要的理论和实践意义。因此，本部分的3篇前沿文献都是与这个研究主题相关，分别探讨了消费者受到同伴影响时环境政策的有效性、环境规制对就业的影响机制以及异质性影响、能源政策对公众健康的长期累积影响。论文的研究视角新颖，所凝练的关键科学问题重要且有深度，研究思路清晰，这都是读者在深度研读这3篇文献时所要体会、思考和学习的。

从研究范式上来看，综观环境经济学和健康经济学发展历史，早期经济学研究方法大多以历史分析、逻辑分析、定性分析为主，现在以定量分析为主。定量分析主要包括两方面的内容：一是数学推导，二是以数据为基础使用统计推断方法的实证研究。经过严谨的数学推导，将经济思想转化成的理论体系具有逻辑自洽的一致性、前瞻性，能够为解决现实问题提供深度的理论基础；而以计量经济学为主要方法论的实证研究，则是检验经济理论能否解释现实。由于环境经济学和健康经济学都属于环境科学、健康科学、经济学等多学科交叉领域，作用机理复杂，数学推导和实证计量是此领域研究方法的主流。因此，本部分所选择的前沿文献中，论文一采用了严谨的数据推导范式，论文二和论文三都采用了以数据为基础的实证计量研究方式。之所以选择这3篇文献作为前沿文献导读，除了上述提到的重要现实意义之外，这3篇文献研究方法非常规范、严谨、科学，理论模型设置简洁但得出结论又新颖，符合"奥卡姆剃刀"规则；实证计量研究充分利用现有可获得的数据，有效剔除内生性，准确识别因果关系而非相关关系。因此，这3篇文献十分适合致力于环境经济学和健康经济学领域研究的初学者以此为范本，值得深度研读并借鉴学习。

为了便于读者能够有选择地深度学习文献，接下来将这3篇文献的主要研究内容概要罗列如下。

第1篇文献是Konc等（2021）关于环境政策社会乘数的讨论。现有文献对碳价的研究大多基于消费者具有固定偏好，且个体间无相互作用的假设前提下进行分析的。仅仅从该角度研究碳税，势必给现实中碳价格设计造成一定的误差。为此，本文首先建立了一个由社交网络中同伴互相影响下形成的社会内嵌偏好驱动消费决策模型，加入了消费者偏好与他人互动因素。研究发现在这种设定下，环境政策的社会乘数会增加，进而增强了政策有效性；接着，基于校准的参数赋值，开展了碳税的数值模拟，得出社会乘数为1.30，使得有效税率下降38%。进一步研究发现，该社会乘数取决于四个因素：社会影响强度、初始偏好分布、网络拓扑结构和收入分布。此研究为推进生活方式低碳转型，为最大化碳税有效性及其配套社会网络政策奠定了理论基础。

第2篇文献是Liu等（2021）关于中国环境管制、技术升级和劳动力需求的探讨。本文基于中国环境统计数据库（CESD）和中国工业企业数据库（CIED）中的企业数据，使用PSM-DID方法实证检验了中国范围内基于目标的空气污染控制政策——中国空气污染控制重点城市（KCAPC）政策对企业环境污染和劳动力需求的影响。结果发现，全国范围内的空气污染控制政策（即KCAPC）显著降低了3%的劳动力需求，国内企业的低技能员工和工人更容易受到负面冲击。另外，这些政策将导致环境质量的大幅改善，从而减少相关疾病发生率和死亡率，带来社会效益。污染排放和就业的综合结果表明，SO_2排放量减少1%将导致劳动力需求减少0.13%。

第3篇文献是Cesur等（2018）关于天然气部署对公众健康的影响分析。在过去的20年里，由于天然气网络的部署，土耳其广泛使用天然气来替代煤炭用于取暖和烹饪。此文利用2001年至2016年的数据，利用各省天然气网络部署时间和扩张强度（每100人的天然气服务用户数量来衡量）的差异，研究了这一发展趋势对成人和老年人死亡率的影响。结果表明，天然气的扩张导致了成年人和老年人死亡率的显著降低。即天然气使用强度每增加一个百分点，成年人死亡率就会下降1.8%（大约减少834人），老年人死亡率下降1.0%（大约减少3500人）。这表明天然气网络的扩展可能导致了空气质量的显著改善。此外，还发现，死亡率的增加主要是由心脏—呼吸系统疾病所致，而心脏—呼吸系统死亡更有可能是由于空气污染造成或加剧的状况。最后，此文分析并没有表明在天然气网络部署和死亡率之间的估计关系中有显著的性别差异。

倘若读者能够精读并读懂这3篇文章，相信在学术素养、论文写作、前沿研究范式等方面获益颇多。这也是笔者撰写此部分文献导读的主要目的。当然，倘若读者能够在这3篇文献研究思路和研究结果基础上结合中国乃至全球经济社会现实问题，进一步思考和启发，提炼出接下来的研究工作就再好不过了。比如，中国"2030年前碳达峰、2060年前碳中和"的双碳目标正在倒逼着经济社会低碳零碳转型。在社会同伴效应作用下，理论上环境政策的有效性及其影响因素、如何设计未来环境政策路径；从实证上电动汽车消费行为有多大程度受社会同伴影响，制造业绿色转型有多大程度处于企业间相互模仿动机；等等，这些都是值得深入研究的问题。再如，碳交易市场机制、用能权交易等碳减排政策对制造业企业就业的异质性影响（包括男性和女性、教育程度低和教育程度高等）也是值得深入探讨的。还有，既然我国政府把公众健康放在所有政策的首位，而中国大气污染防治攻坚战取得了巨大成效，大气污染浓度得到大幅度的降低，基于数据的可得性，重点实证分析以往已实施的环境政策对公众健康的异质性影响颇具重要的现实价值和理论价值。

二　精选文献导读

论文一：《环境政策的社会乘数：对碳税的应用》

Konc, T., Ivan Savin, Jeroen C. J. M. van den Bergh, "The Social Multiplier of Environmental Policy: Application to Carbon Taxation", *Journal of Environmental Economics and Management*, No. 105, 2021.

作者是西班牙巴塞罗那大学 Konc, T., 乌拉尔联邦大学 Savin, I. 与阿姆斯特丹自由大学 Bergh, J., 于2021年发表在环境经济学领域顶级期刊 *Journal of Environmental Economics and Management* 第105期。这三位作者研究方向是环境经济学，擅长立足于社会现象，通过理论推导从中挖掘出有现实价值但又难以直觉判断的经济学机理，以弥补经济学研究中因缺乏微观数据基础而难以开展前瞻性实证分析的不足。这篇论文属于环境经济学与社会心理学的多学科交叉研究，重点探讨当消费者受到同伴影响时环境政策有效性。

（一）研究背景

社会心理学早已确立了个人决策对同伴影响的敏感性。行为经济学的研究证实，行为决策不能完全由稳定的偏好和行为偏差来解释，但社会环境会影响代理人的决策。此外，神经经济学研究支持社会关系在偏好形成中的作用。

基于此，此文在环境政策研究框架中引入了新的概念，即消费者决策偏好是受社会同伴的互动影响。众所周知，碳税，以及更普遍的碳定价，提高了碳密集型商品和服务的相对价格，从而抑制这些商品服务的消费和转向低碳替代品。现有的经济学研究在个体具有固定的偏好且不受他人互动影响的假设下分析碳定价政策效果。此文研究目标是考察当消费决策偏好受社会影响时碳税效果。

从现有研究来看，有关个体行为对同伴的影响已在各类消费行为中得到证实，比如，能源消费、可再生技术的采用、交通方式的选择等。比如，当邻居采用太阳能板时，个人也更为可能采用，这种局部扩散是由于对炫耀性消费的模仿驱动、关于太阳能板电池正面信息的交流所造成的。但很少有研究将碳税与不断变化的甚至是内在偏好联系起来。目前有一些关于非社会内生偏好与气候政策的研究，但本文通过社会网络效应明确建立了碳税对偏好的影响模型，归结起来就是公共经济学和社会网络理论的结合。这是此文研究视角的主要创新点。

此文研究结果具有重要的理论意义和现实意义。其一，社会网络中内生的消费偏好会产生碳税的社会乘数效应。具体而言，碳税会产生两种效应。第一阶效应或直接效应是一个代理通过通常的价格效应减少碳密集消费。第二阶或后续效应是由于社会网络中消费的变化而导致的偏好的变化，通过社会嵌入的偏好导致个体消费选择的进一步变化。因此，由于行动者之间的模仿，碳密集型消费的税收弹性高于瞬时价格弹性。其二，在社会互动影响消费偏好的背景下，最优的碳税税率允许降低，进而有助于提高公众支持。其三，该社会乘数取决于四个因素：社会影响强度、初始偏好分布、网络拓扑结构和收入分布。这意味着，如果消费决策取决于社会互动，那么环境和气候政策设计应该考虑到这些因素。

（二）社会化嵌入个体的消费决策建模

假设在一个固定的社会网络 N 中有相互影响的个体，他们消费两种炫耀性商品，即高碳品和低碳品。L_i 和 H_i 分别表示个体消费的低碳品数量和高碳品数量。假设低碳品的碳强度为 0，高碳品的碳排放强度为 1。将碳排放量 $e(\sum_{j \in N} H_j)$ 作为环境负外部性引入，但消费者决策假设考虑这一因素。为了矫正环境负外部性，征收碳税，并将税收收入一次性转移给个体。个体的效用函数及其预算约束如式（1）、式（2）、式（3）所示。

$$max_{H_i, L_i} U_i(\alpha_i, H_i, L_i) \tag{1}$$

$$s.t. \ H_i(P_H + \tau) + L_i P_L \leq \tau \left(\frac{\sum_{j \in N} H_j}{N} \right) \tag{2}$$

$$U_i(\alpha_i, H_i, L_i) = \left(\alpha_i H_i^{\frac{\sigma-1}{\sigma}} + (1-\alpha_i) L_i^{\frac{\sigma-1}{\sigma}} \right)^{\frac{v}{\sigma-1}} - e\left(\sum_{j \in N} H_j \right) \tag{3}$$

其中，$\alpha_i \in [0,1]$ 代表着个体对高碳品的偏好，$\delta > 1$ 代表为高碳品与低碳品的替代弹性，w_i 是收入，P_L 和 P_H 是两种商品价格。其中，低碳品价格 $P_L = 1$，高碳品税后价格 $P_H(\tau) \equiv P_H + \tau$。

本模型中偏好有两个部分：内在偏好 $\pi_i \in [0,1]$ 与社会性偏好 S_i，前者是固定的，而后者则是内生变化，是由个体所在的社会网络群体消费行为内生决定。即如果社会网络中高碳品消费减少，其社会内嵌性偏好也会下降；反之亦然。如式（4）、式（5）所示。

$$\alpha_i \equiv \alpha(\pi_i, S_i) = (1-\gamma)\pi_i + \gamma S_i \tag{4}$$

$$S_i \equiv S([H_j]_{j \in N_i}, [L_j]_{j \in N_i}, P_H(\tau)), \frac{\partial S_i}{\partial H_j} > 0, \frac{\partial S_i}{\partial L_j} < 0 \tag{5}$$

其中，$\gamma \in [0,1]$ 代表社会性偏好对个体消费偏好的影响。在此设定下，个体效用是由其消费、内在偏好、高碳品相对价格、社会同伴消费决策和收入的函数。也就是说，当一种商品在同伴中越受欢迎，购买此商品获得的体验会得到更高的边际效果。

在社会性互动系统中，将均衡定义为关于高碳品消费的向量，任何个体都无法因偏离这个均衡向量而更受益。假设消费行为集 $\{H\}$ 是紧凸集，效用函数是连续凹性的，则解决最优问题的马歇尔需求如式（6）所示。

$$H_i^{BR}(\alpha_i, P_H(\tau), w_i) = w_i \left(\frac{\alpha_i}{P_H(\tau)}\right)^\sigma \frac{1}{\alpha_i^\sigma P_H(\tau)^{1-\sigma} + (1-\alpha_i)^\sigma} \quad (6)$$

此需求函数等价于给定同伴消费决策下的最佳响应。假设低碳品消费是给定的，此时均衡状态下最优的高碳品消费量如式（7）所示。

$$H_i^* = argmax_{H_i} U_i(H_i, \alpha_i, P_H(\tau), w_i) \, \forall i \in N$$
$$= argmax_{H_i} U_i(H_i, \{H_j^*, w_j\}_{j \in N_i}, \pi_i, P_H(\tau), w_i) \, \forall i \in N$$
(7)

在均衡中，个体会根据自身社会网络中观察到的消费决策而调整消费偏好，表达式为式（8）。

$$\alpha_i^* \equiv \alpha(\{H_j^*, w_j\}_{j \in N_i}, P_H(\tau), \pi_i) \quad (8)$$

联立式（4）和式（5），得出式（9）。

$$H_i^* = H_i^{BR}(\alpha_i^*, P_H(\tau), w_i) \, \forall i \in N \quad (9)$$

由于社会互动可以导致多重平衡，在此模型中均衡的唯一性取决于同伴对个体影响的相对影响。只有当 $\left|\frac{\partial^2 U_i}{\partial H_i^2}\right| > \left|\frac{\partial^2 U_i}{\partial H_i \partial S_i}\right|$ 时，此模型有唯一解。此时，存在上界 $\gamma^c < 1$。基于此，下文有关碳税政策的探讨都是建立在 $\gamma < \gamma^c$ 基础之上的。

（三）在社会内嵌偏好下的碳税

1. 碳税的双重效应

定理1：在社会内嵌偏好下，如果个体对高碳品偏好降低，通过社会互动，碳税会产生正向的乘数效应。如式（10）所示。

$$\frac{d\alpha_i}{d\tau} < 0 \, \forall i \Leftrightarrow \frac{\partial H_i^*}{\partial \tau} < \frac{\partial H_i^{BR}}{\partial \tau} \, \forall i \in N \quad (10)$$

（1）个体对同伴消费的完全模仿

消费决策取决于偏好和相对价格。因此，个体有两种因素来解释同伴消费的变化。一是观察到的消费变化是由于偏好的变化；二是相对价格的变化。如果个体知道了其同伴的需求函数，其可以推断出这种变化完全归因于价格变化，而不是偏好的变化。如式（11）所示。

$$S_i^P(x_i, P_H) \equiv D^{-1}(x_i, P_H) \tag{11}$$

其中，$D(\alpha, P_H) \equiv \dfrac{H^{BR}(\alpha, P_H)}{L^{BR}(\alpha, P_H)}$ 表示在给定偏好下高碳品和低碳品消费的比重；$x_i \equiv \dfrac{\sum_{j \in N_j} H_j}{\sum_{j \in N_j} H_j + L_j}$ 是个体所在的社会群体网络中高碳品在所有商品消费的比重。运用马歇尔需求原理，得出式（12）。

$$S_i^P(H_j, L_j) = \dfrac{P_H^{\frac{1}{\sigma}} \left(\sum_{j \in N_j} H_j\right)^{\frac{1}{\sigma}}}{P_H^{\frac{1}{\sigma}} \left(\sum_{j \in N_j} H_j\right)^{\frac{1}{\sigma}} + P_H^{\frac{1-\sigma}{\sigma}} \left(\sum_{j \in N_j} L_j\right)^{\frac{1}{\sigma}}} \tag{12}$$

定理2：在完全偏好模仿假设下，如果个体低估了碳税对同伴消费的影响，碳税有正向的乘数效应。

对命题2的解释是，当个体根据价格效应观察到比预期更强烈的消费下降时，他们将此归因于同伴偏好的变化。因此，个体对高碳品的偏好会通过完全模仿而降低，使得碳税对个体消费决策的影响更为强烈。

推论1：在完全偏好模仿假设下，如果 $\dfrac{\partial H^{BR}(\alpha_1,.)/\partial \alpha}{\partial^2 H^{BR}(\alpha_1,.)/\partial \alpha \partial P_H} < \dfrac{\partial H^{BR}(\alpha_2,.)/\partial \alpha}{\partial^2 H^{BR}(\alpha_2,.)/\partial \alpha \partial P_H} \forall \alpha_1 < \alpha_2 \in (0,1)$，碳税有正向的乘数效应。此时，效用函数中替代弹性 $\sigma < 1$。

推论1表明：预期到的与观察到的同伴消费反映的差距取决于需求函数的形状。特别是，效用函数中 $\sigma < 1$ 时，碳税的社会乘数是正向的；当 $\sigma > 1$ 时，社会乘数是负向的。这意味着当高碳品和低碳品是互补品时，个体通常会低估税收效应；而当两者是替代品时，个体则会高估税收效应。

（2）不完全偏好模仿

假设个体在不考虑商品价格时模仿同伴的平均消费水平，这可以成为不完全的偏好模仿。此时，税收不直接影响偏好，个体无法做出价格和替代弹性的复杂计算，只会推断出同伴偏好的变化，因此，这种不完全偏好模仿更为现实。为了阐释这一现象，将社会性偏好定义如式（13）所示。

$$S_i^I(x_j, P_H(\tau)) = \frac{\sum_{j \in N_j} H_j}{\sum_{j \in N_j} H_j + L_j} \quad (13)$$

定理3：在不完全偏好模仿下，税收有正向的乘数效应。

当只考虑同伴、同伴的同伴之间的互动时，个体高碳品消费的税收效应如式（14）所示。

$$\frac{\partial H_i^*}{\partial \tau} = \frac{\partial H_i^{BR}}{\partial \tau}\left[1 + \sum_{j \in N_j} \frac{\partial H_i^{BR}}{\partial H_j^*} \frac{\partial H_j^{BR}}{\partial H_i^*}\right] + \sum_{l \in N} \frac{\partial H_l^{BR}}{\partial \tau}\left[\frac{\partial H_i^{BR}}{\partial H_l^*} + \sum_{l \neq i \in N_j} \frac{\partial H_i^{BR}}{\partial H_j^*} \frac{\partial H_j^{BR}}{\partial H_l^*}\right] \quad (14)$$

定理4：同伴消费选择对个体偏好的影响会随着社会影响力 γ 的上升而加强。

此处更高的社会影响 γ 代表着消费行为更高的可见度，或更严格的遵从社会规范性。

定理5：当偏好对消费抉择的边际影响最大时，此时偏好 $\alpha_{max} = \frac{P_H(\tau)}{P_H(\tau) + 1}$。

在偏好 α_{max} 下，碳税的社会乘数最大。此时，个体在征税前最优的消费决策是同等消费两类产品。

定理6：当 $E(\alpha) = \alpha_{max}$ 时，税收社会乘数会随着偏好两极分化而减少。

这意味着在偏好极化程度越高的人群中，碳税的社会乘数越低。

2. 在社会嵌入偏好下的庇古税

将 $v_i(P_H + \tau, w_i, e) \equiv U(\alpha_i^*, H_i^*, L_i^*)$ 作为个体 i 的间接效用，将社会福利表示为有关所有个体间接效用的函数，如式（15）所示。

$$max_\tau W([v_i((P_H + \tau), w_i, e]_{i \in N}) \quad (15)$$

定理7：最优的庇古税制是 $\sum_{i \in N} \frac{\partial W}{\partial v_i}(-\frac{\partial v_i}{\partial W}H_i^* - \frac{\partial e}{\partial H}\sum_{j \in N}\frac{\partial H^*}{\partial \tau} + \zeta_i) = 0$，其中，$\zeta_i = \frac{\partial U_i}{\partial \alpha_i}\frac{\partial \alpha_i^*}{\partial \tau}$ 与 $(L_i^{*\frac{\sigma-1}{\sigma}} - H_i^{*\frac{\sigma-1}{\sigma}})$ 成正比。

在庇古税制下，碳税等于边际损失成本。在社会嵌入偏好下，庇古税依赖于三种效应：收入效应 $-\frac{\partial v_i}{\partial W}H_i^*$，考虑社会互动下的外在减少效应 $-\frac{\partial e}{\partial H}\sum_{j \in N}\frac{\partial H^*}{\partial \tau}$，还有偏好效应 ξ。也就是说，庇古税依赖于社会乘数。

3. 在社会嵌入偏好下目标实现制税收

将 Q 定义为碳排放目标，将 Q_0 定义为初始排放水平，τ^* 为实现目标的最低税率，如式（16）、式（17）所示。

$$\tau^* = \min\tau \tag{16}$$

$$s.t. \sum_{i \in N} H_i^*(P_H(\tau)) \leqslant Q \tag{17}$$

由于 $H_i^*(\tau)$ 与 τ 负相关。因此，对式（20）求解得出式（18）。

$$\sum_{i \in N} H_i^*(P_H(\tau^*)) = Q \tag{18}$$

社会乘数 Ω 反映了碳税通过社会互动对高碳品消费的需求效应。较高（较低）的社会乘数意味着较低（较高）的碳税可以产生同等减排目标。因此，此文比较了有社会互动和没有社会互动两种情况下的有效税收。经推导发现，在考虑社会互动的情形下，实现特定目标的税率更低些。

（四）数值模拟

接下来，此文开展数值模拟，以评估不完全偏好模仿下的目标实现制碳税效果，从而测算出考虑社会互动与否下的有效税率比值（即社会乘数效应）。

此文基于现实估计了基准参数，重点探讨以下因素的影响：第一，社会影响强度；第二，偏好分布；第三，社会网路拓扑结构；第四，收入分配。假设 $P_H(0) = P_L$，$Q = Q_0/2$，集中讨论高碳品与低碳品存在替代关系的情形（$\sigma = 2$）。模拟主要有以下几个步骤：首先，计算得出均衡状态下的消费与偏好；其次，评估高碳品消费下降50%时的最低税率；再次，将偏好固定在征税前的均衡值下，确定产生相同目标的最低税率；最后，计算因社会乘数造成的税率降低程度。

表1给出此文基准模拟数值以及其他参数变化情景。

表1　　　　　　　　　数值模拟中的参数取值

	基准情景	替代情景
社会影响力	$\gamma = 0.3$	$\gamma \in [0,1]$
内在偏好分布	$\pi \in B(1,1)$	$B(0.1,0.1)$，$B(4,4)$，$B(15,15)$
网络拓扑结构	小世界	常规；随机；无标度
基尼系数	0.4	0.2，0.3，0.5

由于数值模拟会产生随机数，此文报告了每个参数组合超过50次运行的平均结果。在基准参数情景下，社会互动将税收效应放大了1.3倍，导致平均税率减少了0.38%。这意味着社会乘数放大了税收效果，降低了有效税率38%。

首先，作者评估了社会影响力 γ 对社会乘数的影响。此文发现了倒U形的效应。一方面，更强的社会互动通过消费规范对偏好的作用而增加社会乘数；另一方面，与征税之前均衡状态相比，更强的社会影响力会造成更加两极分化的偏好分布，降低社会乘数。

其次，作者估计了不同内在偏好分布下的社会乘数。结果发现，初始品味两极分化程度越高，社会乘数就越低。对于更高强度的社会影响，均衡状态下偏好分布与这四种内在偏好分布没有太大差异，从而这些情形下社会乘数也变化不大。

再次，作者估计了不同网络拓扑结构下社会乘数。研究发现，当 $\gamma < 0.45$ 时，具体的网络拓扑结果不会影响社会乘数。当 $\gamma > 0.45$ 时，不同网络拓扑结构会产生不同的社会乘数。特别是，无标度网络下，社会乘数最低。对此解释为，具有高碳或低碳偏好群体的出现削弱了碳税的社会乘数，而在无标度网络下，拥有较多同伴的高收入个体会影响中心，造成最强烈的品位极化。在常规的和小世界的网络中，个体被嵌入紧密相连的同伴群体，强化彼此品位，从而造成强烈的品位极化。由于小世界网络的聚类值较常规网络的低，个体对低碳消费的抵制程度也会低，造成社会乘数较高。在随机网络中，当 $\gamma \in [0.6, 0.7]$ 时，不对称度小，聚类最低，社会乘数会更高；当 $\gamma \to 1$ 时，这种效应会迅速恶化。总之，尽管连接集群社会网络的部分短路径会增加社会乘数，但不对称度（特别是在较高的社会影响力下）会降低社会乘数。换句话说，在没有强有力的意见领袖的情况下，人们接触到更多不同意见的社会网络结构最有利于扩大碳税的有效性

最后，计算了不同基尼系数下收入分配变化对社会乘数的影响。研究发现，当 $\gamma \leq 0.5$ 时，收入分配对社会乘数没有影响。然而，对于更高的 γ 时，收入不平等程度越低，社会乘数效应会越高。这是由于收入不平等造成不对称的社会互动，更富有的个体对固定消费规范有更强的影响，这种不对称会抑制社会乘数。

（五）研究结论

此文首先建立了一个由社交网络中同伴互相影响下形成的社会内嵌偏好驱动消费决策模型，加入了消费者偏好与他人互动因素。研究发现在这种设定下，环境政策的社会乘数会增加，进而增强了政策有效性；接着，基于校准的参数赋值，开展了碳税的数值模拟，得出社会乘数为1.30，使得有效税率下降38%。进一步研究发现，该社会乘数取决于四个因素：社会影响强度、初始偏好分布、网络拓扑结构和收入分布。此研究为推进生活方式低碳转型，为最大化碳税有效性与之配套社会网络政策奠定了理论基础。

价格变化对消费决策的影响不是瞬时的，而是受社会互动的影响，这一发现有助于解释碳税和燃料价格波动对消费影响的差异。有实证研究表明，燃料消费的税收弹性最高可达价格弹性的3倍。这种现象通常可以用税收的突出性或内在偏好的挤出效应来解释。我们的研究提出另一种解释，税收效应更强，因为它在直接价格效应的基础上还涉及社会互动的影响。

此篇研究不仅对最优庇古税设计提供了决策参考，还建议政策制定者提供配套措施来修正社会网络，使得环境政策更为有效。比如，开展

比较性反馈，来加强消费偏好形成中的社会影响；纠正对气候变化的误解，从而改变对低碳品的偏好结构，或突出可替代生活方式的可行性；有针对性地补贴或宣传，以鼓励社会网络中联系最紧密的个体采取低碳决策；制定碳税收入返还政策，以降低收入不平等。

（六）研究启示

此篇论文选题视角新颖，整个理论体系有逻辑自洽的一致性，研究结论具有极高的前瞻性与理论深度。通过环境经济学与社会心理学的多学科交叉综合视角，引入社会同伴影响得出环境政策的社会乘数增加，最优碳税税率也会降低。理论模型设置简洁但得出结论又新颖，符合"奥卡姆剃刀"规则。理论推导过程非常规范且严谨，十分适合致力于经济理论研究的初学者以此为范本，通过深度研读并动手推导此文所有定理与推论，相信必定会受益匪浅。

从现实意义来讲，在推行碳税的同时配套相关措施修改社会网络，增强社会乘数效应，从而进一步降低有效碳税税率，这反过来也会提升碳税作为气候政策工具的政治可行性。对于中国而言，"2030 年前碳达峰、2060 年前碳中和"的双碳目标正在倒逼着经济社会低碳零碳转型。那么，在中国现实国情中，从理论上，在社会同伴效应下环境政策的有效性及其影响因素、如何设计未来环境政策路径；从实证上电动汽车消费行为有多大程度受社会同伴影响，制造业绿色转型有多大程度处于企业间相互模仿动机，等等，这些都是值得深入研究的问题。

论文二：《"蓝天"的成本：中国的环境管制、技术升级和劳动力需求》

Liu, Mengdi, Ruipeng Tan, Bing Zhang, "The Costs of 'Blue Sky': Environmental Regulation, Technology Upgrading, and Labor Demand in China", *Journal of Development Economics*, No. 150, 2021.

作者是对外经济贸易大学刘梦迪，南京大学环境管理与政策研究中心张炳教授、谭睿鹏博士，于 2021 年发表在国际一流经济学期刊 *Journal of Development Economics* 第 150 期。这三位作者的主要研究方向为环境管理与政策分析、环境经济学等，擅长运用微观数据实证分析中国排污交易、排污许可证、环境信息公开等政策效果，识别影响机制，实证功底深厚，研究视角新颖，研究发现有价值且有趣。环境保护的就业影响这一主题在西方发达国家得到广泛讨论，但环境规制对就业的影响机制以及异质性影响尚未得到充分回答。此文正是要回答这一重要问题。

（一）研究背景

如何平衡环境保护和经济发展一直是政策制定过程中重点关注的话题。虽然环境管制会改善环境质量和公众健康，但企业会直接或间接地承受减排成本。众所周知，中国政府正在面临着这样艰难的权衡。其中，环境规制与制造业就业之间的关系是最受关注的问题之一。特别是，在中国等发展中国家，制造业企业中有大量的中低收入、中低技能的工人，一旦大范围失业会造成严重的社会问题。

学术主流观点认为，严格的环境管制会加重成本，降低企业产量，进而影响劳动力需求量。为了符合更严格的环保要求，公司要么改变生产流程，要么安装降低污染的设备，这可能需要更多的或更少的劳动力。从理论上讲，环境管制对就业的影响是不确定的。因此，需要从实证角度，识别污染企业的减排策略及其可能对就业的异质性影响，有助于评估环境管制政策影响。

以往实证研究主要采用局部均衡的实证模型检验美国和西欧的环境管制对就业的影响。虽然中国的环境法规越来越严格，但环境法规的成本并没有得到充分的评估。尽管有研究以周边省份企业为对照，发现江苏省水污染排放标准越严格，监管区域的就业岗位流失约7%，这与发达国家的研究结果相似。相比之下，此文关注的是中国全国范围内的空气污染控制政策的就业效应，特别关注的是不同类型工人的异质性就业效应，识别弱势群体，为现有领域文献提供了来自发展中国家的经验证据。

此文的研究价值在于，其一，基于丰富详细的企业级生产污染数据库，包括生产过程中产生的污染、减排设施的数量和成本等，评估不同的企业污染控制策略对就业的影响，并发现劳动力需求下降的部分原因是技术进步带来的生产效率提升；其二，从不同所有制类型和员工不同技能水平的角度探讨了环境规制对就业的异质性影响,具有重要的理论价值,也为环境管制造成的低技能失业工人提供再就业培训、环境保护与社会公平的讨论提供了事实依据;其三,对以发达国家为中心的现有研究进行了补充,提供了世界第二大经济体、制造业依赖度较高的中国面临环境问题的新证据。

(二)理论框架

在此文理论框架中,环境管制的效应分为产出效应和替代效应。其中,要素投入被看作外生设定的准固定要素,包括为遵守环境政策而产生的治污费用等,而其他投入要素(如劳动力投入和资本投入)是可变的。

假设完全市场竞争企业以最小化成本来做生产决策,生产成本函数,如式(1)所示。

$$CV = H(Y, P_1, \cdots, P_J, Z_1, \cdots, Z_K) \tag{1}$$

其中,Y是产出,Pj代表生产要素价格,Zk代表准固定投入要素。根据 Shephard 引理,劳动力需求可表示如式(2)所示。

$$L = \alpha + \rho_y Y + \sum_{j=1}^{J} \gamma_j P_j + \sum_{k=1}^{K} \beta_k Z_k \tag{2}$$

那么,环境管制 R 对劳动力需求的影响表示如式(3)所示。

$$\frac{dL}{dR} = \rho_y \frac{dY}{dR} + \sum_{j=1}^{J} \gamma_j \frac{dP_j}{dR} + \sum_{k=1}^{K} \beta_k \frac{dZ_k}{dR} \tag{3}$$

假设投入要素市场是完全竞争的,因此,环境管制的任何变化都不会影响投入要素成本。因此,式(3)中的第二项将被省略,剩下另外两项。式(3)中的第一项是指环境管制通过对产出的影响进而影响劳动力需求,可能为负,也可能为正的。第三项是环境管制通过影响减排活动而影响就业,假设 β_k 系数取决于污染治理活动和劳动需求是互补关系还是替代关系。进一步将减排活动细分为末端治理和生产过程中治理两类,如式(4)所示。

$$\frac{dL}{dR} = \rho_y \frac{dY}{dR} + \beta_1 \frac{dZ_1}{dR} + \beta_2 \frac{dZ_2}{dR} \tag{4}$$

其中,Z_1 代表末端治理投入的生产要素,Z_2 代表生产过程改变的要素投入。"末端治理"下，通过安装、操作和维护末端治理设备，企业可能会增加劳动力需求，因此，β_1 假设为正。相反，"生产过程的变化"下可能会引起更高效先进的技术变革，可能减少劳动力需求。因此，β_2 假设为负。因此，总得来看，环境管制对劳动力需求的影响（即系数 μ）是不确定的，如式（5）所示。

$$L = \delta + \mu R \tag{5}$$

（三）实证策略与数据

1. 实证策略

此文首先使用倾向得分匹配方法为每一个 KCAPC 城市匹配一个相似的控制组城市，然后基于如下 DID 模型进行实证分析，如式（6）、式（7）所示。

$$\ln(SO_2)_{it} = \beta_1 KCAPC_i \times Post_t + \alpha_i + \gamma_t + \eta_{jt} + \in_{it} \tag{6}$$

$$\ln(Labor)_{it} = \beta_1 KCAPC_i \times Post_t + \alpha_i + \gamma_t + \eta_{jt} + \in_{it} \tag{7}$$

其中，i 代表企业，j 代表两位数的国家标准产业分类行业，t 代表年份。$\ln(SO_2)_{it}$ 和 $\ln(Labor)_{it}$ 分别表示 i 企业在 t 年 SO_2 排放量和就业人数的自然对数值；$KCAPC_i$ 是一个二值虚拟变量，如果企业 i 位于 KCAPC 就等于 1，否则等于 0；$Post_t$ 也是一个二值虚拟变量，如果在 2001 年之后等于 1，否则等于 0；α_i、γ_t 和 η_{jt} 分别表示企业固定效应、年份固定效应和行业—年份固定效应；$\in_{it}$ 表示误差项。此文感兴趣的系数是 β_1，它衡量了位于 KCAPC 企业相对于对照组企业 SO_2 排放和劳动力需求的平均差异变化。

2. 数据来源

此文的数据主要包括以下几部分。

第一，环境污染数据来源于中国环境统计数据库（CESD）中 1998 年至 2007 年面板数据。该数据库是中国最详细的环境统计数据，涵盖了全国数据。环保部建立了覆盖所有主要排放源的环境信息系统。本文实证研究中主要使用的数据信息包括 SO_2 排放、SO_2 产生、COD 排放、废气处理设施的数量、统计年份、所有权类型、地区代码和行业代码。

第二，企业层面的经济数据来源于中国工业企业数据库（CIED）中 1998 年至 2007 年面板数据。该数据库包含了所有年营业收入超过

500万元的国有和非国有企业生产和财务的大量信息。本文实证研究中主要使用的数据信息包括员工人数、产值、工资总额、开始经营的年份、统计年份、所有权类型、地区代码和行业代码。

第三，其他城市和个人层面的数据来源如下：城市的人口、人均GDP、面积、总就业和失业的数据来源于中国国家统计局；城市层面的工业 SO_2 排放总量、COD 排放总量、工业产量和工业企业数量来自城市层面中国环境统计数据库；有关城市是否在"两控区"、KCAPC 的信息来自政府相关文件，个人层面的数据（如工作状况和教育程度）来自城市家庭调查截面年度调查。

（四）实证结果

1. 政策有效性检验

首先，基于企业层面二氧化硫排放数据来检验政策的有效性。为了确保在没有 KCAPC 政策的情况下对照组与处理组具有相同的污染排放趋势，需要进行认同假设检验。通过对 $\ln(SO_2)_{it}$ 与 KCAPC—年份交叉项的回归发现，结果显示，在政策执行之前，KCAPC—年份交叉项的系数和 0 没有显著差异，说明 KCAPC 企业与非 KCAPC 企业具有相似的污染排放趋势；政策执行后，KCAPC—年份交叉项的系数均小于 0，表明处理组 SO_2 排放量较对照组有所减少。

其次，检验了环境规制政策对企业污染排放和劳动力需求的影响，公式（6）和公式（7）的估计结果发现，新的空气污染控制政策对减少治理城市企业层面的 SO_2 排放是有效的。环境规制政策实施后，位于 KCAPC 的制造业企业比匹配的对照组制造业企业面临更严格的环境要求，这从 SO_2 排放量的显著减少 26% 可以看出。本文还使用 SO_2 排放强度作为稳健性检验，结果依然稳健，位于 KCAPC 的制造业企业比对照组企业的 SO_2 排放强度要低 25%。

最后，结果发现，政策实施后面临更严厉环境法规的 KCAPC 制造业企业，雇用的工人比匹配对照组的企业减少 3%。这些结果表明，新的空气污染控制政策导致受 KCAPC 政策影响的城市制造业企业就业水平显著下降。

2. 对劳动力需求减少的影响机理

此文进一步检验了污染企业为了满足环境保护要求而减少劳动力需求的作用机理。公司必须缩减生产或实施新的减排活动。生产规模缩减将导致劳动力需求的减少；而减排活动主要分为两类："末端"治理和"生产过程的改变"。"末端"技术，如安装烟气脱硫装置，可能需要更多的劳动力来安装、操作和维护，从而对劳动力需求产生积极影响。相比之下，"生产过程的变化"，比如安装更高效、污染更少的锅炉，可能会减少劳动力需求，这主要是由于这种先进技术对低技能劳动力的需求减少。

此文将污染排放量分解为污染产生量和污染物去除量，将单位产值的污染产生量来衡量"生产过程的变化"，将减排设施数量衡量"末端治理"变化。结果发现，因变量是单位产值的污染产生量时，估计系数显著为负。也就是说，位于 KCAPC 的制造业企业主要是安装更有效率的锅炉，减少污染排放。

进一步基于政策实施前后各企业的平均 SO_2 产生强度的变化值将处理组中的企业划分为两个子样本："高生产过程变化"和"低生产过程变化"。研究发现，政策实施后，"生产过程高变化"组对劳动力需求的减少效果显著高于"生产过程低变化"组。此外还发现，政策实施后，处理组企业的劳动生产率上升，进一步解释了技术升级引发了生产率上升，进而劳动力需求下降。为了进一步证明此发现的合理性，此文还将加入世界贸易组织带来技术外溢作为外生冲击，发现进口关税降低幅度较大的企业，其劳动需求显著下降，也再次说明技术升级可以提高劳动技能，节省劳动力。

3. 异质性分析——成本由谁来承担

除了环境规制对劳动力需求的平均处理效应外，决策者更关心谁实际承担成本，从而识别环境规制下的弱势群体。本文探索异质就业效应，以剖析出谁承担管制的负担。

（1）劳动力技能

从理论上讲，高技能劳动力比低技能劳动力具有更高的劳动生产率。首先，此文根据 2004 年（人口普查年）高中或高中以上学历员工的比例，将公司分为高技能组和低技能组。结果显示，相比于那些高技能制造企业，低技能制造企业的工人需求下降更多，这些发现表明与技术工人相比，非技术工人相对更容易受严格环境规制的影响。此外，与高技能企业相比，低技能企业减少了更多的 SO_2 排放、SO_2 强度和 SO_2 产生量。此外，此文还利用中国城市家庭调查的个体横断面数据，考察不同教育水平下的失业概率。对比发现，在政策实施前，两组工人的失业概率非常相似，而在政策实施后，处理组工人的失业概率则有所增加，这与企业层面分析结果一致。

（2）企业所有权

众所周知，外资企业在环境保护方面的表现比国内企业好，因此，这些企业不用像国有或私营的国内企业，为了遵守新的环境规制法规政策而改变其业务。研究发现，KCAPC政策仅对国有企业和民营企业的劳动力产生显著的负面影响，并且正如预期的那样，国有企业和私营企业的 SO_2 排放、SO_2 强度和 SO_2 产生量在政策实施后显著减少。

（3）城市层面的影响

使用企业层面数据的潜在局限性是，本文只能观察到对现存企业的影响。然而，如果加强环境规制的成本大到企业无法继续盈利，那么环境规制也可能导致工业企业的关闭和进入限制，从而减少劳动力需求。因此，本文进一步收集了城市层面的数据来检验环境管制的污染效应和就业效应。结果发现KCAPC政策对工业空气污染、就业和失业有显著影响，但对工业产值没有显著影响，这与企业层面的研究结果是一致的。另外，KCAPC对工业企业的数量也没有显著影响，即对企业进入和退出的影响不大。因此，企业层面的分析是合理的。

（五）加入世界贸易组织的影响

考虑到KCAPC政策实施的同一年加入了世界贸易组织（WTO）。此后，关税壁垒和非关税壁垒均有所降低，导致2002年后进出口大幅增长。因此，存在一种担忧：贸易自由化是一个混淆因素。特别是，如果处理组和对照组城市位于沿海或内陆城市，实证结果有显著差异时，就会存在内生性问题。

因此，此文又开展了两次检验。首先，以企业层面的外国直接投资（FDI）与出口为因变量，检验在加入WTO前后在处理组和对照组之间是否有显著差异。结果发现并没有存在不同的趋势。其次,在匹配倾向得分模型中加入 FDI 变量,来挑选有类似国外资本流入的对照组。匹配后,两个城市之间的外商直接投资差距明显缩小,将新匹配的样本做稳健性检验,发现结果依然稳健。

(六)稳健性检验

此文分别通过将空气污染替换成水污染,将处理组分为污染企业和清洁企业,使用不匹配样本,不使用匹配倾向得分方法开展了稳健性检验。研究结论依然稳健。其中,KCAPC 政策对水污染的影响不显著。在 KCAPC 政策实施后,污染企业减少了 70% 的污染排放和 6% 的劳动力需求,正如我们预期的那样,这些系数大于上文的基准估计,而清洁企业受环境法规的影响较小。这些结果表明,污染水平高的企业比污染水平低的企业受到的影响更严重。

(七)研究结论

此文基于中国环境统计数据库(CESD)和中国工业企业数据库(CIED)中的企业数据,使用倾向得分匹配方法与双重差分方法从企业和城市两个尺度实证检验了中国范围内基于目标的空气污染控制政策——中国空气污染控制重点城市(KCAPC)政策对企业环境污染和劳动力需求的影响。在两控区政策后,为了进一步改善空气质量,环保部分别于 1998 年和 2001 年划定了 47 个和 66 个城市为第一批和第二批大气污染防治重点城市。囿于数据限制和实证方法可操作性,本文着重讨论 2001 年 12 月新指定的大气污染防治重点城市。研究发现大气污染防治重点城市政策有效降低了 26% SO_2 排放。更严格的环境规制使制造业劳动力需求降低了约为 3%,这主要是因为企业更倾向于通过生产技术升级实现减排,而非末端治理。因此,环境规制对劳动力需求的负向影响主要由于技术进步的替代效应。进一步结合劳动生产率分析发现,环境规制通过促使企业生产技术升级提高了劳动生产率。此外,研究发现低技能劳动力和国内私营企业的工人受到了更大的影响。

污染排放和就业的综合结果表明,SO_2 排放量减少 1% 将导致劳动力需求减少 0.13%。在"十三五"期间（2016—2020 年），中央政府制定了将 SO_2 排放量减少 15% 左右的目标。根据此文结果，这一时期 SO_2 排放的减少将使污染制造企业的劳动力需求相比于 2015 年每年减少约 1.4%。以 2015 年为基准，"十三五"期间，每年约有 70 万制造业员工因空气污染治理而失去工作，失业率将在 2015 年 4.05% 基础上增加 0.38%。

（八）研究启示

近年来，东南亚和南亚的其他发展中国家，如印度、巴基斯坦、孟加拉国、泰国、越南等，也面临着与中国类似的情况。随着中国劳动力成本的上升，总体趋势是制造业向这些地区转移。因此，了解在环境保护方面承担更多责任的企业和工人以及如何帮助其在环境保护大潮中生存下来，对这些低收入国家的未来发展至关重要。

综观全球，几乎所有国家都采取了环境管制，而环境管制对就业的影响直接影响着社会稳定，一直是决策者和学者关注的焦点。在当下新冠肺炎疫情肆虐全球的背景下，这个话题的讨论仍不过时，仍具有重要的现实意义。在未来研究中，有关污染控制对不同类型工人需求的影响还需进一步深入细化，比如，男性和女性，教育程度低和教育程度高，是否有显著差异。除了空气污染控制重点城市政策之外，碳交易市场机制、用能权交易等碳减排政策对制造业企业就业的异质性影响也是值得深度探讨的问题。

论文三：《天然气能拯救生命吗？来自发展中国家 燃料输送系统部署的证据》

Cesur, R., Erdal Tekin, Aydogan Ulker, "Can Natural Gas Save Lives? Evidence from the Deployment of a Fuel Delivery System in a Developing Country", *Journal of Health Economics*, No. 59, 2018.

作者是美国康涅狄格大学的 Cesur, R., 美利坚大学公共事务学院的 Tekin, E., 和澳大利亚迪肯大学的 Ulker, A., 于 2018 年发表在健康经济学领域顶刊 *Journal of Health Economics* 第 59 期。这三位作者的主要研究领域是健康经济学，而此文探讨了能源政策对成年人与老年人健康质量的长期累积影响，研究视角新颖，研究方法规范，论证严谨，尽可能地解决了空气污染暴露的内生性问题，结论有重要价值，为后续环境政策成本与收益全面评估奠定了研究基础。这是一篇非常值得初学者通篇深读的好论文，有助于加强健康经济学研究素养，提升研究品位，增强计量经济学的应用功底。

（一）研究背景

近年来，天然气作为一种储量丰富、效率高且相对便宜的燃料来源的出现，正在改变着世界能源格局。大型天然气田的新发现以及水力压裂等钻井技术创新，正在释放大量天然气储量，并威胁到煤炭作为世界许多地区主要能源来源的地位。天然气现在是增长最快的化石燃料，年增长率为1.9%，而煤炭是增长最慢的燃料，预计到2030年将被天然气超越（美国能源信息管理局，2016）。事实上，燃烧天然气会大大降低所有类型的污染物排放。因此，以天然气取代煤炭，被认为中短期内解决全球碳排放问题的重要手段。

对于发展中国家而言，平衡经济增长与环境保护的压力持续增加。这些地区在严重依赖煤炭的情形下，在不久的将来不太可能大规模地向成本效益高、无碳的清洁能源过渡。因此，天然气减缓气候变化和环境污染的潜力还是巨大的。基于此，将天然气取代煤炭，是否会对公众健康产生影响。倘若存在改善效果，这意味着促进商业和住宅天然气基础设施扩张的政策或技术变化是否会转化为公众健康的后续改善？这是一个重要的问题，因为燃烧化石燃料造成的空气污染被认为是对公众健康最严重的环境风险。因此，本文旨在通过评估在一个发展中国家，即土耳其大规模部署天然气网络对公共健康的影响来回答这个问题。

在过去的20年里，由于天然气网络的部署，土耳其广泛使用天然气来替代煤炭作为空间取暖和烹饪技术。如今，土耳其81个省中有75个已经具备天然气基础设施。通过利用土耳其各省天然气网络部署的变化和时间，本研究为天然气替代煤炭对成人和老年人死亡率的影响提供了新的见解。此文还评估了天然气和死亡率之间是否存在性别或具体原因的关系。

此文的研究贡献总结起来，主要有以下几点。其一此文探讨了天然气替代煤炭对健康的影响，研究结果可能有助于在发展中国家增强天然气作为煤炭替代品的吸引力。其二此文还扩展了关于空气污染对成年人和老年人健康质量影响的经济学文献，尽可能地解决了空气污染暴露的内生性问题。其三选择能够反映剂量—效应关系的变量作为处理变量，重点关注长期积累性的健康影响而非短期即时影响，特别是成年人和老年人的死亡往往是由于慢性疾病所致。

（二）有关土耳其天然气网络计划的概况

考虑到土耳其与阿塞拜疆、伊朗和俄罗斯等世界上最大的天然气生产国距离很近，天然气被认为是经济属性和技术属性上最可行的能源。天然气网络于1988年首次部署在安卡拉，随着时间的推移，天然气网络逐渐扩大，到2016年，覆盖81个省份中的75个。这种部署导致用于家庭取暖和做饭的天然气消费迅速增加，这似乎减缓或遏制了煤炭消费的增长。据统计，燃煤炉灶制造商的数量已经从2004年的2336家下降到2010年的1031家。因此，有理由相信，从煤到天然气的转变可能显著降低大气污染浓度，改善公众健康。

（三）数据来源

1. 天然气的测算

数据来源于土耳其天然气杂志（2001年至2012年）和土耳其能源市场监管局（2013年至2016年）。从广度和深度两个层面评估天然气网络的部署。在广度上，采用指示变量来描述2011—2016年该省份是否存在并运行天然气网络；在深度上，每100人的天然气用户数量来描述天然气使用率。

2. 死亡率的测算

死亡率来自土耳其统计研究所2001年至2016年间的数据。按年龄和性别将死亡率定义为每一类人每1000人的死亡人数。将年龄在25—54岁和55岁及以上的男性和女性的死亡率，分别代表了非老年人和老年人的死亡率。从统计数据来看，无论是成年人还是老年人，男性的死亡率都高于女性。此外，从年度数据观察来看，部署天然气网络的省份死亡率是没有天然气网络的两倍。这说明死亡率可能与天然气直接相关。然而，这可能是误导，因为它没有考虑潜在重要的内生因素，可能与天然气网络的部署和省级公共卫生有关。

3. 省级时间变化特征

省级时间变化特征包括每10万人拥有的医院数量和病床数量、每1000人拥有的汽车数量、每10万人拥有的医生数量、该省是否有家庭医生计划的指标变量，以及用于衡量相关省份中央区的当选市长是否与执政土耳其的政党有相同的政治联系的虚拟变量。此文还考虑了地区间的人均收入、失业率、高中学历人口百分比、大学学历人口百分比和中学教师人均学生数的差异。其中，与家庭医生方案有关的信息来自卫生部，而所有其他控制变量来自土耳其统计局。

基于指标的描述性统计，这些特征在有和没有天然气网络的省份中是存在显著差异。例如，有天然气管网的省份汽车数量多、收入高、医院床位和医生数量多、人口受教育程度高，家庭医生项目实施的可能性也高。这些差异表明，天然气扩张更有可能发生在更富裕、更城市化、更工业化、人口受教育程度更高的省份。此外，拥有天然气网络的省份更有可能有一个隶属于土耳其执政党的中央地区市长。

（四）实证检验

1. 天然气与死亡率

为了分析天然气网络对成年人和老年人的死亡率影响，采用以下公式，如式（1）所示。

$$\log(MR_{pt}) = X_{pt}\beta_{o0} + \beta_1 NG_{pt} + \omega_p + \lambda_{rt} + \tau_p t + \tau_p t^2 + \varepsilon_{pt} \quad (1)$$

其中，MR_{pt}代表了省份p在t年的死亡率。X_{pt}代表一组影响上述死亡率的外生决定因素。NG_{pt}既表示省份p在t年是否有天然气网络的虚拟变量，也表示以每100人的天然气用户数量的天然气使用强度。此处用户数是指使用天然气的家庭和企业单位的总数。为了控制内生干扰，此文依赖数据的纵向性质，将固定效应引入到公式（1）中。具体而言，w_p代表了省份的固定效应，包括贫困、地理地形和气候条件等。λ_{rt}是分年份的区域固定效应，从区域层面获得年度死亡率的冲击，此指标也可以解释一个区域内所有省份普遍存在的时间趋势。最后，ε_{pt}表示一个随机误差项。

值得说明的是，在广度上考察天然气网络与死亡率的关系，这是有关死亡率的永久性变化；在考察天然气使用强度与死亡率的关系，更多的是一个长期发展的过程，取决于很多其他因素，包括煤炭与天然气的相对价格等。因此，从某种程度上讲，后者更能反映污染暴露程度与公众健康的影响。

2. **识别**

天然气网络随时间和省份的扩展模式并非随机。正如上文提到的，拥有天然气的省份更有可能是城市、工业和机动车拥有量更多的省份。因此，这些省份可能也有较高的死亡率，独立于他们的天然气网络。为了确保实证结果的可信度，此文进行了平行趋势检验，发现在年份、省份指标以及省份变化趋势的固定效应下，这些特征从统计意义上与天然气网络广度指标和强度指标均无关。

由于天然气网络的部署可能是省级投资开发项目的一部分，尤其是执行能源和卫生保障的法律政策可能会在所有省份同时实施，因此，按照年或按地区来计算固定影响至关重要。此外，中央在省级层面的差异化投资将通过省级特定的线性和二次元时间趋势以及省级区长是否隶属于执政党的指标变量来捕捉。最后，按年固定的地区效应将解释特定地区未观测到的异质性，例如中央政府为减少地区间的经济和健康差距而进行的地区性投资。

采用事件研究分析，追踪出天然气网络部署前后的死亡率逐年趋势。结果发现：在控制省份、分年份区域以及省份变化趋势的固定影响下，在某一省份部署天然气网络的前几年，天然气网络对死亡率的影响在统计意义上没有显著差异，甚至为零。但从天然气网络部署一年后开始，死亡率明显下降。此外，随着时间的推移，此负向系数会变得更大，说明随着天然气网络的部署，累积性死亡率下降。事实上，只有在部署的第六年，这个系数估计才达到统计意义。也就是说，结果支持土耳其天然气网络对死亡率有因果性负面影响的假设。

上述事件研究结果也支持了不同省份之间的预先差异并没有影响天然气网络的部署。为了进一步验证这些预先差异是否独立于天然气强度相关的因素，此文根据2016年人均天然气购买率中位数以下和中位数以上数据，将两组省份分别定为低天然气使用强度和高天然气使用强度。结果发现，在部署前后，高强度和低强度省份的死亡率是平行变化的。

3. 天然气网络与空气污染

如果文中有关天然气网络部署通过改善空气质量降低死亡率的假设是真的，那么由天然气网络引起的天然气替代煤炭会改善室内室外空气质量。土耳其的空气污染数据存在以下问题：其一，二氧化硫和PM_{10}监测数据只能覆盖部分省份；其二，仅有室外污染的数据，室内污染的数据还无法测量。尽管如此，此文仍做了一系列的估计，发现天然气使用强度增加1个百分点，SO_2和PM_{10}浓度分别下降1.6%、1.2%。而当考虑省份的二次元趋势固定效应时，估计的系数会变得不严密。这些估计上统计意义的丧失是由于上述空气污染质量指标的问题。

（五）结果

关于天然气强度对死亡率的影响，在不考虑固定效应时，系数显著为正，说明天然气网络部署的非随机性。当加入了年份或地区的固定效应，系数同样显著为正。这是由于年份或区域固定效应只适用于国家或区域层面的时变不可观测因素，各省之间的预先差异可能是天然气网络部署的内生根源。因此，进一步引入省份固定效应后，估计系数为负，符合预期判断。若进一步控制省份线性趋势、省份二次元趋势、特定省份时变协变量后，这样做法会使得天然气强度的估计降低约一半。根据测算结果，以每百人使用天然气用户数衡量的天然气密度每提高1个百分点，全年龄死亡率将降低1.2%，成人死亡率将降低1.8%，老年人死亡率将降低1.0%。

为进一步了解天然气强度对55岁及以上人群死亡率的影响，此文将这一群体细分为三组子群体，分别为55—64岁、65—74岁和75岁及以上。以2016年每一类别的死亡总数为基础，这些估计值分别为每个年龄组挽救了330个、1415个和1618个生命。并且，随着天然气使用强度的增加，天然气网络对死亡率的影响也会随着时间的推移而增加。事实上，这也正是此文避免使用二元处理模型的原因，因为它无法捕捉到天然气利用的真实变化。

1. 性别的异质性分析

实证结果无法表明天然气强度对死亡率的影响在性别上有明显区别。但以 2016 年每一类别的死亡总数为基础，天然气强度每增加 1 个百分点，每 1000 名男性可挽救 0.055 名男性生命，每 1000 名女性可挽救 0.036 名女性生命。在 25—54 岁年龄段中，男性可挽救 0.025 名，女性可挽救 0.014 名；在 55 岁及以上年龄段中，可挽救男性为 0.25 名，可挽救女性为 0.15 名。

2. 分性别死因分析

如果能分析出哪些健康状况对天然气取代煤炭带来的空气质量改善更敏感，这会对于旨在增加天然气网络使用的公共政策成本收益准确评估非常有用。如果找不到这样的模式，这样此文识别策略会受到质疑，这将意味着天然气网络的影响会与其他因素或公共健康相关的发展有关。

为此，此文将死亡率分为心肺死亡和非心肺死亡两组。相关信息来自土耳其卫生部汇编并由土耳其统计局发布的死亡原因统计数据库。其中，是指那些与空气污染有关的死亡，包括心脏病、中风、肺癌和呼吸系统疾病。非心肺呼吸系统疾病导致的死亡包括那些不太可能与空气污染（至少是直接）相关的原因，以及其他癌症、意外或暴力死亡和各种胃病。

结果发现，天然气使用强度对心肺死亡率的影响显著为负。即天然气强度每增加 1%，心肺死亡率就会下降 0.95%。此外，正如预期的那样，对非心肺死亡的估计未能揭示天然气强度对这些死亡的统计显著影响。总之，这些发现进一步支持了此文的主要假设，即天然气网络导致的死亡率下降可归因于空气质量的改善。

3. 安慰剂检验

为了增强结果的可信度，此文进行了一系列安慰剂检验。以下结果预计不会因天然气取代煤炭作为取暖和烹饪燃料而受到影响：人均交通事故数量、人均车祸受伤人数、人均车祸死亡人数、受伤和中毒等外部原因造成的人均死亡人数、人均自杀人数。结果显示，天然气强度在统计上都与这些指标无关。

4. 进一步拓展

选择性迁移的潜在问题会威胁上述因果关系的解读。例如，如果受教育程度更高或更健康的个人内部迁移决定与天然气网络的推出呈正相关，这将略微提高结果衡量中的分母，而不会对分子（死亡人数）产生太大影响。为此，此文利用土耳其统计局数据库提供的2008—2016年间各省层面的移民比例数据，按照移民流入率和流出率两类指标测算，发现移民流入或流出对天然气强度的影响测度在统计上不显著，在数值上也都很小。

接下来，将预期寿命替代死亡率进行重新测算。其中，预期寿命的定义是一组人预期寿命的平均年数，它是根据分析期间每个省份每年的年龄特定死亡率构建的生命表得出的。结果发现，天然气强度每增加一个百分点，出生时的预期寿命就会增加0.5岁，或提高0.4%，这一结果具有统计意义上的显著性。

为了解决天然气强度对死亡率影响汇总未观察到的因素，此文将自部署天然气网络以来的年数作为工具变量。假设一旦控制固定影响和趋势后，它与天然气强度相关，但与死亡率没有独立关系。结果发现，天然气网络的使用年限与天然气强度具有很强的相关性，同时，与死亡率也相关。

最后，进行了稳健性检验。将样本省份中剔除了以下两组：分析期间从未使用过天然气的省份，在分析期间一直有天然气网络的省份。估计结果与上文发现一致。这说明研究结果并不会受这些省份之间的差异特征影响。

（六）研究结论

此文重点讨论了天然气网络部署扩张对土耳其成年和老年人死亡率的影响。为此，利用了2001年至2016年间土耳其各省天然气网络部署时间和扩张强度（每100人的天然气服务用户数量来衡量）的变化，研究了这一发展趋势对成人和老年人死亡率的影响。结果表明，天然气的扩张导致了成年人和老年人死亡率的显著降低。即天然气使用强度每增加一个百分点，所有年龄组的死亡率就会下降1.2%（大约减少5000人）。这表明天然气网络的扩展可能导致了空气质量的显著改善。此外，还发现，死亡率的下降主要是由于心脏—呼吸系统死亡的减少，而心脏—呼吸系统死亡更有可能是由于空气污染造成或加剧的状况。此文结果表明，大量天然气储备的可用性，加上近年来在提取和传输方面的技术创新，有可能真正改善空气质量，并极大改善公众健康。

（七）研究启示

关于环境污染或某项环境政策对公众健康的长期积累性影响研究一直是健康经济学领域研究的热点。有效剔除内生性，准确识别其中的因果关系而非相关性，是难点也是重点。而此文选择了天然气网络部署时间和天然气替代煤炭强度作为环境政策，探讨其对死亡率的影响。为了准确识别因果关系，控制了年份、区域、省份线性趋势、省份二次元趋势、特定省份时变协变量等变量，并进行了一系列关于天然气使用强度与空气污染浓度、死因、选择性迁移等关系的研究，尽可能地解决了内生性问题。研究思路严谨科学，研究方法规范，非常值得健康经济学领域研究者借鉴学习。

中国实施了健康中国战略，一直把公众健康放在所有决策的首位。同时，中国大气污染防治攻坚战取得了巨大成效，大气污染浓度大幅度降低。那么，基于可获得数据，借鉴此文的研究思路，重点探讨某些环境政策对公众健康长期累积性影响的研究并不多见，却倍有价值。这类研究尤其会对后续某些环境政策成本收益分析奠定重要的基础。

9　能源安全、气候变化与经济增长*

一　导语

保障能源安全是新时代下中国能源发展的第一要务。近年来，全国力推能源生产和消费革命，正在努力构建清洁低碳、安全高效的现代能源体系。"清洁""低碳""安全""高效"已成为新时代能源发展的根本要求。一方面，从能源安全的视角看，中国目前是油气第一进口大国，能源对外依存度较高。根据中国石化集团有限公司的统计数据，2020年全国石油和天然气进口依存度分别为73%和43%，且未来一段时期内仍有上升空间。油气作为必需品，定价权仍然由发达国家牢牢掌控，其价格的波动势必对国民经济造成一定的冲击。另一方面，从低碳发展的视角看，2020年9月，习近平主席在第75届联合国大会上提出"中国将提高国家自主贡献力度，采取更加有力的政策和措施，二氧化碳排放力争于2030年前达到峰值，努力争取2060年前实现碳中和"。碳达峰和碳中和目标充分彰显了中国推动绿色发展、与世界一同应对气候变化的坚定决心和责任担当，同时也是未来中国经济社会发展和转型

---

* 本部分所导读的文献分别是①Baumeister, C. and J. D. Hamilton, "Structural Interpretation of Vector Autoregressions with Incomplete Identification: Revisiting the Role of Oil Supply and Demand Shocks", *American Economic Review*, Vol. 109, No. 5, 2019. ②Aghion, P., A. Dechezleprêtre, D. Hemous, et al., "Carbon Taxes, Path Dependency, and Directed Technical Change: Evidence from the Auto Industry", *Journal of Political Economy*, Vol. 124, No. 1, 2016. ③Somanathan, E., R. Somanathan, A. Sudarshan, et al., "The Impact of Temperature on Productivity and Labor Supply: Evidence from Indian Manufacturing", *Journal of Political Economy*, Vol. 129, No. 6, 2021. ④Colmer, J., "Temperature, Labor Reallocation, and Industrial Production: Evidence from India", *American Economic Journal: Applied Economics*, Vol. 13, No. 4, 2021.

的重要方向和核心参考。能源安全和应对气候变化的方向具有一致性，其最终目标均是推动经济社会可持续发展，但二者又有区别，气候变化相对更具有紧迫性，其对人类的短期和长期影响不容忽视，是构建公平合理全球气候治理体系的重要组成部分。如何在实现温控目标的条件下保障国家能源安全、推动经济高质量发展是当前面临的重大议题。能源安全的直接体现为能源价格运行平稳和能源市场供需稳定。而低碳发展则表现为温室气体中二氧化碳排放量的下降，但一般而言，人类生产活动造成的碳减排不能自发下降，其需要环境政策、技术进步等变量的驱动。由此，本章的研究主要分为以下三个部分。

一是能源安全与经济增长。能源价格波动是能源安全的重要反映指标之一。其中，油价波动与经济增长之间的关系是能源经济领域的重要研究问题。20世纪70年代，国际油价短期内大幅上升引发了世界范围内的经济衰退，开启了油价波动研究的序幕。早期的研究对象主要集中在发达国家。这是因为对于西方发达国家，石油消费占其能源消费比重相对较大，石油价格的剧烈波动对其宏观经济的影响较大。同时，在研究油价与经济增长的过程中还会考虑相关政策，例如财政政策与货币政策（Bernanke等，1997）。较具有代表性的开创性文献Hamilton（1983）以1946—1976年美国数据为例，运用格兰杰因果检验研究发现美国所经历的9次衰退中，油价在8次衰退前都有明显的上涨，研究还发现油价是国民生产总产值和失业变动的格兰杰原因。这一研究成果引起了其他学者的研究兴趣（Gisser和Goodwin，1986；Hooker，1996；Hooker，1996；Mork，1989；Rotemberg和Woodford，1996），大多发现了石油价格上涨不利于经济增长。

早期的研究往往假设油价是外生的，一般会假设油价变动可以同时保证其他变量不变，导致油价与变量之间的因果关系难以区分。随着经济理论不断完善，逐渐有研究推翻了这一假设（Barsky和Kilian，2001；Hamilton，2003；Kilian，2009）。现有研究表明，相对于全球石油供给、全球经济活动、预防性需求以及投机性需求，国际油价是内生的。在Kilian（2009）的框架下，Chen（2009）利用结构向量自回归（SVAR）模型研究了油价的通货膨胀效应。具体确定了原油市场的三种不同冲击来源：石油供应冲击、全球总需求冲击和石油市场特定需求冲击。然后，使用脉冲响应函数来识别石油市场的通胀效应，研究发现，石油供应冲击对油价转嫁通胀的作用最大。然而，来自历史方差分解的结果表明，油价的波动是由强劲的全球总需求和石油需求的冲击驱动的，而仅有少量的贡献来自石油供应冲击。基于类似的研究思路，Zhao 等（2016）通过将石油作为要素投入扩展了恒替代弹性（CES）生产函数，并将油价冲击来源分为由欧佩克国家的政治事件驱动的供应冲击、其他石油供应冲击、对工业商品需求的总冲击以及原油市场特定的需求冲击。模拟结果表明，由政治事件驱动的石油供应冲击主要对中国的通货膨胀产生了短期影响，而其他三种冲击则产生了长期影响。此外，原油市场特定的需求冲击对通货膨胀的影响最大。

随着计算机技术的快速发展，近期的研究 Baumeister 和 Hamilton（2019）认为传统的 SVAR 线性模型存在较大的局限性，不能充分反映样本的历史信息，进而在系数符号限制上可能会导致偏差，已有文献利用贝叶斯方法给予了相关证明（Baumeister 和 Hamilton，2015；Baumeister 和 Hamilton，2018）。Baumeister 和 Hamilton（2019）进一步研究指出，当考虑了贝叶斯模型中的先验与后验概率分布信息后，Kilian（2009）得出的研究结论存在较大偏差。

二是环境政策、定向技术进步与低碳经济。偏向性技术进步是近年来经济学领域的研究热点。Hicks（1932）最早提出，生产要素相对价格的变化会推动诱导性技术变迁，其根据边际资本产量与边际劳动产量之比，将技术分为三种类型：希克斯中性技术进步、劳动节约型技术进步、资本节约型技术进步。随着内生经济增长理论的发展，学者们开始意识到技术进步是有偏的。尤其是 20 世纪 90 年代末以来，以 Acemoglu（1998）、Popp（2002）等为代表的一批学者将诱导性技术理论与内生技术进步结合起来，研究技术进步的偏向。这一理论已经广泛出现在劳动经济学、发展经济学、国际贸易、环境经济学等多个学科领域。

环境问题日益严峻，已成为各国推动产业结构升级和能源转型的重要推力。在环境经济学领域，如何通过环境政策促进绿色技术发展成为这一领域的重点研究方向之一。一般而言，从对环境作用效果的视角看，经济体中存在两种技术进步：一种是污染型技术；另一种为清洁技术，也称为环境友好型技术。这两种技术对环境的影响迥然不同，只有发展清洁技术才有助于降低环境污染、减缓气候变化。但是，清洁技术的发展需要较高的成本，前期往往需要政策激励或投入，不确定性较大，如何通过设计合理的政策激励推动清洁技术进步变得十分重要。Acemoglu（1998）将技术进步分为要素增进型与要素偏向型，但其仅为研究这一议题提供了可能的分析框架。从目前的研究现状看，Acemoglu 等（2012）首次基于严格的数理推导和证明，演绎了环境税和研发补贴对环境偏向型技术进步的影响及其机制，并使用宏观数据进行了动态刻画和具体分析。Golosov 等（2014）基于一般均衡框架讨论了最优的化石能源税，研究认为煤炭是经济福利的主要阻碍因素，成本对于不同能源的可替代性和技术进步的假设特别敏感。Calel 和 Dechezleprêtre（2016）考察了欧盟碳排放交易系统（EU ETES）对技术变革的影响，基于 Kmenta 近似技术从标准化 CES 生产函数中发现欧盟 ETES 的受监管公司增加了低碳技术创新，这一提升效果高达 10%，且没有挤出其他技术创新。Acemoglu 等（2016）进一步发展了 Acemoglu 等（2012）提出的环境偏向性技术进步分析框架，在模型中假定生产中存在清洁和污染型两类技术，研究了碳税和研发补贴对这两类技术进步的影响，并使用美国能源部门的微观数据研究了补贴和税收的最优政策路径，评估了各种替代政策。研究认为仅依靠碳税或延迟干预会造成巨大的福利成本。Aghion 等（2016）研究了定向技术进步促进碳减排，使用汽车行业的微观专利数据，研究发现当企业面临更高的税收和燃料价格时，其更倾向于推动在清洁（和较少的污染）技术中的创新。企业的污染型技术创新有路径依赖性。此外，研究还模拟了为了使得清洁技术取代肮脏技术需要增加的碳税。

关于中国环境问题的技术偏向性方面，王班班和齐绍洲（2014）研究了不同来源技术进步对能源强度的影响以及不同来源技术进步的要素偏向，研究认为有偏技术进步的要素替代效应是技术进步影响能源强度的主要渠道。何小钢和王自力（2015）考察了中国 33 个行业的能源偏向型技术进步，并重点分析了行业能源偏向型技术进步动态演进特征与影响因素。陈晓玲等（2015）从有偏技术进步视角分析我国工业能源强度，发现多数行业的技术进步是资本、能源偏向型技术进步。

虽然偏向性技术进步在近年来取得了较大进展，但该理论和实证研究上仍有突破空间,如要素之间替代弹性的大小、偏向性技术进步的进一步细分以及相应的影响因素、区域之间的异质性等,此外,针对发展中国家环境政策对技术进步的路径依赖问题也值得深入研究。

三是气温变化与经济增长、劳动力市场。气候变化对各种经济后果的估计是公共政策制定中需要重视的问题,这对于经济适应气候变化具有重要意义。已有研究从不同视角对此进行了研究,多数研究发现极端气温对产出、生产率等造成不利影响,主要侧重于技术或环境的永久性变化引起的农业生产率的长期变化(Bustos 等,2016;Hornbeck,2012;Hornbeck 和 Naidu,2014;Hornbeck 和 Keskin,2015)。近期的研究中,Dell 等(2012)、Burke 等(2015)等研究发现,温度和全球总产出之间存在负相关关系。Dell 等(2012)考察了温度与经济增长之间的关系,使用半个世纪的数据研究发现,温度对产出的显著负面影响主要出现在欠发达国家,给定年份条件下,温度每提升1℃,经济增长平均下降1.3个百分点。此外,温度还会对生产率产生负向冲击。Burke 等(2015)发现农民应对气候变化的适应性不足,使用全球气候模型预测发展,气候变化会导致2050年玉米的生产率降低15%,在缺少适应性的情况下农业会遭受重大损失。

在有关生理学和工程学研究方面,Adhvaryu 等(2018)利用低温LED照明引起的工作场所温度的变化,研究发现当温度降低时,工人的生产率就会提高。Fisk 和 Faulkner(2001)、Seppanen 等(2004)、Tanabe 等(2007)总结了这一领域的重要发现。Hsiang(2010)对最近的实验室数据进行分析,表明一旦湿球温度超过25℃,湿球温度每上升1℃,则任务效率下降约1%—2%。在相对湿度为65%的情况下,25℃的WBT大约相当于干燥条件下31℃的温度。从作用机理看,由于工人工作时产生的热量必须消耗掉,以维持体温,避免热应激(Somanathan 等,2021)。Kjellstrom 等(2009)提出如果体温不能维持在给定的活动水平,就有必要降低工作强度。Parsons(2007)认为这一过程的效率主要取决于环境温度,但也受湿度和风速的影响。Kjellstrom 等(2009)发现,高温可能会降低工人参与工作的意愿和能力。Graff Zivin 和 Neidell(2014)发现,美国工人在温度非常高的暴露行业中分配的工作时间会更少。Kovats 和 Hajat(2008)发现,酷暑阶段可能会产生疲劳和疾病，减少产出和增加缺工。中风、疲劳，甚至器官损伤的病例都与热应激直接相关，而持续的暴露可能会增加整体的脆弱性。

此外，温度也会影响死亡率。使用美国长序列的面板数据，Barreca等（2016）研究了气温与死亡率之间的关系，发现平均温度超过80°F的天数对死亡率的影响下降了75%。1960年之后死亡率的下降更加明显。住宅空调的普及从根本上解释了炎热天气导致的死亡人数下降的原因。另外，研究还发现引入住宅空调带来的美国消费者盈余现值为850亿美元至1850亿美元（2012年价格基准）。Barreca等（2015）结合1900—2004年美国各州月死亡率和每日温度变量的面板数据，研究了温度与死亡率关系的区域演变，发现在经常经历高温的州，高温对死亡率的影响明显较小。1900—2004年，高温州和低温州之间温度与死亡率关系的差异有所下降，且这一差异一直持续到2004年。研究认为，从健康动机的视角看，全球对气候变化的适应可能缓慢且成本较高。Heutel等（2021）使用美国医疗保险数据发现，低温和高温天气均会增加死亡率。然而，高温天气如果突然出现在气候温暖的地区相对不会造成致命，而寒冷天气出现在凉爽的地区相对不会造成致命。研究表明，促进地方适应其未来气候变化可以大大降低气候变化对死亡率的影响。

国内的相关研究上，Cai等（2018）利用企业工人日产出数据，分解出个体在面对高温所表现的行为和生理差异。研究发现，日最高气温对工人生产率的影响明显的非线性特征，过高和过低的温度均会对工人的生产率造成负面影响。此外，研究还分析了性别、年龄以及出生地的异质性影响。金刚等（2020）研究了气温变化对绿色全要素生产率的影响，具体采用非径向方向性距离函数测算中国城市层面的绿色经济效率。研究发现，以气温区间6℃—12℃为基准，气温下降或上升均会对绿色经济效率造成不利影响。这一效应在发达城市更加显著，体现出气候变化经济后果的"劫富"特征。另外，劳动生产率、节能减排效率以及地方政府环境规制执行力度是气温影响绿色经济效率的重要渠道，未来气温持续上升还会对发达城市产生不利影响。李树生和张蔷（2015）研究了温度、经济增长和地域差别因素对中国居民能源消费的影响，使用省级层面数据研究发现，能源消费量与温度关系曲线呈U型，经济增长效应大于温度驱动效应是近年来中国居民生活能源增加的主要原因。杨志明（2019）发现降温度日数的增加将显著提高城市全社会用电量，提高降温度日数和升温度日数会显著增加城乡居民生活用电量，但在提高降温度日数的情况下才会增加工业用电量。

除了经济产出、生产率相关变量外，也有研究对温度和要素配置的关系进行了研究 Emerick（2018）、Jayachandran（2006）、Jessoe 等（2018）、Kleemans 和 Magruder（2018）、Paxson（1992）、Townsend（1994），认为关于劳动力市场如何应对天气冲击方面，跨部门的劳动力再分配是由温度引致的农业生产率变化和调整的重要渠道之一。

Allen 和 Atkin（2016）研究发现农业生产率的下降会减少当地的需求，导致其他部门的收缩，但也可能导致当地比较优势的变化，为其他可贸易部门的工人提供机会，并减轻当地经济需求降低的负面影响。研究发现，在短期内温度是农业生产率的主要影响因素，但其在 1991 年贸易自由化时期后对农业价格没有影响，这表明当地市场的整合状况相对较好。温度升高与劳动生产率降低和旷工增加有关，大部分劳动力再分配可能发生在较小的非正式企业中（Cachon 等，2012；Graff Zivin 和 Neidell，2014；Heal 和 Park，2013；Hsiang，2010）。近期的研究中，Colmer（2021）强调了劳动力重新分配在由温度引致的农业生产率变化的经济后果方面可以发挥的重要作用。总的来说，对于处于更灵活的劳动力监管环境中的企业，更高的温度与经济活动的相对增加有关；对于劳动力监管更加严格的企业，更高的温度与经济活动的收缩有关。

综上，本章选择了能源安全与气候变化相关的四篇论文。

论文一是 Baumeister 和 Hamilton（2019）发表在 *American Economic Review* 的 "Structural Interpretation of Vector Autoregressions with Incomplete Identification: Revisiting the Role of Oil Supply and Demand Shocks"。该论文使用全新的贝叶斯推断分析框架对 Kilian（2009）的研究进行了重新分析，研究认为石油供给中断对油价波动的影响不容忽视，研究结论大大区别于先前的研究。论文充分使用了历史数据的先验和后验分布信息，通过对系数施加符号限制，使得得出的结论更加符合现实。相关成果已经发表在 *Econometrica*、*Journal of Monetary Economics* 等期刊上，其中，Baumeister 和 Hamilton 发表在 *Journal of Monetary Economics* 期刊上的论文获得该杂志当年的最佳论文奖。

论文二是 Aghion（2019）发表在 *Journal of Political Economy* 的 "Carbon Taxes, Path Dependency, and Directed Technical Change：Evidence from the Auto Industry"。该论文对 Acemoglu 等（2012）的环境偏向性技术进步理论进行了拓展，并使用多个国家汽车行业专利层面的数据进行了理论检验。研究发现，化石燃料价格上涨会促进清洁技术创新，推动企业从污染型技术创新、灰色技术创新转向清洁型技术创新；企业在技术方面的创新存在路径依赖效应，即如果企业过去在污染型技术方面进行了大量创新，未来在污染型技术方面进行创新的可能性更大。研究还发现企业创新方向受到本地知识溢出的影响。该论文有很多值得学习之处，例如，理论建模思路、实证模型识别和分析、对专利技术分类精准的处理技巧等。

论文三是 Somanathan 等（2021）发表在 *Journal of Political Economy* 的 "The Impact of Temperature on Productivity and Labor Supply：Evidence from Indian Manufacturing"。该论文结合印度的多个微观企业调查数据，研究了温度变化对生产率和劳动供给的影响。研究发现，在高温天气里，工人的生产率会显著降低，缺勤率上升。增加气候控制方面的投资可显著降低生产率损失。温度每上升1℃，制造工厂车间产出年均下降2%。这一效应主要是由劳动力产出弹性的降低所引致的。论文还使用跨国面板数据与基准结果进行了对比分析。

论文四是 Colmer（2021）发表在 *American Economic Journal：Applied Economics* 的 "Temperature, Labor Reallocation, and Industrial Production：Evidence from India"。该论文尽管使用的数据与 Somanathan 等（2021）略有重合，但前者更多地使用了劳动力微观调查数据。论文强调了温度变化对劳动力市场再配置的作用。研究发现，受气候变化冲击后工人能够跨部门流动，进入临时岗位，这种劳动力再配置与制造业产出的显著扩张有关。然而，劳动力重新分配的收益会因温度对制造业活动的不利影响而减少。结果表明，劳动力流动在减轻部门生产率冲击的经济后果方面具有重要作用。

◆ 专题三：能源经济与绿色经济

二 精选文献导读

论文一：《不完全识别向量自回归的结构性解释：对石油供应和需求冲击作用的再考察》

Baumeister, C. and J. D. Hamilton, "Structural Interpretation of Vector Autoregressions with Incomplete Identification: Revisiting the Role of Oil Supply and Demand Shocks", *American Economic Review*, Vol. 109, No. 5, 2019.

（一）研究背景与主要内容

该论文的作者之一 James D. Hamilton 是美国计量经济学家，于1983 年在加州大学伯克利分校获得博士学位，目前在加州大学圣地亚哥分校任教。他的研究在时间序列和能源经济学领域具有广泛的影响力，研究领域涵盖一系列主题，包括货币政策、商业周期、能源市场、计量经济学，多篇研究成果发表于经济学顶尖期刊上。截至 2021 年 8 月 31 日，他的研究成果总引用次数超过 7.68 万，其中，于 1994 年出版的《时间序列分析》一书是该领域的经典和权威教材，该著作被引用 26000 余次；发表在计量经济学杂志上的《非平稳时间序列和商业周期经济分析的新方法》(*A New Approach to the Economic Analysis of Nonstationary Time Series and the Business Cycle*) 引用次数超过 1.1 万次。

自 20 世纪 70 年代两次石油危机爆发以来，能源价格波动冲击的相关研究由来已久。发达国家在完成工业化后，大宗能源日益成为生活中的必需品，其中石油在世界范围内逐步取代煤炭成为经济发展的重要助推器。由于新兴发展中国家的经济大多尚未完成工业化，其对能源需求仍处于快速上升阶段，对传统化石能源尤其是石油的依赖性愈发增强，导致油价波动对石油净进口国的影响也在不断加大。由于油价波动会对一国的收入、物价、消费乃至投资等宏观变量均会产生较大影响，因此，量化国际油价波动对各变量的冲击以及各变量之间的联动关系是能源经济学的重要研究方向。这对于政府如何规避油价冲击风险，降低对本国的不确定性具有一定的研究价值。现有研究表明，国际油价冲击与经济增长的关系并非简单的巧合，二者之间存在深刻的理论基础与联动关系。石油作为全球经济发展的动力，其重要性越来越被国际社会认可，各国均希望通过对油价实施一定的干预措施，使得油价变动的方向有利于自身的经济发展。然而，由于各国或各地区、经济发展水平、资源禀赋、人文地理等因素差异较大，相关研究得出的结论各异，与计量建模方法、样本选择、研究对象紧密相关。

传统研究将油价冲击视为外生，研究其对经济增长以及其他宏观变量的影响。但Kilian（2009）研究认为，油价并非外生，而是受到石油供给、全球经济需求、全球原油市场特有的需求冲击等影响。具体地，Kilian（2009）提出一个全球原油市场的SVAR模型，来识别全球原油市场的潜在需求和供应冲击。识别这些冲击不仅对于解释石油实际价格的波动很重要，而且对于了解与石油价格波动相关的美国经济的反应也很重要。研究使用美国1975—2007年月度数据分析了石油实际价格演变的贡献。研究发现，原油预防性需求的增加导致原油实际价格立即、持续和大幅上涨；对所有工业商品的总需求增加导致石油实际价格有所延迟但上涨仍然持续；原油生产中断导致石油实际价格在第一年内出现小幅且短暂的上涨。随后，许多文献沿着这一思路进行了拓展性研究。然而，Baumeister和Hamilton（2019）认为，通常文献使用的SVAR方法将潜在结构的某些特征视为已知，而对其他特征设为完全未知，这一设定存在不合理之处，会导致结果出现偏差，而通过利用与结构相关的所有可用信息可以部分弥补这些不足，同时需要承认这些信息也是不完备的。具体而言，该论文通过重新考察供需在石油价格历史波动中的作用来说明这一思路。例如，Kilian（2009）构建的SVAR模型中，假定短期内石油供给对油价不存在影响；Kilian和Murphy（2012）认为石油供应的短期价格弹性小于0.0258。这些研究没有使用有关石油需求弹性的信息，实际上，这些估计意味着需求弹性较大，可以作为已知信息纳入模型。Baumeister和Hamilton（2019）使用这些设定来说明如何放宽石油供应的强烈假设，但使用有关需求和经济结构其他特征的不完全信息进行补充。事实上，重要信息在向量自回归模型的任何结构分析中都发挥了关键作用。通常，先验信息被视为"全有"或"全无"，这意味着模型设定上的两种极端。正如 Baumeister 和 Hamilton（2019）指出的，从贝叶斯的角度看，这两个极端之间还存在巨大的中间地带，正确的分析思路是既应放宽教条先验，承认识别假设本身存在一些不确定性，又应加强缺失信息的先验分析，充分利用所分析数据集之外可能已知的任何信息。

研究发现，石油供应短期价格弹性的后验中值为 0.15，略高于 Caldara 等（2019）的估计值为 0.11。通过观察可知，小于 0.05 或大于 0.5 的值的可信度远低于之前的预期。石油需求的短期价格弹性的后验中位数为 -0.35，比之前的预期弹性要大得多。脉冲响应结果显示，石油供应冲击会降低石油产量并提高油价，而石油消费需求的冲击会增加产量并提高价格。石油供应冲击也会导致经济活动下降。单位石油产量减少导致油价上涨 10%，一年后世界经济活动将减少 0.5%。相比之下，如果油价因消费需求受到冲击而上涨，则对之后的经济活动没有影响。历史分解结果显示，供需冲击在第一次波斯湾战争中对石油价格的影响同样重要，而 Kilian（2009）、Kilian 和 Murphy（2012）得出的结论是，与第一次波斯湾战争相关的供应中断对价格上涨几乎没有直接作用。研究还发现，2007—2008 年累积的供应冲击（表现为全球经济意外停滞）也能够解释同期油价上涨的大部分原因，这与 Hamilton（2009）的分析一致，但与其他部分研究（如 Kilian 和 Murphy，2012；Kilian 和 Murphy，2014）的结论相反。分析进一步表明，在衡量世界石油库存时存在相当大的误差。一旦考虑到这种测量误差，则几乎找不到任何证据表明投机或库存需求变化对大多数历史石油价格变动具有贡献。库存需求冲击在价格波动中的作用要小得多，与早期研究得出不同结论的一个原因是 Baumeister 和 Hamilton（2019）考虑到全球石油库存的测量标准可能包含很多错误。研究还做了一系列稳健性检验，结果表明结论基本稳健。总体上，研究将 2007—2008 年油价的上涨归因于需求飙升与供应中断。需求疲软和供应强劲对 2014—2016 年的油价暴跌都很重要，同时将 2016 年油价反弹的大部分归因于需求强劲。相对于现有研究，投机对油价的影响不太重要，但供应冲击在解释历史石油价格变动方面更为重要。

(二) 研究贡献

相对于现有文献，论文使用新的研究方法对现有研究进行了重新估计。首先，论文揭示了如何使用关于结构冲击的弹性参数和影响均衡的先验和后验分布信息。例如，在参数先验设定上，通过回顾现有文献以及进行比较分析，论文认为短期需求弹性与短期供给弹性的值不会超过0.5，因此这两个参数的先验值采用学生t分布，位置参数为-0.1，规模参数为0.2，自由度为3，且在0处进行负向截断。该设定意味着短期需求弹性有10%的概率小于-0.5。短期供给弹性同样也采用学生t分布的形式，位置参数0.1，规模参数为0.2，自由度为3，且在0处进行正向截断。经济需求的影响参数位置参数-0.05，规模参数为0.1，自由度为3，且在0处进行负向截断。石油需求的收入弹位置参数0.7，规模参数为0.2，自由度为3，且在0处进行正向截断。对于存货需求，也采用学生t分布的形式，位置参数为0，规模参数为0.5，自由度为3，但正负向不作设定。结构性方差倒数的先验服从独立Gamma分布。其次，论文展示了如何在SVAR模型内允许测量误差存在的情形。现有文献对OECD国家原油库存的估计存在偏误：缺少关于OECD国家原油库存的数据，因此该序列是从OECD石油产品库存推断出来的；1988年前的OECD产品库存也没有数据，因此需要从美国石油产品库存的增长率进一步推算出这一数据；1992—2015年，OECD国家的石油产品消费量仅占世界石油产品消费量的60%，因此即使准确衡量了OECD国家的原油库存，也可能仅占世界总量的1/2多一点。论文对此进行了改进，将该测算误差纳入贝叶斯研究框架。论文还研究了如果结构稳定性受时间推移影响，如何降低早期数据的权重。

(三) 文献的影响力

论文于2015年正式发表在美国国家经济研究局工作论文网站，并于2019年正式发表在经济学五大顶尖杂志之一——《美国经济评论》(*American Economic Review*) 杂志上。论文是对Kilian (2009) 研究的深化和纠偏，自论文发表以来，产生了较大的影响力，特别是Kilian和Zhou (2019) 针对此论文进行了回应和质疑。Kilian和Zhou (2019) 认为，Baumeister 和 Hamilton（2019）对石油供应的全球影响价格弹性强加了一个非常不切实际的先验。例如，一旦通过设定更符合外生证据和经济理论的先验信息来解释关于石油供应的全球价格弹性的不确定性，则早期石油市场研究的主要结论仍然成立。截至目前，《美国经济评论》杂志网站显示，论文引用次数为 308 次，从近期有关油价冲击和贝叶斯推断相关方法的研究看，该论文的引用次数较多。

（四）对中国相关研究工作的启示

近年来，国际油价的大幅波动往往超出经济主体的预期，导致全球石油市场失衡，例如 2014 年以来石油供过于求促使油价下降，对发展中国家的影响更大，使得油价冲击问题仍是学术界的研究热点。在探索国际油价变动对各经济体的影响时，中国市场尤其值得关注，这是因为中国于 2005 年超过美国成为全球第一大石油进口国。另外，从中国自身的发展状况看，改革开放四十多年以来，中国的经济社会发展已取得了重大成就，能源行业在支撑中国经济飞速发展的同时，自身也取得了长足的发展。2020 年，全国能源消费总量达 49.8 亿吨标准煤，同比增长 2.2%。其中，原油消费量同比增长 3.3%，天然气消费量同比增长 7.2%。与此同时，作为世界第二大经济体、第二大石油消费国、第一大石油进口国，近 20 年来中国的能源依存度也在节节攀升，不可避免地影响了自身的经济安全。根据中石油经济技术研究院数据，自 1993 年中国首次成为石油净进口国以来，原油依存度处于较快上升趋势，在世界能源市场中的份额不断提升，2020 年，我国石油和天然气的对外依存度已经分别上升到 73% 和 43%。未来一段时间内，石油需求仍将保持稳定。

中国现已进入高质量发展阶段，对能源结构转型与经济安全提出更高的要求。未来 30 年，是中国经济社会发展的关键时期，承载着实现"中国梦"与"两个一百年"奋斗目标的伟大历史使命。如何在新时代有效应对国内外能源价格波动、减少其对经济的负面冲击将是解决中国能源安全问题、实现能源独立的必然要求。重视国际原油价格冲击，一方面，有助于促进中国转变传统上以大量能源等要素投入为主的增长方式，优化能源生产和消费结构，开发绿色减排技术，提升能源利用效率；另一方面，有助于中国化被动冲击为主动防御，更加充分参与国际市场的竞争，促进经济高质量发展。为了给高质量发展提供有力保障，需要构建更加开放透明的国内石油价格机制，努力与国际市场接轨，提升国际原油市场定价权，让市场在石油资源的配置中起决定性作用，同时也要构建完备的石油战略储备，最大限度地减少能源价格波动对经济的负面冲击。总体上，国内现有关于油价冲击的研究仍主要停留在使用传统的研究方法上，特别是使用 Kilian（2009）研究方法的较多，在油价波动日益频繁的背景下，需要利用新的研究方法深入研究新时代下国际油价与中国经济的关系及其传导机制，结合新冠肺炎疫情评估油价的长短期影响。

论文二：《碳税、路径依赖和定向技术变革：来自汽车行业的证据》

Aghion, P., A. Dechezleprêtre, D. Hemous, et al., "Carbon Taxes, Path Dependency, and Directed Technical change: Evidence from the Auto Industry", *Journal of Political Economy*, Vol. 124, No. 1, 2016.

（一）研究背景与主要内容

论文作者之一 Philippe Aghion 是一位法国经济学家。1987 年获得哈佛大学经济学博士，长期执教于哈佛大学经济系，同时也是法兰西学院院士、伦敦政治经济学院（LSE）经济学教授，计量经济学会会士和美国艺术与科学学院院士。他的主要研究领域是经济增长和契约理论。他与 Peter Howitt 提出"熊彼得范式"的概念，二人共著《内生增长理论》，该书在内生增长方面做出了许多拓展性贡献。2009 年 Philippe Aghion 获得约翰·冯·诺依曼奖；2020 年 3 月，他与 Peter Howitt 共同获得第 12 届 BBVA 基金会"经济、金融与管理知识前沿奖"，以表彰其对创新、技术变革和竞争的政治经济学研究做出的基础性贡献。

人类活动产生的温室气体排放，尤其是二氧化碳（CO_2）排放，是造成全球气候变暖的重要原因。其中，汽车是主要的排放来源之一，根据国际能源署数据，2009 年道路运输产生了 4.88 亿吨 CO_2，占全球 CO_2 排放量的 16.5%，交通运输行业总体占比为 22.1%。在此背景下，论文以汽车行业的技术创新为研究对象，检验政策干预是否影响创新的方向。论文通过构建了关于汽车行业层面创新的数据，实证检验企业是否从污染型污染技术转向更清洁的技术以应对燃料价格上涨。论文具体将污染型技术创新与内燃机专利结合起来，将"清洁"技术专利与电动、混合动力以及氢动力汽车专利结合起来，围绕此问题展开分析，讨论了多种可能的替代方案。

论文首先从理论上阐释了化石燃料价格的上涨会增加清洁技术创新，减少污染型技术创新，并对灰色技术的创新产生不确定的影响（灰色技术一方面减少了单位污染型技术的排放量，但另一方面也通过能源反弹效应增加了消费者对燃油车的需求）。最初拥有较高清洁技术水平的企业将倾向于在清洁技术方面进行更多创新。同样，那些具有较高初始污染型技术水平的企业将倾向于在污染型技术方面进行更多创新。直观上，燃料价格上涨有利于创新，这是由于更高的燃料价格导致污染型的能源要素投入成本更高；由于动力电池汽车（新能源汽车）和燃油汽车是替代品，这促进了新能源汽车的消费。由于当前新能源汽车的市场份额更大，相应的创新回报也更大。对于使用燃油的汽车，较高的燃油价格会减少其市场份额，从而降低利润，阻碍污染型技术创新和灰色技术创新。然而，这也增加了灰色技术创新的回报，因为当燃料价格很高时，节省燃料会更多地降低汽车总体的价格。燃料价格上升对灰色技术创新的总体影响是不确定的，但当汽车的价格弹性较大且新能源汽车和燃油车更接近替代关系时，这一影响更可能为负。其次关于路径依赖上，以污染型技术为例，更高水平的污染型技术意味着更大的市场份额，从而增加了污染型技术创新的动力。然而，与此相反，传统污染型技术意味着用以提高生产率并进一步降低燃油车价格的投资带来的边际回报更低。当替代弹性足够大时，净效应是正的（这种情形下市场规模效应很大）。这一结果同样适用于灰色技术和清洁技术。Acemoglu 等（2012）、Gans（2012）已对这一推测进行了研究，在他们的模型中，创新能够同时推动清洁能源或化石能源的技术进步，在二者互为替代关系的条件下，碳税能够推动清洁能源技术进步。但是，创新也能够增加化石能源需求或与其存在互补关系的其他投入的需求。能源价格上升将推动创新转向能源增强型的技术进步，由于创新总量可能下降，由此，能源增强型技术进步带来的净效应是不确定的。

论文的主要发现在于，一是较高的燃料价格促使企业将技术变革从污染型技术创新转向清洁型技术创新。从能源价格对清洁技术专利和污染型技术专利数量的影响系数看，对清洁专利数量的影响系数较大，而且清洁知识溢出和存量的影响更大。基准回归结果显示，燃料价格每上涨10%，清洁技术专利提升的幅度在8%—10%，而污染型技术专利下降的幅度在6%左右。二是企业在清洁技术方面的创新受到以往自身清洁技术创新水平的影响，对于污染型技术亦是如此，即技术创新的方向存在路径依赖性，如果企业过去在污染型技术方面进行了大量创新，未来在污染型技术方面进行创新更加有利可图。不同的是，过去在污染型技术方面的企业未来也会进行清洁技术创新，企业过往具有清洁技术创新的经历与未来从事污染型技术并无直接关联。政府研发补贴对清洁技术和污染型技术的整体影响并不显著。另外，研究还将污染型技术专利进一步细分为灰色技术专利和纯污染型技术专列（灰色技术专利主要涉及提升内燃机能源使用效率的专利，其余为纯污染型技术专利）两类，回归后发现，燃料价格对灰色专利的影响数值介于清洁技术与纯污染型技术之间，且系数不显著。论文提供了相应的解释，即当燃料价格上涨时，存在由纯污染型专利技术转变为灰色专利技术的情形，同时也存在由灰色专利技术转变为清洁专利技术的情形。研发补贴对灰色专利技术的系数变得显著为正，反映了多数政府补贴用于提升内燃机能源使用效率上，而非清洁技术方面。针对主要回归结果，论文还尝试做了一系列稳健性检验。三是企业创新方向受到本地知识溢出的影响，使用发明者所在的地理位置作为代理变量研究发现，如果一家企业位于从事更多清洁技术创新的国家，则该企业更可能在清洁技术方面进行创新。上述发现证实了清洁技术和非清洁技术均存在路径依赖，污染型知识存量仍然占据较高比重，汽车企业更倾向于投资污染型技术创新，需要政府进行干预。最后，论文尝试利用反事实模拟了不同碳税等情景下，GDP、清洁专利技术存量和污染型专利技术存量的变动趋势，重点讨论了清洁专利技术存量在何种条件下超过污染型专利技术存量。具体而言，论文以燃料价格作为碳税的代理变量，考察了相对于2005年燃料价格无变化、燃料价格上升10%、20%、30%、40%、50%六种情景，模拟结果显示，当燃料价格上升40%时，清洁专利技术存量能够于2020年超过污染型专利技术存量。论文还讨论了 GDP 增速下降的情形，结果显示结论基本稳健。

（二）研究贡献

论文的研究贡献在于，首先，与气候变化文献诺德豪斯（Nordhaus，1994）相关。通过关注创新在减缓全球变暖中的作用，以及通过研究各种政策如何在汽车行业中诱导更多的清洁创新，为这一文献做出了贡献。其次，在理论上，论文的模型在三个方面有所创新。一是在研究路径依赖时同时考虑清洁技术、污染型技术和灰色技术。已有研究如 Acemoglu 等（2012）、Gans（2012）认为，创新能够增强清洁或污染型的能源技术，并使用等同于燃料价格的碳税作为外生变量，发现碳税促进了清洁能源技术的创新，降低了化石能源增强技术，但前提是这两种投入是替代品。Smulders 和 De Nooij（2003）、Hassler 等（2012）构建了创新可以增加化石能源使用或加入了与其互补的其他投入的模型，发现能源价格的上涨使创新转向了能源增强型技术创新，但由于创新总量可能会减少，对能源增强型技术创新影响的方向是不确定的，这类似于论文中对于灰色创新的分析。二是模型中纳入了企业异质性。论文使用微观层面的企业专利数据进行了实证研究，能够分析不同企业的差异。三是考虑了外部性，即特定技术中的本地知识集聚对企业自身的知识存量有外生贡献。这直接提供了论文对数据进行的第三个预测研究的基础。最后，在实证分析上，论文与 Popp（2002）的研究相关。Popp（2002）使用了 1970—1994 年美国专利加总数据，发现能源价格和以往的知识存量对创新方向有较大影响。不同的是，论文使用了微观企业层面的面板数据，并构建了特定的燃料价格数据，能够捕捉定向技术变革的微观经验证据。相对于 Acemoglu 等（2016）从微观理论上研究定向技术进步下最优气候变化政策的微观影响，论文的重点在于实证分析，并模拟了未来清洁技术和污染型技术知识存量的总体演变过程，并探讨碳税如何影响二者变动的趋势。论文还与产业组织中使用燃料价格和其他因素来估计车辆需求的研究相关，丰富了产业组织领域的相关研究。

（三）文献的影响力

论文于 2016 年正式发表在经济学五大顶尖杂志之———《政治经济学杂志》（*Journal of Political Economy*）杂志上。自论文发表以来，产生了较大的影响力，受到社会各界的广泛关注。截至目前，政治经济学杂志网站显示，论文引用次数为 640 余次，从近期有关环境政策和技术进步对碳排放影响的研究成果看，该论文多次被引用。

（四）对中国相关研究工作的启示

作为最大的发展中国家及最大的碳排放国，中国高度重视气候变化问题。特别是"十二五"时期以来，一方面，中国出台了多项有关政策，既有行政命令型的"双控"政策，也有构建碳交易市场体系，目的均为降低碳排放。2020 年 9 月，习近平总书记在第七十五届联合国大会中提出，"中国将提高国家自主贡献力度，采取更加有力的政策和措施，二氧化碳排放力争于 2030 年前达到峰值，努力争取 2060 年前实现碳中和"。由此可见，实现"双碳"目标已经成为我国经济社会发展必须考虑的约束目标，同时也是推动高质量发展的应有之义。另一方面，中国已经成为名副其实的创新大国，在创新领域的全球排名不断提升，根据世界知识产权组织发布的《2021 年全球创新指数》，中国上升至第 12 位，是前 20 名中唯一的中等收入经济体。尽管专利申请量位居全球领先，但不少专利仍然属于生产污染型专利技术，清洁型专利数量相对较少，这可能增加了实现"双碳"目标的难度。由此，研究当前中国清洁技术与污染型技术的比例关系以及二者之间的替代关系是一个重要的研究方向，这关系技术进步的偏向，从而直接影响未来碳排放及碳排放强度的变动趋势。在新发展格局下，对未来清洁技术存量何时超过污染型技术存量也是重要的研究方向。此外，中国已于 2021 年 7 月针对电力行业等全面开启了碳交易市场，未来也存在开征碳税的可能性，这两种市场型工具必然会影响技术进步的方向，可使用中国的宏观和微观数据进行验证。

论文三：《温度对生产率和劳动力供给的影响：来自印度制造业的证据》

Somanathan, E., R. Somanathan, A. Sudarshan, et al., "The Impact of Temperature on Productivity and Labor Supply: Evidence from Indian Manufacturing", *Journal of Political Economy*, Vol. 129, No. 6, 2021.

（一）研究背景与主要内容

近期的一些研究发现，温度与经济产出之间存在负相关关系，这一效应在热带地区的发展中国家更加明显。高温降低农作物以及非农业部门的产量，相关解释包括工人的热应激（Heat Stress）以及与温度相关的死亡率、冲突，建立和量化这些机制的相对重要性对于如何适应更高温度的地区至关重要。论文聚焦于理解和量化热应激对于温度与产出之间关系的作用。人体生理学表明，当工人在不舒适的温度下工作时，他们的反应会变快。因此，可以通过大量数据来识别这一影响。高温主要通过两种途径影响工人生产活动：一是减少工作产量，二是工人缺席的次数可能会增加。已有不少文献指出，高温会降低生产率，工人工作时会产生热量以维持体温，如果体温不能保持在给定的活动水平，就有必要降低工作强度。也有学者认为，产出与温度之间的关系取决于就业的相关因素，如工资合同、生产的特殊性、管理技术和机械化水平等。尽管温度的产出、生产率效应很重要，但通过气候控制进行适应所能达到的水平是有限的，例如，纺织企业是劳动密集型的，考虑到电力成本，每个工人的产量增加值可能非常低，增加气候控制投资的合理性和可行性有待进一步讨论。但是，在服装类企业，工人的产值相对较大，增加气候控制投资直观上更加合理。温度对产量的影响可能随着时间推移而下降，这可能是增加了气候投资的结果。如果热应激确实显著降低了产量，那么投入了更多气候控制投资的公司会更有策略地将这些资源分配给劳动密集型和其他更有增值能力的工作上。

论文采用了印度多个微观调查数据集和一个具有全国代表性的制造车间来估计高温对劳动力的影响。劳动和产出数据有三个层面：工人或工人团队、工厂和地区。对于每一数据集，论文将产出与温度的测量值相匹配，同时还对钻石公司进行了调查，以研究有选择性地进行气候控制会带来哪些影响。工人数据主要来自纺织、服装缝纫和大型基础设施生产钢铁产品三个行业选定公司的工人产出和考勤数据。制造工厂的面板数据主要来源是 1998—2013 年财政年度的行业年度调查。论文从 1998—1999 年至 2012—2013 年的年度工业调查（ASI）中获得二级数据。ASI 是印度政府对大型工厂的普查，是根据《印度工厂法》登记的约 1/5 小型工厂的随机抽样。大型工厂被定义为雇用 100 名以上工人的工厂。ASI 提供关于产出、固定资产价值、债务、库存现金、存货、投入支出以及工人和管理层雇用情况的年度数据。地区制造业的增加值面板数据来自印度规划委员会公布的 1998—2009 年地区一级制造业增加值的数据。天气数据有两个来源：一是织布和服装缝纫工厂所在城市内的公共天气站的记录，二是通过印度气象部门销售的产品来获得每日历史温度和降雨测量值。另外，数据还包括钻石公司内部的气候控制，通过调查 150 家钻石切割厂，获得每家公司的工人和机器数量，以及在每项生产活动中使用空调的情况，要求这些工人以 1—5 分制对每一个过程最终产出质量的重要性进行评分。

  研究发现：首先，随着天气温度逐步升高，工厂产值会逐渐降低，每天平均上升 1℃，则年平均产量下降 2.1%，温度升高还会引起劳动力产出弹性下降。另外，当期和滞后温度都可能对产出产生影响。为了检验当期和滞后温度对工作场所生产率和缺勤率的影响，论文重点关注分类的日度数据。炎热的天气可能会导致疲劳和疾病，降低产量和增加缺勤。中风、疲劳甚至器官损伤都与热应激直接相关，持续暴露在高温环境下可能增加整体脆弱性。其他疾病可能通过不同的机制受到持续高温天气的影响，例如病原体的繁殖增加。研究发现日产量的下降仅在没有气候控制的地区出现，滞后温度确实降低了某些地区的产量，同时滞后的高温增加了在有气候控制的服装厂、钢铁厂和纺织厂缺勤的可能性。此外，样本中的服装工人数据提供了一些工人如何对激励做出反应的解释，这些工人被分配了一定数量的带薪假期，并且数据划分了每个工人的带薪和无薪缺勤状况。结果显示，工人带薪缺勤的数量受到同期和滞后温度的正向影响，但无薪缺勤的数量并不随温度变化，这表明货币抑制可能会削弱温度与缺工的联系。同期高温导致的缺勤可能是由于时间分配决策和劳动与休闲之间的权衡。虽然工作场所的气候控制可能会降低温度对车间工人生产率的影响，但其可能不会消除缺勤对产出造成的负面影响。缺勤也可能导致无法估量的成本，例如公司雇用了多余的工人。钢铁工厂的数据记录了多余劳动力，这可能解释了为什么尽管缺勤率增加，但在气候控制的工厂中看不到产出效应。其次，劳动的热应激可能是工厂产量下降的一个重要原因，正是温度引起的劳动生产率下降，导致了温度对产出的负面影响。再次，使用国家层面的研究数据进一步分析，温度与劳动力的影响非常大，能够解释国家层面制造业GDP对温度的大部分反应，温度每升高1个单位，制造业产出将减少-3.5—2.6个百分点。制造业层面上的结果与经济作为整体得出的结果基本一致，这在一定程度上解释了为什么劳动生产率的变化可能会传导到经济的所有部门。最后，高温造成的产出损失促使企业做出适应性反应。在短期内，相对于热应激造成的预期产出损失，投资于气候控制的决策取决于成本；在较长的一段时间内，企业可能会提高自动化程度、搬迁工厂或改变产出结构。企业也可以有选择地投资于气候控制。如果劳动生产率在与炎热天气相关的产出损失中发挥重要作用，劳动密集型和增加值较高的生产过程将优先受到保护，调查结果也证实了这一事实。研究还发现，降低劳动生产率并不是高温降低产出的唯一途径。气候变化可能会增加冲突或自然灾害的频率，但这两种情况都不会影响实证分析的基准结果。

（二）研究贡献

气候变化与经济之间的关系日益受到学术界的关注。由于气候对农业具有决定性影响，进而会影响总产出，现有文献主要考察了温度与农业、经济增长、生产率、死亡率等之间的关系。论文的研究贡献在于以下方面。一是使用了日度最高温度来衡量热量。区别于现有研究，论文使用更加细致的制造业微观调查数据进行实证分析。二是提供了关于气候控制的有效性和有限适应的证据，对于应该如何考虑未来气候变化的成本具有启示作用。研究低成本技术以保护工人免受环境温度的影响具有重大的社会价值。从长远角度看，工业部门可能会通过其他方式来应对高温。这些措施包括增加自动化和转移劳动密集型行业。这些适应性反应可能具有显著的现实意义。如果直接针对生产率更高的工人，这往往会加剧工资不平等。三是针对气候变化对经济的影响提出新的作用渠道。

（三）文献的影响力

论文于2021年正式发表在经济学五大顶尖杂志之一——《政治经济学杂志》（*Journal of Political Economy*）上。论文具有较大的影响力，截至2021年10月16日，政治经济学杂志网站显示，论文引用次数为128次。

（四）对中国相关研究工作的启示

气温上升是当前人类面临的共同问题。在全球气候变暖的背景下，近年来温度如何影响经济是各界关注的热点。相对于发达国家，已有研究表明，气候变化可能对发展中国家的影响更大，这是由于发展中国家在适应气候变化方面的脆弱性。中国目前是最大的发展中国家，不仅是农业大国，也是制造业大国，从中长期看，气温变化势必对中国的经济活动产生较大影响。党的十八大以后，中国相继发布《国家应对气候变化规划（2014—2020）》等相关文件，深度参与并推进全球气候治理。这体现了中国对气候变化问题的高度重视。论文以印度的制造业数据为例，研究发展高温会影响工业的劳动生产率，进而导致产出下降，进一步提供了关于发展中国家的实证证据，这一结果不仅适用于制造业，对其他行业也具有一定的参考。论文发现生理机制的重要性。这表明这一影响可能存在于世界各地的劳动密集型活动中，如建筑业和农业，这些活动的热暴露高，通过气候控制的适应或许不可行。而在农业中观察到的农业生产率损失实际上可能部分是由劳动生产率下降引致的，但还需要进一步验证。中国作为全球第一制造大国和农业大国，产业工人数量庞大，这对于开展其相关领域的研究无疑具有重要的借鉴意义。当前，国内的相关研究仍然较少，需要使用细致的微观调查数据，深入研究行业、区域异质性以及捕捉相关作用机制，为中国提供有助于减缓气候变化负面影响的针对性建议和有益指导。

论文四：《温度、劳动力再配置、工业产出：来自印度的证据》

Colmer, J., "Temperature, Labor Reallocation, and Industrial Production: Evidence from India", *American Economic Journal: Applied Economics*, 2021, Vol. 13, No. 4.

（一）研究背景与主要内容

直观上，气温会直接影响农业生产率，但是对于受影响的个体会做出何种反应，这些反应如何受到经济和政策影响，以及他们在多大程度上能够减少经济损失知之甚少。其中，气候变化中一个潜在的重要调整是劳动力的重新配置，要么转移到其他的经济部门，要么转移至未受影响的地区。如果农业工人能够找到其他种类的工作，那么经济损失就可以减轻。然而，如果劳动力市场摩擦或其他市场失灵阻碍了劳动力再分配，受影响的个体将不可避免地与频繁变动的气温具有较大关联。考虑到农业在贫困人口经济生活中的重要作用，理解和解决这些问题对于发展中国家无疑是至关重要的。

弗吉尼亚大学经济学系的助理教授 Jonathan Colmer 围绕这一议题展开了研究。论文研究了劳动力再分配能在多大程度上缓解气候驱动的农业生产率带来的经济后果。劳动力再配置取决于工人跨部门流动的能力以及其他部门吸收这些工人的能力。即使在短期内，工人们也能够跨部门流动，以应对温度引致的农业生产率变化。在指标和数据方面，论文使用印度微观企业调查数据，构建了劳动监管环境暴露指数，这样可以保证劳动力再分配效应是通过受监管企业在灵活劳动力市场与刚性劳动力市场中面对温度升高的不同反应来确定的。关于制造业活动的数据来自印度政府统计和计划执行部（MoSPI）收集的工业年度调查（ASI）。ASI 涵盖所有雇用 10 名及以上工人并使用电力的注册工业单位，或雇用至少 20 名工人且不使用电力的注册工业单位。ASI 框架分为两个时间表：每年调查的普查时间表和每隔几年随机抽样的时间表。与制造业普查（CMI）和制造业抽样调查（SSMI）等其他数据集相比，ASI 的覆盖范围更广，与美国和其他工业化国家的制造业调查具有可比性。

研究发现，在劳动力市场更灵活的地区中，受监管企业的产出和雇用合同工数量相对都得到了扩张，温度每提高1℃，这两个变量分别增加10%和14.6%，但合同工人的工资却缩减了5.8%。对劳动力市场更加灵活的地区合同工调查表明，雇用成本与工人的经验相关。在刚性劳动力市场中，温度每上升1℃，产出会减少12.9%，合同工就业收缩14.8%。这表明在没有劳动力再分配的情况下，更高的温度与制造业活动的收缩相关，会加剧当地的经济损失。这些结果与部分文献研究的结论一致，较高的温度可能对劳动生产率产生不利影响，并增加非农业部门的缺勤率（Adhvaryu等，2020；Cachon等，2012；Heal和Park，2013）。论文还研究了在没有劳动力再分配的情况下，气温上升对经济的负面影响。结果显示，温度每上升1℃，会造成农业增加值降低11.2%，制造业增加值下降2.56%，但对服务业和建筑业的增加值没有影响。总体上，单位温度上升会导致GDP下降2.58%。比较温度对受监管和不受监管企业总产出的平均影响，温度平均每升高1℃会导致受监管企业的产量减少6%，而对于不受监管的企业来说，温度升高1℃，会导致其产量增加2.5%。

另外，论文还进一步考察了仅对受监管的部门增加刚性约束的影响，具体通过让所有企业的产出减少12.9%来实现这一目的。假设工人无法在其他部门找到工作，结果只能是失业。结果显示，温度每提升1℃将导致当地制造业增加值减少6.47%，GDP减少3.49%，相应地，当地经济损失增加38%。同时，考虑了在不受管制的正式部门中增加劳动力市场刚性的效果，结果表明，温度每升高1℃将导致制造业增加值减少9.13%，GDP减少3.86%，当地经济损失增加49%。进一步，考虑限制劳动力进入非正式制造业的影响，同样假设这些工人没有工作。结果显示，温度每提升1℃将导致制造业增加值减少12.9%，GDP减少4.39%，当地经济损失增加69%。综上，上述测算结果反映了劳动力再分配在减轻温度升高的经济不利后果方面所发挥的重要作用。

（二）研究贡献

论文的主要贡献有以下几点。一是有助于丰富有关劳动力市场如何应对气候冲击的研究（Jayachandran，2006；Jessoe等，2018；Kaur，2019；Kleemans和Magruder，2018；Paxson，1992；Townsend，1994）。

论文认为，劳动力在各部门之间的再分配是应对气温变化的重要渠道。现有研究主要探讨了农业生产率冲击对其他部门和当地经济成果的影响，主要侧重于技术或环境的永久性变化引起的农业生产率的长期变化（Bustos 等，2016；Henderson 等，2017；Hornbeck，2012；Hornbeck 和 Naidu，2014；Hornbeck 和 Keskin，2015）。关注天气的短期变化意味着其他生产要素（如资本或土地分配）可能会保持不变。论文识别了气温冲击对劳动力再配置的效应。二是不少文献都集中在降雨对经济的影响方面，往往忽略了温度也是重要的控制因素。论文证实了控制温度会显著降低降雨对农业生产的相关性。相比之下，对于不同的数据集和规范温度在定性和定量上的影响都是稳健的。由于降雨与温度冲击影响的识别策略存在差异，这也是区别于已有文献的不同之处。三是丰富了适应气候变化的相关文献。论文考察了更高的温度如何通过劳动力离开农业直接或间接地影响制造业。研究显示，市场一体化程度更高、多样化程度更高、工人流动性更强的地区在降低气候变化造成的经济损失方面更小。四是丰富了关于劳动力市场监管的经济后果的研究。论文强调劳动力市场灵活性对于控制地区生产率冲击的重要性。这有助于更准确地识别劳动监管环境如何影响企业对暂时性冲击的反应。

（三）文献的影响力

论文于 2021 年正式发表在美国经济学会的重点刊物《美国经济学杂志：应用经济学》（*American Economic Journal: Applied Economics*）上，反映了经济学界对于个体和企业在应对气候变化冲击上的调整策略和行为的高度关注。截至目前，谷歌学术网站显示，该论文已被引用 107 次。

（四）对中国相关研究工作的启示

气候变化的经济影响后果在近年来才逐渐受到关注。高温会降低农业生产率，但通过劳动力再分配可以有效缓解一定的经济损失。这一研究发现不仅对于中国这样的农业大国和制造大国具有较强的借鉴价值，而且对于其他发展中国家也具有重要的启示意义。一方面，高温似乎已经成为制约生产力的重要客观因素。但另一方面，中国劳动力市场活跃，劳动力充足，研究气温冲击对劳动力流动的去向和内部作用机制，对于推动中国产业结构升级和提高全要素生产率是具有积极意义的。关于中国生产率和劳动力资源配置的相关研究已经汗牛充栋，但结合气温作为视角的相关研究依然凤毛麟角，这不禁启示学术界，未来关于这两个领域的相关研究中，也要积极关注"温度"这个重要变量，并基于中国的微观企业调查数据从不同视角研究温度与劳动力资源配置、农业生产率的关系，甚至还可以扩展到制造业乃至其他行业。

10 温室气体减排的成本分析*

一 导语

在全球积极应对气候变化的时代背景下,世界主要国家陆续加入了"碳中和"进程推进队伍。在温室气体减排技术及应用方面占得先机的国家必将获得更多发展红利,成为新一轮经济增长中的引领者。以温室气体减排为核心的低碳技术将引领下一轮科技革命,对产业结构和能源结构产生巨大冲击,技术选择及技术迭代所带来的成本将成为影响各个国家低碳转型效率的重要因素,基于此,进行温室气体减排的成本分析具有重要的理论和现实意义。

一般而言,从高碳能源系统向低碳能源系统的过渡通常基于以下主要策略:更有效地利用能源、对碳进行脱碳、从最终用途的燃料燃烧转换为电力和碳捕集。而碳减排的技术路线主要包括能源系统转型、基础设施转型、高可再生电力系统、生产难以电气化的低碳燃料、能源系统CCUS等。

能源系统转型。化石燃料在一次能源供应中所占的份额急剧下降,主要由风能、太阳能和生物质代替,大比例消除了单位能量碳含量很高的煤炭。电力系统主要由以下方面组成:风力和太阳能发电。电力增加以满足最终用电量的 50%,其余大部分为零碳可插式燃料。在转化过

---

* 本部分所导读的文献分别是①Daron Acemoglu, Ufuk Akcigit, Douglas Hanley et al., "Transition to Clean Technology", *Journal of Political Economy*, Vol. 124, No. 1, 2016. ② Kenneth Gillingham and James H. Stock, "The Cost of Reducing Greenhouse Gas Emissions", *The Journal of Economic Perspectives*, Vol. 32, No. 4, 2018. ③ Gilbert E. Metcalf and James H. Stock, "The Macroeconomic Impact of Europe's Carbon Taxes", *NBER Working Paper*, No. 27488, July 2020.

程中发挥着最小作用的过程，先进的生物燃料精炼以及用电生产氢和合成燃料，成为碳中和能源系统的关键组成部分。

基础设施转型。高排放、低效率和消耗化石燃料的基础设施将被低排放、高效率和耗电的基础设施所取代；只有煤炭和某些燃石油发电厂尽早退休，才能保持零排放净额。公路车辆上的发电以及建筑物中的空间和水加热，发电能力将大大提高，以同时减少电力供应的碳含量和满足新电气化最终用途不断增长的需求。效率和电气化会在需求方基础设施中产生类似的变化，从而补充能源供应的脱碳。几乎完全用更高效的电动替代品取代了内燃机汽车。在住宅建筑中，可以使用成本最低的脱碳能源（基于可再生能源的电力）进行供暖。

高可再生电力系统。脱碳电力供应的最低成本形式已经不再是不确定的：使用CCS的可再生能源、核能或化石发电。风能和太阳能成本的持续下降使可再生能源不仅成为脱碳系统中成本最低的一种发电形式，而且在许多情况下使整个经济范围内的脱碳一次能源供应成本最低。结果，碳中性电力系统是围绕非常高水平的可再生能源发电而组织的，即使这需要对补充技术和新的运营策略进行投资。这种系统的可靠运行需要一种不同于传统电力系统的实时平衡供需的方法，并且需要根据不平衡的时间范围（例如：小时、天、周）部署一套解决方案，以及是否存在能源短缺或能源过剩。最具成本效益的平衡方法将热量产生结合在一起，以在出现赤字时提供可靠的容量，同时还具有传输、能量存储和灵活的负载，这些负载会在时间或空间上移动多余的能量，并加以缩减。

生产难以电气化的低碳燃料。在电池的重量或体积使电气化困难的情况下，例如在航空业中、需要高工艺温度的地方、在火力发电中以及需要碳氢化合物的工业过程和原料中。用于这些基本应用的燃料是系统中残留CO_2的来源，否则该系统将由脱碳电力驱动，因此采用了不同的策略来最大限度地减少对燃料的需求并使燃料供应脱碳。

能源系统CCUS。碳捕集在零净系统中起着至关重要的作用，所有碳中性和净负情景都需要碳捕集，碳捕集可能发生在燃料生命周期的三个点上：制造燃料时，燃烧燃料时所产生的废气流，或一旦释放到大气中就从空气中排放（能源和基础设施捕获不包括在陆地汇或生物燃料中的光合作用捕获）。一旦被捕获，CO_2可以被地质隔离或用于制造零碳燃料。即使是不使用化石燃料的100%可再生一次能源案例，也需要碳捕集，以捕获工业过程的排放（例如，来自水泥制造的排放）并为可再生燃料的生产提供碳。

因此，未来十年的关键行动将在不同的技术途径和成本假设之间保持稳健，无论首选哪种长期途径，它们是所有脱碳支持者的一套近期到中期政策重点的共同基础。减排实践是通过具体行业的操作来实施的，主要的碳排放来源部门为电力、燃料、工业、交通和建筑。如Jim Williams等对碳中和的技术路线进行了分析，并对美国实现碳中和目标在各个行业上的路径进行了未来十年的规划，但最终选择什么路径，还要取决于各条路径的实施成本。见表1。

表1　　　　　　　　美国未来十年各行业的碳减排技术路线

行业	未来十年的碳中和阶段性路径
电力	电力必须迅速脱碳，同时要扩大发电量以适应新的电力最终用途。这要求在这十年中在几个不同方面采取平行行动。 ·到2030年，将电力的碳强度降低到当前水平的60%。 ·到2030年，将风能和太阳能发电建设提高到目前容量的3.5倍，这意味着每年平均至少增加20 GW的风能和25 GW的太阳能（包括屋顶）。 ·加强传输系统，以适应可再生能源从资源质量高的地区到遥远的负荷中心的输送。 ·增加存储容量。添加至少20 GW的日间存储量，以帮助适应可再生的间歇性，特别是太阳能。 ·在电力系统调度中从煤炭转换为天然气。将燃煤发电量减少到发电量的不足1%。 ·允许建造新的天然气发电厂以替代退休电厂。为了可靠性，需要维持当前的天然气生产能力。 ·在情况允许的范围内保持现有核车队的数量，以限制所需的新可再生能源和输电建设的速度。 ·启动电力批发市场改革，为不断变化的电力负荷和资源组合做准备，并解决运营和成本分配中出现的问题。
燃料	开始采取协调一致的行动，远离化石燃料，并在可能的情况下以电力替代生物燃料和电力。 ·开始从化石燃料向电力的大规模转变。关键燃料政策正在取代交通运输和建筑中的化石燃料最终用途技术。 ·停止开发新的基础设施来运输化石燃料，例如石油和天然气管道，LNG接收站和煤炭接收站，因为这些将迅速成为搁浅的资产。 ·试点并进一步开发新的燃料技术，这些技术需要在2030年后大规模部署，包括电解，电力制气，液体制电和先进的生物燃料。

续表

行业	未来十年的碳中和阶段性路径
交通	开始大规模的交通运输电气化，用低碳电力代替各种车辆（个人，商业和货运）中的汽油和柴油使用。 ·到 2030 年，将电动汽车在新轻型汽车销售（例如小汽车，SUV，轻型卡车）中的份额迅速提高到至少 50%。 ·到 2030 年，将电动和燃料电池汽车在新的中型汽车销售（例如公共汽车，货车）中的份额迅速提高到至少 40%。 ·到 2030 年，电动和燃料电池汽车在新重型汽车（例如长途货运卡车）销售中的份额迅速提高至至少 30%。
建筑	开始对建筑物中的化石燃料最终用途进行大规模电气化，用电代替石油和天然气。 ·将电热泵在住宅建筑中的空间和热水设备所占份额提高到至少 60%。 ·将电热泵在商业建筑中的空间和热水设备所占份额提高到至少 60%。 ·对所有建筑物的照明和设备采用最佳可用效率标准。 ·提高新建筑的住宅建筑外壳效率。
工业	尽可能使工业最终用途电气化，并为难以电气化的最终用途制定脱碳策略。 ·开始在大型试点或商业规模有限的大型二氧化碳捕集工业设施上建设碳捕集。 ·开始开发基于生物质，电燃料或碳捕集的低碳原料和工业产品工艺。

资料来源：Jim Williams, Ryan Jones and Jamil Farbes, "Technology Pathways to Net–zero", Jeffrey Sachs, *America's Zero Carbon Action Plan*：*The Zero Carbon Consortium*, Sustainable Development Solutions Network, 2020.

基于此，本报告选取了 3 篇温室气体减排成本分析的经典前沿文献，它们均使用经济学的方法，分析了温室气体减排的各种技术和行动的成本，例如税收对碳减排的作用及对宏观经济的影响。

文献一为麻省理工经济学教授达龙·阿西米格鲁（Daron Acemoglu）和三个合作者撰写的题为"向清洁技术转型"的文章，发表于政治经济学杂志 *Journal of Political Economy* 2016 年第 1 期。该文章构建了一种内生增长模型，分析了生产和创新过程中清洁和肮脏的技术的竞争关系及转型成本。研究表明，如果脏技术更先进，则向清洁技术过渡可能会很困难，因为技术先进水平的差距会阻碍清洁技术的研究努力。理论上，碳税和研究补贴可能会鼓励清洁技术的生产和创新，但过渡通常会很缓慢，主要取决于最优政策的结构和时间路径，向清洁技术转型与减缓温度增加的潜力的速度，以及替代性、非最优的政策成本。最优政策一般严重依赖于研究补贴。碳税可以作为一种调节碳外部性的工具,但仅依靠碳税或延迟干预会带来巨大的福利成本。

文献二为耶鲁大学资源和环境经济学教授肯尼斯·吉林厄姆(Kenneth Gillingham)和哈佛大学经济学院教授詹姆斯·斯托克(James H. Stock)合作撰写的题为"温室气体减排的成本分析"的论文,发表于经济学动态杂志 *The Journal of Economic Perspectives* 2018 年第 4 期。减少温室气体排放的最经济有效的方法是什么?经济学原理给出了一个明确的答案:将排放降低到一定程度,即减排的边际收益等于其边际成本。这个答案可以通过庇古税来实现,例如碳税,其中税率是减排的边际收益,或者等同地,由于排放额外的一吨二氧化碳(CO_2)而产生的货币化损失。碳外部性将被内部化,市场将找到具有成本效益的方式减少排放量,直至碳税额度。但是,包括美国在内的大多数国家都没有对碳征收经济范围的税,而是制定了一系列温室气体减排政策,这些政策通常针对特定技术或部门提供补贴或限制。此类气候政策的范围从汽车燃油经济性标准到汽油税,到强制某州一定数量的电力来自可再生能源,再到补贴太阳能和风能发电,再到要求将生物燃料掺入地面运输燃料供应中的命令,以限制供应方对化石燃料的开采。在征收庇古税的世界中,市场为减少排放采取了最具成本效益的方式,但在人类所生活的世界中,经济学家需要权衡特定技术或狭窄干预措施的成本。本文回顾了旨在减少温室气体排放的各种技术和行动的成本。文章的目标是双重的。首先,文章寻求提供使用当前可用技术现在可以采取的行动成本的最新摘要。与某些常规业务基准相比,这些成本着重于项目生命周期内的支出和减排量,例如,用风代替燃煤发电或使房屋风化。文章将这些成本称为静态成本,是因为它们是现在进行的特定项目生命周期内的成本,并且它们忽略了溢出。在环境经济学文献中,这些静态成本是创建所谓的边际减排成本(MAC)曲线的要素,该曲线按从最低成本到最高成本的顺序绘制了技术或措施达到累积减排水平的边际成本。

文献三为塔夫茨大学经济学院教授吉尔伯特·E·梅特卡夫(Gilbert E. Metcalf)和哈佛大学经济学院教授詹姆斯·斯托克(James H. Stock)合作撰写的题为"欧洲碳税的宏观经济影响"的论文,为 2020 年 7 月的美国国家经济研究局的工作论文。政策制定者经常对碳税对就业和 GDP 的影响表示担忧。针对过去 30 年实施碳税的欧洲国家，文章针对各种规格和样本估算了这些税收对 GDP 和就业增长率的宏观经济影响。点估计表明对 GDP 和总就业增长率的影响为零到适度的积极影响。更重要的是，没有发现强有力的证据表明税收对就业或 GDP 增长有负面影响。文章检查了关于积极影响是否可能源于使用碳税收入来减少其他税收的国家的证据；虽然证据与这一观点一致，但尚无定论。文章还考虑了税收对减排的影响，并发现对于覆盖 30% 排放量的 40 美元/吨二氧化碳税，累积减排量约为 4%—6%。文章认为，基础广泛的美国碳税的削减幅度可能更大，因为欧洲碳税不包括那些碳污染减排边际成本最低的部门。

二 精选文献导读

论文一：《向清洁技术转型》

Daron Acemoglu, Ufuk Akcigit, Douglas Hanley et al., "Transition to Clean Technology", *Journal of Political Economy*, Vol. 124, No. 1, 2016.

（一）作者简介

达龙·阿西米格鲁（Daron Acemoglu），1967 年 9 月 3 日生，为美国和土耳其双国籍，分别于 1989 年、1990 年和 1992 年在纽约大学、伦敦经济学院获得学士、硕士和博士学位。现为麻省理工学院经济系教授，被授予麻省理工最高教席荣誉"学院教授"（Institute Professor），曾于 2005 年获得美国经济协会克拉克奖，2012 年获得西北大学内默斯经济学奖（Nemmers Prizes in Economics）。研究领域主要包括政治经济学、经济发展、经济增长、经济理论、技术、工资和工资不平等、人力资本和培训、劳动经济学、网络经济学等。在《美国经济评论》《政治经济学》《计量经济学》《经济学动态》《经济学季刊》《经济理论》《理论经济学》等国际顶尖期刊上发表论文百余篇，获得多项国家科学基金项目资助。

（二）研究选题

最近的经济研究认识到向清洁技术过渡在控制和减少化石燃料排放和潜在限制气候变化方面的重要性，而经验证据表明创新可能会从肮脏的技术转向清洁技术以应对价格和政策的变化。例如，Newell、Jaffe 和 Stavins（1999）研究表明，在油价上涨后，与之前关注的降价相比，空调的创新转向生产更节能的机组；Popp（2002）发现能源价格上涨与节能创新的显著增加有关；Hassler（2011）等人估计在高油价时代后，要素生产率向节能方向突破的趋势；Aghion（2016）等人发现碳税对汽车行业创新方向的重大影响，并进一步提供证据表明清洁创新具有依靠过去的成功自我延续的性质。基于此类证据，Acemoglu（2012）等人研究表明，研究补贴和碳税的结合可以成功地将技术变革转向更清洁的技术。然而，仍然存在一些概念性和定量问题。第一，是在微观基础的定量模型的背景下，合理的政策是否可以确保向清洁技术的过渡。第二，以最优选择碳税为条件的重大研究补贴是否具有重要作用。第三，问题是在最佳政策下向清洁技术的过渡应以多快的速度进行。

对这些问题的系统调查需要一个创新和生产的微观经济模型，在该模型中，清洁技术和肮脏技术在现行政策下相互竞争，技术变革的方向取决于这些政策。它还需要将用于模拟生产和创新竞争的微观数据与足够灵活的定量模型相结合，以代表碳排放和潜在气候变化的现实动态。本文就是在这个方向上的一次尝试。

（三）研究方法

文章的基础模型，是一个简单的动态一般均衡，其中，最终输出结合了使用清洁或脏技术生产的中间产品，而脏技术还使用可耗尽的资源，例如石油。每个中间产品的脏技术和清洁技术的生产率由质量阶梯表示。生产也要纳税，因此利润最大化的最终产品生产商会根据税收和两者之间的生产力差距来选择使用清洁的中间产品还是肮脏的中间产品。

文章在连续时间内对无限范围的封闭经济进行建模。由于消费者方不是重点，通过用一个具有对数瞬时效用函数和终生效用函数的代表性

10 温室气体减排的成本分析

家庭对其进行建模来简化讨论，如式（1）所示。

$$U_0 = \int_0^\infty e^{-\rho t \ln C_t} dt \tag{1}$$

其中 C_t 是代表家庭在时间 t 的消费，r＞0 是贴现率。代表性家庭由非技术工人（度量标准化为 1）和"科学家"（度量为 Ls）组成，他们将受雇于研发活动。所有工人都无弹性地供给一单位劳动。家庭拥有经济中的所有公司，因此它在以下预算约束下最大化终身效用，如式（2）所示。

$$\omega_t^u + \omega_t^s L^s + \prod{}_t - T_t \geq C_t \tag{2}$$

满足通常的非蓬齐博弈条件。这里 $\prod_t$ 是扣除研发费用后的企业利润总和，ω_t^u 和 ω_t^s 是非技术工人和研发人员的工资率，T_t 是用于平衡政府预算的净一次性税收。因为研究补贴可能会造成额外的扭曲，用 D_t 表示，消费和产出之间可能存在等式关系，因此 $C_t + D_t = Y_t$。

最终产品是通过将一种中间产品的量度与等于 1 的替代弹性相结合来生产的。此外，它的生产受到大气碳浓度的负面影响，文章用 S_t 表示。文章遵循 Golosov 等人（2014）建议的公式，它建立在 Mendelsohn 等人（1994）、Nordhaus（1994，2008）和 Stern（2007）的早期工作的基础上。假设有式（3）。

$$\ln Y_t = -\gamma (S_t - \bar{S}) + \int_0^1 \ln y_{i,t} di \tag{3}$$

其中 $\bar{S} > 0$ 为工业化前大气碳浓度水平，$\gamma > 0$ 为规模参数，$y_{i,t}$ 为中间产品 i 的数量。当 $\gamma = 0$ 时，上式给出了标准加总生产函数，用于组合中间产品来生产具有单位替代弹性的最终产品。当 $\gamma > 0$ 时，高于工业化前水平的大气碳浓度水平会以弹性 γ 来降低生产率。

清洁技术和脏技术的生产函数分别为式（4）、式（5）。

$$y_{i,t}^c(f) = q_{i,t}^c(f) \, l_{i,t}^c(f) \tag{4}$$

$$y_{i,t}^d(f) = q_{i,t}^d(f) \, l_{i,t}^d(f)^{1-v} e_{i,t}(f)^v \tag{5}$$

其中，$l_{i,t}^c(f)$ 表示清洁技术生产工人的就业人数，$q_{i,t}^c(f)$ 表示清洁技术的劳动生产率，$e_{i,t}$ 表示可耗竭资源，有式（6）

$$e_{i,t} = \tau \, l_{i,t}^e \tag{6}$$

开采的边际成本为：$c_{e,t} = \dfrac{\omega_t^u}{\tau}$，可耗竭资源的储量为 R_t，则存在式（7）。

$$R_t = -\int_0^1 e_{i,t} di \tag{7}$$

可耗竭资源的价格为 $p_{e,t}$，满足 Hotelling 定理，使用脏技术生产者的成本最小化为式（8）、式（9）。

$$e_{i,t} = \left(\dfrac{v}{1-v}\dfrac{\omega_t^u}{p_{e,t}}\right) l_{i,t}^d \tag{8}$$

$$S_t = \int_0^{t-T}(1-d_t) K_{t-l} dl \tag{9}$$

成功的研究一般分为两种，渐进式创新和突破式创新，假设发生的概率分别为 $1-\alpha$、α，质量梯中每个梯级对应着一定比例的改进 $\lambda > 1$，则存在式（10）。

$$q_{i,t}^j = \lambda^{n_{i,t}^j} \tag{10}$$

其中，$n_{i,t}^j$ 是技术的有效步长，则渐进式创新和突破式创新分别为式（11）、式（12）。

$$q_{i,t+\Delta t}^j = \lambda\, q_{i,t}^j \tag{11}$$

$$q_{i,t+\Delta t}^j = \lambda\, q_{i,t}^{-j} \tag{12}$$

则生产率可以表示为式（13）。

$$\dfrac{q_{i,t}^d}{q_{i,t}^c} = \lambda^{n_{i,t}} \tag{13}$$

其中，$n_{i,t} = n_{i,t}^d - n_{i,t}^c$ 表示在生产线 i 上脏技术与清洁技术之间的技术差距。

假设调整价格后的政策缺口为 m_t，则存在式（14）。

$$m_t = \dfrac{1}{\ln\lambda}\left[\ln\left(\dfrac{1+\tau_t^d}{1+\tau_t^c}\right) \widetilde{P_{e,t}}\right] \tag{14}$$

假设企业的知识储备为 u_f^j，研发人员数量为 H_f^j，则新创新的生产函数为式（15）。

$$X_f^j = \theta\, (H_f^j)^\eta\, (u_f^j)^{1-\eta} \tag{15}$$

其中，η 是研发人员的弹性系数，则对有技术工人的需求为式（16）、式（17）。

10 温室气体减排的成本分析

$$h^j(x^j) = \left(\frac{x^j}{\theta}\right)^{\frac{1}{\eta}} \tag{16}$$

$$x^j = \frac{X^j}{u^j} \tag{17}$$

则，企业进行研发的总成本为 $C_t(u,x^j) = \omega_t^s u(h^j + F_{I,i,t})$，其中，$F_{I,i,t}$ 为生产线上雇用的研发人员数量。

碳排放总规模为 $K_t = k Y_t^d$，大气碳浓度为 $S_t = \int_0^{t-T} (1-d_t) K_{t-l} dl$。均衡利润为式（18）、式（19）、式（20）。

$$\pi_{n,t}^d = \widetilde{\pi}(n - m_t) Y_t \tag{18}$$

$$\pi_{n,t}^c = \widetilde{\pi}(m_t - n) Y_t \tag{19}$$

$$\widetilde{\pi}(k) \equiv \begin{cases} 0 & if k \leq 0 \\ \dfrac{\lambda(k) - 1}{\lambda(k)} & otherwise \end{cases} \tag{20}$$

使用技术 $j \in \{c,d\}$ 的进入条件是式（21）。

$$\max_{x_{E,t}^j \geq 0} \{x_{E,t}^j \bar{v}_t^j Y_t - (1 - s_t^j) \omega_t^s [h(x_{E,t}^j) + F_E]\} \leq 0 \tag{21}$$

则有技术的工人的劳动力市场出清条件为式（22）。

$$L^s = \sum_{j \in \{c,d\}} \left\{ \prod_{(x_{E,t}^j > 0)} [h(x_{E,t}^j) + F_E] E_t^j + \int_0^1 \prod_{(x_{i,t}^j > 0)} [h(x_{I,t}^j) + F_{I,i,t}] di \right\} \tag{22}$$

对于任何政策给定的时间路径 $[\tau_t^j, s_{I,t}^j, s_{E,t}^j]_{t=0}^{\infty}$，一个动态均衡路径的时间路径为式（23）。

$$[y_{i,t}^j, p_{i,t}^j, x_{I,t}^j, x_{E,t}^j, Y_t, \omega_t^s, \omega_t^u, e_{i,t}, p_{e,t}, R_t, E_t^j, \{\mu_{n,t}^d\}_{n=-\infty}^{\infty}, \{Q_{n,t}^d\}_{n=-\infty}^{\infty}, \gamma_t, S_t]_{t=0}^{\infty} \tag{23}$$

政策分析如下。

描述了在给定估计参数的情况下最大化贴现福利的政策，然后考虑各种反事实政策实验。文章从最优政策开始。自始至终，文章不允许社会规划者纠正垄断扭曲，因此文章仅限于上述政策工具——碳税和对清洁研究的补贴。事实上，文章的理论分析清楚地表明，相关的是清洁能源与肮脏能源的不同税收和补贴率，促使文章关注对肮脏生产的税收，文章称之为"碳税"和补贴清洁创新。最后，出于计算原因，文章将税收和补贴建模为日历时间的四次函数。

文章接下来考察一系列替代政策对福利和气候的影响。文章首先关注两个反事实。第一个涉及仅依赖碳税的最优政策的选择，即没有研究补贴，第二个涉及将干预延迟50年，然后从那时起选择最优政策。

（四）研究结论

世界经济面临的主要挑战之一是减少碳排放，这似乎只有在成功过渡到清洁技术的情况下才可行。本文从理论上和经验上研究了向清洁技术过渡的性质。文章开发了一个微观经济模型，在该模型中，清洁和肮脏的技术在生产和创新中相互竞争。如果脏技术一开始就更先进，那么向清洁技术的潜在过渡可能会很困难，因为清洁研究必须爬上几个台阶才能赶上脏技术，而且这种差距阻碍了针对清洁技术的研究工作。文章使用回归分析和SMM从美国能源部门的公司级微观数据中估计了文章的关键模型参数。文章的模型并没有针对数据中的特定模式，而是对数据中的一系列模式匹配估计表现相当好，这让文章相信它对于分析美国能源部门向清洁技术的过渡很有用。见表2。

表2　　　　　　　　　　SMM 参数估计结果

参数	描述	值
θ	创新生产率	0.0958
λ	创新步长	1.063
F_I	研发固定成本	0.002
F_E	进入固定成本	0.040
R_0	总能源资源	13549
τ	开采技术	0.016

$\theta = 0.958$ 的估计意味着单个产品线上的一个熟练劳动力单位产生创新的概率约为每年24%。文章对创新步长的估计 $\lambda = 1.063$，意味着毛利率为5.7%，这是合理的。该模型预测了现有公司的巨大固定成本

优势：他们的固定运营成本等于进入者固定成本的5%。最后，文章匹配最近排放量的程序提供了13549 GtC 的总能源资源，考虑到已知资源的范围，这是合理的。

从理论上讲，碳税和研究补贴会鼓励清洁技术的生产和创新。文章使用估计的定量模型研究的关键问题是最优政策的结构和时间路径，它们能够以最快的速度确保向清洁技术的过渡并减缓潜在的温度升高，以及一些替代的、非最优政策的成本是多少。

一个自然的直觉是，只应使用碳税，因为该模型中的关键外部性是由碳产生的，如果没有这些碳外部性，社会规划者将没有理由干预或补贴研究。与此相比，文章发现最优政策严重依赖研究补贴，并且这一结果在一系列变化以及不同的损害和社会贴现率下都非常稳健。文章还使用该模型来评估一系列替代政策结构的福利后果。例如，仅仅依靠碳税和延迟干预都会带来巨大的福利成本。

当唯一的政策工具是碳税时，最优政策变得更加激进。在这种情况下，碳税开始高于基线，并继续增加到300%以上，尽管它仍然呈驼峰状，并在大约150年后下降，可见到200年前后降至200%在这种情况下，碳税的水平要高得多，因为这种政策工具不仅用于减少当前的排放，而且还用于将创新重新导向清洁技术。这种受限政策的一个有趣含义是，由于更激进的碳税，从长远来看，总体温度上升幅度较小，但这是以消费增长放缓为代价的，尤其是在早期。因此，就初始消费的等效损失而言，仅依靠碳税来实现最优政策的福利成本为1.9%。

有点矛盾的是，将最优策略的启动延迟了50年导致政策不那么激进。原因是中间间隔在清洁和肮脏部门之间产生了更大的技术差距，使得此后从肮脏的技术向清洁技术的快速转换是不受欢迎的，现在这种转换发生在大约300年后。由于经济现在在早期产生了更多的消费，这50年的延迟造成的福利损失相对较小，为1.7%。

一个相关的反事实是关注时间不变的政策。在此限制下，最优的研究补贴和碳税分别为63%和13%。使用时间不变政策造成的福利损失也相对较小，仅为1%，这在一定程度上反映了这样一个事实，即一旦转向清洁技术，保持研究补贴和碳税的成本是适度的。

（五）创新之处

文章的第一个贡献是为此目的开发一个易于处理的微观经济模型。在模型中，将能源生产和输送部门抽象表示，作为使用脏技术或清洁技术生产中间产品的连续体，每种技术都有一个知识库通过单独的质量阶梯表示。根据生产税（因技术类型而异，因此可以作为"碳税"），最终产品生产商选择使用哪种技术。利润最大化的公司还决定是否进行研究以改进清洁或肮脏的技术。例如，清洁研究导致了其中一个产品线中领先的清洁技术的改进，尽管也有很小的可能性在此基础上取得突破并超越脏技术，尽管脏技术是相关产品线的前沿技术。研究和创新决策受到政策和当前技术状态的影响。例如，当清洁技术远远落后时，大多数针对该部门的研究将产生新的创新，除非存在非常高的碳税水平，否则这些创新无法盈利。然而，如果清洁研究能够成功地保持一段时间，随着一系列渐进式创新的结果，可以与肮脏技术竞争的清洁技术的范围扩大，它会逐渐变得自我维持。

文章的第二个贡献是使用来自能源部门美国公司样本的研发支出、专利、销售、就业以及公司进入和退出的微观数据来估计该模型的参数。在本实证中使用的数据来自人口普查局的纵向商业数据库和经济普查、美国国家科学基金会的工业研究与发展调查以及 NBER 专利数据库。围绕 1975 年至 2004 年间运营的能源部门的创新公司设计样本，使用样本通过使用研发和专利的回归分析来估计模型的两个关键参数。还通过将在这些技术领域进行创新的公司的专利存量分配到公司经营所在的三位数行业来估计经济中清洁技术和肮脏技术之间的初始差距。其余关键参数使用模拟矩法估计。

文章的最终和主要贡献是使用这个估计的定量模型来分析最佳政策和一系列反事实政策实验。尽管预期碳税应该在优化分配中完成大部分工作是很直观的——因为它们既减少了当前的排放量，又鼓励了针对清洁技术的研发——但文章发现碳税和研究补贴都发挥着重要作用。研究补贴最初更积极，然后随着时间的推移而下降，而最佳碳税是倒推的，但在大约 130 年后也开始下降。尽管模型之间存在差异，但研究补贴起主要作用的原因与 Acemoglu 等人（2012）强调的原因有关。研究补贴在重新引导技术变革方面具有强大的作用，鉴于此，通过引入非常高的碳税来过度扭曲初始生产是不值得的。需要强调的是，研究补贴不仅仅用于纠正研究中的市场失灵或非内部化的外部性。事实上，在模型中，在没有碳的外部性的情况下，或者在只有肮脏或清洁部门的特殊情况下，社会计划者没有理由使用研究补贴。原因是技术劳动力这一稀缺要素仅用于研究，因此社会规划者无法通过补贴研究来提高增长率。社会规划者之所以严重依赖研究补贴，是因为当碳排放产生负外部性，诱导向清洁技术的过渡是减少未来碳排放的有效方法。

（六）研究缺陷

第一，文章虚化了国家在政策上的变化以及国家间清洁技术转让的内生速度，这可能是未来气候变化和最佳政策结构的核心。第二，文章还虚化了全球经济中多个国家在排放、政策和技术选择方面的博弈相互作用，当多个国家单独选择他们的政策时，这变得很重要，例如，Dutta 和 Radner（2006）、Harstad（2012）。第三，文章直接采用该领域一些经典文献的结论，忽略了大气碳对经济效率影响的非线性阈值效应。将这种非线性与 Weitzman（2009）解决不确定性的明确方法结合起来，将是未来研究的一个重要领域。第四，如上所述，最优政策在于社会计划者对政策序列的承诺。下一步的主要工作是在没有完美承诺的情况下表征时间一致的最优策略。第五，另一个有趣的领域是调查国际贸易、技术和排放之间的相互作用。第六，文章的框架也可以通过考虑更丰富的可能的技术改进来增强，包括那些能够扩大可耗尽资源和技术存量的技术，例如碳封存，以减少肮脏技术对气候的破坏。

论文二：《温室气体减排的成本分析》

Kenneth Gillingham and James H. Stock,"The Cost of Reducing Greenhouse Gas Emissions", *The Journal of Economic Perspectives*, Vol. 32, No. 4, 2018.

（一）作者简介

肯尼斯·吉林厄姆（Kenneth Gillingham）为耶鲁大学资源和环境经

济学教授，分别于 2002 年、2006 年、2010 年和 2011 年在达特茅斯学院、斯坦福大学、斯坦福大学、斯坦福大学获得地理科学专业学士、经济和金融硕士、统计学硕士、经济学博士学位，研究领域为环境和能源经济学、工业组织、公共经济学、实证方法、技术变化、交通经济学、能源和气候政策建模。在《政治经济学》《经济学动态》《自然》《科学》《城市经济学》《能源经济学》《能源政策》等期刊发表论文数十篇，获得美国能源局多项项目资助。詹姆斯·斯托克（James H. Stock）为哈佛大学经济学院哈罗德希钦斯伯班克教授（Harold Hitchings Burbank Professor），分别于 1978 年、1982 年和 1983 年在耶鲁大学、加尼福尼亚大学和加尼福尼亚大学获得物理学士、统计学硕士和经济学博士，在《美国经济评论》《计量经济学》《经济学动态》《环境经济和管理》《经济政策》《能源》《生态经济学》等杂志上发表论文数十篇，著有计量经济学导论等书。

（二）研究选题

减少温室气体排放的最经济有效的方法是什么？经济学原理给出了一个明确的答案：将排放降低到一定程度，即减排的边际收益等于其边际成本。这个答案可以通过庇古税来实现，例如碳税，其中税率是减排的边际收益，或者等同地，由于排放额外的一吨二氧化碳（CO_2）而产生的货币化损失。碳外部性将被内部化，市场将找到具有成本效益的方式减少排放量，直至碳税额度。但是，包括美国在内的大多数国家都没有对碳征收经济范围的税，而是制定了一系列温室气体减排政策，这些政策通常针对特定技术或部门提供补贴或限制。此类气候政策的范围从汽车燃油经济性标准到汽油税，到强制某州一定数量的电力来自可再生能源，再到补贴太阳能和风能发电，再到要求将生物燃料掺入地面运输燃料供应中的命令，以限制供应方对化石燃料的开采。在征收庇古税的世界中，市场为减少排放采取了最具成本效益的方式，但在文章所生活的世界中，经济学家需要权衡特定技术或狭窄干预措施的成本。

本文回顾了旨在减少温室气体排放的各种技术和行动的成本。目标是双重的。首先，寻求提供使用当前可用技术现在可以采取的行动成本。与某些常规业务基准相比，这些成本着重于项目生命周期内的支出和减排量，例如，用风代替燃煤发电或使房屋风化。文章将这些成本称为静态成本，是因为它们是现在进行的特定项目生命周期内的成本，并且它们忽略了溢出。在环境经济学文献中，这些静态成本是创建所谓的边际减排成本（MAC）曲线的要素，该曲线按从最低成本到最高成本的顺序绘制了技术或措施达到累积减排水平的边际成本。

对于不在能源环境领域的经济学家来说，这些边际减排成本可能会让人有些意外。尽管文章对大多数"免费午餐"的静态估计持怀疑度，但对于某些技术而言，减排成本非常低。例如，在美国将玉米乙醇与汽油的比例提高到10%，就可以减少无成本的排放（文章的估计是在"免费午餐"范围内），因为乙醇是辛烷值促进剂，其价格比石油替代品便宜。减少废气排放的另一种低静态成本或负静态成本的方法是用天然气代替燃煤发电，已被因为压裂革命而位于天然气价格低廉地区的电厂广泛采用。此外，从静态的角度看，某些似乎是绿色的行动没有实质作用。例如，在一个用煤发电的地区驾驶福特福克斯（Focus）电动汽车，其二氧化碳排放量与平均每加仑25英里的福特探索者运动型多用途车具有相同的二氧化碳排放量，并且成本几乎相同。文章发现，当前正在采用的干预措施的成本范围很广，无论是在不同类型的干预措施中还是在不同类型的干预措施间。成本的这种异质性意味着文章可以以更低的静态成本实现相同的温室气体减排量，或者以相同的成本实现更大的减排量。使用更昂贵的策略的可能原因包括，选择的策略具有较低的透明成本，个别策略具有超出气候政策的合理性，各地区边际成本的差异以及企业的游说，这些游说可能会受到低成本策略的影响。在某些情况下，特别是针对旨在发展新生技术的政策时，制定这些政策时会考虑到长期愿景。

这些静态成本估算值有助于为有关气候政策的讨论提供信息，但它们没有考虑到气候变化是一个长期问题的关键考虑。结果，文章悬而未决的问题的正确答案不一定是当今可用的选项中最便宜的缓解策略，而是如果今天采取的措施将最大程度地减少当今和未来的缓解成本，那该怎么做，今天采取的行动会影响未来的成本。文章将这种成本称为动态成本，因为它们的寿命超过了特定项目的寿命。文章的第二个目标是区分动态成本和静态成本，并认为今天采取的一些看似静态成本高的操作可能具有较低的动态成本，反之亦然。文章通过太阳能电池板和电动汽车的两个案例研究，从大体上讲这一论点。两种技术的成本均已急剧下降，这在一定程度上可以说是受需求方激励的推动，而激励又反过来刺激了边做边学和技术改进，而制造企业仅从中获得了部分收益。另外，今天购买电动车辆推动了对充电站的需求，这实际上降低了潜在购买者的成本（在这里是时间和烦恼的成本）。在适当的情况下，这种动态影响可以为短期计算表明具有高成本的政策提供依据。

（三）研究方法

边际减排成本（MAC）曲线绘制了从最低到最昂贵的减排措施。对于每一种排放量，每吨减排量都有成本，并且以该成本可获得一定数量的减排量。使用 MAC 曲线支持气候政策分析的历史至少可以追溯到 1/4 世纪。所有隐式或显式估计气候政策缓解成本的模型都使用 MAC 曲线。

制定全面的边际减排成本曲线的最突出尝试是著名的麦肯锡曲线，该曲线是使用对实施新技术或其他措施的成本进行工程估算得出的。麦肯锡曲线的一个显著特征是 MAC 曲线更为普遍，其某些干预措施的减排成本为负：也就是说，可以减少排放，并节省资金，包括文章自己在内的经济学家通常对这些"免费午餐"的估计表示怀疑，除非得到有说服力的证据和解释的支持。负成本要求机构实体（例如公司）不进行优化，或者要求消费者决策中存在行为失灵（例如消费者近视行为）。在某些情况下，诸如政府之类的机构在机构上很复杂，并且没有使成本最小化，因此这些免费的午餐储蓄可能是有效的，但是在机构上却难以实现。当这些负成本用于能源效率计划时，这通常被称为"能源效率差距"，并且文献中一直在争论是否存在真正的差距，或者该差距是否可以由无法解释的成本来解释。

对负成本的担忧凸显了边际减排曲线的局限性，特别是它们是基于工程估算的，这些估算有自己的假设，通常不包括行为方面的考虑。这种行为效果的一个例子是调高热量，因为这样做的成本由于天气原因而降低了。经济学家通常对行为反应和工程成本的综合影响感兴趣。

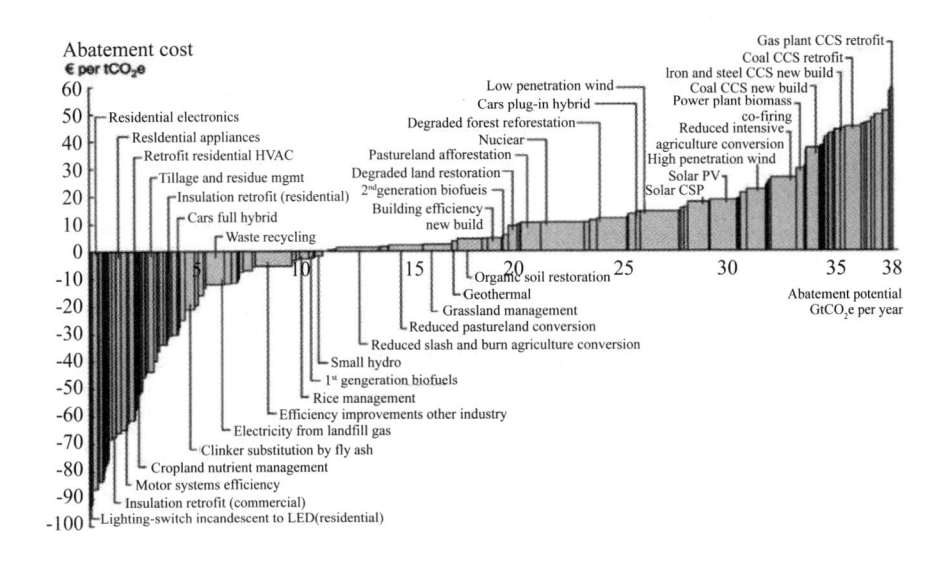

图1　麦肯锡（2009）边际减排成本曲线

静态成本估算着眼于相对短期内直接减少排放量。但是，今天用于某些短期减排的支出也可能影响未来的排放，超出项目直接排放的范围。至少有四个原因使减排的第二部分可能不为零，并且对于某些绿色技术而言可能很大。其中三项源于外部性，而第四项是短期和动态成本之间的差异最小化。

第一，许多低碳技术是新生的，随着生产更多的装置，生产效率可能会大幅度提高。这些收益可能来自随着产量增加而进行的工程和管理方面的改进，称为边做边学的渠道以及规模经济。在某种程度上，这种收益只能由公司承担，今天的支出提供了积极的外部性，可以减少未来的成本。第二，研究和开发溢出会产生相关的外部性，因为研究结果仅是部分适用的。这些溢出也代表了市场失灵，经济学家认为，对于新兴的清洁技术而言，溢出可能特别大（Nordhaus，2011）。在一定程度上，今天的购买会刺激更多的研究，从而降低成本，今天的支出明天会减少排放。往往很难将研究和开发外溢的影响与边做边学的外溢相区分，因为随着公司产量的增加，它也可能会加大研究的力度。因此，经济学家经常鼓励人们谨慎行事，因为他们过分依赖边干边学来为技术变革建模（Nordhaus，2014）。第三，某些技术存在一个单独的外部性，即网络或

"鸡与蛋"外部性,其中,今天的支出会影响将来其他人可以使用的选择。例如,今天的电动汽车购买将在一定程度上刺激对充电站的需求,一旦安装,将降低未来潜在的电动汽车购买者的有效成本。第四,能源投资通常具有大量不可逆的成分,这通常意味着状态依赖性,因此动态最佳路径可能与每个在某个时间点选择的短期优化序列不同。锁定天然气的潜力是围绕天然气作为将电力行业脱碳的过渡燃料的优点进行辩论的核心,可再生能源的支持者认为,天然气只有在短期优化的情况下才能更便宜,并且无法意识到天然气的价格便宜。电力部门最终将需要脱碳,这种直觉是 Vogt-Schilb,Meunier 和 Hallegatte(2018)的基础,他们表明,如果通过对长期资本的投资来实现减排,那么通过减排潜力巨大的昂贵减排投资开始减排是最佳选择,因为它们挤出了较脏的长期投资。不可逆性(国家依赖性)也是 Fischer 和 Newall(2008),Acemoglu,Aghion,Bursztyn 和 Hemous(2012)和 Acemoglu,Akcigit,Hanley 和 Kerr(2016)的结果的基础。为了获得动态有效的结果,可能需要对低温室气体技术进行研究补贴。当然,长期的考虑可能并不总是会降低减排成本。例如,核电长期以来一直获得主要的联邦研究补贴,其成本却在上升,而不是下降(Davis 和 Hausman,2016)。此外,随着电力置换的边际排放变得更清洁(例如,代替天然气代替煤炭),低碳可再生能源每吨减排的成本将趋于增加。经常忽略动态考虑因素的一个主要原因是,它们往往具有很高的不确定性。但是,这种不确定性应被视为研究挑战,而不是忽略动态考虑的借口,从最近的文献中有一些证据。

(四) 研究结论

根据这些估计,相对于现有煤炭,减少排放的最便宜的技术是陆上风能、天然气联合循环发电、大型地面太阳能光伏发电以及具有碳捕集与封存技术的天然气发电。先进的核技术价格昂贵,其次是其他碳捕集与封存技术、海上风能和太阳热能。这组估算中的技术(当替换现有煤时)比奥巴马政府的社会碳成本(每吨 CO_2 估算为46美元)便宜的是陆上风能、天然气联合循环发电、大型地面光伏发电和90%碳捕获和储存的天然气发电。相比之下,海上风能和太阳能热能目前是减少排放的相当昂贵的方法（尽管海上风能的成本正在下降）。这些估算仅考虑了煤炭改用带来的气候效益，而不考虑因减少本地空气污染物而产生的任何其他健康共生效益。与现存煤电相比的不同发电成本估计见表3。

表3　　　　　　　　与现存煤电相比的不同发电成本

技术	成本估计（$2017/ton CO_2）
陆上风电	24
天然气联合循环发电	24
大型地面光伏	28
带有碳捕集封存的天然气发电	42
先进核电	58
具有碳捕获和储存功能的煤炭改造	84
具有碳捕获和储存功能的新煤	95
海上风电	105
太阳能热能	132

一种干预措施的成本范围很广。例如，对风力发电的补贴，美国的风力发电税收抵免，估计每减少一吨二氧化碳的碳减排成本从2美元到超过260美元不等。对于风力发电，范围较大的原因之一是风能在各个站点之间的差异很大。太阳能光伏补贴的范围甚至更大，部分原因是各个地区的太阳能潜力差异很大（亚利桑那州西南部地区的太阳能潜力大约是纽约北部地区的两倍），部分原因是计划的时机（例如，较早的程序所面临的太阳能电池板成本要高于后来的程序），部分原因是规模上的差异（大型地面的阵列每千瓦安装成本要比屋顶阵列低得多）。

许多最便宜的干预措施都减少了少量的CO_2排放，而可扩展技术是讨论向低碳经济转型的核心，例如电动汽车，太阳能光伏板和海上风力涡轮机是清单上最昂贵的。行为举动是迈向深度脱碳的很小一步。相反，更昂贵的可扩展技术具有大幅度减少排放的更大潜力。对于这些技术，最重要的不是今天的静态成本，而是这些干预措施随时间推移的成本和后果，即干预措施的动态成本。

当今的投资或干预措施的真实总成本必须包括其静态成本或面值成本，以及这些投资对未来减排成本的任何溢出效应。第一，许多低碳技术是新生的，随着生产更多的装置，生产效率可能会大幅度提高。这些收益可能来自随着产量增加而进行的工程和管理方面的改进，称为边做边学的渠道以及规模经济。第二，研究和开发溢出会产生相关的外部性，因为研究结果仅是部分适用的。第三，某些技术存在一个单独的外部性，即网络或"鸡与蛋"外部性，其中，今天的支出会影响将来其他人可以使用的选择。第四，能源投资通常具有大量不可逆的成分，这通常意味着状态依赖性，因此动态最佳路径可能与每个在某个时间点选择的近期优化序列不同。

整理基于一系列经济研究的政策静态成本，见表4。

表4 基于一系列经济研究的政策静态成本

政策	估计（$2017/ton CO_2）
行为能效	-190
玉米淀粉乙醇（美国）	-18—310
可再生能源投资组合标准	0—190
重新造林	1—10
风能补贴	2—260
清洁能源计划	11
汽油税	18—47
甲烷燃烧条例	20
减少联邦煤炭租赁	33—68
CAFE标准	48—310
农业排放政策	50—65
国家清洁能源标准	51—110
土壤管理	57
牲畜管理政策	71

续表

政策	估计（$2017/ton CO$_2$）
聚光太阳能发电扩张（中国和印度）	100
可再生燃料补贴	100
低碳燃料标准	100—2900
太阳能光伏补贴	140—2100
生物柴油	150—250
能效项目（中国）	250—300
旧车换现金	270—420
天气化援助计划	350
专用电池电动车补贴	350—640

当今看似昂贵的投资会导致未来成本降低，这一发现与 Vogt-Schilb，Meunier 和 Hallegatte（2018）、Newbery（2018）、Acemoglu 等（2012）、（2016）等人的理论工作大致相似。然而，这个令人欣喜的结果并不是预定的。例如，如果预计成本会随着时间增加而不是减少，那么采用动态方法可能会导致人们减少对碳减排技术的投资。随着核能建设成本的上升而不是下降，核技术可能会属于此类（Davis 和 Hausman，2016）。将可再生电力整合到电网中的成本不断增加也可以朝这个方向发展。在其他情况下，静态方法是完全合适的。考虑减少天然气分配系统中甲烷泄漏的政策：在不久的将来，密封这些泄漏的成本可能与今天相似，这是因为密封泄漏的过程已广为人知，但成本很高（挖掘路面并更换管道）。还有其他情况尚不清楚。促进燃料转换为天然气的政策可能会在短期内减少排放，但有可能导致对长期资本资产的投资，甚至可能导致技术锁定（Gillingham 和 Huang，2018）。

（五）创新之处

该论文在对各种温室气体减排技术的成本进行梳理的基础上，建立了静态成本与动态成本分析的框架。在静态成本方面，使用边际减排成本曲线分析比较了不同技术或行动的减排成本。主要的创新是提出了动态成本的概念，并使用经济学理论对相关现象进行了分析。动态成本不仅关注技术在特定领域的应用，还关注技术的溢出效应。相对于静态成本分析，动态成本分析涵盖的时间范围和领域范围更广，分析结果更全面。

（六）研究缺陷

本文讨论的减少碳排放的成本带来了一些挑战。第一个挑战是，由于技术原因或行为响应，某些具有政治吸引力的计划（例如，对生物柴油的支持或对能效计划的补贴）可能成本很高。因为这些计划的成本通常是掩盖的，并且只有在经济学家仔细检查后才显现出来，所以它们似乎是低成本的，但事实并非如此。第二个挑战是相反的情况，在这种情况下，高可见度的程序被认为是高成本的，但事实并非如此。一个著名的例子是《清洁能源计划》，它可以大大减少排放量，而其成本却远低于已经实施的许多其他计划的成本。第三个挑战是静态成本充其量只能提供特定行动的真实成本的不完整描述，其中必须包括动态后果。这些动态后果的迹象通常取决于干预。如果干预措施要用天然气代替煤炭发电，那么低廉的短期成本可能会导致较高的长期成本，结果是使用寿命长的天然气基础设施被锁定，并且由于可再生能源的价格下跌而放弃的代价高昂。相反，如果干预措施为购买电动汽车提供补贴，则边做边学的学习对需求的拉动效应和规模经济可以使动态成本大大低于近视静态计算所表明的成本。由于气候变化是一个长期问题，减少排放量最终需要进行的巨大变化，因此动态成本远比静态成本重要。

对经济研究界的第四个挑战来自先前的观察。从文章的评论中可以明显看出，经济学家对成本进行的大多数实证研究都集中于静态成本，通常是已经实施的计划的静态成本。这是自然的，因为有关于这些程序的数据，并且了解以前程序的成本对于设计将来的程序很有帮助。但是，特别是在气候变化研究领域，需要更多关注动态成本的决定因素。这一激动人心的研究领域将环境经济学和能源经济学与有关生产力，扩散和边做边学的现有文献相结合。文章重点介绍了两个领域——太阳能光伏发电和电动汽车——在这些领域中，需求拉动政策似乎已导致成本降低；但是，这种情况并不一定总是会发生，而且幅度肯定会因情况而异。气候变化是一个长期问题，政策的重点必须放在长期解决方案上。为了在气候目标上取得重大进展，例如到2050年美国实现80%的脱碳，将需要大规模部署新技术。即使每个技术步骤都是不断发展的，更便宜的电动汽车电池，连接电网以利用中西部的风能，降低海上风能的成本，开发和商业化用于航空运输的低碳燃料，总的变化将是革命性的。如果碳价在政治上不可行（甚至可以说是不可行），则需要将这些长期考虑因素纳入文章的短期政策权衡。从本文的成本计算的角度来看，一个明显的含义是，选择没有前途的低成本干预措施，包括那些锁定化石燃料基础设施的干预措施，可能会导致过多地强调当今最便宜的措施。文章总是对技术进步的具体细节感到惊讶，但是作为经济学家，文章并不感到惊讶的是，只要有适当的激励措施，它就更有可能发生。

论文三：《欧洲碳税的宏观经济影响》

Gilbert E. Metcalf and James H. Stock, "The Macroeconomic Impact of Europe's Carbon Taxes", NBER Working Paper No. 27488, July 2020.

（一）作者简介

吉尔伯特·E. 梅特卡夫（Gilbert E. Metcalf）为塔夫茨大学经济学院教授，分别于1976年、1984年、1988年在阿默斯特学院、马萨诸塞大学阿默斯特分校和哈佛大学获得数学学士、农业和资源经济学硕士及经济学博士学位，研究领域为能源和环境政策、税收政策、应用微观经济学。詹姆斯·斯托克（James H. Stock）为哈佛大学经济学院哈罗德希钦斯伯班克教授（Harold Hitchings Burbank Professor），分别于1978年、1982年和1983年在耶鲁大学、加尼福尼亚大学和加尼福尼亚大学获得物理学士、统计学硕士和经济学博士，在《美国经济评论》《计量经济学》《经济学动态》《环境经济和管理》《经济政策》《能源》《生态经济学》等杂志上发表了数十篇论文，著有《计量经济学导论》等书。

（二）研究选题

经济学家普遍认为，为碳排放定价是减少温室气体排放的最具成本效益的方式。应用价格的两种最直接的方法是碳税和碳配额交易系统。可以根据化石燃料和其他温室气体排放源的排放量征收碳税；碳配额交易系统将排放限制在某个总量（上限），并允许污染者交易这些稀缺排放权的权利。在本届国会中有许多法案建立国家碳税制度和一些配额交易法案。提交的法案反映了越来越多的共识，即需要在国家层面采取行动来遏制碳污染，而碳税是最直接的方式来做到这一点。这些法案还反映了经济学家之间的广泛共识，典型的代表是三千五百多名经济学家签署了气候领导委员会的声明，呼吁征收碳税作为"以必要的规模和速度减少碳排放的最具有成本效益的杠杆"。

应该如何评估碳税的经济成本？直到最近，大多数分析都是基于大规模可计算一般均衡模型的建模。世界各地的碳税系统有足够的经验。来对现有系统进行统计分析，这是本文的研究内容。第一个碳税是1990年实施，所以现在有多达3个十年的数据借鉴。

（三）研究方法

本文建立在先前在 Metcalf 和 Stock（2020）中的分析基础上。衡量碳税对排放和经济增长的影响。正如在 Metcalf 和 Stock（2020）中所讨论的，将碳税的变化视为有两个组成部分是有用的，一个响应历史经济增长，另一个是无法预测的。后一类的变化可能包括基于历史立法时间表的税收变化，基于执政党的环境偏好目标或对国际气候政策压力的反应。文章的识别假设是后一类变化——那些不是由本国 GDP 的历史增长和当前和过去的国际经济冲击预测的——是外生的。这个假设使文章能够估计使用适应面板数据的 Jordà（2005）本地预测（LP）方法对碳税的意外组成部分对 GDP 增长的动态影响。具体来说，文章使用 OLS 来估计面板数据回归的序列，如式（1）所示。

$$100\Delta\ln(GDP_{it+h}) = \alpha_i + \theta_h \tau_{it} + \beta(L)\tau_{it-1} + \delta(L)\Delta\ln(GDP_{it-1}) + \gamma_t + u_{it}$$

（1）

其中，τ_{it} 是国家 i 在时间 t 的真实碳税率，θ_h 表示在时间 t 未预测到

的碳税率变化对 h 个期间里每年 GDP 增长率的作用。

文章还估计面板结构 VAR（SVAR）回归，其中税率和 GDP 增长作为因变量，每个的四个年度滞后作为回归变量，以及国家和年份的固定效应。这是标准时间序列结构 VAR 的面板版本。识别条件与 LP 回归中的相同。在人口中，估计量是相同的。尽管 SVAR 和 LP 方法具有相同的识别条件和相同的估计值，但在有限样本中它们可能不同并且它们将具有不同的标准误差。因此，使用 SVAR 估计提供了对 LP 估计的稳健性检查。SVAR 标准误差由参数引导程序计算。

动态模型中的一个关键问题是碳税对 GDP 增长率的长期影响，即碳税是否会永久性地改变 GDP 水平和 GDP 增长率的斜率。碳税可计算动态均衡模型的标准理论模拟了由基本面决定的长期增长率，并且这些基本面不受碳税引起的相对价格变化的影响。如果是这样，税收可能会在短期内影响 GDP 增长，但会及时恢复到长期增长率。实际上，税收将把 GDP 转移到一个新的水平，之后如果没有征收碳税，它就会与它的路径平行移动，参见例如 Goulder 和 Hafstead（2017）E3 模型或 Nordhaus 的 DICE 模型。

（四）研究结论

对碳污染定价被广泛认为是最具有成本效益的减少排放的方法。对这种方法的抵制很大，部分原因是担心对就业和增长的经济影响。使用作为欧盟排放交易系统（ETS）一部分的欧洲国家在使用碳税方面的变化，文章发现没有证据支持税收会对 GDP 就业或 GDP 产生不利影响的说法。文章找到了适度的证据证明税收引起的排放减少。然而，值得注意的是，由于减排成本最低的行业已经包含在 ETS 范围内，因此不受碳税的约束，在适用基于碳排放税的国家/地区进行减排应该将这些减排看作潜在减排量的下限。

所示的结果并未表明碳税对 GDP 产生特别大的积极影响。但是，它们都不支持声称存在重大不利影响。然而，效果可能会随着时间的推移而累积。不受限制的模型累积 IRF（顶部面板）显示对第 6 年增长的积极影响大约为 2 个百分点，但标准误差带很大，在 95% 置信区间从 -2 到 +6 个百分点。当限制长期运行增长率为零，现在所有 6 年的影响都可以忽略不计。在这个和随后的子样本中，文章没有发现任何证据支持欧洲碳税对 GDP 产生重大影响的观点，无论是积极的还是消极的。

在不受限制和受限制的情况下，就业最初上升然后随后下降。累积影响在 6 年间是积极的，无限制 LP 模型中的点估计为 1.15 个百分点，而限制模型中的点估计为 0.35 个百分点。在这两种模型中，文章都不会拒绝零累积影响。制造业就业的结果类似于总就业，但估计不太准确。与 GDP 一样，文章可以拒绝碳税对就业的重大负面影响。

在不受限制的模型（顶部面板）中，到第 6 年年底，排放量下降了 6.5 个百分点，尽管标准误差带很宽，文章不能拒绝排放量没有变化。在受限模型（底部面板）中，排放量在前 4 年下降多达 5.6 个百分点，但在第 6 年稳定在下降 3.8 个百分点。估计是不准确的，在 95% 的置信区间上没有碳减排与更大规模的碳减排都存在。

（五）创新之处

文章对属于欧盟范围内排放交易系统（EU-ETS）的 31 个欧洲国家进行了分析。虽然所有这些国家都通过这个总量控制和交易系统对他们的一部分排放定价，其中 15 个国家还征收碳税，主要是针对 EU-ETS 未涵盖的排放。通过将分析限制在属于 EU-ETS 的国家，可以通过利用该组内碳税系统的变化来确定碳税对排放、输出和就业的增量影响。与一般仅通过模型验证碳税与 GDP 关系的研究不同，该研究使用长时间序列的经验数据，通过对统计数据规律的归纳，以及基于碳税实施后的现实影响分析，得到的研究结论更具说服力和借鉴性。

（六）研究缺陷

对于不同的国家，所处的发展阶段不同，影响碳排放的因素不一样，因此，在实施碳减排的政策方面存在较大差异。欧盟在碳排放交易方面具有长期的发展经验，对于碳税实施的不同阶段，对 GDP、就业等方面的碳税影响作用不一样。文章并没有注重碳税实施不同阶段的影响，也没有考察不同发展阶段的影响。有可能技术的进步、其他方面的成本降低抵消了碳税的影响。因此，该研究在这方面还缺乏考虑。

11 能源风险与能源安全[*]

一 导语

　　能源风险与能源安全是能源经济研究领域的热点话题之一。近年来，随着中国成为世界第一大能源消费国，中国所面临的宏观和微观层面的能源风险与日俱增，这些能源风险因素既有来自全球能源市场的外部冲击，也有来自能源供给和消费结构失衡的内部矛盾。总体而言，中国能源消费量巨大，较高的对外能源依存度和较为单一的能源结构，成为中国面临较大能源风险的最主要原因。近年来，中国能源消费增长迅猛，2011年中国一次能源消费总量已超过美国，此后不断攀升连续位列全球最大能源消费经济体。"十四五"时期，中国能源消费总量将继续保持增长，拐点并不会在短期内到来。而相对于能源消费的不断攀升，中国自身能源生产和供给却很难匹配，中国对外能源依存度逐年升高，国内能源市场受到全球能源市场的影响和价格冲击越来越大，这给中国带来巨大的潜在能源风险压力。

　　能源风险与能源安全两个议题相伴相生，成为"一个硬币的两面"，并随着经济、社会发展、全球"碳中和"共识和全球能源治理结构的变化，日益成为各国所面临的重要议题，对中国而言，既是机遇又是挑战。挑战在于传统行业在能源转型巨变下面临诸多风险因素增加，

---

　　[*] 本部分所选的文献有两篇，分别是①Spada M., F. Paraschiv, Burgherr P., "A Comparison of Risk Measures for Accidents in the Energy Sector and Their Implications on Decision-making Strategies", *Energy*, Vol. 154, 2018. ②Dwigo H., Mariola Dwigo-Barosz, Zhyvko Z., et al. "Evaluation of the Energy Security as a Component of National Security of the Country", *Journal of Security and Sustainability Issues*, Vol. 8, No. 3, 2019.

◇◇ 专题三：能源经济与绿色经济

成本和预期变化加剧、能源风险事故、技术"卡脖子"等方面问题逐渐凸显。因此，能源风险管理新趋势、新方法的介绍、能源事故风险措施的比较和测度、能源安全评估和国际比较等方面的国际前沿研究成为备受关注的重要方面。针对能源风险评估和度量，近年来，一些交叉学科方法逐渐应用，例如能源经济和金融学交叉领域的研究等，一些新指标、新技术、新工具为更好地度量包括能源风险事故发生在内的风险事件评估带来便利；对能源安全的重视程度得到前所未有的提升，将能源安全作为国家安全的一个组成部分进行评估的思想逐步得到更多研究者和政策制定者的共识，区域能源独立性综合评价和能源安全评估成为重要的研究话题。

对于能源风险管理和能源安全，了解和追踪国外前沿文献是深入研究该领域的重要方式，也是启发国内研究者对该领域研究路径和方法的重要途径之一。因此，一共选取两篇近两年国外前沿文献进行解析和导读，以求对该领域一些前沿问题和研究方法进行概览。

第一篇文献《能源事故风险措施的比较及其对决策策略的影响》，是一项关于能源事故风险措施的比较和测度的研究。该文献通过引入在微观金融领域广泛应用的风险度量方法和指标，拓展了风险价值（VaR）、预期短缺（ES）和频谱风险度量（SRM）在能源安全领域的应用。该文献指出，在更广泛的能源安全和关键基础设施保护范围内，对事故及其相关后果的全面评估是许多利益相关者的高度优先事项。事故风险通常由风险指标进行评估，因为它们可以提供能源链与国家组之间的直接比较。该文献应用并比较了金融领域常用的相干（ES、SRM）和非相干（VaR）风险度量，用于能源部门的事故风险。本研究中分析的 VaR、ES 和 SRM 风险指标表明，在给定概率水平（或 k 因子）下，风险度量的相对排名稳定，验证了这些风险度量在能源部门事故风险中的适用性。尽管相对排名结果相似，绝对值却不同。一般而言，VaR 往往会低估 ES（和 SRM）的风险，因为后者包括有关极端事故后果预期的信息，这对利益相关者和决策者来说非常重要。事实上，在能源部门，特别是在能源安全方面，低估关键基础设施事故的风险可能会导致人类健康、环境影响和经济损失方面的重大后果。在这种情况下，这些可能会通过使用 ES（或 SRM）来减轻，因为它们将有助于改进安全措施，例如，对 VaR 预期之外的事件做好准备，或通过增加对能源关键基础设施的投资，或通过保险措施对可能发生的事件进行预防和响应。然而，虽然 ES 可以被认为是 VaR 的一个很好的替代方案，但 SRM 受到风险规避的强烈影响，因此受其定义的影响。这种风险度量是一种足够灵活的工具，可以评估风险，并且可以根据利益相关者的个人偏好和风险规避水平进行调整。然而，这种风险度量意味着更高的复杂度，对实施提出更多挑战，这仍然限制了其在实践中的应用。此外，作者还讨论了这些风险措施的利弊，以及它们对决策策略的影响。该文献结果表明，与经常使用的最大后果指标相比，VaR、ES 和 SRM 在评估能源部门的事故风险中仍具有实用性。

第二篇文献《将能源安全作为国家安全的一个组成部分进行评估》，涉及能源安全评估和国际比较研究。实现能源独立的问题是世界许多国家的主要任务之一。国家燃料和能源综合体的发展和优化运行是确保经济有效运行和满足人口社会需求的主要因素之一，这决定了该主题的相关性。安全及其主要组成部分，如经济和能源安全，是各个知识领域科学家的研究主题：经济学家和政治专家、能源生产专家和律师、军事和公共行政专家。能源供应（经济成分）表征国民经济和人口的燃料和能源供应状况，这种情况取决于交付的充足性、可靠性、质量，以及能源生产和能源消耗的效率。社会不稳定是一个国家与能源供应相关的社会紧张局势的特征，生态适宜性的特征是能源生产和运输能源载体（油气管道）的对象对环境的污染状态以及对环境造成的生态和经济损害的补偿可能性。

工业由能源生产驱动，能源生产提供国家的重要功能，并保证国家的安全和独立。能源生产是世界经济的重要组成部分。在世界经济中，有一个能源（石油、天然气、煤炭）成本上升的过程，这主要是由于美国、日本、德国等工业化国家对碳氢化合物能源的消耗量急剧增加，以及中国、印度等世界各国经济的显著发展，这一切共同决定了世界经济对节能技术的追求。该文献通过改进基于多维均值的国家及地区能源依赖度综合评价方法，包括统计指标的选择、归一化基准的选择、层次分析法的使用，通过评估能源独立性综合评估中的权重系数和指标聚合方法，进行国家能源独立的统计研究。对比分析了俄罗斯、中国、美国、捷克、德国等代表性国家化石能源消费与生产的覆盖率数据，利用消费与燃料和能源资源生产的覆盖率，分析了代表性国家的能源依赖状况，这些国家在能源政策方面取得了成功，并将其经验纳入国家能源发展战略的框架。各区域能源独立性综合指标的计算将有助于确定能源领域的"强"和"弱"区域，找出"能源依赖"程度最高的区域滞后的原因，并提出适当的建议提高每个地区的能源独立性。

上述两篇文献从不同维度，对围绕能源风险与能源安全的热点方法、理论和实践问题，进行了卓有成效的梳理和研究。对于能源事故风险测度和评估方面，传统金融领域广泛应用的风险度量方法和指标在能源经济领域的应用也是具有探索性的交叉领域，这拓展了微观能源风险管理的工具和方法，对于更好地评估和测算微观能源主体风险事故发生程度，进行更卓有成效的管控具有意义。而从国家安全层面，将能源安全作为国家安全的一个组成部分进行评估则显得意义非凡，这显示出能源安全对于一国战略层面的重要性，在何种框架和方法下进行能源安全评估是研究者和政策制定者所关心的重要问题。上述两篇文献从能源风险与能源安全领域多个重要层面和维度，对该领域的新方法、新问题、新视角进行了充分展现，尤其是交叉学科方法的运用，对推进该领域的研究具有重要的启发作用。

二 精选文献导读

论文一：《能源事故风险措施的比较及其对决策策略的影响》

Dwigo H, Mariola Dwigo-Barosz, Zhyvko Z., et al. "Evaluation of the Energy Security as a Component of National Security of the Country", *Journal of Security and Sustainability Issues*, Vol. 8, No. 3, 2019.

在当今现代社会，能源是商品和服务生产的关键先决条件之一。在过去的几十年中，许多灾难性事件（例如2010年的深水地平线漏油事件或2011年的福岛核事故）影响了整个能源相关业务，因为它们的后果与影响人类健康、环境和经济商品和服务的供应的社会脆弱性相关。

因此，能源部门事故风险评估已成为许多利益相关者在安全和保障能源供应中的优先选项。

比较风险评估在19世纪80年代被引入，从那时起，它成为综合评估能源技术性能的一个核心方面，它旨在比较各个国家或国家组之间的不同能源技术。常用的两种标准方法是频率—后果（F-N）曲线和聚合风险指标。前者是在定量评估中表达集体和社会风险的常用方法，因为F-N曲线提供了具有不同严重程度后果的事故概率，包括特定于链的最大损害。此外，风险指标允许基于汇总和标准化的风险值在能源链和国家组之间进行直接比较。然而，重要的是要考虑各种风险因素（例如平均风险与极端风险）和后果类型（例如死亡、受伤等），因为没有一个方面或指标可以提供全貌。

尽管历史事故数据集中的最大可信后果事件很容易确定，但其主要缺点之一是它忽略了事故数据的具体分布特性，将最坏情况风险限制为唯一值。这对于能源行业的公司来说尤其重要，可以更好地了解与低频域中的高后果事件（也称为极端事件）相关的风险。此外，上述风险指标的非财务性质可能是该行业更好地了解能源事故带来的风险的另一个障碍，因为它们通常侧重于财务而不是与基础设施相关的方面。

为了克服上述问题，可以考虑一组来自金融领域的可能的风险指标。一方面，它们通常被能源公司使用；另一方面，它们以高后果级别解决风险。特别地，考虑了风险价值（VaR）、预期短缺（ES）和频谱风险度量（SRM）。虽然VaR通常被处理金融风险的不同利益相关者使用，但ES和SRM在过去二十年的金融文献中引起了相当大的关注。VaR定义为在一定时间内以一定的置信水平不会超过的损失水平。因此，它基于三个组成部分：时间段、置信区间和损失金额。此外，VaR也可以被视为风险厌恶的度量而不是最大可信区间，因为它表示厌恶阈值，然而这只是风险厌恶效用函数的最小部分。然而，在过去十年中，已经表明VaR描述的风险，在特定情况下，不是最佳选择，因为它将风险限制在一个独特的值，而没有考虑风险可能超出它的范围。因此，与VaR相关的风险规避表现出一种不连贯的投资者的态度，他们只关心阈值水平而忽略了自己的所有损失。

在这种背景下，自21世纪初以来，为了在风险估计中包含风险规避效用函数以及能够考虑超过某个阈值的风险，引入了 ES 和 SRM。SRM 是一种风险度量，作为结果的加权平均值，其中不良结果通常包含更大的权重。ES 是 SRM 的一个特例，其中风险规避函数对于所有分位数都是一个常数，这意味着坏结果包括与好的结果相同的权重。然而，在上述用于引入 ES 和 SRM 的条件中，最重要的一个与相关风险度量的定义有关。如果满足单调性、平移不变性、同质性和次可加性的标准，则认为风险度量是一致的。前三个条件描述了使风险可接受的要求。例如，在能源部门事故的背景下，它指的是增加安全方面以降低风险。同时，次可加性表明多样化有助于降低风险。当两种风险相加时，组合风险应该降低或保持不变。

在本文中，将最近的"一致"风险指标（例如 ES 和 SRM）与更"传统"的风险指标 VaR 进行比较。它们专门用于金融领域之外，即描述能源部门中超出其原始应用领域的事故风险。一方面，ES 和 SRM 包含有关超过某个阈值（例如 VaR）的风险的信息；另一方面，它们本质上解释了风险厌恶效用函数，这对行业和保险公司非常重要。此外，由于能源部门的风险指标通常基于直接使用历史观测值，因此在本研究中，上述风险度量直接从历史观测值计算，不使用参数或半参数建模。本研究中进行的分析基于保罗谢勒研究所（PSI）能源相关严重事故数据库（EDSAD）的数据，其中包含有关事故和相关后果（例如，死亡、以公吨为单位释放的物质、经济损失的信息）分为能源链和其中的活动。

论文分为以下几节。第二节，详细描述了为分析的三个化石能源链收集的数据；第三节，解释了 VaR、ES 和 SMR 风险措施背后的方法论；第四节，介绍并讨论了根据历史观察（第 2 节）估计的所考虑风险措施的比较结果，包括对决策过程的可能影响；第五节，总结了研究结论。

第二节是数据统计描述。ENSAD 是与能源部门相关的事故的综合数据集合，它是在 20 世纪 90 年代由 PSI 开发的，ENSAD 所考虑的众多来源都经过彻底验证、协调和合并，以确保一致和高质量的数据。自成立以来，ENSAD 的目标就是全面收集所有能源链中因化石能源、核能、水电以及最近的新可再生能源技术而引起的事故信息。在这项研究中，提取了 ENSAD 的选定事故子集，特别是选择了中国的煤炭事故、不同国家组的石油事故和德国的天然气事故。通过这种方式，主要的化石能源链被表现出来，同时考虑不同的国家和国家集团，可以考虑不同类型的分配行为。本部分对以上数据进行了统计描述，主要显示事故引发的生命、财产损失情况，通过统计图显示了事故数据分布特点、峰度偏度等特征。

第三部分是方法。本节概述了应用于石油（经合组织、欧盟28国、非经合组织）、中国煤炭和德国天然气数据集的风险措施。风险价值（VaR）与所谓的"连贯"风险度量进行比较，在这种情况下，预期短缺（ES）和频谱风险度量（SRM）概念为风险措施的分析和构建提供统一的框架并证明其合理性。

（一）相关风险度量属性概述

描述4个定理来定义一个连贯的风险度量，将 M 表示为代表固定时间间隔内投资组合损失的随机变量空间，L 是给定投资组合的损失值。此外，假设 M 是一个凸锥体，因此，$L_1 \in M$ 和 $L_2 \in M$，那么 $L_1 + L_2 \in M$ 和 $\lambda L_1 \in M$ 对于每个常数 $\lambda > 0$ 定义为相干的风险。一个连贯的风险度量 $\rho: M \to R$ 被定义为满足以下性质的函数。

定理1（平移不变性）：对于所有 $L \in M$ 和每个常数 $a \in R$，我们有 $\rho(L+a) = \rho(L) + a$；这意味着在初始金额上添加或减去一个无风险金额 a 并在参考工具中对其进行调查，只需减少或将风险度量增加 a。

定理2（次可加性）：对于所有的 L_1、$L_2 \in M$，我们有 $\rho(L_1 + L_2) \leq \rho(L_1) + \rho(L_2)$；这意味着与两个随机变量相关的总风险等于或低于每个随机变量的个体风险之和。如果参与已建立的交易所的个人希望承担由两个随机变量 $L_1 + L_2$ 的总和表示的风险，通过使用与该定理不一致的风险度量，将简单地开设两个账户：一个用于 L_1 和另一个用于 L_2，因为他将受益于较小的保证金要求 $\rho(L_1) + \rho(L_2)$。

定理3（正同质性）：对于所有 $L \in M$ 和每个 $\lambda > 0$，有 $\rho(\lambda L) = \lambda \rho(L)$；这意味着头寸的风险与其规模成正比。然而，通过考虑定理2，这点有争议，因为这意味着对于两个不同的投资组合损失，关系与两个相等的投资组合损失不同。

定理4（单调性）：对于所有 L_1、$L_2 \in M$，使得 $L2 \leq L1$，我们有 $\rho(L_1) \leq \rho(L_2)$；这意味着如果 L_1 的结果比 L_2 好，则与 L_1 相关的风险应始终小于与 L_2 相关的风险。

（二）风险价值（VaR）

VaR 是金融数学和金融风险管理以及金融行业中使用最广泛的风险度量。根据特定置信水平 a 的投资组合的 VaR，其中 $a \in [0,1]$，定义为最小数 x，使得随机数 X 超过 x 的概率不大于（$1-a$）。VaR 的函数可以描述为式（1）所示。

$$VaR_a(X) = \inf\{x \in R; P(X > x) \leq 1-a\} = \inf\{x \in R; Fx(x) \geq a\} \tag{1}$$

（三）频谱风险度量（SRM）

SRM 的开发是为了满足被视为连贯风险度量的公理。在这种情况下，风险度量函数 $M\varphi$ 的 SRM 的一般形式化如式（2）所示。

$$M_\varphi(X) = \int_0^1 \varphi(p) \, q_p dp \tag{2}$$

在本研究中，选择指数风险规避函数来计算 SRM。对于任何分位数，它都是非负的；随着我们向更高的损失分位数移动，权重会增加，从而表现出经理的风险规避程度；函数下方的面积为1，其导数为非负。如式（3）所示。

$$\varphi(p) = \frac{k \, e^{-k(1-p)}}{1-e^{-k}} \tag{3}$$

其中 p 是损失分位数，而 k 被定义为绝对风险厌恶（ARA）的 Arrow-Pratt 系数。SRM 最重要的优点是它是一种连贯的风险衡量标准，使风险管理者能够将他或她的风险规避纳入其中，从而产生基于不同风险状况的指标。主要限制通常与这样一个事实有关，即它们需要更多的计算工作和对风险度量背后机制的清晰理解。事实上，风险经理在选择适合其风险状况的权重时应该非常小心。这是一个风险分析中的微妙步骤，因为最终使用 SRM 的风险测量结果取决于功率加权函数及其参数的选择。

(四) 预期短缺

预期差额（ES）是一种连贯的风险度量，是 SRM 的一个特例。它是一种与 SRM 类似的连贯风险度量，但它克服了 SRM 的一个缺点，即风险规避函数的定义及其所有可能相关的问题。实际上，ES 被估计为 SRM，但风险规避函数由一个常数给出，该常数与感兴趣的分位数成反比。此外，ES 风险度量是次可加的，可以更好地捕捉异常损失的程度。事实上，ES 可以被视为比 VaR 更好的风险度量，因为它不会忽略超出指定置信区间的损失，而是对它们求平均值，同时还满足承认多样化好处的可加性标准。然而，它为损失分位数分配相同的权重这一事实并不一定反映风险经理的风险规避。形式上，ES 定义为 $100*(1-a)\%$ 中的平均损失，其中 a 是感兴趣的分位数，这是我们分布的最坏情况。它平均指定置信水平值右侧的事件并报告它。用数学术语来说，给定感兴趣的分位数的 ES 由式（4）给出。

$$ES_\alpha = \frac{1}{1-\alpha}\int_\alpha^1 q_p dp \tag{4}$$

因此，风险规避函数定义为式（5）所示。

$$\varphi ES_\alpha(p) = \frac{1}{1-\alpha}1_{\{p \leq (1-\alpha)\}} = \begin{cases} \frac{1}{1-\alpha} & if p \leq (1-\alpha) \\ 0 & else \end{cases} \tag{5}$$

(五) VaR、ES 和 SRM 的实际估计

对于不同的关注分位数，VaR 的估计由等式（1）给出。然而，对于 ES 和 SRM，估计并不像之前指出的那样简单。直观上，ES 和 SRM 都是损失尾部 VaR 的加权平均值。因此，实施这些措施的最佳方法是将尾部切片为 n 部分，并对每个切片的估计值求平均值。例如，对于一组 n=100，我们得到了 99 个损失分位数，我们为每个分位数计算了各自的 VaR，最后对它们求平均值以获得尾部的 ES 值。此外，对于 SRM，我们将 99 个 VaR 值中的每一个与它们各自的风险权重相乘，该权重由指数风险加权函数 $\varphi(p)$ 给出，以获得相同尾部部分的指数 SRM 值。在这种情况下，应该定义切片的数量，以便细分损失尾部以估计 SRM

（或 ES）。直观地说，随着切片数量变得足够大，计算值将收敛到真正的 SRM（或 ES）值。在本研究中，切片数（n）是通过估计所谓的最可能断点来评估的，这是风险度量值随着切片数量的增加而保持不变的阈值。事实上，切片数量相对于平均风险度量的分布显示出两种不同的模式。

在低分辨率的情况下（即 n 的数量较少），平均风险度量的增加相对于切片数量的增加是快速的。

在高分辨率情况下（即 n 的数量较多），平均风险度量相对于切片数量的增加是恒定的。

在这项研究中，断点是通过使用迭代程序来拟合回归模型中的分段关系来估计的，该模型使用引导程序重新启动来避免对起始值的敏感性问题。此外，使用重采样方法（bootstrap）可以估计断点处切片数量的不确定性，如图 11-1 所示。

对于 ES（图 1a）和 SRM，该方法已应用于所有数据集（第 2 节）的不同分位数水平（0.9、0.95、0.99 和 0.999）以及 1 到 2000 年之间的不同风险规避因子（k 因子），（图 1b）。在这两个图中，切片的最小数量因情况而异。某些情况（例如，图 1a：Oil OECD 和图 1b：德国天然气财产损失）显示分位数或 k 因子的切片数量较多，不在尾部末端，导致数量峰值片。因此，本研究为所有上述风险指标和数据集选择了 30000 个切片的保守值，以避免这些峰值。

第四部分是结果与讨论。图 11-2 给出了三种不同风险度量的各种数据集与最大后果相比的概述。在 VaR 的情况下，计算了不同分位数（即 0.9、0.95、0.99 和 0.999）的 ES 估计值，以便更好地了解两者之间的差异。对于考虑指数驱动的风险规避函数的 SRM，使用了不同的 k 因子或风险规避水平（即 50、500 和 1500）。这允许比较整个风险规避函数的不同稳定性水平。

在绝对值上，通过比较不同概率水平的结果，很明显，对于 $p=0.9$、$p=0.95$ 和 $p=0.99$，VaR 低于 ES，并且趋于收敛到最大后果和 ESp 越接近 1 的值。事实上，VaR 是给定概率水平下分布的分位数，并询问"事情会变得多糟？"，而 ES 想要回答"如果事情真的发生了变坏，预期损失是多少？"。这是处理风险的两种不同方式。在前者中，我

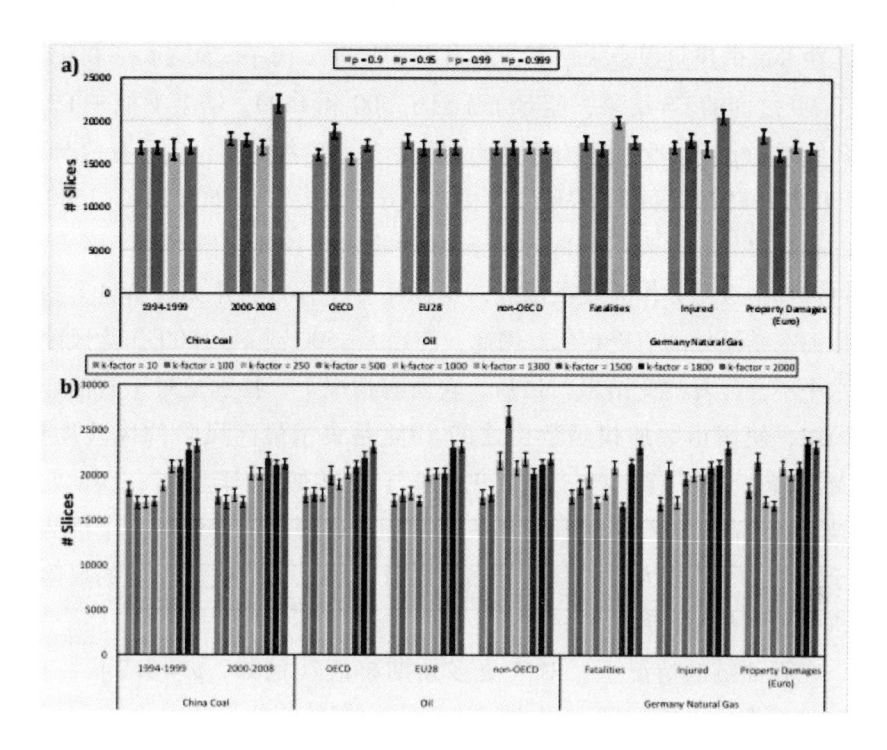

图 11-1 估计稳定风险度量所需的最小切片数。误差值表示使用自举方法评估的估计稳定风险度量的不确定性。a）针对不同概率水平和不同能源链的 ES；b）针对不同风险规避因子（k 因子）和不同能源链的 SRM。

们获得了从风险角度来看我们可以安全的最大值，而在第二个中，如果我们超出了 VaR，我们将获得平均值或预期损失。这在某种程度上是可以预料的，因为 ES 计算为某个分位数后风险的平均值，而 VaR 粗略计算分布的分位数值。感兴趣的分位数值越高（即，越接近1），VaR 越收敛于 ES 和最大结果。这当然对决策者和处理能源风险的其他利益相关者非常感兴趣，因为风险度量的选择可能影响决策过程。对于最极端的风险（p 接近1），VaR 和 ES 是可以互换的，即结果不取决于风险度量，但仍低于最大后果。然而，对于更可能的情况（p 介于 0.9 和 0.99 之间），ES 的值明显大于 VaR 的值，表明 VaR 倾向于低估 ES 的风险。这与以下事实有关，即 ES 包含有关极端事故情况下后果预期的信息，而 VaR 则不包含。此外，ES 可以提供更保守的估计以避免低估风险。

在考虑的风险规避水平下，SRM 值对应于 k 因子 $=50$ 的 $p=0.95$ 和 $p=0.99$ 之间的 ES 结果，而对于 k 因子 500 和 1500，结果类似于 ES 和 VaR 结果为 $p=0.999$，因此更接近最大后果。有趣的是，在所有情况下，$k=50$ 和 $k=500$ 之间的 SRM 值的相对差异明显大于 $k=500$ 和 $k=1500$ 之间的相对差异。这表明 SRM 值受到风险规避函数的强烈驱动。事实上，通过选择指数函数作为权重函数，这往往会在分布的开头给出更大的差异，而在结尾处的值更相似。因此，使用 $k=500$ 或 $k=1500$ 作为风险规避水平不会显着改变结果。最后，在所有情况下，特别是对于石油非经合组织，使用指数加权函数构建的 SRM 是表示最高风险的风险度量。SRM 选择 $k>500$ 意味着在 $p=0.999$ 时与 ES 相似的风险估计，因此它可以被具有更高风险规避的利益相关者采用。这种风险度量的一个优势还在于它考虑了死亡人数的整个分布，并且足够灵活以适应不同的风险规避水平和利益相关者的偏好。

在石油链的情况下，对于更多预期事故（例如，$p=0.9$），三个风险度量在所分析的国家组之间表现出相似的行为。非经合组织国家组的结果与经合组织和欧盟 28 国相比具有更高的风险，它们具有可比性。然而，在 ES（或 SRM）的情况下，非经合组织和欧盟 28 国与非经合组织国家之间的相对差异在 VaR 方面更大。这可能与之前讨论的 VaR 倾向于低估 ES 风险有关。此外，对于更极端的情况（$p=0.999$），虽然非经合组织国家组与经合组织和欧盟 28 国相比显示出相对较高的风险，但根据最大后果指标，前者的结果大于后者。该结果表明，对于石油链，事故的 p 水平越大，OECD 相对于 EU28 的事故风险就越大。换句话说，虽然对于更多预期事故，经合组织和欧盟 28 国之间的风险相似，但在极端情况下，经合组织国家的表现最差，因为经合组织国家相对于欧盟 28 国的最大后果相对较高。事实上，与欧盟 28 国的情况相比，前者更倾向于增加分布的偏度，从而影响所考虑的风险措施。此外，在非经合组织的情况下，很明显，虽然它们的表现总是比经合组织和欧盟 28 国差，表明需要改进安全法规，但在极端情况下显示出更大的相对差异。对于愿意了解石油链中与死亡相关事故的可接受风险的能源相关企业来说，这一结果可能会引起极大的兴趣。此外，很明显，可接受的风险比极端事故更可预期（$p=0.9$，

0.95），主要是在非经合组织国家的情况下，不同 p 水平之间的相对差异是显着的。

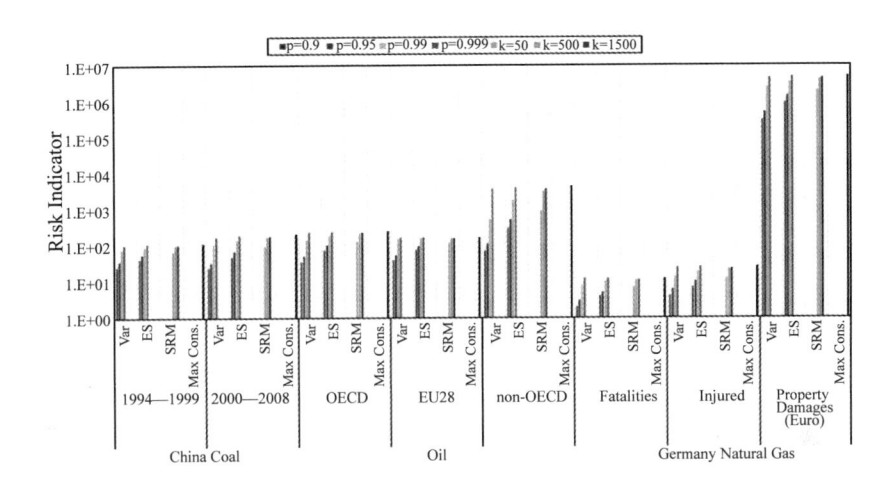

图 11-2 不同概率水平的最大后果、风险价值（VaR）和预期短缺（ES）以及不同风险规避因子（k 因子）的频谱风险度量（SRM），用于分析的各种能源链数据集

第五部分是结论。本文应用并比较了金融领域常用的相干（ES，SRM）和非相干（VaR）风险度量，用于能源部门的事故风险。本研究中分析的 VaR、ES 和 SRM 风险指标表明，在给定概率水平（或 k 因子）下，风险度量的相对排名稳定，验证了这些风险度量在能源部门事故风险中的适用性。尽管相对排名结果相似，但绝对值不同。一般而言，VaR 往往会低估 ES（和 SRM）的风险，因为后者包括有关极端事故后果预期的信息。这对利益相关者和决策者来说非常重要。事实上，在能源部门，特别是在能源安全方面，低估关键基础设施事故的风险可能会导致人类健康、环境影响和经济损失方面的重大后果。在这种情况下，这些可能会通过使用 ES（或 SRM）来减轻，因为它们将有助于改进安全措施，例如，准备比 VaR 预期的更大的事件，或通过增加对能源关键基础设施的投资，以加强保险业引发的预防和响应。然而，虽然 ES 可以被认为是 VaR 的一个很好的替代方案，但 SRM 受到风险规避的强烈影响，因此受其定义的影响。这种

风险度量是一种足够灵活的工具,可以评估风险,并且可以根据利益相关者的个人偏好和风险规避水平进行调整。然而,这种风险度量意味着更高的复杂度,对实施提出更多挑战,这仍然限制了其在实践中的应用。

最后,关于常用的最大可信后果指标,本研究中考虑的风险指标可以改进能源相关企业可以获得的信息。事实上,VaR、ES 和 SRM 可以帮助更好地了解能源事故对行业的风险,因为它们通常侧重于金融方面,而与基础设施相关的方面较少。此外,尽管最大可信后果和 VaR 都是风险的唯一值,但它们具有不同的性质。前者是由最大历史观察值定义的,因此不能从中得出完整的结论(例如,它是否是一个极端事件;一个事件是否可以克服它,可以认为是一个可接受的风险阈值)。VaR 定义了一个阈值,它不会告诉利益相关者超出它的风险是什么,但可以在决策过程中通过考虑最大风险来协助决策。在 ES 和 SRM 的情况下,讨论是不同的。在这两种情况下,关于最大可信结果所提供的信息的改进都是显著的。事实上,一方面,这两种措施本质上都包括风险规避;另一方面,当 ES 测量超过某个阈值的风险时,SRM 能够对其整个范围进行建模,从而提供全貌。

论文二:《将能源安全作为国家安全的一个组成部分进行评估》

Dwigo H., Mariola Dwigo-Barosz, Zhyvko Z., et al. "Evaluation of the Energy Security as a Component of National Security of the Country", *Journal of Security and Sustainability Issues*, Vol. 8, No. 3, 2019.

国家稳定和均衡发展的最重要条件是解决生产的能源强度和经济的能源供应问题,如果未能实现,则对经济和国家安全构成威胁。能源效率政策的成功取决于以科学为基础的经济和统计分析、预测和国家能源平衡的优化。燃料和能源综合体、状态、发展机遇和前景、国家能源政策的有效性显著影响该国的经济形势及其可持续发展的条件。该国经济和能源融入世界和欧洲结构的一般过程大大增加了确保其能源安全和能源独立的要求。因此,能源独立作为一个国家独立制定和实施政策的能力,不受外部和内部干扰和压力的影响,作为确保能源、经济和国家安全、经济和政治独立的主要因素之一变得尤为重要。

实现能源独立的问题是世界许多国家的主要任务之一。国家燃料和能源综合体的发展和优化运行是确保经济有效运行和满足人口社会需求的主要因素之一,这决定了该主题的相关性。安全及其主要组成部分,如经济和能源安全,是各个知识领域科学家的研究主题:经济学家和政治专家、能源生产专家和律师、军事和公共行政专家。

能源安全具有整体性和复杂性,国家和社会的正常运行和发展有赖于能源安全。它包括以下要素。

第一,能源供应(经济成分);

第二,社会稳定;

第三,生态适宜性(生态成分);

第四,能源独立(政治和经济成分)。

能源供应(经济成分)表征国民经济和人口的燃料和能源供应状况。这种情况取决于交付的充足性、可靠性、质量,以及能源生产和能源消耗的效率。社会不稳定是一个国家与能源供应相关的社会紧张局势的特征。生态适宜性的特征是能源生产和运输能源载体(油气管道)的对象对环境的污染状态以及对环境造成的生态和经济损害的补偿可能性。

第二节是文献综述。根据以往文献,有效的能源政策如下。

—为所有能源部门的运作制定和实施透明有效的法律和监管框架,其中设想对国家能源系统、核电和自然垄断企业的活动进行监管、协调和控制(Aitzhan,NZ,Svetinovic,D.,2018);为国内外市场的能源供应创造经济条件(Biresselioglu,M. E.,Yelkenci,T.,Ozyorulmaz,E.,Yumurtaci,I. Ö.,2017)。

—能源资源战略储备的有效管理,包括能源资源供应的多样化,防止能源资源的低效利用,将可耗竭资源的消耗率与可再生能源的开发率相协调,增加部分原子能工业和水力发电在 FER、质量控制和矿床生态安全的总体平衡,以符合立法和国际标准的要求(Bakhtiyari,Z.,Yazdanpanah,M.,Forouzani,M.,Kazemi,N.,2017;Rogalev,A.,Komarov,I.,Kindra,V.,Zlyvk,O.,2018;Smaliukiene,R.;Monni,S.,2019)。

——实施国家能源部门的投资政策，其中设想对燃料和能源综合体的过时技术基础进行现代化改造，扩大科学、工程和技术支持的基础设施以及电力工业复杂设备的维护（García Gusano, D., Iribarren, D., & Garraín, D., 2017）。

——制定技术法规和电力设施、装置运行安全和效率的标准和目标，以及制定国家对其合规性的监督机制（Kirshner, J., 2018）。

工业由能源生产驱动，能源生产提供国家的重要功能，并保证国家的安全和独立。能源生产是世界经济的重要组成部分。在世界经济中，有一个能源（石油、天然气、煤炭）成本上升的积极过程，这主要是由于美国、日本、德国等工业化国家对碳氢化合物能源的消耗量急剧增加，以及中国、印度等世界各国经济的显著发展，这一切共同决定了世界经济对节能技术的追求。

第三节是方法。世界经济发展的现代理论指出，世界各国的作用和国际形势不仅取决于自然资源（石油、天然气）的可用性，还取决于智力潜力、实施创新进步的能力在科技进步方面的作用。数据的统计分析，包括能源部门，成为各级管理系统的一个组成部分——从小公司到整个国民经济。统计模型用于诊断管理对象的状态，研究社会经济现象和过程的变化和动态形成的因果机制，监测经济状况、预测和最佳管理决策。描述现象发展规律的增长曲线是通过时间序列的分析获得的。在大多数情况下，在某些或其他函数的帮助下对齐时间序列是一种描述经验数据的便捷方法，可以及时表征现象的发展，将诸多条件纳入考虑的模型可用于预测目的。

时间序列的对齐过程包括两个主要阶段：曲线类型的选择，其形状对应于时间序列变化的性质或增长过程的类型；曲线参数的数值定义（评估）。found 函数允许对齐，或者有时称为时间序列水平的理论值。在对齐时间序列时，选择曲线类型的问题至关重要。在所有其他同等条件下，在解决问题时选择增长曲线形式的错误在其后果（特别是对于预测）方面比与参数统计评估相关的错误更显著（Augutis, J., Krikštolaitis, R., Martišauskas, L., Pečiulytė, S., Žutautaitė, I., 2017）。

建模和预测的自适应方法是在保持发展刚性的基础上，但考虑到

"过时"数据的因素，换句话说，该模型借助特殊参数来适应每个时刻形成的条件。它们使得构建自我调节模型成为可能，该模型既能够对不断变化的条件做出迅速反应，又能够在此基础上在不久的将来做出更准确的预测，同时考虑到之前所做的预测（或调整）的结果（Radovanović，M.，Filipović，S.，Pavlović，D.，2017；Mazurkiewicz，J.，Lis，P.，2015）。

因此，能源独立监管的统计规定是为制定管理决策提供分析基础，包括能源使用效率、对从其他国家进口的依赖、估计能源消费和生产的动态和趋势、预测未来可能的变化期间，并估计提高该国能源独立性的潜力（Su，M. et al.，2017）。

国家能源独立的统计研究涉及使用以下统计研究方法。

—总结指标的方法（允许人们评估 FER 在经济中的使用效率，找出企业和组织的弱点，这些弱点减缓了该国能源形势的进一步发展，并为其制定必要的措施消除）。

—时间序列分析（揭示产品和服务生产中化石能源生产和消费的趋势和依赖性，使人们能够了解不良事件的原因并制定适当的解决方案）。

第四节是结果。时间序列分析能够对时间序列进行建模并计算指标的透视评估。在模型类别中，应区分趋势模型（线性、抛物线、幂、指数、双曲线、对数模型）、自适应模型（指数平滑、线性和抛物线 Brown 模型、Hellwig 方法）、自回归模型（具有滞后延迟、Box-Jenkins 模型和广义线性时间序列模型）。

能源独立研究的拟议方向将使人们能够全面和定性地分析能源综合体的现状，确定某些规律、趋势、相互联系，提供能源部门关键指标的预测值，得出有关前景的结论实现国家能源独立并制定有效的改善这种情况的建议。实施有效的能源政策，吸引投资，开发替代能源，优化监管框架将有助于国家能源部门的发展，这将减少从其他国家借用能源的数量，提高了能源的使用效率，并因此实现了该国可接受的能源独立水平。见表1。

表 1　　　　　　　　　国家能源独立研究方向

能源独立的研究方向	用于能源独立性分析的统计方法和模型
该国能源依赖状况的宏观经济分析：分析能源资源的生产和消费量和结构，包括不同类型的资源；分析该国化石能源使用的有效性。	结构、系列、比较、强度综合分析指标的方法
区域能源独立水平评价及全国综合指标系列分析	相对强度，多维平均法，使用统计方法分组
能源服务市场垄断程度评价	赫芬达尔－赫希曼指数
评估 FER 消费与其他社会经济指标的相互关联	配对和多因素相关和回归分析方法
国家能源独立水平的前瞻性评价	统计方法和预测模型：趋势、自适应、一阶自回归

能源综合体可持续运作的主要决定因素之一是化石能源消费和生产的不匹配。为了分析给定的决定因素，提出了一个新指标——化石能源消费量与产量的覆盖率。如果这个比率超过 100%，这意味着该国可以完全为人口和整个经济提供能源，同时它将以化石能源的形式节省下来，可以用于出口。如果该比率等于 100%，则表明该国已完全供应能源，而无法节省能源。低于 100% 的比率表明该国需要进口能源资源以满足人口和经济的需要。

表 2 给出了世界一些国家适合比较分析的覆盖率。为了比较，选择了在能源政策上取得成功并且其经验需要在国家能源发展战略中实施的国家。

表 2　　　化石能源消费与生产的覆盖率动态（作者的计算基于
《全球能源统计年鉴（2017）》

国家	覆盖率（%）						
	2011 年	2012 年	2013 年	2014 年	2015 年	2016 年	2017 年
俄罗斯	180.1	178.0	185.0	182.2	188.1	191.6	190.6
中国	87.6	85.1	84.7	84.5	83.9	80.9	80.5
美国	81.5	84.4	86.1	90.8	82.3	88.3	91.7

续表

国家	覆盖率（%）						
	2011年	2012年	2013年	2014年	2015年	2016年	2017年
捷克	75.9	75.5	70.8	71.1	68.9	67.3	65.9
波兰	67.6	73.2	72.9	71.8	71.6	69.2	61.6
瑞典	66.7	72.1	71	71.7	74.8	72.4	74.7
德国	39.6	39.5	37.9	39.2	38.9	37.4	38.7

在代表国家中，只有俄罗斯联邦能够充分为其经济提供能源资源（2017年覆盖率为190.6%）并向其他国家出口能源和能源资源。俄罗斯是世界上最大的化石能源出口国，尤其是电力、天然气和石油。同时，德国的化石能源消费与生产的覆盖率最差，2017年化石能源消费仅占其自身生产的38.7%，可见对其他国家能源资源的进口依赖。

提供调节能源独立的工具是一个复杂的政治、经济、社会经济和科学问题，要解决这个问题，需要对广泛的问题进行综合研究。这些问题之一是确定可能威胁的数量特征并确定它们对国家能源独立水平的影响。见表3。

作为区域能源独立水平的特征，使用了决定能源独立潜力的经济指标，其中突出显示了以下几个方面。

第一，生产能源强度（$x1$）。化石能源能源强度是一个一般宏观经济指标，它表征每单位生产的 GRP 的 FER 成本水平，是一个地区和整个国家经济能源效率的基本特征之一（Valdés, J., 2018）。

第二，能源产品的出口（$x2$）、进口（$x3$）和部分化石能源进口占货物进口总量（$x4$）。对外化石能源贸易是能源综合体发展的主要因素之一，这就是为什么这些因素被包括在积分指标的计算中。

第三，如果不确定每个地区的化石能源消费，就不可能对各地区能源部门的状况和发展进行分析，因为该地区的能源效率水平取决于该指标的水平。由于各地区人口规模不同，影响化石能源消费水平，为了工作中数据的可比性，提出人均化石能源消费总量（$x5$）指标。

专题三：能源经济与绿色经济

第四，确定综合指标的重要作用是矿产工业和采石场开发（$x6$）的销售量。采矿和采石场开发涉及以固体岩石（煤和矿石）、液态（油）和气态（天然气）形式天然发现的矿物的开采。

表3　　　　　　　　全国各地区能源独立综合评价因素

能源部门的指标	指标分布取决于对区域能源独立水平的影响（激励/抑制）
生产的能源强度	抑制作用
矿物燃料、石油及其蒸馏产品的出口	激励
矿物燃料、石油及其蒸馏产品的进口	抑制作用
化石能源进口占货物进口总量的一部分	抑制作用
人均化石能源消费	抑制作用
人均矿产工业和采石场开发销售额	激励

在宏观层面研究社会经济现象时，往往使用组群，其区间是随机构建的，因此，根据研究结果，根据地区能源独立程度确定了以下组群：高达0.4000为能源独立水平极低（问题区域）；0.4001—0.5500为能源独立水平低；0.5501—0.6000为中等水平（有前途的地区）；超过0.6001为高水平的能源独立（地区领先）。

根据各地区的能源独立程度，正在采取适当措施来改善能源部门的状况。该国化石能源消费量由多种因素决定，其中最重要的是美元汇率，因为它产生了国家对进口化石能源的支出，在国内不足以满足经济需求和人口；资本投资，因为它们表征了生产技术水平、节能水平和能源效率；GDP实物量指数，因为能源消耗量取决于社会生产量；化石能源生产，其数量取决于化石能源消费的节省水平。因此，本文研究了这些因素对国内化石能源消费的影响，在宏观层面以同样的方式分配能源独立性指标见表4。

表 4　　　　　　　　　　　　能源独立性指标

指标	对能源独立的影响
人均 GDP（美元/人）	激励
生产能源材料（千吨）	激励
能源产品出口（千美元）	激励
"电力、燃气、蒸汽和空调供应"经济活动类型的固定资本投资（百万美元）	激励
作为一种经济活动"电力、燃气、蒸汽和空调供应"的工业产品销售量（百万美元）	激励
全国化石能源消耗总量（百万吨常规燃料）	抑制作用
生产能源强度（吨常规燃料/1000 美元）	抑制作用
化石能源进口占 GDP 的水平（%）	抑制作用
能源产品进口（百万美元）	抑制作用
按经济活动类型"电力、燃气、蒸汽和空调供应"分类的固定资本资产磨损程度（%）	抑制作用
化石能源消费结构中天然气比重（%）	抑制作用

国家能源独立水平的状况和发展包括各种社会经济指标，不能进行唯一评价，因此，能源独立的综合评价采用多维均值法。多维组允许对能源独立等复杂类别进行综合评估。它从整体上监测国家能源独立的总体方向，能够对能源发展动态进行全面研究，并确定对能源独立产生不利影响的因素，因此需要企业和整个国家的管理干预有效地实施必要的措施；多维平均法还可以通过能量独立的整体水平对区域进行分级和分组。

为了提高研究结果的质量，采用层次分析法（AHP）计算各因素的权重。既定的评估基于下一个比率量表，见表 5，由 AHP 创始人 Thomas L. Saaty 提出。

专题三：能源经济与绿色经济

表5 比率量

权重	评估	优势特点
1	同等权重	等值，即两个判断对目标的实现有相同的贡献
3	一种判断相对于另一种判断的权重优势（弱权重）	有一些见解支持一种判断优于另一种判断，但这些见解不足以令人信服
5	相当或显著的权重	有关于一种判断优于另一种判断的科学数据或逻辑判断（或自己的感受）
7	明显或非常显著的权重	一种判断优于另一种判断的令人信服的优势
9	绝对权重	支持一种判断优于另一种判断的证据或感觉最有说服力
2，4，6，8	两个相邻判断之间的中间值	需要折衷解决方案的情况
反转减少的非零值的值	1/2、1/3、1/4等分配给对称（相对于对角线）比率	与它相比，判断的重要性不那么重要

区域能源独立性综合评价计算的复杂性要求在形成和选择解决方案的过程中广泛应用专家评价。专家评估作为获取信息的一种方式一直用于决策，因为使用特定行业专家的信息非常有用。专家评价法的原理是由专家对问题的分析进行合理组织，对判断进行定量评价，并对结果进行处理。专家组的一般意见被视为问题的解决方案。专家组评估的概率取决于个别专家的知识水平和成员数量（Tetiana，H.，Chorna M.，Karpenko L.，Milyavskiy M.，Drobyazko S.，2018）。有了层次分析法，可以做出正确的管理决策，就可以选择能源独立性综合指标中最重要的指标。AHP用于解决不确定性下的多准则问题。根据这种方法，优先解决方案的选择是使用对比来进行的。AHP基于恒等分解原则，包含综合多个语句、获得优先标准和寻找替代解决方案的程序（Tetiana，H.，Karpenko，L.，Fedoruk，O.，Shevchenko，I.，Drobyazko，S.，2018；Karpenko，L.，Serbov，M.，Kwilinski，A.，Makedon，V.，Drobyazko，S.，2018）。

第五节是讨论。该国的能源独立性需要进行定量评估，以确保在政府活动领域采取监管行动。为了做到这一点，有必要强调最重要的绝对和相对指标，这些指标评估国家的能源独立性，在属性空间形成阶段，对现象本质的先验定性分析起着至关重要的作用。在形成信息空间时，重要的是要确保指标对所考虑现象的单向影响，因此所有因素分为两组：旨在提高能源独立性的激励措施和抑制能源独立性的激励措施，使用逻辑分析，选择表征能源独立性的指标。

主要的节能和能效措施如下。

——工业：对消耗量大的工业企业实施能源需求监管制度；建立企业和行业层面的行业能耗和能效监测体系，评估和报告；将能源效率指标纳入设备、材料和结构、运输方式的国家标准；燃料和耗能、节能和诊断设备、材料、结构、车辆以及能源资源的认证；按照降低物质生产能源强度的要求，带来规范性文件。

——对人口：对住宅建筑进行能源审计，100%安装用于识别住房问题的会计设施，制定能效措施计划，确定成本和回收期；最大限度地减少热损失（更换窗户、墙壁和天花板的隔热）；严格遵守现有的能源效率规则和条例；加热系统的现代化和在供热点和多公寓建筑的电池中安装自动恒温器；安装节能设备及其合理使用。

在州一级，能源效率领域的政策优先事项应该是，对项目决策的能源效率进行国家专家评估；建立一个金融和经济机制系统，以确保生产者和用户在有效利用能源资源方面的经济利益；继续开展节能宣传活动，借鉴国内外先进经验。实施拟议措施的重要因素是改进能源效率、可再生能源和燃料方面的立法。能源部门的国家文件规定了节能、能效，并确立了公共当局的各自权限，赋予它们必要的权力。节能领域的立法和规范性文件直接涉及减少能源使用、实施节能措施的实际机会和融资机制等问题。能源生产的发展对该州的经济和人民的生活水平具有决定性的影响。在文明国家，福利的最重要组成部分之一是为公民和公司提供必要的能源，实现这一目标的关键是生产可靠、经济可行且环境安全的能源产品，满足人口和经济的需求。在现代世界中，化石能源的获取和可用性、供应的连续性及其使用效率在很大程度上决定了任何国家的可持续性和发展速度。

第六节是结论。当前形势把节约能源问题与国家经济安全的重点问题联系起来，各级经济机制落实节能措施是首要任务。在市场关系运作的条件下制定国家发展计划和战略涉及对主要指标的科学基础预测，这对国家能源独立至关重要。因此，建议对表征节能和能效的主要指标的动态进行分析，基于节能和能效统计模型的构建和计算，人们必须评估可能的发展情景。

因此，经济、社会基础设施的技术和结构重组，建立能源效率国家政策的经济、管理和法律机制仍然是提高能源效率和发挥能源潜力的战略方向。同时，在完善能源资源有效利用监管框架前，应采取其他措施，扩大立法的激励和激励潜力，特别是实施节能技术和设备，刺激国内生物乙醇和生物柴油市场的发展，鼓励企业使用可再生能源，完善能源效率领域的国家调控机制。

通过实施这些能效发展方向，定性和定量指标将显着提高，从而带动国家经济指标的增长，从而实现国家可接受的能源独立水平。至此，国家能源独立监管的统计规定基本概念已经确定。它涵盖了一组统计信息来源、能源综合指标系统、统计研究方法，使用这些方法可以对能源独立性进行系统分析，评估其有效性，在未来进行建模和预测，并制定管理决策，旨在在未来实现可接受的能源独立水平。制定应对能源部门负面过程的措施需要适当的统计工具来规范能源独立，这将使该国达到一定程度的能源独立，并将其提升到一个新的发展水平。统计支持是基于统计方法论作为统计研究的一套原则和方法，在此基础上形成指标体系、规则的论证、分析现象的途径和方法，以及预测模型的发展。

在分析能源独立研究的不同途径的基础上，概括了能源独立的概念，以及能源独立在保障国家安全中的作用。能源独立作为能源安全的组成部分之一，是国家安全体系中的关键一环，需要综合的理论和方法论来评估其水平，同时考虑与其他能源指标和经济安全指标的相互依存和相互作用。

作为能源安全组成部分的国家能源独立性是一个复杂的社会经济类别，其特点是具有复杂的统计指标能够通过密集的经济发展措施抵御外部和内部挑战而不损害社会和整个国家生产的能源政策。能源独立性的综合统计指标包括化石能源使用效率、吸引投资量、物流状况、对其他国家的进口依赖、化石能源生产和消费量等。

确定能源独立评价的主要指标：人均 GDP，能源材料生产，化石能源进出口，对"电力、燃气、蒸汽和空调供应"经济活动类型的固定资本投资，按经济活动类型"电力、燃气、蒸汽和空调供应"销售的工业产品数量，该国的化石能源消费总量，生产的能源强度，化石能源进口占 GDP 的水平，化石能源消费结构中天然气比重，按经济活动"电力、燃气、蒸汽和空调供应"类型划分的固定资本资产耗损程度。

因此，该研究允许对能源独立类别进行全面分析，并确定该国能源综合体进一步发展的弱点和潜力。该分析为制定提高能源独立性的实用建议提供了机会，这些建议的实施可能会使该国的能源综合体达到一个全新的发展水平。

12　能源管理与能源转型政策[*]

一　导语

能源管理和能源转型政策是能源经济研究领域的热点话题之一。中国能源结构较为单一，就传统化石能源而言，呈现"缺气少油"的特征，石油和天然气严重依赖进口，虽然煤炭储量和产量居于世界前列，但煤炭自身生产仍无法满足日益增长的消费需求。中国能源消费结构中，煤炭仍占较大比重，而油气资源的匮乏形成对中国能源转型的巨大制约。

能源转型伴随着中国经济社会高质量发展和全球"碳中和"共识日益成为各国所面临的重要议题，对中国而言，既是机遇又是挑战。机遇在于能源转型的迫切倒逼能源行业颠覆式发展，产业政策发生重要变化，中国迎来在新兴产业中积累竞争优势，触发增长新引擎的重要契机；挑战在于传统行业在能源转型中受到冲击，尤其是能源行业自身的转型和包括产业政策在内的能源转型相关政策的制定和调整面临巨大压

---

[*] 本部分所选的文献有两篇，分别是①Mardani A，Zavadskas E. K.，Khalifah Z.，et al.，"A Review of Multi-criteria Decision-making Applications to Solve Energy Management Problems: Two Decades from 1995 to 2015"，*Renewable & Sustainable Energy Reviews*，No. 71，2017。②Johnstone P.，Kivimaa P.，"Multiple Dimensions of Disruption, Energy Transitions and Industrial Policy"，*Energy Research & Social Science*，2017。关联文献三篇，分别是，①Zavadskas E. K.，Turskis Z.，"Multiple Criteria Decision Making (MCDM) Methods in Economics: An Overview"，*Technological & Economic Development of Economy*，Vol. 17，No. 2，2011。②Rudberg M.，Waldemarsson M.，Lidestam H.，"Strategic Perspectives on Energy Management: A Case Study in the Process Industry"，*Applied Energy*，No. 104，2013。③Mourmouris J. C.，Potolias C.，"A Multi-criteria Methodology for Energy Planning and Developing Renewable Energy Sources at a Regional Level: A Case Study Thassos, Greece"，*Energy Policy*，Vol. 52，No. 1，2013。

力。因此，能源管理决策方法、能源转型发展和产业政策调整、区域能源规划等方面的国际前沿研究成为备受关注的重要内容。针对能源管理与能源转型政策相关话题，了解和追踪国外前沿文献是深入研究该领域的重要方式，也是启发国内研究者对该领域研究路径和方法的重要途径之一。因此，一共选取两篇国外前沿文献进行解析和导读，并涵盖三篇关联文献，以求对该领域一些研究框架和研究方法进行概览。

第一篇文献是关于能源管理的多准则决策方法应用的综述性文献，是关于能源管理新方法和应用范围的综述性研究。该文献主要针对近年来发展并广泛应用的多准则决策方法（MCDM）在环境影响评估、废物管理、可持续性评估、可再生能源、能源可持续性、土地管理、绿色管理、水资源管理、气候变化、战略环境评估、建筑和环境管理等能源管理领域的主要文献进行梳理汇总，可以让读者对该方法在相关领域的应用方向以及经典研究文献"一览全貌"。数十年来，与体制、政治、技术、生态、社会和经济发展有关的能源管理问题一直是世界各国和地方政府都极为关注的问题。因此，解决此类问题是全球优先事项。该文献的主要目的是就能源管理问题的决策方法的应用和使用进行回顾，从1995年至2015年的72篇与能源管理相关的重要期刊中选择并审阅了196篇论文，通过十余个统计表进行不同维度的汇总和分析，能够让读者迅速锁定自己所关心的领域该方法应用的经典文献，也能像工具书一样供该领域研究者"随时查阅"。该文献通过代表整合能源管理领域多准则决策方法应用文献做出贡献，作者认为，在不断变化的能源管理系统条件的影响下找到最可行的MCDM方法的应用，相关系统组件中存在的不确定性可能会加剧生成所需能源管理决策的这些复杂性。几十年来，伴随着经济和社会的快速发展，能源管理问题对世界各地的地方和国家政府都非常重要，认可具有良好社会经济和环境效率的决策计划对于促进能源管理的有效实践是必要的。尽管如此，能源管理系统通常与各种不确定性和复杂性相关联，这些不确定性和复杂性不仅由于不同子系统之间的动态和相互作用而被进一步放大，而且还与违反不同主要政策时的经济处罚有关。

为了更好地理解和应用由传统运筹学发展起来的多准则决策方法，在该经典文献下，简要介绍了三篇该文献汇总中提到的经典文献，以便加强对该方法应用框架和应用案例的理解。分别是《经济学中的多标准决策（MCDM）方法：概述》《能源管理的战略视角：流程工业案例研究》《在区域层面进行能源规划和开发可再生能源的多标准方法：案例研究希腊萨索斯》，从具体应用角度介绍相关方法在具体研究中的应用案例，以使该研究框架得到更进一步的理解。关联文献一介绍了经济学中决策方法的全貌，总结了过去五年中最重要的结果和应用，根据多准则决策方法的最新发展来考虑决策，简要介绍了不同方法、开创性研究和著作的作者，对该文献重点介绍其前沿关于运筹学思想在经济学问题中的应用框架部分。关联文献二探讨将能源管理纳入能源密集型流程工业战略议程的分析框架，显示多准则决策方法在能源管理中的应用，并通过案例研究显示流程工业部门中典型公司能源管理的战略重要性，对该文献重点介绍其能源管理实践案例的分析框架。关联文献三多标准决策分析在可再生能源使用的能源规划中应用，通过构建一个多层次的决策结构，利用多个标准在区域一级进行能源规划和可再生能源的开发，对该文献重点介绍决策的展开思路和框架。由于第一篇文献是综述性的总览文献，介绍了MCDM方法在不同研究领域的应用，三篇关联文献则是从该分析方法在总体经济学研究、能源管理和区域层面可再生能源规划等方面应用的拓展介绍，对于理解该方法在能源管理和能源转型政策方面的应用具有实践意义。

第二篇文献《颠覆、能源转型和产业政策的多个维度》，涉及能源转型发展和产业政策调整问题。该文献批判性地探讨了与能源部门可持续性转型相关的"颠覆"，认识到与该术语相关的严重歧义，作者试图回答这个问题："颠覆"有什么用处来理解和促进向低碳能源未来的转变。首先，概述了"系统颠覆"的不同理解和维度，与制度和政策变化的不同联系。这种多样性表明需要更详细地研究不同低碳创新对整个社会技术系统的颠覆性后果的特殊影响。首先，颠覆可以用作一种有用的概念工具，用于更详细地询问能源系统在特定环境中的变化方式。其次，反思"绿色产业政策"与颠覆之间的关系。通过国际比较分析，研讨了德国、丹麦和英国在能源系统变化方面的差异化政策，认为技术变革与制度变革之间存在相互作用。在某些情况下，绿色产业政策促进了"能源颠覆"，而在颠覆方面即将发生的深刻变化似乎也是绿色产业政策的推动力，新的产业政策可以成为管理和促进颠覆性变革的负面后果（例如失业）的重要方式。作者认为，虽然在某些部门，颠覆可能主要是公司层面企业之间竞争的结果，但在能源颠覆方面，制度变革（例如通过绿色产业政策）在促进社会发展和环境可持续的能源颠覆方面发挥着关键作用。迄今为止，这种联系尚未得到充分探索。然而，重要的是，同时关注颠覆和产业政策，强调在能源转型中应同时寻求环境可持续性和社会可持续性。虽然在这种转型中，有些人将不可避免地成为赢家，而另一些人将成为输家，但可持续能源转型应考虑可持续的就业重定向——指出绿色产业政策作为支持性制度变革的重要性。

总的来说，西方国家的能源系统范围广泛，从最近对能源密集型工业通常保护能源价格和可用性的传统产业政策产生重大影响的系统，到已经（隐式或明确）接受绿色产业政策的系统，这些政策对减少国内能源生产对化石燃料的依赖，并在可持续能源方面创造新的出口产业。在后者中，长期愿景以及公民和社区参与的文化发挥了重要作用；在最好的情况下，国家在雇员再培训和多样化方面发挥了协调作用。关于后者，该文献强调了将颠覆导向更环境可持续性和更社会可持续方向的机会。因此，就就业和经济前景而言，新的产业政策可以成为在一定程度上管理和促进颠覆性变化的负面影响的重要方式。未来的研究可以进一步探索新兴的绿色产业政策与能源颠覆之间的关系。

上述两篇文献从不同维度，对围绕能源管理与能源转型政策领域的热点方法、理论和实践问题，进行了卓有成效的梳理和研究。对于能源管理方面，近年来随着运筹学的发展，能源管理和运筹学的交叉研究成为能源风险管理和能源转型研究的新方向之一。通过多准则决策等方法的应用，能源管理将在完善的逻辑和决策框架内运行，对于分析能源风险管理存在的问题和漏洞以及解决这些问题和弥补漏洞，具有重要的参考作用。对于能源转型和产业政策的研讨方面，能源颠覆的含义，以及能源转型和产业政策如何发展和匹配，这些问题得到讨论和解决，对于更好地理解在绿色产业政策下能源系统的变化具有启发作用。上述两篇文献从能源风险管理和能源转型领域若干个重要层面和维度，对该领域的新方法、新问题、新视角进行了充分展现，尤其是交叉学科方法的运用，对推进该领域的研究具有重要的启发作用。

◈ 专题三：能源经济与绿色经济

二　精选文献导读

论文一：《解决能源管理问题的多准则决策应用综述：1995 年至 2015 年的两个十年》

Mardani A., Zavadskas E. K., Khalifah Z., et al., "A Review of Multi-criteria Decision-making Applications to Solve Energy Management Problems: Two Decades from 1995 to 2015", *Renewable & Sustainable Energy Reviews*, No. 71, 2017.

能源管理决策通常是复杂的程序，包含多种知识库，如社会、物理、技术、政治和经济。对于人类健康评估、伴随环境压力源的生态问题相关风险，以及某些策略对风险降低的影响，能源管理决策者通常会使用多种计算模型、实验测试和工具。基于以下三个不同的原因，使用这些计算模型、实验测试和工具很困难。首先，许多风险正在涌现（例如，气候变化、生命周期评估、生命周期成本分析、环境风险认知和人类健康风险评估），管理这些风险的信息不足，因此，决策需要相当不确定性的程度。其次，在存在多个传统压力源和与同一衡量标准（例如风险）相关的情况下，存在多种证据；然而，这一证据可能指向多种管理选择。最后，虽然为那些对特定行动方案感兴趣的利益相关者应用这些工具可以获得更多获取所有可用信息的机会，由于数据的不确定性，他们可以证明相互矛盾的行动方案。因此，需要整合异构和不确定的信息专家判断和组织技术信息的系统框架。多标准决策（MCDM）提供了一种系统的方法，帮助决策者将这些输入与成本信息和利益相关者的观点相结合，以便对项目的所有备选方案进行排名。多标准决策阐明并量化了利益相关者和决策者对不同非财务要素的考虑，以便对不同的行动方案进行比较。在 MCDM 的伞形框架结构下，有许多方法，每一种方法都涉及各种协议来引出输入、表示它们的结构、组合它们的算法，以及在实际决策或建议中解释和使用正式结果的过程。

近年来，关于能源管理的文献正在稳步增长，涵盖了各种解释和实施方法。在决策时，决策者试图选择最佳解决方案。实际上，可以从所考虑的单一标准中获得真正的最佳解决方案。在大多数实际决策程序中，仅根据一个标准做出决策是不够的；相反，必须考虑一些不一致和不可衡量的目标。因此，无法找到对所有符合每个考虑标准的决策来说都是真正最佳解决方案。MCDM 适用于标准相互矛盾的情况，以帮助个人根据自己的喜好做出决定。MCDM 与复杂的困难有关，而不是将困难分解为较小的部分。在做出决定并考虑了较轻微的机制问题后，问题部分被重构以代表关于决策的包容性观点。

决策者应用 MCDM 方法和技术来组织和综合收集到的信息，以便他们对自己的决定感到自信和自在。使用 MCDM 方法和技术，决策者必须正确考虑所有重要标准，这有助于减少决策后的后悔。MCDM 方法和技术可用于确定有关问题的重要原则，并避免从例行程序中得出重要结论。最近的相关研究提供了大量的 MCDM 方法和实践。这些方法和技术在许多方面都不同，包括所审查的调查类型、理论背景和结果类型。MCDM 方法适用于能源系统，因为能源系统是受制于较长的时间框架、不确定性来源和资本密集型投资，并且具有众多决策管理者和几个相互矛盾的标准。对于选择 MCDM 方法和技术，应考虑几个标准，关键是找到一种方法来衡量应该衡量的内容（有效性），不同的方法可能导致不同的结果。因此，必须选择以最佳方式反映用户"真实价值"的方法。此外，该方法必须为决策管理者提供所有必要的信息，方法和可用信息（适用性）之间也应该有兼容性。此外，该方法应该很容易理解，当决策管理者无法理解方法论如何在内部运作时，他们会看到类似于黑匣子的方法论，这可能会导致决策管理者不信任 MCDM 方法和技术给出的建议。之前的一些论文回顾了 MCDM 技术在服务质量、交通、经济、TOPSIS、可再生和可持续能源、模糊 MCDM、经典 MCDM 等多个领域的作用、质量管理、VIKOR、旅游和酒店业、节能、可持续供应链管理。这篇评论旨在提供对多标准决策应用程序的评论，以解决能源管理问题。以前的研究很少回顾能源管理问题中的多标准决策应用。

该文献分为六节内容展开。第一节为引言，第二节概述了能源管理和 MCDM 以及模糊 MCDM（FMCDM）的文献，第三节解释了本文的方法和过程，第四节根据研究目的介绍了本文的结果和发现，第五节是发现和结果的讨论，第六节提供了一些总结性评论、本研究的局限性以及对未来研究的建议。

第二节主要进行了相关文献的回顾。该部分主要围绕三个方面展开。一是能源管理问题逐渐引起规划者和决策者的重视。几十年来，与社会和经济快速发展相关的能源管理问题一直是世界各国政府和地方政府极为关注的问题，越来越多的能源问题会对公共卫生和可持续区域发展产生各种影响和责任；此外，能源问题会影响经济增长。随着区域发展的推进和公众对能源问题意识需求的提高，规划者和决策者面临越来越大的压力，他们被要求对一些能源问题做出更强有力的反应。二是在许多能源管理问题中，诸多文献开始考虑多重标准和目标，从而导致了多个标准和目标决策方法的发展。三是长期以来，决策管理一直对使用多标准决策（MCDM）的能源系统以及这些方法如何解决有关能源管理的复杂问题感兴趣。多标准决策有助于阐明问题的内在特征，支持参与者在决策过程中的角色，帮助理解分析师和模型在实际场景中的看法，促进妥协和集体决策，并通过使决策更加合理、明确和高效来提高决策质量，使用这些方法可以促进谈判、量化和沟通等因素。围绕这三方面该文展开了对于相关文献的梳理。

第三节研究方法论。该文由于是一篇综述类文献，采用 Moher 和 Liberati 提供的系统评论和元分析优先报告项目（PRISMA）的方法。PRISMA 包括系统评价和荟萃分析两个主要部分。系统评论提供了关于研究主题的书面和发现内容的客观总结，旨在全面概述迄今为止在特定领域进行的研究。荟萃分析提出一种方法，可以使用来自以前不同文章的不同统计方法对结果进行数学整合。在这篇综述研究中，为了实施 PRISMA 方法，进行三个主要步骤，包括文献检索、选择符合条件的已发表论文、数据提取和总结。文献检索方面。通过 Web of Science 数据库检索，以展示 MCDM 技术在解决能源管理问题方面的综合应用。文献检索基于各种关键词完成，例如：能源管理、环境管理、MCDM + 能源管理、MCDM + 水资源管理、MCDM + 可再生和可持续能源、MCDM + 经济能源、MCDM + 生态效率等，此外，能源绩效 + MCDM 和清洁能源、MCDM + 可持续性评估、MCDM + 绿色管理、废物管理、MCDM + 土地管理以及不同的 MCDM 方法，所收集的文献是从 1995 年到 2015

年。根据本文的策略搜索，提取了265篇学术论文，下一步识别和筛选与MCDM和能源管理领域相关的文章（$n=237$），然后踢出具有冗余信息的重复论文后留下225篇论文，再根据标题和摘要筛选论文，删除不相关的论文，共保留197篇可能相关的论文。在文献标准方面，为了符合资格，该文独立审阅了从上一步中提取的每篇稿件的全文，在最后一步，仔细确定了相关文章以达成共识，选择了使用MCDM技术解决能源管理问题的文章，用于评估能源管理问题。最后，从1995年至2015年间的72份国际学术期刊和会议中筛选出196篇与MCDM技术和能源管理问题相关的文章，这些文章符合所设定的纳入标准。

第四节结果和发现。文中有16个表，内容分别是，表1列出MCDM和模糊MCDM方法在能源管理领域的使用频率。基于此表中提供的结果和发现，之前发表的196篇论文应用了模糊MCDM和方法。该表说明混合MCDM和模糊MCDM方法（27.92%）比其他方法使用得更多。此外，层次分析法和模糊层次分析法（24.87%）位居第二。ELECRE、模糊ELECRE、MCDA和MCA方法有25篇论文，排名第三和第四（12.69%）。此外，TOPSIS、Fuzzy TOPSIS、PROMETHEE和Fuzzy PROMETHEE以10篇论文（5.08%）排名第五和第六。表2显示了基于不同应用领域的所选论文的分布在所有选定的论文中，各种方法已被应用于解决与能源管理相关的问题以及确定和排名最佳替代方案的众多应用中。这篇评论论文将所有选定的论文分类为不同的应用领域，例如：环境影响评估、能源管理、废物管理、可持续性评估、可再生能源、能源可持续性、土地管理、绿色管理主题、水资源管理、气候变化、战略环境评估、建设和环境管理等能源管理领域。表3显示了基于作者、作者国籍、地区、技术和应用、标准数量、研究目的、差距和贡献、解决方案和建模、结果和发现的决策方法的有价值分布结果。表4显示决策方法分布结果。表5的结果发现16篇论文在废物管理领域采用了模糊MCDM和MCDM方法，可以看出，应用最多的技术是层次分析法和模糊层次分析法与其他工具的混合，以及TOPSIS和模糊TOPSIS与其他技术的结合。表6的结果表明，18篇论文在可持续性评估领域采用了模糊MCDM和MCDM方法，层次分析法和模糊层次分析法与其他工具混合使用最多。表7显示，常用的技术是层次分析法和模糊层次分析法与其他工具的混合，其次是 PROMETHEE 和 TOPSIS。表 8 显示 9 篇论文在能源可持续性领域采用了模糊 MCDM 和 MCDM 方法，层次分析法和模糊层次分析法与其他工具相结合，PROMETHEE 和 MULTIMO-ORA 是该研究领域中最常用的技术。表 9 说明了 8 篇论文在土地管理领域采用了模糊 MCDM 和 MCDM 方法，最流行的技术是层次分析法和模糊层次分析法与其他工具的混合。表 10 显示在基于绿色管理主题的研究领域 13 篇论文采用了模糊 MCDM 和 MCDM 方法。表 11 显示水资源管理的研究领域 10 篇论文使用了模糊 MCDM 和 MCDM 方法。表 12 显示有 10 篇论文在气候变化领域采用了模糊 MCDM 和 MCDM 方法。表 13 显示在战略环境评估领域 7 篇论文在战略环境评估领域采用了 MCDM 和模糊 MCDM 方法。表 14 显示 21 篇论文在建设和环境管理领域采用了模糊 MCDM 和 MCDM 方法。表 15 显示了基于作者、技术和应用、出版年份、论文摘要和标准的 MCDM 方法的重要分布结果。表 16 显示了文中使用的期刊分布，总共有 72 种与能源管理和 MCDM 方法相关的期刊数据库被收录在"Web of Science"中。在这一部分，该研究不仅仅是简单地进行相关文献的梳理，而是分门别类地进行伞形展开，文献列表列示了每一篇文献所采用的技术和应用、研究目的、贡献、方法模型和主要结果，清晰地显示了该领域不同文献的特点和应用领域。

  第五节结果的讨论。本研究通过代表整合能源管理领域和决策以及 MCDM 方法程序的可能性为文献做出贡献。在不断变化的能源管理系统条件的影响下找到最可行的 MCDM 方法的潜力是有希望的。相关系统组件中存在的不确定性可能会加剧生成所需能源管理决策的这些复杂性。几十年来，伴随着经济和社会的快速发展，能源管理问题对世界各地的地方和国家政府都非常重要。认可具有良好社会经济和环境效率的决策计划对于促进能源管理的有效实践是必要的。尽管如此，能源管理系统通常与各种不确定性和复杂性相关联，这些不确定性和复杂性不仅由于不同子系统之间的动态和相互作用而被进一步放大，而且还与违反不同首要政策时的经济处罚有关。因此，需要开发能够解决上述复杂性的稳健且高效的系统分析方法。发现这些方法在能源管理领域最为重要，其次是环境等 13 个子领域：影响评估、能源管理、废物管理、可持续性评估、可再生能源、能源可持续性、土地管理、绿色管理主题、水资源管理、气候变化、战略环境评估、建设和环境管理等环境领域。

第六部分结束语。这篇综述论文旨在回顾以往在能源管理各个领域应用 MCDM 方法的研究，并于 1995 年至 2015 年发表在 72 种与能源管理领域最相关的国际学术期刊上，这些期刊被 Web of Science 数据库收录。该综述旨在将发表的论文分为 13 个主要领域：环境影响评估、能源管理、废物管理、可持续性评估、可再生能源、能源可持续性、土地管理、绿色管理主题、水资源管理、气候变化、战略环境评估、建设和环境管理等能源管理领域。在环境影响评估领域，结果表明 31 篇论文使用了 MCDM 方法。此外，在能源管理领域，研究结果表明 21 项研究采用了 MCDM 技术。此外，在建筑和环境管理领域，有 21 篇论文实施了 MCDM 方法。该文最后作者承认文章仍存在一些局限性，但该文可以为未来的评论论文提供一些建议。本次评审论文将入选论文分为 13 个能源管理领域，建议以后的论文可以对不同领域和子领域的论文进行评审和分类。此外，本文只关注英语学术期刊而不是其他语言；不过，未来的评论论文可以考虑并关注其他语言；作者认为该文非常全面，并尝试统计和汇总能源管理各个领域的大多数已发表论文。本论文通过关注以下几个功能对选定的论文进行了审查和分类：作者、出版年份、作者国籍、地区、技术和应用、标准数量、研究目的、差距和贡献、解决方案和建模、结果和发现，通过关注不同的功能推荐未来的论文。该评论论文提供了一些机会来发现研究中的差距，可以为进一步的研究方向解决这些差距。

关联论文一：《经济学中的多标准决策（MCDM）方法：概述》

Zavadskas E. K., Turskis Z., "Multiple Criteria Decision Making (MCDM) Methods in Economics: An Overview", *Technological & Economic Development of Economy*, Vol. 17, No. 2, 2011.

近五年来，经济学方面的主要研究活动显著增加。主要研究领域为运筹学和可持续发展。经济学决策的哲学是评估和选择最优选的解决方案，实施并获得最大的利润。在过去十年中出现了许多支持多标准条件下决策的有效决策方法，本文展示了经济学中决策方法的全景，并总结了过去五年中最重要的成果和应用，根据多标准决策方法的最新发展来考虑决策，如图 1 所示。

专题三：能源经济与绿色经济

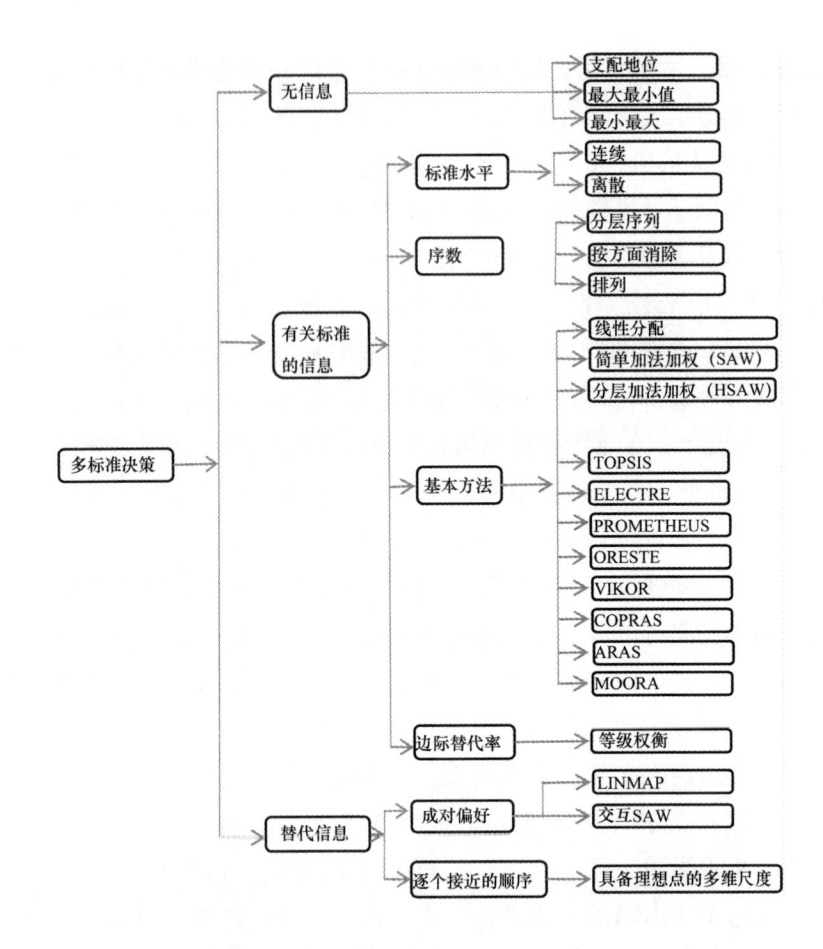

图 1　多标准决策方法分组（采用自 Hwang 和 Yoon，1981）

当前的经济模型是在 19 世纪后期从更广泛的政治经济学领域发展而来的，因为希望使用更类似于物理科学的经验方法（Clark，1998）。理性是决策的核心原则，其中理性代理被明确定义为始终选择最大化其预期性能的行为代理（Johnson-Laird 和 Byrne，1991）。理性选择理论，也称为选择理论或理性行动理论（Arrow，1989），是一个用于理解和通常对社会和经济行为进行正式建模的框架。理性选择理论的基本思想是，社会中的行为模式通过比较不同行动过程的成本和收益来反映个人在行动时所做的选择。它是目前占主导地位的微观经济学流派的主要理论范式。

在理性选择理论中，个人被视为由表达其"偏好"的需求或目标所驱动。决策者在特定的、给定的限制条件下并根据他们所掌握的有关他们行动条件的信息采取行动。Durkheim 在 1893 年（Durkheim, 1984）认为所有理性的经济行为都发生在规范的制度框架内，这些规范本身不能被解释为单独的理性行为的结果。因此，团体和组织、商业企业和其他人都可以作为集体行动者，其个人意图被聚合并制定了商定的政策（Hindess, 1988）。如果个人或组织为追求目标而做出最佳决策，则他们被称为理性。

有证据表明，与现实生活问题相关的无数人类决策情况具有许多可取的属性。这些属性在文献中通常称为标准或绩效衡量标准。所有感兴趣的各方都会考虑不同的接触点，并允许他们根据重要性、改进需求和总体标准选择对可行的替代方案进行排名。需要重新设计不同的接触点，以根据相关方定义为重要的标准来进行体验。

运筹学（OR）是将科学方法应用于管理有组织的系统，例如工业生产系统、政府和社会项目以及国防系统多年来的研究工作一直致力于开发可以描述决策者行为的各种数学模型。这些模型应用于运筹学。运筹学研究人员使用的一些工具是统计、优化、概率论、排队论、博弈论、图论、决策分析、数学建模和模拟。

常规运筹学的主要阶段如下。

第一，创建适合问题解决方案的模型。

第二，选择最优标准。

第三，选择更好的解决方案。

发展经济学、不断变化的环境、决策的可持续性是新 OR 技术快速发展的原因，其中许多技术被用于解决经济学中的问题。但实际上，经济问题的建模基于不同类型的逻辑，考虑到以下元素（即多标准范式（Roy 1988））。

第一，存在多个标准。

第二，标准之间的冲突情况。

第三，评估过程的复杂、主观和结构不良的性质。

第四，在评估过程中引入财务决策者。

运筹学的主要局限在于它经常忽略生产过程中的人为因素。这门科学是技术驱动的，没有考虑员工的情绪因素和旷工。

本文梳理了多标准决策方法发展和基本框架。Carlsson 和 Fullér（1996）指出，MCDM 有四个截然不同的族类方法。

第一，胜出。

第二，基于价值和效用理论。

第三，多目标规划。

第四，基于群体决策和谈判理论的方法。

模糊 MCDM 基本上是沿着相同的路线。

MCDM 是 OR 的一个先进领域，它为决策者和分析师提供了广泛的方法，对其进行概述，并非常适合于经济决策问题的复杂性（Hwang 和 Yoon 1981；Zopoundidis 和 Doumpos 2002；Figueira 等 2005）。

在过去十年中，科学家和研究人员开发了一套新的 MCDM 方法（Kaplinski 和 Tupenaite 2011；Kapliński 和 Tamosaitiene 2010；Tamosaitiene 等人 2010）。他们修改了方法并应用于解决实际和科学问题。大多数 MCDM 方法处理离散替代方案，这些替代方案由一组标准描述，标准值可以确定为基数或序数信息。信息可以被准确地确定，也可以是模糊的，按时间间隔确定。现代 MCDM 方法使决策者能够处理上述所有类型的信息，在多准则决策过程中遇到的问题之一是解决决策问题的聚合程序的选择。

关联论文二：《能源管理的战略视角：流程工业案例研究》

Rudberg M., Waldemarsson M., Lidestam H., "Strategic Perspectives on Energy Management: A Case Study in the Process Industry", *Applied Energy*, No. 104, 2013.

能源问题和能源管理在整个社会以及不同规模的公司中越来越受到关注。然而，即使在能源密集型公司，如流程工业，能源管理也很少被战略性地对待。因此，本研究的目的是调查将能源管理列入能源密集型加工工业战略议程的必要先决条件。这是通过文献综述和案例研究的方式完成的，分析基于如何从三个角度处理能源管理：战略视角、能源系统利用视角和替代收入视角。案例研究表明，与其他流程工业公司类似，能源管理的战略重要性在很大程度上被忽视了。该研究还针对每个观点指出必要的先决条件，以突出能源管理对于流程工业部门典型公司的战略重要性。

由于能源供应成本的增加以及环境意识和考虑的增强，能源问题在工业中的重要性迅速升级。后者包括诸如减少温室气体排放的国际任务以及它们各自对气候变化的影响等问题。根据剑桥最近的一份研究报告，为了使工业系统可持续，需要进行重大变革。因此，能源成为一个日益重要的问题。对于本研究重点关注的通常使用相对大量能源的过程工业尤其如此。许多加工工业依赖于外部能源供应，而其他加工工业则较少依赖外部能源供应，因为当主要生产中传入的原材料转化时，能源成为副产品。后一组有机会通过将剩余能源出售给其他公司和周围社区来增加收入。然而，这两个群体都可以从有效和有利可图的能源使用中获益，因此应该将能源视为一个重要的战略问题。除此之外，能源价格的上涨和波动也会影响过程工业的运营。此外，在高电价时期，流程工业部门的公司被迫减少甚至停止生产，这就是有效能源管理的战略层面的例证。

尽管预计在不久的将来，能源效率将成为重要的竞争因素，但即使在能源密集型行业，能源管理也很少被优先考虑。在能源密集型工业中，能源成本相对于增加值可能介于 5%—15%，而对于能源密集型流程工业而言，它可能远远超过 20%。换句话说，许多加工行业的能源成本与工程行业的直接劳动力成本相似。对于能源供应成本如此高昂的过程工业，必须从战略上对待能源管理，建立能源管理体系，并确保能源系统得到合理利用。此外，流程工业有可能从副产品中提取剩余能源，从而提供向周围社区出售电力、供暖等的可能性，当然应该将这个问题纳入最高管理层在公司的水平。因此，有许多领域需要改进，有效的能源管理应该在能源密集型流程工业中发挥核心作用。

该文献中的研究是探索性的，其总体目的是调查将能源管理列入能源密集型加工工业战略议程的必要先决条件。典型的能源密集型流程工业公司基于以下三个研究问题。

RQ1：在建立公司能源系统的战略视角时需要考虑哪些重要问题？

RQ2：要获得对公司能源系统利用的战略关注，需要考虑哪些重要问题？

RQ3：在调查从公司能源系统中寻找替代收入的可能性时，需要考虑哪些重要问题？

该研究的总体目的是将能源管理列入能源密集型公司战略议程的必要先决条件，文献综述和案例研究的结果表明如今这种情况很少发生。因此，未来要改变这些公司处理能源管理和相关问题的方式，将面临许

◇❖ 专题三：能源经济与绿色经济

多挑战。针对大型能源企业而言，针对能源管理实践提出使能源"更具战略性"的先决条件列表，见表1中的右栏。

表1 案例公司当前的能源管理实践，以及三个研究问题的答案

需要考虑/回答研究的问题	RQs 案例公司当前的能源管理实践	
在建立公司能源系统的战略视角时需要考虑哪些重要问题？	组织整合能力差 ·公司不同站点间无能源合作 ·分散的能源管理 ·没有人有"主要能源责任" ·改进的好主意经常被遗忘 将能源视为总成本的一小部分 ·能源不被视为业务的"核心"，不允许进行大量能源投资 ·资金竞争激烈，能源投资回报时间长 ·投资风险似乎太高（部分原因是缺乏政治连续性） PFE 计划提高了公司的能源意识 ·将能源管理提上战略议程 ·引发能源管理系统的开发和实施 ·导致能源成本减少5倍于该计划的实际税收减免	政府项目 ·自愿和/或立法计划强调了实施能源管理系统的重要性 ·覆盖激励促使公司从能源开始 储蓄举措 能源问题的政治连续性 ·降低企业节能投资风险，将能源视为企业的"核心" ·意识到即使能源不是"核心业务"，它也可以成为业务的"核心" ·能源成本构成增加值/总成本的主要部分 建立（公司）能源经理 ·对企业能源管理负主要责任的能源经理证明了能源战略维度的合理性 ·整合能源规划和节能的可能性，全公司范围内的举措增加
公司能源系统的使用需要考虑哪些重要问题？	糟糕的能源规划 ·没有正式的规划过程，包括能源 利用问题 ·分散的能源规划导致短期的、次优的解决方案 PFE 以能源效率和有效性触发工作 ·公司正在绘制能源损失图 ·对热泵、新蒸发器和蒸汽压缩机进行了几项较小的投资 该站点在选择能源载体方面提供了一定的灵活性 ·石油价格昂贵，但在锅炉中提供了灵活性（易于使用） ·使用生物燃料更便宜，但更复杂，降低了灵活性	集中能源规划 ·集中能源规划可以避免次优 ·提供共同努力节能举措的责任 意识到通过更好地利用能源系统降低成本的潜力 ·意识到节能潜力可以让管理层专注于更好的能源管理投资 ·决策时考虑环境影响 关注能源系统效率 ·使用负荷管理方法，分析和消除能源浪费，研究能源载体的选择 ·在能源质量方面进行工艺创新及其替代成本 ·适当利用不同的能量品质，避免不必要的燃料输入

续表

需要考虑/回答研究的问题	RQs 案例公司当前的能源管理实践	
在调查从公司能源系统中寻找替代收入的可能性时，哪些问题需要考虑或获得战略关注？	增加区域供暖的可能性有限 ·周边社区人口为5mall ·到达其他社区所需的投资很高 未使用的能量，就其质量而言，在蒸汽流中非常大，尤其是其返回 ·目前没有可能使用这种能源盈余来产生替代收入	站点的位置 ·盈利性产生替代收入的可能性在很大程度上取决于，例如：靠近社区、其他公司等 使用或重新设计生产过程的可能性 ·重新设计可以将剩余的能源转化为替代收入，例如电力或区域供热政府支持 ·诸如绿色证书之类的激励措施可以促进可持续发展，能源与化石燃料的竞争力

关于第一个研究问题，文献综述和案例研究都表明，能源管理和相关问题似乎很少出现在公司议程的首位。先前的研究表明，即使在能源密集型企业中，企业也倾向于忽视能源管理的战略重要性，本研究中的案例研究证实了这一说法。作者认为必须强调政府影响的重要性。作为改变这种情况的触发器，不同的触发因素，例如本案例中的PFE，已被证明是重要的，有时甚至是必要的，不仅对于促进能源管理系统的实施，而且对于将能源列入战略议程具有重要作用。此外，如果公司应该对其能源系统进行战略投资，则能源问题的政治连续性也很重要。除了可以促使公司更多关注能源问题的外部因素外，公司最有可能从关注能源问题的内部因素中获益。在本研究重点关注的能源密集型行业中，企业意识到能源实际上是总成本的主要部分，可以将能源问题纳入其企业管理，以便为（能源）降低成本。实施一个定义能源管理责任的组织结构，以便能源问题由企业层面的能源经理负责，可以是使能源"更具战略性"的第一步。总而言之，认为建立一个公司能源系统的战略观点如下。

·能源问题的政治连续性，从而降低企业节能投资的风险。

·意识到，即使能源不是"核心业务"，它也可以成为业务的"核心"。例如，能源成本构成了附加值的主要部分。

·建立一个能源经理，主要负责企业能源管理和整合能源规划和企业范围内的节能举措的可能性。

◇◆ 专题三：能源经济与绿色经济

转到第二个研究问题，可以通过多种方式提高能源利用率。文献表明有提高能源利用率的手段，但这些手段似乎很少在企业中得到充分实施。企业的第一步是对其能源系统采取全面的视角。集中能源规划可以最大限度地降低能源系统次优的风险，以及在不同地点采取适得其反的举措的风险。在企业层面实施提高能源利用率的手段最有可能比地方举措获得更好的回报。改变能源载体和使用负荷管理方法提供了减少能源总使用量的可能性，而且，在案例研究的公司的情况下，增加了锅炉的可用性。除了更多的蒸发器和蒸汽压缩机之外，额外的工艺创新也可以帮助公司提高能源质量的利用率。因此，为了更好地利用公司的能源系统而需要战略关注的主要问题可以概括如下。

· 集中能源规划和节能举措的责任。

· 实现节能潜力并专注于更好的能源解决方案的投资，同时在决策时考虑环境影响。

· 关注能源系统的效率和有效性，例如：通过使用负载管理方法，分析和消除能源浪费，研究能源载体的选择。

· 在能源质量及其替代成本方面进行工艺创新，例如：适当使用不同的能量品质，以避免不必要的燃料输入。

关于第三个研究问题，从案例公司的能源系统中寻找替代收入的可能性似乎是有限的，尽管这个问题在之前的研究中得到了强调。在这个案例研究中，产生替代收入的可能性似乎受到网络中站点位置的限制。靠近社区为增加以合理成本向市政当局提供区域供热的可能性铺平了道路。该案例还表明，现场的公司集群提供了向周边设施销售区域供热、蒸汽和电力的可能性。在某些情况下，投资重新设计流程和能源系统以便能够从可以在电力市场上出售的流程发电可能是有利可图的。然而，对于本研究中的案例公司，由于制造过程本身和必要的投资，这不被认为是可能的解决方案。然而，能源价格的变化、能源利用率的提高和绿色证书等政府支持可能会在未来实现替代收入的可能性，不仅对于案例公司，而且对于面临类似情况的其他公司。总而言之，寻找替代收入的最普遍先决条件如下。

· 站点的位置会影响盈利性产生替代收入的可能性，例如：靠近社区、其他公司等。

·使用或重新设计生产过程的可能性,以将剩余的能源转化为替代收入,例如:电或区域供热。

·政府支持,例如:绿色证书,以实现对化石燃料的可持续能源竞争力。

关联论文三:《在区域层面进行能源规划和开发可再生能源的多标准方法:案例研究希腊萨索斯》

Mourmouris J. C., Potolias C., "A Multi-criteria Methodology for Energy Planning and Developing Renewable Energy Sources at a Regional Level: A Case Study Thassos, Greece", *Energy Policy*, Vol. 52, No. 1, 2013.

在环境和经济问题的压力下进行合理的能源规划对人类来说是当务之急。该文献提出一个评估框架,以支持促进使用可再生能源的能源规划。采用多标准决策分析,详细说明可再生能源(包括风能、太阳能、生物质能、地热能和小水电)的开发发电和发热。该文献的目的是分析和开发多层次决策结构,利用多个标准进行能源规划和区域级可再生能源的开发。拟议的评估框架侧重于使用多标准方法作为支持关注领域能源规划的工具,基于一系列的评估和定量评估标准。这项研究的最终目的是发现该地区可以生产的每种可再生能源的最佳数量,并为最佳能源组合做出贡献。以希腊萨索斯岛为例进行了分析。结果证明,区域层面的可再生能源开发可以通过结合风电、生物质能和光伏系统的环境友好型能源系统满足日益增长的电力需求。

该文以案例研究法,分析希腊的可再生能源政策框架。

希腊可再生能源政策情况,环境、能源和气候变化部(MEECC)授权的关于加速发展可再生能源以应对气候变化的新法 3851/2010 和其他法规将指令 2009/28/EC 整合到 2020 年,制定以下国家目标:可再生能源在总电力消费中的渗透率为 40%,可再生能源在供暖/制冷总能耗中的份额为 20%,可再生能源在运输部门中的份额为 10%。它还包括有关简化可再生能源单位许可程序和在环境、能源和气候变化部下设立可再生能源机构为可再生能源投资者提供建议的问题(希腊共和国官方期刊，2010年）。除该法外，还发布了关于可再生能源物理规划和分配的部长决定（希腊共和国官方公报，2008年）。

此外，希腊政府可预见的甚至最近采取的政策措施也值得一提。在早些时候与利益相关者和环保组织进行磋商后，并考虑能源监管局（RAE）的提议，希腊政府发布了一项决定，从2012年2月1日，不具有追溯效力。根据新的决定，每兆瓦时的价格将降低12.5%。降价影响从2012年2月起所有签订采购协议的项目，以及未满足连接截止日期（签署协议后18—36个月）的项目购买合同。减税将每六个月实施一次，并将持续到2019年（RAE，2012）。

目标是提出一个多标准过程，该过程考虑到接下来描述的地区的能源状况如下。

- 该地区现在和未来的能源需求。
- 该地区生产的能源数量（化石燃料，可再生能源）。
- 该地区生产能源的可能性（一次能源，数量）。
- 需要为当地可再生能源制定规范的监管方法能源决策。

在使用MCDA方法后，我们可以争论以下问题的答案。

- 是否有可能通过开发可再生能源来满足该地区的能源需求？
- 如果是，确定该地区可开发的充足可再生能源，参考环境和社会经济标准以及国家和地方层面的立法限制和设施评估替代品的适用性。

首先，我们简要概述了信息，包括受时间范围和地理维度问题影响的能源需求、能源生产。实际上，能源需求的主要部分是通过使用化石燃料来满足的。能源生产的一小部分由可再生能源提供，例如太阳能、风能、地热、水力和生物质能。第二步是确定来自与可再生能源（风能、太阳能、小水电、地热能、生物质能）相关的不同转换系统的能量流。每个转换系统因其生产能力、效率以及经济、环境、技术、制度条件的存在，以及区域和地方特征而相互区分。在此步骤中，建议为RES开发选择多标准决策辅助方法。评估标准的选择是最重要的问题之一。必须明确说明所有标准的范围，以避免在解决不同问题之间的价值权衡时出现不一致。提议的方法试图确定和解决所有被认为对有关RES开发的决策过程至关重要的问题。它强调了应构成评估程序的要素和活动，并制定了能源生产议程的一般估计。总结一套考虑的替代方案应该非常适合综合可再生能源评估计划，以及区域层面的能源规划。

该方法为决策者提供了大量信息，以根据初步目标估算研究区域可生产的可再生能源的最大可能数量。该程序旨在提供初始定量元素，以制定区域内最佳可再生能源开发的策略，该策略根据许多约束和因素满足需求和供应。

在任何情况下，目标不仅是确保满足当地需求，而且是检查从 RES 产生最大可能能量的可能性。可以从决策者确定的目标集得出结论性替代方案。关于环境、社会经济和技术限制。

第 1 步：初步步骤是制定一套标准，以消除不适宜的可再生能源开发区域，并确定适宜的可再生能源设施选址区域。更准确地说，该方法涉及定义消除不适当区域的标准。

第 2 步：根据以往的经验确定合适的标准集，以尽可能减少标准数量并避免重叠。

第 3 步：根据区域特征的类型对这些标准进行分组。

第 4 步：定义每组标准和这些组内每个单独标准的权重（Mourmouris，2006）。

MCDA 系统基于一种方法，其主要目标是开发 RES 开发地图。该程序旨在提出一个系统，该系统可用于为所研究区域生成整体 RES 潜力图。这可以被描述为一个区域尺度的决策支持系统。建议的方法有两个主要步骤。

A. 确定能够描述各种与风设施安装相关的约束作为第一个 RES。

B. 将这些标准翻译成地图。

该系统基于地理信息系统（GS）平台，利用其空间计算和可视化功能。基于限制条件和各种特殊保护主题区域的代表竞争性土地利用活动的地图的叠加导致确定适合风能设施安装的区域。因此，案例研究区域的总面积因工业和住宅区以及交通基础设施等竞争性土地使用要求而减少。其余地区的风能潜力以单位面积风力发电机密度（km^2）为基础计算，如可再生能源区域规划和可持续发展特别框架（希腊共和国官方期刊，2010）。

根据该方法，可利用植被类型、生态保持、经济竞争和收获成本估算可用于能源生产的生物量。GIS 用于定义每个候选区域的供应。在未来的研究中，将分析利用空间信息技术在生物能源电力系统中实现更科学规划的程序框架。

在评估了可再生能源开发的理论潜力后，与该地区的可支配面积相关，选择标准来确定可再生能源及其开发程度，并旨在实现可再生能源在能源结构中的最大渗透。选择区域内可再生能源最佳开发标准的过程需要满足以下要求。

· 兼容环境和生态约束。

· 与区域层面的经济、政治、立法和金融形势的兼容性。

· 与当地社会经济条件相适应。

· 与所考虑区域的技术条件和可再生能源设施的技术保持一致。

制定可再生能源开发评价标准表，见表 2。

表 2　　　　　　　　　　　评价标准组

环境标准	经济标准	社会标准	技术标准
投资成本 净现值（NPV） 运维成本 投资回收期 燃料成本 使用寿命	温室气体（GHG）减排 土地利用 视觉冲击 — — —	社会接受度 创造就业机会 社交好处 — — —	效率 安全 可用性 可靠性 — —

论文二：《颠覆、能源转型和产业政策的多个维度》

Johnstone P., Kivimaa P., "Multiple Dimensions of Disruption, Energy Transitions and Industrial Policy", *Energy Research & Social Science*, 2017.

在这篇观点文章中，作者批判性地探讨了与能源部门可持续性转型相关的"颠覆"。作者认识到与该术语相关的重大歧义，试图回答以下问题："颠覆"对理解和促进低碳能源未来的变革有何用处。

"颠覆"的讨论在政策和学术界越来越受到关注。"颠覆性技术"一词最初是在 1995 年被提出（Bower 和 Christensen，1995；Christensen

和 Rosenbloom，1995），在随后的几年中主要用于在商业和组织研究的背景下讨论公司的革新。然而，在一系列行业发生明显的重大变化的推动下，这个词的使用频率变得比以往任何时候都多。这些通常相互关联的发展包括运输自动化、3D 打印、数字化、"零工经济"和"智能"能源。鉴于（能源）政策中越来越多地使用颠覆一词，确定政策参与者如何理解颠覆过程至关重要。本文概述了"系统颠覆"的不同理解和维度，与制度和政策变化的不同联系，强调存在值得对能源研究使用进行进一步实证研究的重要维度。论文分为以下几节。第二节，探讨"颠覆性创新"的起源与批判；第三节，讨论针对能源领域的"颠覆"及其带来的能源附加值的改变；第四节，绿色产业政策在管理低碳转型的系统性颠覆性影响方面的重要作用；第五节，是结论。

第二节是"颠覆性创新"的起源与批判。关于颠覆性创新的讨论要点，该术语的出现是由于现有公司无法"赶上"创新技术发展的浪潮，因为他们继续投资于适合现有客户的产品，而不是预测新市场的出现并对其进行投资（Bower 和 Christensen，1995）。在 20 世纪 90 年代，现有公司未能充分响应以保持其大量竞争优势的特定技术进步，包括沃尔玛的崛起等。Christensen（1997）概述的两个关键区别是"持续性"和"颠覆性"技术："一些持续性技术在特性上可能是不连续的或激进的，而另一些则是渐进式的。"此外，颠覆性技术被定义为"为市场带来与以前截然不同的价值主张的技术"。Christensen 和 Raynor 将该理论更新为"颠覆性创新"，因为他们认识到商业模式的根本变化也可能在没有任何根本性技术变革的情况下造成颠覆。在构成"技术"颠覆与"商业模式"颠覆之间缺乏"经验清晰度"，使得准确评估和预测颠覆变得复杂（Markides，2006）。"颠覆性创新"或"颠覆性"一词所适用的新环境，包括健康和社会保健、教育、流动性和能源供应，需要更多的社会技术特征而非基于公司的特征，包括源自市场表现和公共产品提供、福利、社会公平和环境可持续性的技术效率。因此，从社会技术系统的角度来看，"颠覆"受益于新的见解。

第三节是能源"颠覆"：附加值是什么？"颠覆"是分析社会技术（能源）系统在特定环境中变化方式的重要概念工具。这意味着，与其仅仅关注公司和技术，还可以根据系统的哪些维度已经或正在被颠覆——或需要破坏以实现更环境和社会可持续发展的社会来分析系统变化。颠覆扩展到社会技术系统的以下维度：参与者和网络的构成、市场结构、商业模式的主导形式、不同参与者之间的所有权划分以及监管和其他机构设置（Johnstone 等，2017）。这意味着，从社会技术系统的角度来看，颠覆的描述取决于是否只有一种或多种主导形式的维度被颠覆。参与者和网络的中断意味着参与者权力地位的转变，例如现有公用事业的重要性降低，或主导社会技术系统中的关键网络发生重大变化，包括新参与者的进入。例如，市场结构的中断可能涉及制度逻辑的重大变化（Fuenfschilling 和 Truffer，2014）和可见的消费者偏好的转变（Dijk 等，2016）。例如，能源部门的商业模式正在从简单的由大型公用事业公司提供能源和热量转变为向消费者捆绑能源服务，例如围绕智能家居（Midttun 和 Piccini，2017）和社区太阳能供应商模式（Burger 和 Luke，2017）。

许多可再生能源技术被认为具有颠覆性，因为它们同时引发了电网、商业模式和监管的重大变化。这涉及从具有大型生产单位和被动消费者的集中式电网向更分散的能源生产形式和涉及社区和公民作为积极参与者的新型商业模式的根本转变。然而，与此同时，现有的能源系统参与者正在反击，例如，大型公用事业公司收购独立风电开发商以消除英国的竞争（Negro 等，2012）或通过创建新兴技术领域参与塑造新兴技术领域。更集中的模式（例如，向公用事业客户提供位于中心位置的太阳能电池板）在芬兰生产和销售可再生电力（Apajalahti 等，2017）。这意味着许多现有公用事业公司将自己标榜为可再生能源的支持者，同时保护内部的实用新型。各国情况各有不同，虽然德国和丹麦的颠覆正在顺利进行——不仅通过更大份额的可再生能源，而且通过改变参与者的立场、更加分散的商业模式和所有权结构以及改变监管——在芬兰和英国等国家，更集中的系统仍然存在。然而，欧洲各地出现的批发电价暴跌正在影响领先公用事业公司的收入流，传统发电厂的价格正在市场外定价（经济学人，2013a）。在德国等国家，这些变化是巨大的，在这些国家，许多可再生能源不是由公用事业公司拥有，而是由社区能源团体和合作社拥有。

可再生能源发电的增长对欧洲现有能源公用事业的影响是显而易见

的。不太清楚的是，不同欧洲国家的能源系统颠覆是如何发生的，以及颠覆发生的方式有何不同。例如，可再生能源已经在许多国家获得了相当大的电力生产份额，有效地颠覆了长期以来由大型公用事业公司掌握的基于化石燃料的市场和商业模式。然而，这种变化对能源系统的影响完全不同，这不仅取决于燃料来源发生了变化，也是所有权模式和监管结构也发生了变化。后者——正如在德国和丹麦所证明的那样——具有更大的影响，例如，对能源正义（通过增加公民对生产的所有权）、电网基础设施（通过增加小规模分布式发电）和就业（通过什么类型的公司/合作社雇用人员）等方面的影响。

更仔细地观察德国、丹麦和英国，可以观察到系统性颠覆的不同方面，见表1，表明颠覆的性质因背景而异，并且没有"清洁颠覆"的集中模型。一些硅谷企业家在谈到清洁能源颠覆时表示，新技术的发展，包括太阳能、存储技术和ICT的更多使用，将从根本上改变我们生活的"能源架构"，推动从以资源为基础的（煤、天然气和铀）系统转向以信息为基础的系统，后者根本不同，并基于"零边际成本"。虽然"能源和运输行业的商业模式与柯达的商业模式相似，每次按下开关时，您都要支付公用事业费用，而按下开关在资源提取方面需要额外的成本，但新的可再生能源技术改变了等式，因为"在您之后建造太阳能屋顶装置，每增加一单位能源的边际成本基本上降为零，因为太阳和风是免费的""公用事业规模的可再生能源也已经扰乱了批发电力市场"（Seba, 2014：4）。

我们认为，在社会技术系统层面，颠覆可以理解为技术变革与制度变革之间的相互作用。一方面，潜在颠覆性信息通信技术、存储和可再生能源技术的进步催生了对制度变革的需求——包括非正式实践和正式监管机构。另一方面，可以被视为对集中式大型能源系统具有破坏性的制度变化，例如，允许以合理成本将电网连接到小型分布式能源生产并促进新的所有权模式，反过来又支持新的能源颠覆性创新出现。下面我们将讨论制度变迁的一个具体例子——绿色产业政策的出现——及其对能源颠覆的潜在影响。虽然绿色产业政策和系统性破坏似乎没有明显的联系，但我们在下面展示了作为一个机构的产业政策在维持和颠覆能源系统的主导价值方面是如何相关的。我们对此很感兴趣，首先，是因为对产业政策的政治兴趣回归；其次，能源颠覆不仅对现有商业模式或电网产生影响，而且对行业和就业的重组产生影响。

表1 丹麦、德国和英国能源系统变化的方面

	丹麦	德国	英国
技术	提高风电的渗透率	自2000年以来风能和光伏的大幅增长	海上风电的主导地位；2015年减少或取消了对太阳能、陆上风能的支持
电网	对电网负载均衡的影响	剩余太阳能发电问题；通过旋转负载导致电网频率上升	关于电压和电网频率变化的问题
执行者和网络	新执行者，例如"非常活跃、反应灵敏和反射性强的消费者"（Karnфe和Garud，2012：77）	社区能源团体和消费者主导的太阳能生产的关键作用，个人运营的8GW太阳能中有41%卖回电网	现任演员占主导地位，新演员没有重要作用。OFGEM（2017）承认目前消费者的作用有限
市场结构	早期干涉；风电补贴20世纪90年代的技术制造商和生产以及早期的"特定技术"饲料关税	风的早期"技术特定"干预。2000年建立的EEG和上网电价	以市场为导向；非技术特定支持，包括。非化石燃料义务和可再生能源义务。2010年引入的技术特定上网电价
商业模式	商业模式的变化，例如DONG（丹麦能源公司）的气候合作伙伴提供围绕减少能源需求的咨询和项目管理服务	商业模式的变化，例如社区拥有的太阳能和公用事业寻找更多以服务为导向的消费者主导商业模式	主要的公用事业商业模式占主导地位。缺乏对OFGEM确定的服务和消费者驱动的商业模式的关注（2017年）
所有权	合作所有制模式；风电合作社超100,000人；30%的社区收益用于大型可再生能源项目。	一半的可再生能源是公民拥有；大多数中小型光伏机组为私人所有（41.8%），农民（22.5%）和中小企业（20.3%），公用事业公司损失了97%的光伏电力发电市场	主要由现有公用事业拥有的可再生能源资产；公民拥有的可再生能源容量不到15%；大型可再生能源项目的5%社区收益
规则	定价和监管的范式转变以正确评估风能。电热一体化。	消费者和产消者权利和义务的变化电力部门将电力卖回电网	家用太阳能缺乏监管的问题。当前正在进行的更改使消费者能够回售给电网
来源	Balch, 2015; IRENA, 2012; Karnфe and Garud, 2012; Karnфe and Karne, 2017	Grigoleit and Lenkeit, 2011; Morris and Jungjohann, 2016; Richter, 2013a; Strunz et al., 2015	Mitchell et al., 2016; Nolden, 2013; OFGEM, 2017; Seyfang and Haxeltine, 2012

第四节是绿色产业政策如何与能源挂钩。对许多人来说，传统的"产业政策"是一个与当前颠覆性时代不同的术语。这是指干预，在这种干预中，国家通过一系列长期政策支持机制，包括补贴、出口政策和战略直接工业的技能和培训投资（Bianchi 和 Labory，2006）。在 19 世纪 80 年代后期，随着新自由主义席卷美国和欧洲部分地区，产业政策是一个失宠的术语。取而代之的是，在国家干预最少的情况下依靠市场是协调工业活动的最佳方式。

尽管如此，在依赖大型出口行业的国内生产总值的很大一部分的国家，产业政策仍然很重要。例如，在芬兰，纸浆和造纸行业主导能源政策制定了几十年，直到在过去十年中，其重要性下降主要是由于世界纸张市场的下滑（Kivimaa 和 Mickwitz，2011）。虽然不一定被明确承认为产业政策，但在德国，通过国家投资银行和地方银行提供长期融资，商业、金融和工会在长期工业决策中的密切合作，以及长期由国家协调的公共资助职业培训和出口平台的长期投资，可以解释为产业政策的一种隐性形式（Johnstone 等，2017；Ćetković 和 Buzogány，2016；Hancké 和 Coulter，2013）。当然，从英国等国家的角度来看，德国被公认为拥有"产业政策"（Elliot，2016）。此外，许多其他欧洲国家仍然赞成对能源密集型产业实行免税或其他支持机制。

了解能源系统颠覆与产业政策之间的关系一直是智能能源转型项目的研究领域之一，并在比较丹麦、德国和英国的颠覆与产业政策的工作中进行了讨论（Johnstone 等，2017）。首先，重要的是要认识到围绕产业政策的讨论侧重于拓宽对产业政策的理解，从"挑选赢家"的概念和支持现有产业的自上而下的方法转向"新的"产业政策。未来增长机会被认为存在的一个关键领域是绿色经济，以及绿色产业政策的潜力，将为特定国家创造新的增长和出口机会与减缓气候变化等环境目标相结合（Hallegatte 和 Vogt-schilb，2013；Rodrik，2014）。

实施新的"绿色"工业愿景，特别是当它取代"旧"工业政策时，将是一种制度变革，可以支持甚至成为能源颠覆的一部分。在实践中，以丹麦为例——包括直接将工作岗位从化石能源行业重新定位到可再生能源行业（Engel 等，2009）——这意味着重新思考补贴和教育重点领域的分配，以及制定重新定向的战略并对能源部门的员工进行再培训。

事实上，随后丹麦已成为能源技术出口的领先国家之一（丹麦风能工业协会，2017），显示出绿色产业政策与国内可持续能源颠覆之间的耦合。能源生产的分散化和部分改变的电网基础设施以及现有商业模式的不稳定以及新的所有权和生产形式都强调了这一点。

我们认为，虽然在某些部门，颠覆可能主要是公司层面企业之间竞争的结果，但在能源颠覆方面，制度变革（例如通过绿色产业政策）在促进社会发展和环境可持续的能源颠覆方面发挥着关键作用。迄今为止，这种联系尚未得到充分探索。然而，重要的是，同时关注颠覆和产业政策，强调在能源转型中应同时寻求环境可持续性和社会可持续性。虽然在这种转型中，有些人将不可避免地成为赢家，而另一些人将成为输家，但可持续能源转型应考虑可持续的就业重定向——指出绿色产业政策作为支持性制度变革的重要性。

再次思考颠覆的系统性本质，在能源系统中可能比在其他系统中更是如此——考虑到巨大的沉没成本以及它与整体经济如此重要的联系这一事实——颠覆不仅仅是老牌公司被破坏的问题，初创企业同样面临这一问题。相反，能源颠覆会导致更广泛的经济结构变化，尤其是在支持长期就业和社区生计的传统产业大幅下滑的情况下。因此，与此相关的是，绿色产业政策应包括围绕可持续制造和服务部门的新经济机会的长期愿景，在这些领域，国家在协调围绕现有化石就业的再培训和多样化举措方面发挥重要作用，以实现绿色经济下的可持续发展。

第五节是结论。本文简要讨论了与制度变迁相关的颠覆概念，更具体地讨论了产业政策，强调了定义问题和不一致之处。在倡导对颠覆采取更系统而非基于公司的观点时，作者认为颠覆可以提供一种有用的方式来参与更多以经验为导向的工作，以了解商业模式、所有权、参与者和网络、政策以及技术和社会方面涉及能源转型的不同方式。此外，技术和制度因素之间的相互作用似乎在能源颠覆中很重要，但很少受到特别关注和概念延伸。

在指出能源系统中正在发生的各种颠覆性变化后，需要重点关注"绿色产业政策"在"颠覆"研究中所发挥的作用。西方国家的能源系统范围广泛，从最近对能源密集型工业通常保护能源价格和可用性的传统产业政策产生重大影响的系统，到已经（隐式或明确）接受绿色产业政策的系统，这些政策在减少能源生产对化石燃料的依赖，并在可持续能源方面创造新的出口产业。在后者中，长期愿景以及公民和社区参与的文化发挥了重要作用；在最好的情况下，国家在雇员再培训和多样化方面发挥了协调作用。关于后者，作者强调了将颠覆导向更环境可持续性和更社会可持续方向的机会。就就业和经济前景而言，新的产业政策可以在一定程度上成为管理颠覆性变化所带来的负面影响的重要方式。未来的研究可以进一步探索新兴的绿色产业政策与能源颠覆之间的关系。

专题四：企业管理与数字经济

13　新兴市场的跨国公司*

一　导语

跨国公司研究是国际商务领域的核心理论,始于 Hymer（1976）[①]的博士论文《国内企业的国际经营：对外直接投资研究》。在 Hymer 之前,对企业海外直接投资的解释都是以国际贸易理论为基础,强调要素禀赋对海外直接投资的决定性作用。由于资本短缺的国家利率高,资本充足的国家利率低,因此资本会从资本充足的国家流入资本短缺的国家,形成海外直接投资。Hymer（1976）的研究则指出,美国跨国公司绝大多数在东道国资本市场融资,并没有利用母国资本实施对外直接投资。面对这种事实,独立的跨国公司研究开始兴起,突破资本跨国套利的视角,解释跨国公司的对外直接投资现象。

Hymer（1976）提出的垄断优势理论和内部化理论奠定了早期跨国公司研究的理论范式基础。所谓垄断优势,即受益于先进生产技术、不完善市场和宪法优势,跨国公司拥有了垄断优势,能够克服外来者负债

---

* 本章所选的文献有五篇,分别是,①Mathews, J. A., "Dragon Multinationals: New Players in 21st Century Globalization", *Asia Pacific Journal of Management*, No. 23, 2006. ②Luo, Y., J. Bu, "Contextualizing International Strategy by Emerging Market Firms: A Composition-based Approach", *Journal of World Business*, No. 53, 2018. ③Nolan, G., R. Karst, J. Clampit, "Emerging Market MNE Cross-border Acquisition Equity Participation: The Role of Economic and Knowledge Distance", *International Business Review*, No. 25, 2016. Hertenstein, P., D. Sutherland, J. Anderson, "Internationalization within Networks: Exploring the Relationship between Inward and Outward FDI in China's Auto Components Industry", *Asia Pacific Journal of Management*, 2017, No. 34. ⑤Mariotti, S., R. Marzano, "Varieties of Capitalism and the Internationalization of State-owned Enterprises", *Journal of International Business Studies*, No. 50, 2019.

① Hymer 的博士论文于 1960 年完成,但直到其去世才于 1976 年出版。

(Liability of Foreignness),在跨国经营中获利。所谓内部化,即在结构性的市场失灵条件下,企业内部化利用其垄断优势的交易成本低于市场交易成本,因此企业更倾向于创建跨国公司,在内部利用其垄断优势,而不是通过市场来利用这些优势。此后,里丁学派(Buckley 和 Casson, 1976, 2009; Rugman, 1981; Hennart, 1982)进一步继承和扩展了内部化理论。里丁学派指出,跨国公司面对的既有不完善的最终产品市场,还有不完善的中间产品市场。这些中间产品主要指技术、生产诀窍、品牌等以知识为基础的中间产品。以内部组织替代外部市场,可以降低以知识为基础的中间产品跨国转移的交易成本,这是支持跨国公司形成的主要原因。

20世纪80年代,里丁学派尝试整合各种经济理论和海外直接投资理论,构建了一个分析影响企业国际生产活动的整体框架,也就是著名的折衷范式(Eclectic Paradigm),又称为 OLI(Ownership-Location-Internalization)范式。这一范式深受 Hymer 影响,但具有更强的系统性。OLI 范式包括三个分析维度,即所有权优势(Hymer 所指的垄断优势)、内部化优势(Hymer 的内部化理论强调终端市场失灵,而里丁学派强调中间产品市场失灵)、区位优势(国家的资源禀赋、需求条件和制度环境)。折衷范式此后逐渐成为跨国公司研究领域的主导范式,对这一范式的批评也始终存在。例如,Itaki(1991)指出,折衷范式中的所有权优势和内部化优势相互重叠,不宜作为两个相互独立的因素。

同一时期,北欧乌普萨拉学派也提出乌普萨拉模型(Uppsala model),又称国际化过程模型(IP 模型, Internationalization Process Model)。该模型提出,国际化是一个路径依赖的过程,跨国公司的国际扩张受其国际化经验和知识基础(Johanson 和 Wiedersheim, 1975; Johanson 和 Vahlne, 1977, 2009)的影响,经验性的市场知识是国际化过程的驱动力量。缺乏国际化经验的企业会首先通过出口进入国际市场,之后建立海外销售公司,最后才会在国外开展直接投资、建立生产设施。Johanson 和 Vahlne(1977)还将"心理距离"引入了跨国公司研究。心理距离是指企业对于海外市场特征的不确定性程度。跨国公司在国际扩张过程中会采取渐进的方式,首先进入心理距离相对较小(相对熟悉)的海外市场,逐步积累经验,之后才会进入心理距离更大的国家。乌普萨拉模型获得了众多的实证支持，成为解释跨国公司国际化过程的经典框架，加之乌普萨拉学派对原始模型不断进行修订（Johanson 和 Vahlne，2009；Vahlne 和 Johanson，2017），使得该模型更臻完善。

进入 21 世纪后，新兴市场跨国公司（Emerging Market Multinational Firms，以下简称 EMF）迅速成为国际商务研究领域重要的，甚至是最重要的主题。总体来看，20 世纪的国际商务研究经历了三个研究阶段，即 20 世纪 60 年代到 70 年代以海外直接投资为主题的研究、70 年代到 90 年代以跨国公司战略和组织为主题的研究，以及 80 年代终期到 2000 年以企业国际化全球化发展为主题的研究。站在 21 世纪初期的门槛上，一些学者认为（Buckley，2002），这三个主题的研究历程都已基本完成，国际商务研究者需要在 21 世纪寻找新的研究"大主题"。此时，新兴市场跨国公司在 20 世纪 90 年代之后的大发展为国际商务研究者带来的全新的挑战和问题，很快成为 21 世纪国际商务研究的重要新兴主题。在这一主题下，研究者更加精细地区分了作为在位者的发达国家跨国公司和作为挑战者的发展中国家跨国公司在自身资源和能力上的差异，进而突破了 20 世纪跨国公司研究的经典范式和传统视角，如垄断优势、内部化优势、区位优势的视角，将全球化过程本身视为新兴市场跨国公司挖掘资源、获得优势的途径（Forsgren，1999；Mathews，2006）。

就内部而言，EMF 受到战略能力和关键资源的限制，在国际市场竞争中并不具备传统意义上的所有权优势，却具有一些不可忽视的独特优势。制造业领域的 EMF 擅长"成本创新"（Zeng 和 Williamson，2007），快速的市场反应和定制化的设计，开展低成本的大规模制造。市场营销领域的 EMF 往往灵活性更高，能够同时寻求实现两个不同的，甚至是相互冲突的目标（Luo 和 Rui，2009）。EMF 卓越的组织弹性和适应性使他们能够获得速度优势，并加快国际化步伐。作为快速学习者，EMF 虽然缺乏全球竞争的国际经验，特别是缺乏对不同国家的分散经营活动实施组织和管理的经验，但由于发达国家在新兴国家市场的直接投资，EMF 得以在母国市场上积累内向型国际化经验，这在一定程度上帮助 EMF 弥补了外向型直接投资经验的不足，加快了他们的外向型追求（Child 和 Rodrigues，2005）。

就外部而言，EMF 积极主动地进行海外投资，以获得战略资产，从而抵消其能力的不足和后发劣势（Child 和 Rodrigues，2005；Mathews，2006；Luo 和 Tung，2007）。首先，EMF 进入海外市场，部分是为了与国内薄弱的制度环境保持距离，通过制度套利，利用其母国以外的有效制度（Boisot 和 Meyer，2008）。其次，EMF 也具有一些独特的优势，如更高的灵活性（Luo 和 Rui，2009），在母国网络和内向国际化中发展起来的关系能力（Yiu，Lau 和 Bruton，2007），以及在制度相对恶劣的国家中的优越生存能力和适应能力（Cuervo-Cazurra 和 Genc，2008）。最后，EMF 倾向于在母国和东道国业务之间保持更强的联系（Luo and Tung，2007），将更多的决策自主权下放给海外经理，并在全球投资和竞争中更喜欢利用联盟和网络（Guillén 和 García-Canal，2009；Mathews，2006）。

　　本章选取的五篇论文反映了 EMF 这一重要主题下的研究起点和一些最新趋势。第一篇论文《龙跨国公司：21 世纪全球化的新玩家》首次明确提出并尝试回答 EMF 竞争优势的来源问题，提出此后对 EMF 研究影响深远的 LLL 分析框架，是国际商务理论面向 EMF 这一独特现象的重要突破。第二篇论文《新兴市场公司国际化战略的情境化研究：基于复合视角的研究》将战略管理中新出现的复合基础观（Compositional View）应用于 EMF 研究，不仅支持和验证了 LLL 框架（Mathews，2006），而且进一步拓展了有关 EMF 竞争优势来源的讨论。第三篇论文《新兴市场企业跨国收购的参股水平：经济距离和知识距离的作用》考察制度层面的差异如何影响跨国公司的海外直接投资方式选择，进而影响 EMF 的复合型投资水平，在"跳板"视角下解释了 EMF 国际化速度和激进水平高于经典 IP 模型预测的原因。第四篇《网络中的国际化：中国汽车零部件行业内向和外向 FDI 之间的关系》和前三篇文章形成了有趣的对照。这篇论文清晰解释了为何发达国家的跨国公司会为 EMF 获取海外的关键战略资源提供便利，既印证了 LLL 框架和"跳板"视角对 EMF 常常通过网络联接和跨国收购等方式获取并利用战略资产的观点，又以实证证据填补了新兴理论在解释 EMF 国际化模式上的未尽之处，是对第一篇论文的有益扩展和补充。同时，这篇论文通过案例研究，展现了中国汽车零部件企业与发达国家跨国公司之间的分包供应网络是促进该行业内中国跨国公司开展外向 FDI 的关键机制，从侧面佐证了第二篇论文所强调的网络与复合型合作的重要性。此外，这篇论文选择对 IP 模型进行改进，既阐述了经典 IP 模型为何不能有效解释 EMF 的国际化速度，又将 EMF 迅速的国际化扩张纳入了改进后的模型，在如何处理经典 IP 模型解释力不足的问题上，和第三篇论文的思路有着鲜明的对比。第五篇论文《资本主义的多样性与国有企业的国际化》的研究对象尽管并非 EMF，而是发达国家的国有跨国公司，但在当前国有企业已成我国跨国公司主力，且在"一带一路"战略下还将发挥更大作用的情况下，本文将不同经济体制下国家扶持作用纳入对跨国公司国际化战略的研究的做法，对于拓展我国的 EMF 研究尤其具有借鉴意义。

二　精选文献导读

论文一：《龙跨国公司：21 世纪全球化的新玩家》

Mathews, J. A., "Dragon Multinationals: New Players in 21st Century Globalization", *Asia Pacific Journal of Management*, No. 23, 2006.

《龙跨国公司：21 世纪全球化的新玩家》提出此后对 EMF 研究影响深远的 LLL 分析框架，首次尝试回答 EMF 竞争优势的来源问题，是国际商务理论面向 EMF 这一独特现象的重要突破。作者聚焦于亚太地区的新兴跨国公司，指出这些公司在获取资源、利用资源的观念上和发达国家的跨国公司存在根本差异，国际商务理论传统上用于解释跨国公司优势的 OLI 框架并不适用于 EMF，并提出针对 EMF 特定资源条件的 LLL 框架。

OLI 框架由里丁学派的代表性学者 Dunning（1977）提出，旨在融合当时用于解释发达国家企业国际经营活动的各种经济理论和对外直接投资理论，形成一个总括性的理论框架。该框架指出，企业国际化经营涉及所有权（Ownership）优势、内部化（Internalization）、区位（Location）三类优势。首先，如果企业自身拥有某些特定优势，且这种优势能够抵消跨国经营的额外成本，使得企业能够与东道国的本土企业和其他潜在的跨国经营竞争者开展有效竞争，那么企业就具备了基于自有资源的所有权优势。其次，如果相较于向其他市场主体出售所有权优势资源，资源能够以更低的交易成本在内部组织中转移并利用所有权优势资源，那么企业就具备了内部化优势。最后，就东道国而言，某些国家在生产要素、自然资源、本土需求、制度环境等方面相较于其他国家更有利于跨国公司经营，那么企业就能够适应和利用这项优势，即东道国的区位优势。OLI 框架从这三方面的优势要素出发，将此前 20 余年多种有关对外直接投资的理论融于一身，而且能够有效解释发达国家企业在技术转让、出口、对外直接投资三种国际化经营方式之间的取舍逻辑。只具备所有权优势时，企业应选择技术转让；同时具备所有权优势和内部化优势，但目标国家不具备区位优势时，企业应选择出口；当企业具备所有权优势和内部化优势，而且目标国家具备区位优势时，企业应选择对外直接投资。由于 OLI 框架具有很强的包容性和适用度，该框架逐渐成为跨国公司研究的主导框架。此后，在国际市场进入模式、海外投资区位选择、跨国公司母子公司关系、跨国公司组织结构等重要研究方向，事实上都是对如何发挥 OLI 优势的细化研究。

LLL 框架则针对 OLI 框架难以合理解释 EMF 行为的缺陷，对 EMF 跨国经营的优势来源做出了理论创新。和发达国家跨国公司不同，由于自身资源基础不足，EMF 缺少所有权优势和内部化优势；在这种情况下，如果从 OLI 框架出发，EMF 无论采取任何国际化方式，都不可能在全球市场上与发达国家跨国公司的竞争中获胜。然而，从 20 世纪 80 年代开始，亚太地区的跨国公司逐步在西方国家市场中建立了市场地位。20 世纪 90 年代末的金融危机在一段时间内迟滞了亚太 EMF 的扩张脚步，但进入 21 世纪，一批精干的亚太 EMF 的国际化成就已经非常显著（Mathews，2005）。这些 EMF 在进入世界舞台时，是典型的格申克龙式的"后来者"（Gerschenkron，1962），与 19 世纪德国和美国企业赶超英国时的情况颇有相似之处，即在起步时并不具备 OLI 框架强调的那些优势，但通过巧妙利用和适应全球经济中的多种联系而迅速实现了国际化。国际市场上的后来者能取得这些成就，得益于它们和发达国家先行者完全不同的资源观：在位者认为国际化经营的优势来自公司掌握所有权的、内部化的、可在其他国家利用的优势资源，因此特别关注这些资源的不可模仿性和不可转让性；后来者则从可模仿性和可转让性来评价资源，认为只要能够设计出恰当的互补战略和组织形式，就与外部企业建立连接，进而获取有价值的资源，并通过重复的连接和学习将国际化的方法内部化。这也是 LLL 框架和 OLI 框架的根本区别所在。

本文首先明确了 EMF 作为全球化后来者的独特特点，展现了全球化进程的多元化特征，与此前国际商务理论默认全球化进程具有趋同性的传统认识形成了鲜明对比。作者将分析重点放在 EMF 的三个特点上，即加速国际化、组织创新和战略创新。第一，亚太地区的 EMF 都非常迅速地实现了国际化。传统意义上的跨国公司的国际化过程是渐进性的，首先培育 OLI 三类优势，再根据自身优势和区位优势，逐步建立海外联系，将一个又一个的国外市场纳入经营业务。EMF 则利用此前已经存在的海外联系来撬动自身的国际化扩张，例如作为现有跨国公司的承包商向海外市场扩张，或被原有的全球客户带入新市场，其国际化方式更加迅速、激进。第二，亚太地区 EMF 加速国际化的机制不是技术创新，而是组织创新。作为后来者的 EMF 很多都摒弃了传统的"海外部门"式的组织形式，在国际化伊始就采用了多种非常规的全球组织形式，如全球细胞集群（宏碁、利丰）、网络式综合全球业务（Ispat）。这表明，EMF 的组织创新具有很强的全球视野，能够更好地适应当前的全球经济环境。第三，亚太地区 EMF 通过战略创新，找到了"补充"在位者战略的方法，从而在看似已经充满发达国家跨国公司的国际市场中找到了经营空间。例如，很多 EMF 通过提供合同服务、许可新技术、建立合资企业和战略联盟等方式实施国际化。这种战略适应了当前全球经济相互联系的特点，而不再要求 EMF 向发达国家企业那样通过内部程序逐步建立所有的跨境联系，因此有助于解释 EMF 的国际化速度。正是通过实施这些"互补"战略，EMF 才能通过建立国际联系，在不具备所有权优势和内部化优势的情况下，利用其他市场主体（而不是自身现有资源）的实力获取资源，进而加强企业自身资源基础。这种战略使 EMF 得以超越早期的渐进式跨国扩张阶段，直接转向以地缘为中心的战略视角。

总体上，从资源的角度来看，21 世纪初亚太地区 EMF 的共同之处在于，其国际化不是基于可以在国外市场开发利用的国内优势资产（这在传统的发达国家跨国公司中很常见），而是为了寻找新的资源来支持新的战略选择。因此，这些 EMF 特别倾向于建立海外联系，依靠伙伴关系和合资企业，以减少其杠杆式利用新资源的风险。基于对上述特点的观察，本文提出了 LLL（Linkage-Leverage-Learning）框架，用资源联接、资源杠杆、学习来解释 EMF 如何利用外部资源快速实现国际化扩张。一是资源联接。EMF 注重运用联接从外部获得资源，全球导向因而成为优势的来源，而不只是应用既有优势资源的方向。对于发达国家的在位企业来说，全球导向不是必需品；但对于本国市场已经被发达国家跨国公司所占据的新兴市场企业来说，全球导向是必要的，因为很多扩张的机会很可能来自全球市场，而不是国内市场。因此，对 EMF 而言，全球化增加了有利于资源获取的网络联接形成的机会，也增加了 EMF 和外部资源网络的联系。二是资源杠杆。EMF 不断探索与在位企业或合作伙伴建立联接，以利用外部资源。在这个过程中，EMF 关注的是资源本身被利用的潜力和如何降低资源扩散的障碍，即外部资源的可模仿性、可转移性或可替代性；这与传统的发达国家跨国公司希望提高资源不可模仿性和不可转让性、从而建立壁垒、延迟竞争对手进入的思路完全不同。三是学习。反复实施联接和杠杆流程，使得 EMF 可以通过组织学习，不断提高实施此类业务活动的效率，进而形成更加高效的集群和联盟，追赶在位企业。通过资源联接、杠杆利用以及在反复的资源联接和利用过程中学习累积的能力，EMF 得以在缺少所有权资源和国际化经验的情况下获得了最初的优势，实现了快速的国际化。特别值得注意的是，EMF 并不像发达国家跨国公司那样注重建立高度稳定的跨国业务结构，而是偏重于迅速发展灵活的结构，以跨越不同的国家和市场。

  LLL 框架的提出，为 EMF 的成功国际化及其独特特点提供了一个强有力的解释。根据 LLL 框架，任何在海外缺乏初始资源的企业都可以利用其与海外的既有联接，成为全球市场的国际化玩家。这将带来一个和传统 OLI 框架预测完全不同的全球化图景，少数来自发达国家的在位企业不再能凭借所有权优势和内部化优势塑造全球竞争；更加灵活的、从各个新兴市场涌现的 EMF 将利用联接的力量追赶甚至击败发达国家的对手。这样一来，塑造 21 世纪全球经济的力量将与此前国际商务理论中的认识截然不同（Weiss，2003）。

Mathews（2006）认为，LLL框架直指"跨国公司竞争优势从何而来"的根本性问题，对此前占据主导地位的OLI框架形成了颠覆。不过，OLI框架的创始人Dunning（2006）对此持不同意见。Dunning的回应认同了本文对全球化环境和资源利用方式变化的认识，认为全球化的发展和通信技术的进步的确为更多类型、不同规模的企业带来了全新的机会，以及随跨境联接而来的学习经验。许多EMF的举措也的确旨在增加企业的全球竞争力，而不是利用自身现有的优势。但是，Dunning同时指出，EMF的特点与OLI框架并不冲突，因为开展海外直接投资的企业（无论是来自发达国家还是新兴市场）必须拥有某些独特的、可持续的优势。以中国企业为例，这些优势可能包括收购或部分收购外国公司筹集资金的能力，以及巨大国内市场的有利条件。因此，Dunning认为LLL框架拓展了OLI框架，但并没有取而代之。尽管LLL框架与OLI框架的理论关系尚无定论，LLL框架都因其在EMF研究中的适用性，成为此后十年跨国公司研究使用最为频繁的理论之一（吴小节等，2019）。

论文二：《新兴市场公司国际化战略的情境化研究：基于复合视角的研究》

Luo, Y., J. Bu., "Contextualizing International Strategy by Emerging Market Firms: A Composition-based Approach", *Journal of World Business*, No.53, 2018.

《新兴市场公司国际化战略的情境化研究：基于复合视角的研究》将战略管理中新出现的复合基础观（Compositional View）应用于EMF研究，不仅支持和验证了国际商务理论中经典的LLL框架（Mathews，2006）和跳板视角（Luo和Tung，2007），而且进一步拓展了有关EMF竞争优势来源的讨论。这种理论拓展体现为，LLL框架提出全球联系对EMF培育竞争优势的重要性，但联系外部主体、利用外部资源的最终目标是通过学习将能力内部化，适用对象是来自新兴市场的大型跨国公司。本文则并不区分企业规模，也不强调资源和能力的最终内部化，而是阐明了在全球开放资源日益增多的情况下，资源不足的EMF如何利用不同的复合战略,在保持资源外部化的同时克服资源障碍。跳板视角指出EMF国际化的动机是获取关键资产、弥补竞争劣势。本文则在默认此动机的前提下,补充了多种有利于EMF更有效、更快地实现跳板目标的多种复合型战略。因此,本文既呼应了国际商务领域解释EMF国际扩张独特性的核心论点,又突破了此前战略管理领域主要运用资源基础观看待EMF竞争优势来源的管理,首次将复合基础观引入EMF研究并实现了理论拓展。

复合基础观最初由Luo和Child（2015）提出,特别关注仅拥有普通资源的普通企业如何获得竞争优势,非常适合移植于EMF研究。资源基础观强调独特的资源和能力是企业核心能力和竞争优势的基石,但大量拥有核心能力的发达国家跨国公司并没有成功阻止资源普通的EMF向全球市场扩张。复合基础观则认为,企业要获取竞争优势,不必执着于差异化的资源；通过创造性地"识别、利用和组合外部和内部的普通资源",缺乏所谓"核心资源"的企业也能够建立竞争地位（Luo和Child,2015）。本文从复合基础观出发,为EMF在国际竞争中建立优势提供了新的战略思考,提出EMF国际化扩张的三种复合型战略：复合型投资（Compositional Investment）、复合型竞争（Compositional Competition）、复合型合作（Compositional Collaboration）。其中,复合型投资是指EMF同时采用多种投资方式（如出口、内向国际化、对外直接投资）进行国际扩张的水平,复合型竞争是指EMF使用一套综合性的竞争战略（如成本、价格、产品功能、定制）与对手展开竞争的水平,复合型合作是指EMF的海外子公司同时与众多不同类型的海外组织（如国外供应商、分销商、竞争对手、当地社区、同一东道国的母国同行）合作或建立伙伴关系的水平。

从复合型竞争的基本逻辑出发,本文在不同的复合型战略和EMF的国际化绩效之间建立了理论联系。通过复合型投资,EMF能够建立一系列全球性平台,利用这些平台搜寻、获取、控制全球资源和机会,并实现整合利用。通过复合型竞争,EMF能够在不具备产品差异化优势（Elango和Pattnaik,2007）和创新优势、本国生产成本持续上升和高标准国际规范又在压缩低成本战略可行性的条件下,组合价格、服务、质量、设计等多种价值点,面向价格敏感的全球大众客户,提供有竞争力的性价比产品（Zeng 和 Williamson，2007）。通过复合型合作，EMF 能够利用与异质性商业利益相关者的合作关系，构建一个包括多样化商业网络、学习机会、关键资源的组合，从而有效获取知识、经验和关键资源。综上，在复合型战略的三个要素中，复合型投资反映了 EMF 识别和获取外部资源和机会的渠道多样性，复合型竞争反映了 EMF 回避于己不利的单一主导战略（如差异化战略）、整合多种竞争价值点的手段多样性，复合型合作反映了 EMF 全球伙伴关系的多样性。简言之，如果说复合型投资是整个"复合"过程的"上游"要素，复合型竞争就是该过程的"下游"环节，复合型合作则是支撑复合型投资和复合型竞争获取额外资源和机会的关系网络。基于此，本文提出，复合型投资、复合型竞争、复合型组合水平较高的 EMF 能取得更好的国际化绩效，并分别发展了三个主效应假设 H1、H2 和 H3。

除了讨论复合型战略对 EMF 国际化绩效的主效应，本文还讨论了强化复合型战略有效性的三个条件。一是 EMF 寻求战略资源的动机。复合型投资的目标是获得关键资源或机会，但 EMF 获取资源的动机不尽相同。当企业以加强内部资源、获得持续优势为导向时，强烈的战略资源寻求动机引导 EMF 进行长期战略投资，而不是追求短期利益的投资。在这样的长期导向动机驱动下，复合型投资变得更有价值。二是 EMF 给予国外子公司的决策自主权。根据权变理论，任务的非程序性越强，越容易发生变化，对执行任务的下属机构实施授权就越能够促进机构的创造力，促进组织活动与任务环境相吻合。由于 EMF 国际化事实上是在不熟悉的环境中开展非程序性工作，如果把更大的决策自主权下放给海外子公司，子公司采用的复合型竞争手段将更加灵活、有效。三是 EMF 的跨境共享系统。跨国公司的跨境共享系统确保信息和知识有效流动，有助于促进全球范围内的组织学习。对于通过合作从外部汲取知识的 EMF 而言，跨境共享系统显然能够促进复合型合作所引致的多样化知识在整个公司内部流动，放大复合型合作带来的好处。基于此，本文提出，寻求战略资源的动机、国外子公司的决策自主权、跨境共享系统分别对复合型投资、复合型竞争、复合型合作与 EMF 国际化绩效之间的关系产生正向的调节作用，并发展了调节效应假设 H4、H5 和 H6。

本文采用典型的大样本定量研究方法来检验上述假设。作者根据标准程序，自行开发了测量复合型投资、复合型竞争、复合型合作的测量工具。对于 EMF 的国际化绩效，作者采用两个指标测量：一是国际客户广度，即 EMF 在国际市场上覆盖各种客户的程度；二是国际客户响应度，即 EMF 快速、恰当响应国际客户的需求的能力。这两个指标分别反映了 EMF 全球化的规模和质量。此外，作者还希望控制行业、公司和东道国治理的因素。这些变量测量工具共同构成了完整的调查问卷。作者直接联系商务部和省级对外直接投资主管机构，获得了中国从事对外直接投资的公司名单，与所有在上海证券交易所上市的中国跨国公司进行交叉核对，确定了 372 家匹配公司，通过问卷调查收集到 201 家公司的完整数据。从 Cronbach's Alpha 值和因子载荷来看，所有多维度测量工具都具备很强的信度和效度。

值得注意的是，由于同一公司的复合型战略变量和国际化绩效变量的量表均由同一受访者填答，作者团队在调查前后特别注意采用了多种手段避免同源误差。第一，在研究设计中纳入很多与关注变量无关的问题，确保受访者的匿名性以及与研究问题的心理分离。第二，问卷中自变量和因变量的相关问题采用不同的设计风格，并且采用随机顺序排列。第三，在调查后采访了 20 位受访者以验证回答的准确性，结果显示访谈报告和调查答案的一致性很高。此外还请随机选择的 16 家样本公司的另一名高级管理人员另行填写调查问卷，他们的回答与原始调查回答显示出高度的一致性。第四，使用档案数据来交叉检查调查数据。第五，进行哈曼单因素测试，以排除同源误差。第六，按照 Lindell 和 Whitney（2001）的方法，设置标签变量，并进行了部分相关分析，调整观察到的同源误差污染。

Tobit 回归分析的结果支持了几乎所有研究假设。之所以采用 Tobit 回归，而不是常用的 OLS 线性回归，是因为本研究中的因变量"国际化绩效"的取值受限（在 1—7 之间变化），应用截尾回归模型的 Tobit 回归更加适用。Tobit 回归结果表明，几乎所有主效应假设和交互效应假设都得到了支持；唯一例外的是复合型投资仅对 EMF 国际客户广度具有显著的积极影响，对国际客户响应度的影响则并不显著，H1 只得到了部分支持。这可能是因为，随着复合型投资增加，EMF 在管理散布全球的直接投资时，协调成本和协调难度越来越高，限制了公司对各种国际客户特定需求的响应能力。作者做了进一步分析，以评估上述检验结果的稳健性。为了防止观察值较多的行业造成结果偏差，作者删除了样本企业最多的两个行业（设备和机械制造业和电子业）后对剩余数据进行分析，得到的结果与原模型几乎相同。对排除外资企业后的175家企业的分析结果也与基于总样本201家企业的结果相同。此外，鉴于本研究的有效样本量不大，作者使用了特别适合估计小样本标准误差的重新抽样方法，用自举样本的统计数据进行检验，结果与原模型保持一致。作者又将样本随机分成两组，将一个样本的模型结果与另一个样本的结果进行比较，得到了类似的结果。

本文开创性地采用复合基础观考察EMF，切实拓展了对EMF竞争优势来源的理解，方法严谨性和理论联通度都值得学习，和国际商务领域的LLL框架、跳板理论以及战略管理领域的资源基础观、动态能力理论形成了对话与碰撞。作为首个将复合基础观引入EMF分析的研究，本文也为未来这一视角下更加深入的理论探索开辟了很大空间。第一，本文验证了复合型战略对EMF国际化绩效的积极作用，但只是在相对静态的情况下证明了复合基础观在EMF研究中的适用性和复合型战略变量的预测效度，并没有展现出EMF发展并实施复合型国际化战略的具体过程。鉴于EMF的国际化是个从无到有的过程，复合型投资、复合型竞争、复合型合作的成型是否会经历阶段性演化，各阶段复合型战略的构成要素和协调机制如何，都有待更加深入的研究，才能指导EMF逐步构建起有效的复合型战略。第二，本文考察了三个调节因素对EMF实施复合型战略效果的重要性，但新兴市场还存在其他众多企业层面、制度层面的差异因素。国际商务领域研究EMF的重点方向之一，就是这些差异如何影响EMF的国际化战略和手段选择（本章导读的第三篇和第四篇文献就属于这一范畴，研究制度差异和网络差异如何影响EMF对位直接投资方式的选择，可参照阅读）。从复合基础观出发，这些因素是否会影响、如何影响EMF采用复合型国际化战略，哪些类型的EMF（如规模、所有权、历史、国际经验）更适合采用复合型国际化战略，也将是一个很有价值的研究方向。第三，复合型战略能对EMF国际化绩效产生积极作用，但也具有消极影响。本文作者已经自行指出，由于复合型战略不强调资源和能力的内部化，企业在对外部资源和网络的依赖上存在很大风险，而且这种战略也不足以在全球竞争中构建起"可持续"的竞争优势（虽然可以构建起短期的"复合型"优势）。未来的研究有必要更加系统地分类研究复合型战略潜在的风险和局限性，帮助 EMF 在实践中更好地应对这些风险和局限性。

论文三：《新兴市场企业跨国收购的参股水平：经济距离和知识距离的作用》

Nolan, G., R. Karst, J. Clampit, "Emerging Market MNE Cross-border Acquisition Equity Participation: The Role of Economic and Knowledge Distance", *International Business Review*, No. 25, 2016.

《新兴市场企业跨国收购的参股水平：经济距离和知识距离的作用》以 2008 年国际金融危机后 EMF 日益频繁的海外收购动作为背景，考察制度距离对 EMF 和发达国家跨国公司海外收购的差异化影响。本文作为一篇典型的大样本定量研究论文，并没有直接阐明其对话的中观理论，但从其实证研究结果来看，实际上是延续了描述 EMF 国际化动机的"跳板视角"，挑战经典的乌普萨拉国际化过程模型对 EMF 的适用性。

乌普萨拉模型（Uppsala Model）又称为国际化模型或 IP 模型（Internationalization Process Model），由北欧乌普萨拉学派（Johanson 和 Wiedersheim，1975）提出，和 OLI 模型几乎同时出现，是早期跨国公司研究的又一经典模型。该模型以 20 世纪中期斯堪的纳维亚半岛企业的国际化为研究对象，提出国际化是一个渐进的、路径依赖的过程。在这个过程中，企业会首先进入"心理距离"（Psychic Distance）和母国较接近的海外市场，逐渐积累经验，再进入心理距离更大的国家；首先会采取出口形式进入国际市场，然后建立海外销售子公司，最后才会在国外直接投资建设生产设施。乌普萨拉模型得到了众多实证研究的支持，研究所关注的国家间差距变量也从心理距离扩展到文化距离、制度距离。渐进性的经验学习和造成学习障碍的跨国距离逐渐成为跨国公司研究中的关键概念。企业通过经验学习建立了有关海外市场的知识，这样的知识体系影响了企业对特定海外市场的承诺水平（大量专用性投资），进而影响了随后的学习活动决策，从而带来了更高的承诺水平，由此推动跨国公司在特定海外公司的国际化形式从所需市场知识较少、承诺水平较低的出口逐步向所需市场知识更多、承诺水平更高的建立海外子公司和生产设施转变。但是，EMF 的繁荣对早期的乌普萨拉模型形成了挑战，因为学者观察到 EMF 常常不遵循"出口—海外销售—海外直接"投资的路径，采取非渐进的行为开展全球大规模投资。对此，Johanson 等人在 2009 年后对乌普萨拉模型进行了多次修订，试图对跨国公司的业务演化提供一个更具整体性的解释；而专注于解释 EMF 国际化的学者则提出"跳板视角"（Springboard Perspective）（Luo 和 Tung，2007），指出 EMF 将国际扩张视为跳板，因此跃过产品出口、海外销售的国际化扩张阶段，通过海外收购获得关键战略资产，以此跳出国内制度约束，实现全球跃升。

进入 21 世纪后，EMF 发起的跨国收购越来越多。在 2008 年的全球经济衰退中，巴西、俄罗斯、印度、中国等新兴市场的跨国公司成为跨国收购方的主要来源，占据了所有新兴市场海外直接投资（FDI）流出量的 75%。鉴于跨国收购后的资产整合，特别是隐性资产整合非常困难，而 EMF 母国与东道国的制度距离往往很大，在 EMF 跨国收购指向发达国家成熟跨国公司时尤其如此，因此 EMF 跨国收购常常面临更低的经营环境兼容性和更高的资产整合难度（Kostova，1999）。在这种情况下，EMF 积极实施跨国收购的行为，特别是积极开展高制度距离下的跨国收购行为和传统的跨国公司研究发现并不吻合，因而引起了学界的关注。对传统跨国公司的研究表明，母国和东道国的制度距离（母国和东道国的制度框架之间的相对差异）会增加跨国收购的交易时间，降低跨国收购的成功率。考虑到跨国收购的成本和难度，传统跨国公司对高制度距离的跨国收购的积极性不高；如果必须开展高制度距离的跨国收购，传统跨国公司会倾向于降低参股水平，或者自行建立全资子公司，从而回避风险（Pan 和 Tse，2000）。但是，现有的部分证据似乎显示，制度距离会降低企业跨国收购水平的规律，可能并不适用于 EMF（Aybar 和 Ficici，2009）。Davis 等人（2000）发现，来自制度质量相对较高的国家的企业更倾向于在海外投资建设全资子公司，而来自制度质量相对较低的国家的企业即便面临很高的制度距离，仍然倾向于通过收购进行投资。

本文就是一篇关注制度距离变量、验证跳板视角、挑战早期乌普萨拉模型的典型实证论文。文章聚焦于两类国家间制度距离（经济距离和知识距离），对金砖四国跨国公司跨国收购的股权安排特点，以及这类跨国公司与英国跨国公司在不同制度距离条件下跨国收购中的股权安排进行比较分析，发现制度距离对 EMF 跨国收购中的参股水平产生了很强的正向影响，这显然与以发达国家跨国公司为研究对象、认为制度距离降低企业跨国收购积极性和参股水平的早期研究发现存在很大的差异。

本文的实证分析围绕三个研究假设展开。首先，尽管学界通常认为经济距离会阻碍国际化行为，减少跨国收购，但对于 EMF 而言，由于其母国的正式制度存在缺陷，EMF 往往为了寻求更加安全的制度环境，提高全球竞争力，在制度质量更高（也意味着与母国经济距离更大）的东道国进行跨国收购。不过，为了促进跨国收购获得的战略性资产，特别是隐性资产转移，EMF 会在这类跨国收购中要求更高的股权份额，以增加对被收购方资产的控制权。其次，各国在科技创新投入水平、创新成果转化促进制度、创新转化质量等方面存在差异，使得创新知识在各国之间的分布并不均等。由于母国的知识供给相对不足，EMF 在寻求战略资产时，会在知识促进和保护制度质量更高的国家（也意味着与母国知识距离更大）的东道国进行更加积极的跨国收购。为了促进跨国收购获得的知识实现转移，EMF 也会在这类跨国收购中要求更高的股权份额。最后，基于上述原因，与发达国家的同行相比，EMF 在进行跨国收购时，会较少受到制度距离的阻碍，甚至可能特别寻求在制度距离较大的东道国开展收购。因此，与发达国家的传统跨国公司相比，经济距离和知识距离会对 EMF 在跨国收购中的参股水平带来更大的正向影响。基于上述思考，本文作者发展了三个假设。H1 和 H2 分别假设了经济距离、知识距离与 EMF 跨国收购参股水平之间的正向关系，H3a 和 H3b 分别假设了经济距离、知识距离对 EMF 跨国收购参股水平的正向影响大于其对发达国家传统跨国公司跨国收购参股水平的正向影响。

本文数据来自汤姆森金融公司全球并购 SDC 铂金数据库中在 2000 年至 2010 年间并购值超过 500 万美元的跨国收购案。该数据库是全球最新跨国交易信息的首要来源。作者从符合标准的跨国收购案中抽取了两个样本。样本一是来自金砖四国的 EMF 跨国收购样本，包括研究窗口期内总部设在巴西、俄罗斯、印度、中国的跨国公司完成的所有跨国收购。根据联合国贸易和发展会议（UNCTAD）的定义，巴西、俄罗斯、印度和中国是最大和最有影响力的新兴市场，因此样本一是 EMF 的代表性样本。样本二是来自金砖四国和英国的跨国公司的跨国收购样本，包括样本一以及研究窗口期内总部设在英国的跨国公司完成的所有跨国收购。总部在英国的企业是跨国收购的最主要来源之一，因此样本二代表了更多传统跨国企业的行为。对于每件跨国收购案，作者将 SDC 铂金数据库提供的交易特征与 Berry 等人（2010）计算的母国和东道国之间的经济距离、金融距离数据相匹配。在去除数据缺失的收购案后，样本一的样本量为 519，样本二的样本量为 2363。

本文在自变量和因变量的测量方式选择上非常精细。本文因变量是两类制度距离（经济距离和知识距离）。作者采用了马哈拉诺比斯方法（Mahalanobis Method）测量。该方法是由印度统计学家马哈拉诺比斯提出的，表示数据的协方差距离；相比既有文献中常用的欧式距离方法，马哈拉诺比斯方法考虑了各种特性之间的联系，是尺度不变的，能够更加准确地计算两个国家之间的制度相似度。本文因变量是参股水平，即收购方在跨国收购中获得的目标公司的股权比例。以往的跨国公司研究中，常常使用二分变量（部分收购 v.s. 全部收购）来测量参股水平。但 2009 年以来，越来越多的研究（Chari 和 Chang, 2009；Malhotra 等, 2011）都开始采取连续尺度测量这个变量，本文也不例外。和二分法测量相比，采用连续尺度测量能够提供更加精确的研究结果，防止二分法测量朝某个方向强化研究结果。

如前所述，本文重点关注制度距离的两个子维度，即经济距离和知识距离。Berry 等（2010）总结了制度距离的九个子维度，包括经济、金融、政治、行政、文化、人口、知识、全球联系和地理距离。其中，经济距离指母国和东道国之间经济发展和宏观经济特征的差异。经济距离是对趋同理论的回应，该理论认为经济和技术的综合效应会促使各国走向类似的经济活动组织模式，而 21 世纪以来新兴经济体的发展表明，国家层面的经济制度差距事实上并没有缩小。本文根据收入（人均GDP）、通货膨胀和全球贸易强度（商品和服务的进出口）三个指标来计算国家间经济距离。知识距离指母国和东道国之间科技创新发展水平的差异。本文根据每百万人口的专利和科学文章数量来计算国家间知识距离。

本文采用了常见的分层回归方法检验假设。基于样本1的分析结果表明，经济距离与EMF跨国收购参股水平之间存在倒U型关系，知识距离与EMF跨国收购参股水平之间存在正向关系；即H1仅得到了部分支持，H2完全得到了支持。基于样本2的分析结果表明，经济距离和跨国公司类型（是否EMF）的交互项并不显著，知识距离和跨国公司类型的交互项显著；即H3a未得到支持，H3b得到了支持。鉴于经济距离与EMF跨国收购参股水平之间的曲线关系，H3a未得到支持的结果并不出人意料。

本文的研究结果表明，乌普萨拉模型等传统国际商务理论对跨国公司跨国收购行为的预测并不符合EMF的实际行为；这与跳板视角所指出的、EMF为寻求战略资源而开展海外收购的独特动机密切相关。由于EMF对关键战略资源的追求，制度距离对EMF跨国收购的影响并不像对发达国家企业跨国收购的影响那样消息，在某些情况下甚至可能是积极的。某些制度距离维度，尤其是那些有助于弥补新兴市场中制度空白的维度，如经济稳定和知识产权保护，可能会提高EMF跨国收购的积极性。这与Davis等人（2000）的研究结果相吻合，他们发现来自制度质量相对较高的国家（如发达国家）的企业更有可能投资于海外全资子公司，而来自制度质量相对较低的国家（如新兴市场）的企业则倾向于通过收购进行投资，EMF的跨国收购行为与发达国家的跨国公司明显不同。

论文四：《网络中的国际化：中国汽车零部件行业内向和外向FDI之间的关系》

Hertenstein, P., D. Sutherland, J. Anderson, "Internationalization within Networks: Exploring the Relationship between Inward and Outward FDI in China's Auto Components Industry", *Asia Pacific Journal of Management*, Vol. 34, 2017.

《网络中的国际化：中国汽车零部件行业内向和外向FDI之间的关

系》与本章导读的第三篇文献《新兴市场企业跨国收购的参股水平：经济距离和知识距离的作用》之间形成了有趣的对照。如前所述，《新兴市场企业跨国收购的参股水平》一文挑战了经典的乌普萨拉国际化过程模型（IP模型，International Process Model），采用"跳板"视角解释EMF国际化速度和激进水平高于经典IP模型预测的原因。《网络中的国际化》一文则选择对IP模型进行改进，既阐述了经典IP模型为何不能有效解释EMF的国际化速度，又将EMF迅速的国际化扩张纳入了改进后的模型。LLL框架和"跳板"视角指出EMF跨越传统的国际化扩张阶段，通过网络联接和跨国收购等方式获取并利用战略资产，本文改进后的IP模型则说明了为何发达国家的跨国公司会为EMF获取海外的关键战略资源提供便利，事实上填补了新兴理论在解释EMF国际化模式上的未尽之处。就此而言，IP模型等传统上以发达国家跨国公司为研究对象的国际商务理论在经过改进后，对EMF国际化行为的解释力大为增强，并且与基于EMF现象发展出的新兴理论形成了碰撞与补充。

  针对EMF现象对经典IP模型的冲击，创始人Johanson和Vahlne已经对该模型做了多次改进。2009年，他们从内部视角出发，将机会识别和网络位置两个关键的状态变量加入IP模型。其中，机会识别能力对于企业进入海外市场和全球网络必不可少，而网络位置则强调企业是在网络中寻求国际化扩张机会的。在这个改进的IP模型中，企业的承诺是指企业对其所处的特定网络的承诺，而不是早期IP模型中对特定海外市场的承诺。换言之，企业之所以进入某个海外市场，是因为其所处的网络需要其在该市场做出承诺（投资），而其做出承诺所需的知识也来自在网络中的经验学习。2013年，Johanson和Vahlne进一步改进IP模型，更加深入地探讨了网络和网络协调的作用，聚焦于资源再配置和协调系统再设计的变化变量，由此将经验学习、机会创造、建立信任等活动概念化为组织间的过程。2017年，他们将改进重点转向了资源承诺和知识积累这两个变化变量，提出加强/取消资源承诺和持续的知识开发之间相互影响，而二者又是改变网络位置和机会识别能力这两个状态变量的主要力量。由于网络和学习的变化都是在存在外生冲击的条件下发生的，因此企业的国际化会受到突发事件的影响，无法像最初的IP模型那样出现确定的方向和结果。

本文就是一篇典型的支持 IP 模型改进的案例研究论文。文章证明，通过发达国家跨国公司在中国本土的内向 FDI，中国汽车零部件企业与发达国家跨国公司之间建立了分包供应网络，由此成为国际化商业网络中的"局内人"；对这个商业网络的承诺是驱动中国汽车零部件行业的跨国公司开展外向 FDI 的关键机制。从"对商业网络的承诺"，而不是"对特定海外市场的承诺"出发，本文详细展现了改进后的 IP 模型为何能够帮助我们更好地理解 EMF 的 FDI 战略，特别是此前主流国际商务理论难以解释的 EMF 国际化特征。例如，早期 IP 模型对企业国际化行为的预测是基于对特定市场的承诺，因此认为跨国公司受限于渐进式积累的经验学习知识，只会选择在特定市场进行渐进式的国际化；与此形成鲜明对比的是，改进后的 IP 模型对企业国际化行为的预测是基于对商业网络的承诺，只要企业在首次对外直接投资之前已经通过既有的商业网络积累了足够的经验知识和商业关系，就可以采取激进的方式迅速实现国际化扩张。鉴于 Johanson 和 Vahlne（2009，2013）在改进 IP 模型时并没有强调网络承诺与 EMF 之间的具体相关性，本文聚焦于探索商业网络如何影响 EMF 对外直接投资战略的四个核心维度，是验证改进 IP 模型在 EMF 情境下适用性的重要研究。

本文选择以中国汽车零部件产业为实证研究背景开展案例研究，探索商业网络如何塑造 EMF 的 FDI 战略，是基于以下考虑。第一，尽管现有的跨国公司研究不少将中国跨国公司作为实证研究对象，但有关中国跨国公司国际化过程的研究非常匮乏（Deng，2011），需要更多的纵向定性研究对这一过程进行探索。第二，汽车产业的商业网络高度重要且活跃，是跨国公司掌控的现代网络化全球价值链的缩影。由于规模经济和精益生产的压力不断向价值链上游传递，汽车产业链上下游的整合不仅涉及整车企业，而且蔓延到一级、二级乃至更低层级的零部件供应商。目前，一级供应商已经快速完成了整合，整个市场由少数高度竞争的、全球活跃的参与者构成；整车企业也和一级供应商之间建立了长期的商业网络关系，以降低新平台和新车型的开发成本。要打破既有的商业网络，重塑供应商基础变得越来越困难，这就给 EMF 这类网络中的新参与者带来了挑战。这样的产业背景有利于作者深入理解 EMF 是如何进入全球生产网络，创造学习机会，并利用其在商业网络中的位置开展国际化。

本文的案例选择遵循了定性研究中常见的理论抽样原则，即根据回答理论问题的需要选择代表性的样本。例如，由于希望了解 EMF 国际化区位选择的独特性（即为何 EMF 会快速国际化且在心理距离较大的海外市场开展直接投资），作者特别关注那些至少在一个发达国家市场上进行过一次直接投资的中国汽车零部件企业。借助《中国汽车工业年鉴》，作者识别了 48 家中国汽车零部件的大型供应商，其中有 5 家已经在发达市场启动了国际化进程。这五家企业就成为本文的案例研究对象，其中既包括中国最成功的私营企业集团（福耀和万向），也包括一些规模较小、相对不太知名的企业（劳伦斯、延锋和亚普）。为了对塑造中国汽车零部件行业 EMF 行动的商业网络有一个全面的了解，作者的数据收集对象还包括来自中国的八家 OEM 厂商和来自德国的两家整车企业代表。最终，所有的样本企业在国际化水平、所有权结构、产品类型、价值链定位方面都是异质的，有助于获得更大的理论信息量。

本文没有采取定性研究中常见的三阶编码表来呈现案例分析过程与研究发现，而是围绕五个案例企业分别阐明其国际化进程。这是由文章的研究目标决定的。包括开放性编码（一级编码）、主轴编码（二级编码）和核心编码（三级编码）的编码分析过程以及展现这个分析过程的三级编码表源于 Strauss 和 Corbin 的扎根理论研究方法。这种研究方法的目标是在没有任何理论假设的情况下，直接从实际观察入手，从原始资料中通过逐级编码，抽象出全新的概念和概念间关系，是一种自下而上建立全新理论的方法。由于三级编码在程序上易于模仿，对案例证据和分析逻辑的呈现相对清晰、简洁，近年来编码表在国内定性研究中盛行，似乎已经有成为判断研究是否规范、是否"形式正确"的重要标准。实际上，对于不以全新构建概念和理论为目标的定性研究而言，特别是核心概念的内涵和外延清晰、研究重点旨在探索既有概念间关系的，三级编码并非必需。本文关注的核心概念（网络承诺、FDI 区位选择、动机导向、国际化速度、进入模式）都已经有了相对公认的定义，作者致力于从改进后的 IP 模型的理论逻辑出发，将 FDI 的四个核心维度视为国际化过程中跨国公司不断演化的网络承诺决策形式，探索这些核心概念之间的关系（网络承诺对 FDI 区位选择、动机导向、国际化速度、进入模式的影响），并不需要自下而上地从原始资料中重新归纳提炼概念，也就没有采用扎根研究的三阶编码分析方法。

作为一项多案例研究，本文按照顺序，对福耀、万向、劳伦斯、延锋、亚普这五个案例企业的国际化过程做了详尽的分阶段讨论，并将每个案例的分析结果以阶段化图像的方式呈现，清晰展示了案例企业是如何在与全球跨国车企对中国直接投资形成的商业网络中逐步增强网络内部信任、加大对网络的承诺（对网络覆盖的海外市场进行直接投资）的。综合来看，这些案例企业国际化扩张的共同之处在于，在进行海外投资前，案例企业已经在中国本土与全球大型汽车厂商或发达国家生产汽车零部件的跨国公司有过大量合作；案例企业的对外直接投资项目是为了巩固这些既有的网络关系并从中获益，因此它们首选的海外直接投资地点都靠近与自身已有网络关系的发达国家跨国公司，因而在国际化的早期阶段即选择进入心理距离较远的发达国家市场，而不是心理距离较近，但游离于既有商业网络之外的海外市场。通过在发达国家市场的海外直接投资，案例企业往往在很短的时间内就获得了互补的技术和产品，使其能够进一步加强对网络的承诺（包括生产规模、地理位置、产品复杂性等各方面的承诺），提升自身在商业网络中的地位。

本文的研究发现既验证了改进的 IP 模型对 EMF 的适用性，又对 LLL 框架形成了有益的补充。一方面，早期的 IP 模型强调制度距离对企业国际化扩张的影响，认为企业会首先进入制度距离较近的海外市场，继而渐进性地扩大海外市场、转向承诺水平更高的国际化方式。本文则发现，在由内向 FDI 引致的、已经预先存在的商业网络中，EMF 对外直接投资的地点（高制度距离东道国）和速度（采用收购等方式迅速投资）并不那么出人意料，因为 EMF 进入海外市场的行为可被视为现有网络的自然延伸。换言之，本文隐含地指出关系距离能够弥补制度距离，几个案例企业的加速国际化是为了满足其网络中既有的全球客户的需求；网络关系为经验学习、建立信任、提高网络承诺水平提供了基础，而网络本身是无国界的，可以解释 EMF 采用高承诺水平的直接投资形式、首先进入制度距离较远的发达国家市场的激进行为，事实上验证了强调网络承诺的改进 IP 模型在 EMF 情境下的适用性。另一方面，LLL 模型强调寻求关键战略资产是 EMF 在高制度距离的发达国家市场开展直接投资的主要动机之一。然而，一些学者（Hennart，2012）认为，LLL 模型没有解释为什么发达国家跨国公司会愿意让 EMF（通过海外直接投资）实现学习和赶超，因此在概念层面上是不可信的。对此，改进的 IP 模型以及本文的案例证据为 LLL 模型的未尽之处提供一个潜在的答案。IP 模型的支持者认为，在某些情况下，企业可以间接控制其他企业的资源，正如在本文考察的汽车行业中，汽车厂商就可以对其供应商施加一定程度的影响或控制。此时，作为集成商的汽车厂商甚至会鼓励供应商获取更多关键资产，如通过收购尖端技术来升级产品，或通过增加互补性产品来生产更大规模的部件系统，因其能够成为供应商成长的受益者。

论文五：《资本主义的多样性与国有企业的国际化》

Mariotti, S., R. Marzano, "Varieties of Capitalism and the Internationalization of State-owned Enterprises", *Journal of International Business Studies*, No. 50, 2019.

《资本主义的多样性与国有企业的国际化》旨在揭示国家所有权和母国制度如何影响国有企业的国际化行为。此前，有关国家所有权究竟是促进，还是抑制了企业的海外扩张，国际商务研究曾经借鉴过代理理论、交易成本、资源基础观、资源依赖等多种理论视角，但没有得出一致性结论。具体的，政府在面对国有企业时具有双重角色，一是企业所有者，二是为国家发展和企业成长营造环境的战略决策者（Strategist）。对于政府的双重角色，从"国家脆弱性"（Liability Of Stateness）视角出发的研究强调国家所有权给企业带来了更高的社会成本（引导企业追求与企业绩效目标相悖的社会目标）、政治成本（控制企业的政治家寻求政治租金而不是企业效率）和代理成本，因此会降低国有企业的国际化意愿和水平。从"战略决策者"视角出发的研究则强调政府会出于加强国家力量，获取外部知识，促进经济长期增长等目标，为国内企业国际化创造便利条件，因此会提升国有企业的国际化意愿和水平。两类视角各有实证证据支持，这也是造成前期相关研究出现争议的主要原因。

为了调和理论争议，本文引入了政治经济学中相对成熟的资本主义制度类型化分析框架，考察不同类型的资本主义经济制度下，"国家脆弱性"机制和"战略决策者"机制各自的作用强弱及对国有企业国际化的差异化影响，并由此综合出各类经济制度下国家所有权对企业国际化的整体影响。这样的研究框架首次将不同经济体制下国家的扶持作用纳入对发达国家国有企业的战略研究（国际化战略），类型化地综合了有关国家角色的不同分析视角，扩展了国际商务理论和公共选择理论中有关国家所有权的讨论；同时也是极少数将资本主义分类思路应用于资本主义国家制度对国家—企业互动影响分析的研究（此前大部分基于资本主义分类思路的研究集中于探讨国家制度对国民经济的整体影响）（Bruton, Peng, Ahlstrom, Ciprian 和 Xu, 2015），很好地补充并扩大了资本主义多样性研究的范围。

本文采用的资本主义制度分类框架和国有企业分类框架如下。首先，根据制度如何规制行为者的互动，以及国家对采用目标导向政策直接引导经济发展的态度，资本主义国家制度可以分为三类（Schmidt, 2009），即以美国、英国、澳大利亚、加拿大、新西兰等盎格鲁撒克逊国家为代表的自由市场经济，以德国、日本、中欧、北欧国家为代表的协调市场经济，以法国、地中海国家、东亚的发展型国家为代表的受国家影响的市场经济。其次，根据国家对企业的承诺水平，国有企业可以分为两类，一是国家主导的企业，其中国家是高承诺水平的企业所有者；二是国家有少数投资的企业，其中国家是低承诺水平的少数投资者。在国家承诺水平较低的情况下，企业战略更多受到私人股东和金融市场的影响，而不是国家的影响，因此本文研究专注于国家主导（国家是控股股东）的国有企业中国家所有权的影响。

结合资本主义制度分类和国际商务文献，本文提出，国家主导的国有企业是否表现出比私有企业更高的国际化程度，取决于国家资本主义的制度特点。例如，在自由市场经济中，国家主导的国有企业比私有企业的国际化程度更低。此时，"国家脆弱性"机制中的两类机制（政治寻租和代理成本）都在发挥作用，阻碍国有企业的国际化。由于政治租金通常在国内获取，政治家会倾向于将国有企业的投资留存在国内。由于经理人和国家所有者在国际化导向上并不一致，代理问题可能特别严重，加之不稳定的资本市场造成短期主义蔓延，进一步削弱了经理人投资于长期导向的国际化扩张项目的意愿。与此同时，国家作为"战略决策者"的作用机制则被弱化。由于国家的作用仅限于创造有利的监管环境、制定规则、解决冲突，因此国家对国有企业的干预并不会体现社会目标，而且政府并不会为国有企业提供歧视性的公共产品、国家资源和协调能力的支持。因此，综合而言，在自由市场经济中，只有阻碍国有企业国际化的机制起到了作用，才能促进国有企业国际化的机制被严重弱化，因此作者提出了假设 H1：在自由市场经济中，国家主导的国有企业比私有企业的国际化程度更低。根据类似的理论逻辑，作者又分别讨论协调市场经济和受国家影响的市场经济中，"国家脆弱性"机制和"战略决策者"机制的相对作用强弱。作者指出，在协调市场经济中，"战略决策者"机制在有力地发挥作用，从而使国有企业更加倾向于国际扩张，并据此提出了假设 H2：在协调市场经济中，国家主导的国有企业比私有企业的国际化程度更高。相比之下，在受国家影响的市场经济中，国家在自由放任和积极干预之间变动，"国家脆弱性"机制和"战略决策者"机制都可能发挥作用，无法预测。因此作者认为，在受国家影响的市场经济中，国家对国有企业国际化的影响并不稳定，无法提出任何系统的、可测试的理论假设。

本文收集了 1995—2014 年 20 个 OECD 国家的电力和天然气行业、电信行业的 99 家国有企业样本。这一样本选择契合本文的研究目标。首先，这两个行业同时拥有较大的国有企业和非国有企业群体，而且在历史上一直是全球市场自由化运动的重要领域，因此为研究提供了充足的观察样本和考察期。其次，这两个行业是市场失灵问题严重、多数国家会采用国有企业作为宏观经济政策实施工具的典型行业。基于这两个行业的研究结果在其他国有所有权影响较大的行业中应当具有普适性。第三，电力、天然气、通信企业的海外扩张必须通过海外直接投资的形式进行。由于出口占海外扩张活动的比重极小，作者采用海外市场的销售收入比重，就能够非常准确地测量这两个行业中的企业国际化程度。相比之下，在其他行业中，海外市场的销售比重数据虽然易得，但不一定能准确反映企业的国际化程度。

本文使用动态面板数据模型（Dynamic Panel Data Model）来分析样本数据，并且采用了广义矩估计（GMM）方法以解决内生性问题。之所以采用动态面板数据模型，是因为企业当前的国际化程度会受到其以往国际化程度的显著影响，因此需要使用滞后的因变量。需要指出，作者在模型中控制了外国投资者持股比例、国内市场竞争程度、国内企业国际化整体倾向等其他可能影响企业国际化程度的变量。而在这个模型中，国家所有权存在内生性。一方面，根据政府是否希望培育具有国际扩张能力的跨国公司，以及政府是否希望促进企业采取内向型战略，政府会战略性地选择其在国内企业中的参股水平和控制权。在这两种情况下，国家所有权和企业国际化程度之间都会出现虚假关联。另一方面，如果国有企业的私有化进程（国家所有权变动）是由政府对国有企业全球扩张的预期收益所驱动的，国家所有权和企业国际化程度之间关系的估计也会出现偏差。综上，由于作者需要在模型中加入滞后的因变量，以及模型的内生性，本研究选择采用 GMM 方法非常恰当。作者同时采用了差分 GMM 和系统 GMM 方法对模型进行估计。在采用差分 GMM 方法时，作者假设滞后的因变量（国际化程度）、企业所有权结构、国内市场竞争程度都是内生的。然而，当企业国际化程度这一数据序列持续性很高时，变量滞后阶就成为一个很弱的工具变量。因此，作者又采用系统 GMM 方法，使用变量滞后阶作为差分方程的工具变量，使用差分变量的滞后项作为原方程的工具变量。差分 GMM 和系统 GMM 方法的估计表明，本研究的结果是稳健的。

　　本文对动态面板数据模型的 GMM 分析结果支持了作者发展的理论假设，即随着政府对经济的协调水平上升（从自由市场经济转向协调市场经济），国家所有权对国有企业国际化的整体影响从消极（削弱效应）转向积极（增强效应）。第一，整体而言，国家主导的企业和国家有少数投资的企业在国际化程度上没有差异，即国家所有权本身不能解释国有企业的国际化程度。这隐含了一个可能的结果，即国家所有权对国有企业国际化的影响是由相互冲突的机制驱动的。第二，国家经济体制（资本主义形式）本身也不能解释国有企业的国际化程度。第三，在纳入国家经济体制和国家所有权之间的交互项后，自由市场经济和协调市场经济分别对国家所有权（是否国家主导）和企业国际化程度之间的关系产生了负向和正向的调节作用，假设 H1 和假设 H2 都得到了支持。第四，作者进一步采用国家协调指数这一连续变量替代自由市场经济、协调市场经济的二分变量，分析结果与原模型相同，且更加显著。

本文的研究视角对转型过程中经济体制变化，尤其是国家所有权变化对国有企业国际化的影响机制有非常直接的借鉴参考意义。国有企业是中国企业国际化经营的重要力量，截至 2019 年末占全国对外投资存量的比重过半。随着中国国有企业国际影响不断提升，国际社会对中国国有企业的国际化目标（经营效率目标还是国家战略目标）及其行动的质疑声音也在增加。然而，国有企业的普遍存在，乃至国有企业在战略性行业中的国际化并非中国特有的现象；德国、法国、意大利、瑞典等欧洲国家的国有企业数以千计，且不少国有企业跻身于全球最大跨国公司之列。尽管本文的实证研究背景是 OECD 国家的国有企业，但就文章聚焦的国家制度要素而言，中国与研究样本中的法国、地中海国家等有接近之处（同为受国家影响的市场经济）。本文作者认为，在受国家影响的市场经济中，由于"国家脆弱性"和"战略决策者"机制的相对强弱并不清楚，因此国家所有权对国有企业国际化程度的影响难以表现出稳定的方向。这一判断可能适用于西方国家，但对理解中国政府和国有企业的互动则存在其局限性，为未来研究留下了很多问题和空间。首先，在中国特色的举国体制下，简单的国家股权比例并不能充分反映出中国国有企业所有权和治理结构之间的质量差异，引入更多恰当的国家治理变量有助于更深入地理解中国国有企业的国际化行为。其次，本文聚焦的通信行业是当前中国国际化的领先行业，但也是政治上较为敏感的行业。在这个行业中，德国电信作为国有企业，在协调的市场经济下享受德国政府的歧视性保护，并成为全球国际化程度最高的电信运营商之一。当前，中国国有企业乃至华为等民营企业在电信领域的国际化扩张方面遇到了较大的国际社会舆论阻力。跨国别的对比研究有助于为其在国家协调下的跨国经营活动提供理论合法性。最后，在中央—地方分权制度下，政府的二元角色作用机制更加复杂、更加情境化。但是，对某些特定情境而言（如中美竞争突出的战略领域、中央企业和地方国有企业国际化差异），研究者有可能相对清晰地比较"国家脆弱性"和"战略决策者"作用机制的相对强弱，并整合发现国家所有权对国有企业国际化的综合影响方向。

14 数字经济与电子商务*

一 导语

当前,新一轮的科技革命和产业革命正在席卷全球,数字技术与实体经济集成融合,数据价值化加速推进,产业的数字化应用广泛推进,形成了许多新经济新模式新业态。数据和算力已经成为一种重要的新兴生产要素,与此同时,国家也十分关注数字经济的发展,出台了多个相关产业政策,促进数字经济对中国经济的赋能。数字经济的蓬勃发展也为学术研究提供了灵感,从产业经济学角度来看,当前国际上围绕数字经济主要是两个研究方向,一是数字经济的GDP核算,二是电子商务领域的实证经验研究。

(一)数据和算力是重要新兴生产要素

新科技革命和产业变革中,信息化是最具代表性的变革,信息技术则是最基本、最关键的使能技术。数字经济发展加速,数据已经成为经济社会运行的基础要素,具有"通货"的性质。2016年李克强总理在

---

* 本部分所导读的文献分别是①Brynjolfsson, E., A. Collis, W. E. Diewert, et al., "Gdp-B: Accounting for the Value of New and Free Goods in the Digital Economy", NBER working paper, March 2019. ②Couture, V., B. Faber, Y. Gu, et al., "Connecting the Countryside Via E-Commerce: Evidence from China", *American Economic Review: Insights*, Vol. 3, No. 1, 2021. ③Diewert, W. E., K. J. Fox, P. Schreyer, "The Digital Economy, New Products and Consumer Welfare", ES-CoE Discussion Paper, 2018–2016. ④Zhang, L., S. Chen, "China's Digital Economy: Opportunities and Risks", IMF Working Paper, January 2019. ⑤Jin, Y., Z. Sun, "Lifting Growth Barriers for New Firms Evidence from an Entrepreneurship Training Experiment with Two Million Online Businesses", Working paper, 2020. ⑥Wang, Y., "Time Cost of Shopping and Labor Supply: Evidence from Rural E-commerce Expansion in China", Working paper, November 2020.

出席中国大数据产业峰会时表示，要实现"人在干、数在转、云在算"。2020年出台的《中共中央国务院关于构建更加完善的要素市场化配置体制机制的意见》将数据作为一种新型生产要素，与传统生产要素并列。受益于人口数量和产业规模，中国已经成为名副其实的数据资源大国。国际数据公司（IDC）和数据存储公司希捷开展的一项研究表明，中国每年以超过全球平均值3%的速度产生并复制数据，2018年中国约产生7.6ZB（1ZB ≈ 1万亿GB）的数据，到2025年将增至48.6ZB，到2025年全球近30%的新增数据将来自中国。人工智能等新兴数字经济产业发展加速以及在更多的行业和领域得到应用，需要"吞噬"大量数据作为其自我学习和进化的养料，从这个角度看，中国的数据养料数量多、质量好、品种齐全，无论数字产业化还是产业数字化都具有更好的基础和条件。

数据的应用离不开算力基础设施。近年来，随着中国超级计算机、量子计算、人工智能神经网络等重大科学项目的推进，宽带网络、数据中心等基础设施建设，与算力相关的技术研发和业态创新取得瞩目成就，在算力的国际竞争中，中国已经是强有力的参与者。算力基础设施的快速发展一方面是得益于中国拥有最完善的技术创新体系和产业体系，是全球少有的能够提供从技术创新、生产制造、基础设施建设、应用开发全部资源要素的国家；另一方面算力基础设施是"新基建"的重要组成部分，在国内数字化转型和全产业链布局的驱动下，智能制造、智慧城市、智慧农业、智慧政务等都是各级政府在"十四五"时期要重点发展的领域，相关战略和政策的落实将保障国内算力需求保持高速且稳定的增长。

庞大的数据要素资源和先进的算力基础设施成为新兴生产要素，已经促使许多产业出现新业态、新模式。目前来看，数据要素应用较好的产业主要集中在服务业，其中互联网、金融和电信约占国内数字应用市场的70%，交通、医疗、教育领域近年来数据应用有所发展，但比重仍然很低。但在制造业中，数据应用大部分仍处于浅层信息化阶段，智能制造、工业互联网等概念已提出多年，但数据生产要素参与制造业生产并创造价值的能力仍然较低，智能制造仅限于若干示范工程，制造企业信息化大多停留在办公信息化阶段。制造业对算力的需求主要来自研发、管理、营销等环节，由于制造本身数字化改造进展缓慢，我国优势算力资源和优势制造能力的结合还有待提升。

（二）中国数字经济发展政策

中国政府一直对于技术革命和产业发展保持着高度的敏锐性，随着信息技术的快速发展，中国与数字经济相关的产业政策主要经历了从"两化融合"到"互联网＋"再到数字经济的沿革。总体看，中国数字经济发展战略规划经历了从重点推进信息通信技术的快速发展和迭代演进，单一产业领域的应用，向经济社会各领域深度融合发展的过程。

2013年出台的《国务院关于印发"宽带中国"战略及实施方案的通知》首次提出将宽带网络作为国家战略性公共基础设施，从顶层设计、核心技术研发、信息安全保障等方面做出全面部署。数字经济与产业的结合的相关政策，最早可以追溯到2007年工信部提出的工业化和信息化两化融合，具体是指以信息化带动工业化，以工业化促进信息化，走新型工业化道路。早期的两化融合重点领域主要是物流产业，公共信息服务平台，软件服务业等，通过电子信息技术应用到工业生产的各个环节，促进生产管理能力的提升。不过，信息技术的应用很快突破工业部门，尤其随着3G、4G移动通信网络基础设施推进建设后，移动智能化迅速在服务业和消费部门大放异彩。2012年"互联网＋"的概念被首次提出，这是两化融合的升级版，指的是依托互联网信息技术实现互联网与传统产业的联合，以优化生产要素、更新业务体系、重构商业模式。2015年3月，在十二届全国人大三次会议中，李克强在政府工作报告中首次提出制定"互联网＋"行动计划，推动移动互联网、云计算、大数据、物联网等与现代制造业结合，促进电子商务、工业互联网和互联网金融（ITFIN）健康发展，引导互联网企业拓展国际市场。2015年7月4日，国务院印发《关于积极推进"互联网＋"行动的指导意见》，从创新创业、协同制造、现代农业等11个领域推动互联网创新成果与经济社会各领域深度融合。2015年，"十三五"规划中进一步提出中国的"国家大数据战略"，推进数字经济发展和数字化转型的政策不断深化和落地。2016年出台的《国务院关于深化制造业与互联网融合发展的指导意见》推动制造业企业与互联网企业在发展理念、产业体系、生产模式、业务模式等方面全面融合。2017年以来,"数字经济"已经连续四年被写入政府工作报告,2020年政府工作报告中明确提出"要继续出台支持政策,全面推进互联网+,打造数字经济新优势"。随着中央出台数字经济政策,近两年来,地方层面也不断加强数字经济的战略引导,2020年,中国31个省市(自治区、直辖市)的政府工作报告中,有26个省(自治区、直辖市)明确要大力发展数字经济,各地区出台数字经济专项政策,包括数字经济发展行动计划、产业规划、补贴政策等60余项。2019年出台的《数字乡村发展战略纲要》将发展农村数字经济作为重点任务,加快建设农村信息基础设施,推进线上线下融合的现代农业,进一步发觉信息化在乡村振兴中的巨大潜力,促进农业全面升级、农村全面进步、农民全面发展。

(三)相关的前沿英文文献概述

作为全新的生产要素和经济特征,国际上对于数字经济的研究也成近年来的热门话题。从产业经济学角度,笔者遴选了几篇前沿英文文献做了导读分享。在文献的筛选上,主要秉持以下原则:一是保证时效性,为最近三年内的文献;二是论文具有前沿代表性,质量较高的中青年学者工作论文和顶级学术期刊论文;三是与中国相关,或者对中国有借鉴意义。当然,论文筛选肯定也与笔者的研究兴趣和习惯性关注点有关,因此本节论文的选题,主要是涉及宏观测算模型,以及结合微观数据、实验经济学的经验研究。

经过筛选,本节共选了六篇前沿英文文献,具体分为三个研究方向。

第一,中国数字经济发展概况介绍。笔者选择了国际货币基金组织(IMF)在2019年的一份研究性的工作论文:Zhang, L., S. Chen, "China's Digital Economy: Opportunities and Risks", IMF Working Paper, January 2019。这篇文章对中国数字经济的发展历程和现状,快速发展的原因和风险进行了概述性的分析。在全球经济体系,中国在数字经济方面的发展是全球领先状态,因而国际社会对于中国数字经济快速发展现状、原因、机遇、风险均较为关注,结合各方面资料,作为比较权威的国际经济研究智库,国际货币基金组织的这一研究可以作为国际社会对于中国数字经济看法的一个窗口展示。当然,其中引用数据大部分来自国内,我们也可以从文中间接得知,中国信息通信研究院对于中国数字经济的相关统计是最权威的。

第二,数字经济的宏观核算。笔者选择了两篇国外学者的研究:Brynjolfsson, E., A. Collis, W. E. Diewert, et al., "Gdp-B: Accounting for the Value of New and Free Goods in the Digital Economy", NBER working paper, March 2019。此文提供了数字经济中全新商品和免费商品纳入价值核算后的新的 GDP 核算公式,并且以 Facebook 为例衡量了其产生的消费者剩余。Diewert, W. E., K. J. Fox, P. Schreyer, "The Digital Economy, New Products and Consumer Welfare", ESCoE Discussion Paper, 2018-2016。数字化时代中新型商品的价格对原有的价格指标体系造成冲击,本文是对相关数据统计误差的质疑和讨论。

根据中国信息通信研究院简称中国信通院《中国数字经济发展白皮书(2020年)》公布的相关数据,2019年,中国数字经济增加值规模达到35.8万亿元,占 GDP 比重达到36.2%。2019年,数字经济产业化增加值达到7.1万亿元,同比增长11.1%。2019年,中国产业数字化增加值约为28.8万亿元,占 GDP 比重29.0%。这一系列的数值凸显了数字经济在中国宏观经济中的比重,但对于规范的宏观统计来说,中国信通院并未公布相关的统计公式和指标体系来源。数字经济对于 GDP 的影响或许需要更进一步的深入研究,已有文献从数字经济带来的消费者福利的角度,从数字经济中特有的免费共享数字产品角度,探讨了可能对于原有的以价格为基础的宏观经济数据统计体系的冲击。国内现在对于"产业数字化","数字经济产业化"的相关界定还非常模糊,也尚未从消费者角度考察平台经济对于消费者福利的影响,对于商品价格体系的影响,这些都可能是未来可探索的研究视角。

第三,电子商务的应用经济学的实证研究。笔者选择了三篇用中国数据做的研究:Couture, V., B. Faber, Y. Gu, et al., "Connecting the Countryside Via E-Commerce: Evidence from China", *American Economic Review: Insights*, Vol. 3, No. 1, 2021。此文考察农村电子商务扩张计划的实施效果,是对产业政策研究的一个标准参考模板。Wang, Y., "Time Cost of Shopping and Labor Supply: Evidence from Rural E-commerce Expansion in China", Working paper, November, 2020。此文考察了电子商务扩张计划对于中国农村劳动力市场的影响,是产业发展背景下的用微观个体样本做的劳动经济学研究。Jin, Y., Z. Sun, "Lifting Growth Barriers for New Firms Evidence from an Entrepreneurship Training Experiment with Two Million Online Businesses", Working paper, 2020。此文是对于平台经济的一项实验经济学研究,对于小微企业创业,企业营销管理等方面的研究具有启发意义。从以上三篇研究来看,我们发现正是因为中国电子商务的蓬勃发展,为相关学术研究提供了很多自然实验,和人为干预实验的平台,因此有不少中青年学者已经围绕这个方向开始做实证研究。最近的《美国经济评论》上的这篇论文是对于农村电子商务扩张计划的一篇产业政策效果评估论文,既是典型的自然试验下的经验研究,又契合了国际上比较关注的中国农村扶贫,中国电子商务蓬勃发展的主题,无论是选题还是写作都很值得学习。围绕农村电子商务扩张计划,第二篇工作论文结合中国家庭追踪调查数据,做了农村劳动力的经验研究,虽然并不是很成熟完善的已发表论文,但是也是较为经典的产业视角下的劳动经济学研究。第三篇是当前较为热门的实验经济学研究,依托淘宝平台,作者做了精心的实验设计,搜集了较好的数据,是一篇规范的经济学习著作。

综上,以上几篇前沿英文文献均值得一读,笔者将主要从作者的研究背景与特长、有现实意义的研究选题或独到的分析视角、规范的分析方法或研究方法创新、主要结果介绍、该研究的意义、对中国情境下相关研究工作的启示等视角进行进一步导读分享。

二 精选文献导读

论文一:《中国的数字经济:机会与挑战》

Zhang, L., S. Chen, "China's Digital Economy: Opportunities and Risks", IMF Working Paper, January 2019.

(一)选题与视角

在这篇IMF工作论文中,作者概括了中国数字经济的发展历程和现状,指出中国数字经济得以快速发展的原因及其带来的有利影响,并与其他国家数字经济发展状况进行比较,针对中国数字经济发展中的不足提出政策建议。

(二) 主要研究结论

对于数字经济,作者认为可以从狭义和广义两个方面进行定义。狭义上,数字经济仅指 ICT 部门,包括电信、互联网、IT 服务、硬件和软件等。广义的定义则不仅包括 ICT 部门,还包括了应用数字技术的一部分传统部门。G20 使用广义概念并将数字经济定义为"广泛的经济活动,其中包括将数字化信息和知识用作生产的关键因素,将现代信息网络用作重要的活动空间"。基于这一定义,作者认为目前中国数字经济在世界范围内整体处于中间水平,但在某些关键的数字领域,如金融科技领域,则位于领先地位。此外,由于中国地幅辽阔,各地区间数字经济的发展水平也有很大差别,在经济更为发达的地区,数字经济也更加发达。

中国迅速发展的数字经济也带来了诸多方面的影响。一方面,数据作为一种全新的生产要素对生产率和生产率的增长具有重要作用。对此,作者进行了实证分析,发现数字化能够促进生产率的增长。数字化也能够降低交易成本,降低信息不对称带来的风险,更好匹配供给与需求,提高生产效率。在就业方面,数字化开拓出不少新领域,创造了许多就业岗位。尽管数字化破坏了许多传统部门的就业,但作者通过实证分析发现总体上数字化对就业的影响仍是积极的。数字化还能够通过去中介化、增加传统部门中小企业、平台行业中的寡头垄断三个渠道影响市场结构。数字化的快速发展也渗透进人们的日常生活,改变了人们的生活方式,从而促进经济的再平衡。另一方面,数字化对收入平等也产生了巨大挑战,其净影响尚不确定。以阿里巴巴为例,电子商务平台促进了中国 1300 多个"淘宝村"的发展,通过将偏远地区的供应商与大都市的消费者联系起来,有针对性的减少了贫困。同时,数字化为偏远地区居民提供了便捷的金融服务,促进了中国的金融包容性。但是,数字化的破坏性影响将主要由相对低技能的工人承担,而高技能工人可以通过增加就业和加快工资增长而受益更多,从而潜在地扩大了不平等。

金融危机后数字化快速发展的同时，除了结构性力量，政府采取了积极的政策来减少收入不平等现象。

　　金融科技是数字经济的一个重要部分，在这一领域，中国已成为全球领先者。利用现有的社交媒体平台，中国的金融科技服务包括以下几个关键领域：非银行数字提供商的第三方支付，P2P借贷，包括小额贷款在内的互联网信贷，基于互联网的银行和保险，数字财富管理和信用评级。正是因为中国金融科技的快速发展，其对中国金融市场的稳定产生了许多巨大挑战。这些挑战提出一个问题：是否应该对提供这些服务的大型科技公司进行监管，并纳入金融监管机构的职权范围。金融科技行业正在逐步改变金融市场结构和金融服务的提供。大型金融科技公司拥有庞大的客户群体，能够有效弥补传统线下金融服务的不足，同时，银行正在失去其在传统消费者市场中的优势，并日益成为在线支付服务提供商的支付渠道或中间或后台。作者认为提供金融服务的大型混合技术或金融公司的独特融合可能会对金融系统产生巨大的溢出效应。这样的溢出效应会对金融监管提出巨大挑战，需要更加全面的管控。针对这一变化，中国监管机构已着手制定一系列监管举措，以加强监管力度，不仅包括金融稳定性，也包括保护消费者隐私和维护市场竞争等。

　　在未来，中国数字经济仍将快速发展，但发展速度将有所缓和。在劳动力和就业市场上，随着产业结构升级与消费转型，数字化将可能加剧劳动力的两极分化，人工智能的大范围应用将对就业产生下行压力。为了应对数字化带来的负面影响，政府需要发挥关键作用，最大程度降低数字化风险的同时更好地发挥其优势。对此，作者提出如下几点建议：第一，在劳动力市场上实施积极的政策措施；第二，加强社会安全网和社会保障；第三，开放网络，促进竞争，限制市场上的垄断行为，更好地融入全球创新体系；第四，加强对金融科技的监督管理，防范新型风险；第五，加强对数据隐私和对消费者的保护；第六，将数字化技术应用于政府公务上，提高政府公共服务效率；第七，支持底层数字基础架构，注重农村地区的数字基础设施建设；第八，重视ICT教育；第九，在制定全球标准方面发挥更积极的作用，更加积极主动参与全球数字标准和治理相关的问题。

（三）研究意义与启示

文章对中国数字产业化和产业数字化的发展现状和就业做了较为全面的分析，但对于数字化治理的分析有所欠缺。根据中国信息通信研究院发布的《中国数字经济发展与就业白皮书（2019年）》，中国对数字经济的定义包括三个部分：数字产业化、产业数字化、数字化治理。在2018年，中国数字经济占GDP比重达到34.8%，2019年这一比重达到36.2%，数字经济增速显著高于同期GDP增速。在取得显著突破的背后，正如作者在文中指出的那样，我们会发现东中西部地区数字经济发展极不平衡，这就要求各地区政府要发展具有本地特色的数字经济，重点区域更需协调发展。例如，广西壮族自治区印发的《广西数字经济发展规划（2018—2025年）》就提出夯实完善数字经济发展基础和治理体系，打造面向东盟的数字经济合作发展高地，构建形成具有广西特色的数字经济生态体系。在不同行业中，尽管数字技术都在逐步渗透，但其速度也有所不一，呈现服务业数字化持续领先，工业数字化快速发展，农业数字化相对滞后的局面，相较于服务业和工业，农业数字化具有较大的发展空间。而在数字化治理方面，白皮书指出，中国数字化治理取得了积极成效。第一，有利于平台经济发展的制度环境初步形成；第二，政府管理的协调机制和手段建设逐步完善；第三，互联网企业的自治意识和能力显著提高；第四，企业联盟和行业组织的桥梁作用增强；第五，社会监督与公众的约束效应逐渐显现。但同时，新的生产生活方式也对政府治理工作提出了新的挑战。一方面，传统问题亟待解决。另一方面，新兴治理难题集中出现，其中之一即平台企业的垄断问题。以上两者进一步加大了治理问题的复杂性。中国数字经济发展具有良好机遇，但也面临着严峻考验，如数据要素市场化发展困难、产业数字化转型困难、数字化转型风险、规范市场发展秩序。诸多问题的背后更需要把握数字化的创新引领作用，把握政府引导和市场主导的关系、技术扩散与实体经济的关系、创新发展与融合监管的关系、经济发展与风险防范的关系、国内发展与国际发展的关系，推动质量变革、效率变革、动力变革，实现数字经济持续健康发展。

论文二：《GDP-B：数字经济中的全新商品和免费商品的价值核算》

Brynjolfsson, E., A. Collis, W. E. Diewert, et al., "Gdp-B: Accounting for the Value of New and Free Goods in the Digital Economy", NBER working paper, March 2019.

（一）选题和视角

在数字经济快速发展的时代，传统 GDP 的核算方式无法准确衡量数字经济对经济社会做出的贡献。现有的统计框架低估了数字化带来的好处，这样的缺陷会使得政府和企业在进行决策时无法充分理解新技术、新商品和服务产生的影响，进而影响未来生产力、经济和福利的进步。

（二）研究方法

数字经济具有多种特征，它能够在短时间内带来许多新商品和免费商品。所谓免费商品是指由于数字技术的进步，许多数字商品可以接近零的边际成本进行复制和分配，其均衡价格也为零，进而在传统 GPD 核算中忽略了免费商品带来的福利。本文作者摒弃了这一种传统的 GDP 核算方法，转而提出了一个新的概念：GDP-B。作者对 GDP-B 的定义为考虑新商品和免费商品的存在后进行调整得到的 GDP 增长。GDP-B 扩大了传统意义上 GDP 的范围，能够帮助我们更为准确地衡量数字经济的复利效用。基于前人的研究，作者通过家庭成本最小化的标准微观经济模型推导出了 GDP-B 指标的精确公式，并围绕几款免费数字商品设计了实验来量化数字商品带来的福利和调整过后的 GDP 增长。GDP-B 具体如式（1）所示。

$$\begin{aligned}\text{GDP-B} =\ & Q^F + (\gamma p_0^{0*} - p_0^1)q_0^1 / [\gamma p^0 \cdot q^0(1+\Im^F)] + [2\gamma w^0 \cdot \\ & (z^1 - z^0) + (w^1 - \lambda w^0) \cdot (z^1 - z^0) + 2\gamma w_0^1 z_0^1] / \\ & [\gamma p^0 \cdot q^0(1+\Im^F)] + (\gamma w^{0*} - w_0^1)z_0^1 / \\ & [\gamma p^0 \cdot q^0(1+\Im^F)] \end{aligned} \qquad (1)$$

（三）主要结论

以美国社交软件 Facebook 为例，为了衡量 Facebook 产生的消费者剩余，作者招募了该平台美国用户的代表性样本，并向他们提供不同金额让他们放弃使用 Facebook 一个月。为了验证响应，随机选择了一些参与者，实实在在地接收款项并放弃该月的服务，并会持续监控他们在三十天内的登陆情况。作者假设 Facebook 成立前一年 2003 年为第 0 期，实验年份 2017 年为第 1 期。对获得的样本数据建立适当模型后，作者通过计算发现，Facebook 出现后，每位消费者在 2017 年所获福利为 81.65 美元至 358.48 美元。而与测得的实际 GDP 增长率 1.83% 相比，作者预估每年 GDP-B 增长率为 1.87%—2.20%。

作者在欧洲也进行了类似的研究，但不再仅仅围绕 Facebook 进行。通过这项实验作者发现欧洲参与者放弃 Facebook 一个月要求的补偿中位数更高，约为 100 欧元，而此前美国参与者的中位数为 42.17 美元，约为 34.76 欧元。作者认为产生这种差异的原因在于欧洲样本更为年轻。而在所有社交软件中，受试者愿意接受放弃 Facebook 一个月使用权所需补偿最高。同样地，对荷兰 GDP 进行调整，作者计算发现自 2000 年 Facebook 推出以来，它使每年 GDP 增长率提高了大约 0.42 个百分点。当然，作者进行的实验样本不代表荷兰的全国人口，提供这些数据只是为了衡量由于忽略了免费数字商品而可能低估的 GDP 增长数据的大致程度。

除此以外，作者认为在计算 GDP 增长时需要适当调整质量变化，以便正确推断福利变化。为了量化质量变化产生的影响，作者以智能手机自带的摄像机为例进行了实验。作者在荷兰实验室中招募了受试者，向给他们提供不同的金额让他们放弃使用智能手机的摄像机一个月。这项研究提供强有力的证据表明消费者能够从使用智能手机相机中获得大量盈余，而这种盈余比他们实际支付的金额高出一个数量级。因此，质量变化引起了大量的隐性价格下降；由于质量变化，从智能手机获得的服务有所增加，但这并未反映在衡量的价格中。因此，即使是智能手机等有偿商品，在估算 GDP 统计数据之前调整质量改进也是至关重要的。

然而，对于第一项实验，有许多其他专业人士表示不能因为 Facebook 是免费的就认为在传统的 GDP 核算框架中就未算入它的价值。当 Facebook 向员工支付薪水或收取数字广告费时，它的价值都已经被计算在传统的 GDP 中了。作者对此的反驳则是尽管 Facebook 已经成为最成功的广告平台之一，广告收入却只占了 Facebook 提供的消费者剩余的一小部分，消费者可以从广告量不大的内容中获取大量价值，因此使用广告收入代替消费者剩余是错误的。此外，消费者剩余不仅仅与 GDP 紧密相关。消费者在 Facebook 上与好友进行互动所能获得的效用无法单纯用 GDP 来衡量。作者进行的实验样本量极小，仅仅是针对某一款数字商品的几千份样本很难充分代表一个国家或地区宏大的 GDP。作者对 GDP-B 的衡量无法如传统 GDP 框架那样精确，难以准确评估新商品和免费商品对经济的全部贡献。此外，一些研究表明，社交媒体平台可能导致上瘾的行为，而互联网和智能手机的使用可能会对幸福感和心理健康产生负面影响。与传统 GDP 衡量框架一样，GDP-B 的衡量方法并未涵盖商品和服务带来的的一些潜在负外部性。

论文三：《数字经济，新产品和消费者福利》

Diewert, W. E., K. J. Fox, P. Schreyer, "The Digital Economy, New Products and Consumer Welfare", ESCoE Discussion Paper, 2018–2016.

（一）选题和视角

数字技术正逐步改变经济社会的生产行为和消费行为，有关如何准确计算新商品和消失商品所带来影响的研究也越来越多。本文作者的研究方向包括价格衡量、生产力衡量和指数理论，在此之前他们就已经针对数字经济时代下价格指数的精准表达式做了一定研究。

（二）研究方法和主要结果

随着产品周转率提高、产品质量迅速变化以及数字经济带来前所未有的巨大变革性创新，在发达国家生产力长期放缓的背景下，统计机构在进行统计时由于理论的不适合也许会造成对重要经济指标的误测，这种潜在的误测会进一步影响政策制定和经济走向。为了衡量误测对 CPI、实际 GDP 和生产率增长等关键经济指标产生影响的可能，作者推导出了统计机构使用的指数理论和质量调整理论所引起的价格指数和数量指数偏差的精确表达式。现今统计机构基本上通过使用特定的指数公式缩小有关的价值总量来构建实际变量的估计值。然而，在新产品和消失产品存在的情况下，统计机构通常使用最大重叠指数，而不是价格指数的真正指数公式，因为最大重叠指数仅限于比较两个时期都存在的产品。使用作者提出的新理论和新方法可以得到对最大重叠平减指数的偏差估计，这将进一步转化为实际产出总量增长的相应偏差，而在指数理论中可以将其解释为福利变化的衡量标准。此外，基于这些指数理论，统计机构会对不同时期的产品质量进行调整，尤其是上一期存在而当期消失的产品，质量调整方法不同所得出的结果也会有差异。作者在文中推导出了使用最大重叠指数对 Tornqvist、Laspeyres、Paasche、Fisher 价格和数量指数的具体偏差。在美国，Tornqvist 指数会用于计算 CPI、GDP 等重要经济指标，而 Laspeyres 指数等也通常会被很多国家用于计算实际 GDP 和 CPI。理解了偏差的来源和具体表达式可以帮助政府和企业做出更好的决策，也为关于新商品和服务的实证文献以及评估实践中使用的质量调整方法提供了理论基础和框架。

Tornqvist 价格指数偏差，如式（1）所示。

$$\frac{P_T}{P_{T0}} = \frac{1+\mu}{1+\kappa} = \frac{\prod_{m=1}^{M}(1+\mu_m)^{\frac{1}{2}s_{3m}^0}}{\prod_{k=1}^{K}(1+\kappa_k)^{\frac{1}{2}s_{2k}^0}} \tag{1}$$

Tornqvist 数量指数偏差，如式（2）所示。

$$\frac{Q_T}{Q_{T0}} = \frac{\prod_{k=1}^{K}(1+\kappa_k)^{\frac{1}{2}s_{2k}^0}}{\prod_{m=1}^{M}(1+\mu_m)^{\frac{1}{2}s_{3m}^0}} \tag{2}$$

（三）研究意义

有关数字化时代中统计数据的误差讨论是一个老生常谈的话题。我们的经济衡量体系（从 GDP 到生产率）擅长计算有形的东西，但在量化无形产品和服务的价值时会遇到诸多难题。对于数字经济来说这个问题更加复杂。数字化技术变革改变了我们许多传统概念，例如，如果智能手机或者公司 IT 系统的性能增长一倍，但价格保持不变，这种"改善"应该体现在 CPI、GDP、生产率数据上吗？要如何衡量这种收益呢？

除此以外还有许多非货币交易要如何衡量。互联网为消费者提供了许多免费商品。但实际上这些商品并不是免费的。以社交软件为例，大数据可以精准捕捉用户刚刚搜索过的商品并投递相关广告，正是用户放弃了个人数据的独有，让自身成为不同商家的广告目标才能获得这些免费商品和服务。

（四）对中国的启示

以 CPI 为例，当前中国 CPI 构成权重体系中线下实体店商品占比就有过高的问题。今年年初国家统计局对 CPI 基期轮换时就上调了居住权数，增加了新兴商品和服务。随着互联网的快速发展，商品更新迭代的速度达到了前所未有的高度，线上消费在居民消费中的比重会逐步增大，互联网平台正逐步成为消费者消费的主要渠道之一。有专家学者认为线上消费正在适应升级中国消费需求、便捷化日常生活，这为 CPI 统计方法制度提出了新挑战。当前中国统计机构在计算 CPI 中，收集价格时实体店商品占比过高，扩大互联网采价势在必行。大数据时代，将网络采集价格数据用于 CPI 编制势在必行。国内外的官方统计界普遍已经将网购数据作为一种新的数据来源对待，对大数据实施应用则相对审慎，更关注统计制度、统计方法、历史延续性和数据可比性等问题。当然，网络价格数据涉及变价情况复杂，需要对数据进行更加专业的筛选，现场采价仍是开展 CPI 工作最重要的一环。官方统计部门对于网络采价目前没有出台统一的标准规范，采价时点的统一性，价格的把握，网采规格品的代表性等都值得研究，大数据应用方面处于探索阶段。网络商品不可避免地都面临一个问题：商品质量的参差。在使用网络价格数据时，将遇到许多问题，如线上商家调价速度快且频繁，不易掌握，电子电器类商品更新换代较快，品种型号繁多，不同档次商品较多，商品质量难把控。虽然网络价格方便快捷但难于更全面掌握和了解价格，数据也许不如实体店那样具有普遍性。此外，网上采价无法掌控价格变动原因，只能观察变动情况，探索深层次的变价原因无从着手。在当今这个时代，数字化必将对 CPI、GDP 等关键经济指标产生重大影响，如何让统计指标跟上时代的步伐仍将需要进一步研究讨论。

论文四：《通过电子商务连接农村：来自中国的证据》

Couture, V., B. Faber, Y. Gu, et al., "Connecting the Countryside Via E-Commerce: Evidence from China", *American Economic Review: Insights*, Vol. 3, No. 1, 2021.

（一）作者介绍

Victor Couture：现为加州大学伯克利分校哈斯商学院不动产助理教授，研究方向是城市经济学、交通和经济地理学。正在进行的研究包括探索美国城市复兴的原因和后果、调查电子商务缩小中国城乡贫富差距的潜力、评估印度城市交通系统的效率等。

Benjamin faber：现为加州大学伯克利分校经济学副教授，研究方向为国际经济学、发展经济学。发表的论文有《负责任的采购：哥斯达黎加的理论和证据》《用不完全价格信息衡量福利和不平等性》《扩大农业政策干预：乌干达的理论和证据》；正在进行的研究有《网络整合的收益：来自中国的理论与证据》；发表的政策报告有《刚果民主共和国钴供应链中的手工采矿、生计和童工》；发表的其他出版物有《消费篮子中的企业异质性：来自家庭和商店扫描数据的证据》《通过电子商务连接农村：来自中国的证据》《旅游业与经济发展：来自墨西哥海岸线的证据》《零售全球化与家庭福利：来自墨西哥的证据》《贸易一体化、市场规模和工业化：来自中国国家干线公路系统的证据》。

Yizhen Gu：现为北京大学汇丰商学院副教授，研究方向为城市经济学、交通经济学、应用微观经济学。他的教育背景是博士，加州大学伯克利分校城市与区域规划专业，2015年5月；经济学硕士，中国人民大学环境学院，2004年6月；工学学士，清华大学环境科学与工程系，2001年7月；经济学学士，中国人民大学农业经济系，2001年7月。已发表的出版物有《地铁和道路拥堵》《通过电子商务连接农村：来自中国的证据》《测量土地使用管制的严格程度：以中国建筑高度限制为例》《驾驶限制对出行行为的影响：来自北京的证据》《高速公路收费和空气污染：来自中国城市的证据》《城市规划实施效果的时空异质性：来自北京五个城市总体规划的证据》《中国的城中村：2008年北京移民安置点调查》；正在进行的研究有：《在线整合的收益：来自中国县级面板数据的证据》《拥挤条件下的最优公交票价》。

Lizhi Liu：现为乔治敦大学麦克多诺商学院助理教授和政治学系兼任教授、乔治城大学美中全球议题对话项目教授委员会成员。她的研究方向包括发展政治经济学、数字经济和新兴市场（尤其是中国）。主要国际经历包括，阿里新乡村研究中心客座研究员；研究项目获得比尔及梅琳达·盖茨基金会、Weiss 家庭计划基金会，蒋经国基金会、斯坦福国际发展中心（SCID）和斯坦福发展中经济创新研究所（SEED）等机构资助；曾担任阿里科研 Bradley 研究员及 Huoshui Young 学者；文章被《明尼苏达法律评论》和《美国经济评论：洞见》发表或有条件接受。

（二）选题和视角

近年，电子商务在一些农村市场的发展吸引了政府及决策者的注意。电子商务是通过在线交易以及运输物流购买和销售产品的能力。电子商务可以降低城市市场的贸易和信息成本，也可以通过提高对当地生产的需求或加强对农村创业的激励等来提高农村收入。目前农村电子商务的发展存在物流和交易方面的两大障碍。物流障碍与现代商业包裹交付服务的缺乏有关。交易障碍是指农村居民所面临的对在线交易平台或获取在线支付方法缺乏熟悉的情况。

虽然有证据表明，农村地区存在潜在的巨大消费增长，且对电子商务的需求在较小和较偏远的城市最为强劲，然而已有的各项研究对农村消费者潜在利益的重视程度一直较低，现有从电子商务中受益的农村家庭和市场的特征、关于各种旨在消除农村电子商务准入障碍的投资的有效性的证据也很少。通过在线交易平台进行的市场整合能否对农村发展产生广泛而重大的影响，仍然是一个需要探究的问题，因而该文章对第一个全国性的电子商务扩展计划进行了跟踪和研究。

电子商务就像一个桥梁，将发展较为落后的农村地区也接入了快速发展的轨道。该文章作者统计分析发现了接入电子商务的农村地区人们收益或福利的提高，并着重研究了这些福利的产生机制，以此来研究电子商务接入农村所产生的影响，并对该政策的效果做了一些评价。

(三) 研究方法

文章作者与中国的一家大型电子商务公司合作在部分农村地区实施了一项随机对照试验（RCT），将实施电子商务拓展计划和未实施该计划的农村地区分别作为实验组和对照组，他们的分析就结合该实验展开，文章的分析分两步进行。

第一步，他们随机抽取了 3 个省 8 个县的 100 个村庄的电子商务的使用情况，并收集了一系列家庭和本地线下交易的价格微观调查数据，以此来估计电子商务扩展计划对当地经济的影响。第二步，作者利用该公司的内部数据库，获得了涵盖截至 2017 年 4 月，该项目进入的 5 个省约 12000 个村庄存储于该电子商务公司内部数据库中的交易记录，这些电商平台方面的详细数据，为该农村地区本身提供的数据所不能回答的问题提供了一些例证。

对调查数据的回归，如式（1）所示。

$$y_{hv}^{Post} = \alpha + \beta_1 Treat_v + \gamma y_{hv}^{Pre} + \epsilon_{hv} \tag{1}$$

其中 y_{hv} 是居住在 v 村的 h 户的利益结果。对于零售价格数据的结果，h 将单个报价或商店级别的结果作为索引。$Treat_v$ 是随机分配实验状态的指标。作者在村庄层面上对标准误差进行聚类，并按照 Kling 等人的方法将结果单独和组合成类别指数后报告点估计。

对来自公司数据库交易的回归，如式（2）所示。

$$y_{vm} = \theta_v + \delta_m + \sum_{j=-3}^{24} \beta_j MonthsSinceEntry_{jvm} + \epsilon_{vm} \tag{2}$$

其中 v 表示村庄，δ_m 是 2015 年 11 月至 2017 年 4 月之间的一组月固定效应，θ_v 表示村庄固定效应。方程（2）中的每个观测值是给定月份的一个村庄的观测值。y_{vm} 是 4 个村级月度结果之一：买家数量、购买交易数量、出货数量和出货总重量（单位：kg）。

此外，作者调查了消费或生产发挥作用的时间是否需要比他们在该实验中能够研究的 12 个月窗口期更长，即他们借此调查了政策发挥作用的效率；除了评估该计划的总体影响外，作者还用一些证据证明了降低贸易成本（物流壁垒）和针对农村人口调整电子商务的额外投资（交易壁垒）的相对重要性。

简言之，文章作者通过对这些农村地区的人口特征、地理特征、线下购物情况、线上购物情况等的研究，总结和概括出从农村电子商务发展中受益的家庭和市场的特征，并以此来评价农村地区电子商务扩张计划产生的福利和该项政策的有效性。

（四）主要结果

作者经研究发现，电子商务为农村地区人们带来的收益增加是由零售类消费成本的降低推动的。在使用新的电子商务选项的农村家庭群体，即实验组农村家庭中，这种影响相当大。然而，这些用户仅占整体农村家庭的15%左右，这些农村家庭平均更富裕、更年轻，也生活在更偏远的市场。

在渠道方面，作者发现收益主要集中在以前没有商业包裹递送服务的村庄，这表明该电子商务扩展计划的效果主要在于克服了物流障碍，而不是为消除农村家庭特有的交易障碍而增加的投资。其中耐用产品群体（如电子产品和家电）的消费收益增加最为强劲。此外，作者发现农村地区的人们通过电子商务渠道采购新产品的行为的出现及增加，可以由当地商店其他产品种类的变化得到侧面反映。然而，作者没有发现任何证据表明，这对当地商店的现有商品价格产生有利于竞争的影响，即电商在农村地区的渗透及发展，对当地现有商品价格在竞争方面的影响不显著。

总体而言，电子商务对农村市场的变革影响已在中国和其他地方"电子商务村"的众多案例研究中出现，本文的研究正处在这一背景下。作者的研究结果表明，电子商务在部分农村地区的成功案例不能代表整个国家，不应该被用来指导制定政策预期。除此之外，作者还记录了不同地区消费方面的显著差异，电子商务的使用似乎为某些农村人口群体和某些地方增加了经济收益，但这是建立在发展中世界最早也是迄今为止最大的电子商务扩展政策之一的基础上的。因此，这些发现对于越来越多最近宣布以中国为蓝本的类似电子商务扩展计划的政府来说尤其重要。

（五）研究意义

在当前的中国，电子商务俨然成为农村地区发展的加速器。众所周知,长期以来,中国广大农村地区发展程度不同,部分农村地区与城市发展水平差距很大。电子商务的出现,为农村地区的发展打开了新的窗口。然而,电子商务在农村地区的发展面临许多困难,有的困难是基础建设方面的,有的是人才发展发面的。该研究旨在通过对第一个全国性电子商务扩展计划对农村家庭产生的影响的研究,来估计该计划的政策效果及其作用机制。

该研究也得到了很有价值的研究结果,电子商务扩展计划所带来的农村家庭收益的增长主要是由少数农村家庭生活成本的降低推动的,虽然该研究没有进一步说明这些农村家庭生活成本的降低来自哪里,但文中提到过,该计划对农村家庭的福利影响主要是由于克服了电子商务的后勤障碍,即由于电子商务在农村地区的发展所带来的农村地区基础建设的增加。

总而言之,该文章从微观经济体着手,主要研究农村消费者的福利和收益的变化,并研究这些福利的来源,该研究为电子商务对农村地区发展的作用的研究提供了很好的研究思路。

(六)对中国的启示

中国政府出台的各项针对性政策措施较多,各种促进发展的政策层出不穷,而这些具体政策是适用条件、适用范围、作用机制、作用效果等的划分和评定都较困难,往往需要大量的调查统计及分析评价才能确定,但此类工作是确保政策顺利实施及其产生理想效果的必备条件。虽然这些工作复杂,且各类别之间差别较大,且难有统一的研究方案,而本文所做的正是此类工作,且取得了良好的研究结果。

论文五:《购物时间成本与劳动力供给:来自中国农村电子商务扩张的证据》

Wang, Y., "Time Cost of Shopping and Labor Supply: Evidence from Rural E-commerce Expansion in China", Working paper, November, 2020.

(一)作者介绍

Yue Wang:康奈尔大学经济学博士研究生。研究方向为发展经济学、劳动经济学、公共经济学。她目前的研究集中在两个主题上,分别是中国不平等的演变和机制以及电子商务对发展的影响。

(二) 选题和视角

近年来,一些发展中国家纷纷将电子商务作为一项新的优先政策在农村地区进行推广,以使这些地区也能利用信息和通信技术的优势获得发展。决策者认为,通过降低产品搜索成本和固定成本,电子商务可以通过扩大市场准入、改善消费、刺激农村地区人们的创业精神来促进包容性增长。

电子商务对农村地区发展的影响可以从很多角度进行探究,以往关于电子商务对农村家庭福利的作用的部分研究侧重于从贸易的角度研究农村地区的在线消费模式。对于作为发展政策工具的电子商务而言,迄今为止的结果并不乐观。如 Couture 等人利用淘宝村终端的随机推出序列实施了一项随机对照试验,几乎没有发现在农村地区推广电子商务可以使农村生产者和工人收入增加的证据,他们的研究指出消费增长的驱动力是农村地区人们生活成本的降低。

在本文中,作者考察了电子商务在劳动力市场中的渗透所带来的变化,这是一个新的研究视角。对于偏远地区的农村居民来说,与购物地点的距离对农村地区人们消费的影响很显著,因为这些地区的购物中心和超市通常位于城市或县城,甚至不在城镇,此为该研究的现实基础。例如,对于广东和浙江等较发达省份大城市的城市居民而言,居民的平均日购物时间约为 1.7 小时。但一些农村居民购物可能需要两倍甚至更多的时间,尤其是那些交通条件差、距离购物中心较远的地区。例如,在西南省份云南,农村居民的单次购物时间为 3.43 小时,而在西北省份甘肃,农村居民的单次购物时间为 3.45 小时。如果考虑同时面临货币预算约束和时间预算约束的最优分配问题的农村家庭,电子商务有可能间接影响农村地区的劳动力供应和生产活动。该研究即从传统消费角度出发,探讨电子商务对从自营农业到工资部门就业以及从农村到城市的结构性转变的影响。

该研究以贝克尔时间分配理论为指导,贝克尔的时间分配理论是指家庭利用支出和时间作为投入生产消费品,此为该研究的理论基础。农村地区电子商务的接入减少了农村地区人们进行市场购买消费的时间和金钱成本,因而它影响了劳动力、休闲和家庭生产之间时间的最佳分配。随着家庭转向更多的市场购买商品,在家庭生产中花费的时间更少,可能会产生替代效应。此外还有收入效应,因为家庭在家庭生产上花费的时间会更多。哪种效应占主导地位将取决于时间和货币成本、技术以及偏好等多个因素,因此是一个实证问题。

(三) 研究方法

为了确定电子商务对工作时间和其他劳动力市场结果的因果影响,作者利用中国农村电子商务示范县计划(以下简称 REDC)作为自然实验,此为该研究的实验基础,并利用交互工具变量策略研究电商对农村地区人们时间分配的随机影响。作者以劳动力市场的产出为其研究的切入点,研究电子商务在农村发展中的作用。

此处对中国农村电子商务示范县计划进行简单介绍:REDC 计划对接入农村地区的国内电子商务平台的选择没有任何限制。此外,该计划不仅帮助村民进行网上购物和产品销售,还提供各种服务,从公用事业支付等金融服务到设备维修和房屋升级等住宅服务都有涉及,该计划还包括电子商务服务和商务方面的大规模培训。此外,REDC 计划有一套严格的评估体系来维持资金状况,以此确保地方政府有强大的动力来实现增加农村居民使用电子商务的政策目标。

该文章利用 REDC 引起的电子商务使用差异的实证策略包括三个部分。第一部分是对调查结果使用简单的双重差分处理框架,简要分析所研究地区电子商务使用所产生的影响;第二部分是用机器学习方法讨论电子商务的使用对 REDC 项目的异质性反应,作者采用广义随机森林,得到了表征各示范县特征的 18 个变量,其中市场可及性和年龄结构是其中最重要的两个因素;第三部分是根据机器学习方法中的发现,来确定对程序编译器的处理效果的一种工具变量策略。

简言之,作者使用国家层面在电子商务发展方面具有相当的代表性的 CFPS 样本数据,结合数据处理部分各阶段采用的不同方法,得到 REDC 对农村劳动力供给的影响,并对结果进行了总结和分析。

（四）主要结果

1. REDC 项目整体效果评价

在整体村庄层面所得结果不显著，在偏远村庄，REDC 的影响更大。平均而言，它增加了 7% 的电子商务接入点；每周劳动力供应增加 3.35 小时；工资部门就业增加 3.9 个百分点；将年工资提高 47.1%。

在全国县级层面上，REDC 对消费者渗透率测量有积极影响，但对卖家渗透率测量有消极影响，即在样本期内，该计划对销售方的影响可能有限。

2. 电子商务使用对 REDC 的异质性响应

市场准入和年龄结构是决定 REDC 异质性的两个关键特征。偏远地区和最低成年年龄分别是代表市场准入和年龄结构的最重要特征，这些特性抓住了使用电子商务的必要性和使用者的能力。由于大多数购物中心、超市和购物中心都位于县城，且之前的包裹递送可能在县城有终点站，因此到县城的对数距离是至关重要的因素。使用电子商务的最年轻家庭成员的年龄体现了家庭使用电子商务的能力，因为老年人不太可能采用新的电子商务技术，而只要家庭中有一个年轻成员可以使用电子商务，整个家庭都可以从中受益。

3. REDC 对劳动时间的影响

OLS 估计表明，电子商务接入和每周工作时间之间的相关系数约为 1。当一个人获得网上购物的机会时，每周劳动力供应增加约 7 小时。随着个人在劳动力市场上有更多的时间，他们可能会从需要更灵活工作时间表的农业自营职业转向需要定期工作时间表的工资行业。减少的购物时间成本还可以使个人以两种方式在更远的地点工作。第一，节省下来的时间可以用于上下班。第二，如果其他成员可以在线购买必需品，过去负责购物和照顾家庭成员的劳工可以从家乡解放出来。如果包裹可以送到村庄，他们也可以在线远程订购。此外，由于劳动力供应、工资部门就业和城镇外派就业的增加，个人工资总收入应该增加。

4. REDC 对劳动时间影响的性别差异

家庭电子商务接入对每周工作时间增加的影响男性约为 6.75 小时（基线平均值的 15.6%），女性约为 6 小时（基线平均值的 19%）。

电子商务的普及使男性在工资部门工作的概率增加了约0.14（约为基线平均数的45.2%），女性在工资部门工作的概率增加了约0.15（几乎与基线平均数相同）。这将使男性的农业自营职业概率降低约0.21（约为基线平均值的41.3%），女性的农业自营职业概率降低约0.16（约为基线平均值的26.6%）。同时，当男性和女性接入电子商务使用后，他们在家乡以外工作的概率都降低了约0.06（男性基线平均值的64.1%，女性基线平均值的1.25倍）。然而，男性的该系数仅在10%的水平上显著，而女性在1%的水平上显著。即REDC使男性劳动力从个体经营的农业转移到工资部门，而女性则从在家中工作转移到户外工作。

简言之，通过改变不同活动的生产率或机会成本，新技术可以影响最佳劳动力供应。由于不同活动的生产率、劳动力供给函数以及偏好的异质性，对男性和女性的影响不同。此外，本文首次解释了购物成本的降低如何通过放松时间预算约束来帮助农村地区的结构转型。

（五）研究意义

这篇文章将经济学中一个很重要的概念——劳动力供给，放在电子商务推广政策的背景下，研究了中国农村地区电子商务示范县项目这个自然实验所带来劳动力供给的变化情况，并进一步研究了这种影响的性别差异。文章将宏微观经济学中的理论与当前现实经济结合，在实际经济运行的背景下采用对数效用函数描述农村家庭的效用，并抽象出柯布道格拉斯生产函数形式的家庭部门的产出等。即这篇文章成功将经典经济学理论和模型运用到现实经济中，并得出了有意义的结论。

（六）对中国的启示

经济学中的各个理论都有其产生的特定背景，各种经济学理论都有各自的假设或前提，这些理论的发展同样在一定程度上体现了实际经济的运行和发展情况。从最初的经济学思想萌芽到如今的各路经济学理论和思想百花齐放，实际经济的发展也经历了翻天覆地的变化。经济运行的方方面面都在更新换代，同时也检验着多种多样的经济学理论。如今的经济发展，影响着人们生活的方方面面，反过来，政策、科技、生态等也在影响着经济的运行和发展。电子商务的兴起和推广，需要经济学来测度其对经济发展的推动作用，而从哪些方面去研究，可以寻找新的切入角度，也可以用现有的理论来研究新的课题。

论文六：《为新公司解除增长障碍：创业培训实验的证据》

Jin, Y., Z. Sun, "Lifting Growth Barriers for New Firms Evidence from an Entrepreneurship TrainingExperiment with Two Million Online Businesses", Working Paper, 2020.

（一）作者介绍

Yizhou Jin：擅长产业组织培训的经济学家，现任加州大学伯克利分校哈斯商学院—吉尔伯特研究中心博士后研究员。主要研究数据和人工智能技术如何在不完善的市场中产生有用的信息，以及它们创造和分配经济价值的机制。专注于保险和数字平台的应用，结合经济理论、因果推理和现代计算方法，从大型数据集中提取见解。他的教育背景为，加州大学伯克利分校—经济学与数学专业—学士，2011；哈佛大学—经济学—硕士，2016；哈佛大学—商业经济学—博士，2019。

Zhengyun Sun：其研究旨在了解数字技术如何影响发展中国家的企业和个人。目前专注于电子商务市场中的中小型企业，并调查了新进入者面临的增长障碍以及采用数据驱动决策对企业和平台的影响。曾研究过数字技术在教育和农业中的影响。他的教育背景为，加州大学伯克利分校—应用数学、经济和地理—学士，2014；哈佛大学—经济学—博士—2015—2011。

（二）选题和视角

该文章题目中提到的"New Firms"主要指在电子商务快速发展的的背景下，进入在线市场的"Small and Medium Enterprises"（SME），再具体一些，SME其实就是指新入驻电商平台的中小规模的商铺。

中小企业作为许多发展中经济体的支柱，在很大程度上受到数字技术渗透的影响。电子商务的加速发展就是一个典型的例子，商务部

2020年的数据表明，在中国，电子商务销售额在过去五年以年均25%的速度增长。电子商务扩张所带来的市场进入成本降低和市场准入扩大，为中小企业提供了振奋人心的新机会。然而，进入这些在线市场后要想生存和发展，中小企业仍然面临许多挑战。

帮助有前途的新入驻商家克服增长障碍，可能有利于运营在线市场的电子商务平台。随着新进入销售商为平台带来更多的商品种类并增加对已有销售商的竞争压力，消费者总体上会有更好的体验。该平台也有更积极主动的动机去支持有前途的新卖家，因为这些行动可能产生长期和短期利益。从长远来看，更好的市场环境使平台能够吸引和留住更多的消费者和卖家，这与平台的利润最大化目标不谋而合。从短期来看，如果卖家获得更高的收入，并在平台上的营销上投入更多资金，平台也会受益。

该文章的重点在于"Lifting Growth Barriers"，作者所考虑的"Growth Barriers"主要是中小企业入驻电商平台初期，面对与传统线下经营方式有很多差异的线上商铺经营时，所遇到的运营技能缺乏的问题，如商铺基本设置、市场营销和客户服务。为了解除新入驻平台商家的运营技能缺乏的问题，文章作者在一个大型电子商务平台上对超过200万名新卖家进行了一项随机对照的商业培训干预实验，以此来观察针对运营技能缺乏的商业培训对新入驻电商平台的中小企业的影响，即通过对照试验来探究该商业培训能在多大程度上帮助平台新入驻商家克服其所面临的增长障碍。

遇到问题解决问题。新入驻电商平台的商家遇到与线下经营不同的线上运营技能缺乏的问题，该问题就需要得到解决；缺乏技能，就需要技能培训。我们身边各种各样的培训层出不穷，对这些培训效果的量度却很难，这有些类似于企业销售广告的投放：广告投出后的销售量增加有多少来源于该次广告投放，当然对广告投放效果的研究已经有很多，但对广告效果的计算一直没有形成普遍共识。该文章的独到之处就在于，研究者利用电商平台全面的后台数据，对他们进行的商业培训干预实验的效果进行度量，并得到了较显著的结果。

（三）研究方法

文章作者与该电商平台合作实施了一个作为随机对照实验的在线商务培训项目，该培训是独立于平台其他操作的独立程序。由于该商务培训的传播成本较低，因而其能够惠及许多新进入平台的卖家。该计划于 2019 年 5 月 6 日正式启动，并开始实施。截至 2020 年 6 月，已有超过 200 万新卖家接受了培训。该培训侧重于运营电子商务业务的具体操作，并为商家提供与教程作者的沟通平台，以帮助新卖家更好地学习和掌握培训内容。培训主要包括基本设置（如教新卖家如何在平台上发布产品）、市场营销（如教卖家如何改进产品名称以获得更好的搜索排名）、客户服务（如帮助卖家更好地管理他们的客户）。

该实验的进行主要是为了回答以下问题。首先，培训能否帮助平台上的新卖家克服增长障碍，如果是，通过什么渠道；其次，培训如何影响消费者在平台上的体验；最后，培训对新卖家、已有卖家和消费者有何福利影响。

为了研究培训对新卖家的影响，研究者将培训机会随机分配，并通过对丰富的管理数据的分析，调查该培训对新卖家的产品供应、营销和客户服务的影响，以此来比较实验组和对照组新卖家的表现。

接下来，为了评估培训对消费者的影响，研究者使用丰富的消费者—卖家匹配浏览数据和消费者搜索结果的变化，来恢复消费者在平台上搜索特定商品时访问的卖家集（即消费者考虑集）的变化情况，通过对照试验来研究消费者对该商业培训的反应。最后，研究者使用一个结构模型来描述消费者的需求，并估计搜索结果中平台匹配消费者和卖家的规则。利用该模型，研究者分析了培训对新卖家、已有卖家和消费者的福利影响。

（四）主要结果

该文章研究了在卖家面临需求方摩擦的竞争性电子商务平台中，业务培训干预如何成为消除新进入者面临的增长障碍的有效方法。

利用对培训的实验性随机访问以及消费者与卖家匹配的搜索和浏览数据，研究者发现商业培训有助于新卖家增加他们在消费者考虑集中的存在并获得更高的营业收入。该培训带来的消费者考虑集构成的变化对消费者有利,因为他们在不降低购买质量的情况下享受到了更高的匹配效率。研究者运用了一个结构模型,该模型强调卖家获得的顾客数量与其质量之间的不匹配,结果表明该商业培训通过限制错误匹配消费者与商品(从而商家)的程度来增加消费者的福利和总收入。

研究者的主要结论是作为市场运营商,这些电商平台可以通过适当的干预在消除增长障碍方面发挥关键作用。这样做符合平台作为短期和长期利润最大化公司的激励措施。虽然大型电商平台的市场实力不容忽视,但这些平台确实为中小企业创造了巨大的机会。他们有动力和能力扮演更积极的角色,以促进他们托管的在线市场的效率和平等。

(五)研究意义

这篇文章的思路很清晰,电子商务发展迅速的当下,新入驻电商平台的中小企业却面临成长初期的技术障碍,克服这一障碍的有力工具是对这些新入驻商家进行技术培训,本文正研究了该商业培训对中小企业的影响,结果表明该商业培训对于商家和平台、消费者及各自的福利影响都是积极的。各种各样的对于企业成长的干预措施很多,他们的效果往往很难去评定,或者说他们的影响对于企业成长的贡献度很难量化。而本文则为这类问题的研究提供了一个良好的切入视角和思路。

(六)对中国的启示

国内当前与中小企业及其发展相关的研究有中小企业的融资、财务管理、内部控制、营销渠道、技术创新、发展战略、发展趋势、发展能力等方面,这些研究大都紧扣政策走向,且多为定性描述,类似的实证研究较少。对此类问题进行实证研究往往难度较大,周期较长,所需数据量多且繁杂,但此类研究得出的结果也往往具有较强的可靠性和指导价值。

像电子商务发展背景下新入驻电商平台的中小企业面临的发展障碍此类具体问题的研究,采用实证研究方法或许更适合。

15　资源编排理论*

一　导语

理论在发展中继承，在继承中发展。资源基础理论最早是由沃纳菲尔特（1984）在"企业的资源基础论"一文中提出的。资源基础观的基本思想是把企业看成资源的集合体，将目标集中在资源的特性和战略要素市场上，并以此来解释企业可持续的优势和相互间的差异。当资源具备有价值的、稀有的、不可模仿的和不可替代的特征时，才可以做为竞争优势的基础。在近几十年的实证研究中，资源对企业绩效的重要性得到了学者们的支持与验证，并构建了资源基础理论的核心逻辑。尽管资源基础理论随着后来管理学理论的发展逐步演化到核心竞争力理论、动态能力理论，但资源基础理论对企业竞争优势的获取和保障的相关阐释得到了后续研究者的发展和推进。

随着组织管理逻辑的不断迭代，学者们发现，组织如何利用其资源是与其拥有哪些资源同样重要，仅仅拥有资源并不能保证竞争优势的提升；相反，必须积累、捆绑和杠杆化资源，这意味着只有有效地管理资源，才能实现创造竞争优势的资源的全部价值（Sirmon and Hitt, 2003;

---

* 本部分所导读的文献分别是，①Chirico F., Sirmon D. G., Sciascia S., et al., "Resource Orchestration in Family Firms: Investigating how Entrepreneurial Orientation, Generational Involvement, and Participative Strategy Affect Performance", *Strategic Entrepreneurship Journal*, Vol. 5, No. 4, 2011. ②Hughes P., Hodgkinson I. R., Elliott K., et al. "Strategy, Operations, and Profitability: The Role of Resource Orchestration", *International Journal of Operations & Production Management*, Vol. 38, No. 4, 2018. ③Carnes C. M., Chirico F., Hitt M. A., et al., "Resource Orchestration for Innovation: Structuring and Bundling Resources in Growth-and Maturity-Stage Firms", *Long Range Planning*, Vol. 50, No. 4, 2016.

Sirmon, Hitt, Ireland, 2007)。基于此, 资源基础理论需要得到额外的说明与深入的探究, 既要有回顾, 又要通过对理论的延伸来回应质疑并解释企业绩效的差异 (Kraaijenbrink, Spender, Groen, 2010)。

资源编排 (Resource Orchestration) 理论探讨组织管理人员与组织资源相关的行为, 扩展我们对资源基础理论的理解, 这一理论被认为是资源基础理论的延伸。资源编排是组织战略层面的活动, 帮助我们更全面地识别和理解管理者为组织的资源所采取的行动。资源管理模型与资产编排模型组合成了资源编排模型如图1所示, 这两个模型都关注管理者聚焦资源的行动, 强调资源管理各个流程之间的协同与互相补充, 依次解决资源来源、转化和利用问题, 勾勒了从资源到产出的完整路径。

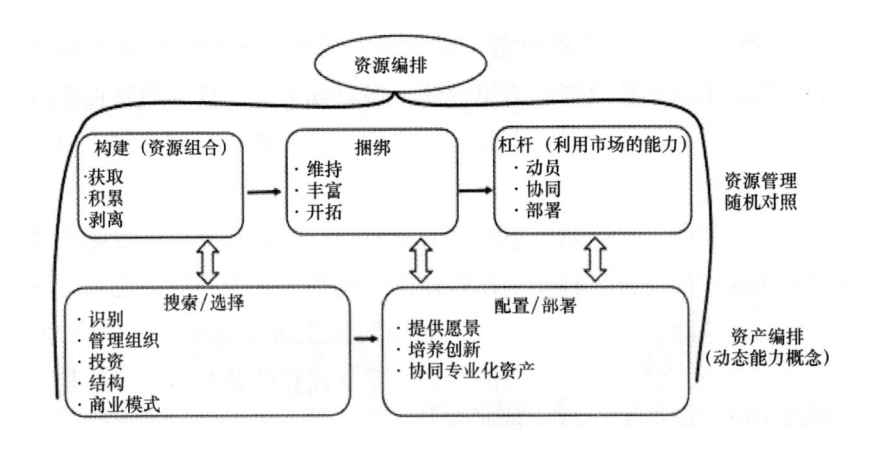

图1 资源编排模型

Sirmon (2007) 认为资源管理是一个综合的过程, 区分了结构化、捆绑和杠杆化的过程与实际管理的资源, 是为客户创造价值, 为企业创造竞争优势。资源管理包括构建资源组合（即获取、积累和剥离）、捆绑资源以建立能力（即稳定、丰富和开拓）以及利用市场中的能力（即动员、协调和部署）来创造价值。每个过程及其伴随的子过程都很重要, 跨过程的同步对于竞争优势的获取至关重要。资源管理流程相比资产编排流程更为系统, 且资产编排涉及的流程基本为资源管理流程所囊括, 一般将资源管理流程等同为资源编排流程

(Chadwick 等，2015）。作为一种流程，其包括三个步骤和具体九个子流程：一是资源组合构建，聚焦企业资源存量的增减，涵盖外部购买资源、内部开发资源和剥离没有价值的资源三个子流程；二是捆绑资源形成能力，目的是整合资源以构建或改变企业的能力，根据捆绑的幅度以及是否产生新能力，可分为维持型、丰富型及开拓型三种捆绑形式；三是利用能力，指运用能力创造价值，包括能力动员、协调和部署三个子流程。

资源编排理论填补了资源基础与能力能成的理论空缺。尽管资源编排理论的研究尚处于探索期，相关研究主要通过实证与案例分析的方式展开：通过实证研究的方式探究资源编排对企业能力、绩效的作用及两者之间的关系；通过案例的方式探究资源编排所引致的结果，例如竞争优势、能力形成的过程、价值创造等。但是，资源编排理论通过将管理者的动态管理能力（Ander 和 Helfat，2003）嵌入在资源演化、能力形成及能力利用过程而整合两种观点，认为持续竞争优势源自企业的资源、能力和管理者能力的组合（Chadwick 等，2015）。资源是持续竞争优势的必要条件，由零散资源捆绑而成的能力是中间产品，其作用在于提升资源的利用效率（Makadok，2001），管理者基于内外部环境动态调整资源组合和能力配置则是连接资源和持续竞争优势的桥梁。可见，资源是能力形成的基础，能力源自资源的整合，同时能力的形成和利用也是资源演化的方向，两者在动态管理能力的作用下共同决定企业的绩效。

资源编排理论打破了传统基于静态逻辑的资源和绩效关系的研究，为研究者从管理行为的视角提供了新的审视空间。Ndofor 等（2011）的结果显示，管理行为中介了资源与性能之间的联系，从而为管理者在创造竞争优势方面的角色提供了支持。此外，Morrow 等（2007）的研究表明，有价值的和罕见的资源管理行为对于那些面临绩效危机的企业是十分重要的，有利于企业业绩的恢复。Sirmon 的（2010）的研究发现，为了实现竞争优势，管理者的行为必须同时解决能力优势和能力弱点。这项研究延伸了 Capron 等（1998）关于并购如何减轻公司资源弱点的探索。另外，Kor 和 Leblebici（2005 年）发现，虽然将律师事务所的高级合伙人与经验较少的律师捆绑在一起对业绩产生积极影响，但将这种捆绑方式与服务水平提高或地域多样化挂钩则会损害业绩。这些结果支持了 Hitt Bierman 等（2001）的早期发现，证明了资源捆绑对公司业绩的影响。此外，Sirmon 等（2008）指出，管理情境下特定的资源捆绑和部署行动影响绩效，并且随着竞争对手的资源组合接近评价，管理行动的重要性增加。此外，他们的研究表明，资源部署的灵活性变化会影响管理人员的捆绑和部署行动对竞争结果的影响程度。Holcomb 等（2009）的研究证实并增加了对上述发现的支持，其研究发现一是管理人员在资源管理能力方面存在差异，这些差异影响企业绩效；二是资源管理效果取决于重点资源的质量；三是跨过程的协同对于竞争优势至关重要。

资源编排理论为理解组织内外不同类型资源对组织绩效的影响提供了可能。资源编排理论认为，资源编排及其子过程对于企业的成长有着最直接的正向作用，并能促使外部的资源进入企业内部并发挥有效作用（王国红等，2021），一般而言，资源编排的对象源于企业内部，例如管理者的经验（Frankenberger 和 Stam，2019）、人力资本、创业经验（Symeonidou 和 Nicolaou，2017）、政治能力（Deligianni 等，2019）等。但在实践中，研究者们发现，资源编排能将企业外部的资源跨越企业边界进入企业内部并有效融合原有资源创造出新的价值，新旧资源的整合重构是企业成长的有效路径之一（Symeonidou，2018）。

资源编排理论也为动态审视企业生命周期不同阶段管理行为和企业能力的提升提供了思路。可行性是企业起步阶段的首要目标（Miller & Friesen，1984）。为了使初创企业成为一个可行的经营实体，通常采用试验性的资源分配模式，以选择有价值和罕见的经营和产品配置，使企业能够在市场上建立竞争优势（Morrow 等，2007）。因此，在创业阶段，企业家集中精力构建公司的资源组合，为随后将资源捆绑起来形成企业商业模式运作所依据能力的基础；成长中的企业调动和杠杆化资源组合，以支持竞争优势（Sirmon 等，2010），例如管理者的捆绑行动可能集中在开拓能力上（Rutherford 等，2003）；在成熟阶段，重要的是管理者协调资源，以实现创新和效率之间的平衡；进入衰落阶段的企业必须节约资源才能生存，识别和剥离那些不再有助于企业创造价值和发展竞争优势的资源是一个关键的资源组合——衰落企业的管理者需要采取的结构化行动。

二 精选文献导读

论文一:《家族企业的资源编排:研究创业导向、跨代涉入和参与战略如何影响绩效》

Chirico F., Sirmon D. G., Sciascia S., et al., "Resource Orchestration in Family Firms: Investigating how Entrepreneurial Orientation, Generational Involvement, and Participative Strategy Affect Performance", *Strategic Entrepreneurship Journal*, Vol. 5, No. 4, 2011.

(一)研究背景

由于家族企业在经济系统中的重要性,在过去的近20年中,与之相关的研究显著增加,我们对家族企业的代际参与、战略方向和情感成果都有了更好的理解。尽管如此,关于家族企业的创业研究却少得惊人。

在有关家族企业创业的研究过程中,出现了两种截然相反的观点。一些持积极观点的学者认为家庭成员的参与为创业提供了独特的有利环境,他们对企业所有权的长期性使他们能够将创新和冒险所需的资源专门用于培养企业家精神;持悲观态度的学者认为,家族参与会加剧企业创业过程中的负担,他们会为了保护子孙后代的家族财富而规避风险,进而阻止变革。然而,这些新生观点都不完全正确,家族企业或许明白,在动态的竞争环境中,保持积极性是企业持续发展的必然条件,但如何有效协调家族和企业的复杂性,从而使创业获得回报却是一件富有挑战的事情。

(二)研究框架

1. **家族企业的概念**

作者将家族企业定义为一个拥有大量股份,并且有多个家族成员参与运作的企业。尽管学术界对家族企业的定义不尽相同,但这些企业的共同之处在于都运用了两种社会制度——家族和企业。这使家族企业拥有了长期的战略导向和强烈的具体认同感，家庭成员也产生了对企业特殊的情感依恋和承诺，情感和判断密不可分地交织在一起，从而对决策的过程和结果产生了显著的影响。家族企业虽有共同之处，但并不是所有方面都是同质的，他们追求目标的方式有很大的差异，例如对变革的开放程度、代际参与程度及战略制定时家族成员的参与程度。

2. 创业导向的概念

创业型公司是一种通过积极创新产品来进行有风险的市场活动，从而击败竞争对手的企业。基于这个定义，创业导向已经发展成为一个企业的概念，它反映出了企业在产品创新、积极性和冒险行为方面的倾向。产品创新反映了企业对产品研发和修改的倾向，也反映了企业对未来市场需求的预测方向。这种企业通常都具有前瞻性，他们通过预测市场未来的需求属性发现新兴机会，并塑造不断变化的竞争环境。在这些行为中，失败的成本和潜在的回报都非常高，企业必须做好承担风险的准备。竞争侵略性和自主性是创业导向的附加组成部分，产品创新与二者共同形成了创业导向的本质，为企业家提供了实践和管理风格的体系，为资源的使用提供了方向。

3. 资源编排

资源基础观为帮助理解资源如何支持企业的竞争优势及最终的绩效提供了理论基础。竞争优势是由有价值的、稀有的、不可模仿和不可替代的资源支撑的，然而，拥有这些资源并不能保证卓越的绩效，管理者必须对资源进行组合、捆绑和利用来实现潜在的优势。在实现绩效效果的过程中，动员和协调是最关键的因素，当某一领域的知识资源或个人特定知识发挥作用时，想要有效地利用知识就需要通过动员和协调来帮助成员理解他们的共同目标。

4. 创业导向、代际涉入和家族企业绩效

创业导向反映了一个公司的运作机制，也就是说，创业导向为公司提供了发展方向。例如，创业导向为公司提供了一个"镜头"，管理者和员工可以通过它看到问题并做出反应，当一个公司的创业导向增加时，这个"镜头"就会将反应行为转变为企业家对产品创新的积极性和冒险性，因此，企业资源的使用会受到创业导向的强烈影响。

在资源配置的过程中，创业导向不仅提供了资源使用的目标，还帮

忙确定了支持目标所需的资源种类。在家族企业内，一个关键的知识资源表现为家族人力资本的跨代传播，高水平的代际涉入产生了具有不同知识和经验的家庭雇员群体，代际之间知识与经验的差异与公司所拥有的知识经验产生了互补，这些异质但互补的资源为创业者提供了潜在的支持，具体表现为以下方面。第一，对市场机会线索的认识；第二，对线索的解释；第三，开发机会时产生的反应。代际涉入的增加虽然为企业提供了有效识别和评估知识的能力，却加剧了企业内部的冲突，包括团队成员之间的紧张、敌意和烦恼，这种持续的冲突可能会阻止雇员将信息整合到产品创新中，使得创新努力变得越来越困难。因此，作者认为，虽然代际涉入下的创业导向能够产生积极的结果，但世代之间的关系冲突破坏了这种潜力，创业导向与代际冲突的相互作用最终会对企业的绩效产生负面影响。

（三）研究方法

1. 假设产生影响的类型

假设1：代际涉入的增加与创业导向相互作用对家族企业绩效产生负面影响。

假设2：创业导向、代际涉入和参与策略三者之间的三向互动对家族企业绩效有正向作用。

2. 数据收集和回归分析

作者对199家瑞士家族企业的两位最高管理人员进行了数据的调查收集。作者与调查公司合作，在967家公司中筛选出了592家是家族企业的公司，并向这些公司发送调查，共收到199个有用的回复，回复率为33.61%。作者将受访公司的规模、年龄和行业与未受访公司进行比较，没有发现统计学上的显著差异。

首先，作者通过关联每个公司的回答来判断受访者回复的可靠性。结果表明，调查结果具有显著的信度（Pearson相关系数 = 0.797；$p < 0.001$；组内相关系数 = 0.789；$p < 0.001$）。之后，作者使用第二个受访者的数据作为因变量，第一个受访者的数据作为自变量，对回归模型中包含的项目使用Harman的单因素检验。结果显示特征值大于1的因子有6个，占方差的67.68%。第一个因素解释了26.85%的方差，其

余因素解释了 40.83% 的方差。由于分析发现了多个因素，而第一个因素并未占方差的大部分，因此该分析表明因素结构不是一个人为的测量过程。其次，作者选择企业规模、年龄、环境动态性和行业作为研究的控制变量。

3. 因变量和自变量分析

作者通过四个相关的财务科目来定义绩效：净利润、销售增长、现金流和净值增长（$\alpha = 0.87$）。为了衡量代际参与，作者要求受访者报告同时参与公司管理的代际数目（一代、二代、三代或多于三代），之后采用 edleston 和 kellermann 的五项量表对参与组织战略制定过程的水平进行评估（$\alpha = 0.87$）。见表1。

表1　　　　　　　　　　关键构造和项目

结构	项目
创业导向	$\alpha = 0.87$
	过去三年，我们公司推出了许多新产品或新服务
	过去三年，我们公司在产品和服务的组合上做了许多重大的改变
	过去三年，我们公司一直强调在产品和服务上进行重大创新
	过去三年，我们公司对高风险的项目表现出了强烈的倾向（回报率非常高）
	过去三年，我们公司一直强调在定位自身及其产品或服务时采取大胆、广泛的行动
	我们公司对研发、技术领先和创新表现出强烈的承诺
	我们公司遵循的战略允许其在外部环境中利用机会
参与策略	$\alpha = 0.87$
	过去三年：我们公司的决策是参与式的
	我们公司的最高决策者与所有家庭成员进行非正式互动
	我们公司的所有家庭成员定期参与战略决策
	我们公司的决策是互动的
	家庭成员之间就任何战略问题自由开放地交换意见

续表

结构	项目
表现	α = 0.85
	与竞争对手相比，你如何评价公司过去三年的业绩
	净利润
	销售增长
	现金流
	净值增长

4. 控制变量

作者根具会影响独立变量和因变量之间关系的因素，控制了年龄、规模、环境动态性和行业这四个变量。

（四）研究结论

第一，需要将代际动员和协调巧妙地结合起来，才能利用它们异质但互补的知识资源来提高绩效。

第二，增加的代际涉入与创业导向的相互作用，会对家族企业绩效产生负面影响。

第三，高水平的创业导向、代际涉入和参与策略的结合能够产生最有效的结果。

第四，代际涉入的影响、环保政策的各个组成部分（即产品创新、主动性和冒险性）以及代际参与、参与策略和环保政策各个组成部分之间的三向互动的所有结果基本相似。

（五）未来方向

第一，家族企业中可能出现的关系冲突的类型。

第二，利用纵向数据来探索家族企业中的冲突是如何跨代演变的。

第三，是否存在最佳水平的一个参与性战略，超过这个范围，绩效就会受到负面影响。

第四，探索参与式战略和家庭会议概念在家族企业背景下的重叠程度。

第五，调查除了代际涉入提供的广泛类型的人力资本之外的其他资源，探索它们如何影响我们的模型。

第六，通过添加可能与创业导向、资源和战略变量相互作用的环境变量来扩展模型。

论文二：《战略、运营和盈利能力：资源编排的角色》

Hughes P., Hodgkinson I. R., Elliott K., et al., "Strategy, operations, and profitability: The role of resource orchestration", *International Journal of Operations & Production Management*, Vol. 38, No. 4, 2018.

（一）研究背景

资源编排理论试图解释管理者如何有效地将与制造业高度相关的资源能力进行合并，以提高业绩，业务领域却忽视了实际安排资源的复杂性，现在的研究不能仅仅局限于个别资源的直接影响，更应该通过研究发现能够最大限度提高利润的不同资源编排方式。资源编排将企业内外部资源与管理智慧相结合，以此来实现卓越的企业绩效。本研究旨在探讨如何通过配置与现有产品有关的、支持"技术适应性"的业务资源（如销售和营销、设计、采购、制造、物流和仓储、人力资源、行政和客户支持）来获得盈利能力，由于任何一家具有高盈利能力的公司都不可能在所有资源编排活动中拥有高水平，因此作者提出了两个研究问题：资源投资如何影响盈利能力？什么样的资源编排会导致高利润率？为了解决这些研究问题，本研究考察了资源投资的直接影响：收购、销售成本、员工、财产、厂房和设备、广告费用、退休金和退休费用、研发费用、以及销售、一般和管理费用（减去广告和研发费用）。在使用模糊集定性比较分析（fsQCA）测试资源部署行动的"逻辑"可能组合之前，使用多元回归分析（MRA）对公司盈利能力进行评估。有学者认为不应将基于回归的方法和量化比较研究视为替代品，准确地说，两者都应该发挥各自的优势，对手头的问题产生分析性的见解。通过比较不同分析的结果，本文研究不再仅仅考察资源杠杆的净效应，而是考虑不同的部署配置下的高盈利能力。

(二) 研究框架

1. 资源编排理论

资源基础理论倡导者认为，持久竞争优势来源于独特的资源组合。事实上，即使与价值较低的资源相结合，企业资源也可能产生竞争优势，因此，必须通过利用资源之间的互补性来实现企业绩效的提升。由于公司在部署资源时采取的资源组合策略不同，所以相同的资源也能在公司之间呈现出异质化分布，从而产生不同的绩效。

随着对资源管理或资产协调、资源分配、资产互补性的调查研究增多，资源编排理论在更广泛的管理文献中得到了推进，该理论认为企业的所有层面都必须积极参与组织资源基础的投资和配置。资源编排是企业层面的活动，它完美地适用于调查制造战略与企业成果之间的关系。资源编排有两个核心维度：投资和部署，它们是资源编排理论的基石。投资是为了建立资源和活动，部署就是对这些资源进行编排，使其能够为公司产生高回报。虽然资源编排的产出价值被研究资源基础理论的理论家们所赞扬，但资源的实际组合和可能导致成功的配置数量却很少被报道，正如学者们所说，资源基础理论尚未对公司为创造和维持优势所采取的行动进行充分探索。

2. 经验模型

本文借鉴了 MRA 和 fsQCA 来检验研究的问题，鉴于二者存在的认识论不同，其目的不是发展和检验具体的研究假设，而是提供一个关于研究主题的补充观点。作者将有顺序地采用这两种方法来研究企业战略中，制造资源的制定、重新制定和部署，如图1所示。本研究不仅能够确定资源投资和绩效之间的重要关系，实证模型还能够发现那些可以被管理者在资源部署中利用的运营资源。

MRA 用来检验一组中的自变量是否能够对另一个自变量产生正向过负向的影响。首先，研究考察了收购、商品销售成本、员工、不动产、工厂和设备、广告费用、养老金和退休金费用、研发费用、销售、一般和行政费用（减去广告和研发费用以防重复计算）与企业盈利能力之间的关系，预计这些资源投资将对企业盈利能力产生积极的直接影响。

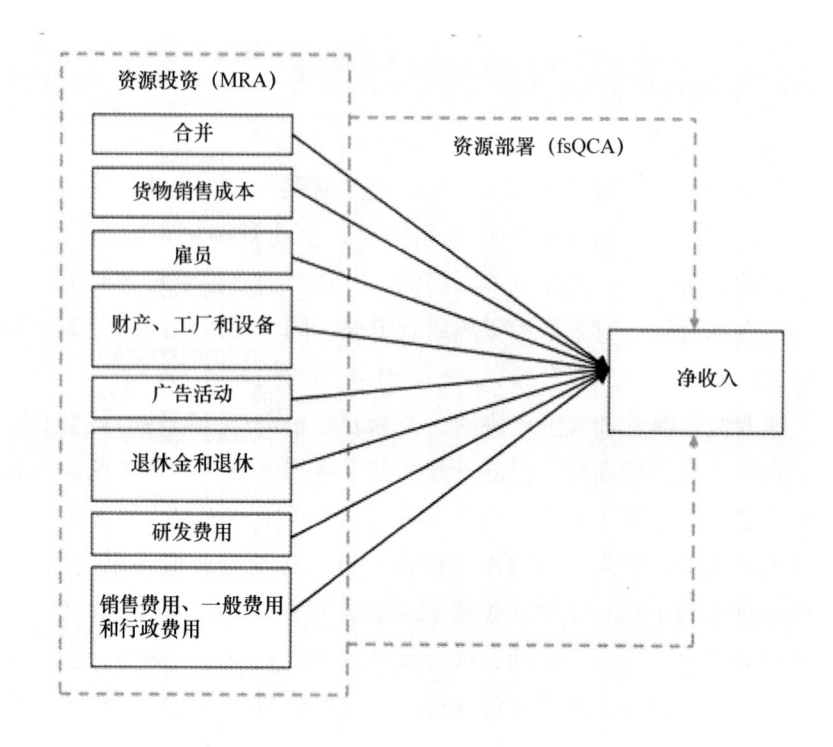

图 1 资源投资效应（MRA）和部署配置（fsQCA）

经验模型的第二个要素将采用 fsQCA 来揭示影响企业盈利能力的部署配置，本文在分析过程中使用了相同的八个资源投资变量。由于资源配置的方式是多样的，分析中并没有预先指定哪种资源配置最能与企业盈利能力相关联。fsQCA 适用于定性和定量数据，用于研究有可能以复杂方式组合在一起的条件或结构的配置。

（三）研究方法

1. 样本选择

作者从 COMPUSTAT 数据库中检索了 2013 年 1559 家美国制造公司的各种资源投资变量和净收入数据，还收集了 2014 年和 2015 年的净收入数据。

2. fsQCA 研究设计

为了开始 fsQCA 分析，研究数据突出显示在校准数据中是否有任何外生因素（即自变量）上的成员得分为 0.5 的情况，在校准变量中加入了 + 0.0001，以防止结果中成员分数为 0.5 的案例被删除。其次，遵循 QCA 方法，使用简约解方式来理解因果推理，因为复杂的和中间的解显然是因果推理的错误程序。为清楚起见，第一，一个复杂的解决方案是一种不使用逻辑余数的反事实分析的解决方案；第二，简约解决方案是反事实分析使用所有简化假设的解决方案；第三，中间解决方案是对简单反事实进行反事实分析的解决方案。

在 fsQCA 分析中遵循以下推荐步骤。

第一步，将外生和内生因素转化为模糊集（校正函数）；

第二步，减少案例以去除缺失案例；

第三步，检查外生因素设置的隶属度得分为 0.5 的案例；

第四步，真值表算法功能在对结果进行反事实分析和对结果的否定进行逻辑还原的基础上，对真值表进行逻辑还原。

3. 计算结果

对 2013 年的分析表明，回归模型是显著的（f = 135.91；p ≤ 0.01），自变量解释了 79% 的因变量方差（调整后的 R^2）。研究结果表明，资源投入在并购（β = − 0.04）和不动产、厂房、设备（β = − 0.09）中与净收入无显著相关性，而货物成本（β = 0.09；p ≤ 0.05）、广告投入（β = 0.24；p ≤ 0.01）、养老金和退休金（β = 0.31；p ≤ 0.01）、R&D（β = 0.24；p ≤ 0.01）和销售、一般和行政投入（β = 0.57；p ≤ 0.01）对净收入均有显著的正向直接影响。然而，对劳动力规模的投资（β = − 0.31；p ≤ 0.01）显示出对盈利能力显著的负向。

在 2014 年（t + 1）和 2015 年（t + 2）两个时间点检查了滞后 1 期和 2 期资源投资的绩效影响。对 2014 年滞后绩效的分析结果表明，回归结果显著（f = 99.88；p ≤ 0.01），相应的调整 R^2 值为 0.73。对 2015 年绩效的结果表明，回归模型显著（f = 65.91；p ≤ 0.01），相应的调整 R^2 为 0.64。两个调整后的 R^2 值都意味着资源投资的滞后效应。对这两个时间点的回归模型的检验表明，资源投资在商品成本、R&D 和 SG&A 方面对绩效有一致的正面影响。在中短期内（2013 年和 2014 年），对员工基础的投资似乎确实会减少净收入，但这种效应会随着时间 t + 2（n. s.）而消失。对广告活动的时间投资在短期内转化为业绩增长（t = 3.78；p ≤ 0.01），但这不适用于时间 t+1 或 t+2。其他人类对养老金和退休金的投资也是如此。厂房、财产和设备投资仅在时间 t+2 时有显著效应（$t = -2.76$；$p \leq 0.01$）。收购投资在任何时间点都没有任何显著的影响。

（四）研究结果

第一，研发和基于销售的费用提高了所有时间段的利润率，虽然增加雇员基数会降低短期盈利能力，但这种影响在以后并不显著，表明技能和知识投资可能带来长期的回报。

第二，对公司基础员工的大量长期投资会对公司的长期业绩产生影响。

第三，保持品牌知名度最初会影响盈利能力，而并购扩展了公司的销售活动，其影响更为持久。

第四，养老金和退休费用是核心资源条件，研发、并购和劳动力规模与盈利的外围资源条件一致。

（五）未来方向

第一，基于制造战略这一研究，探讨和扩展资源协调对制造商绩效的重要作用。

第二，跨越企业成熟期不同阶段（企业的生命周期）的资源配置问题。

第三，从简单的企业结构开始，捕捉企业生命周期。

第四，拓宽 fsQCA 在制造策略研究中的应用，以进一步深入了解资源协调在实现性能目标中所扮演的配置角色。

论文三：《创新的资源编排：成长和成熟期企业的资源构架和捆绑》

Carnes C. M., Chirico F., Hitt M. A., et al., "Resource Orchestration for Innovation: Structuring and Bundling Resources in Growth-and Maturity-Stage Firms", *Long Range Planning*, Vol. 50, No. 4, 2016.

（一）研究背景

增长是大多数企业，特别是盈利性企业的共同目标，许多公司发现，随着时间的推移，内涵型增长（通过内部手段）比外延型增长（收购）能够带来更高的回报，内涵型增长能够通过在当前市场或新市场中进行创新和扩大客户群来实现，二者通常是同时进行的。因此，了解企业如何运用资源管理进行创新是非常重要的。尽管我们已经对创新的过程有了许多了解，但更需要了解企业是如何编排其资源来实现创新的。先前的研究主要集中在开发创新所需的资源数量或特定资源对创新的影响，但更为重要的是研究管理者如何实际地编排这些资源进行创新。权变理论通过证明许多创新的决定因素依赖于多个公司属性或环境背景，在帮助理解公司如何创新方面变得至关重要，基于权变理论，我们预计企业的生命周期阶段会对企业的资源编排方式产生影响，从而促进企业发展新的创新方式。

（二）研究框架

首先，作者通过整合权变理论扩展了资源编排的理论基础。权变理论提供了一个框架，帮助我们了解公司是如何适应不断变化的环境的。其次，作者提供了对资源编排理论强大且独特的实证检验，这是第一次对资源编排和创新之间的联系进行实证检验，此外，本研究同时审查了所有管理行动，对如何全面管理资源有了更丰富的了解。最后，作者收集了美国和意大利这两个国家的企业数据，通过设定变量来对数据进行回归分析。

1. 理论和假设的发展

管理学者们在过去几十年里对企业创新进行了深入的研究，为了实现创新，控制有价的、异质的资源是必要的，这些资源必须重新组合、捆绑或以其他方式进行管理以产生创新。然而，以一种有价值的方式组合资源并不总是一个平稳的过程，这些组合资源行为的有效性可能取决于其他因素，其中一个重要的因素就是企业生命周期阶段，在生命周期的不同阶段，企业面临着不同的优势和挑战，因此管理者需要以不同的方式安排企业的内部资源和能力组合，以便在时间的推移下仍能保持创新能力。资源禀赋、目标、市场战略和其他特征的差异可能会对每个资源编排行动进行改变，从而改变资源编排行动对每个企业不同生命周期阶段的相对重要性。因此，根据资源编排理论，作者希望管理者将所有资源编排行动都与企业不同生命周期阶段的创新相关联。然而，通过将资源编排理论与权变理论相结合，我们认为管理者是否会强调不同的资源编排行动来支持创新工作取决于他们的生命周期阶段。

2. 资源协调与创新中的生命周期偶然性

大多数研究表明，将企业分为不同的生命周期阶段可以使企业往一致的和可预测的方向发展。经验证明，企业最主要的分歧产生于早期和晚期之间，因此，在作者的理论框架中，重点关注了企业这两个生命周期阶段的偶然性：成长阶段（早期阶段）和成熟阶段（后期阶段）企业。

成长期公司是指具有非正式报告关系和灵活组织结构的，相对较小的年轻公司，这些公司将寻求增长作为他们的首要目标，而创新是实现这一目标的手段。虽然这些公司会受到一些资源限制，但他们很少受到官僚作风的影响，这使得他们可以迅速利用市场机会的优势快速发展。

成熟期公司通常是规模较大、年龄较大的公司，其组织结构更为复杂、官僚化和僵化，这通常会减缓高层管理人员战略决策的执行速度。因此，其主要目标是通过风险规避行为来保护和维持其当前的优势和回报，也正因此，成熟公司的创新往往趋于放缓。

3. 提出假设

假设1：成长期企业的管理者比成熟期企业的管理者更注重资源的获取和积累，以促进创新。

假设2：成熟期企业的管理者比成长期企业的管理者更注重资源的转移，以促进创新。

假设3：成长期企业的管理者比成熟期企业的管理者更注重能力的丰富和创新。

假设4：成熟期企业的管理者比成长期企业的管理者更强调能力稳定，以促进创新。

（三）研究方法

1. 数据采集

为了提高结果的普遍性，作者收集了来自美国和意大利两个国家的公司的数据。作者从美国一所大型研究型大学的创业中心确定的一份公司名单中随机选择了600家美国公司,并试图通过电话直接联系每家公司的高管,最后成功地联系到了其中的256家公司。在获得每位高管的同意后,作者发送了一个工具的在线链接,最终收到了来120家公司的完整数据,参与率为46.87%。

为了获取意大利数据,作者从 Bureau Van Dijk(AIDA)提供的Amadeus数据集中随机选择了500家意大利私营公司,按照与美国数据收集相同的程序,将其发送给每家公司的高管。最终的意大利样本包含111家公司,响应率为22.2%。

2. 数据收集工具

按照政策捕捉方法,作者要求参与者评估30个假设的自然资源项目的创新潜力,对10个不同的区域办事处行动和战略给予不同程度的重视。每个场景都在一个页面上呈现给参与者,并要求他们评估每个场景的创新潜力。这套决定标准(10项区域办事处的行动和战略)在30种设想方案中没有变化,但对每项区域办事处行动和战略的强调程度是在5分制的范围内随机从"低"到"高"进行实验操纵的。这30种情况下的变化是必要的,作者以此捕捉哪些行动的管理者强调推动创新。在场景设计中,作者使用随机数发生器随机分配每个行动或策略的级别,以防止多重共线性,确保了每个行动和策略的差异是平衡的,每个行动或策略都有相同的影响决策的可能性。在最终样本中,有13家公司的经理进行了试点测试,以确定该工具的有效性。

3. 自变量

包括收购、积累和剥离结构行为的水平,以及稳定、丰富和开拓性捆绑行为。

4. 因变量

因变量是基于每个情景中提出的假设配置的预期创新水平。包括两项量表,一是建议其公司采用给定配置以促进创新的概率;二是给定流程配置对公司创新水平的贡献潜力。

5. 控制变量

本文将利用能力的三种杠杆化战略和协同行为作为控制变量,并将一些公司层面的特征纳入控制变量,具体包括资源优势战略、市场机会战略、创业战略、协同行为、公司特征变量（规模、是否是家族企业、研发强度），此外，本研究还控制了行业属性，并对企业是美国企业还是意大利企业进行了控制对照。

（四）研究结果

第一，处于成长阶段的公司管理者强调资源获取和积累行动，以克服资源限制，进入新市场，并迅速转变或发展新的能力，帮助产生创新。

第二，成熟期企业往往建立了资源组合，这可能会抑制创新，因为资源被束缚在不灵活的投资中，限制了企业在远离其核心业务的地方探索新增长机会的能力。

第三，成熟企业的管理者比专注于增长企业的管理者更强调剥离资源来发展创新。

第四，处于成长阶段公司的管理者更加侧重于发展新的能力以应对竞争对手，而处于成熟阶段的公司管理者则侧重于通过稳定行动维持当前的优势。

第五，管理者通过关注不同的资源编排行动实现创新和成长，跨越公司的发展阶段。资源编排行动对所有企业都很重要，但是成长期和成熟期的企业有所不同。

（五）未来方向

第一，最高管理层变化对资源管理方式的影响，不仅包括资源组合的变化，而且包括所创造的能力和利用这些能力的战略。

第二，如何利用不同的杠杆策略（即资源优势策略、市场机会策略和创业策略）来开发企业每个生命周期阶段的创新能力。

第三，企业各生命周期阶段之间创新类型的差异。

第四，探讨文化规范或正式机构是否会影响用于创新的结构和捆绑行动的资源类型。

16 技术标准与数字经济创新*

一 导语

本部分导读的文献主要围绕数字经济背景下的技术标准和技术创新展开。在数字经济时代，5G、人工智能、云技术等新一代信息技术成为驱动经济社会发展的核心动力，信息技术产生的网络效应、互联互通、规模效应等成为数字经济发展的重要决定因素，而标准化是实现互联互通、网络效率的基本前提。所以，标准的制定和竞争也已经成为数字经济时代取得领先优势的关键。近年来，中国在数字经济领域创新能力显著增强，其中一个很重要的体现技术在国际标准制定中的话语权逐渐增强。以通信产业为例，在3G时代我国提出的 TD–SCDMA 成为国际三大3G标准之一；在5G时代，中国通信产业实现领先的很大因素在于在5G标准中取得了领先优势。

随着中美关系演变，中美之间的竞争逐步向技术标准聚焦。尤其是近来美国不断强化在3GPP、ITU等国际标准组织中的战略布局，加大了对主要国际通信标准组织中关键席位的争取力度，以试图增强在国际标准组织中的影响力、提升标准制定话语权。过去20年间，美国多次试图背离第三代合作伙伴计划（3GPP）的全球移动通信开放标准，另

---

* 本部分导读的文献分别是，①Blind, K., S. S. Petersen and C. A. Riillo, "The Impact of Standards and Regulation on Innovation in Uncertain Markets", *Research Policy*, Vol. 46, No. 1, 2017. ②Simcoe, T., "Standard Setting Committees: Consensus Governance for Shared Technology Platforms", *American Economic Review*, Vol. 102, No. 1, 2012. ③Chiao, B., J. Lerner and J. Tirole, "The Rules of Standard-setting Organizations: an Empirical Analysis", *RAND Journal of Economics*, Vol. 38, No. 4, 2007. ④Wiegmann, P. M., H. J. de Vries and K. Blind, "Multi-mode Standardisation: a Critical Review and a Research Agenda", *Research Policy*, No. 46, 2017.

行开发 CDMA、WiMax 等技术；对国际电信联盟（ITU）的通信标准相关活动也长期采取相对忽视的态度，始终没有积极推举来自美国的秘书长候选人。直到中美在通信领域的全球对抗愈演愈烈，美国才再次重视起国际通信标准组织的作用。但是，2019 年美商务部将华为等中国企业列入出口管制实体清单，美国企业必须预先取得商务部许可证，才能与这些企业交流技术信息。由于不确定哪些技术信息能够合法分享，美国企业开始避免与华为等中国企业接触，甚至放弃参与国际标准组织会议，使得美国在国际通信标准制定过程中的参与度和话语权进一步下滑。为了尽快扭转实体清单限制的不利影响，美商务部在 2020 年 6 月修改禁令，允许美国企业在没有商务部许可证的情况下与华为等企业分享标准制定的必要信息，推动美国企业加入争夺国际标准制定话语权的行列。联邦政府也加大了对美国主体在主要国际通信标准组织活动的组织协同力度。2020 年 12 月，美国防部发布了《5G 战略实施计划》，明确提出成立跨部门工作小组，与联邦通信委员会、国家标准技术研究所、国家电信和信息管理局以及行业组织、标准组织合作，在确定美国优先事项、国际会议代表选派、统一投票方向等问题上确保协同。这些最新情况都说明，未来标准竞争将成为国家间科技竞争的战略焦点，迫切需要加强对技术标准形成和竞争的研究。

20 世纪 80 年代以来，计算机、互联网等信息技术产业快速发展，通过标准化实现网络系统之间兼容对于网络价值的提升、网络外部效应的发挥以及整个产业的发展都变得格外重要。在这一背景下，以往工程技术人员关注的标准问题，逐渐成为社会科学领域关注的重点，越来越多的经济学家、管理学家开始对标准以及标准化问题进行研究（Chiao 等，2007）。尤其是进入 21 世纪以后，数字化、网络化、智能化的步伐进一步加速，数字化转型成为国际产业竞争的重要方面，标准竞争逐渐成为各国技术竞争、产业竞争之外的又一重要战略竞争领域，关于标准的研究又进入了一个新的阶段。本章即对现有技术标准与创新的研究文献进行系统总结，并对近来学术界发表的经典和前沿文献进行深入解读，以期帮助读者了解技术标准研究的现状，并启发未来数字经济时代技术标准的研究。

在对标准相关研究文献介绍前，首先需要厘清标准的概念及其分类。目前，学术界对标准的概念认识比较统一，一般认为标准（Standard）是指产品生产者以及特定领域所遵守的技术规范。但需要注意的是，在现有文献中，与标准研究很类似的一类研究就是主导设计的研究，有些文献认为标准和主导设计是相同的概念，甚至认为主导设计就是行业的标准。但事实上，这二者是有区别的，但是现有文献很少区分二者的不同。标准和主导设计的区别在于二者的形成过程和影响因素不同。在产业标准文献中，标准的形成主要是由于网络效应。由于网络效应的存在，市场上使用某种产品的人越多，对其他的人外部性就越强，产品的市场份额就越大。所以企业会通过各种方式提高产品的安装基础，比如通过开放的方式。现有标准的文献对这个问题的研究较多，主要包括 Farrell 和 Saloner（1985）、Katz 和 Shapiro（1985）等。对于主导设计是如何形成的现有文献说的还不是很清楚。这方面的文献一般认为在主导设计的形成过程中，技术因素起到的作用比网络外部性和开放性更大，同时规模经济在主导设计形成过程中也占有主要的作用。具体地，标准和主导设计形成的影响因素及相关研究参见表 16-1。

表 16-1　　标准和主导设计形成因素的差异比较

	形成的影响因素	代表性文献
标准	网络外部性、开放性（开源性）	Rofles, 1974; Oren and Smith, 1981; Farrell and Saloner, 1985; Katz and Shapiro, 1985; Asaba, 1995; Shapiro and Varian, 1999
主导设计	技术因素、规模效应	Abernathy and Utterback, 1978; Anderson and Tushman, 1990; Henderson and Clark, 1990; Utterback, 1994

在标准的分类方面，David 和 Greenstein（1990）将标准分为三种，即参考标准（Reference）、最低质量标准（Minimum quality）和接口标准（又称兼容性标准，Interface Standard 或者 Compatibility Standard）。其中参考标准和最低质量标准类似于一种信号发送机制，如果某种产品满足这些标准，就说明这种产品的质量、特征等达到了特定的要求，这样

就会降低用户的评估和认证成本。现实经济中,很多标准组织(如ISO)都会发布产品质量、安全性等标准,并进行认证,通过认证的产品即被市场认为是放心的,这些本质上都是参考标准或最低质量标准。标准的另外一种形式是兼容性标准,它可以确保产品的不同子系统能够成功适配整体系统,并且各子系统之间可以相互替换,从而可以使得不同来源、不同供应商之间的产品之间产生可竞争性,进而降低成本。由此可见,标准在一定程度上是降低交易成本、生产成本的一种制度安排。

总结来看,现有有关技术标准的研究大致可以分为两类,第一类是关于技术标准与创新关系的研究,这类研究主要探究标准化对于创新的影响及其相关机制;第二类是关于技术标准形成机制的研究,这类研究更侧重于从微观层面关注促进技术标准形成的制度安排。本文介绍的文献也涵盖了这两类研究,但更侧重于技术标准形成的文献介绍和解读,这是因为目前学术界和产业界普遍认同技术标准对于创新的促进作用,但对于技术标准如何形成以及如何在技术标准的竞争中取胜进而带动创新能力提升的认识还不够深入。

关于技术标准与创新关系目前学术界基本有两种截然不同的观点,一种观点认为标准化可以促进技术创新;另一类观点认为标准化会抑制创新。从促进效应来看,首先,一些学者认为标准化有助于明确相关领域内的技术发展方向,建立技术聚焦点,而这有助于降低创新的市场风险。其次,产品质量和安全性标准具有质量信号效应,可以显示厂商的创新努力,降低信息不对称所导致的交易成本。最后,与标准化相联系的知识和技术扩散有助于推动创新。一方面,一些学者强调标准是特定领域中知识和技术诀窍的汇集体;另一方面,另一些学者的研究则表明标准并不像专利那样具有使用上的排他性产权,因此具有典型的公共品特征,可以带来显著的技术外溢效应。但是,标准的形成也可能会阻碍创新和技术进步。标准的形成往往意味着特定技术规范的确立,这在形成聚焦效应的同时,降低了技术上的多样性,限制了企业在创新方向上的选择空间;企业沿标准技术路线所进行的专用性投资也会限制其进行多样化研发的动力。此外,当市场中存在网络外部性时,技术的锁定效应意味着标准化将阻碍新技术的应用,对创新产生迟滞效应。因此,标准化对创新的实际影响是多种因素综合作用的结果，具体的影响方向有待于经验性的检验。近来，部分学者的研究认为标准对技术创新的影响与市场环境有关，例如 Blind 等（2017）的研究发现，在市场不确定性较低的情况下，标准化会一直市场创新，但是在市场不确定性较高的情况下，标准化会促进市场创新。

在标准形成的研究方面，近来学者重点关注了标准制定组织在标准制定中的作用。正如诺贝尔经济学将获得者 Tirole 所指出的，尽管标准制定组织（SSO）在标准制定中发挥的作用越来越大，甚至取代了传统正式的国家或国际标准制定组织，但是关于不同标准制定组织的运行模式和规则的研究还很缺乏（Chiao 等，2007）。但随着近年来通信标准、互联网标准的发展和竞争，学术界对于标准形成的研究也越来越多。总体来看，目前学术界重点研究了标准形成的三类方式：第一类是市场模式，第二类是政府主导模式，第三类是标准组织模式。其中标准战模式也可以称之为市场模式，企业是通过企业之间的竞争来实现标准的制定。市场模式又可以分为两种形式，一种是标准战，另外一种是主导平台模式。主要文献有 David 和 Greenstein（1990），Besen 和 Farrell（1994）。Simcoe（2012）将标准形成分为三种模式，一是标准战模式，二是主导平台模式，三是标准组织模式，实际上前两种可以统一概括为市场模式。

尽管市场、政府、标准组织是标准制定的三种常见模式，但随着技术复杂性的提升以及不同技术之间的融合，具有不同技术背景的利益相关者开始一起制定标准，随着参与者的增加，不同标准化的制度和策略也开始相互融合，从而形成了多节点的标准化过程，即市场模式、政府模式和标准组织模式融合形成的标准制定过程。已有研发发现，越来越多的标准制定过程涉及多节点融合模式，比如 GSM、以太网等（Wiegmann 等，2017）。为了反映标准制定的这种发展趋势，本文选取了 Wiegmann 等（2017）进行解读，这篇论文主要研究了多节点标准化模式的基本内容。

◈ 专题四：企业管理与数字经济

二 精选文献导读

论文一：《标准和监管对不确定市场中企业创新的影响》

Blind, K. , S. S. Petersen and C. A. Riillo, "The Impact of Standards and Regulation on Innovation in Uncertain Markets", *Research Policy*, Vol. 46, No. 1, 2017.

（一）作者简介

这篇论文的三位作者分别是 Knut Blind, Sören S. Petersen 和 Cesare A. F. Riillo, 都是德国人。其中需要着重介绍的是 Knut Blind 教授，他于 1996 年至 2010 年间担任弗劳恩霍夫协会系统与创新研究所（Fraunhofer Institute for Systems and Innovation Research，Fraunhofer ISI）的高级研究员和部门负责人，之后于 2019 年 10 月返回弗劳恩霍夫 ISI，担任业务部门监管和创新的协调员。2010 年至 2019 年，他在弗劳恩霍夫开放通信系统研究所创新管理部担任项目经理，本章要介绍的论文就是发表于这一时期。自 2006 年起，他还担任柏林工业大学创新经济学教授。2008 年至 2016 年间，他还在鹿特丹伊拉斯姆斯大学鹿特丹管理学院担任标准化的捐赠主席。Blind 教授是创新领域的著名学者，长期的产业实践使得他的研究既贴近现实问题，又具有理论高度。Blind 教授的研究重点是分析监管与创新之间的联系。具体而言，一方面，他从宏观经济和微观经济层面探讨监管框架条件对公司创新行为的影响；另一方面，他将标准化作为正式机构中的自我规制形式、市场中知识和技术转移渠道等，从不同角度对标准化问题进行研究。

还需要特别介绍的是作者所在的单位——德国弗劳恩霍夫协会，它是德国也是欧洲最大的应用科学研究机构，成立于 1949 年 3 月，以德国科学家、发明家和企业家约瑟夫·弗劳恩霍夫（Joseph von Fraunhofer, 1787—1826）的名字命名，总部位于德国慕尼黑。截至 2017 年 5 月，弗劳恩霍夫协会在德国有 74 个研究机构，约 28000 名员工，每年的研究额为 28 亿欧元，其中 23 亿欧元用于合同研究领域。1972 年创新研究员 Helmar Krupp 建议以自然科学和技术为导向的弗劳恩霍夫协会（Fraunhofer Society）成立新的研究所，以研究技术和创新的影响和潜力。遵循此建议，1972 年 4 月，在 Helmar Krupp 的领导下，在卡尔斯鲁厄成立了弗劳恩霍夫系统技术与创新研究所。弗里德·迈耶·克拉默（德）从 1990 年起担任董事。在他的管理下，该研究所成为国际领先的创新研究所之一。这导致它在 2004 年更名为"弗劳恩霍夫系统与创新研究所"，因为"系统技术"不再被认为适合于拥有超过 100 名员工的研究所。

（二）研究问题和研究视角

《标准和监管对不确定市场中企业创新的影响》这篇论文发表在创新领域顶级期刊 *Research Policy* 上，主要探讨了标准对企业创新的影响。从研究视角来看，这篇论文带有 Knut Blind 教授的鲜明研究特色，从监管与创新关系的角度来研究标准。作者将标准看作传统政府监管之外的一种自我监管方式，通过区分两种监管模式的差异来探讨其对企业创新的异质影响。关于监管对创新的影响学术界存在较大争议：部分学者主张遵守法规可能会增加成本或限制企业的行动自由，进而降低企业创新；另一部分学者则认为监管可能会引导甚至迫使企业投资创新活动、实施创新流程或发布创新产品。此外，监管工具的特征以及实施过程中的弹性都会影响监管对创新的影响。

考虑到数据的可获得性，大多数文献并没有区分正式标准和政府法规。事实上，这两种政策工具在特点及其实施的灵活性上均存在很大区别，正式标准是由公认的标准化机构制定的，是自愿且由共识驱动的。相反，法规是政府发布和颁布的强制性法律限制。基于这一差异，作者在市场不确定条件下探讨了政府监管和标准对企业创新的影响。

（三）研究思路和研究方法

Blind 等（2017）这篇论文首先详细概述了政府监管（法规）和正式标准两种工具之间的差异。正式标准是企业和其他利益相关者在标准化组织内的自愿过程中协商一致的结果。因此，标准制定可以看作一个自我监管的过程，只有有限数量的公司积极参与其中。法规是由政府制定和颁布以塑造市场环境并影响相关参与者的行为。相应地，监管主要源于自上而下的方法，而正式标准通常是市场驱动过程的结果。法规和正式标准在执行方面也有很大差异。法规的实施是强制性的，而正式标准的采用在大多数情况下是自愿的。

  以此为基础，文章应用了市场不确定性、管制俘获和信息不对称等理论概念来讨论在不同程度的技术不确定性背景下这两种工具对创新的不同影响：第一个是市场不确定性理论。该理论认为创新的成功在很大程度上取决于提供新产品和服务与消费者购买行为的同步和成功相互作用。在高度不确定的市场中运营的公司可能面临高度异质的技术格局和不可预测的消费者行为。不同的技术可能会相互竞争，从而增加生产者和消费者之间的不确定性。基于此，作者认为在具有不同程度的不确定性的市场中，监管和标准对创新效率有显著不同的影响。第二个是管制俘获理论。管制俘获描述了一种现象，即特定利益集团（例如行业）试图根据自己的利益影响政府监管。一般来说，所有类型的规则制定都会受到管制俘获的威胁。虽然该概念主要关注对国家干预（即政府机构）的影响，但它也可以用来解释为什么一些公司在标准化过程中进行游说。文章假设管制俘获对正式标准化的影响根据市场不确定性的水平而有所不同，在不确定性较低的市场的情况下，参与标准制定的公司有更多时间来识别和让感兴趣的利益相关者参与进来，并达成共识以制定标准，以最大限度地降低其专有合规性和创新成本。因此，不参与制定标准的公司容易面临更高的合规和创新成本，因为标准可能与其偏好的生产技术不一致。相应地，管制俘获的影响在正式标准化的情况下应更为显著。在市场高度不确定的情况下，公司很难通过标准影响所有可能的未来发展以提高公司的竞争力，因此正式标准和监管对管制俘获的影响彼此之间应没有实质性差异。总之，从管制俘获的角度来看，在市场不确定性较低的情况下，与正式标准相关的创新成本高于监管，而在市场不确定性较高的情况下，它们不应有显著差异。基于此文章提出假设H1：在不确定性较低的市场中，与监管相比，正式标准更能降低企业的创新效率。第三个是信息不对称。标准制定者和立法者对技术前沿有不同程度的了解，这种信息不对称在法规或正式标准如何影响公司的创新过程中起着重要作用。监管机构和市场参与者对于如何根据实际技术前沿制定正式标准或法规的信息不完善。然而，市场参与者应该总是比政府参与者拥有更好的信息，因为他们对现有技术机会有更深入的了解。当市场以快速变化和多样化的技术格局为特征时，技术错配的可能性会增加，然后监管者和市场参与者之间的知识差异对创新可能更加重要。正式标准是市场和行业驱动方法的结果，而法规是通过自上而下的方法产生的，最终由政府颁布。因此，在不确定的市场中，监管者面临的信息不对称程度高于从事正式标准制定活动的市场参与者，后者更接近供应方提供的技术和需求方的变化。基于这些条件，我们认为在具有高度不确定性的市场中，正式标准会产生较低的合规性和创新成本，因为它们更适合现有的技术机会，而法规则具有相反的效果。因此，在市场不确定性较高的情况下，实施正式标准所需的创新成本低于与遵守法规相关的成本。基于此，文章提出假设 H2：在具有高度不确定性的市场中，与标准相比，监管更能降低企业的创新效率。综合以上理论，作者比较了在市场不确定性高低的情况下监管和正式标准对创新成本的总体影响。

在实证分析阶段，文章使用了来自德国 2011 年社区创新调查（CIS）的数据来分析正式标准和监管对企业创新效率的影响。德国 CIS 由欧洲经济研究中心（ZEW）每年进行一次，数据涵盖拥有五名及以上员工的制造和服务公司。去除缺失信息的观测值后，使用包含 4133 个观测值的样本用于后续分析。文章采用了 Heckman 模型以实现根据观察到的特征预测样本中所有公司的创新成本。该模型分为两个阶段：第一阶段 ($z_j\gamma + u_{2j} > 0$) 对企业从事创新活动的决策进行建模，其中 z_j 表示与创新概率相关的企业特征。模型的第二阶段 ($y_j = x_j\beta + u_{1j}$) 分析公司创新支出的总量。此时，变量 y_j 将创新成本的数量描述为变量 x_j 的线性函数，只有在公司决定从事创新活动时才能观察到。两阶段的相关性用相关系数表示 ($corr(u_1, u_2) = \rho$)。使用完全最大似然估计来执行估计。模型的第一阶段分析了企业参与创新活动的决定，它被定义为如下的二元变量。

$$Propensity\ to\ innovate(P.\ innovatorE) = \beta_0 + \beta_1 Market\ Uncertainty^{mu}$$
$$+ \beta_2 Size + \beta_3 Group + \beta_4 Education + \beta_5 Market^{ma} + \beta_6 Compet. + \varepsilon$$

如果一家公司报告了 2008 年至 2010 年间的创新成功（即产品、流程、组织或营销创新）或任何创新活动（即包括正在进行、中止或放弃的研究项目），则该公司被称为创新活跃型公司。第一阶段的自变量是市场不确定性（Market Uncertainty）、企业规模（Size）、如果企业是一个群体（Group）的一部分、劳动力受教育程度（Education）、市场范围（Market）和公司主要市场（Compet.）的竞争者数量。市场不确定性被操作化为一个在四个层面上衡量的分类变量：无、低、中和高市场不确定性。对于每个观察，考虑到自我报告情况对市场环境的最大得分（即技术发展难以预测，客户难以提前评估产品质量）构建不确定性指数。15 规模以对数形式的员工人数来衡量。教育程度描述了公司中拥有大学学位的员工百分比。市场范围描述了公司在当地、国家、欧洲和国际市场上的活动。模型的第二阶段分析企业创新成本的总量。

$$Innovation\ Cost = \beta_0 + \beta_1 z + \beta_2 Regulation + \beta_3 Standards + \beta_4 Inn.\ exp^{rd} + \beta_5 Subsidies + \beta_6 Corp.^C + \varepsilon$$

自变量（Inn. cost）定义为 2008 年至 2010 年间每位员工的创新成本总额，以对数表示。法规和标准可以影响创新成本的几个方面（人员、第三方服务、消耗品）。因此，该分析不仅考虑了内部研发，还考虑了外部研发、软件采购和外部知识的成本，这些与创新成功尤其相关。向量 Z 包括市场不确定性（Market Uncertainty）、企业规模（Size）、如果企业属于一个群体（Group）、劳动力教育（Education）、市场范围（Market）。第二阶段包括额外的控制变量：如果公司在 2008 年至 2010 年间获得任何公共财政支持（补贴）并且如果它与大学、公共或私人机构（Science Coop.）、客户或顾客（Market Coop.）以及竞争对手或同一行业的其他企业（Other Companies Coop.）合作。

模型的第一阶段讨论企业是创新活跃企业的可能性，结论与 Griffith 等（2006）一致。关于控制变量的影响，研究发现成为创新活跃公司的可能性随着市场的不确定性而增加，企业规模和劳动力教育会增加企业成为创新型企业的可能性，出口活动（即企业的国际化）与创新倾向呈正相关，竞争者数量与成为创新型企业的可能性之间的关系可以描述为倒 U 形。模型的第二阶段分析企业创新成本。我们发现，不区分不同水平的市场不确定性时监管会导致创新成本的增加，而正式标准没有显著影响。此外，出口活动与创新成本呈正相关，停止研发需要更多资源，而持续研发降低了创新成本。综合而言，在具有中低不确定性的市场中，监管和标准的影响在统计上没有显著差异。这是因为，遇到标准障碍的企业更有可能在不确定性较低的市场中报告更高的创新成本，而以监管为障碍的企业报告创新成本较低。在高度不确定性市场中，因正式标准而报告障碍的公司报告创新成本较低，而因监管而遇到障碍的公司报告创新成本更高。至此，前文的两个假设通过检验成立。

（四）研究结论和研究启示

该文章的结论对创新政策具有深远的影响，显示了监管和正式标准在不同市场环境中可能存在相反的影响：在市场不确定性较低的情况下，标准会降低企业创新效率，但是政府监管会提高企业创新效率；在市场不确定较高的情况下，标准会提高企业创新效率，但监管会降低企业创新效率。

基于以上结论，为了最大限度地提高社会福利，政策制定者必须考虑不同市场环境下监管和正式标准的不同影响。虽然监管在更成熟（即技术上不确定性较低）的市场中似乎非常富有成效，但必须保证以标准化形式的自我监管免受管制俘获的威胁。相反，在不确定性更高的新兴市场中，监管者可以通过推动使用正式标准化作为协调工具来促进创新。根据文章结论，应加大政府驱动的监管和行业驱动的标准化之间的协调力度，以利用协同效应并最大限度地减少管制俘获以及信息不对称产生的低效率。

上述结论对于当前我国面临的数字经济和平台经济监管问题具有一定的启示。在数字经济和平台经济加速发展的背景下，政府监管面临两难境地，一方面大型平台企业的快速发展使得垄断风险越来越高，市场竞争、消费者隐私、数据安全等问题亟需政府强化监管；另一方面当前数字经济和平台正处于竞争优势形成期，过度监管可能会降低市场创新激励，不利于数字经济竞争力提升。根据本文的研究结论，政府在数字经济和平台经济的监管过程中，除了审慎使用传统政府主导的监管工具外，还可以支持并加快推动企业自愿制定并实施平台经济标准，发挥自我规制对促进平台企业创新的激励作用。

论文二：《标准制定委员会：共享技术平台的共识治理》

Simcoe, T., "Standard Setting Committees: Consensus Governance for Shared Technology Platforms", *American Economic Review*, Vol. 102, No. 1, 2012.

（一）作者简介

Timothy Simcoe 教授 2012 年发表在《美国经济评论》的论文《标准制定委员会：共享技术平台的共识治理》是标准制定领域的一篇经典文献。Simcoe 教授是美国波士顿大学 奎斯特罗姆商学院的教授，他的研究领域主要是产业组织理论，尤其擅长产业标准、创新、知识产权等领域问题研究，在《美国经济评论》《政治经济学杂志》《管理科学》等国际顶级期刊上发表了数十篇论文。Simcoe 教授在 2014 2015 年还担任美国总统经济顾问委员会的高级经济学家。

（二）研究问题和研究视角

该论文主要研究了在标准制定委员会（SSOs）模式下，如何解决不同标准制定主体之间的利益冲突，以形成最终标准。这个问题本质上是标准制定过程中的协调问题，因为在标准制定过程中，各主体都具有各自不同的利益，如何协调各主体的利益使其趋于一致，从而达成统一的标准是标准制定面临的重要问题。作者认为标准协调的方式主要有三种。第一种方式是竞争，但当网络效应很强时，标准战可能会很激烈且具有高度不确定性。第二种方式是让大型的"平台领导者"负责协调重大技术转型。当然，在这种情况下，占据主导地位的平台并不一定是市场上占据主导地位的企业（Bresnahan 和 Greenstein, 1999）。第三种方式适用于不存在平台领导者的情况，此时企业之间通过创建集体自治组织来实现协调，也就是信息和通信技术领域的标准制定组织。

就 SSOs 这种模式而言，他可以促进有序的技术过渡，以避免风险、重复和分散标准过程中的激烈竞争。但是，从基于市场的标准制定模式向基于委员会的协调模式转变过程中,并不没有改变参与者在特定技术上的私人利益。所以当分配冲突很严重时,参与者如果缺乏制定有效妥协方案的工具,就很难达成共识,标准也就很难形成。在这篇论文中,作者认为标准制定过程中的延迟(即推迟标准达成的时间)是 SSOs 协调不同主体利益、达成最终标准的一种重要手段。

(三) 研究思路和研究方法

作者采用了理论与实证相结合的方法研究通过延迟协调标准制定主体,形成最终标准的机制。首先,作者基于 Merlo 和 Wilson 的随机谈判框架,建立了一个标准制定委员会的简单模型。作者假设在标准制定委员会中有 $k+1$ 个成员对称的成员。每个成员提出一个提案,并且只能选择其中一个作为行业标准。提案的质量是不同的(在 0 到无穷间随机分布),具有连续对称的联合分布函数 $F(\cdot)$。q_i 衡量了成员 i 提案的质量,且为公共信息。标准委员会中的成员进行一个多轮博弈来决定最终的标准,在每一轮博弈开始,每个成员都需要支付成本 c,提案质量分布 $F(\cdot)$ 发生独立变化。如果参与者 i 最后一轮的提案质量 q_i 提升了,这将成为他们的新提案。也就是说他们可以自由地抛弃没有改进的提案。在每一轮博弈的后半阶段,拥有最佳技术的委员会成员提出一个"要么接受要么离开"的合约,其中可能包括支付给其他成员的让步 $b \geq 0$,其余参与者投票决定是否接受。一致同意规则即为共识:当且仅当所有参与者都接受提案时,该提案才能成为标准。一旦被拒绝,所有委员会成员将获得内部收益,论文将其正常化为零,博弈将进入下一轮。参与者的折现因子是 $\beta < 1$。如果参与人 i 的提案被接受,他们的现值收益是 $\pi_i(q) = \pi(q_i, a_i, \omega) - kb$;其中 $a_i = 1$ 表示 i 的提议被选择,$\omega \geq 0$ 是衡量获胜的私人利益的参数。剩下的委员得到 $\pi_j(q) = \pi(q_i, a_j, \omega) + \gamma b$,其中 $\gamma \in [0,1]$ 表示任何让步的效力。

在对参数进行合理假设后,作者在均衡结果中得出了一个最低质量的提案 q^*,当提案的质量高于临界值 q^* 时,都可能成为行业的标准。根据前文的假设,随着委员会成员之间博弈的增加,提案的质量都会提升,至少是不变的,也就是说,q^* 越大,就说明委员会成员之间进行的博弈次数越来,进而说明标准形成所需要的时间越长,也就是说标准组织中的延迟越来。在此背景下，作者探讨了不同参数对均衡 q^* 的影响，形成了三个预测：第一，如果满足机会成本下降（$S_\omega(x) \trianglelefteq 0$）或参与者有足够的耐心（$\beta = 1$）或不存在再分配（$\pi_\omega(x,0) = 0$）或让步的代价足够大（$\gamma = 0$），那么协调延迟（$q^*$）会随着 ω 弱增长。第二，协调延迟（q^*）随 γ 变化呈弱下降趋势。第三，如果延迟 q^* 随 ω 的增加而增加，那么增加率是 γ 的减函数，即 $d^2q^*/d\omega d\gamma \trianglelefteq 0$。这三个预测是理论模型的核心，其本质是说随着分配冲突的增强，或者让步效率的增加，达成最终标准的时间越来越长，但是最终标准的质量也会越高。

为了验证理论模型的预测结果，作者采用互联网工程工作小组（Internet Engineering Task Force，IETF）的数据进行了实证检验。IETF 是一个很有影响力的 SSO，成立于 1986 年，负责互联网标准的开发和推动。例如用于路由数据包的传输控制协议和互联网协议（TCP/IP），以及用于分配网络地址的 DHCP。该组织早期成员主要是学术和政府研究人员。IETF 中委员会被称为工作组（WGs），提案被称为互联网草案（IDs）。发布的 ID 称为评论请求（RFC）。RFC 有两种类型：标准轨 RFC，这种 RFC 定义了新的协议，从提出的标准到标准草案再到互联网标准，这些协议的成熟度不断提高，并且最终会成为标准；非标准轨 RFC，这种 RFC 也是官方发布的，但不会作为最终标准。标准轨 RFC 和非标准轨 RFC 的提出、发布过程相同，但是非标准轨 RFC 不会得到官方的认可，也不会成为最终的标准。这种区别为作者检验分配冲突和让步效率对标准延迟的影响提供了绝好的机会，因为标准轨 RFC 和非标准轨 RFC 的制定流程都是相同的，但是非标准轨 RFC 不会形成标准，所以不会涉及参与之前的利益分配冲突。也就是说，标准轨 RFC 得到了 IETF 的正式认可，而非标准轨 RFC 则没有。因此，在非标准轨 RFC 中参与者没有动机来防止或推迟标准的发布。基于此，作者设计了一个双重差分的估计框架。

在实证数据方面，作者从 IETF 网站上搜集了的公共档案数据，包括从 1993 年 1 月到 2003 年 12 月提交给 IETF 工作组的 3521 份互联网草案，估计样本包括至少经过一次修订的 2601 个 ID。在评估样本中有 249 个工作组，其中 25 个没有发布任何 RFC，只有 176 发布了一个以上的 RFC。中间工作组评估了 7 个提案，并发布了一个标准轨 RFC 和一个非标准轨 RFC。最大的工作组（IP 安全）审议了 123 项提案，并公布了 54 份 RFC。作者用每个提案达成共识的时间衡量协调延迟，从提交 ID 开始，以下三种方式之一结束：作为提议的标准发布、作为非标准轨 RFC 发布，或者过期。论文的初步统计显示，一个标准轨 RFC 达成共识的平均时间是 774 天（2.1 年），而非标准轨 RFC 是 595 天，过期的建议是 487 天。线性回归结果显示，在时间趋势上，标准轨 RFC 每年增加 49 天，非标准轨 RFC 每年增加 31 天。这初步证明了标准轨 RFC 由于利益分配冲突的存在，达成标准的时间延迟更高。紧接着，作者通过更加严谨的实证方法进行了分析，结果显示分配冲突与标准延迟之间在统计上和经济上具有显著的相关性。具体来说，私营部门的参与增加 1 个百分点（私营部门参与越多，主体越多，分配冲突越严重），标准的制定过程增加了 7.8 天。由于私营部门在 IETF 委员会的参与在 20 世纪 90 年代增加了 30 个百分点，这些估计表明，互联网商业化导致了审议一个典型标准时间增加了 8 个月。这种影响随着时间的推移而增长，并且对于协议集顶部的标准影响更大，因为底层技术的创新更快。学术和非营利作者的投稿延迟时间也要延长 3—6 个月，这表明来自私营部门以外的 IETF 成员不太能够（或愿意）做出让步。总体而言，实证结果表明，互联网商业化导致了 IETF 内部战略机动的增加，以及委员会决策的放缓。这些发现凸显了管理一个具有经济意义的共享技术基础设施的挑战。更广泛地说，研究结果为寻租是协调成本的重要来源这一论点提供了实证支持。许多经济学家，如 Becker 和 Murphy 或 Jones 都认为协调成本是限制专业化收益的关键因素。虽然这些成本通常很难衡量，但 IETF 的透明度允许详细检查寻租和技术采用的低效延迟之间的联系。此外，由于兼容性标准是非竞争性和自我执行的，因此，在没有事后监测和执行问题的情况下，SSOs 提供了一个独特的机会来排除寻租和协调延误之间的联系，而事后监测和执行问题通常出现在管理共享的拥挤资源的并行问题中。

（四）研究结论和研究启示

这篇论文通过理论研究和实证研究发现，随着标准制定组织中的分配冲突的增强，利益主体之间的协调变更越来越困难，在这种情况下，标准组织会通过延长标准制定的时间来协调不同主体之间的利益。论文研究结论具有如下几方面的含义。首先，在一个没有即将到来的商业化带来的压力的环境中，SSOs 能更快地达成共识。虽然这并不能完全回答委员会作为管理共享技术平台的机构何时会表现优于市场这个更大的规范问题，但它确实突显出协调延迟是使用共识过程的一个重要成本。结果还显示，SSO 的背书虽然不具约束力，但足以让企业为之而战。因此，随着共享技术平台继续获得商业意义，我们应该期待更多关于兼容性标准和单个公司在底层技术中的权利的争议。更广泛地说，论文强调了寻租作为协调成本来源的作用。虽然已建立的标准促进了互操作性和创新劳动的分工，但当创建一个新组件或接口改变了行业参与者之间的租金分配时，这个过程可能会受到争议。这种见解可以应用于兼容性标准领域之外的许多协调问题，如创建认证计划、行为准则或管理共享自然资源的规则的努力。然而，虽然本文强调了分配冲突和谈判延迟之间的联系，但在其他情况下，相关边际可能是事后遵守、论坛购物或竞争性标准的扩散。

论文三：《标准制定组织的规制：实证研究》

Chiao, B., J. Lerner and J. Tirole, "The Rules of Standard-setting Organizations: an Empirical Analysis", *RAND Journal of Economics*, Vol. 38, No. 4, 2007.

（一）作者简介

这篇论文共有三位作者，分别是 Benjamin Chiao、Josh Lerner 和 Jean Tirole。Benjamin Chiao（赵克锋，香港人）目前是巴黎商学院（Paris School of Business, PSB）亚洲项目的正教授和学术院长。此前，他曾担任中国 DBA 项目学术院长和巴黎商学院中国中心主任。常年担任评论员，曾在中国、俄罗斯、德国、法国、英国、瑞士等国家和地区的媒体上发表数百次分析报告。他的主要研究方向为信息技术法经济学、生物经济学、中国经济。他与 Jeffrey Mackie-Mason 一起创建了一种称为"未经审查的通信渠道"或"开放渠道"的反垃圾邮件机制。这个开放的频道被数亿用户广泛使用。这篇论文是 Benjamin Chiao 在密歇根大学攻读博士学位期间发表的。论文的第二作者 Josh Lerner 是哈佛大学的教授,以其在风险投资,私募股权以及创新和企业家精神方面的研究而闻名。第三作者是诺贝尔奖获得者 Jean Tirole,他也是技术标准领域研究的代表性学者。

(二) 研究问题和研究视角

Chiao 等(2007)的论文主要关注了标准制定组织的特征和制度环境对标准制定的影响。Chiao 等学者在对现有标准组织进行分析的基础之上,发现有些标准组织更面向技术发起者,而有些标准组织更考虑最终用户,因此,作者认为标准组织都分布在面向技术发起者和考虑最终用户这个连续谱上。基于此,作者实证检验了标准组织的这些特征对于标准制定的影响。过去几十年标准制定模式发生了巨大变化,其中一个重要的方面就是在许多情况下联盟和非正式标准制定组织取代了正式的国家和国际标准制定组织。尽管标准组织在标准制定过程中的作用越来越大,但很少有研究考察不同标准制定组织(SSOs)的规则和运作模式之间的差异。实际上,了解 SSOs 的运作很重要,因为它们可以对创新者协调开发新技术的能力、创新激励等产生深远影响。这篇论文试图来弥补这一差距,它重点研究了标准组织的特征与其专利授予等知识产权披露和许可政策之间的关系。

(三) 研究思路和研究方法

这篇论文是在 Lerner 和 Tirole(2006)研究基础上的扩展和深化,Lerner 和 Tirole(2006)研究了技术赞助商的论坛购物行为(Frum Shopping),其基本思想是,有吸引力的技术赞助商可以向潜在用户做出一些让步(如免版税许可),并选择对其技术相对友好的 SSO。基于此,该模型预测了 SSO 面向技术赞助商的程度与赞助商所需的让步水平负相关,所选 SSO 对赞助商友好度与标准质量正相关。这篇论文则从两方面对 Lerner 和 Tirole(2006)进行了扩展,首先,引入披露政策,论文研究表明更高的许可价格应该与更多的披露相关。其次,在 SSOs 数量有限时,特许权和用户友好度之间的关系可能不成立:对赞助商友好的 SSOs 可能会要求实质性的让步以吸引薄弱的标准;相比之下,对用户友好的 SSOs 可能会提出较低的要求，以吸引技术更强的赞助商。这表明，当 SSOs 减少时让步和用户友好性之间的关系可能会更弱。为了检验这些预测，作者建立了一个 SSOs 数据库。结合来自 SSOs 网站的信息、标准制定机构的记录以及从调查和采访中收集的信息，汇编了一个由近六十个机构组成的数据库。通过这些数据进行实证研究，作者验证了理论预测结果。

具体来看，在这篇论文中，作者首先构建了一个理论模型分析了 SSO 友好程度和让步之间的关系，然后进行了实证验证。作者加速一项想法或财产的所有者必须说服潜在用户相信其价值，该技术的用户效用是 $U = a + b + c$，其中：a 衡量拟定标准的强度，且为共同信息；b 反映了用户未观察到的质量，这个参数对技术赞助商和用户都是不可观测的；c 是向用户的许可程度，例如许可对标准至关重要的知识产权的要求。假设只有当 U 大于 0 的时，用户才会采用该标准。也就是说，无论采用竞争标准或维持现状都将用户的效用标准化为零。吸引力参数 a 反映了与竞争对手技术的竞争强度，在其他条件不变的情况下，如果一个技术面临其他标准的竞争越强，那么 a 越小。赞助商的利润 π 是 c 的递减凹函数，即 $\pi'(c) < 0, \pi''(c) \leq 0$。赞助商选择的 SSO 了解 b 并决定是否认可该技术。SSO 的目标函数是用户和赞助商福利的加权平均值，$U + \alpha\pi$。加权因子 α 与用户友好度相反。目前，我们假设 SSOs 免费进入，因此存在一个 SSOs 的连续分布统，他们的用户友好度水平连续变化。论文假设有一个三阶段的博弈过程：第一阶段，赞助商选择 SSO，即 α 和特许权 c；第二阶段，SSO 了解到 b 的大小（更一般地说，它可以接收 b 的信号），然后选择是否推荐标准；第三阶段，用户决定是否采用该标准。在形式上，特许权 c 由赞助商选择。然而，可以看出 c 也可以由 SSO 选择；也就是说，在 SSO 自由进入的情况下，赞助商和选定的 SSO 在特许权的选择方面没有分歧。通过推导作者得出两个结论，第一，拟议标准越弱，让步就会越多，赞助商选择 SSO 就越可信：随着 a 的增加，最优的让步 c* 减少，赞助商友好度 α* 增加。第二，当让步是特许权使用费时，即 $\pi = \pi_0 + p$ 和 $c = -p$ 时，最佳 α 小于或等于 1。当特许权使用费 p 严格为正时，即当吸引力参数超过某个阈值时，α 等于 1。随后，论文研究了披露的决定因素。早期文献中没有考虑标准

制定过程中的信息披露，但实际上即使是已经颁发的专利，其披露也是有成本的。当引入信息披露后，作者证明了当技术吸引力下降时，均衡中披露出现要求的披露成本范围会扩大。

在上述理论研究后，作者设计了一个实证研究验证了理论预测的结果。具体地，作者使用"滚雪球抽样"的方法构建了一个 SSO 数据库。作者首先从 Lemley（2002）提供的 SSO 名单开始，Lemley 将 SSO 对象在以下团体：第一，在网上或直接联系后披露了他们的知识产权政策；第二，1990 年代末将 Sun Microsystems 列为成员或观察员。他的判断是，这种方法代表了"电信和计算机网络行业"行业，在这些行业中，出现了最具争议的知识产权问题。在本文所构建的 SSO 数据库中，作者使用了 consortiuminfo.org 上列出的所有与信息技术和通信技术相关的 SSO，并在在线文档或直接联系后披露了他们的知识产权政策，包括 Lemley 没有使用的知识产权政策（显然是因为他的第二个标准没有得到满足）。我们还使用了各种其 SSO 进行识别，当这些额外的列表的回报率不断减少，当无法识别任何符合标准的其他列表时便停止识别。然后，根据从这些机构的章程和网站等公开来源收集的数据，以及作者的调查、电子邮件和电话采访，对组织的特点进行编码。最终的样本包括与信息技术、电信和电子行业相关的技术。更具体地说，样本中的所有 SSO 都分为三个技术领域（括号中的字段编号）：（31）电子学，（33）电信、音频和视频工程，以及（35）信息技术和办公机器。事实上，80% 的样本（59 个样本中的 47 个）完全属于这些领域。基于这一数据库的实证研究发现，授权免版税许可的条款的存在与披露要求存在呈负相关，而较弱的"合理"许可条款与此类要求密切相关。其次，在 SSO 数量有限的环境中，让步和用户友好性之间的关系不成立。当我们将 SSO 样本划分为技术子领域其他 SSO 中位数高于或低于其他 SSO 中位数的样本时，我们发现与许多其他 SSO 一起位于类的 SSO 中，用户友好性和让步之间的关系要紧密得多。总之，SSO 对技术赞助商的友好程度与赞助商要求的让步水平之间存在负向关系，选定的 SSO 的赞助商友好度与标准的质量正相关。

（四）研究结论和研究启示

通过实证研究作者发现，SSO 面向技术赞助商的程度与赞助商所需的让步水平负相关，所选 SSO 对赞助商友好度与标准质量正相关。也就是说 SSO 对赞助商越友好，在标准制定过程中，赞助商需要的做出的让步越小，最终制定的标准质量也越高。SSO 已经成为标准制定的一种重要形式，本文的结论表明 SSO 的制度特色对于标准制定的质量具有重要的影响。当前，我国各行业通过成立标准组织来制定行业标准的现象越来越常见，尤其是近年在工业互联网、人工智能等领域出现很多标准组织，未来需要相关部门进一步强化这些标准组织的制度环境建设和治理结构建设，以提升标准制定质量。

论文四：《多模式标准化：批评性回顾和研究日程》

Wiegmann, P. M., H. J. de Vries and K. Blind, "Multi-mode Standardisation: a Critical Review and a Research Agenda", *Research Policy*, Vol. 46, 2017.

（一）作者简介

这篇论文的第一作者是 Paul Moritz Wiegmann 博士，他目前是埃因霍温理工大学工业工程与创新科学系助理教授，这篇论文发表于作者在伊拉斯姆斯大学（Erasmus University，RSM）鹿特丹管理学院攻读博士学位论文期间。Wiegmann 博士的主要研究方向是创新生态系统和技术标准等，他的研究关注标准如何适应创新生态系统中其他的显性和隐形规制。论文的第二作者 Henk de Vries 是伊拉斯姆斯大学鹿特丹管理学院技术与运营管理系标准化管理教授，De Vries 教授是标准领域的重量级学者，主要关注标准与创新管理相关问题，他在标准化领域发表或出版了三百八十多篇学术成果，目前是欧洲标准化研究院（European Academy for Standardisation，EURAS）的主席。国际标准化组织 ISO 将 De Vries 教授的标准化教育评为世界上最好的。在他职业生涯的早期，De Vries 教授在荷兰标准化研究所（Netherlands Standardization Institute，NEN）担任过多个不同的职位。论文的第三作者 Knut Blind 在第一篇论文中已经介绍，这里不再赘述。

（二）研究问题和研究视角

标准化模式一直是学术界研究的重点，现有文献主要关注了三种不同的标准化模式：一是基于市场的标准化模式，二是基于政府的标准化模式，三是基于委员会的标准化模式。以往文献在研究标准形成过程中大多只在一种模式下考察标准的形成过程及影响因素。但是随着技术复杂性的提升、技术之间的融合以及信息技术的发展，通过多模式制定标准，即多模式标准化（Multi-mode Standardisation），越来越成为一种广泛应用的形式？那么，多模式标准化下，标准是如何制定的？这种模式和以往文献关注的单一模式的标准形成过程有什么差异？Wiegmann 等（2017）这篇文章即对这一前沿问题进行了探索，这篇论文发表在 2017 年的 *Research Policy* 上，对现有的三种标准化模式的特征进行了系统的比较总结，提出了多模式标准化的概念，并研究了多模式标准化的机制等重要问题。

多模式标准化过程是未来标准形成的重要模式。作者在论文的开始通过对数字经济时代标准化发展的趋势进行总结，提出未来标准化的模式不仅是单一模式的标准化，更重要的是多模式标准化。许多经济活动都依赖于标准化，如向平台经济转型、智能制造转型和创新大型复杂系统等。这些经济活动的标准化涉及的主体更多，以智能制造为例，不仅涉及通信产业的主体，还涉及制造行业的主体，这些之前没有利益相关性的主体在智能制造的标准化过程中形成了联系，成为智能制造标准化的利益相关者。由于这些原来属于不同行业的利益主体之前在各自行业中进行标准化的模式各不相同，如在通信领域企业大多通过委员会的方式进行标准化，在制造行业很多是通过政府的方式进行标准化。所以，当这些主体汇集到一起制定新的标准时，他们可能会将不同的标准化"文化和战略"带到一起上，并使用他们熟悉的标准化模式，从而导致大量多模式标准化过程出现。尽管多模式标准化越来越重要，但研究中很少有学者关注这类标准化模式，现有文献多假设每个标准化过程都只依赖于基于市场的标准化、基于委员会的标准化、基于政府的标准化三种模式中的一种。尽管许多历史案例符合三种标准化的一种或几种，但越来越多的案例是这三种标准化模式无法解释的。所以这篇论文就对多模式标准化进行了初步研究，其主要贡献有四点：第一，作者系统总结了现有文献，导出了推动标准出现的三种理想典型的标准化模式；第二，总结了多模式标准化的现有理论，并找出其差距；第三，重新收集了现有文献中的证据，在制定关于多模式标准化的理论方面迈出了第一步；第四，提出关于多模式标准化未来重要的研究问题，为未来的研究指明了方向。

（三）研究思路和研究方法

首先，论文总结了现有三种标准化模式的特点，见表1。第一种在基于委员会的标准化方面，作者认为，基于委员会的标准化更具有包容性，在这种模式下利益相关者合作定义标准，以批准文件的形式提出一种解决方案，私人领域的行为者构成并主导委员会，任何感兴趣的利益相关者都可以以理想典型的形式加入这些委员会。在时间方面，基于委员会的标准化在标准制定的过程中协调不同主体的利益关系，是一种"事中协调"的模式。不同主体可以提出不同的技术提案，委员会在批准和传播标准之前对其进行评估，解决不同主体的分歧和争议。第二种基于市场的标准化是通过市场选择的方式形成标准的，即不同技术及其支持者在市场上相互竞争直到达到平衡，最终事实标准形成。由于"乐队花车效应"（Bandwagon Effect），这种竞争通常导致一种解决方案成为事实标准。然而，也有一些标准同时存在且无法实现协调的情况。由此可以看出，基于市场的标准化是一种"事后协调"，竞争是参与者之间在基于市场的标准化中进行协调的驱动力，这种竞争主要由来自私人领域的参与者的推动。第三种在基于政府的标准化模式中，政府可以利用其地位强行制定标准，政府可以强制使用其他地方制定的标准，也可以自己制定标准并强制使用。因此，基于政府的标准化的协调过程可以在标准制定和标准传播的任何阶段。与基于委员会和市场的标准化相反，基于政府的标准化由有权强制使用标准的公共行为者主导。因此，私人行为者不能直接影响标准的形成，只能通过游说来施加影响。因此，基于政府的标准化的包容性相对较低。此外，政府是否应该强制实施标准也是一个具有争议的理论问题，从实践来看，政府强行制定标准的情况越来越少。

表1 三种标准化模式的比较

	基于委员会的标准化	基于市场的标准化	基于政府的标准化
参与主体的关系			
协调机制	通过利益相关者之间的合作进行协调。标准在委员会中制定,只有在成员同意共同解决方案时才会传播	任何人都可以开发作为标准的解决方案。通过市场解决方案之间的竞争进行协调,通常(但不总是)导致一个事实标准	作为标准的解决方案可以产生于各种方式。通过政府利用其等级地位将这些标准的使用强加于他人进行协调
协调时间	协调发生在标准开发期间——只选择一种解决方案来进入市场	协调发生在传播过程中——不同的标准相互竞争	政府可以干预标准的开发,或使用已经制定的标准进行授权
推动标准的主要参与者	以私人为主:委员会中的利益相关者;为标准制定提供了平台的 SDO	以私人为主:个体市场参与者通过行动影响市场竞争的结果	以公众为主:政府机构制定标准和/或强制使用标准
影响路径	参加委员会以影响标准的内容	参与市场,通过影响决定性因素来影响结果	通过游说或议会代表影响政府决策
标准形成的包容性	高,任何兴趣方均可以加入委员会	不一,一些标准开发场所是开放的;其他场地的准入受到限制	中等,游说可能需要付出巨大努力
实证研究案例	Leiponen(2008)、Mattli 和 Büthe(2003)、Tam Hallström 和 Boström(2010)、Tate(2001)	den Uijl(2015)、Schilling(2002)	Farina 等(2005)、Schmidt 和 Werle(1998)

其次,作者对现有文献中多模式标准化的形式进行了总结。部分学者对三种标准化模式的组合及标准形成机制进行了初步研究,在基于市场和基于委员会的标准化组合中,合作和竞争要素被结合起来,Axelrod 等(1995)指出,在市场竞争中相互竞争的标准方案通常是由不同联

盟开发出来的。在这种标准化过程中，在市场竞争形成共同接受的标准前，不同联盟内部的参与者先通过合作的方式形成潜在标准方案的数量。在这些情况下，Axelrod 等人认为，参与者会倾向于加入规模庞大且竞争对手少的联盟，以最大限度地增加联盟的解决方案成为标准的机会，同时使参与者能够从该解决方案中受益。此外，财团合作协调过程中的因素也是联盟解决方案成为最终标准的概率。基于政府和委员会的标准化组合把两种标准化模式中的等级要素和合作要素进行了整合，通常以政府干预委员会标准化的形式出现，这种情况在美国、欧洲以及中国都十分常见，而且各国都将其看作国家产业政策的一种手段和工具。总结来看，政府干预委员会标准化的方式有两种，一是使用等级手段来塑造基于委员会的标准化结果，二是使用非等级手段干预委员会，通常是将一个强大的参与者引入标准委员会，进而改变委员会制定标准的利益平衡。但是关于政府干预措施在多大程度上促进了标准化进程，现有文献得出的结论有很大不同。例如，Pelkman（2001）对 GSM 标准形成的研究中非常强调欧盟委员会的作用，但是 Bekkers（2001）认为 GSM 标准形成中其他因素的作用更重要。Meyer（2012）的研究发现政府对标准化组织的干预都有助于成功的标准化，而美国标准化专业人士对政府干预持批评态度。在基于政府和市场的标准化组合方面，政府利用其等级地位来强制使用特定解决方案，从而减少了通过市场竞争形成标准的时间。政府是否应该以这种方式干预是现有文献争论的重要话题，一些学者从兼容性、创新和社会福利相关的益处出发，认为政府应该干预，而另一些学者则认为政府干预对创新产生了负面影响。

再次，作者研究了多模式标准化的协调问题。标准化通过形成一个统一的解决方案使得多方同时收益，但由于各方参与者的利益偏好不一致，所以会出现利益冲突的问题。因此，标准化的核心问题就是协调问题。在三种不同单一的标准化模式中，其协调问题已经得到了深入的研究，但是在多模式标准化中，协调问题如何解决呢？这是这篇文章的核心，作者提出多模式标准化协调方式：一是标准文化，二是参与者的资源和知识。行业部门之间以及国家之间的标准化方法差异很大。这意味着，在每个部门和国家，都存在不同的"制定规则的规则"，即标准通常如何形成以及什么是合法标准，这即是标准文化。在参与者资源和知识方面，在基于市场的标准化模式下，参与者有效参与基于市场的标准化需要大量投资，例如对生产能力或营销的投资。同时，参与标准的竞争还要求参与者有足够的资源快速建立起一定规模的初始安装基础，并承担用户转成时的承担成本。同样地，在基于委员会的标准化中也需要参与者进行投资，例如参与者需要支付代表参与者的专家成本，但与参与基于市场的标准化模式所需的成本相比，这些成本通常要低得多。在基于政府的标准化模式中，参与者所需要的资源和知识可能介于基于市场的标准化模式和基于委员会的标准化模式之间。游说政府不需要对生产设施进行大量投资，但对结果的影响路径也不像基于委员会模式下的那么直截了当，而且结果的不确定更大。因此，如果参与者愿意并能够花费必要的资源并有效利用这些资源，基于政府的标准化模式和基于市场的标准化模式就更可行，因而这两种模式在多模式标准化进程中也会变得更加重要。值得注意的是，作者也在文中指出，标准文化和参与者资源这两个因素并不是静止的。从中长期来看，如果一个领域的标准化"文化"受到足够强大的参与者的挑战，或者是受到外部冲击，它就可能会发生变化。在短期内，可用的资源和知识也可能会发生波动，比如因为参与者获得了外部资源，或者因为其他参与者加入或离开标准化过程。这表明，不同标准化模式的相对权重在标准化的过程中可能会发生变化。此外，作者的研究还表明，标准化不是一个有限的过程，而是一个无限持续的过程，既定标准不是过程的终点，而是相关参与者利益的短期平衡，但这种短期平衡随时可能被打破，一旦有参与者打破这种平衡，标准化就进入了下一个阶段。而这种短期平衡是否会被打破取决于一系列因素，如该领域的标准化文化、标准化过程的环境，具有挑战性的参与者的资源和知识以及其他参与者捍卫标准的意愿等。

（四）研究结论和研究启示

本文认为多模式标准化是未来标准制定的重要形式，但目前学术界对这种标准制定模式研究明显不足，作者认为未来可以从三方面深化研究。一是多模式标准化动力系统过程以及其对标准协调的贡献。多模式标准化过程具有高度动态性，但目前的文献没有提供足够的证据来证明这些过程中的相互作用。从社会学的理论角度，如战略行动领域的理论，可能有助于更好地了解这些过程。在这方面需要考虑的主题包括参与者可以发挥的具体作用、标准化模式之间相互作用背后的确切机制以及多模式标准化形成一个或多个竞争标准的条件。二是多模式标准化下单个参与者的战略。未来可以研究多模式标准化如何影响单个参与者及其战略，以及这些战略如何推动集体行动。参与多种模式为参与者提供了大量影响标准化结果的潜在方式，但也可能涉及巨大的成本，目前仍然不清楚在哪些条件下参与者的收益会大于成本。三是政府和其他标准组织在其中的角色。虽然现有文献对政府的作用进行了研究，但还缺乏系统性。未来的研究需要重点关注政府最应该支持哪些领域的标准化过程，这种支持能否促进国家竞争力的提升，以及如何通过政府参与标准化提升国家竞争力等。

17　颠覆性创新*

一　导语

颠覆性创新（Disruptive Innovation）理论旨在解释为什么很多曾屹立于世界之巅、极具创新力的企业也会在面临技术变革时，顷刻间衰落和倒闭。例如手机市场曾经的霸主诺基亚，从世界第一的位置到卖掉手机产品线不过短短几年时间；相机市场曾经的王者柯达公司，从诞生到巅峰用了近百年时间，而从巅峰到谷底只不到10年时间。这些企业并不是因为缺乏创新而被淘汰，恰恰相反，这些企业在衰落时，往往极具创新能力和实力。

1993年，哈佛商学院的教授克莱顿·克里斯坦森（Clayton M. Christensen）在详细调查了硬盘驱动器行业的发展史后，在其著作《创新者的窘境》（*The Innovator's Dilemma*）一书中开创性的提出颠覆性技术创新概念。他认为在技术变革时，这些在位企业之所以失败，并不是因为他们不具有创新性，而是他们太关注主流客户，进行的是维持性创新。而当技术发生变革时，一些企业利用颠覆性的新技术，开始提供低于主流客户需求的产品，从而不被在位者关注。随着时间推移，新的

---

* 本章所选的文献有三篇，分别是①Muller E., "Delimiting disruption: Why Uber is disruptive, but Airbnb is not", *International Journal of Research in Marketing*, Vol. 37, No. 1, 2019. ②Benzidia S., Luca R. M., Boiko S., "Disruptive Innovation, Business Models, and Encroachment Strategies: Buyer's Perspective on Electric and Hybrid Vehicle Technology", *Technological Forecasting and Social Change*, Vol. 165, 2021. ③Blen M. C., "From Traditional Wristwatch to Smartwatch: Understanding the Relationship between Innovation Attributes, Switching Costs and Consumers' Switching Intention", *Technology in Society*, Vol. 63, 2020.

技术快速进步，达到主流客户的需求，从而替代了现有技术，进而导致在现有技术上进行维持性创新的在位企业失去了原有市场。克里斯坦森在《创新者的解答》进一步将颠覆性创新分成低端颠覆模式和新市场颠覆模式。低端颠覆性创新一开始在市场的低端，然后随着技术的进步，从而进入主流市场。新市场颠覆性创新是在一个新的隔离市场，现有技术在新的市场无法使用，所以后来企业可以在这个市场进行发展，当新技术也满足现有主流市场的性能要求，新技术就会进入主流市场，从而颠覆现有技术。

颠覆性创新理论为技术创新管理研究提供了新的思路，对国内外学术界和产业界的技术创新研究产生了深远影响。近年来，颠覆性创新理论在市场上受到大量的追捧，同时在学术研究上，也得到了越来越多的学者的关注。很多学者从概念辨析、识别和预测、实现路径等角度展开了大量研究。这些研究基本在克里斯坦森的颠覆性创新理论框架之内。在术语方面，国外的颠覆性创新研究中已经形成了专用的术语"Disruptive"，而国内学者们主要用"颠覆性"和"破坏性"两个术语来表示颠覆性创新。早期的学者更多的使用"破坏性"创新。近年来，学者更多使用"颠覆性"创新一词。因此，本文也沿用最近的术语"颠覆性创新"。

在克里斯坦森的理论中，颠覆性创新通常是功能更简单、价格更便宜，利润率更低的低端创新。即便是新市场颠覆，克里斯坦森也认为其因不满足主流市场的需求，甚至是低端需求，才建立的新市场，当它入侵主流市场时也是先从低端客户开始。克里斯坦森始终强调颠覆性创新的低成本、低价格等低端特点，在其《创新者的解答》一书中指出，"我们认为颠覆性创新产品都是便宜的"。克里斯坦森甚至将是否为低端作为颠覆性创新的判断依据。iPhone 的价格明显高于主流功能手机的价格，因此也不被看作颠覆性创新。克里斯坦森（2015）在《哈佛商业评论》中发表文章讨论了什么是颠覆性创新。文章再次强调了颠覆性创新的低端特征，认为"优步"提供了更好的产品和服务，不是颠覆性创新，而是维持性创新，因为"优步"。这一论断显然和人们的理解不一致，也引起了很多的质疑。

此外，现有的研究更多都是从企业角度展开，研究为什么非常有创新力的企业，却失去了市场，很少从消费者角度展开。然而颠覆的最终表现是消费者从原有技术转移到了新的颠覆性技术。近年来，有少数论文开始从消费者角度研究颠覆性创新。

基于上述原因，本章选择了与颠覆性创新相关的三篇论文。其中一篇关于颠覆性创新的概念界定，尤其是针对颠覆性创新只能是低端展开讨论研究，另外两篇从消费者视角展开研究。具体如下。

论文一是 Eitan Muller（2020）发表于 *International Journal of Research in Marketing* 上的 "Delimiting disruption：Why Uber is disruptive, but Airbnb is not"。论文针对颠覆性创新只能从低端开始的观点进行了质疑，并提出新的颠覆性创新的定义。尤其是，克里斯坦森认为 iPhone、优步不是颠覆性创新，而 Airbnb 是颠覆性创新。作者得出的结论与克里斯坦森恰恰相反。近年来，学术界针对颠覆性创新是否只能是低端进行了很多讨论，这篇文章也为颠覆性创新的概念界定提供了一种新的观点。

论文二是 Benzidia S., Luca R. M., Boiko S.（2021）发表于 *Technological Forecasting and Social Change* 上的 "Disruptive Innovation, Business Models, and Encroachment Strategies：Buyer's Perspective on Electric and Hybrid Vehicle Technology"。论文以消费者视角对颠覆性创新展开研究，具体而言是以电动汽车的高端入侵为研究对象，研究商业模式对消费者满意度的影响。在颠覆性创新的理论研究中，消费者一直是被忽略的对象。然而消费者是颠覆性创新最终执行人，颠覆性创新的本质是消费者从旧的技术转移到了新的技术上。近年来，针对消费者的颠覆性创新研究也越来越多。这篇论文为从消费者视角研究颠覆性创新理论提供了思路。

论文三是 Blen M. C.（2020）发表于 *Technology in Society* 上的 "From Traditional Wristwatch to Smartwatch：Understanding the Relationship between Innovation Attributes, Switching Costs and Consumers´ Switching intention"。论文的研究对象是近十年典型的颠覆性技术创新之一的智能手表。论文基于创新扩散理论建立了一个包括创新属性、转换成本和转换意愿的研究模型。论文收集 234 名拥有传统手表的用户。研究结果显示，相对优势和财务转换成本显著影响了传统手表用户转向智能手表的转换意图。此外，财务转换成本介导了相对优势和感知的产品寿命对转换意图的影响。令人意外的是，感知到的产品寿命、复杂性和程序切换成本对智能手表的转换意图没有直接影响。

二 精选文献导读

论文一：《界定颠覆：为什么优步是颠覆创新，而 Airbnb 不是》

Muller E.，"Delimiting disruption：Why Uber is disruptive, but Airbnb is not"，*International Journal of Research in Marketing*，Vol. 37，No. 1，2019.

（一）作者简介

文章的作者埃坦·穆勒是纽约大学斯特恩商学院营销学教授，以色列荷兹利亚跨学科研究院阿里森商学院教授，2019 年欧洲营销学院杰出营销学者奖获得者。

（二）全文简介

在商业咨询领域，克里斯坦森的颠覆性创新理论是一个流行的概念，但在市场营销学术领域，讨论颠覆性创新的学者还比较少。作者在给学生教授新产品相关课程时，大部分学生认为克里斯坦森对颠覆性定义太狭窄。在讨论优步是否是颠覆性创新时，大多数学生认为优步的价格和质量是否处于低端与优步是否是颠覆性创新没有关系。他们特别对克里斯坦森在 2015 年发表在美国商业评论上的一篇文章（2015）提出质疑。该文章中，克里斯坦森认为优步提供了比现有出租车更好的服务，不是从低端开始运营的，所以优步并不是一项颠覆性的创新。

此外，作者对克里斯坦森坚持将颠覆与公司的失败联系起来提出质疑。作者对智能手机颠覆功能手机进行了分析，认为智能手机显然是一个重大的颠覆性创新，因为它极大地改变了消费者行为，也改变了公司行为。在应对消费者行为变化时，三星公司采用正确的应对策略使得公司发展越来越好，而诺基亚公司却失败了。研究诺基亚公司为什么会失败是一个很重要的问题，但这跟 iPhone 是否是颠覆性创新不是同一个问题。假设诺基亚在面对智能手机时，采取了三星同样的策略，承担技术转换所需的风险、时间、人才和资金，诺基亚也可能和三星一样取得成功，而不是最终失败了。但即使这样，智能手机颠覆功能手机仍然不可避免。在这个过程中，生产 iPhone 的苹果公司也发生了很大的变化。作者认为在理解颠覆性创新概念时，认识苹果公司的改变和注意诺基亚公司的失败同样重要。因此，需要正确理解颠覆性创新的概念，颠覆性创新依赖于消费者行为的改变和公司行为的改变，而不能简单地将颠覆性创新和公司失败关联在一起。

作者基于扩散理论以及消费者购买后行为理论，提出新的颠覆性创新定义，然后基于该定义对 iPhone、优步和 Airbnb 这三个颠覆性创新案例进行了分析，得出 iPhone 和优步是颠覆性创新，Airbnb 不是颠覆性创新的结论，该结论与克里斯坦森的结论恰恰相反。

（三）研究框架
1. 克里斯坦森颠覆性创新的理论根源

克里斯坦森的颠覆性创新理论通过一种特殊的方法来确定一个创新是否是一种颠覆性创新，即在判断创新的服务或技术在价格和质量方面是否处于低端。市场营销方面的研究学者很少研究颠覆性创新，但是在创新方面的课程时，学生大多数认为创新从低端或高端开始与颠覆性没有关系。尤其当克里斯坦森因为优步并没有从低端开始运营，认为它不是一项颠覆性的创新，学生表示质疑这一论断。

作者认为克里斯坦森颠覆性创新理论之所以采用低端来界定颠覆性创新，是因为颠覆性创新是关于优秀的创新公司为什么失败的理论。优秀的创新公司通常会关注最有价值和有利可图的消费者。那种可能扰乱行业的创新服务位于产品、服务、技术的低端，高端消费者对这些产品、服务、技术既没有兴趣也没有经验，所以最初并没有引起优秀的创新公司太多的关注，才可能发展成为取代现有者的高质量服务。

但是，公司失败有很多原因，比如债务问题。另外，颠覆性创新是关于企业失败的的理论，它后来被克里斯坦森等人扩展，作为一种全方位的颠覆理论。为了捍卫颠覆性创新是解释企业为什么失败的理论这一根源，所以颠覆性创新被限定在低端上。关于 iPhone 是否是颠覆性创新，《华尔街日报》在一系列文章中深入进行了分析，作者也从供应商、竞争对手和移动网络运营商等角度进行了分析。但是作者不能接受把 iPhone 与当时最好的手机对比是优质还是劣质，来决定 iPhone 是不是颠覆性创新。

2. 颠覆性创新的界定

作者在对颠覆性创新界定时，借鉴了市场营销的购买后行为的概念（Post-purchase Behavior）。一个创新是否属于颠覆性创新，并不是看技术本身，也不是看技术是否从低端入侵消费者，而是看技术产生后对周边产生的影响。

购买后行为（Post-purchase Behavior）是一个市场营销领域的概念，它描述的是消费者在采用一个产品或服务后，后续产生的购买行为。比如流媒体播放器 Roku，消费者采用播放器观看流媒体电视节目和电影，同时还要购买一些电视节目，其中购买支出包括了电视广告。因此，普通用户从购买硬件开始，购买支出方面有一定比例包括了购买后行为。我们从 Roku 公司 2018 年的数据获知，Roku 的销售收入（即硬件本身的销售收入）是 3.26 亿美元，而产品售出后产生的相关销售收入（大部分是广告），达到 4.17 亿美元。因此，可以看出 Roku 从销售收入每赚取 1 美元，就可以从购后收入获得约 1.3 美元。

对于颠覆性技术创新而言，技术创新的兴起导致了消费者关注重点的转变。看待技术创新是否是颠覆性的，不仅仅要看最初是否采用了技术创新，还要看采用技术创新后对消费者和生产企业产生的影响。最初的采用是非常重要的，没有了最初的采用就不会有后续的影响。但是后续没有影响，也就不会对在位企业造成太大的影响。Roku 和亚马逊的命运很大取决于消费者的后续活动，以决定资金的流动和保留率。

从采用行为到购买后行为的转变，我们可提出一个问题，即由于创新的扩散和采用，这种行为的变化有多大。当行为的变化很大时，它会影响大多数消费者，并随着时间的推移而持续。我们会把这种消费者的行为改变称为颠覆性创新。遵循这条路径，提出一个颠覆性创新的新定义，颠覆性创新指如果一项新技术最终取代现有技术，并改变该行业大多数利益相关者的行为，那么它也会颠覆这个行业。利益相关者包括消费者、竞争生产者、服务提供商（或零售商），以及可能的相关行业的生产者。

3. 颠覆性创新创新案例分析

作者选择了 iPhone、优步和 Airbnb 等几个典型案例进行了分析，得出的结论和克里斯坦森的恰恰相反。作者认为 iPhone 和优步是颠覆性创新，而 Airbnb 不是颠覆性创新。

（1） iPhone 的颠覆性创新分析

作者从消费者、生产商、服务提供商和产业链上的企业，对 iPhone 公司进行了分析，得出 iPhone 是颠覆性创新，具体如下。

消费者一直在迅速改变自己的行为。2008 年，全球智能手机销量不到 1.5 亿部，5 年后 2013 年的销量超过了功能手机，到 2018 年，销量已超过 15 亿部。至于应用程序，而不是可用的应用程序数量（谷歌 Play 和 AppleStore 分别为 210 万和 180 万），而是我们下载和使用它们的数量。显然，我们下载了大量的内容，并使用了一点。根据 Adjust（2019）的数据，平均有 79% 的应用程序用户在下载该应用后的第一周内丢失。此外，我们确实保留和使用少数应用程序，如在线银行以及卫星导航系统，如谷歌地图，已经极大地改变了我们的行为。这种持续的转型导致了生产或生产竞争产品的公司的一些变化。

生产商发生显著变化，该行业生产手机的主要公司发生了改变，如三星、苹果、微软和诺基亚。前两个公司发展很好，但后两个都失败了。在 iPhone 推出后的五年内，三星超过诺基亚成为最大的手机制造商；十年之内，苹果完全改变整个手机市场格局。与此同时，微软和诺基亚再次证明，合并两家失败的企业很少能产生一家成功的企业。这个行业的改变不仅是因为缓慢的消亡，而是因为华为和小米两家公司快速的进入市场，在 2019 年两家公司占有超过全球 25% 市场份额（Statista, 2019b）。

服务提供商，也就是移动网络运营商，在智能手机市场中表现得没有那么好。正如 Morris（2017）所说，智能手机将改变电信运营商的命运。相反，智能手机帮助数据服务成为一种商品，大部分销售收入流向了苹果公司。不仅如此，随着苹果赢得（并保持）净现金近 1/4 万亿美元，美国的网络运营商，主要是 AT&T 和威瑞森，在净债务上累积了类似的金额,因为他们试图购买推动智能手机新功能所需的无线频谱。

相关行业的生产商,由于 iPhone 的增长,相关行业的生产商的市场表现甚至比移动网络运营商还要糟糕。比如数码相机和便携式卫星导航系统,由于 iPhone 原因数码相机和便携式卫星导航系统销量快速下降。创新让数码相机和便携式卫星导航系统销量下降有两个主要原因:第一个是创新达到了市场潜力,即整个人口是创新的目标市场。在目标市场上,还没有人采用这种创新。新产品增长停滞的第二个原因是具有竞争性创新产品的入侵,或新一代相同基础技术的入侵。

(2)优步的颠覆性创新分析

2010 年,优步开始以 Uber Cab 的名义在旧金山提供叫车服务。作者也从消费者、竞争者和相关行业生产商等角度进行了深入分析,得出优步是颠覆性创新。具体分析如下。

消费者一直在迅速地改变自己的行为。优步于 2011 年中进入纽约市,每天的乘坐量超过了现有出租车服务量,优步市场份额持续增长,并且不只是在纽约。这个事实说明,第一,优步和 Lyft 等其他叫车应用程序超过出租车服务和租车的速度。第二,在优步和 Lyft 的进入市场期间,纽约地面交通运输量大幅增长,从 2015 年 1 月的每月 52 万人次增加到 2019 年 6 月的约 94.7 万人次。这种快速的技术替代不仅发生在租车业务中,而且也发生在其他领域中。

竞争者,即出租车,这个行业正遭受到冲击。优步的进入,导致出租车的价格下降,由于运营出租车的固定成本太高,收入的下降导致利润的减少,从而导致资产价值的下降,有的司机是通过贷款购买的出租车,不得不出售出租车来自保。

相关行业的生产商:汽车制造商和汽车租赁公司。文中显示,在优步进入的四年,新车和轻型卡车的销量持平,为每年约 1730 万辆,2018 年实际上略有下降至 1720 万辆。在此期间,经销商毛利率一直在从 2015 年的约 3.4% 下降到 2018 年的略高于 2%。虽然因果关系尚不清楚,但有迹象表明是消费行为发生了变化,尤其是 2000 出生后的一代,由于经济状况以及对公共交通和叫车服务的偏好,导致了他们减少了购买汽车。汽车租赁公司也受到一些影响,企业对地面交通的报销额已经从 50% 下降到 20%,而这已经被叫车服务所取代。

(3) Airbnb 的颠覆性创新分析

Airbnb 被克里斯坦森等认为是一种颠覆性创新。作者同样从消费者、竞争者和相关行业生产者等几个方面，分析了 Airbnb。作者认为尽管 Airbnb 导致了这个行业主要利益相关者行为的改变，但与竞争对手（酒店和租赁市场）相比，Airbnb 太小了，这些变化不足以被认为是颠覆性创新。具体分析如下。

消费者一直在改变自己的行为，使用 Airbnb 预订酒店替代在目的地的酒店预订房间。然而，与它所取代的酒店服务相比，这一变化对酒店行业影响较小。文献中分析了 Airbnb 在 2018 年酒店总预订量和收入中所占的份额。Airbnb 占市场份额不到 9%，预订量不到 14%。对德克萨斯州酒店进行研究，Airbnb 的数量每增加 1%，酒店客房收入就会减少 0.039%。文中分析与优步相比，尽管 Airbnb 似乎在一定程度上改变了旅客的行为，但它对商务旅行的客户影响很小，对个人旅客有一定的影响。当分析像 Airbnb 这样的双边市场时，应同时考虑这个平台的两个用户：出租住宅的房东，以及住在这些房子里的消费者。

竞争者：独立酒店和经济型酒店（通常不为商务旅客提供服务），受到 Airbnb 的影响更大。在德克萨斯州，这些影响在奥斯汀很明显，过去几年，Airbnb 用户增长非常快，据估计对奥斯汀差的酒店收入影响为 8%—10%。然而，在洛杉矶、旧金山、迈阿密和其他美国主要市场并没有发现 Airbnb 对酒店收入有任何显著影响。对于奥斯汀来说，这可能是特殊的，特别是举办音乐节的酒店高需求时期，一个拥有约 4 万间酒店客房的城市有 16 万人来参加音乐节。Airbnb 对消费者来说非常实用，即它在高需求时期提供住宿的灵活性，允许房东在旺季把自己的房产租出去，获得高昂的收入。

相关行业的生产者：长期租赁受到 Airbnb 影响程度相对较小。与租赁市场相比，Airbnb 的规模很小。文中分析 Airbnb 已经从纽约市的长期租赁市场拆除了 7000 至 13500 套公寓。按 13500 套来算，这个数字仅是纽约市公寓的 0.4%。即使把曼哈顿和布鲁克林这两个区排除，那么这个数量也仅是是纽约市公寓的 0.7%。当比较 Airbnb 和空置公寓时，问题出现了，空置率可能占租赁公寓总数的 2.5%—5%，那这两种服务可能会产生替代。从文献中获知住房共享对美国住宅和租赁价格的影响，发现 Airbnb（活跃）挂牌增加了 1%，受影响地区的租金增加了 0.018%，表明替代弹性较低。此外，鉴于 Airbnb 的增长正在放缓，其未来对租金的影响应该可以忽略不计。

4. Uber 和 Airbnb 的差异分析

优步和 Airbnb 之间有什么区别？毕竟，它们都是新的共享经济的。有几个区别：首先，虽然优步是共享经济的一部分，因为司机拥有他们与乘客共享的汽车，但 Airbnb 根本不清楚自己有多少公寓。例如，在纽约市，许多 Airbnb 的清单都是由房地产经纪人发布的。在纽约、迈阿密、洛杉矶和旧金山等城市，这些公寓约占 Airbnb 收入的 25%—60%。其次，虽然两者都影响了它们进入的各自市场，但区别在于对市场影响的大小。随着优步的出现，出租车司机在旧金山和纽约等大城市失去了出租车执照投资有 75%—90%（"大奖章"执照），有许多人破产而无法生活，可这在 Airbnb 中没有发生。虽然 Airbnb 在德克萨斯州的渗透率很大，对建设新酒店或关闭酒店都没有影响，房价的下降也相对较小。此外，在奥斯汀，Airbnb 用户量相当庞大，Airbnb 也没有影响酒店的建设。Airbnb 和优步各自的市场份额差异很大，以至它们对各自市场的影响不是一个数量级。

Airbnb 和优步之间的另一个区别是优步和 Airbnb 虽然都违反了当地的法令，但消费者的支持程度不同。有关出租车司机的法规，特别是出租车的大奖章系统，最初是为了保护司机免受不守规矩的竞争，而不是针对从该服务低成本中受益的消费者。因此，当优步进入一个城市时，公众在大多数情况下是支持的，并修改了法规以适应新的服务。相比之下，酒店法规，特别是在分区方面，旨在平衡游客的需求和当地的需求，并保护社区。而 Airbnb 的运营模式公然忽视了分区，当地人原本可能是积极的情绪已经转向反对 Airbnb。

（四）研究贡献和启示

该论文的主要贡献在于，提出了一个新的颠覆创新定义，从而使得颠覆性创新可以覆盖高端颠覆性创新的案例。在克里斯坦森的颠覆性创新理论中，iPhone 和优步不是颠覆性创新，而 Airbnb 是颠覆性创新。论文基于新技术对消费者、竞争者和相关行业生产商的改变来定义颠覆性创新，得出结论，iPhone 和优步是颠覆性创新，因为它们显著改变了各自行业大多数利益相关者的行为,而 Airbnb 则没有,因此 Airbnb 不是颠覆性创新。

高端颠覆性创新一直以来是颠覆性创新备受争议的重点,这篇论文的界定为颠覆性创新研究提供了一种新的研究思路。但是作者仅仅分析了三个案例,后续还需更多的案例来佐证。

论文二:《颠覆性创新、商业模式和入侵策略:消费者视角》

Benzidia S., Luca R. M., Boiko S., "Disruptive Innovation, Business Models, and Encroachment Strategies: Buyer's Perspective on Electric and Hybrid Vehicle Technology", *Technological Forecasting and Social Change*, Vol. 165, 2021.

(一) 全文简介

论文从消费者视角,以电动汽车颠覆性创新为研究对象,研究了在颠覆性创新和持续性创新中,商业模式对消费者满意度的影响的差异。

在颠覆性创新的研究文献中,关于消费者的研究较少。然而,消费者行为的研究进展和全球消费支出能力的上升都让企业更加重视消费者满意度。对生产电动汽车的企业而言,说服消费者转向颠覆性技术产品,除了在技术上脱颖而出,同时也要最大限度的减少使用的障碍。传统消费者对颠覆性创新的反应取决于其外部环境。例如,由于环境问题,电动汽车对消费者的价值有所增加。因此,一家销售电动汽车的企业要想取得成功,它需要明确强调它为消费者提供的好处,并证明消费者的需求和价值观已经得到了很好的理解。在电动汽车方面,除了污染和不便等外,还需要解决成本和气候变化等环境问题。为了增加电动汽车的销售,生产企业还试图通过改善服务、采用直销模式和教育消费者使用电动汽车的好处等方法,来克服进入障碍。这意味着要有一个以消费者为中心的研究框架,研究颠覆性创新是如何让消费者满意的。

文献在研究对象上选择了电动汽车。电动汽车虽然早在一百五十多年前就被引入公众,但是一直并没有进入汽车的主流市场。由于特斯拉的引入,不管在发达市场还是新兴市场,电动汽车都被看作燃油汽车的替代品，因为它们的颠覆性技术可能有一天会取代现有的产品。虽然，根据经典的克里斯坦森颠覆性创新理论，新进入者通过以更低的价格提供性能更低的产品，成功地瞄准了利基市场中被忽视的部分，但是，与燃油汽车和混合动力汽车相比，电动汽车的平均价格高于燃油汽车。因此，和大部分文献一样，该文献将颠覆性创新看作一个过程，而不是一个结果，电动汽车也被看作一种高端颠覆颠覆性创新。

关于电动汽车的创新有三种方式。第一种是带有内燃机和电动马达的汽车，在旅途中相互补充。第二种是插电式混合动力汽车有一个小电池，用于25英里行驶的里程，还有一个内部组合发动机，用于长途行驶。第三种全电动电池驱动汽车，由一个大电池供电，一次充电可以提供高达500英里的持久能量。一般来说，第一种和第二种类型被分为一类，通常被称为混合动力汽车，生产企业通常强调产品的可靠性，并提供负担得起的价格，因此被看作持续性创新，而电动汽车是完全用电代替燃油，是一种完全颠覆，而生产企业也更多的强调电动的好处，因此也被看作颠覆性创新。

该文献在现有商业模型的基础上，筛选了和颠覆性创新有关的三个参数：价值主张、渠道和客户关系。通过问卷分别研究了电动汽车和混合动力汽车，商业模型的三个参数与消费者满意度之间的关系。研究结论表明，在颠覆性创新中，渠道和客户关系对消费者满意度有正向影响，在持续性创新中，价值主张和客户关系对消费者满意度有正向影响。结论表明，为了技术而使用技术并不吸引客户，而是消费者对技术的理解才能让消费者满意。对于管理的帮助是，企业如果想在颠覆性创新取得成功，就必须优先考虑客户关系并关注其中的一些参数。

（二）研究框架

1. 理论模型

该文献认为商业模式是结合高端入侵策略和客户满意度的影响的一个重要因素。该文献借鉴了商业模式画布构建研究模型，从中筛选了价值主张、渠道和客户关系三个因素。构建的模型如图1所示。这些因素不涉及电动汽车和混合动力汽车的专业技术知识，因此在对消费者调研时，消费者比较容易回答相关的问题。

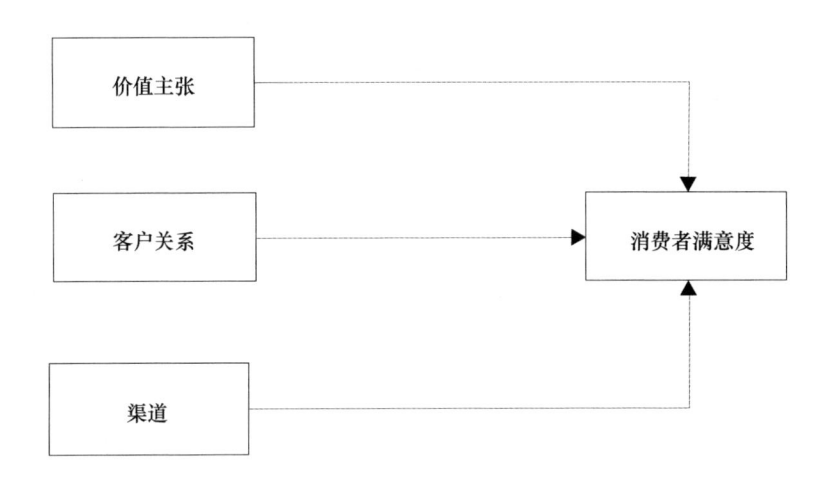

```
┌──────────┐
│  价值主张  │──────────┐
└──────────┘          │
                      ▼
┌──────────┐    ┌──────────┐
│  客户关系  │───▶│消费者满意度│
└──────────┘    └──────────┘
                      ▲
┌──────────┐          │
│   渠道    │──────────┘
└──────────┘
```

图 1　电动汽车和混合动力汽车的消费者满意度模型

渠道对于颠覆性技术的采用是一个关键因素。当消费者不能通过经销商看到电动汽车时，电动汽车生产商最需要解决的问题是消费者可以通过什么渠道获得电动汽车。比如，特斯拉一开始是通过网上销售电动汽车，而没有采用传统的现场交互的销售方式。虽然文献表明，并非所有的消费者都同意颠覆性创新的产品，但是他们确实希望产品功能能有比较大的改进。因此，通过策略明确消费者观点的是有必要的，也需要理论基础做支撑。

虽然消费者满意度有很多种定义，最基本的方法是基于消费者行为的衡量，即消费者在购买了产品或者服务后，产生的满足水平。一些文献扩展了这个定义，消费者满意度还包括是否符合期望。尽管在汽车行业，提高产品质量和缩短新产品的开发时间总是矛盾的，高的消费者满意度对于提高收入和销售至关重要。产品开发过程与显著的压力水平相关，特别是因为车辆的质量和可靠性在建立消费者满意度方面发挥着重要作用。如果不这样做，可能会削弱汽车行业成功的质量管理系统、售后服务与客户满意度之间的联系。汽车产业的客户关系受到各种因素的影响，如电力充电网络、服务和对免费、付费停车场可用性的担忧。这些因素会影响电动和混合动力汽车车主的消费者满意度。

除了获取有效的渠道和形成充分的客户关系外,还必须了解这种颠覆性技术如何超越传统车型,并及时传达价值。设计成功的价值主张意味着以一致的方式向消费者传达交付价值的承诺。低成本、质量、速度、服务和创新是五种说明产品与目标市场相关性的价值主张。当一种产品的价值在消费者的心目中是合理的,该技术就会更容易扩散。由于创新在不断发展,价值主张需要与商业模式动态结合。这意味着生产商必须提高客户的看法,并清晰阐述他们独特的价值主张,特别是在颠覆性创新竞争中。

由于消费者满意度非常重要,汽车生产商已经采用各种属性和参数来衡量消费者满意度。一些专门的组织使用了一个被称为车辆可靠性研究汽车行业基准,来评估车辆的长期可靠性和消费者满意度。2007年,这个基准包含4个类别的70个属性参数,后来逐渐扩展到8个类别近180个属性参数,包括汽车外部和内饰、舒适、功能、驾驶体验、通风系统、娱乐、发动机和传输等。这些属性通过经销商的问卷调查的形式,获取和评估消费者的满意度。另一种被汽车公司广泛用于衡量消费者满意度的研究是初始质量研究,它通过监测车主注意到的质量相关问题,帮助衡量所有权的前三个月的汽车质量。即通过测量每百辆车的索赔问题数量来评估消费者的满意度,得分较低意味着越高的满意度。处于数据过去的目的,该文献通过问卷调查的方式获取汽车的消费者满意度。该文献从其他文献中梳理了五个主要的度量指标:整体绩效、价格、服务、单一充电的驾驶范围和充电网络。

2. 研究假设

(1) 渠道

一些文献研究表明,电动汽车的生产商通过高端入侵策略来预测消费者对颠覆性产品的响应差异,也就是通过更高价格的产品从竞争对手那里获得市场份额。这些文献也没有明确说明高端入侵策略在颠覆性创新理论中的作用。然而,在颠覆性创新的原始定义中,颠覆性创新通常不包含高端入侵策略。高端入侵策略通常被看作持续性创新,而不是颠覆性创新。

高端入侵战略有助于新进入者主动应对现有企业,后者具有利用和优化现有基础设施的优势。事实上,电动汽车不仅需要与混合动力汽车和传统汽车竞争，还需要与许多其他在批量生产方面拥有丰富经验的老牌汽车制造商竞争。为了理解高端入侵策略的具体过程，需要引入商业模式的概念，即新进入的企业如何获取消费者并和消费者进行有效沟通。高端入侵策略提供高质量的产品和服务，而不是降价，这一点正在改变我们对颠覆性创新为什么可以实现的理解。通过间接推动现有公司的产品投放市场，新进入者可以使用足够快的高端入侵策略成功引入颠覆性创新，提高客户满意度。

虽然一些文献研究了渠道对客户满意度有积极影响，但渠道、客户满意度和颠覆性技术商业模式之间的联系尚未建立。这种联系将有助于帮助区分激进技术和增量技术，特别是公司开发新技术的方式，以及对消费者满意度的影响。

文献认为，尽管电动汽车是颠覆性创新，但它采用的是高端入侵策略来获取消费者。这个策略也区分出了电动汽车和混合动力汽车。混合动力汽车在市场上持续的时间也更长，相比电动汽车，它是在燃油汽车基础上的持续性创新。混合动力汽车不会那么依赖渠道来提高消费者满意度。

因此，文献对渠道对消费者满意度的影响做了两个假设。

H1a：渠道对电动汽车的消费者满意度有积极的影响。

H1b：渠道对于混合动力汽车的消费者满意度没有影响。

（2）客户关系

根据一些文献对汽车行业创新商业模式的研究，电动汽车的商业模式是独特的，它存在轻资产管理、强大的资本运营和敏锐的客户导向感等特点。敏锐的客户导向感可以在高端入侵策略上得到体现，在中国的市场上，他们强调灵活的产品开发流程和客户定制的开发方式，同时也允许国际制造商拥有汽车生产过程，从而使特斯拉等电动汽车公司的存在更加有利。创新过程中需要的大量资金，也反映了它们使用各种金融工具来筹集资金的能力。例如，特斯拉通过在高附加值的行业和从事电池和电机技术的发展来利用其独特的优势。对于混合动力汽车，也需要通过合适的价格，质量导向和高产品可靠性来关注客户满意度。

因此，文献对于客户关系对消费者满意度的影响做了两个假设。

H2a：客户关系对电动汽车的消费者满意度有积极的影响。

H2b：客户关系对混合动力汽车的消费者满意度有积极的影响。

（3）价值主张

尽管媒体一直在关注新的电动汽车，但专家们在预测技术发展时表示，公司不仅需要了解消费者对这些技术的看法，而且还需要知道如何传达他们与传统产品相比的优势。在这方面，评估市场期望是否会受到挑战，以及颠覆性创新是否会被认为具有激进的功能是至关重要的。毕竟，电动汽车是复杂的技术，如果不能正确地向消费者传达其属性，电动汽车的采用可能会遇到阻力。虽然，电动汽车的生产商一直在试图为其目标市场创造环境保护价值，但消费者并不总是欣赏或理解。

一些文献的研究已经认识到价值主张可以对汽车行业的客户满意度产生显著影响，但很少研究颠覆性创新商业模式对客户满意度的影响。现有文献大多关注于消费者持续的品牌忠诚度，而没有关注消费者转向新产品或服务背后的动机。建立吸引客户的价值主张的过程部分原因是为了是让公司确定哪些客户需要成为目标，需要解决什么感知到的问题，以及公司如何满足它们。

电动汽车是通过高端入侵的策略。在颠覆性创新原始研究中，强调的是低端对市场的渗透和破坏策略。因此，该文献研究了价值主张是否和高端入侵策略一起产生作用。混合动力汽车的生产商可能依靠其他策略来提高客户满意度，比如试图增加现有主流客户的接受度，并将其整合到他们的价值主张中。然而其结果是，他们也依赖于提供强大的价值主张。

基于此，文献提出了价值主张影响消费者满意度的两个假设。

H3a：价值主张对电动汽车消费者满意度有积极的影响。

H3b：价值主张对混合动力汽车消费者满意度有积极的影响。

（三）研究方法和结论

1. 研究方法

文献使用了问卷调查的方法对所提出的假设进行了验证。为了调查新兴经济体对电动汽车和混动汽车客户满意度（因变量）的差异，调查问卷主要包含了三个部分：电动汽车满意度、混动汽车满意度和一般参与者的人口统计学数据。每个表用李克特量表从1—7回答，其中1是"根本不重要"或"根本不满意"，7是"非常重要"或"非常满意"。

为了获得具有代表性的样本，文献在样本选择标准限制为18岁以上，同时具有电动汽车和混合动力汽车知识的人。作者使用Qualtrics设计了一个在线调查，以获得大样本，并在相对较短的时间内收集大量数据。问卷通过系统分发以及社交媒体上的公共和私人帖子（如汽车主题论坛、发言人和汽车所有者）进行分发，这些帖子中包含了对该研究的简短描述和对该调查的链接。参与者被要求确认他们是否接触过电动和混合动力汽车的信息，是否拥有或驾驶电动/混合动力汽车的经验。

最终，文献收集到了307份问卷。在参与者中，70%为男性，41%为18—24岁，25%为25—34岁，17%为35—44岁，17%为45岁或以上。在拥有汽车方面，除了28%的人拥有电动或混合动力汽车外，51%的人拥有汽油或柴油汽车，22%的人没有汽车。

2. 研究结论及分析

在数据分析时，作者使用SPSS Amos工具，通过结构方程建模来验证参与者对电动汽车和混动汽车的满意度。结构方程建模可以测试观察到的变量和潜在的变量及其关系。检验结果表明，假设H1a、H1b、H2a、H2b和H3b得到了支持，而H3a被数据拒绝。即对于电动汽车，渠道和客户关系对其消费者满意度产生了积极影响，而价值主张没有显著的积极影响；对于混合动力汽车，价值主张和客户关系对其消费者满意度有积极影响，而渠道没有积极影响。

对于电动汽车而言，其消费者满意度主要依赖于渠道和客户关系。具体而言，论文研究发现客户对渠道的满意度取决于通过这些渠道的车辆可用性和他们提供的售后支持，而客户对他们与公司关系的满意度取决于客户的公众意识和强大的社区联系。这一趋势可以从在中国生产特斯拉电动汽车的"巨型工厂"的增长中得到体现。为了确保客户获得售后支持，特斯拉的电池充电速度免费快于市场上任何其他充电器。该公司的"服务+"计划允许特斯拉员工检查所有类型的故障并在线维修。它还为客户提供持续的软件更新，为他们的汽车添加新的功能。事实上，特斯拉是一家成功了解客户并充分定位客户的典型公司。论文并没有分析为什么电动汽车的消费者满意度和价值主张没有显著影响。其原因很有可能是，消费者的环保意识越来越强，由于媒体的宣传，很多消费者心理都已经将电动汽车和环保画上等号，因此，电动汽车的价值主张已经被消费者普遍接受，而无需特殊去强调，从而来提升消费者的满意度。

  对于混动汽车而言，其消费者满意度主要依赖于价值主张和客户关系。更具体地说，混合动力汽车由于风险因素、服务维护和售后支持而受到价值主张的影响。混合车还受到客户关系的影响，以及公众意识、停车可用性和购买体验如何形成这些关系。与电动汽车相比，混合动力汽车的技术是相对增量式的。因此，价值主张对于推动客户对这些技术的满意度非常重要。因为混合动力汽车卖家往往目标更价格敏感的市场，消费者更关心风险因素，而电动汽车卖家使用其独特的渠道，让潜在买家不太关心金融因素和相关风险。因此，作者采用了一种新的方式来检验商业模式对汽车行业颠覆性技术的客户满意度的影响。这些商业模式可以在新兴经济体中得到扩展和使用。

  电动汽车倾向于采用具有独特渠道的高端侵占战略来针对豪华客户群体，而混合动力汽车生产商主要采用针对价格敏感买家的低端侵占战略。因此，随着全球围绕环境问题的压力加剧，消费者越来越意识到碳排放，并更有可能考虑购买电动汽车。汽车行业的竞争对手可以以方便消费者和清晰沟通的方式提供这些车辆。颠覆性技术只有在它有一个明确的获得市场份额的战略时才能成功，特斯拉已经证明了这一壮举。

（四）研究贡献和启示

1. 理论意义

  论文的理论意义表现在以下几个方面。首先，论文研究表明价格和技术不能孤立地使用来增强一个公司的商业模式。为了提高客户满意度，企业应加强对客户关系的认知，并采取不同的策略：颠覆者（电动汽车销售商）应关注渠道，而现有者（混合动力汽车销售商）应专注于价值主张。对于电动汽车，昂贵的产品需要售后支持，并且应该很容易获得，以减少购买的痛苦。相反，混合动力汽车依赖于减少感知到的风险因素和保持合理的价格。其次，论文关注了高端颠覆性创新的消费者的研究。迄今为止，很少有研究关注于全面识别那些影响商业模式和颠覆性创新的技术、环境和心理/行为方面的因素。论文通过结合消费者对价值主张、客户关系和渠道的感知来解决这个问题。研究表明，即使在汽车行业，不同的元素也有助于提高客户满意度。

颠覆性创新研究中，消费者一直很少被关注到。文献以商业模式为切入口，研究了颠覆性创新中，商业模式对消费者满意度的影响。此外，和经典的克里斯坦森对颠覆性创新的界定不同，文献认为电动汽车的颠覆性创新采用了一种高端的入侵方式。文献的研究为颠覆性创新理论提供了有益的补充，尤其是从消费者视角研究颠覆性创新。

2. 管理启示

在管理实践意义方面，文献的研究使管理者能够了解他们的商业模式的哪些部分可以提高消费者满意度。具体而言，对于电动汽车生产商，应该关注渠道的作用，消费者应该更容易能够买到，并且需要更好的售后支持；而对于混合动力汽车生产商，应该关注价值主张的作用，让消费者感知创新的价值。这一结论可以扩展到消费者群体的划分，专注从事独特豪华汽车的公司和那些生产负担得起和大众市场汽车的公司应该专注于他们商业模式的不同元素。一方面，针对对价格敏感的消费者的组织除了财务和风险因素外，还应该更关注价值主张，因为这些客户的预算有限，而且更喜欢实用性和持久性，而不是性能。另一方面，在市场上销售针对豪华市场的电动汽车的公司应该提供高效的服务和售后支持，因为他们的目标消费者愿意支付更多的费用，以获得公司的优质支持。

3. 进一步研究方向

在本研究中，作者调查了客户对一种特定类型的颠覆性创新（即混合动力和电动汽车）的商业模式的满意度；然而，对任何类型的新技术和破坏性技术的检查本质上受到其新性的限制。未来的研究可以调查长期电动和混合动力汽车用户的客户满意度。此外，它还可以跟踪高端入侵策略在商业模式中的作用及其与颠覆性创新理论的契合度。电动汽车将迅速扩大进入市场的计划，作为一种负担得起的选择，并努力增加其市场份额，这值得进一步调查。

论文三：《创新属性、转换成本和转换动机之间的关系》

Blen M. C., "From Traditional Wristwatch to Smartwatch: Understanding the Relationship between Innovation Attributes, Switching Costs and Consumers' Switching Intention", *Technology in Society*, Vol. 63, 2020.

（一）作者简介

第一作者 Mehmet Cem BÖLEN 是土耳其阿塔图尔克大学助理教授。主要研究领域包括社会科学与人文、管理学和管理信息系统。相关成果发表在 *International Journal of Mobile Communications*、*International Journal of Consumer Studies* 和 *Technology In Society* 等专业期刊上。

（二）全文简介

智能手表是近十年典型的颠覆性技术创新之一，和传统手表相比，智能手表包含了额外的性能维度，比如移动支付、通话等。然而，智能手表并不像智能手机或平板电脑那样吸引人们的兴趣。尽管市场增长预测很乐观，但使用传统手表的人数仍然超过了使用智能手表的人。因此，该论文的动机是为了检验影响传统手表用户转向智能手表意图的因素。论文基于创新扩散理论开发了一个包括创新属性、转换成本和转换意愿的研究模型。在创新属性上，论文在创新扩散理论的基础上选择了相对优势和复杂性两个因素；在转换成本方面，分成了过程转换成本和财务转换成本。此外，研究模型还引入了一个新的创新属性，即感知的产品寿命，由于大多数消费电子产品都是脆弱的高科技设备，而且硬件和软件技术的进步有一个不断的循环。如果该产品按较短的产品生命周期分类，人们可能不那么渴望购买新的科技产品。

论文收集 234 名拥有传统手表的用户，对转换智能手表的意向调查问卷数据，对该模型进行实证研究。研究结果显示，相对优势和财务转换成本显著影响了传统手表用户转向智能手表的转换意图。此外，财务转换成本介导了相对优势和感知的产品寿命对转换意图的影响。令人意外的是，感知到的产品寿命、复杂性和程序切换成本对智能手表的转换意图没有直接影响。

（三）研究框架
1. 理论模型

本文献的理论模型主要在前人研究的基础上构建创新属性、转换成本和转换意愿之间的关系。在创新属性方面主要借鉴了 Rogers 的《创新的扩散》，在转换成本方面主要借鉴了 Burnham 等人（2003）。此外，由于智能手表是 IT 产品，产品寿命是一个很重要的指标。因此，论文的理论模型框架还加入了感知产品寿命的因素。整个模型如图 1 所示。

根据 Rogers 的《创新的扩散》，创新属性主要有五个特征，包括相对优势、复杂性、兼容性、可试验性和可观察性。根据研究表明，创新的核心因素会根据创新上下文的不同而有所不同。消费者对智能手表服务的看法，可以被看作智能手表可观察性的一个代理。可试用性被认为是一种服务的一个基本创新特征。相关研究文献表明，相对优势和复杂性一直是一致的。因此，本文献在创新属性上仅考虑了相对优势和复杂性。

转换成本是指个人在为替代当前服务、提供商或产品品牌时必须承担的所有成本。随着转换成本的增加，用户越来越不愿转换。转换成本不仅是财务成本，还可能包括与心理和情感相关的成本。Burnham 等人（2003）将转换成本分为过程成本、财务成本和关系成本。过程转换成本包括在采用或转换到新服务、产品或技术时所花费的时间和精力，财务转换成本代表了转换过程相关的经济成本，而关系转换成本代表了转换过程相关的心理成本。对于智能手表而言，当人们改用智能手表时，这并不意味着他们会放弃佩戴传统手表。许多人可能会喜欢在衣柜里放一些传统手表，并根据需要把它们换成智能手表。因此，他们可以与现有传统手表的品牌和员工保持关系，从而避免关系成本。因此，本文献仅考虑了财务转换成本和过程转换成本。

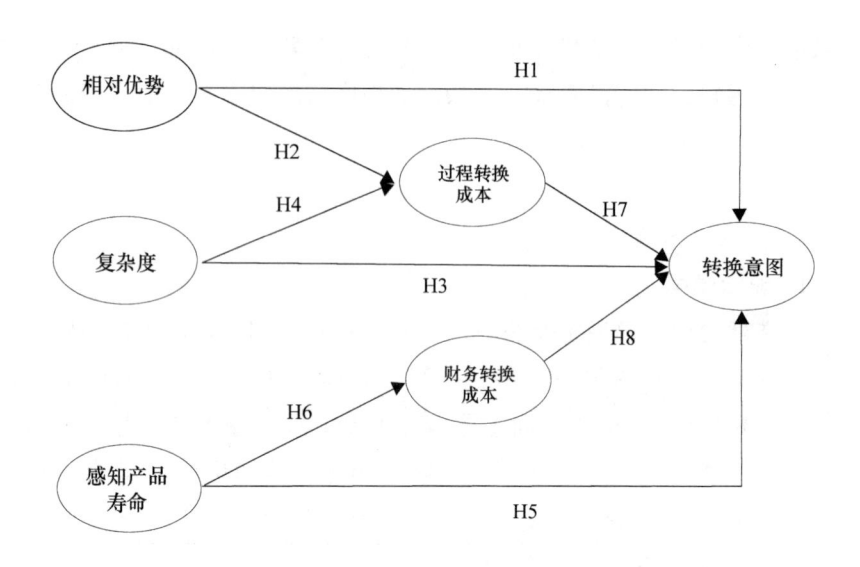

图 1　创新属性、转换成本和转换意愿模型

2. 研究假设

（1）相对优势

相对优势是指消费者认为创新的技术比以前完成相同任务的技术带来优势的程度。人们戴传统手表是为了随时查看时间，形象地位或时尚的原因。智能手表有所有传统手表的功能，如时间、日历。由于软件的优势，智能手表提供了比传统手表优势的功能。例如，由于智能手表的功能，人们很容易知道许多不同时区的时间。此外，智能手表还具有很多额外的功能，如通知、健康监测和导航，这些是任何传统手表都不存在的。如果一个新产品或系统提供了额外的好处，消费者可能会认为它优于传统的。因此，毫无疑问，智能手表相对于传统手表具有相对优势。

先前的研究一致发现，相对优势是智能手表采用的明显先例。所有这些研究都强调，如果一个人觉得他可以通过从其他产品或服务中获得更多的好处来满足他们对产品或服务的需求，他会更喜欢它。智能手表为其用户提供了许多有用的和现实世界的好处，当传统手表用户打算改用智能手表以获得一些增量的好处时，也就不足为奇了。因此，文献提出了以下假设。

H1：对使用智能手表的相对优势的感知与传统手表用户转向智能

手表的意图呈正相关。

相对优势的程度可能因他们的环境和看法而异。随着用户感知智能手表提供的更多功能，他们可能会预计将在学习和评估智能手表方面投入额外的精力。这可能会导致用户对采用智能手表过程中花费更多的时间和精力。因此，文献提出了以下假设。

H2：对智能手表相对优势的感知与过程转换成本呈正相关。

（2）复杂性

复杂性是指消费者采用一个创新时面临的相对难以理解和使用的程度。由于智能手表的智能功能和小屏幕，传统的手表用户可能会认为智能手表很复杂或难以使用。例如，如果一项活动在智能手表上完成需要太多的时间或需要太多的参与度，它会增加用户体验的复杂性，这可能对传统手表用户切换到智能手表构成障碍。先前的研究也发现，感知到的复杂性会对采用创新的意图产生负面影响，即使传统的手表用户知道智能手表提供了有用的功能和好处，因为人们认为智能手表过于复杂性，它也可能不够有吸引力来激励他进行切换。因此，该研究提出了以下假设。

H3：对使用智能手表的复杂性的感知与传统手表用户切换到智能手表的意图呈负相关。

实现高复杂性的创新通常会为从技术专家到新手用户的每个人增加一个学习曲线。如果传统手表用户认为智能手表的学习曲线很高，他们可能会投入大量时间和认知精力将智能手表整合到他们的生活中。因此，文献提出了以下假设。

H4：对使用智能手表的复杂性的感知与过程转换成本呈正相关。

（3）感知产品寿命

产品寿命是指"从产品在生产后发布使用时开始，在产品过时超过产品水平的回收时结束的持续时间"。一些传统的手表被设计成可以承受极端的环境条件，并可以作为一个长期的投资项目。而智能手表的寿命仍然存在问题，因为智能手表对液体损伤或机械故障的抵抗力较低。与其他消费品相比，由于科学和技术的持续改进，IT 产品的寿命非常短。例如，智能手机和平板电脑的寿命约为 3 年。由于如此短的产品寿命和快速的创新周期，前几代 IT 产品可能会过时，并达到其最终使用的产品。这种情况可能会导致大多数消费者对 IT 产品的寿命没有信心，而这可能构成 IT 产品使用的重大障碍。事实上，智能手表是一种 IT 产品，消费者可能会把它视为一种生命周期较短的 IT 商品。如果传统手表用户打算更换智能手表，感知产品寿命可能是决策过程中的关键。

此外，设计精良的传统手表看起来从来没有过时，可以代代相传，而智能手表由于其对技术的高度依赖，随着时间的推移往往变得不那么受欢迎和过时。消费者也可能有不同的原因（例如，美学问题，参与最新的技术，寻求多样性等）用一种新的智能手表取代目前使用的智能手表。虽然智能手表的寿命可以通过多种方式来延长（例如，更换电池、翻新等），大多数消费者希望使用最新的设备，即使当前的设备仍然状况良好。当更好的功能出现时，购买这些功能应该被更换和升级，这使得智能手表很难成为传统手表的替代品。

从消费者的角度来看，文献假设感知到的产品寿命是指智能手表的寿命较短，因此提出了以下假设。

H5：对智能手表产品寿命较短的看法与传统手表用户转向智能手表的意图呈负相关。

H6：对智能手表产品寿命短的感知与财务转换成本呈正相关。

（4）过程转换成本

过程转换成本代表了个人对采用和使用产品/服务的时间和精力的损失，以及与该过程相关的不确定性。当个人面临颠覆性创新，如从离线上下文切换到在线上下文时，过程转换成本可能会发生在他们的脑海中。如果创新与用户的技能水平和使用上下文相匹配，它将使认知负荷最小化和个人对其使用情况做出积极的判断。否则，他们将面临各种认知成本，比如学习如何使用新产品/服务的成本，或采用它的不确定性。这可能构成用户转换的生理障碍。在这方面，当传统的手表用户感知到较高的过程转换成本时，它可能会阻止他们转换到智能手表。特别是，学习一个不熟悉的操作系统和用户界面的必要性，阻碍了技术的新用户切换到智能手表。因此，文献提出了以下假设。

H7：智能手表的过程转换成本与传统手表用户转向智能手表的意图呈负相关。

(5) 财务转换成本

财务转换成本涉及在转换过程中所发生的货币支出。由于经济考虑通常被认为是个人使用 IT 的一个重要方面。虽然智能手表可能是令人印象深刻的设备，但它并不能保证大多数人会寻求购买它们。额外的经济成本可能会导致传统手表用户放弃购买智能手机的计划，而是继续使用现有的传统手表。特别是，那些对价格敏感、害怕赔钱的人可能不愿意从传统手表转向智能手表，即使他们对目前的手表有点不满意，或者对智能手表的功能感兴趣。因此应更多地关注智能手表转换中的财务转换成本。因此，文献提出了以下假设。

H8：智能手表的财务转换成本与传统手表用户转向智能手表的意图呈负相关。

（四）研究方法和结论

1. 研究方法

文献采用问卷的方法来收集数据和验证假设。由于本研究的主要目的是探索传统手表用户切换到智能手表的行为意图的决定因素，因此问卷的对象限定为已经拥有传统的手表，但还没有智能手表的消费者。为了确保参与者拥有智能手表的基本知识和实践经验，问卷调查在土耳其两家大型消费电子产品零售商的访客中进行的，他们正在尝试使用苹果或三星品牌的智能手表。在发放问卷前，作者向自愿参与者解释了调查的目的，并请他们展示他们当前的手表，以保证参与者是传统手表的实际用户。为了避免价格差异，研究还要求参与者提供他们当前手表的平均价格范围。

文献最终收集到了 238 个问卷，其中有 4 个问卷其目前的传统手表的价格水平较高（>1000 美元）；性别方面，男性占 60.3%，女性占 39.7%；年龄方面，大多数参与者年龄在 20—30 岁（60.68%）和 30—40 岁（25.1%）。在参与者中，71.79% 的人有兴趣尝试苹果的智能手表，而其他人则尝试三星公司的智能手表。

2. 研究结论及分析

文献利用 SmartPLS 3.0 的偏最小二乘结构方程建模（PLS-SEM）对研究模型进行了检验。检验结果表明，相对优势对转换意愿有积极的显著影响,支持假设 H1,但是对过程转换成本的影响不是正的,这与假设 H2 相反;复杂性对转换意愿没有显著影响,不支持 H3,但是对过程转换成显著相关,支持 H4;感知产品寿命对财务转换成本有显著影响,支持假说 H6,而对转换意图没有直接影响,不支持假设 H5;过程转换成本不影响转换意愿,这意味着假设 H7 不被支持,而财务转换成本与转换意图呈负相关,支持假设 H8。

在相对优势方面,从创新的扩展理论角度来看,相对优势是影响传统手表用户转向智能手表的意图的唯一因素。尽管智能手机具有智能手表大部分相同的功能,但消费者仍然认为智能手表很有用,因为它们具有易于访问、GPS、红外传感器或蜂窝连接等特性。因此,相对优势对传统手表用户转向智能手表的意图有重大影响。研究进一步表明相对优势会对过程转换成本产生负面影响,这个结论和之前的研究不一致。相对优势和过程转换成本之间的负相关关系可能是由于智能手表的特殊性。一方面,智能手表非常简单,通过触摸屏和直观的界面,可以让用户参与各种任务,不需要大量的努力,仅需触摸就能提供更多的乐趣。另一方面,用户往往将智能手表看作智能手机的扩展。由于智能手机是世界上最常见的移动设备类型。与智能手机一样,智能手表也使用触摸屏,提供应用程序,并支持通信。人们可能会发现智能手表的功能很容易学习。

在复杂性方面,虽然复杂性增加了过程转换成本,但它对转换意图没有显著的直接影响。这一发现得到了先前研究的支持,该研究表明,在移动云存储服务中,复杂性对切换意图的影响不显著。复杂性缺乏显著影响可能是,由于智能手机,大多数人都熟悉智能手表提供的功能和服务。这表明,当传统的手表用户考虑改用智能手表时,他们并不关心智能手表的操作系统或用户界面的复杂性。

在感知产品寿命方面,其对转换意图的影响只能通过财务转换成本间接看到。这意味着,只要智能手表有合理的成本,感知到的产品寿命就会影响切换意图。原因可能是因为购买智能手表的主要动机与购买传统手表不同。消费者知道,在购买技术产品时,这些产品有一定的寿命,在快速发展的技术面前,它们会很快过时和无用。因此,传统手表用户意识到,智能手表是一种技术产品,具有一定的寿命,不能像传统手表那样代代相传。这种情况可能消除了感知到的产品寿命,从而对转换意图产生直接影响。

在过程转换成本方面，传统手表用户转向智能手表的意愿不受过程转换成本的显著影响。这一结果与以往的研究一致，表明过程转换成本没有显著影响高科技产品的转换意图。一个可能的原因是，这项研究的大部分样本都使用了基于 Android 或 ios 的设备（平板电脑或智能手机）让它们在一定程度上熟悉他们感兴趣的智能手表的功能。

最后，在财务转换成本方面对转换意愿有负面影响。这意味着传统手表用户在改用智能手表时，会感知到潜在的经济损失或风险。财务成本仍然是传统手表用户转向智能手表的重大障碍的一个原因。另一个原因可能是，许多人仍然认为智能手表是智能手机的补充配件。从这个角度来看，消费者认为智能手表作为智能手机的集成产品，他们可能担心，将来改变智能手机（如从三星切换到苹果），智能手表可能无法使用，或者需要额外的财政支出。

（五）研究贡献和启示

1. 研究理论意义

从理论角度来看，首先，论文的主要贡献是识别了影响从传统手表转换到智能手表转换意图的因素，并开发了一个模型来研究这些因素之间的关系，具体而言就是创新特征和转换成本共同影响转换意图。这对进一步发展和扩展个人转换行为的相关理论提供见解。其次，论文可以被看作创新扩散理论在智能穿戴技术领域的应用案例，丰富了创新扩散理论的研究。再次，论文概念化了感知产品寿命这个因素，研究了在智能手表这一特定产品下的技术特定属性对转换意愿的影响。最后，研究结果通过显示感知产品寿命对财务转换成本的影响，有助于了解转换成本的知识。这可能会导致进一步研究感知产品的直接和中介效应使用所有类型的转换成本和消费者行为。

2. 研究应用意义

论文的研究为市场经理、智能手表制造商和零售商提供了一些实际意义。由于相对优势对传统手表用户的切换意愿有积极的影响，因此清晰、信息丰富的描述智能手表的好处在营销活动中可以激发人们对智能手表的兴趣。由于财务转换成本的负面影响，智能手表制造商和零售商可以采用两种策略。第一种方法是，针对使用智能手表一段时间或磨损后可能出现的需求（例如，各种不同颜色的表带），提供替换的配件，以降低更新成本。第二种方法是，通过组织活动包，销售智能手表以及手机、使用相同操作系统的平板电脑等产品。这一策略也有助于减少在短时间后切换移动设备的想法可能产生的经济担忧，并使程序切换成本的影响微不足道。

3. 研究的局限和发展方向

首先，该研究的样本量相对较小，而且只关注一个国家的两个品牌（苹果和三星）。由于智能手表的特点因型号和操作系统而不同，消费者对复杂性、相对优势和感知产品寿命的感知可能因其他品牌和型号而不同。此外，由于文化和经济上的差异，应谨慎地将研究结果推广到其他国家。未来可能会在不同的国家测试模型，以解决在转换意图方面可能存在的文化和经济差异，同时通过各种价格范围内的智能手表，以提高研究发现的普遍性。其次，一些重要的变量，如定制和应用成瘾，没有包括在研究模型中。由于所提出的模型解释了33.6%的转换意图，未来的研究可能会探索一套更广泛的因素，有助于解释转换意图。最后，研究测量的是转换意图，而不是实际的转换行为。未来的研究可能会通过实验或纵向的方法来检验转换行为。

参考文献

专题一：产业经济

1 全球价值链与供应链

Alfaro, L. , D. Chor, P. Antras, et al. , "Internalizing Global Value Chains: A Firm-Level Analysis", *Journal of Political Economy*, Vol. 127, No. 2, 2019.

Antràs, P. , "Conceptual Aspects of Global Value Chains", *World Bank Economic Review*, Vol. 34, No. 3, 2020.

Antràs, P. , A. De Gortari, "On the Geography of Global Value Chains", *Econometrica*, Vol. 88, No. 4, 2020.

Antràs, P. , D. Chor, "Organizing the Global Value Chain", *Econometrica*, Vol. 81, No. 6, 2013.

Chor, D. , K. Manova, Z. Yu, "Growing Like China: Firm Performance and Global Production Line Position", *Journal of International Economics*, Vol. 130, 2021.

Eaton, J. , S. Kortum, "Technology, Geography, and Trade", *Econometrica*, Vol. 70, No. 5, 2002.

Grossman, S. J. , O. D. Hart, "The Costs and Benefits of Ownership: A Theory of Vertical and Lateral Integration", *Journal of Political Economy*, Vol. 94, No. 4, 1986.

Guan, D. , D. Wang, S. Hallegatte, et al. , "Global Supply-Chain Effects of COVID-19 Control Measures", *Nature Human Behaviour*, Vol. 4, No. 6, 2020.

Head, K, J. Ries, "Increasing Returns Versus National Product Differentiation as an Explanation for the Pattern of US-Canada Trade", *American Economic Review, Vol. 91, No. 4, 2001.

Johnson, R. C., G. Noguera, "Accounting for Intermediates: Production Sharing and Trade in Value Added", *Journal of International Economics*, Vol. 86, No. 2, 2012.

Melitz, M. J., "The Impact of Trade on Intra-Industry Reallocations and Aggregate Industry Productivity", *Econometrica*, Vol. 71, No. 6, 2003.

Saberi, S., M. Kouhizadeh, J. Sarkis, et al., "Blockchain Technology and Its Relationships to Sustainable Supply Chain Management", *International Journal of Production Research*, Vol. 57, No. 7, 2019.

Wang, Z., S. J. Wei, X. Yu, et al., "Characterizing Global Value Chains: Production Length and Upstreamness", *NBER Working Paper*, Vol. 23261, 2017.

Yeats, A. J., "Just How Big is Global Production Sharing?", *SSRN Working Paper*, Vol. 597193, 1998.

2 产业融合

黄浩：《互联网驱动的产业融合——基于分工与纵向整合的解释》，《中国软科学》2020年第3期。

植草益：《信息通讯业的产业融合》，《中国工业经济》2001年第2期。

Andergassen, R., F. Nardini, M. Ricottilli, "Innovation Waves: Self-Organized Criticality and Technology Convergence", *The Journal of Economic Behavior and Organization*, Vol. 61, No. 4, 2006.

Baumol, W., J., "Macroeconomics of Unbalanced Growth: the Anatomy of Urban Crisis", *The American Economic Review*, Vol. 57, No. 3, 1967.

Belderbos, R., M. Carree, B. Lokshin, "Cooperative R&D and Firm Performance", *Research Policy*, Vol. 33, No. 10, 2004.

Bengtsson, L., N. Lakemond, K. Laursen, et al., "Open Innovation: Managing Knowledge Integration Across Multiple Boundaries"; Tell, F., C., Berggren, S. Brusoni, et al., *Managing Knowledge Integration Across Boundaries*. Oxford University Press, 2017.

Benner, M. J. and R. Ranganathan, "Divergent Reactions to Convergent

Strategies: Investor Beliefs and AnalystReactions During Technological Change", *Organization Science*, Vol. 24, No. 2, 2013.

Bierly, P. and A. K. Chakrabarti, "Managing Through Industry Fusion"; Brockhoff, K., Chakrabarti, A. K. and J. Hauschildt, *The Dynamics of Innovation: Strategic And Managerial Implications*, Springer, 1999.

Birrell, A. D. and B. J. Nelson, "Implementing Remote Procedure Calls", *ACM Transactions on Computer Systems*, Vol. 2, No. 1, 1984.

Bornkessel, S., S. Bröring, S. W. F. Omta, "Analysing Indicators of Industry Convergence in Four Probiotics Innovation Value Chains", *Journal on Chain and Network Science*, Vol. 14, No. 3, 2014.

Breschi, S., F. Lissoni, F., Malerba, "Knowledge-Relatedness in Firm Technological Diversification", *Research Policy*, Vol. 32, No. 1, 2003.

Bröring, S. and J. Leker, "Industry Convergence and Its Implications for The Front End of Innovation: A Problem of Absorptive Capacity", *Creativity and Innovation Management*, Vol. 16, No. 2, 2007.

Bröring, S., "Developing Innovation Strategies for Convergence-Is 'Open Innovation' Imperative?", *International Journal of Technology Management*, Vol. 49, No. 1 – 3, 2010.

Cassiman, B., M. C. Guardo, and G., "Valentini, Organizing Links with Science: Cooperate or Contract?: A Project-Level Analysis", *Research Policy*, Vol. 39, No. 7, 2010.

Caviggioli, F., "Technology Fusion: Identification and Analysis of the Drivers of Technology Convergence Using Patent Data", *Technovation*, 2016.

Chen, K., Y. Zhang, X. Fu, "International Research Collaboration: An Emerging Domain of Innovation Studies?", *Research Policy*, Vol. 48, No. 1, 2019.

Chesbrough, H. W. "Open Innovation: the New Imperative for Creating and Profiting from Technology", *Harvard Business School Press*, 2003.

Cho, Y., E. Kim, W. Kim, "Strategy Transformation Under Technological Convergence: Evidence from the Printed Electronics Industry", *International Journal of Technology Management*, Vol. 67, No. 2 – 4, 2015.

Choi, D. and L., "Välikangas, Patterns of Strategy Innovation", *The Euro-

peanManagement Journal, Vol. 19, No. 4, 2001.

Christensen, C. M., *The Innovator's Dilemma: when New Technologies Cause Great Firms to Fail*, Harvard Business School Press, 1997.

Cummings, J. N., S. Kiesler, "Collaborative Research Across Disciplinary and Organizational Boundaries", *Social Studies of Science*, Vol. 35, No. 5, 2005.

Curran, C. and J. Leker, "Patent Indicators for Monitoring Convergence-Examples from NFF And ICT", *Technological Forecasting and Social Change*, Vol. 78, No. 2, 2011.

Curran, C., S. S. Bröring, J. Leker, "Anticipating Converging Industries Using Publicly Available Data", *Technological Forecasting and Social Change*, Vol. 77, No. 3, 2010.

Drejer, I., *Technological Change and Interindustrial Linkages: Introducing Knowledge Flows in Input-Output Studies*, Aalborg University, 1999.

Fan, J. P. H. and L. H. P. Land, "The Measurement of Relatedness: an Application to Corporate Diversification", *Journal of Business*, Vol. 73, No. 4, 2000.

Fu, X., *China's Path to Innovation*, Cambridge University Press, 2015.

Gambardella, A. and S. Torrisi, "Does Technological Convergence Imply Convergence in Market? Evidence from the Electronics Industry", *Research Policy*, Vol. 27, No. 5, 1998.

Gauch, S. and K. Blind, "Technological Convergence and the Absorptive Capacity of Standardization", *Technological Forecasting and Social Change*, Vol. 91, No. 1, 2015.

Geum, Y., C. Kim, S. Lee, et al., "Technological Convergence of IT And BT: Evidence from Patent Analysis", *Etri Journal*, Vol. 34, No. 3, 2012.

Geum, Y., M. Kim, S. Lee, "How Industrial Convergence Happens: A Taxonomical Approach Based on Empirical Evidences", *Technological Forecasting and Social Change*, Vol. 107 (C), 2016.

Hacklin, F. and M. W. Wallin, "Convergence and Interdisciplinarity in Innovation Management: A Review, Critique, and Future Directions", *Service*

Industries Journal, Vol. 33, No. 7 – 8, 2013.

Hacklin, F. B., "Battistini, and G. Krogh. Strategic Choices In Converging Industries", *MIT Sloan Management Review*, Vol. 55, No. 1, 2013.

Hacklin, F., C. Marxt, F. Fahrni, "An Evolutionary Perspective on Convergence: Inducing a Stage Model of Inter-Industry Innovation", *International Journal of Technology Management*, Vol. 49, No. 1 – 3, 2010.

Hacklin, F., *Management of Convergence in Innovation: Strategies And Capabilities for Value Creation Beyond Blurring Industry Boundaries*, Physica-Verlag Heidelberg, 2007.

Hacklin, F., Marxt, C., F. Fahrni, "Coevolutionary Cycles of Convergence: An Extrapolation from the ICT Industry", *Technological Forecasting and Social Change*, Vol. 76, No. 6, 2009.

Hacklin, F., V. Raurich, C. Marxt, "Implications of Technological Convergence on Innovation Trajectories: The Case of ICT Industry", *International Journal of Innovation and Technology Management*, Vol. 2, No. 3, 2005.

Joo, S. H. and Y. Kim, "Measuring Relatedness between Technological Fields", *Scientometrics*, Vol. 83, No. 19, 2010.

Karvonen, M. and T. Kässi, "Patent Citations as a Tool for Analysing the Early Stages of Convergence", *Technological Forecasting and Social Change*, Vol. 80, No. 6, 2013.

Kim, E., Y. Cho, W. Kim, "Dynamic Patterns of Technological Convergence in Printed Electronics Technologies: Patent Citation Network", *Scientometrics*, Vol. 98, No. 2, 2014.

Kim, M. S. and Y. Park, "The Changing Pattern of Industrial Technology Linkage Structure of Korea: Did the ICT Industry Play a Role in the 1980s and 1990s?", *Technological Forecasting and Social Change*, Vol. 76, No. 5, 2009.

Kim, W. and J. Lee, "Measuring the Role of Technology-Push and Demand-Pull in the Dynamic Development of the Semiconductor Industry: the Case of the Global DRAM Market", *Journal of Applied Economics*, Vol. 12, No. 1, 2009.

Kim, W., Kim, M., "Reference Quality-Based Competitive Market Structure for Innovation Driven Markets", *International Journal of Research in Marketing*, Vol. 32, No. 3, 2015.

Ko, D., Y. J. S. Park, S. H. Lee, "Convergence Enabling Strategies for Service-IT Industry", *KIET Issue Paper*, No. 360, 2014.

Kodama, F., *Emerging Patterns of Innovation: Sources of Japan'S Technological Edge*, Harvard Business School Press, 1995.

Lakemond, N., L. Bengtsson, K. Laursen, et al., "Match and Manage: The Use of Knowledge Matching and Project Management to Integrate Knowledge in Collaborative Inbound Open Innovation", *Industrial and Corporate Change*, Vol. 25, No. 2, 2016.

Lanjouw, J. O., A. Pakes, J. Putnam, "How to Count Patents and Value Intellectual Property: The Uses of Patent Renewal and Application Data", *Journal of Industrial Economics*, Vol. 46, No. 4, 1998.

Lee, G. K., "The Significance of Network Resources in the Race to Enter Emerging Product Markets: The Convergence of Telephony Communications and Computer Networking, 1989 – 2001", *Strategic Management Journal*, Vol. 28, No. 1, 2007.

Lee, S. H., P. J. Kim, Ahn, Y. Y., et al., "Googling Social Interactions: Web Search Engine Based Social Network Construction", *PLoS One*, 2010, Vol. 5, No. 7, pp. e11233.

Lei, D. T., "Industry Evolution And Competence Development: The Imperatives of Technological Convergence", *International Journal of Technology Management*, Vol. 19, No. 7 – 8, 2000.

Leontief, W., *The Structure of the American Economy*, 1919 – 1929, Cambridge: Harvard University Press, 1941.

Li, Y., Z. Wei, Y. Liu, "Strategic Orientations, Knowledge Acquisition, and Firm Performance: The Perspective of The Vendor in Cross-Border Outsourcing", *Journal of Management Studies*, Vol. 47, No. 8, 2010.

Lind, D., "The Myths and Reality of Deindustrialization in Sweden: The Role Of Productivity", *International Productivity Monitor*, Vol. 47, No. 3, 2013.

Meyer, M., "Does Science Push Technology? Patents Citing Scientific Literature", *Research Policy*, Vol. 29, No. 3, 2000.

Miller, E. and P. D. Blair, *Input-Output Analysis: Foundations and Extensions*, Cambridge University Press, 2009.

Momigliano, F., D. Siniscalco, "Note in Tema Di Terziarizzazione E Deindustrializzazione", *Moneta E Credito*, Vol. 35, No. 138, 1982.

Mowery, D. C., J. E. Oxley, B. S. Silverman, "Strategic Alliances and Interfirm Knowledge Transfer", *Strategic Management Journal*, Vol. 17, No. S2, 1996.

Murray, F., "Innovation as Co-Evolution of Scientific and Technological Networks: Exploring Tissue Engineering", *Research Policy*, Vol. 31, No. 8 – 9, 2002.

OECD, *Benchmarking Industry-Science Relationships*, Organization for Economic Co-operation and Development, 2002.

OECD, *Convergence between Communications Technologies: Case Studies From North America and Western Europe*, Organization for Economic Co-operation and Development, 1996.

OECD. *Telecommunications And Broadcasting: Convergence Or Collision?*, Organization for Economic Co-operation and Development, 1992.

Pasinetti, L. L., "The Notion of Vertical Integration in Economic Analysis", *Metroeconomica*, Vol. 25, No. 1, 1973.

Pennings, J. M. and P. Puranam, "Market Convergence and Firm Strategy: New Directions for Theory And Research", *ECIS conference Paper*, 2001.

Preschitschek, N. H., Niemann, J. Leker, M. G. Moehrle, "Anticipating Industry Convergence: Semantic Analyses Vs IPC Co-Classification Analyses of Patents", *Foresight*, Vol. 15, No. 6, 2013.

Rosenberg, N., *Inside The Black Box: Technology and Economics*, Cambridge University Press, 1982.

Rosenberg, N., "Technological Change in the Machine Tool Industry, 1840 – 1910", *Journal of Economic History*, Vol. 23, No. 4, 1963.

Schwartz, M., F. Peglow, M. Fritsch, et al., "What Drives Innovation Output from Subsidized R&D Cooperation? —Project-Level Evidence from Germany",

Technovation, Vol. 32, No. 6, 2012.

Silva, E. G. and A. A. C. Teixeira, "Surveying Structural Change: Seminal Contributions and a Bibliometric Account", *Structural Change and Economic Dynamics*, Vol. 19, No. 4, 2008.

Sraffa, P., "Production of Commodities by Means of Commodities", *Prelude to a Critique of Economic Theory*, Cambridge University Press, 1960.

Srinivasan, R., P. Haunschild, R. Grewal, "Vicarious Learning in New Product Introductions in the Early Years of a Converging Market", *Management Science*, Vol. 53, No. 1, 2007.

Stieglitz, N., "Digital Dynamics and Types of Industry Convergence: The Evolution of the Handheld Computers Market"; Christensen, J. F. and P. Maskell, "The Industrial Dynamics of the New Digital Economy", Edward Elgar, 2003.

Teece, D. J., "Firm Organization Industrial Structure, and Technological Innovation", *The Journal of Economic Behavior and Organization*, Vol. 31, No. 2, 1996.

Weenen, T., C. B. Ramezanpour, E. S. Pronker, et al., "Food-Pharma Convergence in Medical Nutrition-Best of Both Worlds?", *PLoS One*, Vol. 8, No. 12, 2013.

Xing, W., X. Ye, L. Kui, "Measuring Convergence of China's ICT Industry: An Input-Output Analysis", *Telecommunications Policy*, Vol. 35, No. 4, 2011.

Zhang, Y. and H., Li, "Innovation Search of New Ventures in a Technology Cluster: The Role of Ties with Service Intermediaries", *Strategic Management Journal*, Vol. 31, No. 1, 2010.

3 产业政策的复兴

Aiginger, K., Rodrik, D., "Rebirth of Industrial Policy and an Agenda for the Twenty-First Century", *Journal of Industry, Competition and Trade*, Vol. 20, 2020.

Cho, D. S., Kim, D. J., Rhee, D. K., "Latecomer Strategies: Evidence from the Semiconductor Industry in Japan and Korea", *Organization Sci-*

ence, Vol. 9, No. 4, 1988.

Foster, C. , Azmeh, S. , "Latecomer Economies and National Digital Policy: An Industrial Policy Perspective", *The Journal of Development Studies*, Vol. 56, No. 7, 2020.

Irwin, D. A. , Klenow, P. J. , "Learning-by-Doing Spillovers in the Semiconductor Industry", *Journal of Political Economy*, Vol. 102, No. 6, 1994.

Lane, N. , "The New Empirics of Industrial Policy", *Journal of Industry, Competition and Trade*, Vol. 20, 2020.

Lauridsen, L. S. , "Strategic Industrial Policy and Latecomer Development: The what, the why and the how", *Forum for Development Studies*, Vol. 37, No. 1, 2010.

Naughton, B, *The Rise of China's Industrial Policy (1978 - 2020)*, Mexico: Cátedra México-China, 2021.

Verwey, J. , "Chinese Semiconductor Industrial Policy: Past and Present", *Journal of International Commerce and Economics*, Vol. 7, 2019.

Verwey, J. , "Chinese Semiconductor Industrial Policy: Prospects for Future Success", *Journal of International Commerce and Economics*, Vol. 8, 2019.

4 机器人、自动化与就业

Acemoglu D. , Aghion P. , Lelarge C. , et al. , "Technology, Information, and the Decentralization of the Firm", *The Quarterly Journal of Economics*, Vol. 122, No. 4, 2007.

Acemoglu D. , Restrepo P. , "The Race between Man and Machine: Implications of Technology for Growth, Factor Shares, and Employment", *American Economic Review*, Vol. 108, No. 6, 2018.

Acemoglu, D. , P. Restrepo, "Automation and New Tasks: How Technology Displaces and Reinstates Labor", *Journal of Economic Perspectives*, Vol. 33, No. 2, 2019.

Acemoglu, D. , P. Restrepo, "Robots and Jobs: Evidence from US Labor Markets", *Journal of Political Economy*, Vol. 128, No. 6, 2020.

Anderson J. E. , "A Theoretical Foundation for the Gravity Equation", *The A-*

merican Economic Review*, Vol. 69, No. 1, 1979.

Armington P. S., "A Theory of Demand for Products Distinguished by Place of Production", *Staff Papers*, Vol. 16, No. 1, 1969.

Bartel A., Ichniowski C., Shaw K., "How does Information Technology Affect Productivity? Plant-level Comparisons of Product Innovation, Process Improvement, and Worker Skills", *The Quarterly Journal of Economics*, Vol. 122, No. 4, 2007.

Caliendo L., Parro F., "Estimates of the Trade and Welfare Effects of NAFTA", *The Review of Economic Studies*, Vol. 82, No. 1, 2015.

Caroli E., Van Reenen J., "Skill-biased Organizational Change? Evidence from a Panel of British and French establishments", *The Quarterly Journal of Economics*, Vol. 116, No. 4, 2001.

David H., Dorn D., "The Growth of Low-skill Service Jobs and the Polarization of the US Labor Market", *American Economic Review*, Vol. 103, No. 5, 2013.

Graetz, G., and G. "Michaels. Robots at Work", *Review of Economics and Statistics*, Vol. 100, No. 5, 2018.

专题二：区域经济

5　全球生产网络

Chan, K. W., "China's Urbanization 2020: A New Blueprint and Direction", *Eurasian Geography and Economics*, Vol. 55, No. 1, 2014.

Coe, N. M., Yang, C., "Mobile Gaming Production Networks, Platform Business Groups, and the Market Power of China's Tencent", *Annals of the American Association of Geographers*, 2021.

Dawley, S., MacKinnon, D., Pollock, R., "Creating Strategic Couplings in Global Production Networks: Regional Institutions and Lead Firm Investment in the Humber region, UK", *Journal of Economic Geography*, Vol. 19, 2019.

Hastings, T., "Leveraging Nordic Links: South African Labour's Role in Regulating Labour Standards in Wine Global Production Networks", *Journal of

Economic Geography, Vol. 4, 2019.

Jessop, B., "Institutional Re (turns) and the Strategic-relational Approach", *Environment and Planning A*, Vol. 4, 2001.

Johns, J., "Video Games Production Networks: Value Capture, Power Relations and Embeddedness", *Journal of Economic Geography*, Vol. 6, No. 2, 2006.

Jonas, A. E. G., "Local Labour Control Regimes: Uneven Development and the Social Regulation of Production", *Regional Studies*, Vol. 30, No. 4, 1996.

Lin, G. C. S., "Peri-urbanism in Globalizing China: A Study of New Urbanism in Dongguan", *Eurasian Geography and Economics*, Vol. 47, No. 1, 2006.

McGee, T., *The Emergence of Desakota Regions in Asia: Expanding a Hypothesis*, Ginsberg N, Koppel B. and McGee TG (eds), The Extended Metropolis: Retrospect and Prospect, Hong Kong: The Chinese University of Hong Kong Press, 1991.

Yang, C., "Restructuring the Export-oriented Industrialization in the Pearl River Delta, China: Institutional Evolution and Emerging Tension", *Applied Geography*, Vol. 32, No. 1, 2012.

Yang, C., "The Transformation of Foreign Investment-induced 'Exo (genous) -Urbanisation' Amidst Industrial Restructuring in the Pearl River Delta, China", *Urban Studies*, Vol. 57, No. 3, 2020.

6 产业集聚、创新与区域经济发展

Asheim, B., M. Grillitsch, M. Trippl, "Combinatorial Knowledge Bases, Regional Innovation, and Development Dynamics", *Economic Geography*, Vol. 85, No. 4, 2017.

Boschma, R., G. Capone, "Institutions and Diversification: Related Versus unrelated Diversification in a Varieties of Capitalism Framework", *Research Policy*, Vol. 44, 2015.

Boschma, R., G. Capone, "Relatedness and Diversification in the European Union (EU -27) and European Neighbourhood Policy Countries", *Environment and Planning C: Government and Policy*, Vol. 34, 2016.

Boschma, R., "Relatedness as Driver of Regional Diversification: A Research Agenda", Regional Studies, Vol. 51, No. 3, 2017.

Castaldi C, K. Frenken, B. LOS, Related Variety, Unrelated Variety and Technological Breakthroughs: An Analysis.

Crespo, J., R. Suire, J. Vicente, "Lock-in or Lock-out? How Structural Properties of Knowledge Networks Affect Regional Resilience", Journal of Economic Geography, Vol. 14, No. 1, 2014.

Economics, Vol. 43, No. 2, 2014.

Ellison, G., E. L. Glaeser, W. R. Kerr, "What Causes Industry Agglomeration? Evidence from Coagglomeration Patterns", *American Economic Review*, No. 6, 2010.

Frenken, K., F. V. Oort, T. Verburg, "Related Variety, Unrelated Variety and Regional Economic Growth", *Regional studies*, Vol. 41, No. 5, 2007.

Liu, Q., R. Lu, Y. Lu, et al., "Import Competition and Firm Innovation: Evidence from China", *Journal of Development Economics*, Vol. 151, No. 2, 2021.

Pina, K., Tether, B., "Towards Understanding Variety in Knowledge Intensive Business Services by Distinguishing Their Knowledge Bases", *Research Policy* Vol. 45, No. 2, 2016.

Tavassoli S, N. Carbonara, "The Role of Knowledge Variety and Intensity for Regional Innovation", "Small Business of US State-level Patenting", *Regional Studies*, Vol. 49, No. 5, 2015.

7 地区间发展差异的历史因素

Giuliano P., Nunn N., "Understanding Cultural Persistence and Change", *Review of Economic Studies*, Vol. 88, 2021.

Melissa D., Olken B. A., "The Development Effects of the Extractive Colonial Economy: The Dutch Cultivation System in Java", *Review of Economic Studies*, Vol. 87, 2020.

Pascali, Luigi, "The Wind of Change: Maritime Technology, Trade, and Economic Development", *American Economic Review*, Vol. 107, No. 9, 2017.

专题三：能源经济与绿色经济

8　环境规制与公众健康

Cesur, R., Erdal Tekin, Aydogan Ulker, "Can Natural Gas Save Lives? Evidence from the Deployment of a Fuel Delivery System in a Developing Country", *Journal of Health Economics*, Vol. 59, 2018.

Konc, T., Ivan Savin, Jeroen C. J. M., "Van Den Bergh. The Social Multiplier of Environmental Policy: Application to Carbon Taxation", *Journal of Environmental Economics and Management*, Vol. 105, 2021.

Liu, Mengdi, Ruipeng Tan, Bing Zhang, "The Costs of 'Blue Sky': Environmental Regulation, Technology Upgrading, and Labor Demand in China", *Journal of Development Economics*, Vol. 150, 2021.

9　能源安全、气候变化与经济增长

陈晓玲、徐舒、连玉君：《要素替代弹性、有偏技术进步对我国工业能源强度的影响》，《数量经济技术经济研究》2015年第3期。

何小钢、王自力：《能源偏向型技术进步与绿色增长转型——基于中国33个行业的实证考察》，《中国工业经济》2015年第2期。

金刚、沈坤荣、孙雨亭：《气候变化的经济后果真的"亲贫"吗》，《中国工业经济》2020年第9期。

李树生、张蔷：《温度驱动、经济增长与居民生活能源消费》，《经济经纬》2015年第2期。

王班班、齐绍洲：《有偏技术进步、要素替代与中国工业能源强度》，《经济研究》2014年第2期。

杨志明、李婉睿、鄢哲明：《温度变化与电力需求的关系——基于2000—2014年中国城市面板数据的经验证据》，《北京理工大学学报》（社会科学版）2019年第5期。

Acemoglu D., Aghion P., Bursztyn L., et al., "The Environment and Directed Technical Change", *American Economic Review*, Vol. 102, No. 1, 2012.

Acemoglu D., Akcigit U., Hanley D., et al., "Transition to Clean Technology", *Journal of Political Economy*, Vol. 124, No. 1, 2016.

Adhvaryu A., Kala N., Nyshadham A., "The Light and the Heat: Productivity Co-benefits of Energy-saving Technology", *Review of Economics and Statistics*, Vol. 102, No. 4, 2020.

Adhvaryu A., Kala N., Nyshadham A., "The Skills to Pay the Bills: Returns to on-the-job Soft Skills Training", *National Bureau of Economic Research Working Paper*, 2018.

Aghion P., Dechezleprêtre A., Hemous D., et al., "Carbon Taxes, Path Dependency, and Directed Technical Change: Evidence from the Auto Industry", *Journal of Political Economy*, Vol. 124, No. 1, 2016.

Allen T., Atkin D., "Volatility and the Gains from Trade", National Bureau of Economic Research Working Paper, 2016.

Barreca A., Clay K., Deschenes O., et al., "Adapting to Climate Change: The Remarkable Decline in the US Temperature-mortality Relationship over the Twentieth Century", *Journal of Political Economy*, Vol. 124, No. 1, 2016.

Barreca A., Clay K., Deschênes O., et al., "Convergence in Adaptation to Climate Change: Evidence from High Temperatures and Mortality, 1900 – 2004", *American Economic Review*, Vol. 105, No. 5, 2015.

Barsky R. B., Kilian L., "Do We Really Know that Oil Caused the Great Stagflation? A Monetary Alternative", *NBER Macroeconomics Annual*, Vol. 16, 2001.

Baumeister C., Hamilton J. D., "Inference in Structural Vector Autoregressions when the Identifying Assumptions are Not Fully Believed: Re-evaluating the Role of Monetary Policy in Economic Fluctuations", *Journal of Monetary Economics*, Vol. 100, 2018.

Baumeister C., Hamilton J. D., "Sign Restrictions, Structural Vector Autoregressions, and Useful Prior Information", *Econometrica*, Vol. 83, No. 5, 2015.

参考文献

Baumeister C. , Hamilton J. D. , "Structural Interpretation of Vector Autoregressions with Incomplete Identification: Revisiting the Role of Oil Supply and Demand Shocks", *American Economic Review*, Vol. 109, No. 5, 2019.

Burke M. , Hsiang S. M. , Miguel E. "Global Non-linear Effect of Temperature on Economic Production", *Nature*, Vol. 527, No. 7577, 2015.

Bustos P. , Caprettini B. , Ponticelli J. , "Agricultural Productivity and Structural Transformation: Evidence from Brazil", *American Economic Review*, Vol. 106, No. 6, 2016.

Cachon G. P. , Gallino S. , Olivares M. , "Severe Weather and Automobile Assembly Productivity", *SSRN Working Paper*, 2012.

Cai X. , Lu Y. , Wang J. , "The Impact of Temperature on Manufacturing Worker Productivity: Evidence from Personnel Data", *Journal of Comparative Economics*, Vol. 46, No. 4, 2018.

Caldara D. , Cavallo M. , Iacoviello M. , "Oil Price Elasticities and Oil Price Fluctuations", *Journal of Monetary Economics*, Vol. 103, 2019.

Calel R. , Dechezleprêtre A. , "Environmental Policy and Directed Technological Change: Evidence from the European Carbon Market", *Review of Economics and Statistics*, Vol. 98, No. 1, 2016.

Chen S. S. , "Revisiting the Inflationary Effects of Oil Prices", *Energy Journal*, Vol. 30, No. 4, 2009.

Colmer J. , "Temperature, Labor Reallocation, and Industrial Production: Evidence from India", *American Economic Journal: Applied Economics*, Vol. 13, No. 4, 2021.

Dell M. , Jones B. F. , Olken B. A. , "Temperature Shocks and Economic growth: Evidence from the Last Half Century", *American Economic Journal: Macroeconomics*, Vol. 4, No. 3, 2012.

Emerick K. , "Agricultural Productivity and the Sectoral Reallocation of Labor in Rural India", *Journal of Development Economics*, Vol. 135, 2018.

Fisk W. J. , Faulkner D. , "Performance and Cost of Particle Air Filtration Technologies", *Indoor Air*, 2001.

Gans J. S. , "Innovation and Climate Change Policy", *American Economic*

Journal: *Economic Policy*, Vol. 4, No. 4, 2012.

Gisser M., Goodwin T. H., "Crude Oil and the Macroeconomy: Tests of some Popular Notions: Note", *Journal of Money, Credit and Banking*, Vol. 18, No. 1, 1986.

Golosov M., Hassler J., Krusell P., et al., "Optimal Taxes on Fossil Fuel in General Equilibrium", *Econometrica*, Vol. 82, No. 1, 2014.

Graff Zivin J., Neidell M., "Temperature and the Allocation of Time: Implications for Climate Change", *Journal of Labor Economics*, Vol. 32, No. 1, 2014.

Hamilton J. D., "Oil and the Macroeconomy Since World War II", *Journal of Political Economy*, Vol. 91, No. 2, 1983.

Hamilton J. D., "What is an Oil Shock", *Journal of Econometrics*, Vol. 113, No. 2, 2003.

Hassler J., Krusell P., Olovsson C., "Energy-saving Technical Change", National Bureau of Economic Research Working Paper, 2012.

Heal G., Park J., "Feeling the Heat: Temperature, Physiology & the Wealth of Nations", National Bureau of Economic Research Working Paper, 2013.

Henderson J. V., Storeygard A., Deichmann U., "Has Climate Change Driven Urbanization in Africa?", *Journal of Development Economics*, Vol. 124, 2017.

Heutel G., Miller N. H., Molitor D., "Adaptation and the Mortality Effects of Temperature Across US Climate Regions", *Review of Economics and Statistics*, Vol. 103, No. 4, 2021.

Hooker M. A., "This is what Happened to the Oil Price-macroeconomy Relationship: Reply", *Journal of Monetary Economics*, Vol. 38, No. 2, 1996.

Hooker M. A., "What Happened to the Oil Price-macroeconomy Relationship", *Journal of Monetary Economics*, Vol. 38, No. 2, 1996.

Hornbeck R., Keskin P., "Does Agriculture Generate Local Economic Spillovers? Short-run and Long-run Evidence from the Ogallala Aquifer", *American Economic Journal: Economic Policy*, Vol. 7, No. 2, 2015.

Hornbeck R., Naidu S., "When the Levee Breaks: Black Migration and Economic Development in the American South", *American Economic Review*, Vol. 104, No. 3, 2014.

Hornbeck R., "The Enduring Impact of the American Dust Bowl: Short-and Long-run Adjustments to Environmental Catastrophe", *American Economic Review*, Vol. 102, No. 4, 2012.

Hsiang S. M., "Temperatures and Cyclones Strongly Associated with Economic Production in the Caribbean and Central America", *Proceedings of the National Academy of Sciences*, Vol. 107, No. 35, 2010.

Jayachandran S., "Selling Labor Low: Wage Responses to Productivity Shocks in Developing Countries", *Journal of Political Economy*, Vol. 114, No. 3, 2006.

Jessoe K., Manning D. T., Taylor J. E., "Climate Change and Labour Allocation in Rural Mexico: Evidence from Annual Fluctuations in Weather", *Economic Journal*, Vol. 128, No. 608, 2018.

Kaur S., "Nominal Wage Rigidity in Village Labor Markets", *American Economic Review*, Vol. 109, No. 10, 2019.

Kilian L., Murphy D. P., "The Role of Inventories and Speculative Trading in the Global Market for Crude Oil", *Journal of Applied Econometrics*, Vol. 29, No. 3, 2014.

Kilian L., Murphy D. P., "Why Agnostic Sign Restrictions are not Enough: Understanding the Dynamics of Oil Market VAR Models", *Journal of the European Economic Association*, Vol. 10, No. 5, 2012.

Kilian L., Zhou X., "Oil Supply Shock Redux", Manuscript, Federal Reserve Bank of Dallas, 2019.

Kilian L., "Not All Oil Price Shocks are Alike: Disentangling Demand and Supply Shocks in the Crude Oil Market", *American Economic Review*, Vol. 99, No. 3, 2009.

Kjellstrom T., Holmer I., Lemke B., "Workplace Heat Stress, Health and Productivity-an Increasing Challenge for Low and Middle-income Countries During Climate Change", *Global Health Action*, Vol. 2, No. 1, 2009.

Kleemans M., Magruder J., "Labour Market Responses to Immigration: Evidence from Internal Migration Driven by Weather Shocks", *Economic Journal*, Vol. 128, No. 613, 2018.

Kovats R. S., Hajat S., "Heat Stress and Public Health: A Critical Review", *Annual Review of Public Health*, Vol. 29, 2008.

Mork K. A., "Oil and the Macroeconomy when Prices go up and down: An Extension of Hamilton's Results", *Journal of Political Economy*, Vol. 97, No. 3, 1989.

Nordhaus W. D., *Managing the Global Commons: The Economics of Climate Change*, MIT Press Cambridge, MA, 1994.

Parsons K., *Human Thermal Environments: The Effects of Hot, Moderate, and Cold Environments on Human Health, Comfort and Performance*, CRC Press, 2007.

Paxson C. H., "Using Weather Variability to Estimate the Response of Savings to Transitory Income in Thailand", *American Economic Review*, Vol. 82, No. 1, 1992.

Popp D., "Induced Innovation and Energy Prices", *American Economic Review*, Vol. 92, No. 1, 2002.

Rotemberg J. J., Woodford M., "Imperfect Competition and the Effects of Energy Price Increases on Economic Activity", National Bureau of Economic Research Working Paper, 1996.

Seppanen O., Fisk W. J., Faulkner D., "Control of Temperature for Health and Productivity in Offices", Lawrence Berkeley National Laboratory Working Paper, 2004.

Smulders S., De Nooij M., "The Impact of Energy Conservation on Technology and Economic Growth", *Resource and Energy Economics*, Vol. 25, No. 1, 2003.

Somanathan E., Somanathan R., Sudarshan A., et al., "The Impact of Temperature on Productivity and Labor Supply: Evidence from Indian Manufacturing", *Journal of Political Economy*, Vol. 129, No. 6, 2021.

Tanabe S. I., Nishihara N., Haneda M., "Indoor Temperature, Productivity, and Fatigue in Office Tasks", *HVAC&R Research*, Vol. 13, No. 4, 2007.

Townsend R. M. , "Risk and Insurance in Village India", *Econometrica*, Vol. 65, 1994.

Zhao L. , Zhang X. , Wang S. Y. , et al. , "The Effects of Oil Price shocks on Output and Inflation in China", *Energy Economics*, 2016, Vol. 53.

10 温室气体减排的成本分析

Acemoglu, Daron, Ufuk Akcigit, "Intellectual Property Rights Policy, Competition and Innovation" *European Economic Association*, Vol. 10, 2012.

Acemoglu, Daron, Philippe Aghion, et al. , "The Environment and Directed Technical Change", *American Economic Review*, Vol. 102, No. 1, 2012.

Acemoglu, Daron, Ufuk Akcigit, et al. , "Transition to Clean Technology", *Journal of Political Economy*, Vol. 124, No. 1, 2016.

Aghion, Philippe, Antoine Dechezleprêtre, et al. , "Carbon Taxes, Path Dependency, and Directed Technical Change: Evidence from the Auto Industry", *Journal of Political Economy*, Vol. 124, No. 1, 2016.

Davis, Lucas W. , Catherine Hausman, "Market Impacts of a Nuclear Power Plant Closure", *American Economic Journal: Applied Economics*, Vol. 8, No. 2, 2016.

Dutta, Prajit K. , Roy Radner, "A Game-Theoretic Approach to Global Warming", *Advances in Mathematical Economics*, No. 8, 2006.

Fischer, Carolyn, Richard G, "Newell. Environmental and Technology Policies for Climate Mitigation", *Journal of Environmental Economics and Management*, Vol. 55, No. 2, 2008.

Gillingham, Kenneth, P. Huang, "The Environmental and Welfare Implications of Abundant Natural Gas", Unpublished Paper, Yale University, 2018.

Golosov, Mikhail, John Hassler, et al. , "Optimal Taxes on Fossil Fuel in General Equilibrium", *Econometrica*, No. 82, 2014.

Goulder, Lawrence H. and Marc Hafstead, *Confronting the Climate Challenge*, New York: Columbia University Press, 2017.

Harstad, Bard, "Climate Contracts: A Game of Emissions, Investments, Negotiations, and Renegotiations", *Review of Economic Studies*, Vol. 79,

No. 4, 2012.

Hassler, John, Per Krusell, et al., "Energy-Saving Technical Change", Working Paper No. 18456, NBER, Cambridge, MA, 2011.

Mendelsohn, Robert, William Nordhaus, et al., "The Impact of Global Warming on Agriculture: A Ricardian Analysis", American Economic Review, No. 84, 1994.

Metcalf, Gilbert E. James H. Stock, "Measuring the Macroeconomic Impacts of Carbon Taxes", American Economic Review: Papers and Proceedings, Vol. 110, No. May, 2020.

Newbery, David, "Evaluating the Case for Supporting Renewable Electricity", Energy Policy, No. 120, 2018.

Newell, Richard, Adam Jaffe, et al., "The Induced Innovation Hypothesis and Energy-Saving Technological Change", Quarterly Journal of Economics, No. 114, 1999.

Nordhaus, William D., "The Perils of the Learning Model for Modeling Endogenous Technological Change", Energy Journal, Vol. 35, No. 1, 2014.

Nordhaus, William, A Question of Balance: Weighing the Options on Global Warming Policies, New Haven, CT: Yale Univ. Press, 2008.

Nordhaus, William, Managing the Global Commons: The Economics of Climate Change, Cambridge, MA: MIT Press, 1994.

Nordhaus, William, "Designing a Friendly Space for Technological Change to Slow Global Warming", Energy Economics, Vol. 33, No. 4, 2011.

Popp, David, "Induced Innovation and Energy Prices", American Economic Review, No. 92, 2002.

Stern, Nicholas, The Economics of Climate Change: The Stern Review, Cambridge: Cambridge Univ. Press, 2007.

Vogt-Schilb, Adrien, Guy Meunier, et al., "When Starting with the Most Expensive Option Makes Sense: Optimal Timing, Cost and Sectoral Allocation of Abatement Investment", Journal of Environmental Economics and Management, No. 88, 2018.

Weitzman, Martin, "On Modeling and Interpreting the Economics of Catastrophic

Climate Change", *Review of Economics and Statistics*, No. 91, 2009.

11 能源风险与能源安全

Aitzhan, N. Z., Svetinovic, D., "Security and Privacy in Decentralized Energy Trading Through Multi-signatures, Blockchain and Anonymous Messaging Streams", *IEEE Transactions on Dependable and Secure Computing*, Vol. 15, No. 5, 2018, URL：https：//ieeexplore. ieee. org/abstract/document/7589035.

Augutis, J., Krikštolaitis, R., Martišauskas, L., et al., "Integrated Energy Security Assessment". *Energy*, No. 138, 2017, URL：https：//www. sciencedirect. com/science/article/abs/pii/S0360544217312914.

Bakhtiyari, Z., Yazdanpanah, M., Forouzani, M., et al., "Intention of Agricultural Professionals Toward Biofuels in Iran：Implications for Energy Security, Society, and Policy", *Renewable and Sustainable Energy Reviews*, No. 69, 2017, URL：https：//www. sciencedirect. com/science/article/pii/S1364032116308942；

Biresselioglu, M. E., Yelkenci, T., Ozyorulmaz, E., Yumurtaci, I. Ö., "Interpreting Turkish Industry's Perception on Energy Security：A National Survey", *Renewable and Sustainable Energy Reviews*, 67, 2017. URL：https：//www. sciencedirect. com/science/article/pii/S2214629617300774.

Dwigo H., Mariola Dwigo-Barosz, Zhyvko Z., et al., "Evaluation of the Energy Security as a Component of National Security of the Country", *Journal of Security and Sustainability Issues*, Vol. 8, No. 3, 2019.

FER：fossil energy resource.

García-Gusano, D., Iribarren, D., Garraín, D., "Prospective Analysis of Energy Security：A Practical Life-cycle Approach Focused on Renewable Power Generation and Oriented Towards Policy-Makers". *Applied energy*, No. 190, 2017, URL：https：//www. sciencedirect. com/science/article/pii/S0306261917300120.

Karpenko, L., Serbov, M., Kwilinski, A., et al., "Methodological Platform of the Control Mechanism with the Energy Saving Technologies", *Acad-*

emy of Strategic Management Journal, Vol. 17, No. 5, 2018; URL: https://www.abacademies.org/articles/Methodological-platform-of-the-control-mechanism-1939-6104-17-5-271.pdf.

Kirshner, J., "The Cult of Energy Insecurity and the Crisis of Energy Security", International Security, Vol. 42, No. 4, 2018, URL: https://www.tobinproject.org/sites/tobinproject.org/files/assets/Kirshner_ Cult_Energy_ Insecurity.pdf.

Mazurkiewicz, J., Lis, P., Ocena bezpieczeństwa energetycznego w wybranych krajach Unii Europejskiej [The assessment of energy security in selected European Union countries], Rynek Energii, Vol. 4, No. 119, 2015, URL: https://www.researchgate.net/profile/Piotr_Lis/publication/281110415_Ocena_bezpieczenstwa_energetycznego_w_wybranych_krajach_Unii_Europejskiej/.links/55e07b7508ae2fac471baf2d/Ocena-bezpieczenstwa-energetycznego-w-wybranych-krajach-Unii-Europejskiej.pdf.

Radovanović, M., Filipović, S., Pavlović, D., "Energy Security Measurement-A Sustainable Approach", Renewable and Sustainable Energy Reviews, No. 68, 2017. URL: https://www.sciencedirect.com/science/article/pii/S1364032116002185;

Rogalev, A., Komarov, I., Kindra, V., et al., "Entrepreneurial Assessment of Sustainable Development Technologies for Power Energy Sector", Enterpreneurship and Sustainability Issues Vol. 6, No. 1, 2018. http://doi.org/10.9770/jesi.2018.6.1(26);

Smaliukiene, R., Monni, S., "A Step-by-step Approach to Social Marketing in Energy Transition", Insights into Regional Development Vol. 1, No. 1, 2019, http://doi.org/10.9770/IRD.2019.1.1(2).

Spada M., F. Paraschiv, Burgherr P., "A Comparison of Risk Measures for Accidents in the Energy Sector and Their Implications on Decision-making Strategies", Energy, Vol. 154, No. JUL. 1, 2018.

Su, M., Zhang, M., Lu, W., et al., "ENA-based Evaluation of Energy Supply Security: Comparison between the Chinese Crude Oil and Natural Gas Supply Systems". Renewable and Sustainable Energy Reviews, No. 72, 2017, URL:

https：//www. sciencedirect. com/science/article/pii/S1364032117301466.

Tetiana, H., Karpenko, L., Fedoruk, O., et al., "Innovative Methods of Performance Evaluation of Energy Efficiency Project", *Academy of Strategic Management Journal*, Vol. 17, No. 2, 2018, URL：https：//www. abacademies. org/articles/innovative-methods-of-performance-evaluation-of-energy-efficiency-projects-7067. html.

12　能源管理与能源转型政策

Apajalahti E., Temmes A., Lempiälä T., "Technology Analysis & Strategic Management Incumbent Organisations Shaping Emerging Technological Fields: Cases of Solar Photovoltaic and Electricvehicle Charging Incumbent Organisations Shaping Emerging Technological Fields", *Technology Analysis & Strategic Management*, 2017, http：//dx. doi. org/10. 1080/09537325. 2017. 1285397.

Bianchi P., Labory S., "From 'Old' Industrial Policies to 'New' Industrial Development Policies", In *International Handbook of Industrial Policy*, Cheltenham, Edward Elgar, 2006, pp. 3 – 27.

Bower J., Christensen C. M., "Disruptive Technologies: Catching the Wave", *Harvard Business Review*, 1995, https：//hbr. org/1995/01/disruptive-technologies-catching-the-wave；

Bower J., Christensen C. M., "Disruptive Technologies: Catching the Wave", *Harvard Business Review*, https：//hbr. org/1995/01/disruptive-technologies-catching-the-wave.

Burger S. P., Luke M., "Business Models for Distributed Energy Resources: A Review and Empirical Analysis", *Energy Policy*, No. 109, 2017, http：//dx. doi. org/10. 1016/j. enpol. 2017. 07. 007.

Ćetković S., Buzogány A., "Varieties of Capitalism and Clean Energy Transitions in the European Union: When Renewable Energy Hits Different Economic Logics", Climate Policy 3062 (July), 2016, pp. 1 – 16, http：//www. tandfonline. com/doi/abs/10. 1080/14693062. 2015. 1135778；

Carlsson, C., Fullér. R., *Fuzzy multiple criteria decision making: Recent developments*, Fuzzy Sets and Systems, 1996.

Christensen C. M., Rosenbloom R. S., "Explaining the Attacker's Advantage: Technological Paradigms, Organizational Dynamics, and the Value Network", *Research Policy*, Vol. 24, No. 2, 1995.

Christensen C. M., Raynor M., *The Innovator's Solution: Creating and Sustaining Successful Growth*, Boston: Harvard Business Review Press.

Christensen C. M., The Innovators Dillema: When New Technologies Cause Great Firms to Fail, Boston: Harvard Business Review Press.

Elliot L., "The UK Could Learn a Lot from Germany's Long-term Industrial Strategy", *The Guardian Online*, 2016, https://www.theguardian.com/global/2016/mar/30/the-uk-could-learn-a-lot-from-germanys-long-term-industrial-strategy.

Engel D., Kammen D. M., Wei M., et al., *Green Jobs and the Clean Energy Economy*, Copenhagen: Copenhagen Climate Council, 2009.

Figueira, J., Greco, S., Ehrgott, M. (Eds.), *Multiple Criteria Decision Analysis: State of the Art Surveys*, Springer, 2005.

Fuenfschilling L., Truffer B., "The Structuration of Socio-technical Regimes—Conceptual Foundations from Institutional Theory", *Research Policy*, Vol. 43, No. 4, 2014.

Govindan K., Rajendran S., Sarkis J., et al., "Multi criteria decision making approaches for green supplier evaluation and selection: a literature review", *J Clean Prod*, Vol. 98, 2015.

Hallegatte S., Vogt-schilb A., "Green Industrial Policies When and How", Washington DC.

Hancké B., Coulter S., "The German Manufacturing Sector Unpacked: Institutions, Policies and Future Trajectories", London, 2013, https://www.gov.uk/government/uploads/system/uploads/attachment_data/file/283889/ep13-german-manufacturing.pdf.

Hobbs B., Meier P., "Multicriteria Methods for Resource Planning: An Experimental Comparison", Power Syst IEEE Trans on, No. 9, 1994.

Hobbs B. F., Horn G. T., "Building Public Confidence in Energy Planning: A Multi Method MCDM Approach to Demand-side Planning at BC Gas",

Energy Policy, No. 25, 1997.

Huang J., Poh K., Ang B., "Decision Analysis in Energy and Environmental Modeling", *Energy*, No. 20, 1995.

Hwang, C. L., Yoon, K., "Multiple Attribute Decision Making: A State of the Art Survey", *Lecture Notes in Economics and Mathematical Systems*, No. 186.

Johnstone P., Kivimaa P., "Multiple Dimensions of Disruption, Energy Transitions and Industrial Policy", *Energy Research & Social Science*, 2017.

Johnstone P., Rogge K., Kivimaa P, et al., "Disruptive Innovation Meets Industrial Policy: Insights from Energy Transitions in Denmark and the UK", Helsinki, 2017, http://smartenergytransition.fi/wp-content/uploads/2017/08/Johnstone-et-al-Industrialpolicy-meets-disruption.pdf;

Johnstone P., Rogge K., Kivimaa P, et al., "Disruptive Innovation Meets Industrial Policy: Insights from Energy Transitions in Denmark and the UK", Helsinki, 2017, http://smartenergytransition.fi/wp-content/uploads/2017/08/Johnstone-et-al-Industrialpolicy-meets-disruption.pdf.

Johnstone P., Rogge K., Kivimaa P., et al., "Disruptive Innovation Meets Industrial Policy: Insights from Energy Transitions in Denmark and the UK", Helsinki, 2017, http://smartenergytransition.fi/wp-content/uploads/2017/08/Johnstone-et-al-Industrialpolicy-meets-disruption.pdf.

Kaplinski, O., Tupenaite, L., "Review of the Multiple Criteria Decision Making Methods, Intelligent and Biometric Systems Applied in Modern Construction Economics", *Transformations in Business & Economics* Vol. 10, No. 1, 2011.

Kapliński, O., Tamošaitiene, J., "Game Theory Applications in Construction Engineering and Management", *Technological and Economic Development of Economy*, Vol. 16, No. 2, 2010;

Kivimaa P., Mickwitz P., "Public Policy as a Part of Transforming Energy Systems: Framing Bioenergy in Finnish Energy Policy", *Journal of Cleaner Production*, Vol. 19, No. 16, 2011.

Mardani A., Jusoh A., MD Nor K., et al., "Multiple criteria decision-making techniques and their applications-a review of the literature from 2000 to 2014", Econ Res – Èkon Istraž, Vol. 28, 2015.

Mardani A., Jusoh A., Zavadskas E. K., et al., "Application of multiple criteria decision making techniques in tourism and hospitality industry: a systematic review", *Transform Bus Econ*, Vol. 15, 2016.

Mardani A., Jusoh A., Zavadskas E. K., et al., "Application of multiple criteria decision-making techniques and approaches to evaluating of service quality: a systematic review of the literature", *J Bus Econ Manag*, 2015.

Mardani A., Jusoh A., Zavadskas E. K., et al., "Proposing a new hierarchical framework for the evaluation of quality management practices: a new combined fuzzy hybrid MCDM approach", *J Bus Econ Manag*, Vol. 17, 2016.

Mardani A., Jusoh A., Zavadskas E. K., "Fuzzy multiple criteria decision-making techniques and applications-Two decades review from 1994 to 2014", *Expert Syst Appl*, Vol. 42, 2015.

Mardani A., Jusoh A., Zavadskas E. K., et al., "Sustainable and Renewable Energy: an overview of the application of multiple criteria decision making techniques and approaches", *Sustainability*, Vol. 7, 2015.

Mardani A., Zavadskas E. K., Khalifah Z., et al., "A Review of Multi-criteria Decision-making Applications to Solve Energy Management Problems: Two Decades from 1995 to 2015", *Renewable & Sustainable Energy Reviews*, Vol. 71 (MAY), 2017.

Mardani A., Zavadskas E. K., Govindan K., "Amat Senin A, Jusoh A. VIKOR technique a: a systematic review of the state of the art literature on methodologies and applications", *Sustainability*, Vol. 8, 2016.

Mardani A., Zavadskas E. K., Khalifah Z., et al., "Multiple criteria decision-making techniques in transportation systems: a systematic review of the state of the art literature", *Transport*, 2015.

Mardani A., Zavadskas E. K., Streimikiene D., et al., "Using fuzzy multiple criteria decision making approaches for evaluating energy saving technologies and solutions in five star hotels: a new hierarchical frame work", *En-*

ergy, Vol. 117, 2016.

Markides C, "Disruptive Innovation: In Need of Better Theory † Business-Model Innovation", *Harvard Business Review* No. 23, 2006.

Midttun A., Piccini P. B., "Facing the Climate and Digital Challenge: European Energy industry from Boom to Crisis and Transformation", *Energy Policy* No. 108, 2017, http://dx.doi.org/10.1016/j.enpol.2017.05.046

Moher D., Liberati A., Tetzlaff J., et al., "Preferred Reporting Items for Systematic Reviews and Meta-analyses: the PRISMA statement", *Ann Intern Med*, 2009, 151.

Mourmouris J. C., Potolias C., "A Multi-criteria Methodology for Energy Planning and Developing Renewable Energy Sources at a Regional Level: A Case study Thassos, Greece", *Energy Policy*, Vol. 52, No. 1, 2013.

Negro S. O., Alkemade F., Hekkert M. P., "Why does Renewable Energy Diffuse so Slowly? A Review of Innovation System Problems", *Renewable and Sustainable Energy Reviews*, Vol. 16, No. 6, 2012, http://dx.doi.org/10.1016/j.rser.2012.03.043.

Pohekar S., Ramachandran M., "Application of multi-criteria decision making to sustainable energy planning—a review", *Renew Sustain Energy Rev*, Vol. 8, 2004; Wang J-J, Jing Y-Y, Zhang C-F, et al., "Review on multi-criteria decision analysis aid in sustainable energy decision-making", *Renew Sustain Energy Rev*, 2009.

Rodrik D., "Green industrial policy", *Oxford Review of Economic Policy*, Vol. 30, No. 3, 2014, pp. 469–491.

Rudberg M., Waldemarsson M., Lidestam H., "Strategic Perspectives on Energy Management: A Case Study in the Process Industry", *Applied Energy*, Vol. 104 (APR), 2013.

Tamošaitiene, J., Bartkiene, L., Vilutiene, T., "The New Development Trend of Operational Research in Civil Engineering and Sustainable Development as a Result of Collaboration between GermanLithuanian-Polish Scientific Triangle", *Journal of Business Economics and Management*, Vol. 11,

No. 2, 2010.

The Economist, "How to Lose Half a Trillion Euros", *The Economist Online*, 2013, https://www.economist.com/news/briefing/21587782-europes-electricity-providers-faceexistential-threat-how-lose-half-trillion-euros.

Zavadskas E. K., Turskis Z., "Multiple Criteria Decision Making (MCDM) Methods in Economics: An Overview", *Technological & Economic Development of Economy*, Vol. 17, No. 2, 2011.

Zavadskas E. K., Mardani A., Turskis Z., et al., "Development of TOPSIS method to solve complicated decision-making problems: an overview on developments from 2000 to 2015", *Int J Inf Technol Decis Mak*, 2016.

Zavadskas E. K., Turskis Z., "Multiple criteria decision making (MCDM) methods in economics: an overview", *Technol Econ Dev Econ*, 2011.

Zopounidis, C., Doumpos, M., "Multi-criteria Decision Aid in Financial Decision Making: Methodologies and Literature Review", *Journal of Multi-Criteria Decision Analysis*, 2002.

专题四：企业管理与数字经济

13 新兴市场的跨国公司

吴小节、谭晓霞、汪秀琼等：《新兴市场跨国公司国际扩张：知识框架与研究综述》，《南开管理评论》2019年第6期。

Aybar, B., A. Ficici, "Cross-border Acquisitions and Firm Value: An Analysis of Emerging-market Multinationals", *Journal of International Business Studies*, Vol. 40, 2009.

Boisot, M., M. W. Meyer, "Which Way Through the Open Door? Reflections on the Internationalization of Chinese firms", *Management and Organization Review*, Vol. 4, 2008.

Bruton, G. D., M. W. Peng, D. Ahlstrom, et al., "State-owned Enterprises Around the World as Hybrid Organizations", *Academy of Management Perspectives*, Vol. 29, 2015.

Buckley P. J. and M. C. Casson, "The Internalisation Theory of the Multinational

Enterprise: A Review of the Progress of A Research Agenda after 30 Years", *Journal of International Business Studies*, Vol. 40, 2009.

Buckley, P., "Is the International Business Research Agenda Running out of Steam?", *Journal of International BusinessStudies*, Vol. 33, 2002.

Buckley, P. J, M. C. Casson, "The Future of the Multinational Enterprise", *London: Macmillan*, 1976.

Child, J., S. B. Rodrigues, "The Internationalization of Chinese Firms: A Case for Theoretical Extension?", *Management and Organization Review*, Vol. 1, 2005.

Cuervo-Cazurra, A., M. Genc, "Transforming Disadvantages into Advantages: Developing-Country MNEs in the Least Developed Countries", *Journal of International Business Studies*, Vol. 39, 2008.

Davis, P., A. Desai, J. Francis, "Mode of International Entry: An Isomorphism Perspective", *Journal of International Business Studies*, Vol. 31, 2000.

Dunning, J. H. Trade, "Location of Economic Activity and the MNE: A Search for an Eclectic Approach", Ohlin, B., P. O. Hesselborn, P. M. Wijkman (Eds.), *The International Allocation of Economic Activity*, London MacMillan, 1977.

Elango, B., and C. Pattnaik, "Building Capabilities for International Operations through Networks: A Study of Indian Firms", *Journal of International Business Studies*, Vol. 38, 2007.

Forsgren, M., "Some Critical Notes on Learning in the Uppsala Internationalization Process Model", Institute of International Business, Stockholm School of Economics, 1999.

Gerschenkron, A., *Economic Backwardness in Historical Perspective*, Cambridge, MA: The Belknap Press of Harvard University Press, 1962.

Guillén, M. F., E. García-Canal, "The American Model of the Multinational Firm and the New Multinationals from Emerging Economies", *Academy of Management Perspectives*, Vol. 23, 2009.

Hennart, J. F., *A Theory of the Multinational Enterprise*, Ann Arbor: University of Michigan Press, 1982.

Hennart, J. F. , "Emerging Market Multinationals and the Theory of the Multinational Enterprise", *Global Strategy Journal*, Vol. 2, 2012.

Hertenstein, P. , D. Sutherland, J. Anderson, "Internationalization within Networks: Exploring the Relationship between Inward and Outward FDI in China's Auto Components Industry", *Asia Pacific Journal of Management*, Vol. 34, 2017.

Hymer, S. H. , "The International Operations of National Firms: A Study of Direct Foreign Investment", Cambridge Mass: The MIT Press, 1976.

Itaki, M. , "A Critical Assessment of the Eclectic Theory of the Multinational Enterprise", *Journal of International Business Studies*, Vol. 22, 1991.

Johanson, J. , J. E. Vahlne, "The Internationalization Process of the Firm—A Model of Knowledge Development and Increasing Foreign Market Commitments", *Journal of International Business Studies*, Vol. 8, 1977.

Johanson, J. , J. E. Vahlne, "The Uppsala Internationalization Process Model Revisited: From Liability of Foreignness to Liability of Outsidership", *Journal of International Business Studies*, Vol. 40, 2009.

Johanson, J. , J. E. Vahlne, "The Uppsala model on Evolution of the Multinational Business Enterprise—From Internalization to coordination of Networks", *International Marketing Review*, Vol. 30, 2013.

Johanson, J. , P. F. Wiedersheim, "The Internationalization of the Firm-Four Swedish Cases", *Journal of Management Studies*, Vol. 12, 1975.

Kostova, T. , "Transnational Transfer of Strategic Organizational Practices: A Contextual Perspective", *Academy of Management Review*, Vol. 24, 1999.

Lindell, M. K. , D. J. Whitney, "Accounting for Common Method Variance in Cross-sectional Research Designs", *Journal of Applied Psychology*, Vol. 86, 2001.

Luo, Y. , H. Rui, "An Ambidexterity Perspective toward Multinational Enterprises from Emerging Economies", *Academy of Management Perspectives*, Vol. 23, 2009.

Luo, Y. , J. Bu, "Contextualizing International Strategy by Emerging Market Firms: A Composition-basedApproach", *Journal of World Business*,

Vol. 53, 2018.

Luo, Y., J. Child, "A Composition-based View of Firm Growth", *Management and Organization Review*, Vol. 11, 2015.

Luo, Y., R. L. Tung, "International Expansion of Emerging Market Enterprises: A Springboard Perspective", *Journal of International Business Studies*, Vol. 38, 2007.

Mariotti, S., R. Marzano, "Varieties of Capitalism and the Internationalization of State-owned Enterprises", *Journal of International Business Studies*, Vol. 50, 2019.

Mathews, J. A., "Dragon Multinationals: New Players in 21st Century Globalization", *Asia Pacific Journal of Management*, Vol. 23, 2006.

Mathews, J. A., "Strategy and the Crystal Cycle", *California Management Review*, Vol. 47, 2005.

Nolan, G., R. Karst, J. Clampit, "Emerging Market MNE Cross-border Acquisition Equity Participation: The Role of Economic and Knowledge Distance", *International Business Review*, Vol. 25, 2016.

Pan, Y., D. Tse., "The Hierarchical Model of Market Entry Modes", *Journal of International Business Studies*, Vol. 31, 2000.

Rugman, A. M., *Inside the Multinationals: The Economics of Internal Markets*, New York: Columbia University Press, 1981.

Schmidt, V. A., "Putting the Political back into Political Economy by Bringing the State back in yet Again", *World Politics*, Vol. 61, 2009.

Vahlne, J. E., J. Johanson, "From internationalization to Evolution: The Uppsala model at 40 Years", *Journal of International Business Studies*, Vol. 48, 2017.

Weiss, L., *States in the Global Economy: Bringing Domestic Institutions Back In*, Cambridge: Cambridge University Press, 2003.

Yiu, D. W., C. M. Lau, G. D. Bruton, "International Venturing by Emerging Economy Firms: The Effects of Firm Capabilities, Home Country Networks, and Corporate Entrepreneurship", *Journal of International Business Studies*, Vol. 38, 2007.

Zeng, M., P. J. Williamson, *Dragons at Your Door: How Chinese Cost Innovation is Disrupting the Rules of Global Competition*, Boston, MA: Harvard Business School Press, 2007.

14　数字经济与电子商务

Brynjolfsson, E., A. Collis, W. E. Diewert, et al., "Gdp-B: Accounting for the Value of New and Free Goods in the Digital Economy", *NBER working paper* 2019.

Couture, V., B. Faber, Y. Gu, et al., "Connecting the Countryside Via E-Commerce: Evidence from China", *American Economic Review: Insights* Vol. 3, No. 1, 2021.

Diewert, W. E., K. J. Fox, P. Schreyer, "The Digital Economy, New Products and Consumer Welfare", *ESCoE Discussion Paper* 2018-2016.

Jin, Y., Z. Sun, "Lifting Growth Barriers for New Firms Evidence from an Entrepreneurship Training Experiment with Two Million Online Businesses", *Working paper*, 2020.

Wang, Y., "Time Cost of Shopping and Labor Supply: Evidence from Rural E-commerce Expansion in China", *Working paper*, November, 15th, 2020.

Zhang, L., S. Chen, "China's Digital Economy: Opportunities and Risks", *IMF Working Paper*, January 2019.

15　资源编排理论

王国红、黄昊：《协同价值创造情境中科技新创企业的资源编排与成长机理研究》，《管理学报》2021年第6期。

Chadwick C, Super J F, Kwon K., "Resource Orchestration in Practice: CEO Emphasis on SHRM, Commitment-based HR Systems, and Firm Performance", *Strategic Management Journal*, Vol. 36, No. 3, 2015.

Chadwick, C., J. F. Super, K. Kwon., "Resource Orchestration in Practice: CEO Emphasis on SHRM, Commitment-based HR systems, and Firm Performance", *Strategic Management Journal*, Vol. 36, No. 3, 2015.

David, G, Sirmon, "Resource Management in Dyadic Competitive Rivalry:

The Effects of Resource Bundling and Deployment", *The Academy of Management Journal*, 2008.

Dussauge P, Capron L, Mitchell W., "Resource Redeployment Following Horizontal Acquisitions in Europe and North America, 1988 – 1992", *Post-Print*, 1998.

Frankenberger K, Stam W., "Entrepreneurial Copycats: A Resource Orchestration Perspective on the Link between Extra-industry Business Model Imitation and New Venture Growth", *Long Range Planning*, Vol. 53, No. 4, 2019.

Hitt, Michael, A., "Direct and Moderating Effects of Human Capital on Strategy and Performance in Professional Service Firms: A Resource-Based Perspective", *Academy of Management Journal*, 2001.

Holcomb T. R., Jr. R M H, Connelly B. L., "Making the Most of what You have: Managerial Ability as a Source of Resource Value Creation", *Strategic Management Journal*, Vol. 30, No. 5, 2009.

Jr. J L M, Sirmon D. G., Hitt M. A., et al., "Creating Value in the Face of Declining Performance: Firm Strategies and Organizational Recovery", *Strategic Management Journal*, Vol. 28, No. 3, 2007.

Jr. J L M, Sirmon D. G., Hitt M. A., et al., "Creating Value in the Face of Declining Performance: Firm Strategies and Organizational Recovery", *Strategic Management Journal*, Vol. 28, No. 3, 2007.

Kor Y. Y., Leblebici H., "How do Interdependencies Among Human - capital Deployment, Development, and Diversification Strategies Affect Firms′ financial Performance?", *Strategic Management Journal*, Vol. 26, No. 10, 2010.

Kraaijenbrink J., Spender J. C., Groen A. J., "The Resource-Based View: A Review and Assessment of Its Critiques", *Journal of Management*, Vol. 36, No. 1, 2010.

Makadok, R., "Toward a Synthesis of the Resource-based and Dynamic-capability Views of Rent Creation", *Strategic Management Journal*, Vol. 22, No. 5, 2001.

Miller, D., Friesen, P. H., "A Longitudinal Study of the Corporate Life Cycle", *Management Science*, Vol. 30, 1984.

Ndofor, H. A., Sirmon, D. G., He., X., "Firm Resources, Competitive actions and Performance: Investigating a Mediated Model with Evidence from the In-vitro Diagnostics Industry", *Strategic Management Journal*, Vol. 32, 2011.

Ron, Adner, Constance, et al., "Corporate Effects and Dynamic Managerial Capabilities", *Strategic Management Journal*, 2003.

Rutherford M. W., Buller P. F., Mcmullen P. R., "Human Resource Management Problems over the Life Cycle of Small to Medium-sized Firms", *Human Resource Management*, Vol. 42, No. 4, 2010.

Sirmon D. G., Hitt M. A., Arregle J. L., et al., "The Dynamic Interplay of Capability Strengths and Weaknesses: Investigating the Bases of Temporary Competitive Advantage", *Strategic Management Journal*, Vol. 31, No. 13, 2010.

Sirmon D. G., Hitt M. A., Ireland R. D., "Managing Firm Resources in Dynamic Environments to Create Value: Looking Inside the Black Box", *Academy of Management Review*, Vol. 32, No. 1, 2007.

Sirmon D. G., Hitt M. A., "Managing Resources: Linking Unique Resources, Management and Wealth Creation in Family Firms", *Entrepreneurship Theory and Practice*, Vol. 27, No. 4, 2010.

Symeonidou N., Nicolaou N., "Resource Orchestration in Start-ups: Synchronizing Human Capital Investment, Leveraging Strategy, and Founder Start-up Experience", *Strategic Entrepreneurship Journal*, 2018.

16 技术标准与数字经济创新

Besen S. M, Farrell J., "Choosing how to Compete: Strategies and Tactics in Standardization", *Journal of Economic Perspectives*, Vol. 8, No. 2, 1994.

Blind K., Petersen S. S., Riillo C. A., "The Impact of Standards and Regulation on Innovation in Uncertain Markets", *Research Policy*, Vol. 46, No. 1, 2017.

Chiao B., Lerner J., Tirole J., "The Rules of Standard-setting Organizations: an Empirical Analysis", *RAND Journal of Economics*, Vol. 38, No. 4, 2007.

David P. A., Greenstein S., "The Economics of Compatibility Standards: an Introduction to Recent Research", *Economics of Innovation and New Technology*, Vol. 1, No. 1 – 2, 1990.

Wiegmann P. M., De Vries H. J., Blind K., "Multi-mode Standardisation: A Critical Review and a Research Agenda", *Research Policy*, Vol. 46, 2017.

17　颠覆性创新

［美］克里斯坦森、雷纳：《创新者的解答》，林伟、李瑜偲、郑观译，中信出版社 2010 年版。

Benzidia S., Luca R. M., Boiko S., "Disruptive Innovation, Business Models, and Encroachment Strategies: Buyer's Perspective on Electric and Hybrid Vehicle Technology", *Technological Forecasting and Social Change*, Vol. 165, 2021.

Blen M. C., "From Traditional Wristwatch to Smartwatch: Understanding the Relationship between Innovation Attributes, Switching Costs and Consumers' Switching Intention", *Technology in Society*, 2020.

Christensen C. M., Raynor M., Mcdonald R., "What is Disruptive Innovation?", *Harvard Business Review*, Vol. 93, No. 12, 2015.

E. M. Rogers, *Diffusion of Innovations*, Free Press, New York, 2003.

Muller E., "Delimiting Disruption: Why Uber is Disruptive, but Airbnb is Not", *International Journal of Research in Marketing*, Vol. 37, No. 1, 2019.

T. A. Burnham, J. K. Frels, V. Mahajan, "Consumer switching costs: a typology, antecedents, and consequences", *J. Acad. Market. Sci.* Vol. 31, No. 2, 2003.

后　　记

　　持续学习前沿理论，是保持高质量学术研究的一项必要的基础性工作。2021年3月，我召集了中国社会科学院工业经济研究所的青年学者们，围绕产业经济、区域经济、能源经济与绿色经济、企业管理与数字经济这4个研究方向开展了前沿文献的检索、编译工作，并撰写了研究导读。通过半年多的努力，我们完成了这份研究成果，它既是各位青年学者自身加强理论学习的有益补充，也是所里集体研究成果形式创新的一个新举措。此书获得了中国社会科学院登峰战略（产业经济学）项目资助。

　　在产业经济专题中，我们收纳了4个论题。许明为"全球价值链与供应链"的论题选取了6篇论文，其中包括了哈佛大学经济学教授Pol Antràs在2020年发表的《全球价值链的概念解析》，其他论文分别侧重于对全球产业链分工以及中国价值链嵌入位置进行测度与评估，以及就新技术冲击对全球供应链的影响进行评估这两个方向。在"产业融合"的论题下，王海兵从产业融合的内涵、过程、类型、效应、驱动因素、测度和实践经验等方面对相关文献进行了简要综述，再在此基础上，选取了5篇前沿文献予以解读，深入阐释了产业融合的动态实现过程、发生机理与创新特征。在"产业政策的复兴"这一论题下，孙娜选取了21世纪产业政策的复兴、发展中国家的产业政策、产业政策有效性评估这3个研究方向的5篇论文。其中，Karl Aiginger和Dani Rodrik两位学者的《21世纪产业政策的复兴与研究议题》对相关领域的9篇重要文献进行了综合评析，给出了21世纪产业政策的十项原则；牛津大学Nathaniel Lane教授在2020年发表的论文探讨了产业政策的实证研究的新方向、新方法的问题。在"机器人、自动化与就业"的论题下,孙天阳选取了2019年以来的3篇前沿文献,论述了机器人和自动化技术对就业(区分总体就业与技能工人就业)、对工资、对劳动生产率的影响。其中,Acemoglu和Restrepo两位学者在2020年发表的论文估算了每千人中增加一个机器人可能造成的就业与工资减低的效应。

区域经济专题收纳了3个论题。周麟以"全球生产网络"这一年轻的理论流派为论题,选取了2019年以来发表的4篇实证论文,以呈现该领域的前沿热点与最新研究方法。其中,杨春教授参与的两篇文章都将GPN理论运用于对中国素材的研究,分别涉及了对以腾讯为代表的中国游戏产业,以及对珠三角城市转型发展和产业结构调整之间关系的研究。在"产业集聚、创新与区域经济发展"的论题下,闫梅一方面选取了从演化经济地理的技术关联分析视角来研究产业集聚机理的3篇文献;另一方面,选择了与创新与区域发展研究相关的2篇文章,其中,一篇文章强调了区域知识基础的变化在区域创新中的重要作用,在一定程度上呼应了前一方面的研究方向。"地区间发展差异的历史因素"这一论题是经济史与发展经济学相融合后的一个重要研究分支。由于决定地区间经济发展差异的因素主要有三类:地理因素、制度因素和文化因素,秦宇分别为这三类因素各自选取了一篇相对应的文献。三篇文章均采取了自然实验方法,来对历史因素如何导致地区间发展差异的复杂问题进行因果识别。

能源经济与绿色经济专题中收纳了5个论题。陈素梅选取了环境经济学和健康经济学领域的3篇重要前沿文献,将其放在"环境规制与公众健康"这一论题下。这3篇文献均采用严谨的定量分析方法,在研究范式上各有特色。在"能源安全、气候变化与经济增长"的论题下,李鹏选取了2019年以来发表的4篇论文。这些论文,对中国如何应对国际石油供应和需求的负面冲击,如何运用碳税政策来引导以汽车业为代表的重要产业部门开展更多的清洁技术创新实践,以及如何应对气候变化对不同产业部门劳动生产率的影响,有一定的启示意义。袁惊柱为"温室气体减排的成本分析"的论题选取了3篇经典前沿文献,分析了促进温室气体减排的清洁技术及相关政策的潜力,对比了碳税政策及其他温室气体减排政策的行动成本,阐述了欧洲碳税对其就业与GDP增

◈ 后　记

长的影响。林博同时负责了"能源风险与能源安全"与"能源管理与能源政策转型"这两个论题。前一论题收纳了 2 篇前沿文献，一篇涉及对能源事故风险措施的比较与测度的研究；另一篇探讨了如何将能源安全作为国家安全的一个组成部分，进行能源独立性评估的问题。后一论题也收纳了 2 篇前沿文献，一篇文献是关于能源管理的多准则决策方法应用的综述性文献；另一篇文献涉及能源转型发展与产业政策调整的问题。

企业管理和数字经济专题中收纳了 5 个论题。江鸿为"新兴市场的跨国公司"选取了 5 篇文献。其中，Mathews 教授在 2006 年发表的论文用 LLL 分析框架，替代了传统的适用于跨国公司的 OLI 分析框架，代表着研究论题在 2008 年国际金融危机前开始起步发展的状态。后面的 4 篇文献则从不同方向上反映了近年来的一些研究进展。在"数字经济与电子商务"这个论题下，黄娅娜选取了 6 篇前沿文献，分别涉及中国数字经济发展、数字经济的宏观核算和电子商务的应用经济学的实证研究这 3 个研究方向。李先军为"资源编排理论"这一论题选取了 3 篇文献。资源编排理论视作为对经典的资源基础理论的延伸与扩展，且与资源管理理论紧密联系在一起。3 篇文献分别研究了资源编排理论如何被应用于对家族企业创业，制造业企业资源投资、部署与绩效的关系，以及对不同生命周期的企业资源协调方式的研究。在"技术标准与数字经济创新"的论题下，李伟选取了 4 篇文献，分别涉及标准和监管如何影响不确定市场中的企业创新，标准制定委员会如何促进共享技术平台的共识治理，标准制定组织的规制以及多模式的标准化过程问题。在"颠覆性创新"的论题下，明星选取了 3 篇文献。一篇论文涉及对颠覆性创新概念的再界定，提出与克里斯坦森相区别的新的论点。另两篇论文分别从消费者视角和转换成本这两个分析视角，研究了电动汽车和智能手表这两个产品领域的颠覆性创新是如何实现的问题。

最后，感谢中国社会科学出版社赵剑英社长、王茵副总编辑、重大项目出版中心张潜副主任对此书出版工作予以的大力支持与帮助。我所科研处蒙娃处长和跨国公司研究室余菁研究员参与了相关的组织协调工作。我衷心希望，这本文献导读能够帮助对相关研究方向感兴趣的诸位

后　记

学界同人，起到助力大家在较短时间里接触到并了解相关的前沿研究动态的作用，希望大家积极高效地参与相关研究工作，为繁荣这些研究领域的学术活动做出贡献。

史　丹

2021 年 11 月 29 日